QUESTIONÁRIOS: TEORIA E PRÁTICA

JOÃO MANUEL MOREIRA
FACULDADE DE PSICOLOGIA E DE CIÊNCIAS DA EDUCAÇÃO
UNIVERSIDADE DE LISBOA

QUESTIONÁRIOS: TEORIA E PRÁTICA

REIMPRESSÃO DA EDIÇÃO DE OUTUBRO 2004

ALMEDINA

2009

QUESTIONÁRIOS: TEORIA E PRÁTICA

AUTOR
JOÃO MANUEL MOREIRA

EDITOR
EDIÇÕES ALMEDINA, SA
Av. Fernão Magalhães, n.º 584, 5.º Andar
3000-174 Coimbra
Tel.: 239 851 904
Fax: 239 851 901
www.almedina.net
editora@almedina.net

PRÉ-IMPRESSÃO | IMPRESSÃO | ACABAMENTO
G.C. – GRÁFICA DE COIMBRA, LDA.
Palheira – Assafarge
3001-453 Coimbra
producao@graficadecoimbra.pt

Abril, 2009

DEPÓSITO LEGAL
207173/04

Os dados e as opiniões inseridos na presente publicação
são da exclusiva responsabilidade do(s) seu(s) autor(es).

Toda a reprodução desta obra, por fotocópia ou outro qualquer
processo, sem prévia autorização escrita do Editor, é ilícita
e passível de procedimento judicial contra o infractor.

Biblioteca Nacional de Portugal – Catalogação na Publicação

MOREIRA, João Manuel, 1964-

Questionários : teoria e prática. – Reimp.
(Psicologia)
ISBN 978-972-40-2142-3

CDU 303

"Messrs. Darwin and Galton have set the example of circulars of questions sent out by the hundreds to those supposed able to reply. The custom has spread, and it will be well for us in the next generation if such circulars be not ranked among the common pests of life."

William James, *The Principles of Psychology*, 1890, pag. 194

PREFÁCIO

Conheço o autor há quase 20 anos, desde o tempo em que foi meu aluno quando frequentava o curso de Psicologia na Faculdade de Psicologia e de Ciências da Educação da Universidade de Lisboa. Sendo estudante distinto, após a sua licenciatura ingressou em 1989 como Assistente Estagiário e depois, em 1994, como Assistente da Faculdade. Nesta situação, e ao mesmo tempo que desenvolvia a sua actividade docente e preparava o Doutoramento em Psicologia, conseguiu ainda disponibilidade para elaborar o presente livro, o que é notável e merece ser realçado.

Devo também salientar a amável insistência de João Manuel Moreira para que prefaciasse esta sua obra. Até por essa razão, não podia deixar de aceitar o honroso convite para a apresentar e exprimir assim o meu apreço pessoal e apoio à iniciativa, procurando dizer aos leitores alguma coisa para melhor a acolherem.

É interessante e importante chamar a atenção para as circunstâncias ligadas à génese do livro. No quadro da Psicologia e das Ciências da Educação o autor tem sido solicitado, nos últimos anos, para muitas colaborações em projectos de investigação, nomeadamente na organização de questionários, o que o conduziu directamente à iniciativa de estruturar este Manual.

Como caracterizar esta obra? Procura ser um manual prático mas não descura e inclui também a fundamentação teórica, nomeadamente sobre os problemas da precisão e da validade dos instrumentos, o que torna o volume ainda mais valioso para quem dele se serve. No entanto, convém notar que não é nem pretende ser um manual de metodologia de investigação ou de psicometria. Como o título refere, incide especialmente sobre os aspectos teóricos e práticos ligados à construção de questionários.

Dada a perspectiva temática, os destinatários desta obra abrangem em geral quem se dedica à investigação nas Ciências Sociais, quer em Portugal quer noutros países de língua portuguesa, e não só no âmbito da Psicologia e das Ciências da Educação, embora estes domínios tivessem sido especialmente considerados no projecto inicial do livro. Deve sublinhar-se que, pela forma como está organizado, poderá ser útil não só para investigadores mas também para estudantes do ensino superior, sobretudo em cursos de licenciatura e de mestrado em Psicologia e em Ciências da Educação.

A terminar, queria felicitar João Manuel Moreira pelo empreendimento que agora se concretiza e a Livraria Almedina, de Coimbra, por o ter integrado no âmbito das suas publicações.

Fevereiro de 2003

Prof. Doutor *J. Ferreira Marques*
Catedrático da Faculdade de Psicologia e de
Ciências da Educação, Universidade de Lisboa

ÍNDICE

PREFÁCIO	7
ÍNDICE	9
1 – INTRODUÇÃO	13
2 – PRINCÍPIOS ESSENCIAIS DA MEDIDA	19
O QUE É A MEDIDA?	20
OS NÍVEIS DE MEDIDA	25
O nível nominal	25
O nível ordinal	27
O nível intervalar	28
O nível de razão	31
3 – AS ESCALAS DE MEDIDA	35
O MODELO ORDINAL, OU ESCALA DE GUTTMAN	37
O MODELO DE INTERVALOS, OU ESCALA DE THURSTONE	50
O MODELO ADITIVO, OU ESCALA DE LIKERT	66
O MODELO DE TRAÇO LATENTE, OU TEORIA DA RESPOSTA AO ITEM (TRI)	97
ESCALAS OU QUESTIONÁRIOS?	115
4 – A ELABORAÇÃO DO QUESTIONÁRIO	121
O PROCESSO DE RESPOSTA	122
RESPOSTAS ABERTAS OU FECHADAS?	124
A IMPORTÂNCIA DOS PRESSUPOSTOS	132
O investigador tem uma ideia clara do que pretende saber	133
Os respondentes são capazes de compreender o item	135
Os respondentes interpretam o item no sentido pretendido pelo investigador	138
Os respondentes dispõem da informação necessária para responder ao item	142
Os respondentes estão dispostos a procurar exaustivamente, na sua memória ou noutro local, a informação relevante	150
Os respondentes estão dispostos a responder com sinceridade	151
A resposta não é influenciada por factores contextuais	173
O FORMATO DOS ITENS	181
Itens dicotómicos	181
Itens com escalas numéricas	183
Itens com escalas referenciadas	184
Itens constituídos apenas pelas alternativas	191
O número de níveis nas escalas de avaliação	192
Um aparte: As escalas ipsativas	196

As instruções	202
A disposição gráfica	206
A extensão do questionário	214
Os estilos de resposta	217
A tradução de questionários	226

5 – A PRECISÃO ... 233

A teoria clássica do erro	233
A avaliação da precisão	245
O método de teste-reteste	247
O método das formas paralelas	250
O método de bipartição	252
O método de consistência interna	257
A precisão reenquadrada: A teoria da generalizabilidade	262
A avaliação da generalizabilidade: O caso mais simples	267
Modelos com duas ou mais facetas	278
Facetas aleatórias e facetas fixas	290
Facetas inclusas	295
Decisões relativas e decisões absolutas	302
Virtudes e limitações da teoria da generalizabilidade	304
Factores que influenciam a precisão dos resultados de uma escala	307
Poderá uma escala ser demasiado precisa?	311
Outras aplicações das medidas de precisão	319
O erro-padrão de medida	319
Estimação do erro-padrão de medida em diferentes níveis de resultado	321
Estimação pontual de resultados verdadeiros individuais	324
Estimação intervalar de resultados verdadeiros individuais	326

6 – A VALIDADE ... 331

Quantas validades?	339
A avaliação da validade	352
Exame dos conteúdos	361
O exame dos processos de resposta	365
Variação experimental das condições de resposta	368
O exame da estabilidade dos resultados	377
O exame das relações entre os resultados de diferentes partes do instrumento	379
A comprovação da unidimensionalidade	384
A análise factorial	389
A amostra de indivíduos e variáveis	403
Os métodos de extracção de factores	409
A determinação do número de factores	426
Critérios baseados nos valores próprios	427
Métodos baseados na progressão dos valores próprios	434
Métodos baseados em testes de significância	436
Métodos baseados na "análise paralela"	437
Métodos baseados na replicabilidade dos factores	443

Métodos baseados na análise dos resultados 448
Afinal, como escolher o número de factores? 452
A rotação dos factores 453
A interpretação dos factores 459
Obtenção de resultados para os factores 463
Análise factorial de segunda ordem 465
Análise factorial confirmatória 467
Exame das relações entre os resultados do instrumento e critérios exteriores 477
Matrizes multitraço-multimétodo 491
A aplicação da análise de caminhos a matrizes multitraço-multi-método 499
A GENERALIZAÇÃO DA VALIDADE 509
O PROBLEMA DO TÍTULO 513
7 – A APRESENTAÇÃO DOS RESULTADOS 517
O PROCESSO DE AFERIÇÃO 520
AS ESCALAS DE RESULTADOS 527
Percentis 528
Resultados padronizados 531

8 – REFERÊNCIAS BIBLIOGRÁFICAS 543

ÍNDICE REMISSIVO 557

1 – Introdução

A ideia deste livro nasceu essencialmente da minha experiência como colaborador em diversos projectos de investigação na área da Psicologia e das Ciências da Educação. Com efeito, rapidamente constatei que as questões que nesse contexto me eram colocadas tendiam sistematicamente a versar os mesmos pontos: como elaborar um questionário destinado a avaliar a característica X na população Y; como aperfeiçoar o questionário de acordo com os dados do pré-teste; como tratar estatisticamente os resultados obtidos, etc. Se em relação aos princípios básicos da metodologia de investigação e ao tratamento estatístico dos resultados era possível encontrar com relativa facilidade uma bibliografia de apoio adequada (e.g., Almeida e Freire, 1997; Clegg, 1995; D'Hainault, 1992; Ferguson, 1981; Murteira, 1990; Pinto, 1990; Quivy e Van Campenhoudt; 1992; Reis, 1996, 1999; Silva e Pinto, 1986), o mesmo não acontecia no aspecto da construção de instrumentos de recolha de dados, sobretudo no caso das metodologias mais estruturadas e destinadas à recolha de informação expressa verbalmente (vulgarmente designados por questionários, escalas, inventários, inquéritos, etc). A dispersão dos recursos bibliográficos, frequentemente disseminados em obras fortemente técnicas e/ou em línguas estrangeiras, dificultava sobremaneira o recurso às fontes. Por outro lado, estas tendiam a abordar sobretudo questões de natureza teórica e deixavam sem resposta muitas questões práticas que se colocam quotidianamente ao investigador. Em consequência, a disseminação informal de "truques" práticos e a informação fragmentada recolhida aqui e ali, constituíam a origem típica da informação disponível neste domínio, arrastando consigo a permanência ou mesmo a propagação de ideias excessivamente rígidas ou liminarmente incorrectas, juntamente com o persistente sentimento de carência de informação neste domínio.

Foi este estado de coisas que me conduziu à ideia de elaborar um manual essencialmente prático que, embora sem ignorar toda a fundamentação teórica em que se devem apoiar os procedimentos neste campo, apresentasse os princípios essenciais de um procedimento adequado para a construção deste tipo de ferramentas de investigação.

Tais são, portanto, os objectivos deste livro. Não se trata de um manual de metodologia de investigação, nem de um compêndio de estatística. Estas matérias apenas surgem quando os seus contributos se apresentam como indispensáveis para a compreensão das questões colocadas na construção dos instrumentos de medida. Este livro não dispensa, por isso, a qualquer investigador que pretenda realizar um trabalho consistente do ponto de vista metodológico, a consulta de obras relativas a essas duas áreas, que existem no mercado com excelente nível de qualidade e diversos graus de aprofundamento (ver referências acima citadas).

Também não se trata de um manual de psicometria (e.g., Anastasi e Urbina, 1997; Cronbach, 1990; Nunnally, 1978), ou seja, da área da Psicologia que se dedica ao estudo dos instrumentos e processos de medida de variáveis psicológicas. Embora muitos dos princípios teóricos fundamentais neste domínio sejam aqui abordados, a concentração exclusiva nos processos de construção de um determinado tipo de instrumentos retira a este trabalho o carácter abrangente que um manual terá de possuir. Poderá, no entanto, este livro ser útil aos estudantes de Psicologia ou Educação que abordem o estudo das teorias psicométricas, por constituir uma referência disponível em língua portuguesa e que, para mais, se ocupa das aplicações dessas teorias a um método específico da avaliação psicológica.

Assim sendo, importa desde já enumerar alguns tipos de técnicas psicométricas que não serão objecto de consideração neste livro. Em primeiro lugar, e como se depreende do já exposto, os instrumentos de observação e os de recolha de dados verbais pouco estruturados. Outros exemplos são o dos testes projectivos (como o conhecido teste das manchas de tinta de Rorschach) e o dos testes de desempenho (destreza motora, tempo de reacção ou acuidade visual, por exemplo), que colocam problemas específicos e exigiriam um tratamento particular (Anastasi e Urbina, 1997). O mesmo se poderia dizer das provas baseadas no método clínico de Piaget (Flavell, 1965/1975; Lourenço, 1997; Pauli, Nathan, Droz e Grize, 1977/1981), cujos resultados não se prestam facilmente a um tratamento quantitativo.

Os testes de aptidões intelectuais, bem como os instrumentos destinados a avaliar o nível de desenvolvimento em crianças, seguem em geral os princípios referidos neste livro e são normalmente construídos por processos semelhantes aos descritos aqui. Apresentam, no entanto, um conjunto de características próprias, nomeadamente na forma como são elaborados os itens e na forma como são tratados os resultados. Estas diferenças tornam indispensável a consulta de uma obra mais especializada, se o interesse do leitor se centrar nesse campo (e.g., Kline, 1986).

Mas, afinal, a que tipo de instrumentos se refere o conteúdo deste livro? Em primeiro lugar, a *instrumentos de investigação*, concebidos para detectar relações entre variáveis e diferenças entre grupos, mas não para analisar casos individuais. Esta última função exige uma elaboração particularmente cuidada do instrumento, o que implica uma formação muito mais aprofundada do que aquela que este trabalho pode, por si só, fornecer. Além disso, é indispensável, nestes casos, um conhecimento aprofundado das características a avaliar, conhecimento esse cuja aquisição implica um investimento de pelo menos vários anos, seguidos de outro período de vários anos de elaboração e experimentação de sucessivas versões do "teste" (aí já merecedor de tal nome, e não do de vulgar "questionário"), antes que este apresente as qualidades necessárias à sua utilização responsável pelos profissionais. Trata-se, evidentemente, de um campo para especialistas, para o qual este livro apenas entreabre uma pequena porta.

Em segundo lugar, a instrumentos de *resposta fechada*, ou seja, em que o indivíduo avaliado se limita a escolher uma alternativa de resposta entre as que lhe são propostas. Excepcionalmente, questões de *resposta aberta* (em que o respondente pode elaborar livremente a sua resposta, oral, escrita, gráfica, etc) podem ser tratadas de acordo com os procedimentos aqui referidos, desde que as respostas possam ser classificadas em categorias pré-definidas.

Em terceiro lugar, a instrumentos que pretendem avaliar *conteúdos mentais*, quer estes se refiram a domínios cognitivos (conhecimentos, crenças, expectativas, atribuições), afectivos (atitudes, preferências), comportamentais (hábitos, reacções), etc. Neste âmbito recaem muitos instrumentos utilizados não só em Psicologia, como nas Ciências da Educação, Sociologia, Ciência Política ou outras Ciências Sociais. Penso que a estudantes e investigadores de todas estas áreas este livro poderá ser útil.

Definidos os objectivos e as limitações deste trabalho, importa identificar os seus destinatários, ou seja, o seu público preferencial. Como se pode depreender do que atrás ficou dito, os destinatários naturais deste trabalho serão todos aqueles que se dedicam à investigação em Ciências Sociais, quer na chamada "investigação fundamental", quer na "investigação aplicada", "de campo" ou mesmo "operacional". Como é evidente, o investigador profissional com larga experiência neste campo deverá já dominar em elevado grau os procedimentos que aqui se sistematizam. Poderá, nesse caso, este livro servir como um auxiliar de referência, onde se recolhem de forma mais sistemática e abrangente do que o habitual as principais regras consagradas pela teoria e pela prática da construção de instrumentos de medição psicológica. A facilidade de consulta e de acesso aos procedimentos e respectivas fundamentações poderá, segundo julgo, revelar-se de algum interesse, mesmo para aqueles a quem os conteúdos aqui incluídos pouco trazem de novo.

Mais útil será certamente este trabalho para aqueles que se iniciam na aventura da investigação, ou por terem terminado recentemente (ou ainda não) a sua formação numa disciplina específica, ou por serem trazidos para o campo da investigação no âmbito de um programa de formação pós-graduada, ou ainda forçados pela necessidade de encontrar resposta a uma questão problemática colocada no âmbito das suas actividades profissionais. É a estes que, muitas vezes, o hermetismo, a dispersão e o carácter demasiado abstracto de muita da literatura neste campo colocam em dificuldades que me parecem desnecessárias. Foi, portanto, sobretudo a pensar nas pessoas nessas circunstâncias que decidi levar a cabo este trabalho. Espero, sinceramente, que lhes possa ser de alguma utilidade.

Uma particular utilidade poderá este trabalho ter também para aqueles que desejem tomar contacto com a análise factorial, uma técnica estatística que, embora seja mais frequentemente utilizada como auxiliar na construção de instrumentos de medida (por essa razão é referida aqui), tem várias outras utilidades na investigação psicológica, e não só. Dado que a literatura em língua portuguesa é escassa sobre este assunto e se trata de uma técnica muito utilizada, procurei elaborar uma introdução básica aos seus princípios e métodos que, evitando os tecnicismos excessivos, não se apresentasse também excessivamente superficial.

A outro grupo de potenciais interessados já atrás me referi, ainda que de forma passageira. Trata-se dos estudantes que frequentam disciplinas na área da medição de variáveis psicológicas e que, se não encontrarão aqui um manual exaustivo, poderão beneficiar da especificação prática proposta para muitos conceitos e princípios psicométricos. No interesse particular deste grupo de utilizadores, se bem que todos os outros possam beneficiar dele, decidi utilizar um recurso gráfico, o tipo **negrito**, para destacar aqueles passos em que são expostos os conceitos fundamentais e as ideias mais importantes. Aqueles para quem as aplicações práticas constituem um interesse secundário, ou aqueles que apenas procurar rever de forma rápida aquilo que é essencial reter, poderão saltar tudo aquilo que se encontra em tipo normal e ler apenas as passagens enfatizadas. Assim, procurei que este subtexto, permitam-me a expressão, mantivesse um carácter gramatical e de sequência lógica, tanto quanto a sua integração num texto mais amplo (que inclui explicações mais detalhadas, exemplos,

Introdução 17

demonstrações, etc) o permitiu. Assim, ao adquirir este livro, o potencial leitor estará, de facto, a adquirir dois pelo mesmo preço!

Por ter como destinatário um público tão diversificado, para o qual constituirá, em muitos casos, um dos seus primeiros contactos com os métodos de investigação nas ciências do comportamento, seria obrigatório que este trabalho exigisse um mínimo de conhecimentos prévios por parte dos seus leitores. Sobretudo naquilo que se relaciona com o tratamento quantitativo dos dados, uma base mínima de conhecimentos de estatística, que, provavelmente, muitos dos potenciais utilizadores deste livro não possuem, é indispensável. Por essa razão, procurei, além de simplificar ao máximo os aspectos relativos à análise estatística, incluir uma apresentação ou recapitulação explícita, que permita a qualquer pessoa com um domínio elementar da Matemática (digamos, ao nível do actual Ensino Básico, ou seja, do 9.º ano de escolaridade), compreender e utilizar integralmente os princípios e procedimentos explanados aqui. Em qualquer caso, como é evidente, o domínio dos procedimentos para a construção de instrumentos de medida não dispensa nem substitui um conhecimento aprofundado da área em que se situa o problema em estudo, nem a capacidade de formular este último de modo adequado.

Posto isto, resta apresentar de forma breve as diversas partes de que se compõe este livro, assim como os diversos conteúdos abordados em cada uma delas.

No segundo e terceiro capítulos, que se seguem imediatamente a esta Introdução, são apresentados e discutidos os princípios essenciais da medição em Psicologia, referindo não só os diferentes tipos de escalas utilizadas, mas também os diferentes tipos de instrumentos de medida, que podem incluir uma ou mais escalas. Serão ainda avançadas algumas sugestões relativas à escolha do tipo de instrumento a construir ou utilizar, em função dos objectivos do estudo, das características da população-alvo, dos recursos disponíveis, etc.

No quarto capítulo, serão abordadas as questões relacionadas com a elaboração do questionário, pelo menos na sua versão inicial. Nomeadamente, serão abordados os aspectos da definição adequada do objecto e dos objectivos do estudo, da redacção dos itens, do formato das respostas a dar pelos inquiridos e do arranjo gráfico.

O quinto e o sexto capítulos ocupam-se da avaliação e aperfeiçoamento das técnicas e instrumentos de medição psicológica. A este propósito, serão definidas as principais qualidades métricas necessárias aos instrumentos (precisão, no Capítulo 5, e validade, no Capítulo 6), bem como os principais métodos para a sua avaliação, aí se incluindo a técnica, já referida, da análise factorial.

Finalmente, o sétimo capítulo ocupa-se da apresentação dos resultados. Em geral, são possíveis dois tipos de utilização dos resultados de questionários: como dados de apoio à tomada de decisões a respeito de indivíduos (como no caso de muitos testes utilizados em educação, selecção de pessoal, diagnóstico clínico, orientação escolar e profissional, etc), ou como instrumento de investigação, por forma a detectar tendências gerais de resposta, diferenças entre grupos ou associações estatísticas com outras variáveis. Este livro ocupa-se fundamentalmente, volto a repeti-lo, da construção de instrumentos destinados ao segundo tipo de utilização. Não quis, no entanto, deixar de dar uma ideia do modo como são habitualmente apurados os resultados em instrumentos destinados à avaliação individual.

Finalmente, não poderia terminar sem deixar expressos os meus agradecimentos a algumas pessoas que, directa ou indirectamente, contribuíram para que este trabalho. Em primeiro lugar, à Dra. Teresina Dias e aos meus colegas Professora Doutora Manuela Esteves e Dr. Wolfgang Lind, que tiveram a paciência de ler o manuscrito na sua versão incial e fizeram inúmeros comentários e sugestões que em muito ajudaram a melhorá-lo. Não queria deixar de mencionar igualmente a Professora Doutora Maria José Miranda, que há já alguns anos me iniciou, através das suas aulas, no estudo das questões psicométricas, e cujos princípios de consistência e rigor me têm influenciado desde então. Finalmente, um agradecimento muito particular ao Professor Doutor José Henrique Ferreira Marques, uma referência incontornável da história de Psicologia em Portugal, com particular relevância na área da avaliação psicológica (e.g., Ferreira Marques, 1969, 1971). A sua amabilidade em aceitar prefaciar este trabalho constitui para mim uma honra e motiva a minha especial gratidão.

2 – Princípios essenciais da medida

A evolução das ciências depende, em boa parte, da evolução técnica dos instrumentos ao dispor dos investigadores. Um número considerável de descobertas científicas da humanidade pode ser directamente atribuído à descoberta ou aperfeiçoamento de instrumentos de observação e medida. O exemplo mais conhecido será talvez o do telescópio, inventado na Holanda do Século XVII e que, depois de aperfeiçoado por Galileu, revolucionou por completo a Astronomia, ao conduzir em pouco tempo à descoberta das montanhas da Lua, dos quatro maiores satélites de Júpiter, das fases de Vénus, dos anéis de Saturno e das manchas solares (Ferreira e Almeida, 1999). Em Psicologia, é comum afirmar-se que o desenvolvimento dos testes de inteligência abriu um novo mundo aos investigadores. Independentemente de todas as críticas que possam ser feitas contra estes testes, é inegável que o seu aparecimento deu origem a enormes avanços no estudo e na compreensão das competências humanas (Anastasi e Urbina, 1997).

Não seria, porém, inteiramente justo afirmar que "os instrumentos fazem a ciência". O processo inverso é tão ou mais frequente. Não só os avanços técnicos permitem a construção de instrumentos novos ou mais perfeitos, mas também o avanço das teorias conduz à definição de novas variáveis a observar, o que obriga a inventar instrumentos a que o progresso técnico, por si só, nunca teria dado origem.

É, portanto, evidente que **se, por um lado, a construção de sistemas de observação e medida dotados de qualidades adequadas é essencial ao avanço do conhecimento, não menos indispensável é que os instrumentos sejam desenvolvidos com base numa teoria ou, pelo menos, num conjunto de princípios e objectivos claros. Qualquer instrumento de medida tem sempre a apoiá-lo um conjunto de pressupostos mais ou menos coerentes entre si, mas que, muitas vezes, por força tanto do seu carácter basilar como da sua aparente evidência, permanecem implícitos (ou totalmente ausentes) na mente dos investigadores. Quer se trate de proceder ao desenvolvimento de novos instrumentos, quer à simples utilização de instrumentos construídos por outrem, a expli-**

citação de alguns destes pressupostos é um cuidado que permitirá evitar numerosos erros, e constitui um dos objectivos essenciais de muitas das partes de que se compõe este livro.

O que é a medida?

Falámos atrás de instrumentos de observação e medida, sem definir qualquer dos termos. Dado que, já na Introdução, excluí do âmbito deste trabalho os sistemas de observação, concentrar-me-ei na análise do termo "medida", embora a distinção entre os dois termos seja, em muitos casos, pouco clara.

Começarei então por **definir, de forma muito lata, a medida como um processo de codificação das propriedades dos objectos**[1]. Esta definição apoia-se sobre dois elementos essenciais e que é importante destacar.

À questão "será possível medir um objecto?", seríamos provavelmente tentados a responder afirmativamente, considerando talvez mesmo a questão como absurda, até nos aprecebermos de que, de facto, a expressão "medir um objecto" não pode especificar nenhuma acção. Por outras palavras, se nos dessem uma instrução como "meça este livro e escreva o resultado da medição no quadrado indicado", ficaríamos com dúvidas em relação ao que fazer. Sendo evidente que o termo "medir", na linguagem corrente, tende a ser quase sempre utilizado no sentido de medir distâncias ou outras dimensões espaciais lineares, não nos ocorreria provavelmente medir o peso do livro, o número de páginas ou o seu valor comercial. Mesmo assim, ficaríamos na dúvida entre medir a sua altura, largura ou espessura.

Tudo isto serve apenas para salientar, afinal, que **as medições nunca são dos objectos, mas sim das suas propriedades ou características**. Este é um princípio essencial, a ser mantido presente sempre que se concebe um instrumento de medida, e sempre que se interpreta o significado das informações que este fornece. **Antes de partir para a construção de um questionário ou escala é, portanto, essencial definir com clareza qual a característica que se pretende avaliar. Esta é uma das formas**

---

[1] A simplicidade, mesmo que ilusória, desta definição, não nos deve levar a ignorar a complexidade dos problemas epistemológicos que uma definição do conceito de medida nos coloca. Referências e discussões mais detalhadas sobre esta problemática podem ser encontradas em Jones (1971), Narens e Luce (1986), e Schwager (1991).

Princípios essenciais da medida

essenciais de influência das teorias sobre os instrumentos de medida: a definição das características a observar é do domínio da teoria, e a relevância do resultado de uma investigação como apoio ou desconfirmação de uma qualquer teoria depende do grau em que o(s) instrumento(s) de medida utilizado(s) avaliam características dos objectos, definidas de acordo com o que a teoria considera relevante (ver Meehl, 1978). Voltaremos a esta questão e às suas implicações práticas de modo repetido nos capítulos subsequentes.

O segundo elemento essencial da definição de medida atrás proposta é o de que esta consiste num processo de codificação. Codificar é transformar uma dada informação (ou seja, passá-la a outra forma), de modo a possibilitar a realização de determinadas operações (armazenamento, integração) que seriam difíceis ou impossíveis na forma original. Embora a codificação permita, em princípio, a reprodução da informação original, parte dessa informação é sempre perdida no processo e é, por isso, irrecuperável. Essa perda de informação aconselha que, ao escolher o processo de codificação, se tenha o cuidado de assegurar que a informação julgada essencial seja adequadamente preservada, e que a informação a perder seja aquela que é julgada irrelevante.

Para tentar tornar mais claros estes conceitos um pouco abstractos, suponhamos um exemplo algo realista. Um investigador pretende identificar aquilo que distingue o comportamento dos professores mais eficazes, em comparação com o dos menos eficazes. Admitamos à partida que o investigador dispõe de um processo que lhe permite identificar os professores pertencentes a um e outro grupo (o que constitui um objectivo extremamente difícil de alcançar na prática, e que será sempre discutível nos seus resultados, porque não se pode evitar o recurso a julgamentos de valor; ver Brophy e Good, 1986). O problema estará, então, apenas em determinar em que aspectos os dois grupos diferem, o que exigirá decerto processos complexos de análise e comparação dos comportamentos, impossíveis de realizar no próprio momento (até por não ser possível, em princípio, observar ao mesmo tempo um professor eficaz e outro ineficaz). Os comportamentos têm, portanto, de ser armazenados de algum modo, para poderem depois ser analisados em detalhe, revistos várias vezes, submetidos à apreciação de diferentes juízes, etc. Mas, como os comportamentos em si não podem ser armazenados, é necessário transformá-los em algo que o possa ser, o que implica codificá-los, como vimos acima. É aqui que os problemas que nos ocupam se começam a fazer sentir.

Codificar implica perder uma parte da informação para preservar outra. A escolha de um processo de codificação implica, por isso, uma definição a priori da informação que é essencial e da que é dispensável. O observador pode, por exemplo, registar o tempo durante o qual o professor intervém verbalmente na aula e o tempo durante o qual os alunos o fazem. Isto permite pôr à prova a hipótese de que a duração das intervenções dos professores e dos alunos discrimina entre professores eficazes e ineficazes, mas todas as outras variedades de informação disponíveis no momento são descartadas e tornam-se definitivamente inacessíveis.

Outros processos de codificação poderiam permitir o armazenamento de mais informação. Seria possível transformar as ondas sonoras que contêm o discurso verbal do professor em impulsos eléctricos por meio de um ou mais microfones e armazenar esses impulsos como variações na disposição de partículas magnetizadas na superfície de uma fita de plástico (ou seja, fazer uma gravação audio da aula). Este processo permitiria reter não só a mesma informação que o anterior (duração das intervenções) mas também muita informação adicional sobre os acontecimentos da aula e o discurso dos intervenientes. Mesmo assim, muita informação se perderia, por exemplo toda a que se referisse ao comportamento não verbal do professor e dos alunos, à informação escrita no quadro, etc. Um registo video permitiria reter muitos destes dados mas, como qualquer método de codificação, deixaria ainda de lado muito de potencialmente útil (e.g., se o professor faz constantemente referência a conteúdos do manual, que os alunos têm aberto diante de si, o conteúdo do livro constitui um elemento essencial para compreender o que se passa na aula, mas esse elemento não fica, em princípio, registado na gravação video).

É, portanto, essencial reter (a) que nenhum processo de análise de uma dada situação ou comportamento dispensa uma codificação, (b) que nenhum processo de codificação permite evitar a perda de uma parte da informação, (c) que diferentes processos perdem (e retêm) diferentes partes da infomação, (d) que alguns processos retêm uma maior proporção da informação, mas (e) que os processos que permitem reter mais informação são geralmente mais complexos e dispendiosos.

A escolha da forma de codificação dos dados de base deve, por isso, orientar-se no sentido de identificar o processo mais económico de recolher e registar a informação considerada relevante face aos objectivos e hipóteses do estudo. Não faz sentido utilizar um meio sofisticado e dispendioso como a gravação video, se o objectivo é apenas o de

Princípios essenciais da medida 23

determinar se o número de perguntas dirigidas aos alunos discrimina os dois grupos de professores. Um lápis e um bloco de notas desempenham a mesma função e perturbam menos os intervenientes.

Em qualquer dos casos, a informação obtida nas investigações é quase sempre tratada de forma quantitativa, isto é, por meio de números. Embora os números não constituam a única forma possível de codificar os dados comportamentais, e muitos estudos em ciências humanas não os utilizem, revelam-se de particular utilidade, sobretudo pela facilidade com que dados codificados numericamente podem ser transformados e integrados. Por exemplo, se o número de perguntas colocadas por cada professor (ou o número de perguntas por minuto de observação) for registado, é possível integrar os dados de cada grupo, calculando, por exemplo, a média, e comparar as médias dos dois grupos. Se não tivéssemos a informação de alguma forma transformada em números, o processo de comparar diferentes indivíduos entre si, reunir a informação de todo um grupo para o comparar com outro, etc, seria muito mais difícil de realizar com rigor. A Matemática e a Estatística fornecem-nos processos relativamente expeditos, consensualmente aceites e com aplicabilidade e limitações bem conhecidas, que tornam muito mais amena a tarefa do investigador. Por essa razão, mesmo os autores que realizam estudos denominados "qualitativos" não dispensam geralmente, numa certa fase da análise dos dados, uma codificação quantitativa (e.g., frequência com que surgem determinadas situações, temas ou palavras). Não se pense, porém, que a codificação numérica é indispensável. É possível realizar um estudo inteiramente adequado, do ponto de vista metodológico e conceptual, sem a utilizar. No entanto, as dificuldades serão bastantes, e a maior parte dos estudos puramente qualitativos têm lacunas metodológicas que permitem pôr em dúvida as suas conclusões. Na minha opinião, a realização de um estudo inteiramente rigoroso, utilizando apenas metodologias qualitativas, é muito mais difícil e complexa do que se forem empregues métodos quantitativos.

Aceite o princípio da necessidade da codificação numérica, há que distinguir em que fase do processo essa codificação é feita. **No caso dos estudos baseados em entrevistas, na observação, ou em questionários que incluem as chamadas "questões de resposta aberta", nas quais se oferece ao respondente um espaço em branco para que possa elaborar livremente a sua resposta, a codificação é feita posteriormente à recolha dos dados, por um ou vários juízes. Nos estudos que utilizam escalas ou questionários "de resposta fechada", nos quais os indivíduos se limitam a seleccionar entre as alternativas que lhes são propostas, as**

24 *Questionários: Teoria e prática*

respostas são dadas já em forma numérica, ou de forma a que a recodificação necessária seja mínima. Como já atrás se disse, este livro ocupa--se, sobretudo, da construção de questionários deste último tipo.

As vantagens relativas das questões "fechadas" e "abertas" serão discutidas em maior detalhe numa secção posterior. Seja como for, é pertinente destacar que **as respostas fechadas apresentam a dupla vantagem de diminuir o trabalho envolvido na codificação, permitindo uma maior economia de recursos e uma maior rapidez no tratamento dos dados, e de assegurar uma maior objectividade** (a intervenção da subjectividade do investigador na codificação dos dados é quase nula, o que diminui a possibilidade de enviesamento). **A grande desvantagem situa-se na rigidez do processo, que normalmente não admite outras respostas senão as que foram previstas à partida pelo investigador,** e que poderão, afinal, não ser as mais adequadas para o que se pretende. **Além disso, este processo não favorece a identificação dos mecanismos mentais subjacentes à resposta, assim como das possíveis variações na forma de interpretar as perguntas e as alternativas de resposta.** Um estudo adequado do comportamento dos itens[2] e da precisão e validade dos resultados, associadas à realização de uma entrevista acompanhando a aplicação de uma versão preliminar, permitem geralmente minimizar estes problemas. Estes processos serão referidos em detalhe num capítulo posterior.

Para além disto, há que ter consciência de que estes instrumentos "de resposta fechada" são sempre construídos a partir de uma conceptualização bem delimitada daquilo que se pretende medir, e os dados que fornecem não fazem sentido senão no contexto dessa conceptualização. Os dados codificados a posteriori, como é evidente, podem ser utilizados de muitas maneiras diferentes, e mesmo em estudos partindo de conceptualizações diversas. O problema que se coloca nestes casos é o dos processos de codificação e da sua objectividade, de que não me ocuparei aqui por não se colocar em relação aos instrumentos de selecção de respostas a que este livro se refere (ver Bardin, 1977/1988; Vala, 1986).

---

[2] É habitual em psicometria designar por "itens" as questões ou tarefas individuais que compõem os instrumentos de medida e aos quais as pessoas examinadas são solicitadas a dar uma resposta.

Os níveis de medida

A secção anterior apresentou as vantagens decorrentes da opção pela codificação numérica dos resultados da medida. É, no entanto, importante ter em conta **que a utilização do número, em si mesma, nada impõe quanto à forma como se processa essa codificação. O número é, de facto, apenas um símbolo, e a forma como deve ser interpretado depende estritamente daquilo que, no caso particular, ele simboliza. Por outro lado, aquilo que o número simboliza depende, em absoluto, da regra seguida para a codificação da informação de partida. São habitualmente reconhecidos quatro níveis diferentes, hierarquicamente ordenados, de codificação e, portanto, de significado dos dados em forma numérica.**

O nível nominal

Muitos autores defendem que, a este nível, não se deveria falar de medida, mas apenas de *classificação*, ficando o termo medida reservado para os níveis mais elevados. Com efeito, **trata-se aqui apenas de uma classificação dos objectos medidos em diferentes categorias, sendo os números utilizados tão somente como uma forma prática de designar as categorias.** (De facto, não é, de todo, necessária a utilização de números neste nível de medida, por razões que em breve ficarão claras.) **Estas categorias correspondem, como é evidente, a diferentes características dentro de um determinado atributo, mas de tal forma que as categorias obtidas não possam ser colocadas por uma ordem definida,** segundo um qualquer critério não arbitrário. Por outras palavras, não é possível hierarquizar as categorias.

Alguns exemplos poderão tornar a questão mais clara. A variável nominal mais frequente na investigação é, sem dúvida, o sexo. É fácil classificar (quase todos) os indivíduos nas duas categorias de base para esta variável. É também possível atribuir um número a cada uma dessas categorias (e.g., 1 para o sexo feminino e 2 para o masculino). Estes números não podem, no entanto, ser interpretados como significando que o sexo masculino é, em qualquer aspecto, "mais" do que o feminino. Dado que o critério de atribuição dos números às categorias é puramente arbitrário (trata-se de simples designações, de tal modo que letras ou quaisquer outros símbolos poderiam desempenhar a mesma função), a atribuição de números de forma exactamente oposta (1 para o sexo masculino e 2 para o feminino) seria igualmente adequada.

Outro aspecto a ter em conta é o de que estes números utilizados como designação para as categorias não podem, por não possuírem muitas das propriedades geralmente associadas ao conceito de número, ser utilizados em quaisquer cálculos, mesmo do tipo mais corrente. Seria absurdo, por exemplo, somar estes números para calcular o total dos sexos numa amostra de indivíduos[3]. **A análise dos resultados obtidos com variáveis neste nível de medida limita-se ao cálculo das frequências absolutas e das frequências relativas ou proporções (eventualmente, expressas em forma de percentagem) em cada categoria. Outras técnicas estatísticas utilizáveis são as que se aplicam a tabelas de contingência (cruzamentos entre variáveis nominais), sejam elas coeficientes de associação, como o coeficiente de correlação Φ (phi), o coeficiente V de Cramér e os coeficientes derivados do modelo de redução proporcional do erro, ou testes de significância como o χ^2 (qui quadrado) e outros semelhantes, que poderão ser encontrados em qualquer manual de estatística. A utilização mais frequente das variáveis nominais é, no entanto, na definição de grupos de indivíduos cujas características, medidas em níveis superiores, são depois comparadas.**

É precisamente por poder dar uma falsa ideia de ordenação, quando esta não é aplicável, e por poder levar investigadores pouco avisados a efectuarem cálculos sem significado, que o uso de números é, por vezes, desaconselhado com este tipo de dados. No entanto, trata-se de uma prática comum, até porque alguns programas informáticos utilizados no tratamento dos dados o exigem.

Outros exemplos de variáveis medidas ao nível nominal são a área de estudos escolhida pelos alunos de uma dada escola ou sistema de ensino, a profissão exercida (existe uma Classificação Nacional de Profissões, oficialmente adoptada, que atribui a cada profissão um código numérico; Instituto do Emprego e Formação Profissional, 1994), o estado civil, a filiação política ou religiosa, a etnia, a área geográfica de nascimento ou de residência, etc, etc. Em qualquer destes casos, o indivíduo pode ser classificado numa, e apenas numa, das categorias previstas, mas estas categorias não podem ser ordenadas segundo um critério que não seja arbitrário.

---

[3] Embora esta posição possa parecer óbvia, não deixou de levantar uma intensa polémica, teórica e epistemológica. Ver, por exemplo, Gaito (1980), Townsend e Ashby (1984), Michell (1986), Davison e Sharma (1988, 1990), Stine (1989) e Townsend (1990).

O nível ordinal

Podemos dizer que existe uma relação ordinal quando essa relação respeita o princípio da transitividade: se *A* é maior que *B* e *B* é maior que *C*, então *A* é maior que *C*. Verificada esta condição, é possível distribuir as variedades existentes de um determinado atributo ao longo dos sucessivos graus de uma escala e decidir em cada caso se *A* é "mais", "menos" ou "igual" a *B*. O que este nível de medição ainda não permite, no entanto, é saber se a distância entre *A* e *B* é a mesma, menor ou maior do que a que existe entre *B* e *C*. Por outras palavras, este nível permite ordenar os indivíduos pela variável, com mais ou menos "empates", mas não permite determinar as distâncias existentes entre eles.

Vejamos, de novo, um exemplo, que permite clarificar a questão. É comum utilizar-se, como índice da classe social a que pertence um indivíduo, a sua profissão (ou a dos pais, no caso de crianças), classificada numa escala como a que se segue:

1. Profissões liberais; quadros técnicos e administrativos superiores.
2. Quadros técnicos e administrativos médios; pequenos empresários.
3. Funcionários administrativos ou dos serviços.
4. Operários qualificados ou especializados.
5. Operários não qualificados e outros trabalhadores manuais indiferenciados.

Em princípio, qualquer pessoa exercendo uma profissão poderia ser classificada numa destas categorias. Por outro lado, é possível verificar que a ordem pela qual as sucessivas categorias são apresentadas está longe de ser arbitrária, correspondendo a uma hierarquização em termos de prestígio social, nível educacional e rendimento económico (embora a concordância dos critérios não seja sempre perfeita, é suficiente para os nossos propósitos, e não nos iremos ocupar aqui dessa questão). Assim, se a pessoa *A* está situada num nível mais elevado do que a pessoa *B* e essa pessoa *B* num nível mais elevado do que a pessoa *C*, poderemos afirmar, sem margem para quaisquer dúvidas, que a pessoa *A* se situa a um nível superior ao da pessoa *C*. No entanto, não nos é possível ainda, a este nível, determinar as distâncias entre os diferentes graus da escala. Não é possível, por exemplo, responder à questão de saber se a distância entre a classe 1 e a classe 2 é maior, menor ou igual à que se situa entre as classes 2 e 3.

Um caso limite do nível ordinal é aquele em que o número de graus da escala é igual ao número de casos, ou seja, em que não há quaisquer empates (como na classificação obtida numa corrida, por exemplo). As propriedades essenciais, contudo, não são diferentes, e os números atribuídos devem ser considerados como representando apenas o aspecto ordinal. **Todas as operações que envolvam o pressuposto de uma igualdade de distâncias entre as categorias permanecem teoricamente vedadas neste nível de medida, aqui se incluindo todas as operações envolvendo somas e subtracções, como seja, por exemplo, o cálculo da média.** Embora este seja um princípio insofismável, veremos mais tarde que, em situações práticas, a questão não é tão clara.

As técnicas disponíveis para a análise das variáveis medidas ao nível ordinal são escassas, se ignorarmos as que são aplicáveis já ao nível nominal. **Dado que os sucessivos níveis de medida são hierarquicamente relacionados ou, como poderíamos dizer agora, ordinais, cada nível possui todas as propriedades daqueles que o antecedem, mais aquelas que lhe são próprias. Por isso, todas as técnicas aplicáveis ao tratamento da informação recolhida ao nível nominal são igualmente aplicáveis em todos os níveis superiores. Há, no entanto, que ter em conta que, ao desaproveitar as vantagens oferecidas por cada novo nível de medição, as técnicas já disponíveis para o nível anterior são geralmente menos eficazes.**

As técnicas disponíveis para a análise de variáveis medidas a um **nível ordinal são, de facto, escassas, e as razões para tal ficarão esclarecidas um pouco mais adiante. Haverá, no entanto, que citar os coeficientes de correlação ordinal de Spearman e Kendall, e os testes de significância de diferenças entre grupos baseados na ordenação dos casos, como os devidos a Wilcoxon e seus colaboradores, e o teste bifactorial de Kruskal e Wallis.** Todas estas técnicas podem ser facilmente encontradas em manuais de estatística ou, melhor ainda, de estatística "não paramétrica" (e.g., Siegel e Castellan, 1988).

O nível intervalar

Quando as distâncias entre os diferentes graus da escala são conhecidas, ou seja, quando existe uma unidade de medida cuja mag-

nitude se mantém constante ao longo de toda a escala, atingimos o nível intervalar. Este constitui o nível mínimo daquilo que a maioria das pessoas consideraria uma verdadeira medida. É indispensável, para que operações aritméticas simples como a adição e a subtracção façam sentido, que os sucessivos graus da escala apresentem intervalos constantes entre si. Por exemplo, 1 + 1 só será exactamente igual a 2 se a distância que medeia entre 0 e 1 for igual à que vai de 1 a 2. É esta a exigência que as medidas ao nível ordinal não respeitam, e que as impede de serem utilizadas mesmo nos cálculos aritméticos mais simples.

A medição ao nível intervalar é fácil no caso de variáveis físicas como a distância ou o peso, mas as variáveis de natureza psicológica levantam evidentes problemas. Como determinar intervalos iguais e, portanto, uma unidade de medida, para as atitudes, crenças ou traços de personalidade?

Existem variados métodos para alcançar este fim, alguns dos quais serão apresentados em detalhe no próximo capítulo. O mais simples de todos, no entanto, é talvez o que utiliza a estratégia de transformar a dimensão psicológica numa dimensão física e solicitar ao participante uma resposta em termos dessa dimensão física. Consideremos, por exemplo, o item representado (já respondido) na Figura 1.

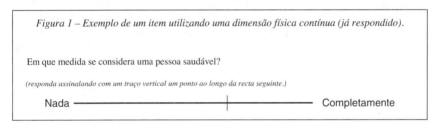

Figura 1 – Exemplo de um item utilizando uma dimensão física contínua (já respondido).

Em que medida se considera uma pessoa saudável?

(responda assinalando com um traço vertical um ponto ao longo da recta seguinte.)

Nada ——————————|—————————— Completamente

O resultado para este item poderia ser obtido simplesmente medindo a distância entre um dos extremos da recta e o ponto em que o traço marcado pelo respondente se cruza com esta. O cálculo da média para um grupo de indivíduos teria aqui todo o sentido, uma vez que o valor obtido corresponderia à distância entre o extremo da recta e o ponto médio assinalado pelos indivíduos do grupo. **A igualdade de intervalos métricos está assim assegurada, o mesmo acontecendo com a dimensão psicológica subjacente,** *se postularmos que a distância métrica corresponde exactamente à distância subjectiva.*

A cotação dos itens pode ser facilitada se partirmos do princípio de que distâncias muito pequenas não têm significado relevante e dividirmos previamente a linha num determinado número de segmentos, pedindo ao respondente para seleccionar um deles. O registo dos dados pode ainda ficar mais facilitado se cada grau da escala for acompanhado de um número, como na Figura 2.

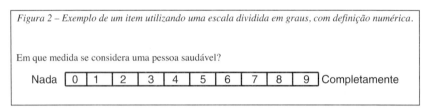

Figura 2 – Exemplo de um item utilizando uma escala dividida em graus, com definição numérica.

Em que medida se considera uma pessoa saudável?

Nada [0] [1] [2] [3] [4] [5] [6] [7] [8] [9] Completamente

Como se disse atrás, o reconhecimento destas escalas como constituindo medidas ao nível intervalar depende da aceitação do postulado de que, a intervalos iguais na escala, correspondem intervalos também iguais na dimensão subjectiva de "saúde", ou seja, a diferença entre o nível percebido de saúde de uma pessoa que assinala o grau 1 e o que levaria essa pessoa a assinalar o grau 2, deve ser igual à que existe entre este último e o que levaria essa pessoa a assinalar o grau 3.

É evidente que não se trata de um postulado fácil de defender, sobretudo se considerarmos que tem de se manter também em *diferentes pessoas*. Uma vez que cada pessoa se avalia a si própria, a saúde de cada pessoa é avaliada por um "juiz" diferente (o próprio) e é claramente impossível garantir que todos os juízes sigam o mesmo critério. O grau médio da escala, por exemplo, pode significar coisas bastante diferentes para diferentes pessoas. Além disso, os indivíduos podem considerar, ou valorizar de forma diferente, diversos aspectos ao avaliar a sua saúde: alguns poderão considerar apenas os episódios de doença declarada como indicadores de falta de saúde, enquanto outros poderão atribuir uma grande importância à sensação subjectiva de bem-estar geral; alguns poderão basear a sua resposta na ocorrência de doenças relativamente graves, outros dar grande importância a situações relativamente benignas, etc.

Estes aspectos, e muitos outros que será desnecessário enumerar, fazem com que a distância métrica não possa corresponder, de modo exacto e para todos os indivíduos, à distância subjectiva. O objectivo destes procedimentos é apenas o de obter uma escala que se aproxime dos requisitos de uma escala intervalar, pelo menos o suficiente para

Princípios essenciais da medida
31

permitir que as poderosas ferramentas de tratamento matemático de resultados que apenas se tornam utilizáveis a partir deste nível de medida possam ser empregues, sem que se cometa um erro excessivo devido à grande desigualdade entre os intervalos.

Por outras palavras, a "verdadeira" escala de nível intervalar é, para a maioria das variáveis utilizadas em Psicologia, uma construção teórica inalcançável na prática. Aquilo que se pode pretender é apenas construir uma escala *aproximadamente* intervalar, de tal modo que o erro introduzido na medida pelo facto de os intervalos correspondentes às unidades não serem exactamente iguais seja relativamente pequeno e possa ser ignorado sem grande inconveniente.

Em termos da prática da avaliação psicológica, tanto pelos investigadores como pelos outros profissionais, este princípio conduziu ao quase desaparecimento (ou, melhor, impediu o aparecimento) das medidas ao nível ordinal. De facto, e em termos teóricos estritos, a esmagadora maioria dos instrumentos de medida usados em Psicologia não pode reivindicar um nível de medida superior ao ordinal. Na prática, os resultados são quase sempre tratados como se possuíssem propriedades intervalares, como se verifica pela utilização quase universal de somatórios ou médias das respostas a diferentes questões. A utilização de técnicas estatísticas tão comuns como o coeficiente de correlação de Pearson ou o teste *t* de Student estaria interdita se não se mantivesse este postulado de uma aproximação suficiente para efeitos práticos. Mesmo uma escala claramente ordinal, como a classificação de níveis profissionais apresentada na página 27, surge muitas vezes, em trabalhos de investigação, utilizada como se fosse uma escala de intervalos, através, por exemplo, do cálculo de médias. É absolutamente justificado dizer que quase toda a história da investigação psicológica se apoia sobre esta "permissividade" e não parece que daí tenham resultado erros clamorosos nas conclusões obtidas (Nunnally, 1978).

O nível de razão

Como ficou dito atrás, o nível intervalar constitui a base essencial para a medição em Psicologia e nas ciências do comportamento em geral. Este facto resulta de, entre as escalas ao nível intervalar e ao nível de razão, não existirem praticamente diferenças em termos das técnicas de tratamento estatístico disponíveis.

A **diferença essencial** entre os dois níveis consiste no facto de, ao nível de razão, existir um valor de origem (zero) absoluto, ou seja, que corresponde à anulação da variável medida. As variáveis físicas mais comuns, como a distância, a massa, etc, possuem zeros absolutos. Uma distância de zero entre dois pontos corresponde à inexistência de qualquer distância, ou seja, à coincidência exacta desses pontos.

Um exemplo que poderá tornar mais clara a distinção é o da temperatura. Esta corresponde, em termos físicos, à maior ou menor velocidade de deslocação (ou vibração) das partículas que constituem a matéria. O zero absoluto de temperatura deveria, por isso, corresponder ao valor no qual o movimento fosse completamente anulado e as partículas permanecessem imóveis. Esse estado é, de facto, alcançado no ponto zero da chamada escala de Kelvin, por isso mesmo também designado "zero absoluto" da temperatura, por contraste com o "zero relativo" da escala de Celsius, de uso mais comum no dia-a-dia. A escala de Celsius, derivada da antiga escala de "graus centígrados", faz corresponder o nível 0 à temperatura de solidificação da água e o nível 100 à da sua ebulição à pressão atmosférica. A grande vantagem da escala de Celsius reside no facto de traduzir em números bastante convenientes (com poucos dígitos) as temperaturas que se situam nos intervalos mais relevantes para a espécie humana. No entanto, esta escala de Celsius corresponde apenas a uma escala de intervalos e não a uma escala de razão, uma vez que o seu ponto zero está longe de corresponder ao ponto de anulação do movimento das partículas (o zero absoluto corresponde a uma temperatura de 273,16 graus negativos na escala de Celsius). As vantagens inerentes a uma escala de razão levam a que a escala de Kelvin seja utilizada nos trabalhos científicos em que a temperatura é importante, sobretudo no domínio das Ciências Físico--Químicas.

A ausência de um zero absoluto implica que, embora as operações de adição e subtracção sejam possíveis, a multiplicação e a divisão (ou razão, donde o nome atribuído a este nível de medida) não façam qualquer sentido. Num gás aquecido a 200 graus Kelvin ($200°K$), as moléculas deslocam-se, em média, ao dobro da velocidade a que se deslocariam a uma temperatura de $100°K$. O mesmo não acontece, porém, com a escala de Celsius. Num dia em que a temperatura do ar suba até aos $40°C$ não faz o "dobro" do calor de um outro em que a temperatura atinja os $20°C$.

Como ficou atrás dito, **são raras em Psicologia as medidas ao nível de razão,** se exceptuarmos os casos particulares das medidas físicas, úteis em certos estudos (e.g., quantidade de álcool consumido) e das contagens de frequência (e.g., número de palavras recordadas correctamente numa tarefa de memória). **Este facto resulta não apenas da dificuldade em definir um ponto de anulação completa para muitas das variáveis** (Qual seria o grau zero numa escala de saúde como a apresentada no exemplo da página 29?), ou mesmo da sua inexistência, se a escala é bipolar (e.g., introversão-extroversão). **Outra razão essencial, também já referida, é a de que muito poucas técnicas de tratamento estatístico exigem uma relação de proporcionalidade entre os resultados obtidos.** Quando isso acontece, é quase sempre possível transformar as medidas ao nível intervalar para o nível de razão, calculando a diferença entre dois valores, um deles definido como origem ou ponto neutro, embora não necessariamente "zero" (uma diferença entre dois valores é sempre medida ao nível de razão, por motivos que deixo à reflexão do leitor). Se esse valor não for arbitrário, os dados podem ser tratados a um nível de razão.

3 – As escalas de medida

Ao longo do capítulo anterior, a palavra "escala" surgiu com alguma frequência, sem que tivesse sido definida. Essa opção deveu-se ao facto de pretender dedicar integralmente este capítulo à definição e apresentação dos principais tipos de escalas de medida utilizados na psicometria.

Em termos muito gerais, **uma escala não é mais do que uma sucessão de graus definidos ao longo de uma dimensão, de tal modo que esses graus respeitem pelo menos as propriedades descritas no capítulo anterior para o nível ordinal mas, de preferência, também as do nível intervalar.** Um contínuo assim dividido é mais fácil de manejar do que se esses graus não estiverem definidos, um pouco como uma *escada* (palavra que tem, aliás, a mesma etimologia que "escala") é mais fácil de subir do que um declive muito acentuado. As escalas musicais, que subdividem o contínuo da variação de frequência em tons, correspondendo um conjunto de seis tons à duplicação (ou dimidação) da frequência sonora, constituem um exemplo clássico. O caso da Figura 2 (página 30), em que uma recta na qual se pedia aos indivíduos para avaliarem o seu grau de saúde foi dividida em 10 segmentos, é um exemplo mais próximo dos nossos interesses imediatos.

A divisão de uma dimensão contínua em graus corresponde sempre a uma certa perda de informação, uma vez que as variações existentes dentro de um mesmo grau passam a ser ignoradas. Este problema é, porém, pouco significativo, desde que o número de graus da escala seja suficiente, ou seja, desde que a distância entre cada grau da escala e os que lhe estão imediatamente acima ou abaixo seja suficientemente pequena. É o que acontece nas escalas musicais, em que a diferença entre as notas é tão pequena que a sua identificação correcta exige, pelo menos para a maior parte das pessoas, um treino considerável.

O termo "escala" é também utilizado em psicometria com um outro sentido, aliás mais comum do que aquele que acabei de expor. **Designa-se habitualmente, em psicometria, por "escala de medida" um instrumento que inclui várias questões ou itens e que se destina a medir uma determinada variável ou característica**. Embora o termo "escala" pudesse, no seu sentido mais lato, ser aplicado à questão utilizada como exemplo na página 30 (uma vez que temos aí um contínuo, a saúde, avaliado por meio de uma subdivisão em graus), o seu uso é geralmente reservado para os casos em que se associam diferentes questões para medir uma mesma dimensão ou variável. Esta é mesmo a regra geral em psicometria: **uma dimensão, para ser adequadamente avaliada, deve sê-lo com recurso a mais do que um item**.

Poderia, então, perguntar-se por que razão assim é, e se o item da Figura 2 não constitui, afinal, uma medida adequada da saúde do indivíduo. No Capítulo 5, este aspecto será explicado em maior profundidade, quando for apresentada a questão da precisão das escalas. Poderemos, entretanto, adiantar que **uma variável medida por intermédio de várias questões o será com maior rigor e sujeita a menor grau de erro do que quando é medida por um único item.** O motivo é o mesmo pelo qual uma avaliação feita por vários juízes é, em princípio, mais fidedigna (no sentido de ser não só mais estável, como também mais próxima do valor "real") do que uma que seja feita por uma única pessoa. Em muitos campos da ciência e da técnica, nos quais são necessárias medidas de elevado grau de precisão, é prática comum efectuar repetidas medições, pelo mesmo observador ou por observadores diferentes, e adoptar como resultado uma qualquer forma de agregado dos diversos valores obtidos, que pode ser, por exemplo, a sua média, ou simplesmente o valor mais frequente (a moda). **A razão essencial para a vantagem deste processo resulta do facto de qualquer medição estar sujeita a um erro, que pode ser sistemático (sempre na mesma direcção e com a mesma magnitude) ou aleatório. A realização de várias medições independentes permite diminuir a importância desse erro,** quer ele seja aleatório (nesse caso, e segundo o chamado *teorema do limite central*, os erros terão tendência a anular-se mutuamente com a repetição das medições), quer seja sistemático (se um observador ou questão introduz sistematicamente um dado erro na medida, a combinação dos seus resultados com os de outros observadores ou questões leva à diminuição do peso desse erro no resultado final). Para além disso, a utilização de vários itens permite avaliar uma maior variedade de aspectos do fenómeno que é objecto de estudo. Assim, uma escala de avaliação da "saúde subjectiva" poderia incluir vários itens como os seguintes:

– Considero-me uma pessoa saudável.
– Neste último ano, perdi vários dias de trabalho devido a doença.
– Sinto frequentemente dores ou outras sensações físicas incómodas.

– A minha saúde raramente me causa preocupações.
– Acho que fico doente com mais frequência do que a maioria das outras pessoas.
– Tive de ser internado no hospital no último ano, devido a doença.
– Nunca tive de desistir definitivamente de uma actividade que me desse prazer, devido a problemas de saúde.

Reconhecidas as vantagens de utilizar mais do que uma questão para avaliar cada característica do indivíduo, o problema que se coloca é o de como *combinar* a informação fornecida por cada um dos itens de modo a obter o resultado global. Ao longo da história da Psicologia foram propostos variados métodos (ver, por exemplo, Edwards, 1957), a grande maioria dos quais acabou por cair em desuso, na maior parte dos casos devido ao facto de a sua complexidade e o dispêndio de recursos exigido não se reflectirem em vantagens concretas quanto à qualidade dos resultados fornecidos. Actualmente, a preferência tende a recair sobre as opções mais expeditas, que permitem geralmente obter resultados tão adequados como os fornecidos pelas técnicas mais complexas. Assim, dos quatro grandes métodos de construção de escalas de que este capítulo se irá ocupar, os dois primeiros (o ordinal e o de intervalos aparentemente iguais) têm hoje sobretudo um interesse histórico, embora ainda sejam usados em domínios específicos, nos quais as suas propriedades se revelam particularmente adequadas. O terceiro (o modelo aditivo) é hoje em dia o método por excelência da medição psicológica, pelo que os restantes capítulos deste livro se referirão quase exclusivamente a ele. Finalmente, apresentaremos ainda um modelo surgido em anos relativamente recentes, sobretudo nas suas aplicações práticas, mas que, pela sua elevada complexidade, tem visto a sua utilização também restrita a aplicações nas quais as suas vantagens são mais salientes: trata-se do "modelo de traço latente" ou "teoria da resposta ao item".

O modelo ordinal, ou escala de Guttman

Tal como o nome indica, trata-se de um método de construção de escalas que assume explicitamente o nível ordinal como aquele em que se situam as medidas que fornece e se baseia nos pressupostos deste nível de medida para a selecção dos itens a incluir na escala e para a obtenção dos resultados. Lembremos que, quando da apresentação do

Quadro 1 - Conjuntos de respostas possíveis numa escala ordinal perfeita com 4 itens.

		Item			
		1	2	3	4
Conjuntos de respostas	I	F	F	F	F
	II	F	F	F	V
	III	F	F	V	V
	IV	F	V	V	V
	V	V	V	V	V

nível ordinal da medida, se destacou o respeito pelo princípio da transitividade como sua característica essencial: se A > B e B > C então A > C. O pressuposto essencial da escala de Guttman é o de que as respostas dos indivíduos aos diversos itens seguem estritamente esta regra. Consideremos o seguinte conjunto de itens:

1 – Não me lembro de alguma vez ter estado doente.

2 – É muito raro perder um dia de trabalho devido a doença.

3 – Acho que tenho uma saúde pelo menos tão boa como a da maioria das pessoas.

4 – As doenças não são a principal preocupação da minha vida.

Suponhamos que pedíamos a um conjunto mais ou menos numeroso de pessoas que respondesse a estes itens, classificando cada um deles como verdadeiro ou falso no seu caso. **É aparentemente legítimo pensar que uma pessoa que concorde com qualquer dos itens, concordará também com todos os que se lhe seguem.** Por exemplo, quem considera verdadeiro para si o primeiro item, certamente considerará também como verdadeiros todos os outros. Mesmo alguém que não considere verdadeiro o item 1, caso admita como verdadeiro o 2, considerará certamente do mesmo modo o 3 e o 4. **A mesma situação ocorre no sentido inverso, como é lógico.** Uma pessoa que considere falso o item 4 deverá certamente considerar todos os outros também falsos no seu caso. **Assim sendo, apenas 5 conjuntos de respostas são, em princípio, possíveis.** Designando esses tipos por números romanos, e as respostas aos itens por "*V*" (verdadeiro) e "*F*" (falso), poderemos representar esses 5 conjuntos numa tabela como a do Quadro 1.

Em princípio, portanto, das 16 combinações possíveis de respostas a um conjunto de 4 itens dicotómicos (ou seja, itens com duas alternativas de resposta), apenas 5 combinações deverão ocorrer. Essas 5 combinações correspondem a 5 diferentes níveis de saúde subjectiva, hierarquicamente ordenados de 5 (o nível máximo de saúde) até 1 (o nível mínimo de saúde). Bastará, então, apresentar estes 4 itens a cada indivíduo e pedir-lhe para manifestar o seu acordo ou desacordo com cada um deles. O número de itens com os quais cada indivíduo concorda corresponde ao seu nível de saúde subjectiva. É importante notar que, para cada resultado no conjunto da escala, é sempre possível saber exactamente quais os itens que o respondente considerou verdadeiros e quais os que considerou falsos. Por outras palavras, dois indivíduos que tenham obtido o mesmo resultado numa escala de Guttman responderam exactamente da mesma maneira a todos os itens.

Apesar de este tipo de escalas parecer à primeira vista apresentar características interessantes, tem também grandes limitações e inconvenientes, que fizeram com que o seu uso tenha sido sempre bastante restrito. **A primeira grande desvantagem deste tipo de escala deriva directamente dos seus pressupostos básicos. Mais concretamente, o recurso exclusivo ao princípio da transitividade como base para a construção da escala, que a coloca inapelavelmente ao nível ordinal, nada permite dizer acerca da distância existente entre os diferentes graus que ela permite distinguir.** É, assim, perfeitamente possível que a distância entre o nível 1 e o nível 2 seja bastante diferente da que existe entre os níveis 2 e 3. O método de construção da escala nada garante e nada permite dizer sobre isso. A possibilidade de as distâncias entre os sucessivos graus da escala serem bastante diferentes acarreta um sério risco de se cometerem erros importantes ao interpretar os seus resultados ao nível intervalar. Mas, como vimos no capítulo anterior, a opção prudente de considerar apenas o nível ordinal impõe importantes limitações em termos das possibilidades de análise estatística dos resultados. Por isso, as escalas que asseguram pelo menos uma igualdade aproximada entre os sucessivos intervalos apresentam neste aspecto vantagens significativas.

Um outro problema tem a ver com o facto de que praticamente nunca é possível obter uma escala em que os itens se apresentem numa ordinalidade perfeita. Nenhum item pode estar, por mais cuidado que tenha sido posto na sua redacção, completamente isento de ambiguidade, e qualquer indivíduo que lhe dê uma interpretação diferente do comum será suficiente para que o padrão de resultados se desvie do esperado. Para além disso, é muito difícil evitar que, ao pretender situar os itens em diferentes pontos da dimensão que se pretende medir, estes se refiram a aspectos ligeiramente diferentes do conceito que lhe está subjacente. Repare-se como, no exemplo da página 36/37, o item 4 se refere à *preocupação* com as doenças e não a uma avaliação mais ou menos directa do nível de saúde subjectiva. Uma pessoa que, embora tendo problemas de saúde, investe noutros aspectos da sua vida e se recusa a centrar permanentemente os seus pensamentos na doença, poderia responder negativamente ao item 3 e positivamente ao 4, violando assim o princípio em que se baseia a construção da escala.

A constatação da impossibilidade prática, em quase todos os casos, de obter uma escala perfeitamente ordinal levou Louis Guttman (o autor que desenvolveu este tipo de escalas nos anos 40, donde o nome por que são habitualmente conhecidas) a propôr um índice que avalia o grau em que a escala se aproxima da ordinalidade perfeita. Este índice, chamado *coeficiente de reprodutibilidade*, corresponde à proporção de indivíduos cujas respostas seguem aquilo que se poderia esperar se a escala fosse de facto ordinal, ou seja, apresentam um dos padrões de respostas previstos por um esquema como o do Quadro 1. O seu nome deriva do facto de, numa escala ordinal perfeita, ser possível reproduzir exactamente as respostas a cada um dos itens, apenas a partir do resultado total na escala. Um coeficiente de reprodutibilidade de 1 significa, portanto, que essa reprodução é possível para todos as pessoas que responderam à escala.

O problema é, então, o de conseguir elaborar uma escala que apresente um coeficiente de reprodutibilidade tão alto quanto possível. Para examinar este problema, é importante ter em mente um esquema das relações entre a característica avaliada, os itens utilizados para essa avaliação e a posições dos diferentes indivíduos ao longo dessa dimensão subjacente. Este esquema está representado na Figura 3.

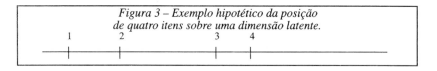

Figura 3 – Exemplo hipotético da posição de quatro itens sobre uma dimensão latente.

Consideremos que a recta horizontal representa a dimensão que se pretende medir, digamos, a saúde. Os seus extremos representam, respectivamente, o do lado esquerdo o mais baixo grau de saúde possível, o do lado direito o seu mais elevado grau possível. Os pontos marcados por números de 1 a 4 representam as localizações dos vários itens ao longo da dimensão. Significa esta "posição do item" que os indivíduos que se situem, na dimensão considerada, num ponto localizado à direita do item concordarão com esse item. Os que se situem num ponto mais à esquerda, discordarão do item. Se tudo se passasse deste modo, a escala seria perfeitamente ordinal e nunca ninguém teria qualquer dúvida quanto à sua concordância com um item. Qualquer um de nós que já tenha respondido a um questionário sabe, no entanto, que esta pretensão está longe de corresponder à realidade. Sentimos frequentemente dúvidas em relação à nossa concordância com uma qualquer afirmação. Se pusermos de lado a possibilidade de não compreendermos o item, ou de este permitir diferentes interpretações, será lógico pensar que a nossa incerteza se manifestará sobretudo em relação àqueles itens que se situam, na dimensão considerada, muito próximos do ponto onde nós próprios, por virtude das nossas características pessoais, nos situamos. É mesmo razoável pensar que, para uma pessoa que se situe exactamente sobre o mesmo ponto da escala em que o item se localiza, haverá igual probabilidade de acabar por se decidir por concordar ou discordar. Caso a pessoa se situe num nível ligeiramente mais elevado (mais à direita), a probabilidade de concordar será maior do que a de discordar, mas esta última não é nunca completamente nula, e só se torna suficientemente pequena para poder ser ignorada quando a pessoa se situa num nível muito acima daquele que caracteriza o item. Podemos, então, representar num gráfico a hipotética variação da probabilidade de concordar com um item, em função da posição do indivíduo na dimensão subjacente. Este gráfico, geralmente designado por "curva característica do item", está representado na Figura 4, a qual inclui apenas um item, por razões de simplicidade. A curva apresentada é arbitrária, mas corresponde aproximadamente à forma que se obtém quando se analisam resultados reais. É evidente que um modelo ordinal pressupõe não uma curva, mas antes um salto brusco, como na Figura 5, que não corresponde, obviamente, à realidade.

Vejamos, então, o que acontece quando se reúnem vários itens, cada um deles com a sua curva característica, para construir uma escala. Na Figura 6 está representada esta situação. Para simplificar, os itens estão representados como se as suas curvas características tivessem exactamente a mesma forma, apenas se distinguindo pela sua posição ao longo da variável medida. Temos, portanto, 3 itens situados ao longo de uma mesma dimensão. Consideremos, de momento, os itens designados 1 e 2. Todos os indivíduos situados abaixo do ponto A discordam do item 1. Todos os situados acima do ponto B concordam com este item. Do mesmo modo, para o item 2, todos os indivíduos situados abaixo do ponto C discordam, e todos os situados acima de D concordam[4]. Deduz-se daqui, naturalmente,

---

[4] É evidente que nunca é possível afirmar que *todas* as pessoas em determinadas circunstâncias concordam ou discordam de um dado item, até porque é sempre possível

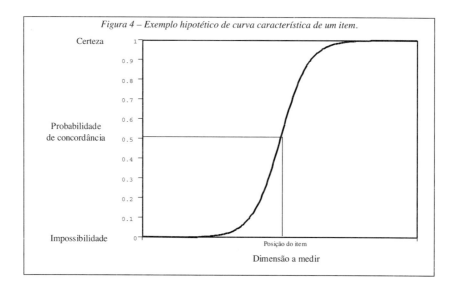

Figura 4 – *Exemplo hipotético de curva característica de um item.*

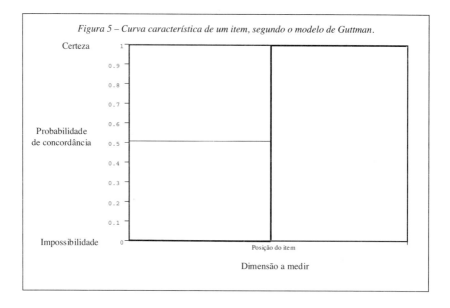

Figura 5 – *Curva característica de um item, segundo o modelo de Guttman.*

uma distracção, um erro de leitura ou de marcação, mas para os nossos propósitos esta pequena falha de rigor não é importante.

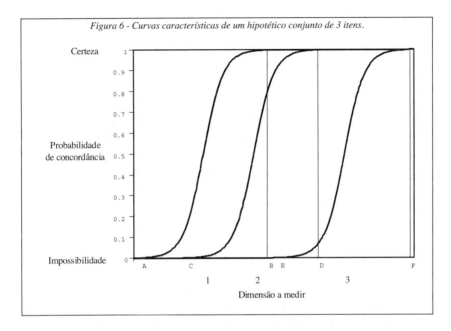

Figura 6 - Curvas características de um hipotético conjunto de 3 itens.

que todos os indivíduos situados entre os pontos C e B poderão discordar do item 1 e concordar com o 2, violando o princípio da ordinalidade.

Reparemos, agora, no item 3. Possui uma "zona de incerteza" (aquela em que ambas as respostas, concordar e discordar, são possíveis, e que se situa entre os pontos E e F) com a mesma dimensão das dos itens 1 e 2, mas situa-se bastante mais afastado do item 2 do que este do item 1. Por essa razão, a zona na qual é possível um par de respostas que não respeite o princípio da ordinalidade é bastante mais estreita, se considerarmos os itens 2 e 3 (neste caso, será a zona compreendida entre os pontos E e D). Se considerarmos os itens 1 e 3, essa zona de sobreposição será mesmo inexistente (na prática, embora não em teoria).

Podemos daqui deduzir quais as principais formas de aumentar ao máximo o coeficiente de reprodutibilidade de uma escala de Guttman: (a) reduzir ao mínimo a zona de incerteza dos itens, ou (b) escolher itens tão afastados quanto possível, ao longo da dimensão a avaliar. O primeiro objectivo não é fácil de alcançar, até porque não é possível obter directamente, dentro dos pressupostos do modelo de Guttman, uma avaliação da extensão da zona de incerteza. Evidentemente, é sempre possível tomar precauções básicas, como assegurar que os itens sejam facilmente compreendidos e tentar eliminar ao máximo a ambiguidade, procurando que os itens não permitam diferentes interpretações (no próximo capítulo abordaremos alguns dos cuidados a ter na redacção dos itens). **A segunda estratégia referida constitui um método "certo e seguro" de aumentar a reprodutibilidade da escala, mas a sua aplicação pode causar problemas. Para se conseguir um grau de reprodutibilidade adequado (segundo Guttman, um valor superior a 0,85), pode, muitas vezes, ser necessário utilizar um número bastante reduzido de itens. A redução do número de itens, entretanto, tem como consequência a redução do número de resultados possíveis da escala. Por outras palavras, ao ganhar-se em termos de reprodutibilidade, perde-se em termos de capacidade discriminativa,** e esta troca pode, em muitos casos, ser indesejável, sobretudo quando, para se satisfazer um critério exigente na primeira, se admitem grandes perdas na segunda.

Mas se, apesar de todos estes problemas, continuarmos interessados em construir uma escala de Guttman para medir uma qualquer variável, como deveremos proceder? A tarefa não é fácil, uma vez que a menor frequência com que este tipo de escalas são utilizadas leva a que haja menor consenso na comunidade científica em relação ao processo da sua construção. De qualquer modo, e tal como em qualquer outro tipo de escalas, há que começar pela redacção dos itens. Este tema será referido em maior detalhe no próximo capítulo, mas alguns princípios específicos deste tipo de escala devem ser referidos aqui.

Para começar, é importante ter em mente, desde o início do processo, que os itens terão de se enquadrar num modelo ordinal. A sua elaboração deve ser feita a pensar nessa necessidade e os itens devem ser criados de forma a que a reprodutibilidade seja o mais alta possível. Concretamente, há que procurar criar, por exemplo, para diferenciar entre as pessoas que se situam em níveis baixos da dimensão considerada, itens com os quais somente pessoas com valores muito baixos nessa dimensão não concordariam, assim como itens com os quais só pessoas com níveis muito elevados dessa dimensão estariam de acordo, capazes de discriminar aos níveis mais elevados. Vamos servir-nos, para efeitos de exemplificação, de uma hipotética escala destinada a avaliar a atitude (M. L. P. Lima, 1997) das pessoas face à religião.

O primeiro passo será, portanto, o da elaboração de um conjunto de itens capazes de satisfazer os critérios de uma escala ordinal. Consideremos o seguinte conjunto de itens[5].

---

[5] Os itens e resultados aqui apresentados foram obtidos no contexto de um trabalho

1 – A religião deve ser a mais importante fonte de orientação na vida do indivíduo.

2 – As pessoas com formação religiosa têm mais facilidade em distinguir o bem do mal.

3 – O facto de sermos crentes de uma religião dá-nos um grande apoio para enfrentarmos os nossos problemas.

4 – As organizações religiosas realizam geralmente obras sociais de grande mérito.

5 – A religião é fonte de valiosos ensinamentos morais.

6 – A religião é uma forma de alienação do Homem.

7 – O indivíduo religioso é geralmente um fracassado na vida.

Os dois últimos itens são, como se pode facilmente depreender, considerados de forma inversa dos restantes: enquanto nos itens 1 a 5, uma resposta positiva (concordância) revela, em princípio, uma atitude mais favorável à religião do que uma resposta negativa (discordância), nos itens 6 e 7 acontece precisamente o contrário. Por isso, as respostas a estes itens foram invertidas antes de inciado o processo de análise dos dados, de modo a facilitar a interpretação. O recurso a itens de cotação invertida é comum na construção de instrumentos psicométricos, e será referida de novo várias vezes. Neste caso, tem apenas o objectivo de permitir criar itens que discriminem entre níveis relativamente baixos na variável medida, sem recorrer a uma redacção na negativa (ver item 4 na página 38), que dificulta a compreensão e pode induzir em erro quem tem de responder.

Este conjunto de itens foi apresentado a uma amostra constituída por 60 pessoas, de idades, níveis socio-económicos e habilitações literárias variadas. Dessas 60 pessoas, 3 omitiram uma ou mais respostas aos itens, pelo que foram eliminadas dos cálculos subsequentes. Pretendíamos, a partir destas respostas, verificar se os itens constituíam uma escala de Guttman, sendo o primeiro aquele cujo acordo exigiria uma atitude mais favorável à religião, e o último aquele que exigiria, para ser rejeitado (neste caso, aceite, uma vez que o item é de cotação invertida) uma atitude mais desfavorável.

Uma primeira forma de verificar esta hipótese é através da contagem do número de indivíduos que concordam (discordam, no caso dos itens 6

---

no qual participaram igualmente as minhas colegas Dra. Anabela Marques, Dra. Helena Figueiredo Silva e Dra. Isabel Oliveira.

e 7) com o item. Se os itens se dispuserem de forma ordinal, esse número deverá diminuir (ou aumentar, consoante a forma como os itens forem dispostos) sistematicamente de um item para o seguinte. O resultado desta contagem está representado no Quadro 2.

Um exame do quadro permite imediatamente concluir que algo não corre bem quanto ao comportamento dos itens. Nomeadamente, os itens 3, 4 e 5, que deveriam apresentar um número sucessivamente crescente de respostas de acordo, situam-se praticamente ao mesmo nível neste aspecto e o item 6, que deveria dar origem a um número ainda superior, apresenta um número menor! Estes resultados, frequentes no processo de construção de escalas deste tipo, reflectem a grande dificuldade que os investigadores muitas vezes sentem em antecipar a proporção de pessoas que concordarão ou não com um conjunto de afirmações.

Assim sendo, é evidente que a escala não pode ser utilizada na forma em que foi concebida inicialmente. Perante isto, poderia considerar-se a possibilidade de modificar a ordenação dos itens, colocando o 6 antes do 3, e de eliminar alguns dos itens que apresentam um número de acordos semelhante, uma vez que esses itens irão provavelmente contribuir de forma muito acentuada para a diminuição do coeficiente de reprodutibilidade da escala, sem, por outro lado, contribuírem para a sua capacidade discriminativa. Neste sentido, a opção mais adequada seria a de calcular o coeficiente de reprodutibilidade utilizando cada um dos três itens do conjunto que apresenta uma percentagem de acordos semelhante e escolher aquele que permitisse obter um valor mais alto. Comecemos, portanto, por incluir o item 3, o primeiro na ordenação inicial.

Quadro 2 – Frequência das respostas por item.

Item	Acordos	Desacordos
1	10	47
2	23	34
3	48	9
4	45	12
5	46	11
6	31	26
7	55	2

Quadro 3 – Exemplo de escalograma.

Item 1	Item 2	Item 6	Item 3	Item 7	Acordos	Ordin.
1	1	1	1	1	5	1
0	1	1	1	1	4	1
0	1	1	1	1	4	1
0	1	1	1	1	4	1
0	1	1	1	1	4	1
0	1	1	1	1	4	1
0	1	1	1	1	4	1
0	1	1	1	1	4	1
0	1	1	1	1	4	1
0	1	1	1	1	4	1
0	1	1	1	1	4	1
0	1	1	1	1	4	1
0	1	1	1	1	4	1
1	0	1	1	1	4	
1	0	1	1	1	4	
1	1	0	1	1	4	
1	1	0	1	1	4	
1	1	1	1	0	4	
0	0	1	1	1	3	1
0	0	1	1	1	3	1
0	0	1	1	1	3	1
0	0	1	1	1	3	1
0	0	1	1	1	3	1
0	0	1	1	1	3	1
0	0	1	1	1	3	
0	0	1	1	1	3	1
0	1	0	1	1	3	
0	1	0	1	1	3	
0	1	0	1	1	3	
0	1	0	1	1	3	
0	1	0	1	1	3	
1	0	0	1	1	3	
1	0	0	1	1	3	
1	0	0	1	1	3	
0	0	0	1	1	2	1
0	0	0	1	1	2	1
0	0	0	1	1	2	1
0	0	0	1	1	2	1
0	0	0	1	1	2	1
0	0	0	1	1	2	1
0	0	0	1	1	2	1
0	0	0	1	1	2	1
0	0	0	1	1	2	1
0	0	0	1	1	2	1
0	0	0	1	1	2	1
0	1	0	1	0	2	
0	0	1	0	1	2	
0	0	1	0	1	2	
0	0	1	0	1	2	
0	0	1	0	1	2	
0	0	1	0	1	2	
0	0	1	0	1	2	
0	0	0	0	1	1	1
0	0	0	0	1	1	1
0	0	0	0	1	1	1

Para calcular o coeficiente de reprodutibilidade, é possível recorrer ao auxílio da informática, utilizando um dos "pacotes" de aplicações estatísticas disponíveis no mercado (desde que o pacote em causa inclua este procedimento, o que nem sempre acontece). Na ausência desta possibilidade, poder-se-á recorrer a uma programa de tipo "folha de cálculo", ou realizar o processo de forma manual, o que não se torna demasiado trabalhoso desde que o número de respondentes e de itens não seja grande. Para além disso, existem no mercado alguns programas informáticos especializados para a construção de escalas deste tipo, que deverão facilitar em muito o trabalho. São muitas vezes designados como de *"scalogram analysis"*, devido à designação de "escalograma" atribuída a matrizes como as do Quadro 3.

Começamos, então, por representar numa tabela (Quadro 3) as respostas dos diversos indivíduos, reservando uma linha para cada indivíduo e uma coluna para cada item. Reservaremos ainda a linha superior para inscrever a legenda respeitante a cada coluna. A concordância com um item é geralmente designada pelo número 1 e a discordância por 0[6]. Para nos facilitar a tarefa, ordenamos os itens por ordem crescente do número de

---

[6] A grande vantagem desta opção é que, caso se utilize um programa de folha de cálculo, bastará somar ao longo de uma linha ou coluna para obter o número de concordâncias para esse indivíduo ou para esse item.

respostas positivas (aquelas que revelam uma atitude mais favorável) e ordenamos os indivíduos por ordem decrescente do número de itens com os quais se manifestaram de acordo. Dentro de cada um dos grupos definidos por este útltimo critério, colocaremos ainda, em primeiro lugar, todos os indivíduos cujas respostas seguem um padrão ordinal, ou seja, em que os n itens com os quais concordam correspondem aos n itens com maior número de acordos, no conjunto da amostra. Torna-se assim fácil assinalar, numa coluna adicional colocada à direita, com o número 1 aqueles cujas respostas seguem o esquema previsto e com 0 aqueles que apresentam um padrão de respostas diferente deste.

O cálculo do coeficiente exige, então, apenas a soma dos valores nesta coluna e a sua divisão pelo número total de indivíduos, o que nos fornece um valor de 0,649. Isto significa, simplesmente, que cerca de 65% dos respondentes forneceram respostas que se enquadram num esquema ordinal perfeito. Ora, um valor tão baixo não é, normalmente, aceitável numa escala de Guttman, pois corresponde a admitir que um terço dos indivíduos dão respostas incompatíveis com os princípios que orientam a construção da escala.

O que fazer, então? Várias soluções seriam possíveis. Em primeiro lugar, eliminar o item 3 e colocar no seu lugar os itens 4 ou 5, anteriormente rejeitados. No presente caso, no entanto, esta estratégia não fornece resultados muito úteis. Substituindo-se o item 3 pelo 4, o coeficiente desce para 0,632. Substituindo-se pelo item 5, obtém-se o valor de 0,667, ou seja, um ganho insignificante. Uma segunda possibilidade seria a de concluir de imediato pela impossibilidade de obter uma escala adequada a partir destes itens, e regressar à fase inicial, redigindo novos itens para complementar ou substituir alguns dos actuais. Perante os resultados obtidos, esta seria talvez a solução mais adequada mas, dado que se trata de um exemplo, não a iremos seguir. Uma terceira hipótese seria a de eliminar um dos itens, sobretudo aquele que dá origem ao maior número de violações do princípio da ordinalidade. Este número é facilmente determinado contando o número de indivíduos que concordam com um item, mas não concordam com o seguinte, quando os itens são colocados por ordem crescente do número de acordos que recebem. Este número é relativamente fácil de obter a partir da tabela anterior, e os resultados da contagem estão representados no Quadro 4.

É possível verificar que o item 6 é o responsável pelo maior número de violações (14, sendo 8 com o item 2 e 6 com o 3), embora seja seguido de muito perto pelo item 2 (com 13, 5 com o item 1 e 8 com o 6). Elimi-

Quadro 4 - Número de violações ligadas a cada par de itens.

Item	Nº de violações
1 - 2	5
2 - 6	8
6 - 3	6
3 - 7	1

namos por isso o item 6, e voltamos a calcular o coeficiente de reprodutibilidade, encontrando desta vez o valor de 0,877, que já é mais aceitável. Obtemos, assim, uma escala de Guttman com um coeficiente de reprodutibilidade elevado, mas com apenas 4 itens. Este número é bastante insatisfatório, porque significa que a escala só consegue discriminar cinco níveis de atitude ao longo da dimensão considerada. Foi por esta razão que referi atrás que, neste caso, seria preferível recomeçar do princípio e redigir novos itens. Infelizmente, trata-se de uma situação frequente na construção de escalas de Guttman: se se inclui um número razoável de itens (digamos, entre 8 e 10), é difícil obter um coeficiente de reprodutibilidade elevado; se se reduz o número de itens para aumentar a reprodutibilidade, acaba-se por ficar com um número tão reduzido que a capacidade discriminativa da escala se torna claramente insuficiente.

Outro problema mais grave se pode ainda colocar quando se reduz o número de itens para aumentar a reprodutibilidade. Consideremos os seguintes itens:

1 – Qual é a capital de Portugal?
2 – Quanto é 221:17?
3 – O que é um acrásico?

Estas três questões seguem, certamente, uma disposição ordinal, embora as competências que medem pertençam a áreas bastante diferentes. Este é um caso evidente em que, **ao reduzir o número de itens e escolher itens de modo a que a proporção de pessoas que os consegue resolver seja muito diferente, é possível obter uma escala ordinal mesmo com conteúdos bastante heterogéneos. Esta possibilidade vem pôr em causa o pressuposto defendido por Guttman, de que o sucesso na obtenção de uma disposição perfeitamente ordinal dos itens de uma escala implica que se tenha igualmente conseguido obter uma escala unidimensional, ou seja, em que todos os itens reflectem uma mesma dimensão subjacente.**

Todas estas razões conduziram a que o método proposto por Guttman nunca tenha tido uma aceitação muito significativa e hoje

em dia raramente seja utilizado. Excepções a esta regra podem, no entanto, ocorrer em determinadas áreas, nas quais a própria natureza dos fenómenos a medir predispõe à construção de escalas ordinais. É o caso, nomeadamente, da avaliação de alguns aspectos do desenvolvimento infantil, que tende a ocorrer por fases (por vezes designadas "estádios") bem caracterizadas e que se sucedem numa ordem constante em todas as crianças. Torna-se, assim, relativamente fácil a construção de escalas ordinais, que façam corresponder, grosso modo, cada item a um dos estádios considerados, uma vez que fica desde logo assegurada quer a reprodutibilidade, quer a unidimensionalidade (esta exigindo, para além da reprodutibilidade, uma definição teórica dos mecanismos subjacentes à sucessão dos estádios). Um exemplo de aplicação deste princípio é o das escalas ordinais de avaliação do desenvolvimento cognitivo em crianças até aos 2 anos de idade, desenvolvidas nos anos 60 e 70 pelos investigadores norte-americanos Irna Uzgiris e Joe McVicker Hunt (1975), e baseadas na teoria de Piaget. Outros exemplos de aplicações de escalas de Guttman são os trabalhos de Koslowski, Pratt e Wintrob (1976), e de Katz e Schmida (1993).

O modelo de intervalos, ou escala de Thurstone

O nome de Louis Leon Thurstone é, sem dúvida, um dos mais importantes na história da psicometria e da Psicologia em geral, e as suas contribuições para as técnicas de medição, para as aplicações da estatística e para o estudo da inteligência permanecem ainda hoje, décadas mais tarde, como uma influência bem presente (Gulliksen, 1968). Nesta secção iremos ocupar-nos apenas de um dos variados métodos propostos por Thurstone para a medição das atitudes, embora os mesmos princípios possam ser facilmente generalizados a outros domínios.

Tal como o título indica, o objectivo essencial de Thurstone na criação deste método (e de outros) era o de obter uma escala que pudesse reivindicar propriedades intervalares, ou seja, em que os intervalos entre os seus diferentes graus pudessem ser considerados iguais. De entre as várias formas possíveis de assegurar essa igualdade, Thurstone recorreu, neste caso, ao chamado "método dos intervalos *aparentemente* iguais", que se baseia no pressuposto de que, se dois intervalos são considerados subjectivamente iguais por um grupo de indivíduos, esses intervalos podem ser tratados como iguais em

termos da dimensão subjacente à avaliação (a qual, nos casos que nos importam aqui, é quase sempre também subjectiva).

Este princípio é igualmente utilizado noutras áreas da Psicologia, por exemplo na psicofísica (área da Psicologia que se ocupa das relações entre as dimensões físicas dos estímulos e as sensações subjectivas a que esses estímulos dão origem). Se queremos estabelecer uma relação entre a intensidade de uma fonte luminosa e a sensação subjectiva de luminosidade, poderemos recorrer ao seguinte procedimento. Apresentamos a uma pessoa duas fontes de luz, designadas A e B, de intensidade fixa, sendo B mais intensa do que A, e uma fonte C, cuja intensidade é regulável. A tarefa pedida ao participante será a de regular a intensidade de C de tal modo que esta seja mais intensa do que B, e que *o intervalo entre a sua luminosidade e a de B seja igual ao que existe entre as intensidades de B e A*. Repetindo sucessivamente a tarefa, com o mesmo ou com outros indivíduos, e com uma ampla variedade de intervalos e intensidades de referência, é possível eliminar progressivamente os factores de erro e tentar estabelecer uma lei geral, em forma matemática, da relação entre a intensidade luminosa e a sensação subjectiva de luminosidade[7].

O método dos intervalos aparentemente iguais, aplicado à construção de escalas de medida (que se popularizou com o nome de "método de Thurstone", embora este autor tivesse desenvolvido também outros métodos; ver Edwards, 1957), **baseia-se na utilização de um grupo de indivíduos, denominados *juízes*, a quem se pede que examinem cada um dos itens previamente elaborados pelo investigador e atribuam a cada um deles uma posição na dimensão que se pretende medir**. Na prática, Thurstone recomendava a utilização de uma escala com 11 níveis e pedia aos juízes que colocassem cada um dos itens (por exemplo, frases relativas à religião) num desses graus, considerando que um dos extremos da escala corresponderia a um dos extremos da dimensão (por exemplo, uma atitude maximamente favorável) e o outro ao extremo oposto (uma atitude maximamente desfavorável). Para além disso, **os juízes deveriam fazer a atribuição das afirmações aos graus da escala, assumindo que os intervalos entre os sucessivos graus teriam todos igual extensão.** Na

---

[7] Posso adiantar que a relação entre as duas grandezas assume, quando este método é utilizado, uma forma exponencial. Quando se utilizam outros métodos, a relação obtida é, por vezes, diferente, o que constitui um dos problemas fundamentais da psicofísica. Uma discussão mais pormenorizada destas questões pode ser encontrada na maioria dos manuais de introdução à Psicologia.

maior parte dos casos, e para facilitar a tarefa do juiz, os itens estão escritos em cartões, que este deve distribuir por 11 caixas ou colocar junto de 11 marcadores numerados, dispostos sobre uma mesa. Esta opção destina-se a facilitar a revisão das classificações já efectuadas, encorajando o juiz a comparar sistematicamente os itens classificados em cada ponto da escala, entre si e com os classificados nos graus adjacentes, e a modificar a sua classificação sempre que o considere conveniente.

Como já vimos, o objectivo deste método é o de obter uma escala cujas unidades correspondam a intervalos iguais. Por isso, **à obtenção das respostas dos juízes segue-se um processo de selecção dos itens, de modo a tentar obter um conjunto que cubra de forma aproximadamente homogénea toda a extensão da dimensão visada. Devido à existência deste processo de selecção, que apenas vai reter os "melhores", a elaboração de uma escala de Thurstone parte sempre de um número de itens maior do que aquele que se pretende reter para a forma final (uma regra geral na construção de escalas). É comum o número de itens à partida ser cinco a dez vezes maior do que o da forma final, embora também aqui não se possam estabelecer regras absolutas. Em princípio, quanto maior for o número de itens à partida, mais fácil será reter um bom conjunto no final. Mas é evidente que um número muito grande de itens sobrecarrega o investigador e, sobretudo, os juízes.**

Quanto ao número de juízes a utilizar, Thurstone recomendava 300, mas estudos posteriores sugeriram que com um grupo de 50 juízes se conseguem resultados igualmente sólidos. Um número em torno de 30 constitui geralmente o mínimo admissível, para um trabalho que não se pretenda de extremo rigor.

Depois de obtidas as classificações pelos juízes, procede-se à selecção dos itens. Aqui, **o objectivo é o de obter um ou dois itens que representem cada um dos 11 graus da escala. Para isso, procura-se escolher itens para os quais as classificações feitas pelos juízes se distribuam em torno desses graus e apresentem uma dispersão tão pequena quanto possível pelos graus adjacentes.** São, portanto, calculados, para cada um dos itens, dois índices que representam essas duas características, e que correspondem a duas grandes classes dentro da estatística descritiva: as *medidas de tendência central* e as *medidas de dispersão*. Estas duas classes incluem um número considerável de medidas, e várias de entre elas poderiam ser utilizadas na selecção de itens para uma escala de Thurstone. Uma possibilidade frequentemente utilizada é a de recorrer às mais comuns entre as medidas de tendência central e de dispersão, respectivamente a *média aritmética* (geralmente designada apenas por "média") e o *desvio-padrão*. Devido à facilidade com que podem ser obtidas com os programas informáticos mais comuns, constituem as medidas de eleição quando se opta pelo tratamento informático dos dados. Quando esse recurso não é utilizado, existem outras medidas que permitem reduzir o tempo dispendido nos cálculos.

A solução mais simples é a de usar a *moda* (a classificação mais frequente) como medida de tendência central e a *frequência modal* (número de juízes que atribuíram essa classificação) como medida de dispersão (naturalmente, quanto maior for a frequência de escolha da categoria mais frequente, menor será a dispersão das respostas e, portanto, mais aceitável será o item). Embora apresentando a vantagem de ser extremamente simples e rápida de calcular, esta solução não é conveniente para os casos em que se pretenda um bom nível de rigor, pois é muito vulnerável a distorções, por vezes provocadas por variações muito pequenas dos resultados.

Uma solução mais adequada, e usada com muita frequência no desenvolvimento de escalas de Thurstone, é a de utilizar a *mediana* e a *distância interquartil*. Estas são medidas que utilizam as propriedades ordinais da escala, ao contrário da moda e frequência modal, que se apoiam apenas nas propriedades de nível nominal, e da média e desvio-padrão, que se situam ao nível intervalar. Embora a definição e cálculo da mediana e da distância interquartil possam ser encontradas em qualquer manual de estatística elementar, os parágrafos seguintes expõem os elementos essenciais à sua utilização na construção de escalas (o mesmo acontecerá no Capítulo 5 para a média, o desvio-padrão e outros índices estatísticos).

Por definição, a mediana é o valor abaixo do qual se situa exactamente metade das observações feitas numa determinada amostra (naturalmente, a

Quadro 5 - Frequências da classificação por juízes de um item destinado a uma escala de Thurstone.

Valor	Frequência	Freq. acumulada
1	4	4
2	9	13
3	18	31
4	11	42
5	5	47
6	2	49
7	0	49
8	1	50
9	0	50
10	0	50
11	0	50

outra metade situa-se acima da mediana). Para compreender intuitivamente o sentido da mediana, imaginemos um grupo de 11 pessoas. Para determinar a mediana das suas alturas, bastaria ordená-las em função da altura e medir a altura da pessoa colocada em 6.° lugar (o sentido da ordenação não tem influência no resultado). Tanto acima como abaixo desse valor, encontramos 5,5 pessoas ("metade" da pessoa cuja altura coincide com a mediana e as cinco que têm alturas mais elevadas, ou mais baixas). Se o número de pessoas é par, suponhamos, 10, o cálculo é um pouco mais difícil, porque a mediana não coincide com a altura de nenhuma pessoa. Tomamos, então, as pessoas que ocupam as duas posições centrais, quando as 10 pessoas são ordenadas pela altura. Se, por acaso, as duas pessoas tiverem exactamente a mesma altura, o problema está desde logo resolvido. Se não, considera-se o ponto situado a meio caminho entre as suas alturas (ou seja, a média) como correspondendo à mediana das alturas dessa amostra.

Quando se tem, como é o caso nas avaliações dos itens numa escala de 11 pontos por amostras de 50 juízes, várias observações com o mesmo valor, a situação complica-se ainda um pouco mais. Um exemplo poderá facilitar a compreensão dos princípios envolvidos, aliás bastante simples. Consideremos o conjunto de avaliações feitas para um item e representadas no Quadro 5. Junto a cada valor da escala está indicada a *frequência* (número de juízes que classificaram o item nesse valor) e a *frequência acumulada* (número de juízes que classificaram o item nesse valor ou num valor mais baixo). É fácil a partir desta tabela calcular de forma grosseira o valor da mediana. Se os juízes fossem dispostos segundo uma ordem crescente do valor da escala que atribuíram a este item, os situados nas posições centrais (25^a e 26^a) teriam escolhido o valor 3, que corresponderia à mediana.

É, no entanto, possível efectuar um cálculo bastante mais preciso, se recordarmos que os juízes classificam ao longo de uma dimensão contínua, que só por questões de facilidade de tratamento se encontra dividida em graus. Quando um juiz classifica um item no grau 3, o valor que atribui, de facto, ao item na dimensão considerada deve situar-se algures entre 2,5 e 3,5. O mesmo acontece para cada um dos outros níveis da escala, a qual abrange, portanto, valores entre 0,5 e 11,5. Partamos igualmente do pressuposto de que, dentro de cada nível ou grau da escala, as classificações "reais" dos juízes se distribuem de forma equidistante, dentro do intervalo que esse grau abrange. É, então, possível calcular com maior precisão o valor da mediana. Comecemos por dividir o intervalo entre 2,5 e 3,5 em 18 partes, que correspondem aos 18 juízes cuja classificação se situa nesse intervalo (aqueles que escolheram o valor 3). Assim, a zona do intervalo que corresponde ao juiz com um resultado real mais baixo situa-se entre 2,500 e 2,555, a zona correspondente ao segundo juiz entre 2,555 e 2,611, e assim sucessivamente. Como as classificações inferiores a 3 incluem 13 juízes, o 25º e 26º lugares da ordenação total correspondem ao 12º e 13º do intervalo relevante. É fácil calcular que a zona correspondente ao primeiro se situa entre 3,111 e 3,167, e a do segundo entre 3,167 e 3,222. Assim sendo, o valor da mediana será o do ponto de separação entre as duas zonas, ou seja, 3,167.

Na prática, utiliza-se geralmente, para o cálculo do valor exacto da mediana, uma fórmula como a seguinte:

$$Med = L + \frac{N/2 - F}{F_m},$$

(1)

em que L corresponde ao limite inferior do grau que contém a mediana (neste caso, 2,5), N corresponde ao número total de casos, F corresponde ao número de casos que se situam em níveis inferiores àquele em que se localiza a mediana (neste caso, 13) e F_m corresponde ao número de casos incluídos no nível que contém a mediana (neste caso, 18). Substituindo os valores na fórmula, obtém-se:

$$Med = 2,5 + \frac{50/2 - 13}{18} = 2,5 + \frac{25-13}{18} = 2,5 + \frac{12}{18} = 2,5 + 0,667 = 3,167$$

(2)

O cálculo da distância interquartil processa-se de uma forma muito semelhante. Se a mediana divide as observações exactamente ao meio, quando estas são ordenadas segundo o seu resultado, no caso dos quartis a amostra obtida é dividida em *quatro* partes iguais, cada uma delas constituindo um quartil. Dispondo as observações por ordem crescente de resultados, podemos falar de primeiro quartil (aquele que apresenta os resultados mais baixos), segundo, terceiro e quarto quartil. Cada um destes incluirá, portanto, exactamente 1/4 da amostra total. A distância interquartil não é mais do que a distância que medeia entre o limite superior do primeiro quartil e o limite inferior do quarto quartil, ou seja, a extensão da escala ao longo da qual se situa a metade central da distribuição de resultados.

Sendo o número de observações incluídas fixo, como uma dada proporção (0,25) da amostra total, a utilização dos quartis envolve essencialmente o cálculo dos seus limites superiores e inferiores. Começando pelo primeiro quartil, o seu limite inferior em termos de resultado é, evidentemente, o mais baixo valor observado. O seu limite superior, que corresponde ao valor abaixo do qual se situam 0,25 (ou 25%) do total dos resultados, terá de ser calculado por um processo que veremos de seguida. Em relação ao segundo quartil, o seu limite inferior coincide com o limite superior do primeiro, e o seu limite superior é a mediana. Sendo a situação do terceiro e quarto quartis simétrica em relação aos anteriores, deduz-se que os únicos valores a calcular (supondo que já determinámos o valor da mediana) serão os limites superiores do primeiro e terceiro quartis (coincidentes com os limites inferiores do segundo e quarto), e que são precisamente os valores relevantes para o cálculo da distância interquartil.

O processo de cálculo destes valores é em tudo semelhante ao da mediana, apenas com a diferença de se tomar como referência os valores 0,25 e 0,75, em vez de 0,5. Consideremos em primeiro lugar o valor de 0,25. Consultando a tabela de frequências simples e acumuladas incluída no Quadro 5, verificamos que o valor correspondente a 25% dos casos (ou seja, 12,5 casos, dado que o número total é de 50) se situa na classe que tem o valor médio de 2. Aplicamos de seguida um raciocínio muito semelhante ao utilizado para a mediana, que nos conduz a uma fórmula também muito semelhante:

$$LS_{Q1} = L + \frac{N/4 - F}{F_{LSQ1}},$$

(3)

em que LS_{Q1} corresponde ao limite superior do primeiro quartil, L ao limite inferior da zona abrangida pelo grau que contém o valor de referência, N ao número total de casos, F ao número de casos que se situam em níveis inferiores ao que contém o valor, e F_{LSQ1} ao número de casos incluídos nesse nível. Substituindo os valores na fórmula, obtém-se o seguinte resultado:

$$LS_{Q1} = 1,5 + \frac{50/4 - 4}{9} = 1,5 + \frac{12,5 - 4}{9} = 1,5 + \frac{8,5}{9} = 1,5 + 0,94 = 2,44$$

(4)

As escalas de medida 57

O limite entre o terceiro e quarto quartis é obtido de forma semelhante, através da seguinte fórmula:

$$LS_{Q3} = L + \frac{3N/4 - F}{F_{LSQ3}},$$

(5)

que, no nosso exemplo, fornece o seguinte resultado:

$$LS_{Q3} = 3,5 + \frac{150/4 - 31}{11} = 3,5 + \frac{37,5 - 31}{11} = 3,5 + \frac{6,5}{11} = 3,5 + 0,59 = 4,09$$

(6)

A partir destes dois valores, é fácil calcular, por subtracção, a distância interquartil. No nosso exemplo, a diferença entre os limites superiores do primeiro e terceiro quartis é de 1,65[8]. **De posse dos valores da mediana e da distância interquartil, procede-se à selecção dos itens mais adequados para representar cada nível. Na maior parte dos casos, é escolhido apenas um item para representar cada um dos níveis da escala mas, se se pretende obter uma escala mais precisa e o maior número de itens não coloca problemas práticos, é também frequente a selecção de dois itens por cada nível.** No primeiro caso, a escala terá, portanto, 11 itens, enquanto no segundo terá 22, se for utilizada na classificação pelos juízes a escala de 11 pontos recomendada por Thurstone.

Ficou atrás dito que se pretendia, nesta fase, encontrar itens cujas classificações se centrassem nos sucessivos valores da escala e cuja dispersão pelos valores adjacentes fosse tão baixa quanto possível. As razões para esta preferência são facilmente compreensíveis. Quanto mais os itens escolhidos se centrarem exactamente sobre um dos valores inteiros da escala, melhor terá sido alcançado o objectivo inicial de obter um conjunto de itens que se distribuem de forma homogénea ao longo de toda a dimensão que se pretende medir. Este aspecto contribui, por seu turno, para assegurar que a escala é fidedigna em toda a sua extensão, sem apresentar "pontos cegos" em determinadas zonas nas quais a sua capacidade discriminativa seja menor. A preferência por itens cuja dispersão de classificações seja menor reflecte a preocupação de que os itens sejam o

---

[8] É preciso notar que, embora a leitura destas páginas seja indispensável devido à necessidade de compreender o significado dos índices com os quais se trabalha, tanto a mediana como os limites dos quartis, ou mesmo a distância interquartil, podem ser calculados com grande rapidez por um programa de cálculo estatístico.

menos ambíguos possível, ou seja, não possam ser facilmente sujeitos a diferentes interpretações. Estas introduzem um importante factor de erro na medição, pois podem, por exemplo, fazer com que dois indivíduos que se situam exactamente no mesmo ponto da dimensão que se pretende medir (digamos, que têm a mesma atitude face à religião) respondam de modo diferente ao item, por o interpretarem de modo diferente, ou por ele lhes despertar diferentes conotações. É evidente que esta possibilidade nunca pode ser eliminada por completo, do mesmo modo que é raro encontrar itens cujas classificações estejam centradas exactamente sobre um dos valores inteiros da escala. Em qualquer dos casos, há que escolher os itens que mais se aproximam dos valores ideais. Como em muitos outros casos, as decisões aqui envolvidas não são, muitas vezes, fáceis, e nem sempre existem regras objectivas que seja possível seguir.

Uma possibilidade é a de começar por estabelecer um critério em relação à tendência central e fazer, com base nesse critério, uma primeira selecção dos itens. Pode, por exemplo, definir-se à partida que apenas serão aceites itens cuja medida de tendência central (média ou mediana) os situa a uma distância de menos de 0,2 de um dos graus (inteiros) da escala. Assim, para o grau 1, serão seleccionados itens com resultados entre 0,8 e 1,2, para o grau 2 os que se situem entre 1,8 e 2,2, e assim sucessivamente. De entre os itens que satisfizerem este critério, será depois escolhido, em cada grau da escala, aquele que apresentar uma menor variabilidade (desvio-padrão ou distância interquartil) na classificação feita pelos juízes. Como é evidente, se se pretende seleccionar dois itens em cada grau, será também escolhido o que apresentar o segundo valor mais baixo.

O procedimento inverso é igualmente possível e é, até, mais comum. Começa-se por estabelecer um valor máximo para a dispersão e, de entre os itens com valores inferiores, são escolhidos aqueles que estejam mais próximos dos sucessivos graus da escala. O problema neste método reside na dificuldade em definir o valor máximo da dispersão, uma vez que o significado dos valores obtidos não é tão evidente como no caso da medida de tendência central. O valor fixado para a dispersão será sempre, em grande medida, arbitrário.

Uma última possibilidade é a de combinar a informação de ambos os critérios, mas nesse caso o problema está em que os dois tipos de medidas não fornecem resultados directamente comparáveis, pelo que não podem ser simplesmente somados, por exemplo. Um item que apresente uma distância interquartil de 0,40 na classificação feita pelos juízes tem uma dispersão muito baixa, o que recomendaria a sua inclusão, enquanto que um item cuja mediana se situe a uma distância de 0,40 em relação ao grau inteiro mais próximo não corresponde claramente a nenhum dos graus, e por isso deve ser eliminado. É possível contornar este problema, por exemplo, ordenando os itens de acordo com ambos os critérios e atribuindo o número 1 ao mais adequado, 2 ao segundo, e assim sucessivamente. Depois, somam-se, para cada item, os números correspondentes aos dois critérios, e escolhe-se o(s) item(s) que apresente(m) a soma mais baixa. No entanto, este procedimento apresenta o claro inconveniente de obrigar a somar valores obtidos em escalas ordinais, o que, como atrás se viu, implica ignorar as diferentes distâncias existentes entre os itens e abrir caminho a possíveis distorções nos resultados. Outra alternativa é a de somar as duas medidas (a dispersão e a distância da tendência central ao número inteiro mais próximo), mas atribuindo à segunda um maior peso, através da sua multiplicação por um determinado coeficiente (e.g., 3, 4 ou 5). Não existe, porém, nenhuma base sólida para a escolha desse valor, pelo que a sua definição terá sempre um carácter arbitrário.

Depois de seleccionados os itens, estes são dispostos na forma final da escala. **A ordem por que os itens são colocados, tal como na escala de Guttman, não parece ser de grande importância.** Embora alguns autores defendam que os itens devem ser dispostos por ordem do grau da escala a que correspondem e outros defendam que uma ordenação aleatória é preferível, os resultados parecem não ser muito alterados pela escolha de uma ou outra alternativa.

Uma vez obtidas as respostas dos indivíduos a estudar, o resultado da escala é dado por uma medida de tendência central (média ou mediana) das posições em que se situam na dimensão avaliada os itens com os quais a pessoa se manifestou de acordo (as respostas aos itens, tal como na escala de Guttman, são, portanto, do tipo "Concordo/ /Discordo"). Embora possa, à primeira vista, parecer complexo, o princípio é muito simples. A cada item corresponde uma dada posição no contínuo constituído pela característica que se pretende avaliar. A média ou mediana da classificação atribuída ao item pelo conjunto dos juízes constitui uma estimativa dessa posição. Cada item corresponde, portanto, a um dado valor da variável a medir, e a concordância com um item indica que a posição do indivíduo se situa próxima da do item. Considerando o conjunto dos itens com os quais a pessoa se manifestou de acordo, é possível identificar a zona em que se situa essa posição. A posição "real" deverá, em princípio, situar-se perto do centro dessa zona, pelo que uma medida que permita localizar com alguma precisão esse centro será simultaneamente uma boa estimativa da posição do indivíduo na dimensão. Haverá, então, que tomar a média ou mediana das classificações atribuídas pelos juízes a cada um dos itens com que a pessoa se manifestou de acordo e calcular a média ou a mediana desses valores, para se obter o seu resultado na escala. **Neste caso, e uma vez que não há possibilidade de cada item receber mais do que um acordo, a mediana corresponde à posição do item central, se a pessoa concordou com um número ímpar de itens, ou à média dos dois itens centrais, se o número for par. Naturalmente, quando se fala em "item central", trata-se do item que ocupa a posição central quando os itens com os quais a pessoa concordou são ordenados de acordo com a sua posição na dimensão subjacente, inferida das classificações dos juízes.** Por razões evidentes, não é possível atribuir qualquer resultado se a pessoa não concorda com nenhum item, mas se estes cobrem de facto toda a extensão das diferenças que ocorrem nos indivíduos da amostra e na variável medida, essa deverá ser uma situação extremamente rara.

Tal como aconteceu para as escalas de Guttman, e apesar da sua cuidada fundamentação conceptual e do prestígio do seu proponente, o método dos intervalos aparentemente iguais não desempenha hoje em dia senão um papel muito limitado na construção de escalas psicométricas. A necessidade de utilizar duas amostras separadas de indivíduos (os juízes e os respondentes propriamente ditos), acarretando um maior dispêndio de tempo, esforço e mesmo dinheiro na construção da escala, é um dos factores que contribuem para a escassa frequência com que o método surge utilizado na investigação. Este aspecto é particularmente importante se considerarmos que outros tipos de métodos, como o descrito na secção seguinte, permitem obter resultados tão ou mais adequados de uma forma muito mais económica. **Mas outros problemas, estes de carácter mais técnico ou conceptual, constituem motivos ainda mais importantes.**

Um primeiro problema tem a ver com o pressuposto de que a classificação feita pelos juízes corresponde à avaliação da posição do item numa escala de intervalos aparentemente iguais. Vários factores podem levar a que a capacidade dos juízes para efectuar esse tipo de avaliação com rigor seja diminuída. Por exemplo, dado que os sucessivos graus da escala não são definidos de forma clara, e dado que o juiz é implicitamente levado a supor que deve tentar utilizar toda a extensão da escala, esta tende a ser subjectivamente definida a partir dos itens classificados logo no início da tarefa. Se, por acaso (os itens são apresentados aos juízes por uma ordem aleatória), os primeiros itens classificados se concentram numa zona favorável, o juiz vai ter tendência a distribuí-los por um sector relativamente amplo da escala. Ao ser, depois, confrontado com itens mais desfavoráveis, o juiz dificilmente será cuidadoso ao ponto de repensar toda a sua representação subjectiva de cada ponto da escala, o que o obrigaria a rever todos os itens entretanto classificados. Tenderá antes a distribuir os itens mais desfavoráveis pela zona que ainda permanece livre, e que é mais estreita do que aquela que, em princípio, utilizaria. Isto terá o efeito de "espaçar" os itens mais favoráveis, "aproximar" entre si os desfavoráveis, e "desviar" os itens intermédios no sentido desfavorável. Se forem predominantemente desfavoráveis os itens apresentados em primeiro lugar, o efeito será o inverso.

São ainda possíveis outras distorções, por exemplo se os primeiros itens se situarem perto dos extremos, ou, pelo contrário, perto do centro da escala. Este problema pode, no entanto, ser minimizado, se cada juiz receber os itens por uma ordem aleatória diferente. O método de os escrever em cartões e de os baralhar cuidadosamente para cada novo juiz é a forma mais prática de conseguir realizar este objectivo. Uma estratégia complementar é a de pedir aos juízes que leiam todos os itens antes de começar a classificá-los, para ficar com uma ideia da sua variedade mas, se o número de itens for muito grande, este procedimento pode dar origem a reclamações ou mesmo ao incumprimento das instruções pelos juízes.

Outro problema é o da influência que as atitudes dos próprios juízes podem exercer sobre as suas classificações. Thurstone defendia, apresentando alguns dados de investigação nesse sentido, que as atitudes dos juízes não influenciavam as suas respostas, desde que as instruções, no sentido de classificar os itens em termos do seu grau de favorabilidade ou desfavorabilidade em relação ao objecto visado e não em termos da concordância ou não do juiz com o item, fossem suficientemente claras. Investigações posteriores revelaram, no entanto, que Thurstone tinha sido demasiado optimista e que as atitudes dos juízes exerciam de facto alguma influência sobre a forma como estes classificavam os itens. Apesar de esta influência não ser muito forte e de se exercer apenas em determinadas circunstâncias, não pode ser negligenciada. Especificamente, os estudos indicaram que os juízes que têm uma atitude pessoal próxima de um dos extremos da escala tendem a classificar os itens intermédios como mais próximos do extremo oposto da escala. Os itens que se situam, eles próprios, junto dos extremos da escala, quer daquele em que se situa o juiz, quer no extremo oposto, são muito pouco afectados por este processo. O que parece acontecer é que o juiz, tendo uma atitude algo radical face ao objecto visado, considera os itens que correspondem a uma atitude moderada como muito distantes da sua própria atitude e, por isso, tende a classificá-los junto do outro extremo. Embora este factor não seja importante em termos quantitativos e aparentemente só se exerça com alguns juízes e alguns itens, o facto de afectar predominantemente os itens situados perto do centro da escala torna-o particularmente delicado, pois **o centro da escala é normalmente o "calcanhar de Aquiles" do método dos intervalos aparentemente iguais.**

Qualquer pessoa que procure construir por este processo uma escala de atitudes rapidamente se confrontará, se não tiver conhecimento antecipado do problema e não se esforçar especificamente para o evitar, com a falta de itens nos pontos intermédios da escala. Mesmo recorrendo a um número muito grande de frases sobre o objecto visado, escritas por leigos ou especialistas, obtidas na imprensa ou recolhidas em entrevistas e questionários de resposta aberta, quase sempre se verifica que as frases se dividem em dois grandes grupos, o das favoráveis e o das desfavoráveis, que se acumulam nas zonas próximas dos extremos da escala, deixando no centro um grande vazio para o qual se torna difícil obter itens. Mas o problema não seria grave se não se levantasse ainda outra questão. Para a entender totalmente, teremos de voltar às curvas características dos itens referidas na secção anterior.

Relembremos como, **em todos os exemplos apresentados até aqui, a relação entre a posição do indivíduo na dimensão e a sua probabilidade de concordar com um determinado item é *monótona*, o que significa, na terminologia matemática, que evolui sempre no mesmo sentido, seja aumentando, seja diminuindo, e não sofre qualquer inversão dessa tendência ao longo de toda a extensão da escala. Este é não só o caso mais frequente, como aquele que é pressuposto pela generalidade dos modelos de construção de escalas. Alguns dos modelos de Thurstone, como é o caso daquele que nos ocupa aqui, constituem, porém, excepções.**

O pressuposto deste modelo é o de que os indivíduos tendem a concordar com os itens que representam uma atitude próxima da sua e a discordar daqueles que se situam longe desta. Só assim se compreende a utilização de medidas de tendência central, como a média ou a mediana, como formas de situar a provável atitude do indivíduo no centro da zona em que se situam os itens com os quais este concorda. Mas, se pensarmos um pouco, veremos que **isso implica que a relação entre a**

posição do indivíduo na dimensão que se pretende medir e a probabilidade de este concordar com o item deve ser *não monótona*, ou seja, deve apresentar uma mudança de sentido na zona em que o item se situa. Por outras palavras, a probabilidade de concordar com o item deve ser muito baixa, ou mesmo quase nula, em pessoas que se situem, na dimensão a medir, muito abaixo do item. Deve aumentar de forma progressiva conforme os indivíduos se vão aproximando da posição do item, até atingir a certeza, ou quase, quando a posição do indivíduo e do item coincidem. Para lá desse ponto, a probabilidade de concordância deve recomeçar a baixar, conforme vamos passando por indivíduos que se situam cada vez mais acima do item na dimensão considerada. A forma da curva característica de um item com este tipo de comportamento deverá ser semelhante à representada na Figura 7.

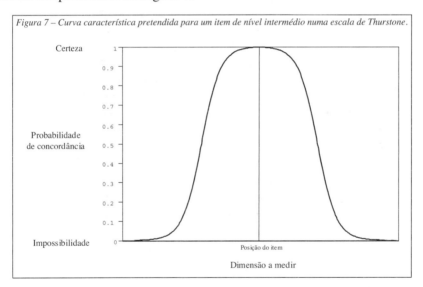

Figura 7 – Curva característica pretendida para um item de nível intermédio numa escala de Thurstone.

O problema situa-se precisamente na dificuldade em elaborar itens que apresentem este tipo de comportamento. A quase totalidade das afirmações produzidas em relação a qualquer objecto social, quando utilizadas como itens em escalas de atitudes, tendem a dar origem a curvas características monótonas. Isto está, como é evidente, relacionado com a tendência para essas frases serem claramente favoráveis ou claramente desfavoráveis, donde a dificuldade em encontrar itens que se situem na zona intermédia da escala.

É, portanto, na zona intermédia que os maiores problemas se colocam. Se um item se situa muito próximo de um dos extremos da escala, é claro que a sua curva característica vai ser "cortada" pelo próprio fim da escala. Se metade da curva for cortada (ou seja, se o item se situar exactamente sobre o extremo da escala), o resultado será a transformação de uma curva não monótona numa curva monótona, o que elimina o problema. Se o item se situar algo afastado do extremo, o facto de a curva ser monótona introduz alguma distorção, mas esta não será muito grave se a distância ao extremo não for grande. Se a distância for relativamente grande, o problema é bastante mais sério. Vejamos um exemplo muito simples, de uma escala com apenas 3 itens, cujas curvas características são apresentadas na Figura 8.

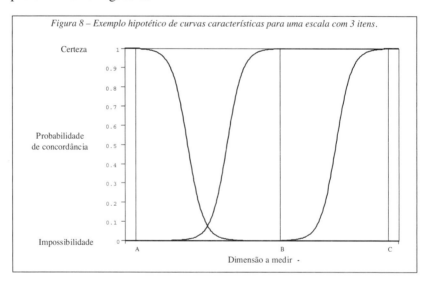

Figura 8 – Exemplo hipotético de curvas características para uma escala com 3 itens.

Repare-se que o item que se situa no ponto A está formulado na direcção inversa. Por essa razão, a probabilidade de concordância aumenta conforme se avança para valores mais baixos na dimensão (do lado esquerdo do gráfico). Consideremos que os itens se situam exactamente sobre os pontos que correspondem aos valores 1 (A), 7 (B) e 11 (C). Consideremos de seguida 3 hipotéticos indivíduos cujas atitudes os colocam exactamente sobre esses mesmos pontos da escala, de modo a verificar em que medida a sua posição seria estimada com rigor por estes 3 itens.

As escalas de medida

No caso do indivíduo situado no ponto A, poderemos esperar que concorde com o item que se situa nesse ponto e discorde dos outros dois. Concordando apenas com um item, o seu resultado na escala corresponde à posição desse item, o que, neste caso, equivale à sua posição real. No caso do indivíduo situado em B, o processo será semelhante. Concordará provavelmente com o item que se situa nesse ponto, discordando dos outros dois. A sua posição será também avaliada com rigor.

Mas pensemos no caso do indivíduo situado em C. Concordará certamente não só com o item situado em C, mas também com o situado em B. O seu resultado será, portanto, obtido através do cálculo da média deste itens, ou seja, será de 9. Sabendo que a sua posição real corresponde ao valor 11, é óbvio que neste caso se comete um erro importante, que apenas seria evitado se o item situado em B apresentasse uma curva não monótona.

Este é o principal problema que se coloca na construção de escalas de Thurstone, uma vez que se revela, na prática, extremamente difícil construir itens que apresentem este tipo de comportamento sem cair na ambiguidade. A forma mais frequente de tentar resolver o problema é através da criação de "itens duplos", constituídos por frases que contêm simultaneamente uma afirmação positiva e outra negativa (e.g., "Considero importante a acção social da igreja, mas desagrada-me o seu conservadorismo"). A ideia é que as pessoas que têm atitudes intermédias ou aproximadamente neutras em relação a um objecto social consideram simultaneamente as suas facetas positivas e negativas e, portanto, concordarão com itens deste tipo. As pessoas com atitudes mais extremas, sejam positivas ou negativas, tenderão a discordar de uma das afirmações e, mesmo concordando com a outra, pensa-se que tenderão a discordar do item no seu conjunto, dando assim origem à curva não monótona que se pretendia obter nestes casos.

O problema é que os itens construídos desta forma tendem a ser ambíguos, levando os respondentes a hesitar, pedir esclarecimentos ao investigador, ou mesmo a deixar estes itens sem resposta, o que dificulta a obtenção de um resultado rigoroso. É precisamente pelo facto de os itens compostos de várias afirmações, em relação às quais as pessoas podem ter opiniões diferentes, conduzirem com grande frequência aos tipos de comportamentos atrás mencionados, que os itens incluídos em escalas e questionários devem ser, sempre que possível, constituídos por uma única afirmação.

Em resumo, a dificuldade em elaborar itens com curvas não monótonas e a necessidade de recorrer a dois grupos relativamente numerosos para desenvolver e aplicar a escala (juízes e respondentes propriamente ditos), fazem com que a utilização actual das escalas de Thurstone seja extremamente limitada. Tal como para as escalas de Guttman, a possibilidade da sua utilização só faz sentido nos casos em que estes problemas não sejam importantes (domínio em que seja fácil obter itens não monótonos e facilidade em recrutar juízes) e em que a vantagem principal da escala de Thurstone seja particularmente importante. Esta vantagem, a da "interpretação absoluta" dos resultados obtidos, será explicada na secção seguinte. Nos casos em que estas condições não se aplicam, e que constituem a esmagadora maioria das situações, o modelo apresentado a seguir é aquele que representa o melhor compromisso. Certamente por essa razão, é hoje em dia aquele que claramente predomina nas diversas formas e aplicações da psicometria.

O modelo aditivo, ou escala de Likert

Antes de entrar na discussão do modelo proposto por Rensis Likert, parece-me importante, para assegurar a sua integral compreensão, salientar alguns aspectos relevantes do processo de medida. **É essencial manter presente que o processo de medida é, em maior ou menor grau, um processo *estocástico*, ou seja, sujeito a leis de natureza probabilística. Mesmo postulando que a cada operação ideal de medida corresponde um resultado virtualmente exacto, os resultados de quaisquer medições efectuadas no mundo real não constituem senão *aproximações* a esse resultado exacto e não poderão nunca coincidir integralmente com ele** (de facto, é possível argumentar que esse resultado exacto *não existe*, como veremos no Capítulo 5 a propósito do conceito de precisão). A única coisa que podemos afirmar é que, dado um indivíduo que, na variável que nos interessa, apresenta um resultado "exacto" de X, será mais provável obter um resultado mais próximo de X do que um resultado mais afastado.

Pensemos num caso concreto, o da medição do comprimento de um objecto com o auxílio de uma régua. Se considerarmos apenas uma unidade grosseira, como o centímetro, poderíamos ser levados a pensar que o processo de medida é inteiramente rigoroso e objectivo (embora erros grosseiros aconteçam sempre, mais tarde ou mais cedo). Mas uma medida em centímetros pode ser considerada, para a maior parte dos objectos do quotidiano, como bastante grosseira. Se descermos para uma unidade mais precisa, como o milímetro, verificamos que o processo já não é inteiramente seguro e que diversas repetições da medição podem dar origem a resultados ligeiramente diferentes, mesmo que sejam feitas pela mesma pessoa e com a mesma régua (se não for esse o caso, as variações serão decerto maiores e mais frequentes). Se pretendermos atingir o décimo de milímetro, a inconsistência das medições tornar-se-á ainda maior. Embora possa ser aliviado pelo uso de um instrumento mais preciso, o problema regressará sempre se se considerar uma unidade suficientemente pequena.

A forma mais comum de diminuir esta inconsistência é através da repetição sucessiva da medição, utilizando uma medida de tendência central como a média, por exemplo, para tentar obter uma ideia mais exacta de onde se situará com maior probabilidade o valor "exacto". É esta, aliás, uma das razões pelas quais se utilizam geralmente vários itens para medir uma única característica psicológica, como já vimos. As curvas características dos itens constituem outra forma de assumir e representar o carácter probabilístico da medição.

A adopção de um modelo estocástico na construção de escalas tem importantes implicações quanto aos pressupostos que orientam este processo. Levadas até ao limite, essas implicações correspondem ao seguinte princípio: a única condição que um item deve respeitar para que tenha utilidade numa escala construída segundo o modelo aditivo é a de que seja possível estabelecer uma relação estatística monótona entre as respostas dos indivíduos ao item e as suas posições na variável que se pretende medir. Desde que este princípio seja respeitado e o número de itens seja suficiente, o resultado da adição das respostas aos diferentes itens constituirá uma estimativa adequada da posição do indivíduo na dimensão visada (donde a designação de "modelo aditivo").

Vejamos, no concreto, o que isto significa, começando pelo exemplo de um item dicotómico, do tipo "Vou regularmente à igreja", com possibilidade de resposta "Sim" ou "Não". Este será um item adequado para a medição das atitudes face à religião, desde que se demonstre que existe uma relação entre a resposta ao item e as atitudes dos indivíduos face à religião. Neste caso, a forma mais simples de demonstrar a existência dessa relação seria comparar as médias das atitudes face à religião, no grupo de pessoas que responderam "Não" e no grupo que respondeu "Sim". Se o grupo que respondeu "Sim" tem uma atitude média mais favorável, o item terá condições para ser incluído na escala. **Construindo um conjunto de itens que apresentem esta propriedade, a posição de cada** pessoa pode ser estimada com relativo rigor a partir do número de itens com que concordou, o que corresponde a atribuir à concordância o valor 1, à discordância o valor 0, e somar os resultados de todos os itens. Caso existam itens formulados na direcção inversa (em que a discordância revela uma atitude mais favorável), será o número de discordâncias a ser considerado, ou a discordância a receber o valor 1, sendo idêntico o restante procedimento.

Este modelo aditivo apresenta, entre outras vantagens, a de possibilitar a utilização de diferentes formatos de resposta aos itens, o que permite, por seu turno, uma recolha muito mais eficaz da informação. Dado que a única exigência do modelo é a de que as respostas ao item apresentem uma relação monótona com a variável a medir, não há razão para que só possam existir duas alternativas de resposta a cada item, como no caso dos modelos de Guttman e Thurstone[9]. Seria possível conceber um item como "Vou à igreja", com as alternativas de resposta "Regularmente", "Ocasionalmente" e "Nunca". O item será adequado desde que o grupo que escolhe a primeira alternativa tenha uma atitude média mais favorável do que a do que escolhe a segunda e este uma atitude mais favorável do que a daquele que escolhe a terceira. Conseguimos, assim, duas distinções com um único item, ou seja, consegue-se o mesmo efeito que introduzindo um novo item dicotómico, mas com menor sobrecarga para os respondentes. Esta é uma vantagem importante dos itens politómicos (com mais do que duas alternativas de resposta) sobre os dicotómicos, pois um item politómico fornece, em princípio, tanta informação como um número de itens dicotómicos igual ao número de alternativas de resposta subtraído de uma unidade.

O número de alternativas de resposta não tem, em princípio, limite e, por razões fáceis de compreender, a informação fornecida pelo item será tanto maior quanto maior o número de alternativas fornecidas. É também óbvio, no entanto, que quando o número se torna relativamente grande, os ganhos obtidos com a adição de mais pontos na escala são mínimos e muitas vezes não compensadores face à maior complexidade que isso acarreta. Embora este tema volte a ser

---

[9] Na realidade, é possível utilizar, nestes modelos, itens com mais do que uma alternativa de resposta. A complexidade dos procedimentos de construção das escalas, no entanto, aumenta de forma muito sensível quando se utiliza essa possibilidade, e os ganhos em termos de precisão dos resultados são pouco conhecidos, uma vez que se trata de uma técnica raramente utilizada (ver Edwards, 1957).

As escalas de medida

focado no próximo capítulo, é possível adiantar que Likert utilizava habitualmente itens com cinco alternativas de resposta, e que esse formato de item é muitas vezes ele próprio denominado "escala de Likert" o que, não sendo correcto, reflecte a consagração pelo uso desta opção.

Mas então, poderá o leitor perguntar, as questões ligadas à posição dos itens na dimensão medida não têm qualquer relevância, uma vez que este modelo as ignora? E, afinal, os resultados fornecidos por uma escala de Likert correspondem às propriedades de uma escala ordinal ou de intervalos? Quanto à primeira questão, estes aspectos não são, de facto, irrelevantes, mas o pressuposto do modelo aditivo é o de que, devido à natureza probabilística da medição, se o número de itens for suficientemente grande, o efeito tenderá a anular-se. Por outras palavras, **desde que a relação entre a resposta a cada item e a posição do indivíduo na dimensão a medir seja, de facto, monótona, no sentido probabilístico, e desde que o número de itens seja suficientemente grande, a relação entre os resultados da escala e a posição dos indivíduos na dimensão tenderá a assumir uma forma linear, em que a intervalos (diferenças) iguais numa, corresponderão intervalos iguais na outra.**

Quanto à questão de saber se os resultados da escala de Likert apresentam propriedades intervalares, ela perde um pouco o sentido se tivermos em conta que, ao contrário do que acontece nas escalas de Thurstone, os resultados obtidos não têm uma referência directa à dimensão subjacente, mas constituem *uma outra variável*, cuja relação com aquela que se pretende medir é apenas estatística, embora de carácter bastante sistemático. É, portanto, possível argumentar que a questão do carácter intervalar deve ser colocada apenas em termos dos resultados da escala. Estes, sendo obtidos a partir de itens cujas alternativas se pressupõe que estejam igualmente espaçadas entre si (a descrição proposta para cada alternativa deve ser escolhida de forma a tentar assegurar essa igualdade) e resultando da soma dos valores sequencialmente atribuídos a essas alternativas, deverão estar muito próximos das propriedades de uma escala de intervalos.

De facto, a questão não é tão simples, uma vez que seria igualmente possível argumentar que cada item corresponde a uma variável diferente (embora estatisticamente relacionada com a que se pretende medir) e não existem garantias de que os intervalos que separam as sucessivas opções de resposta sejam equivalentes *em todos os itens*, pelo que se poderia pôr em causa a própria legitimidade do procedimento de somar os resultados

dos itens. Mais uma vez, o pressuposto é o de que, na prática, os eventuais desvios em relação ao carácter intervalar da medida e à linearidade da relação entre os resultados da escala e os valores "reais" na variável subjacente tenderão a anular-se se o número de itens for suficientemente grande. **Mesmo que estes dois pressupostos não sejam integralmente respeitados, o erro cometido não deverá, em princípio, ser muito grande e, face a outros factores responsáveis pela diminuição da precisão das medidas** (distorções na amostragem de indivíduos e conteúdos, enviesamento, intencional ou não, das respostas, dificuldade ou disparidade na interpretação dos itens ou das alternativas de resposta, flutuações na própria variável a medir, etc), **o grau de erro introduzido pela atribuição de propriedades intervalares a uma escala de tipo aditivo será, por certo, relativamente pequeno. Este princípio é, aliás, claramente consagrado pela prática da investigação psicológica, uma vez que quer o modelo aditivo quer a utilização de técnicas estatísticas pressupondo a medição intervalar são claramente dominantes nos trabalhos publicados.**

Explicitados os pressupostos em que se baseia o modelo aditivo, restará dizer algo sobre o modo como esses pressupostos se reflectem na prática da construção de escalas. Vimos já que **o pressuposto essencial é o de que se verifica uma relação estatística entre as respostas aos itens e a posição na dimensão a medir. Os itens mais adequados para inclusão nas escalas serão, portanto, aqueles em que essa relação seja mais marcada. Este princípio arrasta consigo, no entanto, um problema que talvez já tenha ocorrido ao leitor: a avaliação do grau de associação entre as duas entidades referidas implica que se disponha de uma avaliação independente da variável que se pretende medir, que sirva de padrão para avaliar o grau em que as respostas a cada item reflectem essa variável.** Mas, por outro lado, se é possível avaliar por outro processo a variável que se pretende medir, para quê construir a escala?

Este problema é habitualmente resolvido por um de dois processos que, embora não estando isentos de crítica, permitem uma razoável aproximação ao objectivo desejado. O primeiro consiste em seleccionar os itens segundo o seu grau de associação estatística em relação a um qualquer índice que se suponha reflectir a variável a medir. No caso de uma escala relativa à saúde, por exemplo, é possível confrontar os resultados com a ficha médica de cada respondente ou, mais simplesmente, com uma avaliação global da sua condição de saúde, feita pelo médico assistente. A relação estatística entre cada item e esse índice

As escalas de medida

independente seria então avaliada (por um processo que veremos mais adiante) e seriam seleccionados para inclusão na escala os itens que apresentassem uma relação mais forte.

Embora se trate de um método simples e intuitivamente atraente, a verdade é que este procedimento coloca problemas graves, pelo que não é recomendado, a não ser em casos muito particulares. O primeiro problema está em encontrar um índice adequado e prático da variável a medir. Evidentemente, se esse índice fosse suficientemente adequado e prático, não seria necessário construir a escala, uma vez que se poderia utilizar directamente o índice. Por essa razão, os índices são geralmente menos práticos e económicos do que as escalas, como acontece nos exemplos apontados, e são obtidos apenas para um número limitado de indivíduos. A relação estatística entre os vários itens e o índice é avaliada nesses indivíduos e, depois de seleccionados os itens a incluir na escala, esta é utilizada na(s) amostra(s) que se pretende estudar, geralmente muito mais numerosa(s) do que a que serviu para a seleccção dos itens.

Mas a maior ou menor facilidade em obter a informação que compõe o índice não constitui, regra geral, o maior problema. A questão está em encontrar um índice que seja inteiramente adequado. Consideremos os exemplos dados a propósito de uma hipotética escala de saúde. Mesmo que fosse possível consultar a ficha médica de cada indivíduo, como extrair daí um índice numérico global que reflectisse o nível de saúde da pessoa? Contando o número de visitas ao médico? Mas várias consultas podem ter sido dedicadas a cuidar de um mesmo episódio de doença, outras destinadas apenas a uma verificação geral do estado de saúde sem nenhuma queixa específica, outras motivadas por acidentes, etc. Para mais, muitos outros factores influenciam a frequência das visitas ao médico, para além do estado de saúde: a preocupação com a saúde, a crença na eficácia dos tratamentos médicos, a pressão de familiares ou amigos, a qualidade da relação com o médico, etc. Uma vez que aquilo que se pretende é uma escala que meça o grau subjectivo de saúde e não a propensão para visitas frequentes ao médico, a utilização deste índice pode resultar na escolha de itens enviesados relativamente à informação que se pretende obter.

E se tomarmos em consideração as doenças que o indivíduo teve, por exemplo, durante o último ano? Também neste caso se colocariam dificuldades na obtenção de um índice único a partir dos dados recolhidos. O simples número de episódios de doença não constitui certamente solução adequada. Uma gripe e um enfarte do miocárdio teriam o mesmo peso, o que não corresponde, de forma alguma, à sua provável importância em termos da sensação subjectiva de saúde. Mesmo que se atribuísse a cada doença um dado peso no índice, em termos da sua gravidade, haveria ainda que considerar que uma doença não se manifesta sempre com o mesmo grau de gravidade, que as pessoas não são igualmente sensíveis a todos os tipos de sintomas, etc. De qualquer modo, o facto de muitas pessoas tratarem pelos seus própios meios muitas das doenças menores (e mais frequentes), enquanto outros procuram imediatamente os cuidados médicos, introduziria um forte enviesamento nos resultados. Para além disso, quem garante que o número e gravidade das doenças clinicamente diagnosticadas equivale ao nível subjectivo de saúde? O caso dos hipocondríacos desmente de forma categórica esta suposição.

Mas se, no caso da saúde o problema poderia ser resolvido de forma mais ou menos satisfatória, com maior ou menor dispêndio de recursos, noutros casos, em que a variável que se pretende medir é de natureza ainda mais privada, os problemas são muito maiores. Consideremos o caso da atitude face à religião. Como obter um índice de referência? O número de visitas à igreja? Como recolher esses dados, sem ter de montar guarda permanente à porta da igreja mais próxima da residência de cada pessoa e, quem sabe, se a outras mais? E se a pessoa não pertencer a nenhuma igreja institucionalizada? Isso significa necessariamente que tem uma atitude negativa face à religião? E se a igreja a que a pessoa pertence não exige visitas frequentes a locais públicos de culto? Talvez se pudesse simplesmente perguntar à pessoa qual a frequência com que se desloca à igreja. Mas esse não é um indicador objectivo e poderia mesmo ser um dos itens da escala! **A dificuldade em encontrar um índice suficientemente válido e não enviesado constitui um dos principais obstáculos à utilização deste método.**

Existe, entretanto, ainda outra objecção, que poderíamos considerar de natureza mais teórica. Quando se constrói uma escala, pretende-se, geralmente, avaliar uma dada característica hipotética (teórica), ou seja, que não é directamente observável, mas que se manifesta por uma série de comportamentos que, em princípio, deverão ocorrer (ou não ocorrer) em conjunto na mesma pessoa. Em princípio, uma pessoa que tem uma atitude favorável face à religião tenderá a frequentar os cultos da religião que professa, a regular a sua vida pelos preceitos dessa religião, a dar aos seus filhos uma educação religiosa, a associar muitas transições da sua vida (e.g., casamento, nascimento dos filhos, morte) a rituais religiosos, a defender uma maior divulgação das ideias religiosas, etc. Pelo contrário, uma pessoa que tenha uma atitude negativa face à religião terá tendência a não ter nenhum destes comportamentos. **Em consequência, este conjunto de comportamentos, na medida em que reflectem uma mesma variável, tenderão a surgir estatisticamente associados** (quem tem um deles, tem maior probabilidade de ter também os outros; quem não tem um deles, tem menor probabilidade de ter os outros).

Do mesmo modo, se os itens reflectem, como seria de desejar, uma mesma variável subjacente, deverão surgir também estatisticamente associados entre si. Quem concorda com um item que contém uma afirmação favorável face à religião, tenderá também a concordar com os outros itens favoráveis e a discordar dos desfavoráveis. A este tipo de associação entre os resultados de duas variáveis chama-se em estatística *correlação*, e o grau de associação é expresso por um *coeficiente de correlação*. Este coeficiente pode assumir valores entre -1 e 1. **Uma correlação de 1 significa que existe uma relação exacta entre as duas variáveis, ou seja, que, conhecendo o valor de uma, é possível saber, de imediato e sem possibilidade de erro, o valor da outra. Simultaneamente, significa também que a relação entre as duas variáveis tem um sentido positivo, ou seja, que quanto mais elevado for o valor de uma, mais elevado será também o da outra.** O Sector A do Quadro 6 ilustra um exemplo em que duas variáveis se correlacionam deste modo perfeito. Os dados da mesma tabela estão também representados no gráfico da Figura 9. Como se pode verificar, os pontos correspondentes aos diferentes pares de observações (que, regra geral, correspondem aos vários indivíduos) dispõem-se exactamente sobre uma linha recta de sentido ascendente, que reflecte a relação de sentido positivo existente entre as variáveis.

No caso de uma correlação de -1, a situação é idêntica: a relação entre os valores de uma e outra variável é igualmente perfeita e a previsão de uma a partir da outra é sempre exacta. O sentido da relação, porém, é invertido, de modo que valores mais altos de uma variável correspondem a valores mais baixos da outra, e vice-versa. Um exemplo de valores que apresentam esta rela-

Figura 9 - Gráfico de dispersão (scatterplot) de duas variáveis com uma correlação de 1.

ção é ilustrado no Sector B do Quadro 6 e na Figura 10. Como se pode ver, o gráfico mantém-se perfeitamente linear, mas a orientação da recta é agora diferente, revelando o sentido negativo da relação.

Quadro 6 - Séries de números apresentando diferentes níveis de correlação

A			B			C			D	
Variável A	Variável B	Variável A	Variável B	Variável A	Variável B	Variável A	Variável B
1	3	25	3	1	3	1	2
2	6	22	5	2	5	2	4
3	9	19	7	3	1	3	1
4	12	16	9	4	4	4	6
5	15	13	11	5	6	5	3
6	18	10	13	6	2	6	5

Figura 10 - Gráfico de dispersão (scatterplot) de duas variáveis com uma correlação de -1.

Uma correlação de 0, por seu turno, indica que não existe qualquer relação estatística entre as duas variáveis: os valores de uma nada nos permitem dizer quanto aos valores prováveis da outra. Um exemplo deste tipo de relação é ilustrado no Sector C do Quadro 6 e no gráfico da Figura 11. Os pontos correspondentes às observações distribuem-se de forma aleatória por todo o gráfico, sem revelarem qualquer tendência no sentido de uma relação entre as variáveis[10].

Como é evidente, estes três tipos "puros" de relação nunca se verificam em dados reais, excepto em circunstâncias muito invulgares. Mesmo que duas variáveis tenham entre si uma relação perfeita, os processos utilizados na sua medição são sempre responsáveis pela presença de um certo grau de erro, que impede a correlação de atingir o valor de 1 (ou -1). Mesmo que duas variáveis não tenham qualquer relação entre si, factores casuais levam sempre a que o resultado, embora próximo de zero,

---

[10] Na realidade, não é possível obter, entre duas séries de seis números inteiros, uma correlação exacta de zero. O valor da correlação neste caso é de 0,028, o que, na prática, equivale a zero.

nunca coincida exactamente com esse valor. **A regra, portanto, é a de que o cálculo da correlação conduza a um valor decimal, situado algures entre -1 e 1.** Quanto mais o valor se aproximar de 1 ou de -1, mais estreita será a associação entre as variáveis. O Sector D do Quadro 6 e a Figura 12 representam um exemplo deste tipo de relação (neste caso, o valor da correlação é de 0,4857).

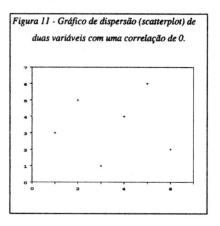

Figura 11 - Gráfico de dispersão (scatterplot) de duas variáveis com uma correlação de 0.

Voltando ao modelo aditivo, este pressupõe que existe uma correlação entre os diferentes itens e a variável que se pretende medir mas, ao mesmo tempo, pressupõe também que existe uma certa correlação dos itens *entre si*, que decorre do facto de todos eles medirem, em certo grau, a mesma variável. Se os itens não se correlacionam entre si (se tiverem uma correlação de zero, ou próxima de zero), isso significa que não medem, de facto, a mesma variável, mas sim variáveis diferentes e sem correlação entre si. Ora, o problema de seleccionar itens com base na sua correlação com um critério é o de que esse procedimento não assegura que os itens se correlacionem entre si.

Como vimos atrás, o resultado obtido por cada pessoa no critério considerado pode depender de diferentes variáveis. Se escolhermos os itens que melhor permitem prever o critério, o resultado final pode ser uma escala que reflecte essas diferentes variáveis. Por exemplo, se elaborarmos uma escala que permita prever o número de visitas ao médico, poderemos chegar ao fim com um conjunto de itens que, em diferentes graus, meçam variáveis como a saúde, a ansiedade em relação às doenças, a dependência de figuras de autoridade, a atitude face à Medicina, a disponibilidade de tempo, etc. Poderemos, assim, acabar por obter uma escala que permita prever com relativa precisão o número de visitas que cada pessoa fará ao médico no decurso de um período de tempo relativamente longo (e.g., um ano). **O problema, no entanto, é o de que não poderemos saber o que é que a escala mede, porque ela pode ser composta por uma variedade de itens medindo diferentes coisas. Por isso, não deverá ter grande utilidade, para além da função específica de predição para a qual foi concebida. Uma escala que meça uma variável bem definida, pelo contrário, poderá ser útil em investigações**

Figura 12 - Gráfico de dispersão (scatterplot) de duas variáveis com uma correlação de 0,49.

muito variadas e capaz de avançar o conhecimento, uma vez que se tornará possível estimar a posição de cada indivíduo numa variável subjacente (não directamente observável) e é desse tipo de variáveis que as teorias se ocupam. O objectivo de uma teoria é sempre o de *explicar* um conjunto de fenómenos, não simplesmente o de os prever. Portanto, para que um instrumento de medida seja relevante para uma teoria, é necessário que se saiba claramente o que é que ele mede.

Posto isto, resta-nos concluir que a construção de escalas orientadas para a previsão de um critério não constitui uma estratégia adequada, a não ser que o nosso objectivo seja única e exclusivamente a **predição** e, por isso, se pretenda uma escala com o menor número possível de itens, mas que permita prever com o máximo rigor um dado comportamento. Poder-se-ia pensar que isto nos coloca perante um problema insolúvel: como seleccionar itens para medir uma característica que não é directamente observável, sem utilizar nenhum critério externo como referência?

A solução habitual, e geralmente considerada mais aceitável, para este problema consiste em partir das correlações existentes entre os itens, com o objectivo de chegar a um conjunto de itens que não só se correlacionem fortemente entre si, como se mostrem tanto quanto possível representativos do universo hipotético constituído por todos os itens concebíveis que medem a variável pretendida.

O método habitualmente recomendado pressupõe que, se se elaborar um número relativamente elevado (digamos, algumas dezenas) de itens cujo conteúdo se refira à variável pretendida e se somar os resultados obtidos em todos esses itens, se obterá um índice bastante adequado da posição dos indivíduos na dimensão considerada. O raciocínio subjacente a este pressuposto é o seguinte: a resposta a cada item, individualmente, depende, por um lado, da posição do indivíduo na variável que se pretende medir e, por outro, de factores que

nada têm a ver com essa variável (pode tratar-se simplesmente de erros, ou de factores específicos de cada item). **Como estes factores actuam, em princípio, de maneira diferente e independente nos vários itens, tendem a anular-se quando se combinam os resultados de muitos itens. Deste modo, o peso da variável a medir deverá ser bastante maior sobre o resultado da soma dos itens do que sobre cada um deles individualmente. Por essa razão, uma escala de Likert com mais itens é geralmente mais rigorosa do que uma com menos itens. Mas o uso de escalas muito longas levanta problemas práticos, pelo que é aconselhável, na maior parte dos casos, proceder a uma redução, para um número que raramente ultrapassa os 25 itens. Se, nesse processo, se eliminar os itens nos quais os factores estranhos têm um peso maior e se incluir na escala aqueles em que a resposta é sobretudo determinada pela variável que queremos medir, poder-se-á obter uma escala muito mais homogénea (no duplo sentido de uma escala em que todos os itens são fortemente influenciados pela variável visada e de que todos os itens apresentam uma forte correlação positiva entre si).**

Mas como avaliar o grau em que a variável que se pretende medir influencia a resposta a cada item? Pressupondo que a soma de todos os itens constitui uma medida bastante adequada da variável relevante, uma forma simples de avaliar essa influência é através do cálculo da correlação entre a resposta a cada item e a soma das respostas a todos os itens. Quanto mais elevada for essa correlação, maior o grau em que o "factor geral" presente em todos os itens determina as respostas a esse item em particular.

Na prática, o processo de elaboração de uma escala de tipo aditivo decorre geralmente segundo os seguintes passos:

1 – Depois de definir com rigor a variável que se pretende medir, elabora-se um conjunto de itens que se pensa serem adequados à medição dessa variável (as questões relativas à definição da variável a medir, redacção e formato dos itens serão abordadas no próximo capítulo), e em número bastante superior àquele que se planeia reter para a forma final da escala.

2 – Os itens são dispostos graficamente num questionário e apresentados a uma amostra de indivíduos com características semelhantes às daqueles a quem se pretende aplicar o instrumento definitivo. Sempre que possível, os indivíduos utilizados neste pré-teste não devem fazer parte também da amostra do estudo principal. O número de indivíduos na amostra do pré-teste deve ser tão elevado quanto as circunstâncias o permitam, de modo a assegurar que os resultados não se devem em elevado grau a flutuações casuais, embora, como é óbvio, sem cometer exageros. Concretamente, podemos considerar que 150 indivíduos constituem um número suficiente para um instrumento de investigação e 75 o mínimo admissível. Se o instrumento se destina a servir de base para decisões sobre casos individuais (em diagnóstico, selecção, aconselhamento, etc.), o número deve ser bastante maior, sendo 300 um mínimo aconselhável.

3 – Calcula-se, para cada indivíduo, o resultado correspondente à soma de todos os itens, tendo o cuidado de inverter as classificações dos itens "formulados no sentido inverso" (aqueles em que o significado das várias respostas tem um sentido oposto ao da maioria dos outros itens, ou ao adoptado como sentido primário).

4 – Calcula-se o valor da correlação entre a resposta a cada item e o resultado correspondente à soma dos itens.

5 – Selecciona-se, para inclusão na escala definitiva, os itens para os quais a correlação seja mais alta. Por princípio, devem ser eliminados todos os itens em que a correlação seja inferior a 0,3, uma vez que correlações abaixo desse valor podem ser consideradas triviais. Se o número de itens que ultrapassam este critério der origem a uma escala considerada demasiado extensa, toma-se uma decisão em relação ao número de itens a incluir e seleccionam-se por ordem decrescente da correlação até perfazer esse número. Quanto ao número de itens a manter, essa decisão depende de diversos factores, pelo que que será discutida em detalhe mais adiante. De qualquer modo, há que ter em conta que uma escala com maior número de itens fornece, supondo que os itens apresentam as mesmas características, resultados mais precisos (ver Capítulo 5).

6 – Reformula-se o questionário retirando os itens que não foram seleccionados e recolhe-se as respostas junto da amostra que se pretende estudar. Seguidamente, calcula-se o resultado de cada pessoa dessa amostra, adicionando os valores correspondentes às suas respostas nos diferentes itens, mais uma vez tomando o cuidado de inverter os valores nos itens formulados no sentido inverso.

Segue-se um exemplo de desenvolvimento de uma escala destinada a medir as atitudes "sexistas" (favoráveis à separação rígida entre os papéis sociais de um e de outro sexo, definidos de modo tradicional). Neste caso, os itens solicitavam uma resposta dicotómica (Sim/Não), o que não corresponde à situação típica no desenvolvimento de uma escala de tipo aditivo, onde as múltiplas alternativas de resposta (mais frequentemente cinco) constituem a regra.

Começou-se, portanto, pela elaboração de um conjunto de itens, tendo-se obtido um total de 24, que a seguir se reproduzem (os itens assinalados com um asterisco estão formulados no sentido inverso, ou seja, a concordância é indicativa de um nível mais baixo de sexismo).

1 – As mulheres têm pouco sentido prático.

2 – Todas as diferenças de personalidade entre homens e mulheres são devidas à educação.*

3 – O homem é que deve administrar o dinheiro do casal, sem ter de prestar contas à mulher.

4 – Quando do nascimento de uma criança, o pai deve saber desempenhar as funções que normalmente são atribuídas à mãe.*

5 – Para qualquer tipo de função, os salários dos homens e das mulheres devem ser iguais.*

6 – A mulher está mais destinada por natureza a ocupar-se do lar e dos filhos do que o homem.

7 – Os salários dos homens devem ser maiores do que as mulheres.

8 – As mulheres devem ter os mesmos direitos que os homens.*

9 – As mulheres são mais sensatas e compreensivas do que os homens.

10 – As mulheres têm o direito de competir com os homens em todas as actividades.*

11 – No desporto, as melhores marcas não são só obtidas pelos homens, mas também pelas mulheres.*

12 – Os homens devem trabalhar para sustentar a família, enquanto que as mulheres devem ficar em casa.

13 – Certas atitudes machistas tendem a desaparecer com o progresso e a evolução social.*

14 – Os homens são geralmente mais corajosos, enérgicos e decididos do que as mulheres.

15 – Os postos de responsabilidade, no governo e nas empresas, deveriam ser sempre ocupados por homens.

16 – O machismo é apenas uma forma de os homens se afirmarem.*

17 – Uma boa mulher é aquela que obedece ao marido.

18 – Os homens adaptam-se geralmente melhor do que as mulheres a posições de chefia.

19 – O homem deve ter sempre a última palavra em assuntos familiares.

20 – A mulher só deve sair à noite se acompanhada por um homem.
21 – Existem determinadas profissões às quais as mulheres dificilmente se adaptam.
22 – A maior parte dos conflitos entre os casais devem-se a atitudes machistas.*
23 – O facto de a mulher trabalhar afecta a dignidade do marido.
24 – Os homens também devem fazer os trabalhos domésticos.*

Seguidamente, os itens foram apresentados a uma amostra de 60 indivíduos, que responderam a cada um deles, tal como era solicitado, na forma Sim/Não. O resultado total foi obtido do seguinte modo: nos itens em que uma resposta "Sim" indicava uma atitude sexista, atribuiu-se à resposta "Sim" o valor 1 e à resposta "Não" o valor 0; nos itens em que uma resposta "Não" indicava uma atitude sexista, os valores foram atribuídos de forma inversa. Somando depois, para cada indivíduo, os resultados dos vários itens, obteve-se o resultado final para esse indivíduo.

Um problema que muitas vezes se coloca nesta fase é o das pessoas que não respondem a um ou mais itens. Esse será um problema a abordar no próximo capítulo. Podemos, no entanto, desde já assentar que a opção mais recomendável, pelo menos para principiantes na matéria, é normalmente a de eliminar dos cálculos todas as respostas dessas pessoas.

Na etapa seguinte, o resultado de cada item foi correlacionado com o resultado total, indivíduo a indivíduo. Aqui, existem diferentes maneiras de proceder. Caso não se disponha de um programa de computador que efectue os cálculos necessários, e uma vez que os itens, neste caso, são dicotómicos, é possível aplicar uma fórmula simplificada para o cálculo do coeficiente de correlação, denominada *coeficiente de correlação bisserial por pontos*.

Este coeficiente é calculado através da seguinte fórmula:

$$r_{bp} = \frac{\overline{X}_p - \overline{X}}{s_x} \sqrt{\frac{p}{q}} \tag{7}$$

em que $\overline{X}_p$ (lê-se "xis barra[11] índice p") é a média do resultado total entre as pessoas que concordaram com o item, $\overline{X}$ é a média de todos os

---

[11] A colocação de uma barra sobre um símbolo é utilizado em Estatística para indicar a "média de".

As escalas de medida 81

resultados totais, S_x é o desvio-padrão dos resultados totais, p é a proporção de indivíduos que concordaram com o item e q a proporção de indivíduos que discordaram do item.

O desvio-padrão é um índice estatístico do grau de dispersão dos resultados de uma variável. Um índice deste tipo já é nosso conhecido: a distância interquartil. O desvio-padrão, no entanto, apresenta importantes vantagens, a começar pelo facto de utilizar todos os valores disponíveis e não apenas as fronteiras dos quartis. Trata-se, portanto, de um índice que pressupõe uma medição ao nível intervalar. O seu princípio básico é extremamente simples. Um índice de dispersão de uma variável poderia ser obtido a partir da distância de cada valor em relação ao centro da distribuição (que seria representado pela média). O problema é que a soma dessas distâncias, considerando os sinais (no caso dos valores superiores à média, a distância ou diferença terá um sinal positivo; no caso dos valores inferiores à média, terá sinal negativo) é sempre igual a zero (aliás, essa é uma das propriedades que definem a média aritmética). Uma possível solução seria a de ignorar os sinais e considerar apenas o valor da diferença, mas a eliminação dos sinais dificulta o desenvolvimento algébrico do índice. Por esse motivo, a solução considerada mais adequada é a de elevar ao quadrado o valor das diferenças, o que elimina os sinais, uma vez que o quadrado de um número racional é sempre positivo. Calculando a média dos quadrados das distâncias (na terminologia estatística diz-se *desvios*) de cada valor em relação à média, obtém-se a *variância*, um importantíssimo índice de dispersão, muito utilizado em estatística, cuja fórmula é, portanto, a seguinte:

$$s^2 = \frac{\sum (X - \bar{X})^2}{N},$$

(8)

sendo $\sum$ o símbolo matemático que indica "somatório de", correspondendo X sucessivamente a cada um dos valores obtidos, $\bar{X}$ à média, e N ao número de observações (neste caso, de indivíduos)[12]. O desvio-padrão é

---

[12] Nos manuais de estatística surgem geralmente duas fórmulas diferentes para o cálculo da variância (e do desvio-padrão), uma com N no denominador, outra com N-1. Essa diferença é motivada pelo facto de que, por razões cuja exposição sairia fora do âmbito deste trabalho, a variância calculada para uma dada amostra não coincide com a da população da qual essa amostra foi extraída. Essa coincidência pode, no entanto, ser obtida dividindo a soma dos quadrados dos desvios por N-1 em vez de N. Por essa razão, a regra

simplesmente a raiz quadrada da variância e tem, portanto, a fórmula seguinte:

$$s = \sqrt{\frac{\sum (X - \overline{X})^2}{N}}$$

(9)

Vejamos então, num caso concreto, a forma de calcular o coeficiente de correlação bisserial por pontos, utilizando o primeiro item da nossa escala de sexismo. Começamos por representar numa tabela os resultados, em termos de resposta ao item e de pontuação total, para cada indivíduo (ver Quadro 7; na prática, se estivéssemos a fazer os cálculos para o conjunto da escala, haveria uma coluna por item; neste caso, foram incluídos apenas os itens 1, utilizado neste exemplo, e 12, por uma razão que veremos mais adiante). A partir do registo das respostas é fácil fazer a respectiva contagem (ou média) e registar os valores de p e q ao fundo da coluna dos itens. Seguidamente, calcula-se a média dos resultados totais dos indivíduos que concordaram com o item, que é inscrita também na coluna que corresponde ao item, logo abaixo de q.

Passando à coluna dos resultados totais, começamos por calcular a sua média. Numa coluna adicional, inscrevem-se os desvios à média, calculados subtraindo a média a cada valor. Na coluna seguinte, elevam-se ao quadrado os valores encontrados para os desvios. Os quadrados dos desvios são somados e divididos por N, o que nos fornece o valor da variância. Extraindo-se a raiz quadrada obtém-se o desvio-padrão.

Temos, assim, todos os elementos necessários ao cálculo da correlação. Substituindo simplesmente os valores na fórmula, obtém-se:

$$r_{bp} = \frac{11,67 - 11,1}{2,45} \sqrt{\frac{0,8}{0,2}} = 0,47$$

(10)

Uma vez que o item apresenta uma correlação superior a 0,30 com o conjunto dos itens, a sua inclusão na escala seria, em princípio, desejável. Tudo depende, no entanto, não só dos resultados dos outros itens, mas também do número de itens que se pretende incluir na versão final.

é dividir por N quando se pretende obter a variância da amostra e por N-1 quando se pretende estimar a partir desta o valor para a população. No nosso caso, em que o objectivo do cálculo da variância e do desvio-padrão é o cálculo de correlações, é indiferente utilizar a divisão por N ou por N-1. Preferi utilizar N por uma questão de simplicidade.

Quadro 7 - Exemplo de cálculo de correlação bisserial por pontos.

Indivíduo	Item 1	Item 12		TOTAL	Desvios	Desvios^2
1	1	1		11	-0,1	0,01
2	1	1		12	0,9	0,81
3	1	1		8	-3,1	9,61
4	1	1		13	1,9	3,61
5	0	0		2	-9,1	82,81
6	0	1		11	-0,1	0,01
7	1	1		14	2,9	8,41
8	1	1		12	0,9	0,81
9	1	1		12	0,9	0,81
10	1	1		9	-2,1	4,41
11	1	1		9	-2,1	4,41
12	1	1		16	4,9	24,01
13	1	1		12	0,9	0,81
14	1	1		12	0,9	0,81
15	1	1		10	-1,1	1,21
16	1	1		10	-1,1	1,21
17	1	1		10	-1,1	1,21
18	1	1		13	1,9	3,61
19	1	1		11	-0,1	0,01
20	1	1		13	1,9	3,61
21	0	1		12	0,9	0,81
22	1	1		12	0,9	0,81
23	1	1		13	1,9	3,61
24	0	1		11	-0,1	0,01
25	1	1		12	0,9	0,81
26	1	1		12	0,9	0,81
27	0	0		7	-4,1	16,81
28	1	1		11	-0,1	0,01
29	1	1		13	1,9	3,61
30	0	0		10	-1,1	1,21
p	0,80	0,90	Média	11,10	Variância	6,02
q	0,20	0,10			Desv.Padr.	2,45
Méd. (p)	11,67	11,63				
Correlação	0,47	0,65				

Comecemos, por isso, por examinar as correlações obtidas para cada item (Quadro 8).

No caso dos itens 3, 5 e 7, a correlação não pôde ser calculada, porque nenhum dos respondentes concordou com o item! Como é óbvio, um item ao qual todas as pessoas respondem da mesma forma não permite

84 Questionários: Teoria e prática

discriminar diferentes graus da variável a medir. Por isso, quando uma das variáveis não apresenta qualquer variabilidade, não é possível o cálculo do coeficiente de correlação.

Os outros resultados seguem um padrão muito comum neste tipo de situações: alguns dos itens apresentam correlações bastante altas com o conjunto, pelo que seriam as primeiras escolhas em termos de inclusão na escala (é o caso dos itens 9, 12, 14, 15, 18, 19 e 23); outros apresentam correlações tão baixas que a sua eliminação não oferece dúvidas (caso dos itens 4, 8, 10, 11, 20, 22 e 24); no nível intermédio (neste caso, com correlações entre 0,2 e 0,5) situa-se um amplo grupo de itens, cuja inclusão ou não depende da extensão que se pretende para a escala (itens 1, 2, 6, 13, 16, 17 e 21). Como ficou atrás dito, considera-se geralmente como trivial uma correlação inferior a 0,30. Seleccionando os itens situados acima desse critério, a forma final da escala incluirá um total de 11 itens, o que pode ser considerado como uma extensão razoável. Se, por qualquer razão, fosse necessário obter uma escala mais curta (por exemplo, se os participantes vão ter de responder a um número considerável de escalas sobre diferentes assuntos), a escolha dos itens que apresentam correlações mais elevadas assegura que o rigor da medida não será demasiado afectado. No Capítulo 5 veremos algumas das formas de avaliar o grau de adequação das escalas, de modo a poder determinar se as qualidades apresentadas por estas não descem abaixo de um nível aceitável quando se reduz a sua extensão.

Quadro 8 - Correlações item-total para a escala de sexismo.

Item	Correlação
1	0,47
2	-0,44
3	----
4	0,08
5	----
6	0,26
7	----
8	0,17
9	0,51
10	-0,04
11	0,19
12	0,65
13	-0,34
14	0,64
15	0,69
16	-0,26
17	0,35
18	0,59
19	0,51
20	0,19
21	0,39
22	-0,14
23	0,50
24	0,08

Uma objecção que poderá ser colocada a este cálculo da correlação item-total é a de que, em parte, se está a correlacionar o item consigo próprio. De facto, mesmo que a correlação entre os itens seja nula, o facto de o próprio item ser incluído no cálculo do total implica que haja uma correlação positiva entre eles, tanto mais elevada quanto menor for o número de itens (porque, como é óbvio, quanto menor for o número de itens, maior será o peso de cada um deles no total). **Uma possível solução para este problema consiste no cálculo da correlação**

de cada item com a soma de todos os outros (isto é, excluindo o próprio item). A maior parte dos programas informáticos para tratamento estatístico de dados permitem calcular a correlação item-total já com este tipo de correcção. Em alternativa, o cálculo pode ser conseguido com relativa facilidade através do recurso a um programa tipo "folha de cálculo". Finalmente, há ainda a possibilidade de utilizar a seguinte fórmula:

$$r_{i(t-i)} = \frac{r_{it}s_t - s_i}{\sqrt{s_i^2 + s_t^2 - 2s_is_tr_{it}}}$$

(11)

sendo $r_{i(t-i)}$ a correlação do item com a soma de todos os outros itens, r_{it} a correlação entre o item e a soma de todos os itens, s_i o desvio-padrão dos resultados do item e s_t o desvio-padrão da soma de todos os itens.

No caso particular dos itens dicotómicos, o desvio-padrão é dado pela fórmula

$$s = \sqrt{pq}$$

(12)

em que p é a proporção de indivíduos que concordam com o item e q a proporção daqueles que discordam. Substituindo os valores correspondentes na fórmula obtém-se, para o nosso item 1[13]:

$$r_{i1(t-i1)} = \frac{0,4618 \times 2,4542 - \sqrt{0,8 \times 0,2}}{\sqrt{0,8 \times 0,2 - 2\sqrt{0,8 \times 0,2} \times 2,4542 \times 0,4618}} = 0,3192$$

(13)

---

[13] Na utilização desta fórmula, é preciso notar que o valor da correlação deve ser introduzido sempre com sinal positivo, mesmo que o item seja de cotação invertida e, portanto, apresente uma correlação negativa com o total. A única excepção dá-se no caso em que o sentido da correlação entre o item e o total é o inverso da forma como o item é considerado no cálculo desse total, ou seja, se um item de cotação positiva apresenta uma correlação negativa com o total, ou um item de cotação invertida apresenta uma correlação positiva com o total. Nesses casos, e para que a fórmula forneça o resultado correcto, é necessário inserir o valor da correlação com sinal negativo, independentemente de qual dos casos se trate. Estas situações não deverão ser frequentes, uma vez que se trata de itens que apresentam um comportamento oposto àquilo que seria de prever a partir da intenção com que foram formulados, o que indica certamente uma formulação ambígua ou inadequada. O valor da correlação será, concerteza, muito baixo, e esses itens quase nunca são seleccionados para a forma final das escalas.

De qualquer modo, a utilidade desta correcção deve ser relativizada. Em geral, a diferença entre os valores brutos e os corrigidos não é grande, excepto nos casos em que o número inicial de itens é reduzido. Por outro lado, se o objectivo é apenas o de seleccionar os melhores itens de entre os que compõem o conjunto inicial, há que ter em conta que a aplicação da fórmula de correcção não conduz a modificações na ordenação dos itens segundo a sua correlação com o total. Por isso, a selecção dos N melhores itens chega sempre ao mesmo resultado, com ou sem correcção. De qualquer modo, se os valores corrigidos puderem ser obtidos com facilidade com a ajuda de um computador, haverá razão para os preferir em relação aos valores brutos. Essencial em qualquer caso será o cuidado em indicar, quando da apresentação dos resultados, se foi utilizada esta correcção.

Por vezes, surgem também recomendados na literatura outros métodos de seleccção de itens que, embora baseados no mesmo princípio de obter itens que correlacionem entre si, apresentam inconvenientes que é importante não deixar passar sem um comentário.

Um dos princípios recomendados com maior frequência na selecção de itens é o de incluir na escala aqueles que apresentam uma correlação estatisticamente significativa com o resultado total. Para se entender a lógica (ou, melhor, a falta de lógica) deste procedimento, é preciso ter bem presente o que é uma correlação "estatisticamente significativa". Os chamados *testes de significância* fazem parte de um domínio da Estatística chamado *Estatística Inferencial*, cuja abordagem detalhada está claramente fora do âmbito deste trabalho. A questão básica a que esta área da Estatística procura dar resposta é a de saber até que ponto é possível, a partir de um conjunto de resultados obtidos numa ou mais amostras, extrair inferências quanto às relações existentes, no conjunto de todos os indivíduos relevantes (chamado, em Estatística, *população*) entre as variáveis medidas.

Vejamos um exemplo concreto, utilizando a correlação. Se considerarmos duas séries de valores obtidos de forma absolutamente aleatória (por exemplo, por extracção de esferas numeradas) e calcularmos a correlação entre essas duas séries, o resultado não será, nunca, exactamente igual a zero. Isto acontece porque, embora o valor da correlação tenda para zero (se o processo for verdadeiramente aleatório) esse valor teórico só seria atingido com absoluta exactidão quando o número de valores em cada série fosse infinito. Para qualquer número finito de valores, flutuações casuais conduzem sempre a resultados que se afastam, em maior ou

As escalas de medida

menor grau, de zero. É também fácil de demonstrar que o grau de afastamento tende a ser tanto maior quanto menor for o número de elementos em cada série.

Vejamos, então, o problema que esta realidade coloca à análise dos resultados de uma investigação. Suponhamos que, numa dada escola, um investigador decide avaliar a hipótese de que os professores tendem a atribuir classificações mais elevadas aos alunos que têm fisionomias mais atraentes. Obtém as fotografias de um certo número de alunos escolhidos ao acaso e solicita a um grupo de professores de outra escola que avaliem, numa escala de 1 a 10, o grau em que consideram agradável o aspecto de cada aluno (com isto, pretende não só combinar as avaliações de vários juízes, mas também evitar que sejam os próprios professores desses alunos a fazer a avaliação: as suas respostas poderiam ser influenciadas pelo conhecimento que têm do rendimento escolar dos alunos e, com isso, falsear os resultados). Seguidamente, obtém junto da secretaria a média das classificações de cada aluno nas várias disciplinas. Calcula a correlação entre a média das classificações de cada aluno e a média das avaliações da sua fotografia e obtém uma correlação positiva modesta, digamos, de 0,12.

Poderia daqui extrair a conclusão de que os professores são influenciados nas suas classificações pelo aspecto físico dos alunos[14]. Outra hipótese, no entanto, deveria também ser colocada: um coeficiente tão baixo não poderia ser simplesmente obra do acaso? Não seria possível que a correlação "verdadeira" fosse nula (zero) e o resultado obtido (0,12) correspondesse simplesmente a uma flutuação casual?

Vários aspectos desta questão são, de imediato, evidentes. Em primeiro lugar, a possibilidade do acaso nunca pode ser totalmente excluída: qualquer resultado poderá sempre ser atribuído a um acaso extraordinário. O importante será assegurar que a probabilidade de obter semelhante resultado seja tão baixa que, na prática, se possa equiparar a uma impossibilidade. Em segundo lugar, um coeficiente de correlação será tanto mais improvável quanto mais se afastar de zero, permanecendo iguais os outros factores. Em terceiro lugar, um mesmo valor do coeficiente de correlação

---

[14] De facto, a relação de causalidade poderia ser exactamente a inversa, ou seja, os alunos a quem os professores, por qualquer razão, dão melhores notas, têm uma atitude mais positiva perante a escola e a vida em geral e, por isso, surgem nas fotografias com uma expressão mais agradável. Ou então, tanto o aspecto físico como as notas são influenciadas por uma terceira variável como, por exemplo, a classe social. Um simples coeficiente de correlação não permite discriminar entre estas diferentes possibilidades.

será tanto mais improvável quanto maior for o número de observações em que o cálculo se baseou.

Um teste de significância estatística não é, então, mais do que um procedimento que permite determinar, a partir do valor do coeficiente e do número de indivíduos na amostra, qual a probabilidade de se obter, por acaso e supondo que o verdadeiro valor da correlação é zero, um resultado tão ou mais afastado de zero do que aquele que foi encontrado. É prática comum em Estatística utilizar um nível de 0,05 como probabilidade máxima de erro para considerar uma diferença como significativa, embora muitas vezes se utilizem também níveis mais exigentes, como o de 0,01 ou mesmo 0,001. O mesmo tipo de raciocínio pode ser utilizado na avaliação da significância de outros resultados, como a diferença de médias entre grupos, por exemplo.

Naturalmente, não se pretende aqui explorar aprofundadamente a temática dos testes de significância, que poderá ser encontrada em qualquer manual de Estatística. A questão é a da utilização da significância estatística como critério para a selecção de itens. Ficou atrás dito que este procedimento não se fundamenta em bases racionais, pelas razões que a seguir se enunciam.

Em primeiro lugar, é necessário reconhecer que, em princípio, não será recomendável incluir numa escala um item cuja correlação com o conjunto não seja estatisticamente significativa. Uma vez que, neste caso, a correlação real poderá perfeitamente ser nula, correr-se-ia o risco de estar a incluir itens que não apresentam de facto qualquer correlação com a variável que se pretende medir. **Mas este é um critério demasiado permissivo.** Ficou atrás dito que uma correlação ao nível de 0,30 é trivial, e que nenhum item deveria ser incluído numa escala se a correlação não ultrapassasse esse valor. Mas uma correlação de 0,30 é sempre significativa, ao nível de 0,05, desde que o número de indivíduos seja superior a 31, o que é um número claramente escasso para uma amostra destinada à selecção de itens. Daqui resulta que **qualquer item que seja seleccionado por apresentar uma correlação superior a 0,30 com o resultado total, numa amostra constituída por mais do que algumas dezenas de pessoas, apresentará sempre uma correlação significativa. O cálculo da significância da correlação é, por isso, inútil.**

O problema é bastante mais grave quando a regra seguida é a de incluir todos os itens cuja correlação seja significativa, e a amostra utilizada é bastante numerosa. Quando o número de observações aumenta, as flutuações dos resultados devidas à amostragem tornam-se menores e a estimação das correlações "reais" torna-se mais rigorosa. Por isso, correlações com valores cada vez mais próximos de zero são significativas. Quando o número de indivíduos é de 50, um valor de 0,24 é suficiente para a correlação ser significativa; se são 100, basta 0,17; se são 300, basta 0,10. **O risco é o de, se a amostra for suficientemente ampla, incluir na escala itens em que, embora apresentem uma correlação real (isto é, estatisticamente significativa) com o conjunto dos outros itens, essa correlação seja tão baixa que o item pouco acrescenta à escala em termos de capacidade discriminativa e pode mesmo diminuir a sua consistência interna, como veremos num capítulo posterior.**

Outro procedimento muitas vezes recomendado na selecção de itens é o da utilização de grupos extremos, que consiste na selecção dos itens que melhor distinguem os indivíduos que se situam na proximidade dos extremos da distribuição de resultados totais. O processo é geralmente o seguinte: elaboram-se os itens, aplicam-se a uma amostra e calcula-se o resultado total para cada pessoa, como habitualmente. Depois, identificam-se os indivíduos que se situam no primeiro quartil e os que se situam no quarto quartil (ver definição de "quartil" na página 44). Para cada um destes grupos, determina-se o número dos que escolheram cada uma das alternativas. Seguidamente, aplica-se um teste estatístico de significância para determinar se as respostas são significativamente diferentes num e noutro grupo. Se os itens são dicotómicos, aplica-se geralmente o teste de χ^2 (qui quadrado), para testar a hipótese de independência entre as respostas e a pertença a um ou outro grupo. Se existem mais do que duas alternativas, é possível dicotomizá-las e aplicar o teste de χ^2 (por exemplo, se os itens apresentam uma escala de 5 pontos, agrupar os pontos 1, 2 e 3, por um lado, e 4 e 5, por outro) ou, então, aplicar um teste que se baseie na comparação de médias, como o t de Student. Uma vez que este método não é recomendável, não entraremos em mais pormenores quanto ao procedimento.

O principal problema com este método resulta do facto de se apoiar num teste de significância, opção cujas desvantagens já vimos anteriormente. Neste caso, e uma vez que o valor da correlação não está disponível, não é possível fazer uma selecção dos itens a não ser pelo critério da significância. Isto resultará numa selecção tanto mais rigorosa quanto menor for o número de indivíduos na amostra de pré-teste. Ao não fornecer um índice que permita comparar os itens entre si, mas apenas uma classificação em termos de "significativo/não significativo", este processo retira ainda ao investigador a possibilidade de escolher o número de itens que pretende para a versão final da escala, e de seleccionar os melhores itens para perfazer esse número. De facto, é possível obter um índice desse tipo num certo passo do cálculo da significância mas, nesse caso, não haverá qualquer vantagem em o utilizar, uma vez que o seu cálculo é tão ou mais complexo do que o da correlação.

Na ausência de um índice que permita ao investigador ordenar os itens em termos da sua capacidade discriminativa, fica-se limitado a incluir todos os itens que apresentam um resultado significativo. **Como a significância depende, em parte, do número de indivíduos, o resultado será uma versão final da escala com mais itens, se a amostra do pré-teste for mais numerosa, e com menos itens, se ela for de menor dimensão** (supondo que as características dos itens se mantêm), o que não é, certamente, um efeito desejável.

Outra desvantagem deste método é a de desperdiçar uma parte considerável da informação, ao não utilizar a totalidade dos resultados, mas apenas a sua classificação em baixos, médios (que são ignorados) ou altos. Esta restrição da informação utilizada diminui o rigor da selecção de itens e torna-a mais sensível a variações na forma da distribuição dos resultados totais. **O problema é ainda agravado quando as respostas aos itens são também artificialmente dicotomizadas.** Neste caso, é utilizada, na obtenção dos resultados finais, informação que não foi validada no pré-teste. Se as pontuações 1, 2 e 3, por um lado, e 4 e 5, por outro, forem agrupadas para o cálculo da discriminação entre os grupos, a diferenciação dentro de cada conjunto em nada contribui para o resultado obtido em termos de avaliação do item. No entanto, essa informação, cuja validade não foi verificada, será depois utilizada no apuramento dos resultados da versão final da escala, o que parece muito pouco defensável, até porque torna a avaliação do item muito dependente da distribuição das respostas pelas diferentes alternativas disponíveis. **A recomendação frequente, no passado, deste método de selecção de itens por grupos extremos era justificada pela simplificação dos procedimentos de cálculo, frequentemente efectuados de forma manual ou com calculadoras simples. Actualmente, com a vulgarização de microcomputadores que tornam os cálculos quase instantâneos, a sua utilização deixou de se justificar.**

O modelo de traço latente, ou teoria da resposta ao item (TRI)

Como se disse atrás, o modelo aditivo é, hoje em dia, claramente dominante na avaliação psicológica. Isso não significa, no entanto, que esteja isento de críticas. De facto, estas têm sido numerosas ao longo dos anos, e tem sido graças à facilidade de utilização e não ao rigor conceptual que o modelo se tem mantido. **Uma das principais limitações do modelo aditivo resulta da impossibilidade de determinar as posições dos indivíduos e dos itens sobre a mesma dimensão** (como acontece nos modelos de Guttman e Thurstone, por exemplo). **Embora este possa parecer um pormenor irrelevante, tem importantes consequências, uma vez que torna os resultados dependentes da amostragem.**

O problema, no fundo, é simples: trata-se da impossibilidade de considerar os resultados da medição independentemente dos itens utilizados. No modelo de Thurstone, uma vez que os itens são classificados pelos juízes e a sua posição na dimensão determinada por esse processo, seria possível utilizar quaisquer outros itens, desde que estes fossem também classificados na mesma escala, pelo mesmo grupo de juízes ou por um grupo equivalente. Sabendo a posição de cada item na escala (a média ou mediana das classificações dos juízes), seria mesmo possível juntar os dois grupos de itens na mesma escala, misturar itens dos dois grupos, etc, sem necessidade de efectuar quaisquer novos cálculos. Talvez mais importante ainda, seria possível comparar os resultados obtidos nos dois conjuntos de itens, mesmo que estes nunca tivessem sido aplicados aos mesmos indivíduos.

No caso do modelo aditivo, nenhuma destas possibilidades existe. Dado que não se conhece a posição do item ou outras das suas características (estas são irrelevantes face aos pressupostos do modelo), apenas se obtendo o resultado da soma de todos os itens, **não é possível comparar directamente entre si resultados obtidos com diferentes conjuntos de itens. Daí dizer-se que o significado dos resultados está dependente da amostra de itens que se decidiu incluir no instrumento.**

O único processo de obter uma comparação entre resultados obtidos com conjuntos diferentes de itens é situando cada resultado face ao conjunto de uma amostra de indivíduos. Por exemplo, é possível aplicar o instrumento a um número relativamente grande de indivíduos (pelo menos várias centenas) e determinar, para essa amostra e para cada um dos resultados possíveis, qual a percentagem de indivíduos que obtiveram um resultado inferior, obtendo um valor designado *percentil* para cada um desses resultados. De facto, trata-se apenas de uma extensão do raciocínio anteriormente utilizado, quando falámos da divisão em quartis (divisão da amostra, ordenada em função dos resultados obtidos, em quatro grupos com igual número de indivíduos). No caso dos percentis, a amostra ordenada é dividida em cem partes com igual número de indivíduos (donde a necessidade de o número destes ser de várias centenas) e o resultado em percentil não é mais do que o número de ordem do percentil no qual se situaria uma pessoa que tivesse obtido, na amostra de referência (geralmente chamada *de aferição*) o mesmo resultado que o indivíduo em questão.

Voltaremos a encontrar os percentis quando, no capítulo final, discutirmos as formas de apresentação e utilização dos resultados. Por enquanto, interessa-nos apenas compreender como a utilização dos percentis permite comparar os resultados obtidos em diferentes instrumentos. Desde que estes meçam, de facto, a mesma variável e tenham sido aplicados à mesma amostra (ou a amostras equivalentes, ou seja, extraídas da mesma população), o significado dos resultados em percentis de um e de outro é idêntico, uma vez que a própria amostra serve de padrão de comparação (aferição). **Neste caso, porém, se o significado dos resultados já não depende da amostra de itens, passa a depender da amostra de indivíduos:** se, por qualquer razão, não for possível obter duas amostras equivalentes, a comparação deixa de ser possível. Pior ainda, se uma ou ambas as amostras estiverem de algum modo enviesadas, a comparação pode levar a conclusões erróneas. Se, por exemplo, a amostra de aferição do instrumento A tiver um nível mais elevado na variável a medir do que a do instrumento B, duas pessoas que obtêm o mesmo resultado em percentil, cada uma no seu conjunto de itens, não se situam no mesmo nível da variável visada. Uma vez que a amostra A tem um nível tendencialmente mais alto, e as posições dos indivíduos dentro das amostras são idênticas, é lógico que a pessoa que foi submetida ao instrumento A se situa num nível mais alto da variável.

Os modelos de traço latente, muitas vezes também designados por "teoria da resposta ao item" (TRI) surgiram precisamente com o objectivo de ultrapassar estes problemas e de oferecer uma base matemática mais sólida para a construção de testes psicométricos, ao permitir determinar as posições dos indivíduos e dos itens sobre uma mesma dimensão, apenas a partir das respostas obtidas, ou seja, sem recorrer ao método dos juízes nem à comparação com amostras de

referência. Embora estes modelos apresentem alguns aspectos tecnicamente complexos, tentarei aqui apenas oferecer uma ideia geral dos seus princípios básicos, tão simplificada quanto possível, e que ignora, por isso, muitas questões que um especialista consideraria incontornáveis.

Já vimos como todos os anteriores modelos se apoiam em determinados conjuntos de pressupostos que, na generalidade dos casos, não são testados directamente, mas cuja aceitação é necessária para a utilização do modelo. A verosimilhança ou não desses pressupostos só poderá ser avaliada a posteriori, com base na qualidade dos resultados proporcionados pelas escalas construídas de acordo com o modelo. Vimos já como, no caso dos modelos de Guttman e Thurstone, dificuldades a nível dos resultados obtidos levaram a colocar em causa os pressupostos e ao abandono dos modelos na maior parte dos casos. **No caso dos modelos de traço latente, pelo contrário, o teste dos pressupostos do modelo faz parte integrante do processo de desenvolvimento da escala.**

Os pressupostos subjacentes aos modelos de traço latente são vários e diferem de acordo com o tipo de modelo. Um deles, porém, é praticamente universal: trata-se da *independência local*, que consiste na premissa de que a probabilidade de uma dada pessoa responder de determinada forma a um item não é afectada pelos outros itens presentes na escala. A verificação desta condição permite que as propriedades do item possam ser definidas de modo absoluto, sem levar em conta os outros itens que constituem a escala, o que torna, por exemplo, possível incluir o item em qualquer outra escala que avalie a mesma dimensão (com um conjunto diferente de itens) sem que as suas propriedades se alterem. O mesmo pressuposto está, de alguma forma, implícito nos modelos que vimos anteriormente mas, no caso dos modelos de traço latente, é particularmente importante, por permitir constituir "bancos de itens" a partir dos quais podem ser extraídos testes destinados a aplicações específicas.

Um segundo pressuposto, partilhado pela maioria dos modelos, é o da *unidimensionalidade*, ou seja, de que o resultado da escala é influenciado por uma única característica do indivíduo, aquela que a escala pretende medir. A definição rigorosa da unidimensionalidade levanta problemas teóricos complexos (McDonald, 1981), mas bastará, no nosso caso, considerar que uma característica é unidimensional quando todos os itens (ou escalas) que a medem são respondidos através de processos semelhantes por todos os indivíduos, independentemente do maior ou menor grau em que possuem a característica, o que implica que todos os itens (ou escalas) classifiquem os indivíduos pela mesma ordem e com as mesmas distâncias relativas entre si (por outras palavras, que todos os itens que medem essa característica forneçam os mesmos resultados, uma vez eliminada a arbitrariedade dos valores da média e do desvio-padrão). Na prática, este pressuposto, tal como, aliás, todos os outros, não é verificado integralmente, uma vez que há sempre um factor de erro e que a interferência de factores estranhos àqueles que se pretende medir é inevitável. Aquilo que se procura assegurar é que os desvios em relação aos pressupostos não sejam tão grandes a ponto de afectarem a qualidade dos resultados nas aplicações práticas.

Um terceiro pressuposto, talvez o mais característico deste tipo de modelos, é o que diz respeito à forma das curvas características dos itens. Vimos já, anteriormente, alguns exemplos destas curvas, que exprimem a relação entre a posição do indivíduo na variável que se pretende medir e a probabilidade de esse indivíduo fornecer uma certa resposta ao item. O que caracteriza os modelos de traço latente é o pressuposto de que estas curvas apresentam formas bem definidas, o que permite determinar as propriedades dos itens e, consequentemente, as posições dos indivíduos numa escala que mede a variável pretendida a um nível intervalar.

Antes de entrarmos nos aspectos específicos da forma das curvas interessa, porém, chamar a atenção para um ponto importante: **a curva característica do item corresponde ao gráfico da função matemática que relaciona a probabilidade de uma dada resposta ao item com a posição da pessoa na dimensão que se pretende medir. Com excepção de certos casos particulares, isso não é a mesma coisa que a relação entre a probabilidade de uma dada resposta ao item e o resultado total na escala, obtido pela soma dos itens.** A posição de cada indivíduo na dimensão subjacente tem de ser calculada levando em conta as propriedades dos itens e esse cálculo pode não exigir sequer a determinação da soma dos itens. **Não é, portanto, possível, apenas com os resultados obtidos a partir das respostas, determinar directamente as curvas características dos itens. O processo é, aliás, inverso: a partir da forma predeterminada das curvas, é possível calcular o resultado global, em termos de uma dimensão ou processo não directamente observável, mas que determina a probabilidade de cada resposta em cada um dos itens (os pressupostos da independência local e da unidimensionalidade asseguram que essa característica constitui o único determinante da probabilidade de cada resposta em cada item).** Da importância atribuída a esta dimensão não observável nos pressupostos deste tipo de modelos deriva a designação de *modelos de traço latente*, por que

As escalas de medida 95

são geralmente designados. A designação *teoria da resposta ao item* deriva, por seu turno, da atenção dada à relação entre a posição do indivíduo no traço latente e a sua probabilidade de resposta em cada item.

Como se disse atrás, os diferentes modelos de traço latente distinguem-se pelo modo como definem a relação entre o traço latente e a probabilidade de sucesso[15] no item. Estas relações podem diferir em dois aspectos: na forma da curva e nos seus parâmetros. Quanto ao primeiro aspecto, existem vários tipos de modelos, mas aqueles que deram origem a maior número de investigações e aplicações práticas são os que se baseiam em curvas definidas por uma função matemática denominada *função logística*. Quanto aos parâmetros, é habitual distinguir entre modelos de um, dois, três e quatro parâmetros.

Nos modelos de um parâmetro, pressupõe-se que um único parâmetro é suficiente para caracterizar cada um dos itens: a *dificuldade*[16]. Isto implica que todas as curvas características dos itens tenham exactamente a mesma forma, ou seja, sejam paralelas, diferindo apenas pela sua posição na dimensão avaliada (ver gráfico na Figura 13). Se houver desvios em relação a este pressuposto, deverão ser suficientemente pequenos para serem atribuídos aos erros da amostragem e, como tal, ignorados.

---

[15] Alguns esclarecimentos são necessários para evitar confusões nesta fase. Em primeiro lugar, é preciso ter em conta que os modelos de traço latente têm sido sobretudo aplicados à avaliação das aptidões intelectuais. Neste contexto, o resultado de cada item é quase sempre dado em termos de sucesso/insucesso. Por esse motivo, é habitual, na discussão deste tipo de modelos, o uso de termos como "sucesso", "insucesso", "dificuldade" e "aptidão", em vez de "concordância", "discordância" e "posição do item (ou do indivíduo) na variável a medir", que fariam mais sentido quando se trata de questionários. Optei por manter a terminologia mais comum para facilitar a transferência do aprendido aqui para a consulta da literatura sobre estes modelos. Uma segunda consequência é que a maior parte dos modelos de traço latente se ocupam de itens dicotómicos. Embora existam várias abordagens aplicáveis a itens politómicos (Masters e Wright, 1984), o seu grau de complexidade é superior e as suas aplicações, por enquanto, escassas, pelo que não entrarei aqui em detalhes sobre elas, embora as considere como apresentando importantes potencialidades para o futuro.

[16] O modelo de um parâmetro, em combinação com o uso de uma função logística para a descrição das curvas características dos itens, foi particularmente desenvolvido pelo matemático dinamarquês Georg Rasch (1966), donde o nome comum de "Modelo de Rasch", dado ao modelo logístico de um parâmetro. Isto apesar de este autor, tal como no caso de Thurstone, ter contribuído também para o desenvolvimento de outros tipos de modelos.

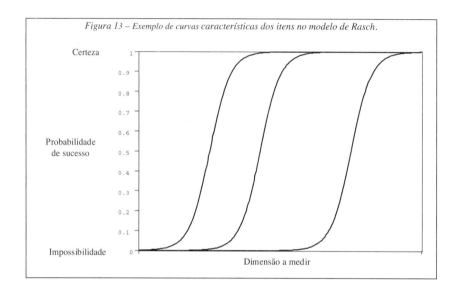

Figura 13 – Exemplo de curvas características dos itens no modelo de Rasch.

No caso dos modelos de dois parâmetros, considera-se que, para além da dificuldade, os itens diferem também em termos da sua *capacidade discriminativa*. Por outras palavras, em alguns itens a probabilidade da resposta correcta aumenta de modo mais rápido e numa zona mais estreita da dimensão a medir. Estes itens permitem, portanto, um maior rigor na discriminação de indivíduos em posições próximas na dimensão a medir. Noutros, pelo contrário, a probabilidade de sucesso aumenta de forma mais suave e a zona em que a resposta do indivíduo é menos previsível (está mais longe da certeza ou da impossibilidade) é mais ampla. Estes itens são, naturalmente, menos úteis em termos de discriminação da posição dos indivíduos, uma vez que mantêm um maior grau de incerteza e fornecem uma menor quantidade de informação. Embora se procure, em geral, eliminar os itens menos discriminativos, os modelos de dois parâmetros pressupõem que as diferenças de poder discriminativo entre os itens que permanecem na escala são suficientemente grandes para não poderem ser ignoradas, devendo ser tidas em conta quando do cálculo dos resultados do teste (ver gráfico da Figura 14; o item cuja curva se situa, na sua maior parte, mais à direita, é o mais discriminativo; aquele cuja curva surge entre as outras duas é o menos discriminativo).

No caso dos modelos de três parâmetros, para além das diferenças de dificuldade e discriminatividade, são levadas em conta

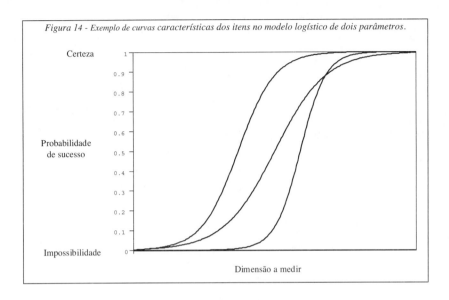

Figura 14 - Exemplo de curvas características dos itens no modelo logístico de dois parâmetros.

diferenças na assímptota inferior da curva, ou seja, na probabilidade de pessoas situadas em níveis extremamente baixos da dimensão medida obterem sucesso no item. Este aspecto é particularmente importante no caso de testes de aptidões intelectuais ou de conhecimentos, por exemplo, que utilizem itens no formato de escolha múltipla, em que o respondente tem de identificar, dentro de um conjunto de alternativas, qual a resposta correcta à questão colocada. É evidente que, nestes casos, mesmo uma pessoa com um nível de aptidão extremamente baixo terá uma probabilidade de sucesso considerável, se seguir uma estratégia de resposta ao acaso. Se o número de alternativas apresentadas for de 5, a probabilidade de acertar por mero acaso será de 0,2, ou seja, um item em cada 5. Mas este valor pode ainda diferir de item para item: por exemplo, se a resposta correcta for nitidamente a mais longa ou mais verosímil, a probabilidade de conseguir adivinhar pode ser superior; se forem as alternativas incorrectas a apresentarem-se mais atraentes, a probabilidade pode ser inferior. Nos modelos de três parâmetros, este valor é calculado para cada item e considerado no apuramento dos resultados (ver gráfico na Figura 15).

Alguns autores propuseram ainda modelos de quatro parâmetros, em que o quarto parâmetro permitiria explicar algumas anomalias nas curvas características dos itens, particularmente casos em que indivíduos situados nas zonas mais altas da dimensão latente apre-

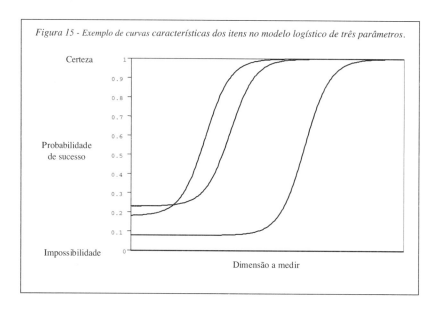

Figura 15 - Exemplo de curvas características dos itens no modelo logístico de três parâmetros.

sentam probabilidades de sucesso menores do que seria de prever em alguns itens. Este parâmetro representaria a possível intervenção de factores como a motivação (ou a sua falta), elementos distractores ou conhecimentos particulares, que poderiam afectar de forma diferente as respostas aos vários itens. No entanto, não foi possível demonstrar que estes modelos apresentassem vantagens, em termos de capacidade de ajustamento aos dados, sobre os referidos anteriormente. Por essa razão, os modelos de quatro parâmetros não têm dado origem senão a um escasso número de investigações e não parecem ter encontrado aplicação prática.

A construção de uma escala de acordo com um modelo de traço latente segue, em geral, os passos habituais para os outros modelos. Assim, uma vez definida a dimensão que se pretende medir e seleccionado o modelo a utilizar, começa-se por elaborar os itens, procurando que estes reflictam a variável a medir e que apresentem níveis de dificuldade adequados à população visada e suficientemente variados (uma preocupação ausente no modelo aditivo). Depois, esse conjunto de itens é apresentado a uma amostra com, pelo menos, algumas centenas de indivíduos. Com base nos resultados obtidos, calculam-se os parâmetros dos itens e testa-se o grau de ajustamento aos pressupostos do modelo, para o conjunto do teste e para cada um dos itens, eliminando aqueles que se afastem excessivamente desses pressupostos.

Finalmente, elaboram-se as tabelas ou fórmulas que permitem, a partir das respostas de cada indivíduo aos diferentes itens, determinar a sua posição na dimensão subjacente.

Devido à complexidade teórica dos próprios modelos e dos cálculos a efectuar no desenvolvimento dos testes, o número de instrumentos psicométricos que recorrem a metodologias de traço latente é ainda bastante diminuto, se comparado com os que se apoiam no modelo aditivo mais tradicional. De facto, só nas últimas décadas, com o desenvolvimento dos meios informáticos, se tornou viável a utilização destes modelos em aplicações práticas. Mesmo assim, o seu uso permanece restrito aos instrumentos em cuja elaboração se investe um maior volume de recursos (em termos financeiros, de pessoal e de tempo). Dado que estas condições se verificam, mais frequentemente, em instrumentos de avaliação das aptidões intelectuais ou dos conhecimentos, uma vez que essas continuam a ser as áreas de maior importância na avaliação psicológica e educacional, a aplicação da teoria da resposta ao item tem estado praticamente limitada a este tipo de instrumentos. Aliás, é também verdade que a maior parte dos modelos foi, desde o início, conceptualizada tendo em vista a construção de testes de aptidões intelectuais.

Outro aspecto a ter em atenção ao considerar as aplicações práticas dos modelos de traço latente é o de que a maior parte destas se tem centrado sobre o chamado "modelo de Rasch" , ou seja, o modelo logístico de um só parâmetro. As razões para a preferência pelo modelo de Rasch têm a ver com a sua menor complexidade, quando comparada com a dos modelos de dois ou mais parâmetros, e com a sua particular adaptação ao formato mais comum dos itens dos testes de aptidões intelectuais para aplicação individual: aquele em que o examinador coloca uma pergunta ou problema, que o examinado terá de resolver ou responder, sendo o seu desempenho classificado como "Certo" ou "Errado". Uma vez que não existem alternativas a escolher, a probabilidade de dar uma resposta certa ao acaso é mínimo, tal como é exigido pelos pressupostos do modelo. Por outro lado, a escolha da função logística (e não, por exemplo, da de ogiva normal, que poderia ser mais justificável em termos teóricos) prende-se também com a maior facilidade nos cálculos que utilizam a primeira[17]. Embora existam modelos de traço latente destinados a situações mais

---

[17] Aliás, as diferenças entre os dois tipos de curvas são mínimas e é possível introduzir no procedimento um factor de correcção que permite uma aproximação à curva de ogiva normal a partir da função logística.

complexas, as suas aplicações práticas têm sido mais raras, ainda que haja expectativas de que venham a aumentar nos próximos anos. De facto, o próprio modelo de Rasch pode ser aplicado a itens com escalas de avaliação com vários pontos (itens politómicos), desde que estas possam ser consideradas como respeitando pelo menos os pressupostos de um nível ordinal de medida (Masters e Wright, 1984).

É evidente que os modelos de traço latente não serão, provavelmente, utilizados pela maioria dos leitores deste livro na construção de testes ou outros instrumentos de avaliação, pelo menos nos próximos anos. Mesmo aqueles que os pretendessem utilizar, não o poderiam fazer apenas com base na informação aqui incluída. Ainda assim, vários propósitos estiveram na base da inclusão deste tema. Em primeiro lugar, o de apresentar estes modelos, ainda mal conhecidos, melhorando a sua compreensão pelos profissionais que os utilizam na sua prática e pelos estudantes que os abordam no decorrer da sua formação. Em segundo lugar, o de encorajar alguns futuros especialistas a consultar obras mais detalhadas[18]. Em terceiro lugar, o de começar a preparar os futuros utilizadores com algumas noções basilares acerca destes modelos, uma vez que é previsível que, com o desenvolvimento teórico de modelos cada vez mais robustos e flexíveis, o surgimento de programas informáticos capazes de facilitar cada vez mais a utilização desses modelos e a difusão dos conhecimentos acerca destas metodologias, elas se comecem a tornar cada vez mais comuns no trabalho quotidiano de desenvolver e aperfeiçoar questionários para os mais diversos fins (e.g., Fraley, Waller e Brennan, 2000; Gray-Little, Williams e Hancock, 1997). Sem pretender, portanto, esgotar o tema, tentarei dar uma breve ideia dos princípios e procedimentos envolvidos na construção de um teste segundo o modelo de Rasch. Os leitores que tiverem dificuldade em seguir a exposição poderão "saltar" sobre ela sem prejudicar a sua compreensão dos capítulos subsequentes.

Os princípios fundamentais do modelo de Rasch são, como já vimos, o de que os itens apenas diferem entre si no nível de dificuldade

---

[18] Boas obras de iniciação poderão ser o livro de Hambleton, Swaminatham e Rogers (1991), e os artigos de Embretson (1996) e McKinley (1989). O capítulo de Hambleton (1989) introduz mais algum aprofundamento. Revistas como *Psychometrika* e *Applied Psychological Measurement* publicam numerosos artigos de investigação sobre este tipo de modelos, a maior parte deles incompreensíveis para um não iniciado. Por essa razão, não incluí nesta secção referências bibliográficas relativas aos diversos aspectos destes modelos e suas aplicações, recomendando antes que se comece por consultar os trabalhos citados nesta nota e se prossiga depois com a bibliografia aí recomendada.

e o de que o resultado no teste depende de um único factor, aquele que se pretende medir. Daqui se deduz que a probabilidade de uma pessoa conseguir resolver um item depende apenas de duas variáveis: o seu nível na característica medida e a dificuldade do item. Designaremos, a partir daqui e por uma questão de facilidade, a primeira por *aptidão (A)*, reflectindo o facto de o modelo de Rasch ser sobretudo utilizado em testes de aptidão, e a segunda por *dificuldade (D)*. Representemos, ainda, a probabilidade de sucesso num qualquer item por P_S e a probabilidade de insucesso por P_I (mais uma vez, a utilização dos termos "Sucesso" e "Insucesso" pressupõe que se trata de um teste de aptidão intelectual e surge apenas por uma questão de facilidade terminológica; o princípio seria exactamente o mesmo se falássemos em "Concordância" e "Discordância").

Partindo daqui, a primeira equação essencial no modelo de Rasch é a seguinte:

$$\frac{P_S}{P_I} = \frac{A}{D} \tag{14}$$

Relembremos que a aptidão e a dificuldade são medidas sobre a mesma escala. Assim, se o nível de aptidão do indivíduo coincidir exactamente com a dificuldade do item, aquele terá iguais probabilidades de sucesso e insucesso (ou seja, ambas serão de 0,5). Se a sua aptidão for o dobro da dificuldade do item, a relação de probabilidade será de 2 para 1, ou seja, a probabilidade de sucesso será de cerca de 0,67 e a de insucesso de cerca de 0,33. A aplicação de alguma álgebra permite deduzir que a probabilidade de sucesso num qualquer item será dada por:

$$P_S = \frac{\frac{A}{D}}{1+\frac{A}{D}} \tag{15}$$

Apesar de esta equação ter a vantagem da simplicidade, apresenta o problema de obrigar ao uso de números muito grandes para representar adequadamente o intervalo de aptidões e de dificuldades dos itens. Por exemplo, em alguns subtestes incluídos nas British Ability Scales, uma bateria de testes de aptidões intelectuais construída seguindo o modelo de Rasch (Elliott, 1983), a relação de dificuldade entre os itens mais fáceis e mais difíceis é tal que se, num modelo linear como o apresentado aqui, atribuíssemos ao item mais fácil o nível de dificuldade 1, o item mais difícil teria um nível de cerca de 3.250.000! Para evitar ter de utilizar números desta magnitude, **os modelos logísticos recorrem a uma transformação logarítmica da escala em que são avaliadas a dificuldade do item e a aptidão do indivíduo.** Esta transformação permite reduzir a variação dos valores para a dificuldade dos itens nas British Ability Scales para cerca de 15 unidades[19].

A transformação logarítmica tem ainda uma outra consequência importante: como qualquer pessoa com conhecimentos nesta área da matemática saberá, **os logaritmos "transformam" as mutiplicações em somas e as divisões em subtracções. Assim, se representarmos por a o logaritmo do nível de aptidão (A) e por d o logaritmo do nível de dificuldade (D), podemos prolongar a nossa equação inicial:**

$$\frac{Ps}{P_1} = \frac{A}{D} = e^{(a-d)} \,,$$

$$(16)$$

sendo e uma constante matemática, utilizada como base nos chamados *logaritmos naturais*, nos quais se baseia este modelo, e que equivale a cerca de 2,72. Para aqueles cujos conhecimentos sobre as funções logarítmicas são nulos ou se encontram perdidos nos recônditos da memória, a consulta de uma obra especializada é recomendável, uma vez que a abordagem desse tema fugiria aos objectivos deste livro.

Esta equação torna clara a consequência atrás apontada da transformação logarítmica: a probabilidade de sucesso de um dado indivíduo num dado item depende da *diferença* entre o seu nível de aptidão e o nível de dificuldade do item. A probabilidade de sucesso é dada pela seguinte fórmula:

$$Ps = \frac{e^{(a-d)}}{1 + e^{(a-d)}} \,,$$

$$(17)$$

---

[19] Neste caso, chega a colocar-se o problema inverso, ou seja, a unidade é demasiado grosseira para permitir discriminar adequadamente as diferenças existentes entre indivíduos e itens. Por essa razão, a unidade utilizada nas *British Ability Scales* corresponde a um décimo da unidade logarítmica, definida como adiante se verá. A dificuldade dos itens varia portanto, *grosso modo*, entre 1 e 150.

Por exemplo, se um indivíduo tiver um nível de aptidão que supera a dificuldade do item em uma unidade, a sua probabilidade de sucesso nesse item será:

$$Ps = \frac{e^1}{1 + e^1} = 0{,}73 \tag{18}$$

A partir desta fórmula podem ser facilmente obtidas as curvas características dos itens, partindo apenas do seu grau de dificuldade. A Figura 16 apresenta uma dessas curvas[20], para um item cuja dificuldade é de 10, e para indivíduos cuja aptidão se situa entre 2 e 18 (8 unidades acima e abaixo da dificuldade do item).

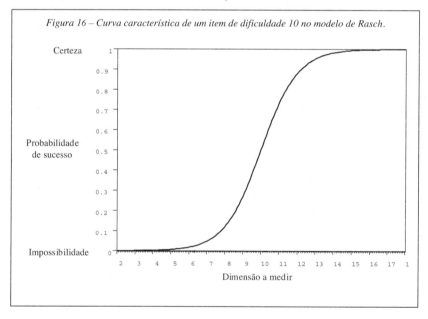

Figura 16 – Curva característica de um item de dificuldade 10 no modelo de Rasch.

Quanto ao modo como são calculados os valores da dificuldade dos itens e da aptidão para cada resultado bruto, a sua complexidade matemática faz com que este não seja um contexto adequado para a sua apresentação. Aliás, é esta a opção seguida por quase todas as obras introdutórias sobre este tema. Gostaria, por isso, de deixar aqui apenas

---

[20] A curva tem um aspecto semelhante ao das dos exemplos anteriores, apenas pela razão de que a fórmula utilizada para as obter foi, em todos os casos, a da curva logística.

uma ideia muito intuitiva de como o procedimento poderá decorrer. Naturalmente, estes valores são estimados a partir da análise dos resultados obtidos numa amostra de indivíduos a quem foram aplicados os itens. Uma vez que a dimensão sobre a qual são avaliadas a aptidão e a dificuldade não é directamente observável, os valores são determinados apenas de forma probabilística, como constituindo as soluções mais prováveis. Com amostras diferentes, os valores seriam também ligeiramente diferentes mas, se os dados se ajustam aos pressupostos do modelo, as diferenças deverão ser mínimas, a ponto de não terem relevância para os resultados obtidos na aplicação do teste.

Na prática, este procedimento, designado estimação de parâmetros, é sempre realizado com o auxílio de computadores, devido ao grande volume de cálculos necessários. Para além disso, haverá que referir que também nesta fase da criação de um teste através de um modelo de traço latente existem diferentes abordagens. Os procedimentos utilizados para obter as estimativas dos parâmetros são de dois grandes tipos: os de máxima verosimilhança (*maximum likelyhood*. em Inglês) e os de tipo bayesiano. Dado que se trata de uma questão tecnicamente complexa e cujo interesse é reduzido para um não especialista, não me ocuparei aqui desta questão, limitando-me a assinalar que os procedimentos de máxima verosimilhança são os mais frequentemente utilizados. O mesmo se poderia dizer da distinção entre procedimentos condicionais e incondicionais: nos primeiros, o cálculo dos níveis de dificuldade dos itens parte da determinação prévia dos níveis de aptidão dos indivíduos; no caso dos métodos incondicionais, os dois parâmetros são calculados em simultâneo. As implicações desta distinção para os procedimentos de cálculo ultrapassam o âmbito deste trabalho.

Uma dificuldade evidente no cálculo dos parâmetros tem a ver com o facto de eles serem interdependentes, ou seja, mesmo que saibamos quais as respostas de um indivíduo a um conjunto de itens, teremos de saber quais os valores dos parâmetros dos itens para determinarmos o seu nível de aptidão. Isto coloca-nos, em termos de estimação dos parâmetros, um complicado dilema: para determinar as aptidões dos indivíduos da amostra, precisamos de conhecer os parâmetros dos itens mas, para determinarmos esses parâmetros, precisamos de conhecer as aptidões dos indivíduos. Em geral, na Matemática, este tipo de problemas resolvem-se com o auxílio de técnicas de cálculo iterativo (não confundir com "interactivo"), por vezes também chamadas de "aproximações sucessivas". Na prática, a estimação de parâmetros nos modelos de traço latente parte de estimativas iniciais da dificuldade dos itens, dadas, por exemplo, pela proporção de indivíduos da amostra que os conseguiram resolver correctamente ou, mais raramente, de estimativas iniciais da aptidão dos indivíduos, dadas pelo número de itens que conseguiram resolver. A essas estimativas iniciais e grosseiras da dificuldade aplicam-se então repetidamente fórmulas matemáticas que têm como efeito corrigir as estimativas, aproximando-as cada vez mais de valores que representam um ajustamento óptimo dos dados empíricos aos pressupostos do modelo teórico. O procedimento é interrompido quando as repetições adicionais já não introduzem alterações relevantes nas estimativas. Outra possibilidade será a de utilizar itens cujos parâmetros já sejam conhecidos como "âncora" ou ponto de referência para o cálculo dos parâmetros de outros itens medindo a mesma dimensão. Seja como for, todas estes cálculos são hoje em dia efectuados por programas de computador, que já existem disponíveis em diversas versões, aplicáveis a diferentes modelos e tipos de dados. Mais detalhes podem ser encontrados em obras especializadas, como as sugeridas anteriormente e em outras aí referenciadas.

Um outro conceito fundamental nos modelos de traço latente é o de *função de informação do item*. **Por razões que é possível demonstrar matematicamente, mas de que uma compreensão intuitiva bastará para os nossos propósitos, um item fornece um máximo de informação nos pontos em que a inclinação (ou "declive", segundo a terminologia matemática) da sua curva característica é também máxima. Isto acontece porque, nesse ponto, a variação na probabilidade de sucesso é máxima, para uma diferença idêntica no nível de aptidão.** Exemplifiquemos utilizando o item hipotético cuja curva característica está representada na Figura 16, da página 103. Entre uma pessoa com uma aptidão de valor 6 e outra com uma aptidão de valor 7, a diferença de probabilidades de sucesso é de cerca de 3%, correspondendo a um aumento de 1,7% para 4,7%. Mas entre dois indivíduos com aptidões de 9 e 10, a diferença será de mais de 23%, correspondendo a um aumento de 26,9% para 50%. É, portanto, claro que, para uma mesma diferença de níveis de aptidão, as diferenças de probabilidade são claramente distintas, ou seja, a probabilidade de o indivíduo com maior aptidão ter sucesso no item e o outro indivíduo não o ter será muito maior no segundo caso (em que é de 0,37) do que no primeiro (em que é de 0,05). Esta probabilidade de conseguir distinguir entre pessoas com diferentes níveis de aptidão corresponde à informação fornecida pelo item nesse intervalo de aptidões. **A função de informação do item relaciona matematicamente essa**

quantidade de informação com os níveis do traço latente (aptidão). Esta função está relacionada com o declive da curva característica, uma vez que, a uma maior inclinação, corresponde uma maior diferença de probabilidade para uma mesma variação da variável subjacente. Este facto está também relacionado com o de, nos modelos de dois ou mais parâmetros, os itens com maior capacidade discriminativa se distinguirem pela maior inclinação das suas curvas características.

Partindo das propriedades matemáticas das curvas características dos itens, é possível avaliar a capacidade discriminativa do item para cada valor do traço latente e obter um novo gráfico que representa a função de informação. A curva apresentada nesse gráfico terá uma ordenada tanto mais elevada quanto maior for o declive da curva característica do item nesse mesmo ponto do eixo das abcissas[21]. A função de informação de um item no modelo de Rasch tem a seguinte fórmula:

$$1 = P_s P_1 = P_s (1 - P_s).\tag{19}$$

Como se pode verificar, a informação fornecida por um item em cada nível de aptidão corresponde ao produto das probabilidades de sucesso e de insucesso. Esta simplicidade deve-se ao facto de se tratar de um modelo com um só parâmetro: no caso dos modelos com maior número de parâmetros, a fórmula torna-se bastante mais complexa. O gráfico da Figura 17 apresenta a curva da função de informação para o item já utilizado na Figura 16 e, para efeitos de ilustração, apresenta também, embora numa escala diferente, a curva característica do item, tornando saliente que a informação fornecida é tanto maior quanto maior é o declive da curva. **Este conceito de informação fornecida em cada nível do traço latente pode ser aplicado não apenas aos itens, mas também às escalas (no contexto destes modelos, geralmente apelidadas de *testes*) no seu conjunto. Nesse caso, a *função de informação do teste* é obtida simplesmente a partir da soma das funções de informação dos itens que o constituem.** O gráfico da Figura 18 representa as funções de informação de quatro itens constituindo um hipotético teste, bem como a função de informação do teste no seu conjunto. Este tipo de gráficos é particular-

---

[21] Para os matematicamente esclarecidos, haverá que precisar que a ordenada da função de informação não depende apenas do declive da curva característica, mas também do erro padrão da medida em cada valor do traço latente. Por outras palavras, a função de informação não é simplesmente a derivada da curva característica.

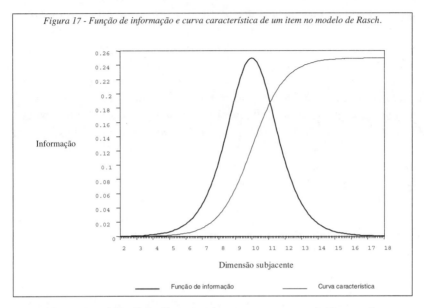

Figura 17 - Função de informação e curva característica de um item no modelo de Rasch.

mente útil no sentido de indicar quais os aspectos mais fortes do teste e, sobretudo, os mais fracos, ou seja, os valores da dimensão subjacente nos quais o teste fornece menos informação, o que se manifesta por uma

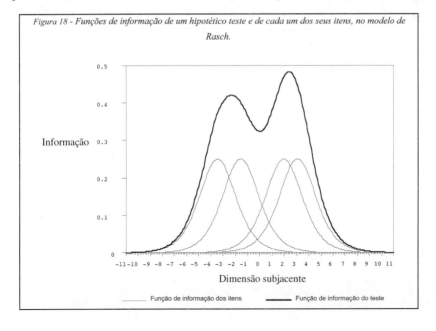

Figura 18 - Funções de informação de um hipotético teste e de cada um dos seus itens, no modelo de Rasch.

menor capacidade de discriminação de indivíduos com níveis de aptidão relativamente próximos. Supondo que o objectivo é o de obter um teste cuja capacidade discriminativa seja relativamente homogénea ao longo de todo o intervalo de aptidões considerado, é fácil deduzir quais os níveis de dificuldade em que se deveriam tentar criar novos itens, de modo a suprir as lacunas existentes. Do mesmo modo, se se considerar que o teste tem um número excessivo de itens, a eliminação preferencial daqueles cujas dificuldades se situam nas zonas em que o teste fornece mais informação permite resolver o problema sem sacrificar a desejada homogeneidade da capacidade discriminativa.

Uma situação diferente, e na qual os modelos de traço latente se revelam de particular utilidade, é aquela em que *não* se pretende que o teste tenha uma função de informação aproximadamente horizontal (homogénea), mas sim que esta apresente um nível máximo numa determinada faixa de aptidões. Suponhamos o caso de uma avaliação destinada a identificar, entre crianças com dificuldades de aprendizagem escolar, aquelas que apresentam um défice intelectual global, distinguindo-as das que têm dificuldades específicas em determinadas tarefas (e.g., leitura), mas um nível intelectual geral médio ou superior. Não interessará, neste caso, que o teste forneça muita informação em níveis de aptidão superiores à média do grupo etário a que as crianças pertencem. Discriminar entre crianças médias e sobredotadas é irrelevante para os objectivos que esta avaliação se propõe. O mesmo se pode dizer de todas as situações em que se pretende recolher informação que fundamente uma decisão do tipo Sim/Não (e.g., discriminar entre pessoas aptas e não aptas para uma determinada tarefa, supondo que é possível traduzir essa dicotomia em "estar acima ou abaixo de um determinado nível de uma qualquer aptidão"), e nas quais o teste deveria procurar fornecer o máximo de informação na zona em que se situa o valor crítico para a decisão. Este objectivo é conseguido incluindo no teste um maior número de itens cuja dificuldade se situe próximo da zona na qual se pretende obter o máximo de informação. **São os chamados *testes por medida* (em Inglês, *taylored tests*)[22], que praticamente só os modelos de traço latente tornam viáveis.**

---

[22] No caso específico dos testes destinados a apoiar decisões dicotómicas, e em que, portanto, se procura concentrar o máximo de capacidade discriminativa num único ponto, é vulgar utilizar-se a expressão *peaked test*, que talvez se possa traduzir por *teste pontiagudo*, numa analogia com a forma apresentada pela sua função de informação.

Uma outra possibilidade aberta pelos modelos de traço latente é a dos chamados *testes adaptativos*, em que os respondentes não são todos expostos aos mesmos itens, mas em que a escolha de cada item a apresentar é feita aproveitando a informação já fornecida pelas respostas aos anteriores. Na prática, o processo funciona mais ou menos do seguinte modo: começa-se por apresentar um item cuja dificuldade corresponda a um nível de aptidão médio, no conjunto da população a que o teste se destina, ou dentro do(s) subgrupo(s) a que o indivíduo pertence (em termos de idade, por exemplo); se o examinado responde correctamente (ou concorda), corrige-se a estimativa inicial, atribuindo-lhe um nível provável mais elevado, e apresenta-se um item cuja dificuldade se situe a esse nível, ou seja, um item mais difícil; se o indivíduo não obtém sucesso no item, o processo é o mesmo, apenas no sentido inverso, e segue--se a apresentação de um item mais fácil. Obtida a resposta ao segundo item, a estimativa inicial é de novo corrigida e o terceiro item será aquele cuja dificuldade se situe mais próximo dessa estimativa. O processo continua até que se considere ter atingido um nível de exactidão suficiente na estimativa da aptidão do indivíduo.

A grande vantagem deste tipo de técnicas, como é evidente, situa-se no facto de evitar que a pessoa tenha de responder a itens demasiado fáceis ou demasiado difíceis para si e que, por isso, fornecem muito pouca informação relativamente ao nível em que se situa na dimensão subjacente. Tentando que os itens se situem a um nível de dificuldade óptimo para cada pessoa, é possível obter um grau de exactidão nos resultados semelhante ao dos testes tradicionais utilizando menos de metade dos itens, o que corresponde a uma economia muito significativa em termos de tempo dispendido na aplicação dos testes.

A principal desvantagem prende-se, como é óbvio, com a complexidade do procedimento, sobretudo em termos do cálculo das estimativas da aptidão mais provável, partindo da informação fornecida por todos os itens já aplicados. Por esse motivo, teste adaptativo significa, em geral, teste aplicado por computador ou, pelo menos, de aplicação assistida por computador. Neste último caso, o computador limita--se a indicar à pessoa que aplica o teste (que terá, portanto, de ser aplicado individualmente) qual o item que deverá apresentar de seguida. Obtida a resposta, o examinador introduz o resultado no computador, que lhe indica o item seguinte, e assim sucessivamente. No caso do teste aplicado por computador, não existe qualquer intermediário entre o examinado e a máquina, que se encarrega não só da escolha dos itens, mas também da sua apresentação e da recolha das respostas (através de um teclado de tipo normal ou adaptado, de um "rato" ou, melhor ainda, de um monitor sensitivo, em que o respondente se limita a tocar com um dedo na alternativa que pretende escolher).

A utilização integral destas possibilidades implica, no entanto, a disponibilidade de um número de itens bastante considerável, que cubra integralmente o leque de níveis de aptidão pretendidos, com intervalos não demasiado grandes entre si. Esta necessidade implica a construção de autênticos *bancos de itens*, constituídos por centenas ou mesmo milhares de itens cujos parâmetros foram previamente determinados e que medem uma mesma dimensão em diferentes níveis de dificuldade. Seleccionando subconjuntos dentro deste manancial de itens, é fácil obter testes que apresentem as características pretendidas. No caso dos testes por medida, utilizando programas informáticos adequados, é mesmo possível desenhar uma curva que represente a função de informação pretendida para o teste e solicitar ao computador que seleccione, dentro do banco de itens, um conjunto que permita obter uma curva tão semelhante a essa quanto possível. No caso de um teste adaptativo, o computador recorrerá ao banco de itens para seleccionar aquele que irá apresentar de seguida.

A construção destes bancos de itens só é possível devido às propriedades particulares dos modelos de traço latente, que permitem determinar os parâmetros dos itens independentemente das características dos indivíduos que lhes responderam. Ao mesmo tempo, o pressuposto de independência local assegura que esses parâmetros não se alteram devido ao facto de um item ser incluído num conjunto com quaisquer outros itens. Por isso, se se pretender adicionar um novo conjunto de itens aos já existentes, bastará aplicar a uma mesma amostra de indivíduos os novos itens e um conjunto relativamente pouco numeroso de itens já aferidos. Uma vez que os parâmetros dos itens não dependem da amostra, as posições relativas dos itens cujos parâmetros já são conhecidos (os chamados *itens de ligação* ou, em Inglês, *link items*) deverão ser reproduzidas na nova amostra e permitem determinar as posições dos novos itens relativamente a todos os que existiam previamente no banco.

Outro aspecto essencial dos modelos de traço latente, já atrás referido, é o do teste dos pressupostos do modelo. Para os mais versados na estatística inferencial, poderá dizer-se que se trata de um

As escalas de medida

teste de significância cuja hipótese nula consiste no ajustamento das respostas dos indivíduos às probabilidades definidas pelo modelo para cada resposta. Esta verificação do ajustamento pode fazer-se tanto ao nível de cada item como ao nível do teste no seu conjunto e, ainda, ao nível do indivíduo. A utilidade destes testes de significância reside, como é óbvio, na verificação de que os dados confirmam os pressupostos do modelo teórico e, como tal, que os resultados obtidos merecem credibilidade. Os testes realizados ao nível do item permitem, para além disso, confirmar que o item funciona adequadamente como medida do traço latente e que não apresenta desvios significativos, os quais poderiam ter diversas origens. Um exemplo de possíveis fontes de desajustamento seria a presença de diferenças entre a capacidade discriminativa dos itens num teste construído segundo o modelo de Rasch, o que aconselharia a sua substituição por um modelo de dois parâmetros e a repetição do processo de estimação dos parâmetros e teste do ajustamento. Outra possibilidade a considerar, e que pode também ser testada, é a do *funcionamento diferencial dos itens,* em que certos itens apresentam diferentes características (em termos de dificuldade e capacidade discriminativa) em diferentes subgrupos (e.g., um item apresenta um nível de dificuldade mais elevado para as mulheres do que para os homens com um mesmo nível de aptidão, por se referir a uma área de conhecimento mais comum entre os homens). Este tipo de problemas tem recebido bastante atenção, sobretudo no âmbito dos testes para selecção de pessoal. Os testes de ajustamento para respondentes individuais são particularmente úteis na detecção de factores que possam levar a conjuntos anómalos de respostas (e.g., resposta ao acaso, cópia de parte das respostas).

Apesar das suas potencialidades no desempenho de todas estas funções, no entanto, é necessário evitar depositar demasiada confiança nos testes estatísticos de ajustamento como forma de verificar a adequação de um modelo de traço latente às respostas de que se dispõe. Já atrás vimos como os resultados dos testes estatísticos de significância dependem em larga medida do número de observações na amostra e como isso os torna inadequados como critério para a selecção de itens numa escala aditiva. O mesmo problema se coloca nos modelos de resposta ao item: uma amostra de grande dimensão tende a levar a que se encontrem mais casos de desajustamento do que uma amostra mais pequena, o que pode fazer com que conjuntos de dados que se ajustam bastante bem sejam rejeitados, se a amostra for de grande dimensão, e dados que violam de forma clara os pressupostos do modelo sejam considerados como confirmatórios, se a amostra for de dimensão reduzida. Além disso, os princípios matemáticos envolvidos na teoria da resposta ao item são complexos e o desenvolvimento de testes de significância para o ajustamento apresenta importantes dificuldades. Por esse motivo, os especialistas mantêm ainda dúvidas em relação ao desempenho de muitos dos testes de significância utilizados no âmbito destes modelos, pelo que o seu uso deve ser cauteloso.

Um princípio unanimemente recomendado neste contexto é o de que não se deve confiar em exclusivo nos testes de significância para verificar o ajustamento dos dados ao modelo. É necessário começar por explicitar quais os pressupostos envolvidos (e.g., independência local, igual capacidade discriminativa dos itens, dificuldade invariante em diversas populações de respondentes, etc.) e testar esses pressupostos através da maior diversidade possível de processos. Muitos desses processos serão abordados no capítulo dedicado ao estudo da validade, uma vez que são também utilizados em escalas construídas de acordo com outros modelos de medida. Existem, porém, aspectos específicos aos modelos de traço latente mas, uma vez que aqui apenas se pretende apresentar uma breve introdução a esta temática, e esses aspectos são variados e, por vezes, complexos, parece-me preferível remeter o leitor para a literatura especializada (e.g., Hambleton et al., 1991, Cap. 4).

Apesar das vantagens que apresentam, os modelos de traço latente não estão, como é lógico, isentos de críticas, e muitos autores têm colocado objecções a vários aspectos dos seus pressupostos e técnicas de construção. Mais uma vez, não pretendo aqui entrar em discussões técnicas reservadas a especialistas, mas apenas dar uma breve ideia das principais críticas apontadas a estes modelos.

O primeiro tipo de críticas é, sobretudo, dirigido ao modelo de Rasch e salienta o facto de que, salvo raríssimas excepções, os dados não se ajustam aos pressupostos do modelo. Utilizando os resultados de um número suficientemente grande de indivíduos, é possível, por exemplo, calcular a percentagem dos que, em cada nível de aptidão, alcançaram sucesso num dado item e representar num gráfico a *curva característica observada* para esse item. Em princípio, se as curvas se ajustassem aos pressupostos do modelo, deveriam ser todas paralelas entre si, ou seja, ter igual declive para iguais valores da probabilidade de sucesso (ver Figura 13, na página 96). Ora, na prática, não é isso que sucede, mas sim a presença de nítidas diferenças de inclinação entre as curvas, reflectindo não só diferenças de discriminatividade entre os itens, mas também outras irregularidades de diversas origens. Como é evidente, este problema poderia ser resolvido através do aumento do número de parâmetros do modelo, mas isso acarretaria um aumento da complexidade dos cálculos e, além disso, segundo os defensores do modelo de Rasch, equivaleria a abandonar o pressuposto da unidimensionalidade.

De facto, esta observação levanta dois tipos de problemas, um de carácter mais técnico, outro claramente teórico. O primeiro é o de saber como é possível que o procedimento de teste do ajustamento dos itens ao modelo permita manter itens cujo comportamento se afasta dos seus pressupostos de modo tão marcado, o que sugere que este procedimento é excessivamente "liberal" e não efectua uma triagem adequada dos itens. Esta impressão é, aliás, confirmada por outros dados: matrizes de resposta totalmente fictícias, obtidas por lançamento de moedas ou dados, podem ajustar-se ao modelo de Rasch e, em certos casos, mesmo itens de testes que medem diversas variáveis podem, tomadas no seu conjunto, ser englobados numa única escala, com um grau aceitável de ajustamento (Kline, 1986).

O problema de carácter teórico é o de saber se será, de todo, possível construir escalas completamente unidimensionais. O problema pode colocar-se logo ao nível do item: como assegurar que um item de um teste de vocabulário (que, em princípio, mede a aptidão verbal) não depende, para a sua resolução, do nível de aptidão para o raciocínio abstracto, considerada pela generalidade das teorias da inteligência como uma dimensão independente? O mesmo problema se poderia colocar em relação a itens que pretendem medir outras dimensões. Se juntarmos a isso a necessidade de criar itens que, embora com diferentes níveis de dificuldade, continuam a depender exclusivamente, para a sua resolução, de uma única variável, o problema é claramente agravado. Além disso, há ainda que considerar a necessidade de demonstrar que a própria variável que se pretende medir é unidimensional: o facto de lhe darmos um nome como, por exemplo, "aptidão verbal", não significa que não seja uma amálgama de variáveis mais elementares. Para acabar de complicar a questão, resta saber como demonstrar matematicamente a unidimensionalidade da escala. Já vimos como o procedimento de teste do ajustamento incluído no processo de construção de escalas de acordo com o modelo de Rasch não é, por si só, adequado para esse efeito. Segundo a argumentação apresentada pelos defensores do modelo de Rasch, a unidimensionalidade pressupõe que todos os itens têm igual capacidade discriminativa. O facto de, na prática, isso não se verificar significaria, portanto, que o objectivo da unidimensionalidade absoluta é muito difícil de aproximar e certamente impossível de alcançar por completo.

Um outro aspecto deste problema do ajustamento do modelo aos dados (ou vice-versa) manifesta-se na constatação corrente de que os parâmetros dos itens não se mantêm inalterados em diferentes amostras: as alterações das posições relativas das dificuldades dos itens, incluindo mesmo trocas na ordem de dificuldade de itens relativamente afastados, são, por vezes, de tal magnitude que não é sustentável a sua atribuição apenas a flutuações casuais. Mais uma vez, este facto vem pôr em causa o pressuposto da unidimensionalidade da escala, uma vez que a única explicação possível para as discrepâncias é a de que um qualquer factor, presente em maior grau numa das amostras, facilita (ou dificulta) o sucesso em alguns itens mais do que noutros. Naturalmente, isto implica que o sucesso em pelo menos alguns dos itens depende de outros factores que não a aptidão que se pretende medir, ou seja, implica que a escala não pode ser unidimensional.

Finalmente, **uma outra observação vem ajudar a reduzir o entusiasmo em torno dos modelos de traço latente: a constatação de que os resultados obtidos em testes construídos de acordo com os seus princípios não apresentam qualidades que os distingam claramente daqueles que se obtêm através dos testes tradicionais, construídos de acordo com o modelo aditivo.** Para além de as pontuações de uns e outros apresentarem uma correlação extremamente elevada (geralmente acima de 0,90) e de as conclusões que delas se podem extrair para a caracterização dos indivíduos serem, na prática, idênticas, os resultados dos testes baseados em modelos de traço latente não apresentam, regra geral, uma precisão e/ou uma validade (o significado destes termos será esclarecido em detalhe nos Capítulos 5 e 6) claramente superiores aos dos testes tradicionais. Poderíamos, por isso, questionar-nos sobre a utilidade de recorrer a procedimentos tão complexos, quando, afinal, os ganhos na qualidade dos resultados são mínimos ou nulos.

Esta é, certamente, a principal razão pela qual as aplicações práticas dos modelos de traço latente permanecem raras e limitadas a contextos restritos, embora os princípios teóricos tenham sido delineados há já algumas décadas. É, portanto, provável que, a menos que novos desenvolvimentos teóricos permitam obter maiores vantagens em termos da qualidade dos resultados ou da simplificação dos procedimentos de cálculo, as aplicações da teoria da resposta ao item permaneçam limitadas aos campos

Escalas ou questionários?

nos quais as suas propriedades são mais necessárias: o desenvolvimento de testes adaptativos e de testes por medida.

Depois de termos percorrido com algum detalhe os princípios subjacentes aos diversos métodos de construção de escalas de medida em Psicologia, seria legítimo perguntar se, afinal, os termos "escala" e "questionário" (e outros, como "teste", "inventário" ou "inquérito") são, afinal, sinónimos. Por outras palavras, os procedimentos descritos neste capítulo são utilizados para a construção dos instrumentos de medida psicológica no seu conjunto? Comecemos desde já por esclarecer que não é isso que se passa na maior parte dos casos. Algumas especificações terminológicas poderão ajudar a compreender a questão.

Como já atrás se disse, chama-se *escala* **a um conjunto de itens através dos quais se pretende medir uma determinada característica numa população de indivíduos.** Isto implica que desse conjunto de itens se obtenha um índice numérico único, que constitui o resultado dessa medição. A forma como os resultados dos diferentes itens são combinados para obter esse índice global depende do modelo adoptado, mas **o essencial a reter é que cada escala se refere a uma única variável e fornece um único resultado.**

Por seu turno, um *questionário* **é, tal como o próprio nome indica, um conjunto de questões, ou seja, de itens que, por qualquer razão, se decidiu apresentar associados numa mesma folha ou caderno. Quanto aos termos "inventário", "teste" ou "inquérito", têm um sentido próximo do de "questionário", embora com ligeiras diferenças.** Assim, o termo "inventário" é geralmente utilizado para designar os questionários que pretendem avaliar traços de personalidade ou outras características semelhantes (valores, interesses, etc). O termo "teste" é geralmente reservado para os instrumentos de avaliação das aptidões, intelectuais ou de qualquer outro tipo (motoras, por exemplo). É também usado nos "testes projectivos" e, em geral, nas avaliações que utilizam observações directas do comportamento em vez de respostas a questões, mas deste tipo de instrumentos não nos ocuparemos aqui. Finalmente, o termo "inquérito", muito utilizado pelos leigos para se referirem aos questionários, não faz parte do vocabulário tradicional da Psicologia. O termo "inquérito" é mais utilizado na Sociologia, para designar a recolha de respostas a um conjunto de questões junto de uma amostra de pessoas, de tal modo que se possa daí inferir quais seriam os resultados obtidos caso se tivesse inquirido todas as pessoas que constituem a população-alvo. É o caso do "Inquério à Habitação" ou do "Inquérito ao Emprego", periodicamente promovidos pelo Instituto Nacional de Estatística junto de grupos limitados de pessoas, com o objectivo de daí extrapolar conclusões quanto à situação global do país nesses domínios. Naturalmente, os conjuntos de pessoas a inquirir terão de ser constituídos de acordo com procedimentos que assegurem a possibilidade de uma extrapolação correcta. Implicam, concretamente, aquilo que num capítulo subsequente iremos referir como a constituição de uma "amostra representativa da população". O termo "inquérito" designa, na maior parte dos casos, todo o processo, desde a definição das questões a estudar, da população-alvo e da constituição da amostra, até à recolha dos dados e ao seu tratamento. Tem, portanto, um sentido mais amplo do que "questionário" (no sentido de que o questionário pode ser um instrumento utilizado num inquérito), mas também mais restrito (no sentido de que um questionário pode ser utilizado para outros fins para além dos de fazer inquéritos, tal como definidos aqui).

Mas, afinal, quantas escalas pode ter um questionário? Pode ter uma, várias ou... nenhuma! Vejamos cada um destes casos.

Questionários unidimensionais: **tal como o nome indica, pretendem medir uma única variável (por exemplo, o nível de saúde subjectiva) e, por isso, são constituídos por uma única escala.** Os procedimentos para a construção do questionário/escala são os descritos neste capítulo, muito provavelmente os ligados ao modelo aditivo. O questionário fornece um único resultado numérico, correspondente à pontuação na escala e à posição do indivíduo na dimensão que se pretende medir.

Questionários multidimensionais: **são aqueles que, pretendendo medir mais do que uma variável, possuem mais do que uma escala. Dentro deste tipo de instrumentos, podemos ainda distinguir entre os estruturados a priori e os factoriais. Nos primeiros, o conjunto de variáveis ou dimensões a medir é definido desde o início pelo investigador, que constrói e inclui no questionário uma escala para cada variável a medir.** Embora todas as escalas sejam apresentadas no mesmo questionário, os procedimentos de elaboração dos itens, cálculo das suas propriedades e selecção dos itens a reter são realizados de forma independente para cada uma das escalas. Os resultados obtidos serão também independentes, havendo um para cada escala.

Os questionários factoriais incluem igualmente várias escalas

destinadas a medir diferentes variáveis, mas distinguem-se pelo facto de essas escalas serem definidas com o auxílio da análise factorial, uma técnica estatística que iremos abordar em detalhe no Capítulo 6, e que permite identificar as dimensões subjacentes a um conjunto indiferenciado de itens ou outras variáveis. Um caso particular é o dos questionários que combinam características dos tipos uni e multidimensionais, ou seja, incluem várias escalas independentes, mas cujos resultados podem ser combinados para obter um resultado geral (ou vários). Suponhamos que pretendíamos construir uma escala de atitudes face à religião, mas os resultados indicavam que as pessoas tinham frequentemente atitudes algo discordantes relativamente a aspectos distintos dessa entidade social. Através, por exemplo, da análise factorial, seria possível identificar os aspectos dentro dos quais as respostas eram mais coerentes e chegar à conclusão de que a atitude face à religião pode ser decomposta em quatro elementos: atitude face à ideia da existência de um mundo sobrenatural, atitude face à religião como fundamento da ética, atitude face à influência da religião na sociedade e atitude face às igrejas institucionalizadas (o exemplo é fictício e não se baseia em quaisquer dados). Mesmo sendo estas dimensões parcialmente independentes, é quase certo que terão entre si uma certa correlação, ou seja, quem tiver uma atitude favorável face a uma delas terá mais provavelmente uma atitude favorável também face às outras, o mesmo acontecendo com as atitudes negativas. Assim sendo, é possível combinar (por exemplo, somando) os resultados das diferentes dimensões para obter um índice da atitude geral face à religião. Desde que as subdimensões sejam adequadamente escolhidas e representativas, e desde que a correlação entre elas seja clara, este tipo de instrumentos permite combinar a simplicidade dos questionários unidimensionais com a diversidade e especificidade dos multidimensionais. Este tipo de questionários é utilizado com alguma frequência, por exemplo na avaliação do auto-conceito (e.g., Simpson, Licht, Wagner e Stader, 1996) ou da personalidade (McCrae e John, 1992).

Questionários "fragmentados" **são aqueles através dos quais se pretende medir tantas variáveis, que se torna necessário renunciar à construção de escalas e se utiliza um item para cada variável a medir.** Seria o caso, por exemplo, de uma investigação que procurasse saber quais os problemas de comportamento e disciplina com que os professores mais frequentemente se defrontam, procurando ainda diferenciar esses resultados em termos de disciplina (do currículo), nível de escolaridade, idade e sexo do professor, período do ano, etc. O investigador poderia consultar a

118 — Questionários: Teoria e prática

investigação publicada sobre o assunto, entrevistar alguns professores e alunos, analisar participações disciplinares ou realizar outras diligências no sentido de obter uma listagem dos problemas de comportamento que ocorrem com alguma frequência nas salas de aula. Cada item seria então elaborado, contendo uma descrição de cada tipo de problema e pedindo a cada professor que a ele respondesse para avaliar a frequência com que ocorria nas suas aulas. Os resultados seriam depois tratados separadamente para cada item, de modo a realizar o objectivo inicial de determinar quais os tipos de problemas mais frequentes. **Como é óbvio, uma vez que não se pressupunha que os itens medissem todos uma mesma variável, não faria sentido combinar os seus resultados ou seleccionar os itens com base na sua relação com os restantes. Uma vez que cada item neste tipo de questionários mede uma variável diferente, as qualidades psicométricas de cada um têm de ser avaliadas separadamente. Isto não impede, como é óbvio, que se examinem as associações estatísticas entre os itens, e não implica que estas não sejam importantes para as conclusões do estudo, ou que não tenham consequências para o aperfeiçoamento futuro do questionário.** O essencial é compreender que, uma vez que o objectivo inicial do questionário era o de avaliar a frequência de cada um dos diferentes tipos de problemas de comportamento, a ausência de qualquer relação entre os resultados de um dado item e os dos restantes itens que compõem o questionário não constitui critério para avaliar a qualidade desse item. Pode simplesmente significar que não existe qualquer relação entre as variáveis medidas pelos diferentes itens. No entanto, se, através da análise dos resultados, se verificar que existem correlações entre os itens (e a análise factorial pode ser extremamente útil na interpretação dessas correlações), poderá daí deduzir-se que uma mesma variável está subjacente às respostas a diferentes itens. Utilizando, por exemplo, o modelo aditivo, a soma dos itens que se relacionam com essa variável (identificados através da análise factorial) poderia dar-nos uma ideia da posição de cada indivíduo em relação a ela, e uma selecção dos itens que, dentro desse grupo, mais reflectem esse factor subjacente poderia permitir obter uma medida tão ou mais adequada deste com menor número de itens.

Concretizemos com a hipótese mais simples dentro do nosso exemplo: o investigador verifica que todos os itens apresentam correlações positivas nítidas entre si, ou seja, os professores tendem a relatar uma (relativamente) elevada frequência de problemas de comportamento de todos os tipos, ou pelo contrário uma baixa (ou média) frequência de todos eles.

Daqui se pode legitimamente deduzir que uma mesma variável está, em parte, subjacente às respostas a todos os itens. Poderá tratar-se de uma variável comportamental (os professores diferem no grau em que dominam técnicas de gestão da sala de aula, e isso faz com que alguns tenham mais problemas nas suas aulas do que outros), cognitiva (alguns professores estão de tal modo preocupados com a ocorrência de situações de indisciplina que sobrestimam a frequência com que elas ocorrem) ou mesmo de auto-apresentação (alguns professores podem tentar dar uma imagem positiva de si próprios, minimizando a frequência de problemas com o comportamento dos alunos nas suas aulas) ou, ainda, de diferentes variáveis actuando em simultâneo. Em qualquer dos casos, este factor geral poderia ser estimado a partir da soma de todos os itens, os itens que mais se correlacionam com essa soma total identificados, como foi atrás descrito a propósito do modelo aditivo, e incluídos numa escala cujo resultado constituirá um índice da posição de cada indivíduo nesse factor geral.

Este procedimento, no entanto, só seria adequado se o nosso objectivo fosse o de avaliar o factor geral identificado como subjacente às respostas ao conjunto do questionário. (Por exemplo, qual a relação entre a frequência de problemas de comportamento e o número de anos de experiência docente dos professores?) Se o nosso objectivo fosse o de avaliar separadamente a frequência dos diferentes tipos de problemas de comportamento, nenhum item deveria ser eliminado a partir do critério da correlação com o total. (Por exemplo, existem determinados tipos de problemas de comportamento que sejam mais típicos de determinados níveis etários dos alunos?) Nesse caso, haveria que, ou manter todos os itens e relacioná-los separadamente com cada uma das outras variáveis de interesse ou, então, submeter o conjunto dos itens a uma análise factorial, estimar a posição de cada indivíduo em cada um dos factores e relacionar depois esses resultados nos factores com as outras variáveis. Em qualquer caso, recordemos mais uma vez, **a selecção dos itens com base na correlação com o total só tem sentido quando se pretende obter da escala um único resultado numérico.**

Aliás, estas diferentes estratégias na utilização dos resultados não são incompatíveis, desde que não sejam eliminados quaisquer itens em função da sua relação com outros, quer em termos de correlação com a soma do seu conjunto, quer em termos de análise factorial. Os únicos critérios de selecção de itens serão aqueles que derivam das aplicações-piloto (como veremos no próximo capítulo), ou de dados que ponham em causa a sua precisão e/ou validade (incluindo a ausência de variabilidade). Desde que nenhum item seja eliminado, excepto por estes critérios, é possível utilizar tanto os resultados de cada item separadamente como os resultados por factor e, ainda, os resultados totais, obtidos por soma de todos os itens ou de um subgrupo escolhido a partir da sua correlação com essa soma[23].

Em qualquer caso, é essencial ter em atenção que os métodos de construção de questionários não devem ser aplicados indiscriminadamente em todos os casos, mas sim utilizados de forma reflectida, em função dos objectivos do estudo e dos pressupostos ou conhecimentos anteriores quanto à natureza das variáveis a avaliar.

---

[23] A opção por uma destas soluções nem sempre é linear. Se todos os itens apresentam correlações positivas entre si, ou seja, todos reflectem em maior ou menor grau o mesmo factor geral, fará mais sentido utilizar a soma de todos eles. Se um certo número de itens não apresenta qualquer correlação com os restantes, ou tem uma correlação negativa com o total, haverá que examinar o seu conteúdo, tentar perceber por que razão se manifesta essa diferença de correlações, e a partir daí tomar a decisão que pareça mais adequada, tendo em consideração os objectivos do estudo.

4 – A elaboração do questionário

Depois de termos abordado os fundamentos teóricos da medição psicológica, entramos neste capítulo nos aspectos da elaboração dos instrumentos. Como terá decerto ficado claro a partir da leitura do capítulo anterior, **este processo decorre em várias fases: em primeiro lugar (a) é elaborada uma versão inicial do questionário (entendido aqui, na sequência da discussão que encerrou o capítulo anterior, tanto na sua acepção uni como multidimensional) incluindo, quase sempre, um número de itens muito superior àquele que se pretende conservar na versão final; (b) essa versão inicial é submetida ao exame de outros especialistas e é realizado um certo número de aplicações com indivíduos semelhantes aos da população-alvo, de modo a detectar quaisquer problemas que obriguem a revisões dos itens ou a outras alterações no procedimento (é o chamado geralmente estudo-piloto); seguidamente, (c) realiza-se um pré-teste, já com uma amostra relativamente numerosa e, com base nos resultados estatísticos obtidos, procede-se à selecção dos itens a reter e à elaboração da versão final; por último (d) a versão final é aplicada a uma amostra adequada aos objectivos do estudo e os resultados são interpretados de modo a responder, tanto quanto possível, às questões colocadas no seu início, ao mesmo tempo que permitem avaliar as qualidades do instrumento.**

Em certos casos, como é natural, algumas destas fases poderão ser omitidas: por exemplo, o pré-teste pode, muitas vezes, ser dispensado quando se trata de questionários "fragmentados". O processo descrito é, no entanto, o mais comum e, por essa razão, iremos percorrê-lo sistematicamente nos próximos capítulos. O capítulo presente será dedicado às fases a, b e c. A avaliação das qualidades do questionário é objecto dos capítulos 5 e 6.

A afirmação de que "um questionário nunca poderá ser melhor do que os itens que o compõem" constitui um truísmo de tal modo evidente que a sua discussão poderia ser considerada desnecessária. **Por mais sofisticados que sejam os procedimentos de construção de escalas e por**

mais que se tente compensar a falta de qualidade dos itens apostando na sua quantidade, um questionário composto por itens mal elaborados nunca poderá apresentar as características mais desejáveis. No caso dos questionários "fragmentados" a questão é ainda mais saliente, porque não é possível confiar em que os enviesamentos dos itens sejam diluídos no seu número. Uma vez que cada item, nesse caso, mede uma variável diferente, qualquer factor estranho que interfira com as respostas a esse item afectará irremediavelmente a avaliação dessa variável. É por esta razão que as perguntas incluídas em sondagens ou inquéritos sociológicos, que são quase sempre independentes entre si, recebem, em geral, cuidados muito superiores na sua formulação, relativamente ao que é típico nos instrumentos psicológicos.

Apesar do reconhecimento unânime deste facto, é visível que a atenção dedicada às questões da redacção dos itens, nos textos sobre construção de questionários em Psicologia, é muito inferior à que é dedicada aos problemas da sua conjugação em escalas. A crença generalizada parece ser a de que, desde que se crie um número de itens suficiente para cada escala, a qualidade acabará por resultar da quantidade, ou, então, de que os itens menos bem formulados serão identificados e eliminados no pré-teste. Por isso, as recomendações não vão, na maior parte dos casos, além da importância de evitar a ambiguidade, as formulações na negativa, a inclusão de várias afirmações ou perguntas no mesmo item, e pouco mais. A verdade, porém, é que de um conjunto de maus itens nunca poderá resultar um bom questionário. Daí a importância deste capítulo, cujo objectivo é o de ajudar o leitor a elaborar um conjunto inicial de itens dotado da melhor qualidade possível.

O processo de resposta

Embora o uso de dados verbais seja generalizado nas ciências humanas, é surpreendente a escassez de investigações sobre os processos que estão subjacentes a este comportamento, afinal tão complexo e determinante para a qualidade das conclusões retiradas da maior parte dos estudos. A análise deste processo é essencial, devido à possibilidade de inúmeras variáveis estranhas com ele interferirem ao longo das suas diferentes fases, prejudicando a qualidade dos resultados obtidos. Por isso, **é essencial, antes do mais, que o investigador que pretende elaborar um conjunto de itens defina com clareza qual a tarefa que irá pedir ao respondente.**

A elaboração do questionário　　123

Poderá, assim, verificar a sua exequibilidade e antecipar os problemas que este poderá vir a encontrar ou os factores que poderão vir a distorcer a sua resposta. Tomando certos cuidados com o conteúdo e o formato dos itens, é possível reduzir o impacto desses factores. Mais adiante veremos alguns casos concretos. Por enquanto, consideremos um modelo extremamente simples dos processos cognitivos envolvidos na resposta a um item de escolha múltipla, bem como alguns dos problemas que podem ocorrer em cada um desses processos (Quadro 9).

Quadro 9 - O processo de resposta a um item.

Processo	Possíveis problemas
1. O respondente lê o item.	O respondente não compreende o item.
2. O respondente interpreta o item, inferindo aquilo que o investigador lhe está a pedir.	O respondente interpreta o item de uma forma diferente da pretendida pelo investigador.
3. O respondente procura na sua memória a informação necessária para responder ao item.	A informação necessária não se encontra na memória do respondente. O respondente não consegue aceder à informação relevante, ou consegue-o apenas de forma parcial.
4. O respondente extrai da informação contida na sua memória uma conclusão, formulada em termos da escolha de uma das alternativas propostas.	Os critérios utilizados pelo respondente para sumariar a informação são diferentes dos pretendidos pelo investigador. O respondente modifica a sua resposta de forma a produzir um certo efeito no investigador.

Como se pode verificar, um processo que, à partida, parece linear e simples depende, de facto, da verificação de uma série de pressupostos que não podem deixar de ser examinados. Nas secções seguintes irei, em primeiro lugar, referir algumas das formas de tentar assegurar que estes pressupostos se verifiquem, logo desde a fase de redacção dos itens. Depois, iremos examinar diversas formas de comprovar que tudo decorre como planeado. Antes, porém, cabe dizer algo sobre os dois grandes tipos de itens utilizados em questionários e entrevistas: os de resposta aberta e os de resposta fechada.

Respostas abertas ou fechadas?

Embora tenhamos definido desde o início que este livro se ocupa de questionários compostos por itens de resposta fechada, as questões colocadas na opção por uma destas duas estratégias são suficientemente importantes para não poderem ser omitidas aqui. Aliás, é evidente que muitos dos aspectos referidos neste capítulo acerca da qualidade dos itens e da sua elaboração são igualmente relevantes para os dois tipos. A diferença essencial situa-se ao nível da forma de tratamento das respostas, obrigando os itens de resposta aberta ao uso de técnicas de análise de conteúdo que escapam ao âmbito deste livro (ver Bardin, 1977/1988; Vala, 1986).

Através da leitura de um número razoável de relatórios de investigação, é fácil verificar que **a opção por itens de resposta aberta ou fechada depende, em grande parte, das opções teóricas ou mesmo filosóficas assumidas, conscientemente ou não, pelo investigador** (Guba e Lincoln, 1982). Quem defende o uso de questões fechadas tende a atribuir um maior peso à facilidade de tratamento das respostas e à clareza da interpretação, argumentando que o uso de questões abertas ou fechadas nos conduz quase sempre às mesmas conclusões, apenas com a diferença de que as questões abertas implicam um muito maior dispêndio de tempo e esforço. Pelo contrário, aqueles que defendem o uso de questões abertas tendem a preocupar-se mais com o estatuto relativo do inquiridor e do inquirido, argumentando que o uso de questões fechadas limita artificialmente o espaço de que este dispõe para se exprimir, restringindo as suas respostas àquelas que foram previstas pelo investigador. Em consequência, a informação obtida através de questões fechadas deverá ser menos válida do que a obtida em questões abertas. Embora este seja um assunto que dá frequentemente origem a discussões acaloradas, é surpreendente constatar o reduzido número de investigações dirigidas a esta questão (ver revisão e discussão em Foddy, 1993, Cap. 10). De facto, este tema tem sido abordado mais através de profissões de fé do que com dados objectivos. **Uma vez que as vantagens das questões de resposta fechada, em termos da facilidade de tratamento dos resultados, são evidentes, tentemos enumerar e analisar algumas das vantagens habitualmente atribuídas às questões de resposta aberta.**

Uma primeira vantagem apontada às questões abertas é a de que estas permitem às pessoas inquiridas exprimir-se nas suas próprias palavras. Difícil seria negar esta afirmação de facto, mas a questão é a de saber se esta é, de facto, uma vantagem. **Se o problema é o de, nas ques-**

tões de resposta fechada, as alternativas oferecidas não cobrirem um ou mais tipos importantes de possíveis respostas, o problema não reside no formato do item, mas sim na lista de alternativas propostas. A elaboração de itens de resposta fechada, quando se pretende que estes cubram áreas diversificadas de conteúdo de respostas, implica quase sempre o uso prévio de entrevistas ou questionários com perguntas abertas, em número suficiente para permitir obter uma listagem exaustiva das possibilidades de resposta. **De qualquer modo, o problema não se deverá colocar se o objectivo da escala é o de situar os indivíduos inquiridos ao longo de uma dimensão contínua. Nestes caso, aquilo que se pretende é que os conteúdos dos itens constituam uma amostra representativa da população de conteúdos que potencialmente poderiam servir para medir essa variável.** Voltando a pegar no exemplo da avaliação da atitude face à religião, esta é geralmente medida com base na concordância/discordância dos indivíduos com um conjunto de afirmações positivas e negativas em relação à religião. Sendo a variedade de afirmações destes tipos potencialmente infinita, é inviável tentar incluir todas as afirmações possíveis no questionário. Quando muito, a preocupação poderá ser a de assegurar que, caso se possam identificar vários subtipos denttro destas afirmações, esses subtipos estejam representados na escala de forma equilibrada. **Em princípio, as afirmações não incluídas forneceriam resultados semelhantes.**

Pelo contrário, o facto de o indivíduo se exprimir nas suas próprias palavras pode ser causa de problemas, uma vez que coloca o investigador perante a necessidade de desempenhar ele próprio um papel essencial na interpretação e confrontação das respostas das diferentes pessoas. Por outras palavras, se o uso de respostas fechadas pode ser entendido como desvalorizador da perspectiva (ou, como dizem alguns autores, da "voz") do respondente, ao limitar a sua expressão às categorias previstas pelo investigador, o uso de respostas abertas pode também ser considerado desvalorizador, ao implicar que alguém (supostamente mais "sabedor") interprete as respostas do indivíduo, extraindo delas "aquilo que ele ou ela realmente queria dizer". A prática, muito recomendada no contexto dos métodos qualitativos, de solicitar aos respondentes que confirmem as conclusões extraídas pelo investigador a partir das suas respostas não resolve inteiramente o problema, na medida em que continua a implicar uma selecção, tradução ou interpretação das respostas produzidas, feita pelo investigador com o propósito de tornar o seu conteúdo mais "adequado" aos seus objectivos. O pressuposto é sempre o de que o material produzido pela pessoa não pode ser utilizado directamente, por falta de capacidade intelectual ou de conhecimentos por parte deste. Se a pessoa fosse suficientemente capaz, seria mais fácil, em vez de realizar uma entrevista, tendo depois que transcrever as respostas e classificá-las em categorias de conteúdos, mostrar-lhe simplesmente as categorias e perguntar-lhe quais delas utilizaria na sua resposta. Com isso, seria reduzido o trabalho do investigador, eliminado o problema da subjectividade na análise das respostas e transformadas as questões abertas em questões fechadas...

Afinal, é preciso reconhecer que, numa situação de recolha de dados para uma investigação, a liberdade de expressão dos inquiridos nunca é total, como não o é nunca em qualquer situação de comunicação cooperativa entre duas ou mais pessoas. Mesmo numa entrevista muito pouco directiva, o entrevistado que começa a falar de temas aparentemente irrelevantes será decerto relembrado da pergunta colocada e/ou questionado sobre a relação entre esta e o conteúdo do seu discurso no momento. Mesmo o (raro) entrevistador que diz "Fale-me sobre aquilo que quiser" já estará a limitar de algum modo o comportamento comunicativo do respondente.

Reconhecendo que as implicações quanto ao estatuto relativo de inquiridor e inquirido são idênticas nos dois casos, teremos de nos basear em outros critérios para avaliar os méritos relativos dos dois tipos de questões. Uma segunda afirmação frequentemente ouvida é a de que as questões abertas permitem recolher informação mais completa. Deixemos, para já, de lado a possibilidade de as alternativas de resposta oferecidas nas questões fechadas não abrangerem a variedade de respostas potencialmente fornecidas a esta questão pela população em estudo. Se tal acontecer, a afirmação será concerteza pertinente mas, como já vimos, trata-se de um problema técnico que se deverá ter o cuidado de eliminar quando se usem questões de resposta fechada.

Uma vez resolvida esta questão, é fácil perceber que **aquilo que constitui supostamente uma vantagem pode, afinal, acabar por se revelar uma fraqueza.** É sabido que a capacidade de recordação é muito melhor quando se realiza uma *tarefa de reconhecimento* do que uma *tarefa de reprodução*. Suponhamos que nos pediam para recordar os nomes de colegas da 4ª Classe. É provável que não nos conseguíssemos lembrar de mais do que uns poucos. Mas se pudéssemos observar uma fotografia da classe, concerteza conseguiríamos recordar muitos mais. Nos questionários e entrevistas, a situação é semelhante. Vimos no Quadro 9 como um

A *elaboração do questionário* 127

dos potenciais obstáculos à produção de respostas válidas pelos indivíduos consiste na dificuldade destes em aceder aos conteúdos relevantes na memória. Por isso, **quanto maiores forem os "auxiliares de memória", maior a probabilidade de as respostas serem completas.** Por exemplo, se perguntarmos a um professor "Quais os problemas com que se debate no seu trabalho?", iremos obrigá-lo a pesquisar a sua memória a partir das palavras-chave "problema" e "trabalho", o que não constitui propriamente uma tarefa muito específica e delimitada. Provavelmente, não iremos obter mais do que meia dezena de problemas e a probabilidade de a lista ser enviesada por vários factores (e.g., acontecimentos recentes, período do ano) é considerável. Se elaborássemos, a partir da literatura, de entrevistas e/ou questionários de resposta aberta, uma lista tão exaustiva quanto possível de problemas sentidos pelos professores e pedíssemos a cada respondente para indicar se sentia cada um desses problemas, conseguiríamos decerto respostas mais "completas".

Uma terceira reivindicação é a de que através de questões abertas se evita influenciar o inquirido. Mais uma vez, haverá que pensar se se trata efectivamente de uma vantagem. É evidente que o investigador procura sempre influenciar o inquirido, no sentido de este lhe fornecer a informação de que necessita! Um dos problemas mais frequentes quando se recolhem dados verbais é precisamente o de os investigadores não definirem com suficiente rigor aquilo que pretendem, o que obriga os inquiridos a um esforço de interpretação, no sentido de tentar descobrir o que lhes está afinal a ser pedido[24]. Imaginemos que, num questionário destinado a professores do ensino secundário, se perguntava: "Que tipos de problemas de comportamento ocorrem nas suas aulas?" As respostas obtidas iriam certamente reflectir o conceito que cada professor tem do que são "problemas de comportamento", de par com a realidade daquilo que se passa nas suas aulas. Se se apresentasse a cada professor uma lista tão exaustiva quanto possível de problemas de comportamento, obtida a partir de entrevistas ou questionários a amostras relativamente numerosas de outros professores, a influência do investigador seria *maior*, no sentido de que as respostas seriam provavelmente mais influenciadas

---

[24] Em certos casos, como nos questionários de tipo "projectivo", as questões são deliberadamente ambíguas, porque a forma como os indivíduos as interpretam é considerada como um efeito da própria variável que se pretende medir (Anastasi e Urbina, 1997), mas estes são casos particulares, referidos mais adiante. Nesta secção, pressupõe-se que os itens se destinam à recolha de informação factual.

pelos factores que se procurava medir (a ocorrência de problemas de comportamento) e menos pela forma particular como cada professor interpretasse a pergunta.

O problema pode ser real, porém, em duas situações. Em primeiro lugar, sempre que se coloque a eterna possibilidade de as alternativas de resposta não incluírem todas, ou quase todas, as respostas que o indivíduo poderia fornecer. Neste caso, que, como já vimos, há que evitar a todo o custo, as respostas serão certamente enviesadas no sentido de uma maior frequência de escolha ou de acordo com as alternativas apresentadas, comparativamente ao que sucederia se todas as alternativas relevantes estivessem presentes. Isto porque, mesmo que se dê aos indivíduos a possibilidade de acrescentar opções não mencionadas no questionário, o número dos que o fazem é sempre muito inferior ao que escolheria essa alternativa caso ela fosse proposta desde o início.

A segunda questão tem a ver com os chamados "efeitos de formato". Várias investigações têm mostrado que as pessoas têm maior tendência a escolher a primeira das alternativas propostas, quando estas são apresentadas por escrito, e a última, quando são apresentadas oralmente numa entrevista (Foddy, 1993). No primeiro caso, aquilo que provavelmente acontece é que a pessoa, ao ser confrontada com as alternativas, procura avaliar em que medida cada uma delas seria válida como resposta. Por uma questão de fadiga, pressão de tempo, ou apenas por as alternativas anteriores terem esgotado o assunto, o tempo dedicado a pensar sobre cada alternativa vai-se tornando cada vez mais curto conforme se avança na lista. O facto de a pessoa lhe dedicar mais tempo e a processar em maior profundidade será provavelmente responsável pela maior tendência para escolher a primeira (ou uma das primeiras) alternativa(s).

Quando as alternativas são apresentadas oralmente, o fenómeno é ainda mais fácil de compreender. O grande problema dos respondentes nesta situação, se as alternativas são numerosas, é o de conseguir recordar-se de todas. É, portanto, natural que a última tenha maior probabilidade de ser escolhida, apenas por ser mais fácil de lembrar.

Qual a importância deste fenómeno, e quais as suas implicações para a opção entre questões abertas e fechadas? Em primeiro lugar, há que considerar que apenas no segundo caso (alternativas apresentadas oralmente) o efeito tem uma dimensão quantitativa importante. Por essa razão, é geralmente recomendado que, nas entrevistas com questões fechadas envolvendo múltiplas alternativas, seja dada ao inquirido a possibilidade de consultar uma lista dessas alternativas, escritas numa folha ou cartão. **Em segundo lugar, e no caso dos questionários, é preciso ter em conta que estes efeitos de formato só exercem uma influência importante quando o indivíduo não tem uma posição clara face às alternativas, por estas não lhe fazerem sentido, por não ter opinião formada sobre o assunto, ou por qualquer outra razão. Assegurando que a questão é relevante para os inquiridos e que estes estão dispostos a manifestar-se face a ela, o peso dos efeitos de formato será bastante reduzido.**

Por outro lado, não existem garantias de que uma questão aberta não influencie indevidamente os respondentes. Consideremos o exemplo atrás utilizado, da questão referente aos problemas de comportamento. Dentro desta designação pretende-se geralmente incluir todos os tipos de comportamentos por parte dos alunos que possam ter efeitos negativos sobre a sua aprendizagem e rendimento escolar. A presença da palavra "problema", no entanto, pode orientar a pesquisa mental do professor no sentido daqueles comportamentos dos alunos que constituem problemas *para si* e não daqueles cujas consequências se reflectem sobretudo sobre os próprios alunos (e.g., insuficiente participação oral nas aulas). Neste caso, e independentemente de se tratar de uma questão de resposta aberta, o respondente terá sido influenciado num sentido não desejado pelo investigador, diminuindo a validade dos dados obtidos através das suas respostas. Se esta questão fosse apresentada sob forma "fechada", este factor teria, por certo, um efeito menor.

Um outro problema deve ser ainda mencionado a propósito das questões abertas: a possibilidade de o indivíduo "se influenciar a si próprio". Concretizemos. Uma das preocupações mais importantes quando se recolhem dados de qualquer espécie que se espera reflictam características dos indivíduos, é a de colocar todos esses indivíduos na mesma situação. Assim, as diferenças observadas no comportamento terão de ser devidas a diferenças entre características dos indivíduos. É claro que é impossível assegurar a identidade absoluta das situações em que se colocam os diferentes respondentes, mas é por esta razão que se insiste frequentemente em que as instruções sejam idênticas para todos, que as questões nas entrevistas sejam apresentadas usando sempre exactamente as mesmas palavras, etc.

Ora, quando uma pessoa responde a uma questão aberta como a do exemplo que temos vindo a utilizar, a situação com que é confrontado só pode ser considerada idêntica à que é proposta aos outros indivíduos na fase inicial da resposta, como seja, por exemplo, no primeiro problema apontado. A partir daí, os restantes componentes da resposta não deixarão de ser influenciados por este componente inicial, quer a pessoa proceda por associação, mencionando problemas semelhantes ao indicado em primeiro lugar ou que estejam relacionados com ele, quer proceda por contraste, omitindo problemas semelhantes na tentativa de dar uma resposta variada, quer siga qualquer outro processo. Em qualquer destes casos, **existirá uma relação de interdependência entre os diversos componentes da resposta, que não só violam o princípio da homogeneidade situacional, como levantam problemas quanto ao tratamento estatístico das respostas,** caso se pretenda utilizar essa possibilidade. De novo, o uso de respostas fechadas permite minimizar a interferência deste tipo de factores nas respostas dos indivíduos.

Em contraste com todas estas afirmações frequentemente avançadas em relação às questões abertas, que procurei aqui demonstrar não terem fundamento, existe uma que é legítima e extremamente importante: o uso de questões de resposta aberta é recomendável quando o investigador não conhece, ou não pode prever à partida, toda a variedade de respostas que poderiam ser dadas pelos inquiridos. A importância deste princípio pode ser justificada a partir daquilo que atrás se disse. As respostas a questões fechadas só serão válidas se as alternativas propostas cobrirem de modo adequado todas as respostas que os indivíduos poderiam dar. Em muitos casos, não é possível criar estas condições, geralmente porque, ou o campo de investigação é pouco conhecido e o investigador não tem nenhuma forma de antecipar as respostas, ou é a população de indivíduos a ser mal conhecida. Em qualquer destes casos, é um erro começar desde o início com questões de resposta fechada, uma vez que nos arriscamos a obter respostas que não reflectem a realidade. As questões abertas são as únicas que nos poderão permitir uma aceitável aproximação ao conjunto de respostas disponíveis na população de interesse, pelo que é essencial começar por aí.

Uma outra opção se coloca nesta altura: deverão as questões abertas servir apenas numa fase preliminar, com o objectivo de construir listas suficientemente exaustivas e relevantes de alternativas ou mesmo de questões de resposta fechada? Ou deverão as questões permanecer, todas ou uma parte delas, no formato aberto ao longo de todo o estudo? Não é possível dar aqui, naturalmente, nenhuma indicação de aplicação universal. Relembremos antes alguns aspectos já mencionados: o uso de questões abertas obriga a processos mais trabalhosos de

A *elaboração do questionário*

análise das respostas e levantam-se algumas dúvidas quanto à validade de alguns desses processos; o uso de questões fechadas pode conduzir a distorções graves nos resultados se as listas de alternativas e questões propostas não forem respresentativas da variedade de respostas que seriam obtidas com perguntas abertas. Para além de preferências pessoais que qualquer investigador tem o direito de manter, desde que com isso não prejudique o rigor e a pertinência do seu trabalho, poderíamos estabelecer a seguinte regra de base: **se ao investigador parecer possível, através da recolha de um número limitado (digamos, poucas dezenas) de entrevistas ou questionários de resposta aberta, construir uma lista suficientemente exaustiva de alternativas ou questões relevantes sobre o tema que pretende estudar, deve proceder a essa recolha e utilizar as listas obtidas para construir questões de resposta fechada[25]; se essa tarefa não lhe parecer possível através dessa pesquisa limitada ou de outros meios que tenha à sua disposição, é preferível investir todos os recursos na recolha do maior número possível de respostas abertas, o que assegurará uma maior representatividade das respostas recolhidas.** Eventualmente, poderá procurar-se em estudos posteriores confirmar os resultados obtidos recorrendo a questões fechadas.

Um exemplo poderá ajudar a esclarecer esta posição. Suponhamos que um investigador pretende realizar um estudo sobre as dificuldades sentidas pelos professores principiantes, relacionando-as com factores da sua história pessoal anterior à entrada na formação educacional. Para o primeiro grupo de variáveis, seria relativamente fácil elaborar um conjunto de questões de resposta fechada, uma vez que, sendo as tarefas do professor bastante bem definidas, as dificuldades que poderá encontrar[26] não devem extravasar para além de um conjunto mais ou menos limitado (digamos, poucas dezenas) que poderia ser enumerado de forma suficientemente adequada a partir de uma série de entrevistas com professores principiantes. Além disso, uma vez que se trata de um tema muito abordado na investigação educacional, seria possível recolher, nas inúmeras investigações publicadas, uma lista bastante exaustiva de dificuldades que

---

[25] Para além disso, há ainda que considerar a possibilidade de recorrer a outras fontes, como investigações anteriores sobre o mesmo tema ou temas afins, como forma de completar essas listas.

[26] "Dificuldade" seria aqui definida como um objectivo profissional relevante que o professor se mostra total ou parcialmente incapaz de alcançar a um nível satisfatório para si.

os professores principiantes podem encontrar (e.g., Veenman, 1984), o que deixaria às entrevistas apenas o papel de identificar aspectos que os estudos anteriores não tivessem considerado, por exemplo por serem característicos do sistema de ensino português ou da instituição em que os professores foram formados.

Pelo contrário, um questionário de resposta fechada destinado a caracterizar a história pessoal dos professores seria muitíssimo mais difícil de construir, dado que a variação provável das respostas seria muito maior do que no caso das dificuldades no ensino. Quais deveriam ser os itens e alternativas de resposta a incluir nesse questionário? Muitos investigadores argumentariam que a própria questão estaria mal colocada, pois "história pessoal" é um conceito demasiado amplo e vago para ser abordado de forma válida numa investigação. Seria preferível seleccionar, eventualmente com base numa teoria psicológica, um aspecto específico da história pessoal, e concentrar esforços aí (e.g., o estilo educacional utilizado pelos pais, a integração nos grupos de colegas, ou as atitudes face aos professores). Por outro lado, seria possível argumentar que uma abordagem mais "aberta", que permitisse aos respondentes referir aspectos da sua vida que eles próprios considerassem mais importantes, teria maior probabilidade de chegar a resultados inovadores e relevantes, por não estar limitado por esquemas conceptuais pré-definidos. Neste caso, é evidente que seria obrigatório recorrer a uma ou mais questões de resposta aberta, aceitando e tratando toda a informação fornecida pelos participantes, na tentativa de encontrar aqueles aspectos que parecem estar associados a determinadas dificuldades na adaptação ao ensino.

A importância dos pressupostos

Retomando a sequência das nossas considerações sobre o processo de resposta aos itens, interrompida pela necessidade de considerar a opção entre respostas abertas ou fechadas, examinemos mais em detalhe alguns dos pressupostos subjacentes à utilização destes tipos de itens, e as implicações que estes pressupostos devem ter para a sua elaboração. Tal como ficou dito na secção anterior, muitas das questões aqui abordadas serão igualmente relevantes para os utilizadores de itens de resposta aberta e fechada. **A clarificação e exame crítico destes pressupostos é essencial, pois todo o processo de interpretação das respostas dos indivíduos e, consequentemente, dos resultados da investigação, depende da sua** veracidade. **Se um ou mais destes pressupostos não se verificar, o investigador, caso tenha consciência desse facto, ficará impossibilitado de interpretar os resultados que obteve; se não a tiver, o que é mais provável, estará sujeito a extrair conclusões erróneas, o que é pior.** Os pressupostos que iremos examinar aqui, e que, em grande parte, podem ser deduzidos do esquema do Quadro 9 (página 123), são os seguintes: (a) o investigador tem uma ideia clara daquilo que pretende saber junto dos respondentes; (b) os respondentes são capazes de compreender o item; (c) os respondentes interpretam o item no sentido pretendido pelo investigador; (d) os respondentes dispõem da informação necessária para responder ao item; (e) os respondentes estão dispostos a procurar exaustivamente, na sua memória ou noutro local, a informação relevante; (f) os respondentes estão dispostos a responder com sinceridade, e (g) a resposta não é influenciada por factores contextuais.

O investigador tem uma ideia clara do que pretende saber

O primeiro pressuposto pode, à primeira vista, parecer trivial. Qual o investigador que não tem uma ideia clara daquilo que procura? Essa clareza, porém, é, muitas vezes, ilusória. Um excelente exemplo é dado pela anedota que abre o livro de Sudman e Bradburn (1982, p. 1) sobre a elaboração de perguntas para questionários e entrevistas. Dois padres, um jesuíta e um dominicano, discutem se será pecado rezar e fumar ao mesmo tempo. Como não conseguem chegar a acordo, decidem que cada um irá consultar o seu superior. Quando se voltam a encontrar, o dominicano pergunta: "Então, o que é que disse o teu superior?" Responde o jesuíta: "Disse que não havia problema." "É estranho", replica o dominicano, "o meu superior disse que era pecado. Como é que lhe perguntaste?" "Perguntei-lhe se era pecado rezar enquanto se fumava", responde o jesuíta. "E tu, como é que perguntaste ao teu?" Responde o dominicano: "Perguntei-lhe se era pecado fumar enquanto se rezava..."

Agora um pouco mais a sério, consideremos o exemplo da secção anterior, em que se pretendia construir um questionário para avaliar as dificuldades sentidas pelos professores principiantes. À primeira vista, o domínio a avaliar parece bastante claro mas, se pensarmos um pouco, verificamos que não é assim. Por exemplo, "ter demasiadas tarefas burocráticas" será uma "dificuldade"? Provavelmente, a maioria dos investigadores concordaria que sim. E "sentir-se permanentemente cansado" será uma "dificuldade"? E que tal "não conseguir ser competente"? A certa altura, torna-se claro que, **se não se partir de uma definição clara e explícita do conceito que se pretende medir, o resultado será uma total confusão quanto ao que deve ou não ser incluído no questionário e, portanto, ao que ele irá medir.** No nosso exemplo, houve, por isso, o cuidado de referir uma definição relativamente precisa daquilo que se poderia entender por "dificuldade" (ver nota de rodapé na página 131).

Em certos casos, o problema não se coloca em termos de delimitação de um domínio a avaliar, mas antes em termos da maior ou menor viabilidade dos pressupostos que ligam os conteúdos dos itens àquilo que se pretende medir. Por exemplo, um investigador interessado em construir uma escala de atitudes face à preservação do meio ambiente poderia considerar um item como "As autarquias não conseguem geralmente opôr-se com eficácia aos interesses económicos". De entre os múltiplos problemas que este item apresentaria, consideremos, para já, apenas um deles. Em primeiro lugar, o que nos pode garantir que a concordância ou não com este item reflecte as atitudes dos indivíduos face à preservação do ambiente? O raciocínio do investigador deverá ter sido o seguinte: a defesa do ambiente implica limitações ao uso do espaço e dos recursos naturais, que são contrárias aos interesses económicos da sua exploração; sendo as autarquias (entre outras instâncias do poder político) responsáveis pela definição e fiscalização do cumprimento dessas limitações, as pessoas que têm uma atitude favorável face à preservação do ambiente deverão, em princípio, desejar que a capacidade de actuação das autarquias nesse domínio seja reforçada; por isso, deverão estar preocupadas com a situação descrita no item e, logo, concordar com ele.

O problema está em que toda esta hipotética sequência pode não ocorrer na realidade. Para começar, repare-se que o item está formulado de tal forma que constitui não uma afirmação de *valor* ("As autarquias deviam..."), mas sim uma afirmação de *facto* ("As autarquias não conseguem..."). Ora, a concordância com questões de facto não tem obrigatoriamente que ver com as atitudes. Pessoas com atitudes neutras ou até contrárias à preservação do ambiente poderiam concordar com o item. Por isso, a sua correlação com a variável que se pretende medir não deverá ser muito elevada. Esta é a razão pela qual se recomenda que os itens destinados a medir atitudes, que constituem julgamentos de valor, não sejam formulados como questões de facto (que medem opiniões, mas não atitudes). Estes itens são úteis quando se pretende descobrir quais os factos que as pessoas admitem como verdadeiros, mas não para identificar as avaliações positivas ou negativas que fazem dos objectos sociais.

Um outro problema é o de que este item pode ser respondido sem se considerar qualquer aspecto ligado ao ambiente. É, aliás, provável que, ao responder ao item, os indivíduos considerem exemplos seus conhecidos de situações de conflito entre as autarquias e os interesses económicos, mas que não envolvam questões ambientais, como acontece em grande parte desses casos. Por isso, muitos outros factores, desde a ideologia política do indivíduo até à sua crença de que um pequeno grupo de pessoas governa secretamente o mundo, podem influenciar a resposta a este item, tornando-o ineficaz como medida da atitude face ao ambiente.

Em resumo, é essencial que o investigador saiba claramente, ao redigir o item, aquilo que pretende do respondente. Se não o souber, não poderá contar com este para lhe dizer, até porque é quase certo que pessoas diferentes chegarão a conclusões diferentes. Se não souber quais os referenciais que o indivíduo utilizou para formular a sua resposta, é evidente que o investigador não saberá como interpretá-la. Um exemplo de uma destas perguntas com referentes vagos seria: "Acha que a sociedade civil deveria assumir um papel mais activo na resolução dos problemas sociais?" Mas, afinal, o que se entende por "sociedade civil"? E por "problemas sociais"? Será que esta afirmação equivale a dizer que "o sistema de Segurança Social deve ser extinto"? Ou que "as pessoas devem fazer justiça pelas próprias mãos em vez de recorrerem às autoridades"? Ou que "as pessoas de maiores rendimentos deveriam ter de recorrer a esquemas privados se pretendessem receber reformas elevadas"? Ou que "as instituições de solidariedade social deveriam promover peditórios em vez de pedirem subsídios ao Estado"?

Os respondentes são capazes de compreender o item

O segundo pressuposto pode ser claramente ilustrado pelo exemplo de um estudo (Belson, 1981, citado por Foddy, 1993) no qual se perguntava "se os programas da televisão eram imparciais no que dizia respeito à política". Cinquenta e seis dos respondentes foram posteriormente entrevistados para verificar a sua compreensão das perguntas, com resultados surpreendentes: somente 25 dos 56 inquiridos interpretaram correctamente o significado da palavra "imparcial"; 5 atribuíram-lhe o significado oposto (e.g., "injusto"); 9 entenderam-na como significando que "dedicavam demasiado tempo à política"; 2 no sentido inverso ("não dedicam tanto tempo como deviam"); finalmente, 10 dos inquiridos ignoraram por completo a palavra e os restantes 7, embora apercebendo-se da sua presença, não faziam a menor ideia do seu significado[27]. A lição a extrair é a de que se **deve sempre tomar cuidado em assegurar que todas as palavras que compõem os itens sejam conhecidas das pessoas a quem o questionário se destina.**

Uma crença comum entre os investigadores é a de que, se surgir alguma dificuldade, as pessoas perguntarão ao investigador o significado da palavra, ou deixarão o item sem resposta. O problema é que, por um lado, os itens não respondidos levantam grandes dificuldades no tratamento das respostas, pelo que há que os evitar a todo o custo, e assegurar a legibilidade dos itens é um dos cuidados mais importantes nesse sentido. Por outro lado, como o exemplo do estudo sobre os programas de televisão demonstra, os indivíduos podem simplesmente entender as palavras. num sentido diferente do pretendido pelo investigador, distorcendo não só o significado da pergunta mas também, e sobretudo, o da sua resposta, sem que o investigador tenha possibilidade de se aperceber disso. Por exemplo, o significado da resposta de uma pessoa que concorde com a frase sobre os programas de televisão será completamente diferente se entendeu correctamente o sentido da palavra "imparcial" ou se a entendeu como sinónimo de "injusto". Mas o exemplo dos indivíduos que responderam à questão sem terem a mínima ideia do que a palavra significava demonstra como nem sempre as pessoas se sentirão suficientemente à vontade para pedir esclarecimentos ao investigador antes de responder à pergunta. **Mesmo no caso em que se dá aos inquiridos a possibilidade de não responderem a um item se não compreenderem a questão ou não tiverem opinião formada sobre o assunto, alguns podem, ainda assim, optar por responder.** Foi o caso de alguns estudos (referidos por Foddy, 1993) em que se interrogava os participantes sobre questões totalmente fictícias, ou tão obscuras que se poderia esperar que quase nenhum deles soubesse alguma coisa sobre o assunto ("Qual é a sua posição acerca da nova Lei das Finanças Públicas? A favor, contra ou não sabe?" seria um exemplo do primeiro caso; no segundo caso, poderia perguntar-se a mesma coisa sobre a revisão do Código do Processo Administrativo). Mesmo nestes casos, uma percentagem

---

[27] Como se pode verificar, a soma destes valores não coincide com o número de indivíduos referido inicialmente, mas o erro reside na fonte citada.

assinalável de indivíduos (por vezes, cerca de 15%) aventurava-se a oferecer uma resposta. Provavelmente, estes respondentes pensariam que, embora não conhecessem propriamente a questão, dispunham de dados que lhe permitiam inferir a posição que teriam, caso a conhecessem. (e.g., "A Lei das Finanças Públicas deve ter sido proposta pelo Governo. Eu sou contra o Governo, portanto devo ser contra a Lei.")

Situações delicadas colocam-se, por vezes, quando os questionários se destinam a ser aplicados a populações muito heterogéneas quanto ao seu nível intelectual e de vocabulário. Embora se trate de um problema mais comum nos questionários destinados a crianças e adolescentes, esta dificuldade também se pode levantar quando se recolhem dados junto de adultos de diferentes estratos socio-económicos. **A regra geral é a de redigir os itens tomando como referência as pessoas com mais baixo nível de compreensão da leitura que seja previsível encontrar na amostra. Ao mesmo tempo, porém, há que ter cuidado em não ofender as pessoas com maior capacidade de compreensão, o que é um problema frequentemente colocado quando um questionário concebido para crianças de um nível etário relativamente baixo é aplicado a crianças mais velhas ou adolescentes.** Um aspecto relevante a ter em conta nestes casos é o de que, embora o nível da linguagem deva tomar como referência a capacidade de leitura do grupo mais jovem, **o conteúdo do item, ou seja, a informação que se pretende que o participante forneça, deve ser igualmente relevante em todos os níveis etários**, não se centrando apenas nos contextos ou actividades desse grupo mais jovem. Além disso, **há que distinguir entre a simplificação da linguagem e a sua infantilização, ou seja, utilizar palavras e estruturas gramaticais mais simples não implica utilizar expressões típicas (ou que o investigador julga típicas) da linguagem das crianças, mas que não facilitam de facto a leitura, são entendidas de modo diferente em diferentes meios culturais e podem provocar resistências em crianças mais velhas ou adolescentes** (e.g., é preferível utilizar "rapazes" e não "miúdos"). **As mesmas regras aplicam-se, com as necessárias adaptações, ao caso de adultos de diferentes grupos socio-económicos ou culturais: as questões colocadas devem ser relevantes para todos os grupos e a linguagem utilizada deve poder ser entendida por todos eles. Particularmente de evitar é o uso de expressões de gíria ou coloquialismos, que raramente atingem o seu objectivo de colocar o inquirido mais à vontade e podem levantar dificuldades de compreensão a muitas pessoas.**

No caso de perguntas que envolvam termos ou expressões que uma parte significativa dos indivíduos da amostra poderá não conhecer, é preferível dar uma definição do seu significado antes de a apresentar e não depois. Desse modo, evita-se a possibilidade de a pessoa se considerar tomada por ignorante. Por exemplo, uma escala de atitudes face à preservação do ambiente poderia incluir o seguinte item: "Pensa que o Estado deveria dar o exemplo de utilizar papel feito a partir de papéis usados, sem necessidade de abater árvores, ou seja, papel reciclado, mesmo que fosse mais caro do que o papel normal, ou deveria sempre utilizar o que fosse mais barato?"

Para além dos problemas ligados ao vocabulário, **a estrutura gramatical pode ser igualmente fonte de dificuldades.** Na redacção de itens para um questionário ou entrevista, é essencial fazer um esforço contínuo no sentido de manter a simplicidade da linguagem, evitando toda a elaboração gramatical desnecessária, como a inclusão de sinónimos, excepções ou ressalvas não indispensáveis. Por exemplo, um item como "Muitos alunos têm maus resultados escolares, não por não serem inteligentes, mas por terem problemas em casa", poderia ser interpretado por um respondente apressado ou com baixo nível de leitura como "os maus resultados escolares são devidos a falta de inteligência e a problemas em casa". Este item ilustra ainda um **outro problema, comum na redacção de itens, e responsável por uma boa parte dos casos de ambiguidade e má interpretação: a inclusão de duas afirmações diferentes no mesmo item.**

Os respondentes interpretam o item no sentido pretendido pelo investigador

No caso das afirmações duplas, não se trata já propriamente de problemas de compreensão do item, mas sim da sua interpretação, pelo que entramos aqui na discussão do nosso terceiro pressuposto. **O principal problema das afirmações duplas é a introdução de ambiguidade no significado do item,** o que não deixa também de se reflectir na ambiguidade do sentido das respostas, quando da sua interpretação para determinar as conclusões do estudo. No exemplo do parágrafo anterior, o item contém, de facto, duas afirmações: "Os maus resultados escolares não têm, em muitos casos, a ver com a falta de inteligência" e "Os maus resultados escolares têm, em muitos casos, a ver com problemas em casa". O que deverá uma pessoa fazer se concorda com uma das afirmações mas não com a outra? E se se manifesta de acordo com o item, isso significa que concorda por igual com ambas as afirmações? Apenas com uma delas? Qual? É importante notar que não existe qualquer razão lógica para que o acordo com estas duas afirmações esteja associado. É possível que as pessoas considerem que tanto a falta de inteligência como os problemas em casa contribuem para os maus resultados escolares, ou então que neguem o papel de ambos os factores mencionados e atribuam o insucesso escolar a outras causas (e.g., à televisão, aos programas escolares ou aos professores).

Este tipo de itens deve, portanto, ser totalmente erradicado, uma vez que, para além das dificuldades de interpretação, tende a deixar os respondentes numa situação de incerteza e, devido a isso, a pedirem esclarecimentos ao investigador ou mesmo a deixarem o item sem resposta, o que causa dificuldades adicionais no momento de tratar estatisticamente as respostas. Por isso, **é essencial que cada item contenha um único pensamento ou afirmação. A única excepção verifica-se nos casos em que as afirmações estão ligadas por uma relação lógica muito clara: "Leio todas as semanas pelo menos um jornal *ou* revista" ou "Compro *e* leio pelo menos um livro por mês". De qualquer modo, este tipo de itens é muito atreito a dificuldades de interpretação, sobretudo no caso da conjunção "e"**: o item "Tenho frequentemente dores de cabeça e de estômago" colocaria dúvidas a quem tem apenas um dos tipos de dores, uma vez que as relações lógicas nem sempre são representadas com grande exactidão na linguagem corrente e, portanto, esta frase não explicita com suficiente clareza se devem concordar com o item apenas as pessoas que sofram dos dois tipos de dores ou, até, se será necessário que ambos ocorram em simultâneo. **A indefinição será ainda maior se se utilizarem outros tipos de conjunções** ("mas", "embora", "também", etc). Este tipo de formulações deve, por isso, ser também evitado, e **a regra deverá ser a de separar em diferentes itens as várias afirmações, a não ser que existam motivos fortes para incluir no item uma ou mais afirmações unidas por uma relação lógica clara e essa relação possa ser entendida e utilizada pelos respondentes sem dificuldade.**

Mais óbvios do que os casos de duas afirmações são aqueles em que se colocam duas perguntas no mesmo item: "Sabe se se pode recorrer ao Centro de Saúde mesmo sem ter cartão?" Como é evidente, caso a pessoa responda "Não", fica-se sem saber se pretende dizer "Não sei" ou "Não pode". Embora este tipo de problemas possa parecer evidente, não é, muitas vezes, detectado senão na fase de estudo-piloto, pelo que há que estar atento de modo a identificá-lo logo na fase inicial da redacção dos itens.

Outro tipo de construção frásica que origina muitos problemas de interpretação é o das "negativas duplas". Como se sabe, a negação de uma negação equivale a uma afirmação: "Não admito não ser informado" significa que se pretende ser informado. Um dos problemas, no entanto, está em que, muitas vezes, se utilizam duas negações na mesma frase como forma de acentuar o tom negativo: "Não quero receber nenhuma informação" significa que *não* se pretende ser informado embora, interpretando a frase literalmente, se pudesse pensar que não querer nenhuma informação significa querer alguma. Isto faz com que todas as frases com negativas duplas tenham tendência a ser ambíguas e sejam, portanto, de evitar. Por outro lado, mesmo quando a negativa dupla parece indicar claramente uma afirmação (e.g., "Não tomo medicamentos que não tenham sido receitados pelo médico"), implica uma estrutura gramatical complexa, capaz de causar enganos ou dificuldades de compreensão. É sempre preferível usar a forma afirmativa e ser tão directo quanto possível (e.g., "Só tomo medicamentos receitados pelo médico"). Em resumo: não use nunca nenhuma negativa dupla (ou tripla).

Para além destas questões ligadas à capacidade de compreensão por parte dos respondentes, há que considerar que **mesmo palavras comuns podem ser interpretadas de forma diferente**. Por exemplo, num estudo sobre a utilização dos Centros de Saúde poderia pensar-se em perguntar aos respondentes se tinham um Médico de Família. O problema estaria em que, embora esta seja uma designação com um significado preciso dentro da organização dos Centros de Saúde, poderia ser interpretada de um modo muito mais lato, incluindo todos os médicos generalistas que prestam assistência ao conjunto da família, mesmo que em clínica privada ou num sistema convencionado. Uma questão colocada desta forma e sem mais especificações conduziria a uma sobrestimação dos níveis de utilização dos Centros de Saúde.

Outro exemplo seria o de um estudo sobre os tipos de equipamentos culturais existentes no domicílio das famílias. Uma palavra como "enciclopédia" pode ser entendida de formas muito diferentes: para algumas pessoas, tem uma definição muito estrita, incluindo apenas as obras de grande extensão e múltiplos autores, que abrangem todos os ramos do conhecimento, divididos por verbetes ordenados alfabeticamente; para outras, inclui qualquer obra assim designada como, por exemplo, as obras de divulgação destinadas ao público juvenil ou infantil; para outras ainda, incluirá todas as séries de livros de grande formato. Como é evidente, estas diferentes acepções do termo têm significados diferentes quanto ao provável nível socio-cultural da família.

Problemas deste tipo são também frequentes em questões que avaliam a compra de objectos (é possível, por exemplo, ler um jornal sem o comprar, porque algum outro membro da família ou um colega o comprou, porque se pediu emprestado, se leu numa sala de espera ou numa biblioteca; o mesmo problema pode colocar-se em relação a outros objectos: comprar para oferecer é considerado "comprar"? E comprar a pedido de outra pessoa?) A necessidade de considerar atentamente estas questões é ilustrada pelo exemplo seguinte. Uma equipa de investigadores ingleses, no início dos anos 60, procurou avaliar o impacto da televisão na vida familiar. Um dos itens mais importantes do seu questionário (destinado a crianças em idade escolar) perguntava: "Há quanto tempo tens uma televisão?" Esta redacção poderia, no entanto, levar as crianças a responder que não tinham televisão, por pensarem que a pergunta se referia a elas especificamente e não ao conjunto da família. Por isso, a pergunta foi alterada para "Há quanto tempo é que a tua família tem televisão?" Mas, aqui, levantava-se o problema da extensão do conceito de "família", que poderia levar as crianças a incluir avós, tios ou irmãos que não vivessem na mesma casa, o que não correspondia ao pretendido. A questão foi, por isso, de novo alterada para "Há quanto tempo há televisão na tua casa?" Colocou-se, então, o problema de este tipo de formulação obrigar as crianças a efectuar uma subtracção, de modo a avaliar o tempo decorrido desde a chegada da televisão, o que poderia levar a erros. Uma alternativa que evitava este problema seria "Desde quando há uma televisão na tua casa?", mas esta questão, se fosse colocada num formato de resposta aberta, poderia levar as crianças a dar respostas como "Desde os anos da mãe" ou "Desde que o meu pai ganhou na lotaria", uma vez que a pergunta não refere explicitamente a intenção de avaliar o tempo decorrido desde esse acontecimento. Outra possibilidade seria "Se há uma televisão na tua casa, quando é que foi comprada?", mas aqui colocar-se-ia o problema de esta televisão não ter sido comprada (ter sido oferecida, ganha num concurso ou alugada), de não ser a primeira televisão adquirida pela família, etc (Oppenheim, 1966, p. 54-55).

Este exemplo torna clara a **impossibilidade de encontrar para qualquer item uma redacção perfeita e que elimine qualquer hipótese de má interpretação. O importante é estar atento aos possíveis enviesamentos, reexaminando cuidadosamente as questões alguns dias** depois de as ter redigido, em busca de ambiguidades ou imprecisões e, sobretudo, realizar um cuidadoso estudo piloto com uma pequena amostra, avaliando a forma como as pessoas reagem aos itens e os interpretam.

Os respondentes dispõem da informação necessária para responder ao item

Quanto ao quarto pressuposto, também muitas vezes os investigadores manifestam uma confiança excessiva. **Em muitos casos, as pessoas têm dificuldade em responder ao item simplesmente porque não consideram que a questão lhes diga respeito ou porque nunca ouviram falar ou nunca pensaram no assunto** (Fischhoff, 1991). Muitos inquéritos realizados a propósito da fluorização da água de consumo doméstico, por exemplo, defrontaram-se com este problema: os defensores da ideia apontavam as provas científicas do valor da medida na prevenção da cárie dentária, enquanto os opositores receavam efeitos nefastos ainda desconhecidos do consumo de flúor ou intoxicações por sobredosagem, causadas por acidente, erro ou acção criminosa. Quando se procurou saber qual a opinião da população sobre o tema, descobriu-se que a grande maioria nunca tinha ouvido falar no assunto, ou não tinha pensado sobre ele, pelo que teria pouco sentido tentar saber a sua opinião.

Um problema semelhante ocorreu num estudo em que se procurou saber se os cidadãos norte-americanos eram favoráveis à ideia de um orçamento equilibrado para o governo federal. Embora 96% das pessoas estivessem dispostas a dar a sua opinião sobre o assunto, 25% não sabiam se o orçamento em vigor era equilibrado ou não, 8% pensavam erradamente (à época) que era equilibrado, 40% sabiam que era desequilibrado mas não faziam ideia de quanto e 25% erravam a estimativa por mais de 15%. Em suma, só 3% das pessoas dispunham da informação adequada para responder à questão (Foddy, 1993, pp. 8-9).

Mesmo em situações mais prosaicas, e embora a informação tivesse estado, em tempos, disponível na memória do indivíduo, o tempo decorrido ou a interferência de outros factores podem fazer com que actualmente esteja quase inacessível. Suponha que lhe perguntam, por exemplo, quantas refeições de carne comeu na última semana. Ou que lhe pedem que faça uma lista das pessoas com quem conversou nos últimos 3 dias. Mesmo que, nestes casos, a informação fornecida possa ter

A *elaboração do questionário* 143

algum paralelismo com a realidade, a tendência é para uma subestimação acentuada da frequência, se se trata de um acontecimento raro ou há necessidade de uma enumeração de todas as ocorrências, ou de uma estimativa muito incerta, se a pessoa recorre a uma estratégia baseada em crenças genéricas (e.g., de que come carne em cerca de 2/3 das refeições) para substituir a informação difícil de reconstituir.

Este tipo de problemas pode ocorrer mesmo em situações que se pensaria serem difíceis de esquecer: 42% dos indivíduos de uma amostra de 131 esqueceram-se de referir num questionário uma intervenção cirúrgica a que tinham sido submetidos um ano antes. Num estudo com vítimas de crimes, as percentagens de não referência eram ainda maiores: 32% entre 1 e 3 meses depois do acontecimento, até 70% entre 10 e 12 meses depois (Foddy, 1993, p. 92). Independentemente das razões que possam ter levado as pessoas a esquecer (ou a omitir intencionalmente) estes acontecimentos, os resultados apontam para o risco de graves distorções nos resultados, quando se confia demasiado na memória dos indivíduos ou na sua relutância em responder a questões sobre as quais não estão informados.

Como tentar resolver este problema? Considerando em primeiro lugar a situação em que os respondentes não têm, à partida, nenhuma resposta para dar, **é frequente, sobretudo nos inquéritos de cariz mais sociológico, acentuar a necessidade de prever um ou mais "filtros", ou seja, alternativas que encoragem as pessoas a não fornecer uma resposta se sentem que a pergunta não lhes diz nada.** Autores como Foddy (1993, Capítulo 8) defendem mesmo a necessidade de utilizar dois tipos de filtros: "Não sabe", para as pessoas que consideram não dispor de informação suficiente sobre a questão e "Sem opinião", para as pessoas que, embora tenham alguma informação (ou não queiram admitir o contrário), consideram não ter uma opinião formada sobre o assunto.

A utilização destes "filtros" está, porém, sujeita a certas condições. **No caso dos questionários "fragmentados", em que cada item é analisado separadamente, a sua utilização é recomendável sempre que existam dúvidas quanto à relevância das perguntas colocadas para os respondentes individuais.** Várias investigações, revistas no livro de Foddy (1993, Capítulo 8), demonstraram que os dados obtidos através de questões que incluíam filtros eram mais válidos do que quando estes não estavam presentes. **O facto de os inquéritos de cariz sociológico serem quase sempre deste tipo fragmentado está, decerto, na origem da recomendação de que todos os itens devem incluir filtros.** Já é menos compreensível a recomendação (Foddy, 1993, p. 170) de que os itens incluídos em escalas apresentem igualmente filtros do tipo "não sei nada sobre este assunto".

O problema, que o autor mencionado não refere, **é o de como conjugar os resultados dos itens quando alguns dos respondentes optam pelos filtros.** Aliás, o problema é exactamente o mesmo que se coloca quando os participantes não respondem a um item. Como calcular o resultado total de uma escala construída segundo o modelo aditivo, quando o participante não deu resposta a um ou mais itens? Calcular apenas com base na soma dos itens respondidos seria falsear completamente o significado dos resultados. Utilizar a média dos itens respondidos equivale a supor que o indivíduo, caso tivesse respondido aos itens que omitiu, escolheria uma resposta equivalente à média das suas respostas aos outros itens, o que não é garantido, sobretudo porque os itens diferem sempre entre si na tendência geral de resposta. Atribuir aos itens omitidos um resultado equivalente à média das respostas dos outros indivíduos a esse item é igualmente arriscado, porque pressupõe que as pessoas que optaram por não responder dariam respostas equivalentes à média das outras pessoas, o que ignora o efeito da tendência individual de resposta do indivíduo.

Em qualquer dos casos, há que ter em conta dois aspectos essenciais. Em primeiro lugar, todas as estratégias que permitem obter um resultado global numa escala de tipo aditivo (ou de qualquer outro tipo) em que alguns itens ficaram sem resposta implicam atribuir, com base em pressupostos mais ou menos discutíveis, uma hipotética resposta ao indivíduo nesse item. Se o indivíduo omitiu a resposta contrariando as instruções do experimentador e se a sua exclusão pura e simples do tratamento posterior de todos os resultados (geralmente a melhor opção) for demasiado inconveniente, é admissível eliminar os resultados do indivíduo apenas para a escala ou escalas em que omitiu itens e considerá--lo para o tratamento de resultados nas restantes (o que, na língua inglesa, se designa por *pairwise deletion*). Esta técnica tem, no entanto, um grave inconveniente: o número de respondentes torna-se diferente de uma variável para outra e, portanto, os grupos de indivíduos com base nos quais se estabelecem as conclusões são também ligeiramente diferentes de uma variável para outra. Isto tende a tornar a análise e a apresentação dos resultados algo confusa e pode levar a resultados incongruentes em diferentes variáveis, devido ao facto de terem sido medidas em grupos diferentes. **É, portanto, preferível eliminar por completo os resultados dos indiví-**

A elaboração do questionário 145

duos que omitiram um ou mais itens em qualquer das escalas (o chamado *listwise deletion*). O único inconveniente desta técnica é a redução excessiva que pode produzir no número de participantes mas, se o número de indivíduos com omissões for importante, é certo que os outros tipos de técnicas também produziriam importantes distorções nos resultados. Embora permaneça sempre o risco de as omissões serem produzidas preferencialmente por pessoas com certas características e, portanto, de a sua eliminação enviesar a amostra, a distorção produzida pela técnica da eliminação total tende a ser menor do que com os procedimentos alternativos[28]. **Mas, afinal, qual é o sentido de o investigador dar ao respondente a opção de não responder, para depois lhe ir atribuir uma resposta, de modo mais ou menos arbitrário, ou ignorar todas as suas outras respostas, quando ele faz uso dessa opção?**

O segundo aspecto tem a ver com a homogeneidade das escalas. Em princípio, todos os itens incluídos numa mesma escala dizem respeito a uma mesma variável. Por isso, se essa variável é relevante para os indivíduos, os itens deverão sê-lo igualmente. De outro modo, será difícil argumentar que a resposta dos participantes é influenciada, antes do mais, por essa variável. **A necessidade de determinar a relevância para os respondentes deverá, portanto, colocar-se ao nível da variável que se pretende medir e não ao nível do item.** Por outras palavras, antes de iniciar a recolha dos dados é necessário avaliar a capacidade dos indivíduos da população visada para responder a questões referentes à variável que se pretende estudar. **Por definição, o problema não se coloca relativamente à generalidade das variáveis psicológicas (personalidade, interesses, valores, etc), que dizem respeito a todos os seres humanos. Na educação, o caso é semelhante, e as populações a consultar são, por regra, escolhidas de acordo com o problema em estudo. A questão pode ser delicada sobretudo em domínios mais sociológicos**

---

[28] Esta situação modificou-se até certo ponto em anos recentes, devido ao desenvolvimento de procedimentos estatísticos baseados em métodos de máxima verosimilhança ou de imputação múltipla bayesiana, que permitem inferir os resultados mais prováveis de um dado indivíduo numa dada variável (e.g., resposta a um item) a partir simultaneamente dos resultados desse indivíduo noutras variáveis e doutros indivíduos nessa variável. Estes procedimentos envolvem, no entanto, um considerável grau de complexidade, implicando o uso de computadores para efectuar os cálculos necessários. Para além disso, não surgem ainda com a frequência desejada entre as opções oferecidas pelos programas estatísticos mais divulgados. Uma referência recente a estas questões e aos problemas referidos pode ser encontrada num artigo de Schafer e Graham (2002).

(**atitudes, percepções ou opiniões face a temas específicos**): imagine-se um estudo sobre "A percepção dos perigos das 'Marés Negras' em residentes do Distrito de Castelo Branco"! Salvaguardados estes casos, desde que os itens se refiram à variável que se pretende medir, estejam dentro dos limites da capacidade de compreensão dos respondentes e a sua interpretação seja unívoca, não há razão para recear que algum deles possa ser considerado irrelevante por alguma pessoa. **Por esse motivo, não me parece recomendável incluir filtros em itens que se destinem a fazer parte de escalas.**

Resolvida a questão da irrelevância dos itens, voltemos a ocupar-nos do problema das dificuldades no acesso à memória. Quase seria desnecessário voltar a referir que o problema depende do grau em que se pretende, através do item, recolher informação objectiva. Em muitos casos, sobretudo na Psicologia, o interesse é mais o de caracterizar a impressão subjectiva global que o indivíduo tem de uma dada realidade (e.g., "Considero-me uma pessoa saudável"), **do que o de conseguir uma representação exacta dos múltiplos elementos que constituem essa realidade** (e.g., saber exactamente de quantas e quais doenças o indivíduo sofreu no último ano). Nem sempre, porém, é assim, e é nesses casos que as limitações e enviesamentos da memória podem causar problemas metodológicos sérios. Por exemplo, saber quais as doenças de que a pessoa sofreu pode ser útil se se pretende analisar a relação entre o stress e a susceptibilidade a diferentes doenças. Uma intervenção em doentes com dor crónica pode necessitar de informação sobre a forma como a intensidade da dor se modifica ao longo do dia ou perante certos acontecimentos. Uma investigação sobre as relações interpessoais pode exigir um registo de todas as ocasiões em que a pessoa interagiu com outros. Uma investigação sobre o stress no trabalho e a qualidade da relação conjugal pode exigir a avaliação diária de ambas as variáveis, por forma a determinar a sua covariação.

Em qualquer destes casos, é essencial ter em conta que a memória é altamente falível e que várias investigações têm demonstrado que os registos feitos muito depois do acontecimento têm pouca relação com aquilo que a pessoa responderia no momento. Existem duas técnicas para tentar resolver este problema. A primeira consiste em tentar que a resposta, ou pelo menos um registo que conduza à resposta, seja feita imediatamente após o acontecimento. Em rigor, este tipo de procedimentos encontram-se na fronteira entre os questionários e as técnicas de auto-observação. É possível, por exemplo, pedir à pessoa que tome nota de todas as ocasiões em que esteja doente, fornecendo-lhe mesmo um pequeno questionário onde poderão ser anotados os sintomas sentidos, se foi consultado o médico e qual o seu diagnóstico, qual a medicação receitada, a duração do episódio de doença, etc. (e.g., Sudman e Bradburn, 1982, pp. 25, 27). Do mesmo modo, a intensidade da dor pode ser registada, por exemplo, de hora a hora (e.g., Turk, Meichenbaum e Genest, 1983). Os episódios de interacção social podem ser registados logo depois de ocorrerem ou, no mínimo, duas vezes por dia (e.g., Reis e Wheeler, 1991). O stress e a qualidade da interacção marital podem ser registados diariamente (e.g., Chan e Margolin, 1994).

Estas técnicas asseguram uma maior validade e precisão nos resultados obtidos pois, embora seja impossível evitar que os participantes se esqueçam ocasionalmente de fazer o registo, essas lacunas são muito menos problemáticas do que as reconstruções feitas de memória. **Não deixam, porém, de existir inconvenientes. A obrigação de fazer os registos é muitas vezes considerada pelos participantes como um pesado fardo**, o que se reflecte em alguns protestos, no abandono do estudo, no adiamento frequente dos registos, levando à sua acumulação e ao regresso do papel da memória ou, pior ainda, à invenção pura e simples. Devido à importância deste problema e às suas potenciais consequências para os resultados, é essencial tentar minimizá-lo, facilitando ao máximo a tarefa dos participantes, não lhes exigindo demasiado e cuidando atentamente da sua motivação para colaborar no estudo.

Um outro problema que se pode colocar é o da reactividade da técnica, ou seja, da possibilidade de as pessoas modificarem, deliberadamente ou não, o seu comportamento em consequência da necessidade de o registar. Por exemplo, uma pessoa a quem se pediu para registar alguns aspectos das situações em que interage com outros pode decidir aproveitar um maior número de oportunidades para conversar, ou adoptar uma atitude mais positiva do que o habitual. Uma pessoa a quem se pediu para registar as bebidas alcoólicas que consome pode passar a beber menos, etc. Como é óbvio, este fenómeno pode afectar a validade dos resultados, sobretudo quando os comportamentos a registar são fortemente valorizados, no sentido positivo ou no negativo. **Uma técnica por vezes utilizada para contrariar esta tendência consiste em aumentar a diversidade de comportamentos registados, sobretudo comportamentos alternativos ao que se pretende estudar, de modo a evitar que a atenção do participante se concentre neste** (e.g., para além de registar o consumo de bebidas alcoólicas, registar também o consumo de outros tipos de bebidas, de comida, etc). **Uma outra desvantagem deste tipo de técnicas tem a ver com a dificuldade da sua utilização em intervalos de tempo muito dilatados** (digamos, mais do que umas poucas semanas). No caso de se pretender detectar acontecimentos pouco frequentes (e.g., acidentes, doenças graves) é necessário utilizar ou um grande número de indivíduos ou um período bastante amplo de tempo, **pelo que este tipo de métodos se revela sobretudo útil no estudo de comportamentos ou acontecimentos relativamente frequentes mas cuja baixa saliência na memória poderia levar a uma grande subestimação da frequência com que ocorrem.**

Uma técnica mais indicada para acontecimentos raros mas de maior saliência é a de recolher os dados de forma retrospectiva, mas fornecendo aos respondentes "auxiliares de memória" que os ajudem a situar-se no tempo e, portanto, a recordar-se melhor daquilo que aconteceu num passado já algo distante. O recurso a agendas, diários ou à simples recordação do contexto em que a pessoa se encontrava em diferentes momentos, são exemplos desta técnica. Por exemplo, se queremos que a pessoa recorde o que comeu nas várias refeições ao longo da semana, podemos pedir-lhe para tentar recordar onde tomou cada refeição, que outras pessoas estavam presentes, o que aconteceu antes, durante ou depois, etc. Deste modo, a pessoa conseguirá, por certo, recordar várias refeições que não seria capaz de descrever imediatamente.

Um outro aspecto relacionado com este pressuposto diz respeito à capacidade do inquirido para sumariar a informação contida na sua memória e formular a partir daí uma resposta representada pela escolha de uma das alternativas propostas no item. Mais uma vez, é conveniente estabelecer a distinção entre os itens que avaliam questões objectivas e aqueles que se referem a variáveis mais subjectivas (opiniões, atitudes, etc). No segundo caso, as alternativas não poderão deixar de ser algo vagas, uma vez que não existem referenciais concretos para as respostas. No caso de informações objectivas, no entanto, esses referenciais existem e a tarefa do respondente ficará bastante facilitada se as alternativas propostas reflectirem parâmetros concretos. Por exemplo, em vez de utilizar expressões como "raramente", "por vezes", "frequentemente", etc, é preferível oferecer níveis concretos de frequência como "menos de uma vez por mês", "entre uma vez por semana e uma vez por mês", ou "mais do que uma vez por semana". Deste modo, é possível evitar as imprecisões provocadas pelas diferenças de interpretação dos advérbios indicativos da frequência, apesar da provável desvantagem de ter de usar conjuntos de alternativas diferentes para os diversos itens: "uma vez por dia" tem significados muito diferentes, consoante se trate de lavar as mãos ou o cabelo. Mas o risco de usar referenciais mal definidos constitui um problema ainda maior, caricaturado num dos filmes de Woody Allen. Em duas cenas paralelas, marido e mulher são representados em conversa com os respectivos psicoterapeutas. A certa altura, ambos os terapeutas fazem a mesma pergunta: "Com que frequência têm relações sexuais?" A personagem interpretada por Mia Farrow responde: "Constantemente. Duas vezes por semana", enquanto a interpretada por Woody Allen responde: "Quase nunca. Duas vezes por semana".

Como é óbvio, este tipo de problemas é muito difícil de evitar quando as variáveis a medir são de natureza subjectiva, mas **mesmo quando os referenciais são objectivos há que ter em conta a possibilidade sempre presente de problemas de interpretação.** Suponhamos um conjunto de indivíduos que, numa quarta-feira, respondem a um questionário onde se pergunta se realizaram certo comportamento "na passada semana". Algumas interpretações possíveis seriam: (a) entre quarta-feira da semana passada e hoje, (b) entre quinta-feira da semana passada e hoje, (c) entre quarta-feira da semana passada e ontem, (d) entre segunda-feira e domingo da semana passada, (e) entre sábado e sexta-feira da semana passada, etc. Se o comportamento que se pretende avaliar se distribui de forma homogénea ao longo do tempo, estes diferentes referenciais não irão introduzir um factor de erro importante nos resultados mas, em qualquer caso, é essencial estar atento a estas questões e aos seus potenciais efeitos na validade dos resultados.

No caso da utilização de advérbios para designar graus de concordância, aceitação, veracidade ou outros, há também toda a vantagem em tentar limitar a latitude de interpretação, escolhendo aqueles que suscitam menores divergências. O que de mais importante se poderia dizer a este respeito é que existe uma grande escassez de dados de investigação quanto à forma como se situam, relativamente uns aos outros e aos extremos de uma hipotética dimensão contínua, advérbios e locuções adverbiais da língua portuguesa como "pouco", "muito pouco", "quase nada", "algo", "moderadamente", "medianamente", "em certa medida", "parcialmente", "bastante", "muito", "muitíssimo", "quase totalmente", etc. Um exemplo claro dos problemas que se levantam neste aspecto é o da posição relativa de "bastante" e "muito". Se, para a maior parte das pessoas, "muito" significa mais do que "bastante", existe uma minoria significativa para quem "bastante" representa um grau superior ao de "muito". Um inquérito informal junto de pessoas conhecidas é suficiente para confirmar tal facto. Este será, portanto, um par de advérbios a evitar. Em qualquer caso, o comportamento do conjunto de alternativas de resposta deverá sempre ser avaliado por um conjunto de aplicações-piloto, com as quais se tentará detectar e eliminar as principais fontes de erro ou imprecisão.

Os respondentes estão dispostos a procurar exaustivamente, na sua memória ou noutro local, a informação relevante

Os efeitos da dificuldade de recordação da informação necessária para responder a um item podem ser agravados se o respondente optar por não aplicar grande esforço à tarefa de a localizar. Embora as possibilidades de acção que se abrem ao investigador, no sentido de tentar minimizar este factor, sejam limitadas, existem alguns cuidados a considerar no caso de perguntas particularmente susceptíveis à sua influência.

Em primeiro lugar, a motivação do inquirido para responder exerce uma forte influência sobre o esforço que este estará disposto a dispender na tarefa. Aspectos como o cuidado posto na apresentação gráfica do questionário e na redacção dos itens e instruções, o prestígio do investigador ou da instituição que promove o estudo, a forma como é estabelecido o contacto com os participantes, a importância que para eles tem o tema do questionário, etc, são factores essenciais no assegurar que os inquiridos estejam dispostos a responder ao questionário e a fazê-lo de forma cuidadosa.

Um outro cuidado muito importante a ter nestes casos relaciona-se com a disponibilidade de tempo. Se a pessoa estiver pressionada pelo tempo, é natural que não tome todos os cuidados no sentido de pesquisar exaustivamente a informação disponível na sua memória. Por isso, se o tipo de itens que compõem o questionário é de molde a ver a validade dos seus dados ameaçada por respostas apressadas (e é difícil imaginar itens que não o sejam), há que tentar assegurar que os participantes o preencham numa ocasião em que disponham de tempo suficiente. Caso isso não aconteça, é preferível adiar a aplicação para uma ocasião mais propícia, ou contactar outras pessoas, do que arriscar-se a recolher dados menos válidos e que possam enviesar as conclusões do estudo. Por este motivo (e por outros), é recomendado que não se recorra à subestimação do tempo necessário ao preenchimento dos questionários como forma de tentar persuadir as pessoas a colaborar.

Por outro lado, é necessário ter em atenção que a atitude do indivíduo no preenchimento do questionário pode ser, em boa medida, influenciada pelo investigador. Neste caso, **o investigador poderá incluir, nas instruções apresentadas aos respondentes no início do questionário, a recomendação de que pensem cuidadosamente e demorem o tempo que for necessário a responder a cada questão.** Embora este tipo de recomendações tenha, geralmente, efeitos mais sensíveis quando se trata de entrevistas, o seu uso em questionários nos quais a recordação desempenha um papel importante parece ser aconselhável.

No caso específico de questionários respondidos em casa ou no local de trabalho, há que considerar ainda a possibilidade de melhorar a exactidão das respostas solicitando aos inquiridos a consulta de registos escritos (declarações de impostos, agendas, etc). Sempre que este tipo de consulta seja recomendável, é importante sugeri-la de modo directo nas instruções ou nos itens, em vez de confiar na perspicácia dos participantes em se lembrarem de o fazer.

Os respondentes estão dispostos a responder com sinceridade

Os problemas relacionados com este pressuposto têm a ver com a possibilidade de os indivíduos modificarem de modo mais ou menos deliberado as suas respostas, a fim de produzirem uma certa impressão junto do investigador. Como é óbvio, o problema apenas se coloca quando essa impressão não corresponde à realidade, o que pode acontecer devido a três tipos de factores, ligados respectivamente à natureza da situação, a características da pessoa ou ao conteúdo do item. Vejamos cada um destes tipos de factores em separado.

É evidente que existem determinadas situações nas quais a motivação da pessoa para produzir um certo tipo de resposta é muito forte. É sobretudo o caso quando o indivíduo tem um interesse pessoal mais ou menos directo nos resultados. Pensemos, por exemplo, na possibilidade de um questionário ser utilizado na selecção de candidatos a um emprego. Ou de um questionário sobre problemas ambientais, aplicado a uma pessoa que trabalha numa fábrica ameaçada de encerramento devido à poluição que provoca. Ou de um inquérito promovido por uma entidade que tem sobre os indivíduos consultados uma relação hierárquica de tutela (e.g., empregador, serviço do Estado). Nestas situações, será de esperar que os indivíduos se esforcem ao máximo por demonstrar possuir qualidades ou opiniões que vão ao encontro dos seus interesses, e que muitos enviesem mesmo as suas respostas com este objectivo. **O que fazer, então? Existem pelo menos quatro tipos de estratégias possíveis: (a) utilizar uma escala ou questionário especificamente concebido para detectar esse tipo de respostas,** o que permite eliminar como não válidos os resultados dos indivíduos que a escala detecte como tendo tentado apresentar-se de uma forma positiva; **(b) tentar convencer os respondentes de que se dispõe de uma forma de controlar as respostas, quando isso não é verdade; (c) não utilizar questionários de auto-descrição, mas sim instrumentos que o respondente não possa manipular no sentido desejado,** tais como testes de tipo projectivo, de aptidões ou de conhecimentos, simulação de situações reais ou medidas fisiológicas; **(d) assegurar aos participantes o anonimato das suas respostas, e que estas não serão consideradas senão em termos de tendências de grupo e exclusivamente para os fins mencionados na apresentação do estudo.** Como é natural, todas estas alternativas têm as suas vantagens e os seus inconvenientes. Como várias de entre elas são igualmente úteis no lidar com outros tipos de factores de enviesamento, irei debruçar-me um pouco mais sobre cada uma, excepção feita ao compromisso de anonimato que, por ser sobretudo utilizado no estudo de temas socialmente "carregados", será discutido mais adiante.

As escalas destinadas a detectar tentativas de enviesamento positivo das respostas são constituídas por itens que solicitam aos respondentes a confirmação de situações ou comportamentos que, embora algo reprovados socialmente, são verdadeiros para quase todas as pessoas, tais como: "Incluiria sempre todos os seus rendimentos na declaração de impostos, mesmo que soubesse que se ocultasse alguns nunca seria descoberto?" ou "Alguma vez se zangou com alguma pessoa?" **Em princípio, quase ninguém concordaria com o primeiro item ou discordaria do segundo, a menos que estivesse a tentar dar uma imagem favorável de si. Um indivíduo que dá várias respostas no sentido desejável em itens deste tipo é altamente suspeito de ter enviesado as suas respostas de modo semelhante em outros itens.** Os resultados destes indivíduos devem, portanto, ser vistos com muita reserva ou mesmo eliminados. O problema maior é, então, o de que fazer com os indivíduos (ou, melhor, os resultados) eliminados. Se, numa situação de selecção, se podem colocar dúvidas sobre se a eliminação destes indivíduos conduziria à selecção de candidatos mais adequados (Barrick e Mount, 1996; Hough,

Eaton, Dunnette, Kamp e McCloy, 1990), o problema é ainda mais grave no caso de uma investigação, em que, ao eliminar selectivamente os respondentes que procuram transmitir uma imagem positiva, se introduz uma distorção na representatividade da amostra. Uma possibilidade é a de pedir aos respondentes que obtiveram resultados elevados nestas escalas que voltem a responder ao questionário, desta vez fornecendo respostas mais realistas, mas este procedimento cria a situação embaraçosa de apontar a pessoa como tendo enviesado as suas respostas, pelo que a sua adopção deve ser cuidadosamente ponderada.

Para além desta possível tendência para se apresentar de modo favorável, há que considerar também a possibilidade de ocorrência de situações em que os respondentes possam ter interesse em transmitir uma imagem negativa. Pensemos, por exemplo, no caso de alguém que pretende receber uma indemnização por danos psicológicos, por exemplo. A situação é exactamente inversa da anterior e não seria difícil elaborar uma escala para avaliar esta nova tendência. Estas escalas são mais raramente utilizadas, sem dúvida porque a tentativa de dar uma imagem positiva é muito mais comum, embora surjam por vezes, sobretudo em questionários de personalidade.

Outros tipos de escalas podem ainda ser utilizados para controlar outros tipos indesejáveis de resposta. Um dos mais comuns, sobretudo em pessoas pouco motivadas para responder, é o de responder ao acaso e sem sequer ler os itens, de modo a concluir a tarefa mais rapidamente. Esta atitude pode ser detectada através de itens aos quais todas as pessoas deveriam responder do mesmo modo, como "Já vi chover" ou "Os homens preferem geralmente usar saias". Uma outra possível função deste tipo de escalas é a de detectar a presença de pessoas num estado de grande confusão mental, que os impede de responder racionalmente aos itens, geralmente por efeito de doenças mentais.

A segunda alternativa (prevenir os respondentes de que se dispõe de uma forma de controlar as respostas, quando isso não é verdade) apresenta várias desvantagens. Em primeiro lugar, não existem investigações conclusivas sobre o efeito que este tipo de aviso tem sobre as respostas, pelo que a dúvida sobre a sua veracidade permanecerá[29]. Em

---

[29] Alguns estudos sugerem que este tipo de instruções leva a uma diminuição dos resultados nas escalas que avaliam construtos socialmente mais desejáveis, e a uma elevação dos resultados das escalas para construtos mais indesejáveis, nomeadamente ligados à psicopatologia (S. B. G. Eysenck, Eysenck e Shaw, 1974; Levin e Montag, 1987), mas isso

segundo lugar, diferentes pessoas podem não ser igualmente susceptíveis aos efeitos deste aviso e diferentes avaliadores podem conseguir diferentes graus de persuasão, introduzindo um factor adicional de enviesamento nas respostas. Em terceiro lugar, o "truque" pode facilmente ser desmascarado e tornar-se conhecido, afectando não só a credibilidade do avaliador ou investigador e do questionário em causa, mas também de todas as formas de avaliação e das ciências sociais em geral. Este é, portanto, um método a desaconselhar.

A terceira alternativa (utilizar uma técnica que não possa ser facilmente manipulada pelo respondente) parece, à partida, ser aquela que oferece maiores garantias, e deve ser considerada quando é necessário recolher dados em situações nas quais se pode esperar uma forte motivação para fornecer determinado tipo de respostas. Isto não significa, no entanto, que este tipo de medidas seja sempre de preferir nestes casos. Há que ter em conta que este tipo de instrumentos tende a ser mais exigente, em termos de tempo e trabalho dispendido, do que um questionário, pelo que há que pesar as suas vantagens e inconvenientes. Para além disso, não é garantido que os resultados obtidos com estas técnicas alternativas sejam sempre superiores aos dos questionários ou entrevistas. Por exemplo, uma técnica muito utilizada na selecção de pessoal dirigente, chamada "prova de grupo", consiste numa discussão em grupo sobre um tema polémico, supondo-se que as pessoas com maior "capacidade de liderança" se revelem nessa situação. De facto, a investigação demonstrou que a "liderança emergente" demonstrada nesse tipo de situações não tem qualquer valor na predição do desempenho em posições organizacionais de coordenação e supervisão (Hogan, Curphy e Hogan, 1994). A avaliação da utilidade de qualquer tipo de dados é sempre uma questão empírica (que veremos em detalhe no Capítulo 6) e não deve ser decidida a priori, com base em crenças que, muitas vezes, poderão não ter fundamento.

Um outro conjunto de problemas são levantados pelas *pessoas* que apresentam uma particular tendência para se apresentarem de forma positiva, mesmo numa situação em que não é natural esperar que o conteúdo das respostas venha a afectar os seus interesses. Esta predisposição, que se distribui de um modo contínuo desde a total ausência (ou mesmo uma predisposição para se apresentar de modo negativo) até um

---

não implica que os efeitos em termos da validade desses resultados sejam igualmente positivos.

enviesamento bastante marcado, pode estar ligada a características de personalidade como, por exemplo, a dependência. No caso das pessoas que apresentam esta característica em grau elevado, e se as variáveis que se pretende medir são valoradas pela sociedade de modo positivo ou negativo, ainda que de forma subtil, os resultados dos questionários podem ser distorcidos. Para além disso, os próprios respondentes podem inferir possíveis avaliações que o investigador poderá fazer, baseando-se, por exemplo, em estereótipos relativos a certos grupos profissionais (e.g., os psicólogos). As pessoas com níveis elevados nesta variável terão mesmo tendência para procurar detectar este tipo de avaliações implícitas, uma vez que têm uma forte predisposição para se preocuparem com a positividade/ /negatividade das ideias que os outros têm a seu respeito.

As formas mais comuns de tentar controlar as possíveis influências desta variável sobre os resultados são muito semelhantes às já referidas para o caso anterior, em que a motivação tem origem situacional. Neste caso, porém, o nível de motivação dos participantes para transmitir uma imagem positiva de si próprios deverá ser bastante menor e as técnicas utilizadas devem adaptar-se a esse facto. Por exemplo, embora as escalas destinadas a detectar a tendência para dar respostas socialmente desejáveis sejam por vezes usadas, são-no com menor frequência, e geralmente apenas quando (a) se suspeita que este factor pode ter uma influência significativa nos resultados, por se pretender medir uma variável sobre a qual existem normas sociais relativamente claras (e.g., estabilidade emocional, racismo) ou (b) se está na fase de avaliação das qualidades de um novo instrumento. Por outras palavras, se existem boas razões para pensar que a variável que se procura medir não apresenta um pólo claramente mais aceitável do que outro em termos sociais, a utilização de uma escala que meça a desejabilidade social (tendência a dar preferencialmente respostas consideradas desejáveis segundo as convenções sociais) é, em princípio, dispensável. **Se existem suspeitas de que a desejabilidade social poderá ter uma influência sensível sobre os resultados, é de recomendar a aplicação conjunta, a uma amostra de indivíduos, do questionário e de uma escala deste tipo, calculando depois a correlação entre os resultados dos dois instrumentos. Na maior parte dos casos, verifica-se que a correlação é muito baixa (digamos, menos de 0,15), pelo que a influência da desejabilidade social sobre as respostas é diminuta e não será causadora de problemas.** Assim, o questionário poderá ser utilizado futuramente sem ser necessário anexar-lhe uma escala deste tipo. Esta avaliação do impacto da desejabilidade social deve ser feita durante a fase de desenvolvimento do questionário, por exemplo ao mesmo tempo que se avalia a sua precisão e validade. **Se a correlação for importante,** todavia, há que ter em conta que, na investigação, não constitui uma prática recomendada a exclusão de participantes devido à suspeita de fornecerem respostas socialmente desejáveis, pois isso conduziria a uma perda de representatividade da amostra. A possibilidade de pedir aos participantes que voltem a responder não é também muito recomendável, pois tende a desencadear naturais reacções de hostilidade, que podem levar a que a validade das respostas piore ainda mais. Em quase todos os casos, **a estratégia a seguir deverá ser a de tentar modificar o questionário de modo a diminuir a influência da desejabilidade social e voltar depois a pô-lo à prova do mesmo modo.**

Uma possível estratégia para tentar diminuir o impacto da desejabilidade social é semelhante ao segundo tipo de estratégias descritas a propósito do caso anterior. **Em situações de investigação (e noutras) não é habitual dizer-se aos respondentes que se dispõe de formas de controlar a veracidade das suas respostas.** Quando mais não seja, isso transmite a ideia de que o investigador desconfia dos respondentes (o que, neste caso, é verdade). Como a desconfiança é algo que facilmente se torna recíproco, é possível que os participantes se sintam, por sua vez, desconfiados em relação ao investigador, o que pode levar a que dêem respostas ainda mais socialmente desejáveis. Além disso, é importante não esquecer nunca que, numa situação de investigação, se está dependente da boa vontade dos participantes para darem respostas fidedignas, sem que eles próprios tenham interesse directo nisso, pois raramente se dispõe da possibilidade de controlar individualmente as respostas. Isto permanece verdadeiro mesmo nos casos em que os participantes são pagos, ou compensados de qualquer outra forma, pela participação no estudo. Por isso, há que ter cuidado em manter uma relação amistosa e em evitar tudo o que possa diminuir a sua motivação para colaborar sinceramente com o investigador.

Uma forma comum de tentar diminuir o efeito da desejabilidade social sem prejudicar a disposição cooperativa dos respondentes consiste em dizer-lhes, de modo directo, nas instruções incluídas no início do questionário, que todas as respostas são igualmente boas e importantes, que não existem respostas "certas" nem "erradas" (tentando assim diminuir qualquer tendência para comparar o questionário a um teste de aptidões intelectuais), que diferentes pessoas têm diferentes opiniões (tentando assim implicitamente afirmar que todas as alternativas são aceitáveis), que a pessoa deverá responder de forma

honesta e não segundo aquilo que pensa que seria "próprio" dizer, etc.
Por vezes, a própria definição das alternativas de resposta é utilizada com este intuito (Harter, 1982). Apesar de este tipo de técnica ser utilizado em grande número de instrumentos, existem muito poucas investigações sobre os seus efeitos, pelo que é difícil emitir um conselho sobre a sua utilização ou não.

Outra técnica muitas vezes utilizada é a de pedir aos participantes que respondam rapidamente, seguindo a sua primeira reacção e sem dedicarem muito tempo a pensar sobre cada pergunta. O raciocínio subjacente a esta técnica (pressupondo que o intuito não é apenas o de tentar tornar menos demorada a aplicação) **parece ser o de que as respostas serão, deste modo, menos afectadas pela desejabilidade social, pois os respondentes não terão tempo de analisar o impacto que as suas respostas poderão ter no investigador ou noutras pessoas que delas tomem conhecimento. Embora este raciocínio possa parecer lógico, parte, na realidade, de uma série de premissas pouco credíveis. Para começar, é preciso que os respondentes cumpram, de facto, estas indicações, o que é bastante problemático.** Para além disso, esta recomendação pressupõe que os processos mentais que conduzem à resposta "verdadeira" são independentes e ocorrem antes daqueles que conduzem à sua distorção defensiva. Por outras palavras, esta técnica só poderá eliminar os efeitos da desejabilidade social se o respondente começar por elaborar de forma completa uma resposta "sincera", seguidamente pensar nas consequências dessa resposta para a sua imagem social e, finalmente, modificar a resposta de forma a melhorar essas consequências. Só assim se pode compreender que a redução do tempo disponível para responder reduza a distorção, ao diminuir o tempo disponível para o exame das consequências sociais da resposta e para a sua modificação em função do resultado desse exame.

O problema está em que os processos cognitivos envolvidos na resposta não são tão lineares e nada garante que a construção da resposta esteja concluída antes de se iniciar o exame das suas consequências sociais. Pelo contrário, é provável que as pessoas mais preocupadas em defender a sua imagem tendam a escolher de imediato a alternativa socialmente mais "correcta", sem chegarem sequer a considerar em detalhe a informação que os poderia levar a uma resposta sincera. **De qualquer modo, os dados da Psicologia Cognitiva sugerem que os processos defensivos ocorrem *dentro* dos processos que conduzem à resposta e não apenas depois de concluídos estes.** Na quase totalidade dos casos, as preocupações defensivas actuam facilitando o acesso a certos tipos de informação, modificando o peso atribuído a certos aspectos, etc. (Kunda, 1990). **Deste modo, as diferenças devidas à preocupação com a desejabilidade social estarão já presentes quando é emitida uma primeira escolha, pelo que a técnica de pedir aos participantes para responderem rapidamente não as deverá diminuir, e certamente não as eliminará.**

Por outro lado, esta recomendação pode mesmo ter efeitos negativos. Vimos atrás que um dos factores que podem levar ao enviesamento das respostas é o facto de os respondentes não efectuarem uma busca cuidadosa na sua memória da informação necessária para uma resposta correcta. É evidente que, se as perguntas colocadas no questionário exigirem processos deste tipo, **uma recomendação no sentido de responder rapidamente pode acabar por prejudicar o rigor das respostas** (Grossarth-Maticek, Eysenck e Boyle, 1995). **Esta é, por isso, uma técnica a evitar,** sobretudo no caso de questionários que dependam da pesquisa exaustiva da memória ou de julgamentos complexos.

Para além de características da situação e da personalidade dos indivíduos, um problema que frequentemente se coloca aos investigadores resulta da natureza dos temas a abordar nos questionários. Perguntas relativas a comportamentos desaprovados pela sociedade (ofensas à lei, consumo de álcool ou drogas, comportamentos sexuais, etc.), características pessoais consideradas indesejáveis (avareza, vingatividade, oportunismo, etc.), aspectos que as pessoas tendem a considerar como do domínio privado (rendimentos económicos, poupanças, preferências políticas, etc.), ou comportamentos socialmente aprovados ou percebidos como tal (ler livros e jornais, votar nas eleições, fazer donativos a instituições de solidariedade social, ou mesmo ter um emprego), são particularmente susceptíveis a efeitos de desejabilidade social. Como evitar que este factor tenha um peso excessivo nos resultados?

Este é, sem dúvida, um dos assuntos sobre os quais mais se tem escrito dentro do domínio da elaboração de questionários e guiões de entrevistas. Quase todos os livros sobre este tema lhe dedicam integralmente pelo menos um capítulo (e.g., Foddy, 1993, Capítulo 9; Payne, 1951, Capítulo 11; Sudman e Bradburn, 1982, Capítulo 3). Irei aqui focar apenas as recomendações que são aplicáveis a questionários auto-administrados, ou seja, que os inquiridos respondem sem uma participação directa de outra pessoa, e que tanto podem ser aplicados com o investigador ou um seu colaborador presente, disponível para fornecer ajuda ou esclarecimen-

A elaboração do questionário

tos mas sem acompanhar directamente o processo de preenchimento (neste caso, a aplicação é geralmente feita em grupos), como ser respondidos sem ajuda presencial. Técnicas adicionais existem para o caso das entrevistas, mas a essas não me irei referir aqui. Os leitores interessados poderão consultar a bibliografia indicada.

Para começar, é possível utilizar a generalidade das técnicas indicadas para os casos em que a desejabilidade social resulta das características da situação ou do inquirido: é o caso do uso de escalas destinadas a detectar o enviesamento positivo das respostas, da criação no respondente de uma motivação positiva para dar respostas fidedignas (e.g., persuadindo-o da utilidade social de um conhecimento rigoroso da questão que se pretende estudar) e da referência ao facto de que não existem respostas "melhores" do que outras.

Talvez o meio mais importante de tentar assegurar que os inquiridos respondam sinceramente a questões sobre temas socialmente ameaçadores seja a garantia de anonimato das respostas. Como já atrás se disse, trata-se de um princípio útil no controlo de todos os tipos de desejabilidade social, quer estes tenham origem na situação (exceptuando-se aqui os casos em que os respondentes possam ter interesse pessoal em que o estudo, no seu conjunto, forneça um certo resultado), no indivíduo ou no tema das questões. No entanto, por ser particularmente útil no contexto das perguntas sobre temas ameaçadores, irei abordá-lo apenas aqui. **Para começar, há que ter em conta que nenhuma garantia de anonimato resultará se não houver uma relação de confiança estabelecida entre investigador e participante.** Mesmo que procedimentos mais ou menos complexos (alguns dos quais veremos mais adiante) procurem transmitir ao respondente uma ideia de segurança do seu anonimato, é sempre possível que permaneça neste a suspeição de que um qualquer "truque" poderá permitir ao investigador atribuir as respostas a pessoas individualmente identificadas. **Esta é uma das razões pelas quais a forma como o investigador se apresenta a si próprio, ao estudo que está a empreender e à instituição que o apoia se reveste da maior importância, sobretudo quando estão em jogo questões sensíveis. O mais importante aqui talvez seja o cuidado ético posto na veracidade de todas as afirmações e compromissos assumidos pelo investigador.** É essencial ser genuíno em todas as afirmações respeitantes aos objectivos do estudo, à forma como serão utilizadas as respostas, ao tipo de questões incluídas no questionário, ao tempo necessário para o seu preenchimento, etc.

160   *Questionários: Teoria e prática*

Existem várias formas de assegurar o anonimato dos indivíduos que respondem a um questionário. A mais simples é, certamente, referindo isso nas instruções colocadas no início, solicitando ainda aos participantes que não coloquem no questionário nenhuma referência que os identifique[30]. Por vezes, no entanto, há interesse na possibilidade de voltar a localizar alguns dos respondentes, por exemplo para realizar entrevistas ou questionários adicionais destinados a aprofundar certos aspectos. Nestes casos, é aconselhável deixar a escolha aos participantes, dando-lhes a possibilidade de indicar o seu nome, morada, telefone ou outra forma de contacto se estiverem disponíveis para colaborar nessas fases posteriores do estudo. Essencial é deixar bem claro que a identificação não é obrigatória e que aqueles que o desejarem podem permanecer completamente anónimos, bem como garantir a estrita confidencialidade das respostas daqueles que aceitarem identificar-se. **Se se optar pela possibilidade de identificar individualmente todas as pessoas que responderem, há que estar consciente dos inconvenientes que isso pode ter em termos da sinceridade das respostas e, sobretudo, tornar claro para os participantes que as respostas não são anónimas, embora se garanta que serão totalmente confidenciais.** Como é óbvio, todos os compromissos assumidos, explícita ou implicitamente, devem ser respeitados. **É eticamente condenável, e pode conduzir ao descrédito da investigação, afirmar que as respostas são anónimas quando um número de código, por exemplo, permite identificar o seu autor. Além disso, importa não esquecer que alguns participantes poderão não ter uma ideia clara do que significa "anónimo" ou "confidencial", ou da diferença entre as duas, pelo que há que tornar o seu significado explícito. Finalmente, um aspecto por vezes negligenciado é o da segurança dos dados não anónimos.** Não tem sentido assegurar a confidencialidade das respostas para depois deixar os questionários preenchidos, com o nome das pessoas que a eles responderam, em locais em que pessoas não autorizadas possam, intencionalmente ou não, ter acesso a eles. Noutros casos, há interesse em dar a conhecer os resultados do estudo às pessoas que responderam ao questionário e nisso estão interessadas (e só a essas).

---

[30] Obviamente, há que assegurar que nenhuma das perguntas colocadas obrigue o participante a fazer isto. Por exemplo, em contextos sociais relativamente restritos (e.g., uma pequena empresa, uma escola), dados como o sexo, a idade, ou outros semelhantes podem ser suficientes para identificar a pessoa. As vantagens e inconvenientes da inclusão dessas questões devem, por isso, ser ponderados.

A *elaboração do questionário*

Isto pode ser compatível com a manutenção do anonimato, pedindo aos participantes que indiquem o seu contacto para envio dos resultados numa folha separada que, no caso de um questionário distribuído pelo correio, será enviada num sobrescrito também separado.

De qualquer modo, a aplicação feita em grupos é aquela que tende a dar uma sensação de maior segurança do anonimato, uma vez que a pessoa que efectua a aplicação tem um menor controlo sobre qual o exemplar que irá ser distribuído a cada respondente e, além disso, não tem geralmente conhecimento de tantos dados individuais sobre estes (e.g., nome, morada). **Há, no entanto, que considerar a possibilidade de, nas aplicações em grupo, os participantes recearem que as suas respostas sejam "espiadas" pelo "vizinho do lado"**, o que pode constituir um receio muito mais forte do que o de ser identificado por um investigador e uma instituição para os quais se é, concerteza, um desconhecido. Haverá, portanto, que assegurar uma distância suficiente entre os respondentes. Uma alternativa é a de permitir que os questionários sejam levados para casa e trazidos depois preenchidos, sendo o único problema aqui a percentagem mais ou menos importante dos que não são respondidos e devolvidos (a situação é, neste aspecto, idêntica à dos questionários enviados pelo correio). O receio de que alguém possa consultar os questionários imediatamente depois de entregues e identificar ainda alguns dos respondentes, apesar do anonimato, pode ser aliviado introduzindo os questionários respondidos numa caixa selada, a ser aberta apenas depois de recolhidos todos os dados para o estudo.

Um método ainda mais radical e que, em princípio, asseguraria o completo anonimato, é o da *resposta aleatória*. Neste método, tal como o seu nome indica, a resposta do participante individual é determinada, em parte, por um processo aleatório. Imaginemos uma questão altamente sensível como "alguma vez teve relações sexuais com uma pessoa do mesmo sexo?" Os participantes poderiam ser, por exemplo, instruídos a proceder do seguinte modo: "pegue numa moeda e lance-a ao ar; se o lado que cair para cima for o que apresenta o valor da moeda, responda com sinceridade; se esse lado cair voltado para baixo, responda 'Sim', qualquer que fosse a resposta verdadeira." Deste modo, mesmo que exista a possibilidade de identificar individualmente os autores de cada resposta, nunca será possível saber se uma resposta "Sim" foi motivada pela sua correspondência com a realidade ou pelo sorteio. Quanto à resposta "Não" o seu significado permanece unívoco mas, uma vez que se trata da alternativa socialmente mais desejável, isso não deverá levantar problemas.

O cálculo dos resultados globais, mesmo sem se ter conhecimento do significado individual das respostas, é simples. Por efeito do sorteio, esperaríamos que metade das respostas (50%) fosse no sentido afirmativo. Assim, subtraímos 50 à percentagem de respostas afirmativas e multiplicamos o resultado por 2, para compensar o efeito da eliminação de metade da amostra. Suponhamos, por exemplo, que obtínhamos na nossa questão 55% de respostas "Sim" e 45% de respostas "Não". Dos 55% de respostas afirmativas, sabemos que cerca de 50% deverão ser devidas ao sorteio, pelo que subtraímos esse valor, concluindo que, das pessoas a quem o lado que indica o valor da moeda caiu voltado para cima (um total de 50% da amostra, aproximadamente) e, portanto, responderam com sinceridade, 5% optaram pelo "Sim" e 45% pelo "Não". Corrigindo as percentagens em função do facto de estarmos agora a considerar apenas metade da amostra (o que equivale a duplicar os valores), podemos concluir que, entre aqueles que responderam com sinceridade, 10% escolheram o "Sim" e 90% o "Não".

Por vezes, utilizam-se variações mais complexas deste método, por exemplo com técnicas de sorteio que permitem escolher entre mais do que duas alternativas (e.g., um pião hexagonal ou octogonal), ou em que a probabilidade das alternativas não é sempre igual (e.g., uma caixa opaca com um número variável de contas de diferentes cores e em que apenas um pequeno sector, dentro do qual só cabe uma conta, é transparente; o respondente sacode a caixa e responde de acordo com a cor da conta que vê no sector transparente; esta técnica pode mesmo ser utilizada em entrevistas, uma vez que o sector transparente pode ficar oculto do entrevistador). Outra variação é aquela em que nenhuma das alternativas implica directamente uma determinada resposta, mas cada uma delas indica uma pergunta diferente a ser respondida pelo indivíduo (e.g., se o valor da moeda cair para o lado de baixo, o participante responde à pergunta embaraçosa; se cair para o lado de cima, o participante responde a uma pergunta neutra e para a qual seja possível determinar a probabilidade de escolha de cada alternativa como, por exemplo, "O seu aniversário é durante o mês de Janeiro?"). Para outros exemplos de técnicas de resposta aleatória, ver Levy (1976), Scheers (1992) e Soeken e Macready (1986).

Embora, à primeira vista, esta técnica pareça atraente, pelo seu potencial na defesa do anonimato, tem também importantes inconvenientes e limitações, que têm levado a uma diminuição do entusiasmo dos investigadores. Para começar, permanece totalmente dependente da cooperação do respondente pois, uma vez que o investigador não

A *elaboração do questionário* 163

dispõe de informação essencial sobre o processo de resposta (qual o resultado do sorteio, qual a pergunta a que o indivíduo respondeu) não pode verificar se as instruções foram cumpridas. **Este problema é agravado pelo facto de o procedimento ser algo complexo e poder parecer bizarro a pessoas que não o compreendam completamente e possam ter dificuldade em entender ou seguir as instruções.** Se tal acontecer, o investigador não tem forma de o detectar, para além de simples técnicas de controlo da compreensão, tais como pedir ao participante que repita pelas suas próprias palavras a explicação do procedimento. Mas isto só será possível se se tratar de uma entrevista e, de qualquer modo, o que fazer àqueles indivíduos que, apesar de todas as explicações, continuam a não conseguir entender?

Outro inconveniente é que a estimativa das percentagens "reais" das diferentes respostas só é rigorosa quando o número de respondentes é elevado (da ordem das muitas centenas) o que obriga ao uso de números de indivíduos muito maiores do que seria necessário se não se recorresse a este método, para se obter um nível idêntico de precisão nos resultados. O problema é ainda pior quando se pretende avaliar a percentagem das diferentes respostas em subgrupos (e.g., de sexo ou faixa etária) ou quando se pretende cruzar os dados de diferentes perguntas (e.g., calculando a sua correlação). Embora todos estes objectivos sejam realizáveis, o número de indivíduos exigido seria muito elevado, devido à perda de informação que o processo de resposta aleatória implica.

Mas talvez a limitação mais séria seja a de que o método não parece fornecer os resultados livres de enviesamento que dele se esperavam. Esta conclusão foi obtida usando uma pergunta relativamente à qual é possível uma confirmação individual das respostas dos indivíduos: a ocorrência de uma condenação judicial por condução sob o efeito do álcool. Consultando os registos dos tribunais, concluiu-se que 35% das pessoas condenadas por esse motivo o negavam ao responder a uma pergunta directa sobre o assunto numa entrevista, mesmo usando um método de resposta aleatória. Este resultado representa apenas uma ligeira melhoria relativamente ao que tinha sido obtido sem a resposta aleatória (50% de omissões), pelo que se pode provavelmente concluir que a utilização deste método não se justifica, tendo em conta os outros inconvenientes já mencionados (Sudman e Bradburn, 1982, pp. 81-82).

Uma abordagem certamente mais prática tem a ver com o cuidado na formulação da pergunta e na escolha da terminologia. Há que ser extremamente cuidadoso em evitar palavras que possam ter um sentido pejorativo, ou dar a entender, pela forma como a questão é apresentada, que o investigador tem uma atitude negativa (ou positiva) marcada face àquilo que pretende medir. O recurso a terminologia mais científica (e.g., "intoxicação etílica aguda"), que poderia surgir como uma forma de evitar este problema, tem o grave inconveniente de poder não ser compreendida por uma boa parte dos respondentes. Seja como for, o cuidado com a terminologia deve ser extremo neste tipo de questões e um estudo-piloto cuidadoso é indispensável.

Uma sugestão envolvida em alguma polémica é a de usar questões relativamente mais longas quando se procura recolher informação sobre temas delicados. Sudman e Bradburn (1982, Capítulo 3) recomendam o uso de perguntas mais longas e de resposta aberta nestes casos, citando vários estudos nos quais verificaram que a percentagem de pessoas que admitiam consumir bebidas alcoólicas e a quantidade em que reconheciam fazê-lo era bastante superior quando respondiam a perguntas desse tipo, comparativamente a perguntas mais breves e de resposta fechada. Incidentalmente, os autores verificaram que, com comportamentos socialmente desejáveis, o efeito ia no mesmo sentido, o que não era tão conveniente, uma vez que levava a uma sobrestimação ainda maior dos comportamentos. Por isso, recomendavam o uso de questões breves e de resposta fechada quando se pretendesse avaliar comportamentos socialmente desejáveis.

Como afirma Foddy (1993, p. 114), esta ideia da vantagem das questões longas "corre o risco de se tornar amplamente aceite". No entanto, e sobretudo no nosso caso, é importante chamar a atenção para alguns pontos. Em primeiro lugar, os estudos apontados por Sudman e Bradburn (1982, Capítulo 3) em apoio da sua hipótese são, todos eles, baseados em entrevistas, nas quais as questões são lidas em voz alta ao inquirido por um entrevistador. Nada garante, portanto, que a vantagem se mantenha em questionários nos quais as questões são lidas independentemente pelos respondentes. Em segundo lugar, os próprios autores apresentam um outro estudo (referente à existência de armas de fogo em casa) no qual a pergunta mais longa produziu uma percentagem inferior de respostas positivas. Em terceiro lugar, não é apresentada nenhuma hipótese explicativa da razão pela qual as questões longas terão essa vantagem. Apenas são apresentadas razões para o maior grau de sobrestimação produzido relativamente a comportamentos desejáveis: (a) o tempo que demora a leitura da pergunta dá ao inquirido mais tempo para pensar, o que lhe permite recordar mais informação relevante; (b) as perguntas mais longas fornecem

A elaboração do questionário 165

indícios que funcionam como "auxiliares de memória" e (c) o facto de o entrevistador falar durante mais tempo encoraja o respondente a também falar mais, o que dá origem a respostas mais completas. Repare-se que nenhuma destas razões parece capaz de justificar que as pessoas admitam um comportamento socialmente desaprovado que não admitiriam numa pergunta mais breve e, de qualquer modo, só a segunda razão apontada parece ser aplicável a questionários.

Esta ausência de uma explicação coerente e plausível constitui o principal motivo pelo qual Foddy (1993, pp. 114-117) põe seriamente em dúvida a validade desta recomendação, pelo menos na forma em que é apresentada. Em vez disso, aponta a necessidade de estudos que confirmem e procurem explicar a suposta superioridade das questões longas, sugerindo mesmo que as diferenças encontradas podem ser devidas a mudanças na natureza da própria pergunta, à introdução inadvertida de factores estranhos, etc.

Aliás, basta comparar algumas das perguntas utilizadas como exemplo por Sudman e Bradburn (1982, pp. 63, 66 e 69) para constatar que **não deverá certamente ser o mero número de palavras a motivar as diferenças.** A ideia de que "se deve tentar tornar útil o material adicional" (Sudman e Bradburn, 1982, p. 73) confirma esta ideia e fornece algumas sugestões potencialmente úteis (embora fosse desejável demonstrar o seu efeito através de estudos empíricos). **Assim, a extensão adicional da pergunta pode ser aproveitada para sugerir que o comportamento ou característica que se pretende medir não tem conotações tão negativas, na mente do investigador e, implicitamente, na de outras pessoas, como o participante poderia pensar.** Este objectivo pode ser conseguido sugerindo que o comportamento é frequente (para usar o exemplo jocoso de Sudman e Bradburn, 1982, pp. 54-55: "Como sabe, muitos homens matam as suas mulheres. Por acaso matou a sua?"), ou que se tornou frequente nos últimos tempos ("Ultimamente, muitos homens têm matado as suas mulheres. Por acaso..."), apelando para a autoridade ("Muitos médicos são de opinião de que matar a mulher pode ter efeitos positivos para a saúde. Por acaso..."), ou sugerindo razões para o comportamento ("Muitas vezes as mulheres tornam-se tão insuportáveis e criam tantos problemas que só apetece matá-las. Por acaso...") **As perguntas utilizadas nos estudos que demonstraram a superioridade das questões longas incluíam, regra geral, elementos destes tipos.**

Outras estratégias ainda têm sido sugeridas no sentido de obter respostas mais fidedignas em perguntas sobre temas ameaçadores, e poderíamos agrupá-las em três grandes tipos. O primeiro procura **assegurar a obtenção de respostas verídicas "encurralando" o inquirido de modo a tornar a dissimulação mais difícil.** Um exemplo clássico é o da estratégia utilizada por Kinsey nos seus estudos pioneiros sobre o comportamento sexual: o entrevistador olhava os respondentes bem nos olhos e fazia a pergunta directamente, na esperança de que estes receassem a detecção de uma negação nervosa e preferissem admitir a verdade. **Uma variante deste procedimento, utilizável em questionários de auto-aplicação, é a conhecida técnica de "pressupor o comportamento": se se pretende saber se um comportamento socialmente indesejável ocorreu ou não, em vez de se indagar directamente sobre isso dirige-se a pergunta a um parâmetro ou aspecto do comportamento** (e.g., frequência, ocasiões ou contextos em que ocorre, etc). O exemplo mais conhecido é o da famosa pergunta "Quando é que deixou de bater na sua mulher?" Kinsey utilizava igualmente técnicas deste tipo. Por exemplo, em vez de perguntar aos seus inquiridos se já tinham tido experiências homossexuais, perguntava-lhes com que idade tinham tido a primeira. Em vez de se perguntar a uma pessoa se consome drogas ilegais, pode-se questioná-la sobre a frequência com que o faz, etc.

Na realidade, o mecanismo pelo qual actuam estas técnicas pode muito bem não ser o de dificultar a ocultação, mas sim o de transmitir uma ideia de aceitação e à vontade com o assunto por parte do investigador. Se é verdade que se poderia pensar que pessoas mais dependentes da aprovação dos outros teriam tendência a negar estes comportamentos, o facto de o investigador parecer tomá-los como normais, a ponto de pressupor a sua ocorrência, poderá levar essas pessoas a admitir o comportamento. Neste sentido, os processos de actuação destas técnicas seriam semelhantes aos de outras já descritas.

Este tipo de questões apresenta, no entanto, um sério risco de produzir no respondente uma atitude negativa, uma vez que o investigador lhe atribui um ou mais comportamentos ou características socialmente reprovadas. Algumas pessoas mais susceptíveis poderão mesmo considerar as perguntas insultuosas. Aliás, este tipo de perguntas é, por vezes, utilizado nos estudos experimentais sobre as emoções, com o objectivo de provocar a ira dos participantes. Por exemplo, no estudo clássico de Schachter e Singer (Schachter, 1964) foi utilizado um questionário que, entre outras, incluía a seguinte pergunta: "Com quantos homens (para além do seu pai) teve a sua mãe relações extra-maritais?" As alternativas de resposta eram: "4 ou menos", "5 a 9", "10 ou mais". Embora os

A elaboração do questionário 167

questionários que visam a recolha de informação não cheguem, em geral, a este ponto, há que ter cuidado com os efeitos que a inclusão deste tipo de questões poderá ter sobre a atitude cooperativa dos respondentes. Sobretudo no caso de serem incluídas várias perguntas com esta forma, a pessoa pode sentir-se de tal modo posta em causa que comece a dar respostas ainda mais desejáveis socialmente ou, então, poderá simplesmente recusar-se a continuar a responder.

Uma forma de tentar reduzir o impacto destas questões e, em geral, das que envolvem temas ameaçadores, é através da sua diluição em temas mais neutros. Estes tendem a colocar o respondente mais à vontade, a desanuviar o seu espírito de receios e a despertar-lhe uma atitude mais cooperativa, que se espera venha a reflectir-se positivamente nas suas respostas às questões mais delicadas. Além disso, o facto de apenas uma reduzida parte do questionário se ocupar de aspectos socialmente indesejáveis diminui a probabilidade de o participante desenvolver uma atitude negativa face a este e, portanto, uma tendência para recusar responder a outros questionários no futuro. Por estas razões, é de evitar, sempre que possível, utilizar instrumentos com uma elevada densidade de questões "carregadas".

Alguns autores têm, entretanto, também sugerido a técnica oposta. Algo semelhante à estratégia de persuasão conhecida como "porta na cara" (Cialdini, Vincent, Lewis, Catalan, Wheeler e Darley, 1975), na qual se começa por pedir um favor demasiado grande (que é, naturalmente, recusado), para logo depois pedir um mais pequeno (que tem maior tendência a ser aceite do que se não tivesse sido antecedido por uma recusa), **esta técnica consiste em fazer anteceder a pergunta relevante por uma série de outras ainda mais ameaçadoras, mas nas quais a resposta socialmente indesejável é muito mais rara.** Por exemplo, se se quiser saber se a pessoa já recebeu uma multa por infracção de trânsito (excluindo as de estacionamento), é possível começar por perguntar-lhe primeiro se já foi condenada por agressão, assalto, roubo, burla, etc, antes de colocar a questão pretendida. O hipotético processo aqui em acção não será muito diferente do que ocorre com outras técnicas: o facto de o investigador admitir, com tanta naturalidade, que a pessoa possa ter cometido actos tão graves, tende a fazer com que uma multa por excesso de velocidade ou ultrapassagem irregular pareça tão insignificante que a pessoa hesite menos em admiti-la. Por outro lado, o facto de ter negado (presume-se) a ocorrência dos outros comportamentos cria no respondente uma certa obrigação de admitir alguma coisa. Outros factores, no entanto, podem agir no sentido oposto ao pretendido. A pessoa que "ganhou o hábito" de responder negativamente a todas as perguntas pode continuar na mesma linha (até deixando de prestar muita atenção às perguntas, por se convencer de que são todas do mesmo tipo) e negar também as multas de trânsito. Para além disso, há ainda a possibilidade já mencionada de a pessoa se sentir ofendida com algumas das perguntas e se defender ainda mais ou recusar-se a continuar.

Uma forma alternativa de fazer o comportamento parecer mais aceitável para o investigador, sem correr o risco de ofender o respondente, envolve o fornecimento na própria pergunta de possíveis razões para o comportamento. Assim, em vez de perguntar "alguma vez foi multado por excesso de velocidade?", pode utilizar-se a seguinte formulação: "Por vezes, acontece a pessoa distrair-se quando vai a conduzir e não se aperceber de que vai a uma velocidade superior à permitida. Já lhe aconteceu ser multado por causa de uma situação desse tipo?" Regra geral, verifica-se que uma maior percentagem de pessoas admite os acontecimentos ou comportamentos indesejáveis quando se utilizam formulações semelhantes à segunda aqui apresentada. Esta é, concerteza, uma das razões pelas quais se aconselha a utilização de perguntas mais longas quando se pretende inquirir sobre comportamentos indesejáveis. Há, porém, que ter em conta que nem sempre esta técnica (tal como as outras) tem resultados garantidos, como se verifica num dos exemplos apontados por Sudman e Bradburn (1982, p. 63), em que o número de pessoas que admitiram possuir uma arma de fogo em casa foi sensivelmente menor quando se utilizou uma pergunta mais longa e que mencionava possíveis razões para esse comportamento.

Outra técnica consiste em abordar o comportamento visado através de "aproximações sucessivas". Estas não envolvem necessariamente a questionação sobre formas de comportamento progressivamente menos aceites pela sociedade mas antes, por exemplo, a orientação das questões do passado para o presente, começando por perguntar à pessoa se alguma vez no passado teve esse comportamento, antes de indagar com que frequência o faz actualmente. Outra variante da mesma técnica consiste em perguntar primeiro acerca do comportamento de outras pessoas conhecidas do indivíduo, antes de dirigir a pergunta para o próprio. O problema neste último caso pode ser o de que, se a pessoa não conhece ninguém que tenha esse comportamento (por exemplo, por os outros não lho terem confidenciado), pode ficar ainda mais inibido em admiti-lo em si próprio.

A *elaboração do questionário* 169

Uma última técnica apontada como útil, embora difícil de aplicar em muitos casos na prática, consiste em recolher os dados não num único mas em sucessivos momentos no tempo. A ideia é a de que, ao contactar várias vezes com o investigador, o inquirido virá progressivamente a desenvolver uma maior confiança e, portanto, uma maior predisposição para responder com sinceridade, mesmo a perguntas embaraçosas. Esta sugestão, no entanto, vai contra um princípio considerado essencial na recolha de dados, sobretudo através de entrevistas: o investigador deve tentar interpor uma distância social entre si e o respondente, de modo a que as suas características sociais não influenciem as respostas. De facto, é natural pensar-se que, conforme os contactos entre o entrevistador e o inquirido se vão sucedendo, o primeiro se vai tornando cada vez mais importante para o segundo, o que pode fazer com que este se torne cada vez mais cioso da sua imagem e preocupado com aquilo que o investigador pensa dele. Assim, a existência de vários contactos poderá contribuir para aumentar, em vez de diminuir, a tendência a dar respostas socialmente desejáveis.

Finalmente, uma estratégia que se tem mostrado útil na obtenção de dados sobre comportamentos socialmente (des)aprovados, mas que são facilmente observáveis por pessoas próximas do indivíduo (e.g., usar cinto de segurança, consumir álcool, votar nas eleições), é a de interrogar não o próprio mas essas pessoas que lhe são próximas. Várias investigações têm indicado que os dados obtidos junto de informadores são mais fidedignos do que os obtidos junto do próprio, no caso de comportamentos fortemente ligados a valores sociais (mas não no caso de comportamentos mais neutros, em que o inverso é verdadeiro).

Mas, afinal, como avaliar a eficácia destas técnicas? Como se pôde verificar pelos parágrafos anteriores, muitas sugestões avançadas por diversos especialistas no sentido de tentar aumentar a fidedignidade das respostas a questões sobre comportamentos socialmente desaprovados não são apoiadas por dados de investigações que demonstrem a sua eficácia. Para além da conclusão rotineira de que são necessários mais estudos, **é importante adoptar uma atitude algo céptica face à maior parte destas técnicas e não tomar como obrigações absolutas as sugestões apresentadas pelos autores, sobretudo quando estes não avançam com dados concretos de investigações em apoio das suas ideias.** Sempre que possível, e mesmo que o interesse do investigador não se centre na avaliação das técnicas de questionação, será desejável que, nos procedimentos da aplicação piloto ou de pré-teste, se averigue minimamente da eficácia dos procedimentos utilizados para lidar com este problema (e com outros). Em princípio, não será justificável utilizar procedimentos de controlo individual ou colectivo das respostas como os que se descrevem de seguida, excepto nos casos em que a importância do estudo e os recursos disponíveis o aconselhem. Mas **é de todo conveniente, se o tema da investigação é suficientemente delicado para levantar suspeitas de que os participantes poderiam estar interessados em ocultar ou distorcer informação, dedicar algum cuidado durante as aplicações piloto à forma mais eficaz de combater essa tendência, experimentando diferentes versões da pergunta e perguntando aos respondentes ou a outros juízes em que grau lhes parecem ameaçadoras e/ou em que grau teriam tendência a dar respostas socialmente desejáveis.**

Caso se pretenda realizar um estudo mais rigoroso das qualidades das diferentes formulações e se possa dispor de muitas dezenas de indivíduos só para esse fim, ou se, depois do estudo concluído, se pretender verificar a fidedignidade dos resultados, como proceder? No primeiro caso, e **em princípio, bastará determinar qual o formato de resposta que dá origem a uma maior percentagem de indivíduos dispostos a admitir o comportamento, se ele é considerado indesejável, ou a negá--lo, se ele é considerado desejável.** Uma vez que não é muito verosímil que uma pergunta sobre um comportamento socialmente reprovado, mesmo que formulada de modo a apresentá-lo a uma luz positiva ou a induzir a pessoa a admiti-lo, possa levar os respondentes a afirmar falsamente que o realizaram, é admissível seguir a regra do "quanto mais (ou menos, consoante os casos) melhor". Trata-se, aliás, de um procedimento generalizado nas investigações sobre este assunto.

Quando se trata de avaliar a proximidade entre os resultados de um estudo e o comportamento em situação real, o problema torna-se mais complexo e nem sempre pode ser inteiramente resolvido. **Em alguns casos, é possível comparar os dados que os indivíduos fornecem acerca do seu próprio comportamento com os fornecidos por pessoas que lhes estão próximas.** Embora os resultados obtidos através de informadores não possam ser considerados "acima de qualquer suspeita", a presença de uma discrepância acentuada entre o relato dos próprios e o dos informadores (regra geral, com os informadores a mencionarem um comportamento menos desejável) é indicação de que a correspondência entre as respostas dos indivíduos e a realidade não será a melhor e de que o problema terá maior probabilidade de se situar nos dados fornecidos pelos próprios. Neste caso, portanto, é legítimo supor que a formulação das

A elaboração do questionário   171

questões será tanto mais adequada quanto mais os resultados com estas duas origens se mostrarem concordantes.

Noutros casos, já mencionados, é possível recorrer a outro tipo de registos individuais como forma de confirmar as respostas. No caso de ofensas à lei devidamente transitadas pelo sistema judicial, é possível consultar os respectivos registos, o mesmo se aplicando à participação nas eleições e a outros comportamentos, acontecimentos ou situações que são objecto de registos públicos. Muitas vezes, como é óbvio, o acesso aos registos pode ser interdito sem permissão expressa do próprio ou da entidade que tutela o registo, o que implica um pedido de autorização devidamente fundamentado e que poderá não ser aceite. Quando a sua aplicação é possível, esta técnica apresenta a importante vantagem de fornecer não só um registo bastante objectivo e fiável das ocorrências mas, sobretudo, um termo de comparação individual, permitindo estimar, para além do grau de enviesamento das respostas globais, também o grau verificado para cada grupo de pessoas (em termos de sexo, nível etário, classe social, etc), ou mesmo a relação entre o enviesamento e as respostas a outras questões (e.g., para estabelecer a validade das escalas que medem a desejabilidade social). Os principais inconvenientes prendem-se com a eventual dificuldade de conseguir o acesso a certos tipos de registos e com a morosidade da sua consulta, se estes não estiverem organizados de forma a facilitar o tipo de pesquisa que se necessita de fazer.

Uma outra técnica por vezes utilizada para verificar a consistência das respostas dos indivíduos é a de repetir a mesma pergunta uma ou mais vezes ao longo do questionário, eventualmente com formulações ligeiramente diferentes, e verificar se a resposta dada é a mesma em todos os casos. Trata-se de uma técnica a evitar, pois não apresenta praticamente nenhuma vantagem e tem inconvenientes graves. É óbvio que é pouco menos que inútil na detecção do enviesamento, porque só um respondente muito distraído enviesaria uma das respostas e não as outras. Quando muito, esta técnica poderia avaliar o cuidado posto na resposta, mas não qualquer tentativa de enviesamento deliberado. O efeito negativo desta técnica poderá, por outro lado, ser bastante forte, porque transmite ao participante a ideia de que o investigador é suficientemente descuidado para não se ter apercebido de que o questionário continha duas perguntas iguais, ou suficientemente desconfiado para pensar que ele (participante) iria enviesar a resposta (que ideia!) e suficientemente ingénuo para pensar que detectaria a pequena tramóia com uma estratégia tão óbvia. Em qualquer caso, este procedimento é de molde a afectar de forma negativa a atitude do respondente em relação ao questionário, o que poderá traduzir-se em respostas descuidadas ou defensivas, omissão de respostas ou mesmo recusa em continuar ou não devolução do questionário.

Por vezes, é possível ainda recorrer a outra técnica que, embora não permita corroborar as respostas a nível individual, oferece um padrão objectivo de comparação para os resultados globais do estudo. Trata-se do recurso a estatísticas referentes a determinados comportamentos ou ao uso de determinados produtos. Se as respostas dos indivíduos estivessem livres de enviesamento e a amostra de inquiridos fosse representativa da mesma população para a qual foram obtidas as estatísticas, os resultados do estudo deveriam ser compatíveis com estas. Suponhamos que se pretende avaliar o consumo de cerveja pela população portuguesa. Elaborado um questionário e recolhidos os dados junto de uma amostra representativa da população, verifica-se que, suponhamos, 30% da população consome cerveja e que o consumo semanal médio daqueles que o fazem é de duas garrafas ou latas de 0,33 litros por semana. Pressupondo uma população de 10 milhões de habitantes, podemos estimar a existência de 3 milhões de consumidores de cerveja. Como cada um consome em média 0,66 litros por semana, o consumo a nível nacional deve rondar os 2 milhões de litros por semana, ou seja, 104 milhões de litros por ano. Este valor pode, depois, ser confirmado através das estatísticas nacionais referentes a este sector da economia. Se os resultados não coincidirem, e uma vez que as estatísticas das vendas deverão ser bastante exactas, conclui-se que os dados do questionário são enviesados. Haverá, apenas, que tomar cuidado com alguns detalhes que poderão enviesar as comparações. Por exemplo, algumas pessoas podem fabricar cerveja em casa, alguma cerveja pode ser deitada fora sem ser consumida, ou ser utilizada para outros fins que não impliquem ser bebida por pessoas, etc. No presente caso, estes factores não deverão afectar sensivelmente os resultados, mas convém estar atento a situações deste tipo.

Em certos casos, apenas interessarão as estimativas do número médio de comportamentos ocorridos, ou as quantidades médias ou totais consumidas, por exemplo. Aí, como é óbvio, as estatísticas globais contêm toda a informação necessária, pelo que o uso de um questionário, que fornecerá informação menos rigorosa a um custo mais elevado, será inútil. Noutras situações, porém, o questionário pode fornecer dados que, de outro modo, permaneceriam ocultos nas estatísticas. Por exemplo, a frequência ou características do comportamento em diferentes grupos (defi-

A *elaboração do questionário* 173

nidos pelo sexo, idade, nível socio-económico, local de residência, etc), ou a sua associação estatística a outros comportamentos ou variáveis psicológicas ou sociológicas, são difíceis ou impossíveis de obter a partir de estatísticas globais. Nestes casos, e embora as estatísticas não possam fornecer toda a informação necessária ao investigador, poderão, caso estejam disponíveis, servir para verificar a exactidão dos dados do questionário.

A resposta não é influenciada por factores contextuais

É frequente encontrar expressa, na literatura sobre construção de questionários, a preocupação de evitar influenciar de algum modo as respostas dos inquiridos. Bastará, no entanto, uma breve reflexão para compreender que **um dos objectivos de um bom questionário é precisamente o de influenciar os inquiridos, no sentido de fornecerem ao investigador a informação de que este necessita.** Todas as secções anteriores, referentes à formulação dos itens, tiveram por objectivo contribuir para a elaboração de perguntas que influenciem os respondentes no sentido de fornecerem as respostas mais adequadas aos objectivos da investigação. **O problema de que esta secção se irá ocupar é o do natural esquecimento de que não são só as questões (ou os seus elementos principais) que influenciam as respostas dos indivíduos. Há que ter em conta não só o papel das outras perguntas contidas no questionário, mas também o contexto global em que este é apresentado. Para além disso, o conjunto de alternativas propostas, e mesmo alguns elementos acessórios presentes na formulação das questões, podem ser aqui considerados elementos contextuais,** uma vez que não fazem parte do "núcleo duro" que define aquilo que o investigador pretende saber.

Estas influências contextuais sobre as respostas são frequentemente observadas e foram confirmadas em numerosos estudos empíricos, pelo que a sua ignorância no processo de elaboração de um questionário se pode revelar catastrófica para a qualidade dos resultados por ele fornecidos. Por esta razão, procurarei, nas páginas seguintes, alertar para alguns dos possíveis mecanismos pelos quais estas influências se exercem, de modo a facilitar aos potenciais autores de questionários a sua neutralização ou, se possível, o seu emprego ao serviço da validade das conclusões obtidas. Começarei por referir brevemente os elementos contextuais presentes no interior das próprias perguntas, para depois me ocupar dos problemas levantados pelas interacções entre diferentes itens do questionário.

Um exemplo, já referido, de factores contextuais inseridos no corpo de uma pergunta é o da técnica de incluir, nas questões sobre temas ameaçadores, elementos que tendam a diminuir o impacto da questão (e.g., sugerindo que o comportamento é frequente). Este é, claramente, um elemento estranho ao conteúdo essencial da pergunta e tem por objectivo assumido modificar a forma como o respondente reage ao item, neste caso reduzindo a sensação de ameaça ou de reprovação social do comportamento. Os problemas não se colocam, como é evidente, em casos como este, em que os elementos são introduzidos deliberadamente pelo investigador, que procura deste modo aumentar a qualidade dos resultados que obtém. **Há, no entanto, que ter cuidado quando informações desnecessárias e que poderão influenciar as respostas dos indivíduos num sentido não desejado conseguem penetrar nas questões de forma mais ou menos insidiosa.**

Uma das vias mais comuns e mais perigosas para essa penetração é a dos exemplos. A presença de um exemplo constitui um poderoso orientador do modo como os indivíduos interpretarão a pergunta e como pesquisarão a sua memória em busca da resposta. Um exemplo mal escolhido ou introduzido de forma inadequada pode distorcer por completo os resultados. Imaginemos que se pretende saber com que frequência as pessoas consomem vegetais na sua alimentação. Se a interpretação de uma expressão tão vaga como "vegetais" já seria problemática (literalmente, as batatas fritas são vegetais, mas não correspondem ao protótipo que a maior parte das pessoas terá de "vegetal"), o problema seria ainda agravado por um investigador solícito que decidisse acrescentar "como alfaces, por exemplo". Embora, num sentido literal, a menção da alface como um exemplo não venha alterar em nada o sentido daquilo que foi pedido ("vegetais"), é inevitável que grande número de pessoas dê por confirmada a sua impressão de que ao investigador apenas interessam os vegetais folhosos (alfaces, couves, etc) ou, eventualmente, aqueles que se consomem crus ou em saladas (tomates, cebolas, agriões, rabanetes, pepinos, etc). As leguminosas (feijões, favas, etc), tubérculos (batatas, etc), frutas e outros, terão menor probabilidade de serem considerados na resposta do que aconteceria na ausência do exemplo.

Uma via afim da do exemplo é a da "marca de origem". Especificar a origem de uma dada proposta ou ideia pode influenciar fortemente a reacção dos indivíduos a essa ideia, sobretudo quando essa origem (ou a própria ideia) lhes era desconhecida e quando têm uma atitude marcadamente positiva ou negativa face a essa origem. É o caso, por

A elaboração do questionário

exemplo, de identificar uma proposta como tendo sido apresentada por um dado partido, sendo semelhante ao que já se pratica num dado país, etc. Não é difícil prever que mais pessoas concordariam que "deveria existir uma taxa sobre a publicidade na televisão destinada a financiar a produção de cinema português" se se acrescentasse "como acontece em quase todos os países da Europa". Em muitos casos, poderá dizer-se que a inclusão deste tipo de informações não constitui um factor de distorção, porque o investigador pretende que o inquirido as tenha em conta ao responder, dado que constituem aspectos relevantes da questão colocada. **O essencial será, neste caso como noutros, definir cuidadosamente aquilo que se pretende com a pergunta. Se o objectivo é o de saber como as pessoas reagem à ideia, todos os elementos estranhos deveriam ser eliminados. Se se pretende avaliar o apoio da opinião pública a uma decisão concreta, tomada num contexto específico, será aconselhável incluir todos os elementos relevantes para essa decisão,** o que ajuda a reduzir os problemas levantados pela insuficiente informação conhecida dos inquiridos. Estes elementos estranhos constituirão um grave problema apenas quando não corresponderem ao intuito assumido pelo investigador e o seu surgimento nos itens se explicar por inadvertência ou mesmo por uma tentativa mais ou menos subtil de enviesar as conclusões. Escusado será dizer que, quando da apresentação dos resultados, as perguntas efectivamente feitas devem ser apresentadas na íntegra, e não em versões "abreviadas" que ocultem elementos susceptíveis de terem influenciado as respostas.

Outro possível factor de distorção é o desequilíbrio na formulação do corpo da pergunta, de modo a sugerir uma determinada resposta, mesmo que a lista de opções disponíveis seja irrepreensivelmente equilibrada. Um exemplo clássico é o da formulação "É a favor de X? Sim ou não?" Uma redacção mais equilibrada seria "É a favor ou contra X?", seguida das opções "A favor" e "Contra".

Talvez ainda mais perigosos, por serem mais difíceis de detectar, são os factores de enviesamento contidos nas opções de resposta. Já referimos a importância de, em questões de resposta fechada, as alternativas cobrirem na íntegra o leque de respostas possíveis. Qualquer alternativa não incluída verá a sua frequência subestimada, mesmo que seja oferecida aos respondentes a possibilidade de utilizar uma alternativa genérica do tipo "Outros (especifique)". **Mas existem outras formas, mais subtis, de enviesamento. Uma delas é a inclusão de várias alternativas muito próximas, ou do mesmo tipo, em oposição a um número**

muito menor de alternativas de tipos diferentes. Por exemplo, se se procura caracterizar uma pessoa ou um grupo social através da atribuição de adjectivos positivos e/ou negativos, a presença de uma grande maioria de adjectivos negativos fará com que a caracterização dessa pessoa ou grupo resulte mais negativa nos resultados finais, apesar de os adjectivos positivos estarem presentes em número suficiente para que esse enviesamento não fosse inevitável. Como é óbvio, se se pretende apenas comparar a forma como são caracterizadas diferentes pessoas ou grupos e se a lista de adjectivos proposta é igual para todos, este problema não se coloca.

Outra forma indesejável de enviesamento consiste na inclusão de elementos justificativos em algumas opções mas não em outras. É, talvez, a forma mais óbvia de manipular os resultados de um inquérito, pelo que é fundamental evitar que seja usada inadvertidamente. Suponhamos que se pretende saber em que medida as pessoas são favoráveis à imposição de limites mais estritos à imigração. Duas alternativas possíveis (mas não aconselháveis) seriam: "Sim, porque o país não tem capacidade para integrar um número tão grande de imigrantes" vs. "Não, a política de imigração deve continuar como até aqui". É quase certo que a percentagem de pessoas que se manifestariam favoravelmente seria mais elevada do que se as opções fossem simplesmente "Sim" e "Não", uma vez que a resposta "Sim" foi acompanhada de uma justificação. Quanto à resposta "Não", embora tenha sido seguida de mais algumas palavras (o que ajuda a criar uma ilusão de equidade), estas constituem um mero reafirmar da opção, sem apresentar quaisquer argumentos.

Outro problema ainda é o da distribuição quantitativa das opções, nas respostas em que os inquiridos têm de fornecer uma estimativa de uma qualquer quantidade. Os valores indicados nas opções constituem poderosos marcos de referência para as respostas dos indivíduos, sobretudo nos casos em que estes apenas têm uma ideia muito vaga acerca da resposta a dar e são, por isso, forçados a fazer conjecturas, ou quando a variável a medir está sujeita a uma forte desejabilidade social. A tendência para responder ao meio é muito intensa nestes casos, por razões fáceis de compreender. No caso de se tratar de uma questão destinada a avaliar conhecimentos (e.g., "Quantas toneladas de resíduos industriais tóxicos são produzidas anualmente em Portugal?") e o inquirido não souber a resposta, escolher a opção central dá-lhe uma boa probabilidade de acertar, pois é natural que o investigador tenha elaborado as opções a partir do valor correcto, incluindo depois alternativas correspondentes a sub e sobrestimações cada vez maiores.

A *elaboração do questionário*   177

Quando se trata de uma informação sujeita a desejabilidade social, o problema é algo diferente. Suponhamos que se pergunta aos participantes quanto tempo, em média, passam diariamente a ver televisão. As alternativas de resposta dão ao inquirido uma ideia daquilo que o investigador considera "normal". Uma vez que ver demasiada televisão pode ser tomado como falta de outros interesses mais valorizados, a pessoa tende a recear indicar um número demasiado alto. Mas, por outro lado, um valor demasiado baixo pode ser considerado sinal de snobismo ou ser recebido com incredulidade. Por tudo isto, é conveniente encontrar um valor intermédio que não seja comprometedor. Para isso, o que poderia ser melhor do que escolher a categoria central, ou outra próxima do centro? Uma vez que as opções foram, concerteza, elaboradas a partir de um conhecimento daquilo que são os valores mais comuns na população, escolher a categoria central deverá assegurar uma resposta socialmente correcta. **Talvez a melhor opção nestes casos seja a de utilizar um formato de resposta aberta, pedindo simplesmente aos inquiridos que indiquem uma estimativa, sem lhes oferecer quaisquer alternativas à partida.** Uma vez que se trata de simples quantidades, e desde que as instruções sejam claras (quanto à unidade a utilizar, por exemplo) a categorização das respostas não deverá levantar dificuldades.

Um outro conjunto de problemas se coloca ao considerar os possíveis efeitos que as perguntas colocadas anteriormente (ou posteriormente, porque a maior parte das pessoas folheia os questionários antes de começar a responder) podem exercer sobre as respostas fornecidas. Um tipo essencial de efeito é o que se refere à motivação do respondente para cooperar com o investigador, respondendo ao questionário de forma cuidadosa e honesta. Todas as perguntas que, por qualquer razão, despertarem atitudes negativas nas pessoas, tendem a afectar de modo igualmente negativo esta predisposição. É o caso, por exemplo, das questões de resposta aberta, que exigem um maior esforço de elaboração e de escrita, perguntas sobre temas socialmente indesejáveis ou que deixem a pessoa pouco à vontade, questões que pareçam irrelevantes ou a que a pessoa não saiba responder, etc. Devido aos seus possíveis efeitos, estes tipos de questões devem ser evitados ao máximo e, se a sua inclusão for indispensável, devem ser colocadas tanto quanto possível no fim do questionário. Com isto, procura-se evitar que "contaminem" mais do que o mínimo indispensável as outras questões com a sua tonalidade negativa.

Outros mecanismos mais directos vêm igualmente pôr em causa

o postulado da independência das perguntas. Uma das situações mais perigosas neste aspecto é aquela em que uma pergunta sobre um aspecto específico antecede outra sobre um aspecto mais geral. Suponhamos, por exemplo, que se questiona um professor sobre o rendimento escolar de um aluno, para logo de seguida lhe perguntar a sua opinião sobre esse aluno em geral. É provável que a avaliação global do aluno seja exageradamente influenciada pelo seu nível de aproveitamento escolar, o que não aconteceria se a ordem das perguntas fosse a inversa. Isto acontece porque as pessoas tendem a ter posições mais definidas face aos aspectos específicos do que face aos de carácter global, por os primeiros terem referenciais mais concretos e objectivos. Ao mesmo tempo, é sabido que os factores contextuais têm uma influência tanto menor quanto maior é a clareza da posição do indivíduo em relação àquilo que lhe está a ser perguntado. Por isso, é mais provável que sejam as perguntas gerais a ser influenciadas pelas específicas do que o contrário. Este problema levou vários autores a recomendar que as perguntas gerais fossem sempre colocadas no início (eventualmente, da abordagem de cada tema), só depois se avançando a questionação para áreas cada vez mais restritas. Esta técnica é geralmente conhecida como questionação "em funil".

Mas, se esta técnica é aparentemente eficaz no controlo de alguns problemas de interacção entre perguntas no caso das entrevistas, o mesmo não se passa nos questionários, devido à tendência das pessoas para lerem todas as perguntas (ou pelo menos uma boa parte delas) antes de começarem a responder. Com isto, o efeito pretendido (ao responder à pergunta geral, a pessoa não pensa particularmente no aspecto mais restrito, pois não sabe ainda que vai ser questionada sobre ele) fica, obviamente, anulado. **Assim, é essencial estar atento à necessidade de assegurar que os aspectos específicos que são objecto de questões abranjam de modo adequado o tema mais geral, sempre que, num questionário, houver que reunir perguntas dos dois tipos.**

Por vezes, no entanto, a influência das perguntas específicas sobre as gerais pode funcionar em benefício do investigador. Este pode, por exemplo, recear que o inquirido não tenha uma ideia clara do tema geral, e as questões mais específicas podem ajudá-lo a fundamentar uma opinião que talvez não tivesse à partida. Outra possibilidade é a de existirem grandes diferenças quanto aos aspectos que diferentes pessoas consideram ao fazer uma avaliação geral de uma dada questão. As informações que mais depressa ocorrem à mente podem exercer um efeito desproporcionado sobre a avaliação global. Nestes casos, colocar uma série de questões sobre aspectos específicos ajuda a assegurar que todos os inquiridos tomaram em conta a mesma informação ao formularem a sua resposta. A esta técnica chama-se, naturalmente, "funil invertido", e o seu uso é possível tanto em entrevistas como em questionários. O cuidado essencial será, como é óbvio, o de que as perguntas específicas abranjam de modo equilibrado os diferentes aspectos da questão mais geral.

Para além do efeito de facilitação de acesso a certos conteúdos na memória (designado em Inglês por *priming*), as perguntas anteriores podem ainda exercer outros tipos de influência. Um deles tem um **efeito precisamente inverso ao da facilitação, e é designado por efeito de contraste, de desconto ou *anti-priming*.** Suponhamos o mesmo exemplo de há pouco. Um professor é questionado sobre o rendimento escolar de um aluno e, seguidamente, pede-se-lhe uma opinião global sobre esse aluno. Será bem possível que o professor pense que se pretende saber qual a sua opinião do aluno em termos não-escolares. Se não fosse assim, porquê fazer as duas perguntas separadamente? Neste caso, o que acontecerá é que o rendimento escolar terá um peso nulo, ou mesmo negativo, na resposta do professor, o que não corresponde à intenção da pergunta. Como é evidente, se o efeito de facilitação ocorrer para alguns respondentes e o de desconto para outros, a comparabilidade das respostas estará ainda mais ameaçada.

Perante isto, é essencial saber quais os factores que determinam a ocorrência de efeitos de facilitação ou de desconto. Dois tipos de factores têm sido apontados a este propósito: em primeiro lugar, se a pergunta específica é vista como referindo-se a parte de um domínio mais vasto, ao qual a pergunta genérica se refere, mas dentro do qual existem vários subdomínios relativamente independentes, o efeito de desconto deverá predominar, pois o respondente pressupõe que o investigador não pretende que responda outra vez com base na mesma informação; mas se a ligação for lógica e directa entre o aspecto específico e o mais geral (e.g., "Como é o rendimento escolar do aluno na sua disciplina? E como é no conjunto de todas as disciplinas?") **o inquirido compreende que não pode na sua resposta ignorar por completo o aspecto mais específico e, por isso, o efeito de facilitação será mais provável. Um segundo factor seria a distância entre as duas questões. Inúmeros estudos demonstraram que o efeito de facilitação na memória ocorre independentemente da vontade ou mesmo da tomada de consciência por parte do indivíduo. Pelo contrário, o efeito de des-**

conto parece resultar de uma tentativa deliberada de eliminar a influência de um determinado factor. **Daqui se deduz que quanto menos a pessoa estiver consciente da possível influência do factor, menos se verificará o efeito de desconto, enquanto que o efeito de facilitação não será muito afectado. Assim se explica que o efeito de desconto tenda a ser notório quando as perguntas se situam em sequência imediata, mas que o efeito de facilitação predomine quando existem outras perguntas intercaladas.** A presença destas funciona como um distractor, fazendo com que as pessoas esqueçam a pergunta específica e a sua possível influência na resposta à questão mais geral, muito embora essa influência não deixe de se exercer a um nível pré-consciente. O processo seria, portanto, algo semelhante ao do chamado *sleeper effect*, em que uma mensagem que procura persuadir os indivíduos a modificarem as suas atitudes, mas é oriunda de uma fonte pouco credível, não parece exercer qualquer efeito quando as atitudes são avaliadas logo a seguir à recepção da mensagem, mas revela um impacto considerável ao fim de algumas semanas. Este fenómeno resulta do facto de que as características da fonte são esquecidas mais rapidamente do que o conteúdo da mensagem. Assim, numa altura em que a mensagem é ainda recordada mas a falta de credibilidade da fonte já não o é, o efeito em termos de mudança de atitude é maior do que imediatamente a seguir à recepção da mensagem (Riccio, Rabinowitz e Axelrod, 1994).

Outro mecanismo através do qual se poderá verificar uma interdependência das respostas tem a ver com a preocupação por parte dos indivíduos em dar uma imagem de consistência. Por outras palavras, muitas pessoas poderão estar atentas a cada pergunta, bem como às respostas que deram às anteriores, no sentido de evitarem responder de forma que pareça contraditória. Este problema é agravado quando o questionário contém várias questões semelhantes, como acontece muitas vezes nas escalas elaboradas segundo o modelo aditivo. Aliás, é frequente encontrar, nestes casos, respondentes que verbalizam a sua surpresa, aborrecimento ou desconfiança por terem de responder a uma série de perguntas que lhes parecem idênticas. A atribuição ao investigador de uma tentativa de detectar respostas contraditórias é também comum nestes casos. Dada esta desconfiança por parte dos participantes, seria de esperar a ocorrência de alguns enviesamentos nas respostas, motivados pela preocupação em se mostrar consistente ou pela não valorização de pequenas diferenças entre as perguntas consideradas iguais. Apesar disso, não parecem praticamente existir estudos que avaliem o impacto real destes efeitos sobre os resulta-

A *elaboração do questionário* 181

dos. Na revisão da literatura apresentada por Foddy (1993, pp. 66-68) apenas é referido um estudo, que se ocupou, aliás, de um tipo particular de sequência de perguntas, as de tipo silogístico. Trata-se, aqui, de fazer os inquiridos concordar (ou não) com uma afirmação geral, para depois os questionar sobre um aspecto mais específico, salientando a relação lógica que existe entre as duas questões. Um possível exemplo seria perguntar aos inquiridos se eram a favor da defesa do ambiente, para depois lhes perguntar se apoiariam a introdução de uma taxa especial sobre os produtos com embalagem de cartão, destinada a financiar os custos de reciclagem. Repare-se que se trata aqui de uma sequência exactamente inversa da que nos ocupou atrás, em que uma ou mais questões específicas poderiam influenciar as respostas a uma questão geral, por intermédio de um processo de facilitação cognitiva. **No caso de um efeito baseado na preocupação em se mostrar consistente, este deverá ser maior quando a sequência vai do geral para o particular,** uma vez que, neste caso, a conexão lógica entre a resposta a uma e a outra deverá ser maximamente visível.

O formato dos itens

Já atrás ficou assente que este livro se ocupa sobretudo dos instrumentos constituídos por itens de resposta fechada, e os méritos relativos dos itens deste tipo foram comparados com os dos de resposta aberta. Irei por isso, nesta secção, ocupar-me apenas dos diferentes tipos de formatos de itens de escolha múltipla e das suas vantagens e inconvenientes relativos. Dois aspectos fundamentais distinguem estes diferentes tipos: o número de alternativas propostas e o modo como são descritas as alternativas. Parece, assim, útil distinguir entre quatro tipos de itens.

Itens dicotómicos

São aqueles em que apenas se oferecem aos inquiridos duas alternativas de resposta, geralmente formuladas em termos de "Sim/Não", "Verdadeiro/Falso" ou "Concordo/Discordo". Trata-se de um tipo de itens cuja utilização em questionários se vem tornando cada vez mais rara, devido às limitações que irei referir mais adiante. Podem, no entanto, ainda ser encontrados em instrumentos cuja data de construção dista já de algumas décadas, como é o caso do Inventário Multifásico de Personalidade de Minnesota (MMPI; Graham, 1990) e do Inventário de Personalidade de Eysenck (EPI; Eysenck e Eysenck, 1964).

A razão da popularidade deste tipo de itens, pelo menos até há alguns anos, teve a ver com a simplificação que permitiam introduzir nos processos de cotação (geralmente feita através de matrizes, constituídas por cartões com orifícios nos locais correspondentes às opções reveladoras de uma dada característica; sobrepondo cada matriz à folha preenchida pelo respondente e contando o número de cruzes ou marcas visíveis, obtinha-se de imediato o resultado nessa escala) **e na própria determinação das propriedades dos itens:** numa época em que quase todos os cálculos eram realizados manualmente, o uso de itens dicotómicos permitia recorrer a fórmulas de resolução menos trabalhosa. Uma outra razão relacionava-se com o facto de os testes de aptidões intelectuais, historicamente os primeiros a serem desenvolvidos, serem constituídos por itens cujas respostas são quase sempre classificadas como "Certas" ou "Erradas". Isto levou a que muitos dos procedimentos de construção de escalas fossem concebidos a pensar em itens cujos resultados seriam desse tipo. O uso de itens dicotómicos permitiu que os questionários de avaliação da personalidade e outras características aproveitassem muito desse trabalho prévio.

Actualmente, porém, é óbvio que o volume de cálculos a efectuar já não constitui problema, uma vez que mesmo os procedimentos mais complexos podem ser fácil e rapidamente realizados por um computador pessoal, que nem sequer necessita de ser dos mais potentes. Além disso, estão hoje em dia desenvolvidos e testados diversos modelos e procedimentos de construção de escalas que não se limitam ao uso de itens dicotómicos. Desaparecidas, assim, as razões que durante bastante tempo justificaram o uso deste tipo de itens, os seus inconvenientes rapidamente começaram a tornar-se notórios.

A muitas pessoas desagrada-lhes a obrigatoriedade de escolher entre apenas duas alternativas, afirmando que, em muitos casos, a sua posição se situaria num ponto intermédio. Mas, para além destes problemas de (in)conformismo, o principal inconveniente dos itens dicotómicos tem a ver com a diminuta quantidade de informação que cada um deles fornece. Uma vez que cada item apenas permite discriminar dois níveis de resultado, e pressupondo que se usa um modelo aditivo, uma escala constituída por n itens dicotómicos apenas conseguirá discriminar $n+1$ níveis. Uma escala constituída por 10 itens, por exemplo, apenas poderá fornecer 11 resultados diferentes: se cada resposta considerada "Certa" (ou indicativa de um grau superior da característica) valer um ponto e cada resposta "Errada" (ou indicativa de um grau inferior da característica) valer zero, os resultados terão de se situar entre 0 e 10. Mas, se cada item tiver 5 opções de resposta, correspondentes a graus crescentes da característica, se a essas opções forem atribuídos valores entre 0 e 4, e as respostas aos 10 itens somadas para obter o resultado total, este poderá variar entre 0 e 40, ou seja, poderá assumir 41 valores diferentes. Como é evidente, há toda a vantagem em utilizar itens que permitam efectuar discriminações mais finas sem alongar a escala com mais itens. **Por isso se considera actualmente os itens dicotómicos como pouco rentáveis em termos da relação "esforço do respondente / informação fornecida" e o seu uso não é recomendado, a não ser que a própria natureza da questão o imponha** (e.g., perguntar a alguém se já visitou um país estrangeiro).

Itens com escalas numéricas

Este formato constitui o mais simples de todos aqueles que incluem mais do que duas opções de resposta. Tal como o nome indica, **trata-se de propor aos respondentes uma escala (no sentido de um contínuo dividido em sucessivos níveis, e não de um conjunto de itens) representando uma dada dimensão, sendo os diversos graus dessa escala definidos através de valores numéricos, sem outra descrição.** A dimensão representada pela escala numérica pode ser designada por um título genérico (e.g., "Grau de acordo") ou, com maior facilidade para os participantes, por descrições dos extremos da escala (e.g., "Totalmente em desacordo" num dos extremos, "Totalmente de acordo" no outro). Um exemplo de um item deste tipo pode ser encontrado na Figura 2 (página 30).

Entre as vantagens deste tipo de item contam-se a simplicidade da sua construção (comparável à dos itens dicotómicos) e a flexibilidade em termos de número de níveis a utilizar na escala. Naturalmente que, por comparação com os itens dicotómicos, apresenta a vantagem da maior quantidade de informação que fornece. Por outro lado, comparativamente ao tipo referido na secção seguinte, pode-lhe ser apontado o inconveniente de não fornecer uma definição precisa de cada ponto da escala. Esta ausência poderia, eventualmente, ser responsável por uma menor homogeneidade de critérios por parte dos indivíduos na utilização da escala, resultando num menor rigor dos resultados. Esta questão será discutida a propósito do tipo subsequente de itens, o mesmo acontecendo relativamente à distinção entre escalas unipolares e bipolares e ao número de níveis a incluir na escala.

Itens com escalas referenciadas

Serão aqui designados deste modo aqueles itens que incluem uma pergunta básica e um conjunto de alternativas, mas nos quais cada uma dessas alternativas é definida separadamente e não apenas através de uma escala numérica. É importante ainda notar que, neste tipo de itens e nos seguintes, as alternativas não têm obrigatoriamente que constituir uma escala ordinal. Casos haverá em que não existem quaisquer justificações para ordenar as alternativas de um determinado modo e não de outro. Seria o caso, por exemplo, de um item que enumerasse algumas actividades e pedisse aos respondentes para indicar aquela em que mais gostariam de se envolver. Voltaremos mais adiante a referir-nos a este tipo de itens (que constituem as chamadas *medidas ipsativas*).

Limitando-nos aos itens para os quais as diferentes opções podem ser colocadas numa ordem não arbitrária e a cujos resultados podem ser atribuídas propriedades ordinais ou mesmo intervalares, **interessa comparar o presente tipo de itens com o referido na alínea anterior. A única diferença entre os dois tipos reside no facto de os itens com escalas referenciadas incluírem uma descrição verbal de cada um dos pontos da escala.** Os valores numéricos correspondentes a cada nível poderão estar ou não presentes, mas o mesmo acontece com as escalas numéricas. A forma de tratamento dos resultados será também idêntica. Por isso, **a opção entre um e outro tipo de itens terá de ser baseada numa avaliação das vantagens e inconvenientes relativos da presença ou não de descrições em cada um dos níveis da escala.**

Recordemos que aos investigadores interessa, antes do mais, que os resultados fornecidos pelos itens apresentem propriedades intervalares, pois isso contribui para reduzir os erros de medição. Por isso, **um dos critérios essenciais ao avaliar os méritos de um formato de itens será o grau em que este assegure que os intervalos subjectivos entre os sucessivos pontos da escala sejam iguais. Outro critério fundamental será o de que a escala seja homogénea, ou seja, que cada ponto da**

escala corresponda a uma mesma grandeza subjectiva em cada indivíduo.

Os defensores das escalas referenciadas argumentam que a presença de descrições em cada nível, desde que estas sejam elaboradas de modo adequado, permite aproximar de modo mais eficaz a realização destes pressupostos. Se a escala for apenas numérica, os sucessivos pontos não são definidos para o respondente, o que obriga este a efectuar um julgamento muito subjectivo e sujeito às mais variadas fontes de distorção. Suponhamos que uma escala numérica pretende avaliar uma característica como "simpatia". O que significa "um grau 3 em 5 de simpatia"? Provavelmente, algo muito diferente para diferentes pessoas. Que garantias teremos de que a distância que vai de um nível 1 a um nível 2 de simpatia é o mesmo que separa esse nível 2 do nível 3? Estes problemas serão certamente amenizados se todos os níveis da escala forem cuidadosamente definidos. **As definições fornecem aos indivíduos um quadro de referência mais concreto para as suas respostas, reduzindo assim a variabilidade de interpretação dos diferentes níveis das escalas.** Para além disso, o investigador deve tomar o cuidado de escolher definições que apontem para graus, tanto quanto possível, equidistantes ao longo da dimensão que pretende medir. Procedendo desta forma, conseguirá aproximar-se em maior grau das propriedades apontadas no parágrafo anterior como desejáveis num bom item.

É, no entanto, possível contra-argumentar em defesa das escalas numéricas. A forma mais comum de definir os sucessivos pontos das escalas é através de advérbios ou expressões adverbiais como "nada", "pouco", "moderadamente", "muito" ou "completamente". A alternativa mais frequente será talvez a de usar adjectivos como "péssimo", "mau", "aceitável", "bom" e "óptimo", embora seja possível usar verbos ou mesmo frases completas. **A afirmação de que este tipo de definições dá maior clareza e especificidade aos sucessivos níveis da escala pode ser posta em causa, partindo do facto bem conhecido de que a interpretação destas expressões é muito variável de pessoa para pessoa.** Recordemos o caso dos advérbios "bastante" e "muito", que por vezes são usados para definir os níveis mais elevados das escalas, mas em relação aos quais está longe de existir unanimidade quanto à sua ordenação, para não falar já na sua distância relativa. Se a preocupação é a de assegurar a equidistância subjectiva dos níveis, poder-se-á pensar que a inclusão de definições corre o risco de introduzir um factor de erro adicional, devido à sua latitude de interpretação, enquanto os números têm, em princípio, um significado menos variável e transmitem de modo mais claro a ideia de equidistância dos diferentes níveis da escala. Para além disso, a própria questão da clareza é difícil de defender. **Será que, para os respondentes, a ideia de uma pessoa "medianamente simpática" é mais clara do que a de uma pessoa com "um grau de simpatia 3 numa escala de 1 a 5"?**

Por outro lado ainda, como pôr em prática a intenção de utilizar definições que assegurem a igualdade dos intervalos? Existem variados métodos, a maior parte deles bastante complexos, exigindo grande número de participantes, ou assentando em pressupostos difíceis de defender, pelo que quase nunca são utilizados. Um exemplo é o do método apresentado originalmente por Likert, que se baseia no pressuposto de que as respostas dos indivíduos seguem (sobre uma hipotética dimensão subjacente) uma distribuição normal (Edwards, 1957, pp. 149--152). Outro, é o que se baseia na ordenação das diferentes definições por uma amostra de indivíduos, sendo as distâncias estimadas a partir da proporção de indivíduos que as ordenam de diferentes formas (Spector, 1994, p. 247). Repare-se, neste caso, como a exequibilidade do método se baseia precisamente na variabilidade do posicionamento das diferentes alternativas pelos respondentes, o que vai contra o pressuposto da homogeneidade das interpretações. Um terceiro procedimento é semelhante ao utilizado na construção de escalas intervalares do tipo referido no Capítulo 3, conhecidas por "escalas de Thurstone". Recordemos que, neste método, um grupo de juízes classifica os itens de acordo com o grau em que estes parecem favoráveis ou desfavoráveis ao objecto em causa. É possível aplicar um procedimento semelhante para determinar a posição relativa dos pontos da escala, experimentando diferentes definições até encontrar um conjunto que se aproxime das características pretendidas. Repare-se, entretanto, como, neste contexto, se utiliza uma escala numérica para situar as diferentes definições, o que é difícil de justificar se se considera que este tipo de escalas não oferece precisão suficiente. **Para além disso, há que ter em conta que a variedade de definições aplicáveis tende a ser restrita: o número de advérbios e adjectivos exprimindo quantidade é relativamente pequeno, o que não permite ajustamentos finos,** do tipo que estes procedimentos sugerem. Isto obriga muitas vezes a recorrer a números decimais como valores para os diversos pontos da escala, o que se revela pouco prático, ou a aproximações, o que representa sempre um factor de distorção a que as escalas numéricas permitem escapar.

Poderia, a partir daqui, supor-se que defendo o uso universal de escalas numéricas. Não é, no entanto, assim, e concluirei esta alínea clarificando a minha posição. **No meu entender, há que distinguir diferentes situações. A primeira é aquela em que aquilo que se pretende avaliar tem um referencial concreto:** questiona-se o indivíduo sobre um acontecimento ou um comportamento, pedindo-lhe para especificar um determinado parâmetro de frequência absoluta (e.g., de consumo de bebidas alcoólicas) ou relativa (e.g., de uso de cinto de segurança), duração (e.g., de visionamento de televisão), qualidade, extensão, etc. **Nestes casos, se não se optar pelo formato de resposta aberta, cada alternativa deve ser definida com clareza, em termos do parâmetro pretendido** (e.g., "Com que frequência usa o cinto de segurança, considerando todas as vezes que se desloca de automóvel? Nunca. / Às vezes, mas menos de um terço das vezes. / Entre um terço e dois terços das vezes. / Nem sempre, mas mais de dois terços das vezes. / Sempre.")

Um segundo tipo de situação é aquele em que os diferentes níveis da dimensão que o item mede se caracterizam por comportamentos qualitativamente diferentes. Imaginemos um item de uma escala de sociabilidade que oferece as seguintes alternativas: "Nunca inicio conversas com pessoas que não conheço. / Só inicio conversas com pessoas que não conheço quando as pessoas mostram claros sinais de interesse. / Inicio conversas com pessoas que não conheço quando a situação me parece boa para isso. / Raramente perco uma oportunidade para iniciar uma conversa com uma pessoa que não conheço mas que me parece interessante." **Também nestes casos é importante uma definição cuidadosa de cada um dos pontos da escala.** Os problemas que se poderiam levantar não dizem respeito à presença das definições mas sim à utilidade de empregar itens deste tipo. Como estes itens com escalas qualitativas são muitas vezes reduzidos às diversas opções, sem apresentarem aquilo que se poderia chamar o "corpo" ou "tronco" do item, iremos discutir este aspecto na próxima secção.

Quanto às restantes situações, parece-me difícil apontar uma superioridade clara das escalas referenciadas sobre as numéricas, ou vice-versa. Chang (1997) concluiu, a partir de uma revisão da literatura empírica sobre o tema, que os efeitos da presença ou não de descritores verbais para os diversos pontos da escala, em termos da média, variância e precisão dos resultados obtidos, são inconsistentes e de reduzida magnitude. **Assim, a utilização de escalas numéricas parece-me ser, pelo menos, suficiente, poupando ao investigador a necessidade de elaborar as definições. A maior parte dos itens com escalas de avaliação utilizados em questionários solicitam respostas em termos de veracidade**

(em que medida o inquirido considera que a afirmação que constitui o tronco do item é verdadeira), **concordância** (em que medida concorda com a afirmação[31]), **avaliação** (em que medida tem uma posição negativa ou positiva face ao objecto mencionado no item), **frequência, intensidade** (por exemplo, de uma emoção), **tipicidade** (em que medida um dado comportamento é típico ou característico do próprio, de outra pessoa ou de um grupo), **importância e outros menos comuns. De todas estas dimensões, apenas a frequência apresenta um referencial concreto. Todas as outras implicam uma quantificação subjectiva e, por isso, a minha preferência vai para escalas em que apenas os pontos extremos são definidos, sendo os sucessivos graus descritos apenas por números.** A Figura 19 apresenta alguns exemplos de escalas deste tipo. A forma como estão definidos os extremos das escalas deverá ser considerada apenas como exemplo, pois outras definições poderão ser mais adequadas em muitos casos.

No caso dos itens que solicitam julgamentos de frequência, seria, à partida, possível utilizar um formato semelhante, definindo, por exemplo, os extremos em termos de "Nunca" e "Sempre". O problema está em que, uma vez que a frequência tem um referencial concreto, a ausência de definição dos pontos intermédios poderia levar a respostas sem respeito pelo princípio da equidistância ou desencadear protestos dos participantes. Como já atrás ficou dito, **os itens de frequência deverão, sempre que possível, apresentar todos os níveis da escala definidos com precisão.** Isto pode revelar-se difícil quando é necessário incluir uma série de itens de frequência com o mesmo formato. Aqui, diferenças na frequência esperada dos comportamentos podem tornar impossível o uso das mesmas descrições em todos os itens. Por outro lado, utilizar definições diferentes de item para item pode facilmente levar os respondentes a cometerem erros. De qualquer modo, se se considerar necessário obter informações detalhadas sobre a frequência dos comportamentos, haverá que fazê-lo, chamando a atenção, se necessário, para as diferenças nas escalas. **Se, no entanto, o objectivo for apenas o de obter uma avaliação da impressão subjectiva mais ou menos vaga que a pessoa tem sobre a frequência do com-**

---

[31] A distinção entre veracidade e concordância pode parecer trivial, mas os itens que exigem avaliações de veracidade dirigem-se essencialmente às *crenças* do indivíduo, enquanto que os que avaliam a concordância se podem dirigir às suas *opiniões* sobre temas nos quais o conceito de verdade não é aplicável, como é o caso daqueles que envolvem juízos de valor.

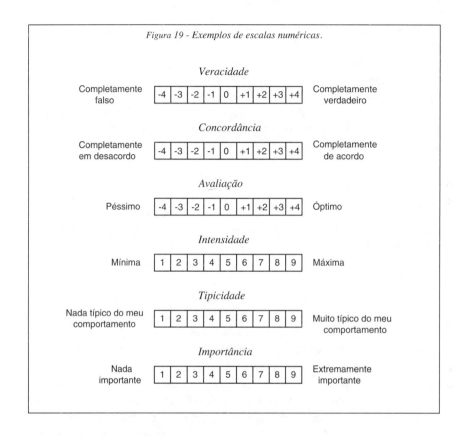

Figura 19 - Exemplos de escalas numéricas.

portamento, é admissível utilizar uma escala referenciada com advérbios de frequência (e.g., "Nunca / Raramente / Por vezes / Muitas vezes / / Sempre") **ou, talvez melhor ainda, considerar a possibilidade de substituir o julgamento de frequência por um julgamento de concordância** (com uma afirmação de que o comportamento é frequente, ou de que é raro) **ou de tipicidade** (em muitos casos, o julgamento de frequência é utilizado como forma de avaliar em que medida o indivíduo considera o comportamento como estando associado à sua representação de si próprio; nestes casos, um julgamento de tipicidade representará mais fielmente aquilo que o investigador pretende saber, sem as dificuldades das avaliações de frequência).

Uma outra questão que muitas vezes se coloca a propósito do formato dos itens prende-se com a utilização de escalas unipolares ou bipolares. A questão aqui é apenas a da posição do ponto zero: se

190 *Questionários: Teoria e prática*

estiver colocado num dos extremos da escala, esta é considerada unipolar; se estiver colocado ao centro, será bipolar. É evidente que a escolha depende em grande medida daquilo que está a ser avaliado. **Julgamentos de frequência, intensidade, tipicidade e importância implicam geralmente escalas unipolares,** uma vez que a variação destas dimensões se dá entre um ponto em que são nulas até um ponto em que a sua grandeza é máxima. **De modo semelhante, julgamentos de concordância e avaliação implicam geralmente escalas bipolares,** uma vez que variam entre um ponto de máxima concordância (ou de avaliação positiva máxima) até um ponto de máxima discordância (ou de avaliação negativa máxima), passando por um ponto central no qual a posição do indivíduo será neutra. **A veracidade é uma dimensão que levanta dúvidas sobre a sua classificação neste aspecto, e ambas as alternativas parecem aceitáveis.**

Quanto às consequências desta diferença para a elaboração das escalas de resposta aos itens, algumas referências apenas. No caso de se utilizarem escalas numéricas, as únicas implicações prendem-se com a escolha das definições para os extremos das escalas e com a atribuição de valores numéricos aos sucessivos pontos. Não havendo, em princípio, dificuldades com o primeiro aspecto, haverá, quanto ao segundo, que referir **duas formas diferentes de fazer a atribuição dos números nas escalas bipolares. A primeira segue a ideia base da escala bipolar, atribuindo o valor zero ao ponto neutro, valores numéricos positivos (+1, +2, +3, etc) aos sucessivos graus de concordância ou avaliação positiva e valores numéricos negativos (-1, -2, -3, etc) aos sucessivos graus de discordância ou avaliação negativa. A segunda utiliza uma simples sequência de números inteiros positivos, começando em 0 ou 1 (1, 2, 3, 4, etc; ver exemplos na Figura 19). A primeira forma apresenta a importante vantagem de, por corresponder à ideia de bipolaridade, poder ajudar os participantes a compreender a natureza da tarefa que lhes é pedida em cada item, enquanto a segunda forma os pode confundir ou mesmo atrapalhar na sua resposta. Além disso, a interpretação das medidas de tendência central, como a média, por exemplo, torna-se mais fácil e intuitiva quando as escalas são do primeiro tipo. Por outro lado, a utilização de uma simples sequência de números positivos facilita o registo informático dos dados,** pois permite reduzir o número de teclas que é necessário pressionar. Esta simplificação proporciona um ganho de tempo que pode ser significativo. Para além disso, quanto mais se conseguir simplificar o registo dos dados, menor será a probabilidade de se

A *elaboração do questionário* 191

cometerem erros nesse trabalho. As vantagens e inconvenientes de cada opção devem ser pesadas caso a caso, mas **a minha opinião é a de que, seguindo o princípio geral de que se deve começar por facilitar ao máximo a tarefa do respondente e só depois a do investigador, a primeira forma (números positivos e negativos) constitui quase sempre a melhor opção quando as escalas são bipolares.** Uma eventual terceira alternativa, de não incluir quaisquer números, não me parece justificar-se, pois não simplifica a tarefa do participante nem a de quem regista os dados.

No caso das escalas referenciadas, o único cuidado relevante será, no caso das escalas bipolares, o de manter a simetria entre as definições dos pontos positivos e negativos. Assim, se o extremo positivo for definido como "Completamente de acordo" o negativo deverá ser "Completamente em desacordo", pois só assim se reflectirá o princípio que preside à elaboração de escalas bipolares. Como é óbvio, este procedimento torna ainda mais recomendável o uso de números positivos e negativos acompanhando os pontos da escala, pois só assim as definições verbais serão coerentes com as numéricas.

Itens constituídos apenas pelas alternativas

Já atrás foram referidas algumas situações nas quais cada nível da escala de avaliação é definido com tanta especificidade que se torna desnecessário incluir uma afirmação como base para o item. Trata-se sobretudo daqueles casos em que os sucessivos níveis da variável que se pretende medir se manifestam por comportamentos qualitativamente diferentes, como foi ilustrado no exemplo da página 187. Em princípio, este tipo de itens não coloca problemas particulares, para além dos já referidos a propósito das escalas referenciadas. A única desvantagem que apresentam prende-se com a extensão do conteúdo do item. Como é natural, o número de palavras que compõem um item é bastante maior quando cada uma das alternativas de resposta é definida com algum detalhe do que quando apenas existe uma afirmação de base acompanhada de uma escala de avaliação cujos pontos serão definidos por duas ou três palavras. Este aumento do conteúdo verbal implica mais trabalho na sua elaboração por parte do investigador, maior demora por parte dos inquiridos no seu preenchimento, sobretudo em amostras com maiores dificuldades na leitura, e maior espaço de actuação para possíveis factores estranhos infiltrados na formulação do item.

Assim, será importante verificar a possibilidade de dar ao item um formato mais tradicional (de escala numérica ou referenciada). Em muitos casos, a definição das sucessivas opções mais não faz do que descrever diferentes níveis quantitativos de uma dada dimensão, pelo que a transformação não será difícil. Noutras situações, porém, a transformação não será possível sem comprometer a qualidade dos itens. Isso pode acontecer, por exemplo, se não for possível encontrar um formato e uma dimensão de avaliação comum para todos os itens, ou se as diferenças entre os níveis forem, de facto, qualitativas. Em qualquer dos casos, deverá tratar-se de situações raras mas, quando efectivamente se coloquem, a utilização de itens deste tipo não deverá ser causa de problemas.

O número de níveis nas escalas de avaliação

Outra questão que frequentemente se coloca aos autores de questionários é o do número de pontos ou níveis que as escalas de avaliação deverão conter. O número de cinco é o mais comum, sobretudo por razões históricas e para as escalas referenciadas. Acontece que, na apresentação inicial do modelo de Likert, os itens tinham escalas de cinco pontos, pelo que o seu uso se tornou habitual entre os utilizadores subsequentes do modelo, sem que estivesse baseado em qualquer avaliação empírica das suas vantagens e inconvenientes. O uso de escalas de cinco pontos tornou-se de tal forma generalizado, que muitos se pretendem referir, quando falam em "escalas de Likert", a escalas de avaliação com cinco pontos e não a conjuntos de itens cujo resultado global é obtido por adição.

O segundo motivo para o predomínio das escalas de cinco pontos tem a ver com a já referida escassez de expressões verbais referentes a quantidade, potencialmente utilizáveis para definir os sucessivos níveis de uma escala referenciada. Cinco níveis parece ser o número máximo que se consegue definir através de expressões verbais aproximadamente equidistantes e sem um número demasiado grande de palavras. O predomínio das escalas referenciadas é, por isso, em parte responsável pelo predomínio das escalas de cinco pontos.

Ficou acima dito que o formato dicotómico não era recomendável, devido ao seu fraco poder discriminativo e consequente escassez de informação gerada. Em termos puramente matemáticos, a quantidade de informação fornecida por uma escala (item) será tanto maior quanto maior o número de níveis que a compõem. Esta relação, no entanto, é negativa-

A elaboração do questionário

mente acelerada, ou seja, o ganho de informação obtido ao adicionar mais um ponto à escala será tanto menor quanto maior o número de pontos que ela continha à partida. Por outras palavras, a partir de certa altura a vantagem em prolongar ainda mais a escala será quase nula. Por outro lado, há que considerar que um número demasiado grande de pontos pode confundir ou despertar outro tipo de reacções negativas nos respondentes, além de complicar também a tarefa de registo de dados. Haverá, portanto, que procurar um compromisso.

Os poucos estudos realizados sobre este assunto parecem caracterizar-se por uma certa inconsistência, que se extende às próprias revisões da literatura. Por exemplo, Foddy (1993, pp. 164-166) concluiu, a partir de alguns estudos publicados, que cinco pontos constituem um número insuficiente, dado que o seu aumento permite ainda obter ganhos relevantes em termos das qualidades métricas dos instrumentos. Pelo contrário, Matell e Jacoby (1972) concluíram que o número de pontos nas escalas não tem qualquer efeito na qualidade dos resultados, enquanto que o estudo de simulação apresentado por Lissitz e Green (1975) concluiu que a precisão aumenta de forma nítida até 5 pontos, sendo os ganhos a partir daí quase insignificantes. Assim, parece prudente concluir que cinco pontos será um número mínimo aconselhável e que não haverá grande vantagem em utilizar escalas com mais do que nove pontos.

No caso das escalas numéricas, o número de pontos não coloca quaisquer dificuldades, uma vez que, sendo apenas os extremos a serem definidos verbalmente, o aumento da escala apenas implica um pouco mais de trabalho a nível gráfico. Nas escalas referenciadas, o problema é bastante mais difícil, uma vez que raramente é possível encontrar expressões que permitam definir mais do que cinco níveis. Uma possibilidade seria a de usar as expressões apenas para definir os níveis ímpares (e.g., 1, 3, 5, 7 e 9) e intercalar níveis não definidos, mas este formato é pouco comum, sendo as suas propriedades mal conhecidas, além de que pode suscitar dúvidas nos respondentes (e.g., "Só se podem escolher os níveis que estão definidos? O que querem dizer os outros?", etc), o que poderia reduzir o seu empenho e/ou obrigar a estender e complexificar as instruções. De qualquer modo, esta parece ser uma questão pouco importante, uma vez que vimos já que as escalas referenciadas não parecem apresentar vantagens quando aquilo que se pede aos inquiridos são avaliações subjectivas de qualidades abstractas. Quando, por outro lado, as respostas têm um referencial objectivo e é importante que cada nível da escala seja definido com rigor, não haverá, em princípio, problemas em encontar definições suficientemente precisas para assegurar uma boa capacidade discriminativa.

Há, no entanto, que considerar, como factores limitativos do número de níveis, a complexidade que o acumular de um grande número de definições muito precisas acarreta e a capacidade dos respondentes para recordar e agregar a informação necessária. Não faria sentido, por exemplo, incluir no item sobre a frequência de uso do cinto de segurança (página 157), 22 níveis correspondendo a intervalos de 5%, mais as alternativas "Nunca" e "Sempre" ("Nunca"; "Às vezes, mas menos de 5% das vezes"; "5% ou mais, mas menos de 10% das vezes", etc). Embora fosse, em princípio, possível responder a este item, isso iria implicar certamente um registo escrito das ocorrências do comportamento, uma vez que não é crível que apenas com recurso à memória se consiga atingir tamanha precisão. Para além disso, seria possível questionar se um grau tão elevado de precisão teria alguma vantagem substancial em termos das conclusões do estudo, sobretudo tendo em conta as previsíveis reacções negativas dos participantes.

Como conclusão geral, podemos apontar um valor entre cinco e nove como o mais indicado para o número de pontos a considerar numa escala de avaliação referente a uma dimensão subjectiva e relativamente abstracta, sendo que, para o caso das escalas referenciadas, é difícil encontrar mais do que cinco definições com intervalos aproximadamente iguais entre si. No caso de dimensões com referenciais concretos, o número de níveis deve resultar de um compromisso entre a exactidão da medida e a sua simplicidade para os respondentes.

Neste caso, como em muitos outros, porém, é importante não tomar estas indicações como regras absolutas, mas sim como referências que levam a compromissos razoáveis na maior parte dos casos. Muitas situações existem nas quais as características peculiares do fenómeno a avaliar tornam aconselhável o recurso a escalas com números de pontos superiores ou inferiores aos sugeridos aqui. O bom senso e a capacidade de julgamento do investigador não devem nunca ser adormecidos pelo conformismo irreflectido perante regras rígidas. Um exemplo poderá ajudar a clarificar este aspecto: há alguns anos atrás, desenvolvi um questionário destinado a avaliar a percepção que os indivíduos têm das alterações corporais (fisiológicas) que apresentam em situações emocionais (Moreira, 1990). Na linha de outros instrumentos destinados à utilização em terapia comportamental, este questionário apresentava-se em quatro formas diferentes: duas solicitando a auto-avaliação das reacções fisiológicas que

A elaboração do questionário

acompanham emoções específicas (ansiedade e ira), uma destinada a obter os mesmos dados, mas em relação a qualquer situação que o investigador ou o terapeuta julgassem conveniente (o espaço para a especificação da situação era deixado em branco, para ser preenchido pelo utilizador) e, finalmente, uma destinada a ser aplicada "ao vivo", ou seja, em que o participante ou cliente avaliava a intensidade das suas reacções fisiológicas não numa qualquer situação que lhe era pedido que recordasse, mas sim no próprio momento em que preenchia a escala. A inclusão desta última forma deveu-se ao facto de a informação recolhida na própria situação ter geralmente uma maior validade, por não estar sujeita às distorções da memória, mas também à sua potencial utilidade em vários tipos de intervenções na terapia comportamental.

Foi precisamente a sua utilização neste contexto que levou a uma alteração entre a primeira e a segunda versão do questionário. Ao preencher repetidamente a escala durante uma sessão de exposição ao vivo a uma situação geradora de ansiedade (viagem de Metropolitano), um cliente em terapia queixou-se de que o número de níveis na escala (na altura, cinco) não lhe permitia registar com rigor as pequenas flutuações que observava na intensidade das diferentes reacções com o passar do tempo. Uma vez que o registo dessas flutuações é potencialmente útil, quer em termos clínicos, quer de investigação, o número de pontos em cada escala foi aumentado para nove na segunda versão do instrumento. O acumular de experiência na utilização da escala, no entanto, poderá vir a aconselhar o uso de um número ainda maior.

Repare-se como, neste caso, o problema da capacidade discriminativa se coloca de modo diferente do habitual, uma vez que aquilo que é pedido é um julgamento relativo e não absoluto. Uma das razões apontadas com alguma frequência para o não uso de itens com um número elevado de níveis de avaliação prende-se com o pressuposto de que, na generalidade dos casos, não é possível aos seres humanos discriminar mais do que 7 (mais ou menos 2) níveis (G. A. Miller, 1956). Essa razão tem levado alguns autores a recomendar o uso de escalas com um número de pontos situado nessa faixa, sugestão que, aliás, coincide com a que atrás apresentei. Porém, há que ter em conta não só que o número de níveis que os indivíduos são capazes de discriminar varia de modo acentuado com a modalidade sensorial envolvida e com outros aspectos da tarefa, mas também que a capacidade de discriminação é completamente diferente consoante seja pedido um julgamento absoluto ou relativo (comparação de duas intensidades). Neste último caso, a avaliação é muito mais precisa, e

196   *Questionários: Teoria e prática*

ainda mais se o respondente puder dispor de vários padrões de compa-ração. **Será, portanto, possível utilizar escalas com mais do que nove níveis, sempre que tal se revelar útil, o que acontecerá naqueles casos em que a natureza da tarefa pedida aos respondentes for de molde a facilitar a obtenção de discriminações finas.**

Um aparte: As escalas ipsativas

Antes de dar por concluída a discussão sobre o formato dos itens, é importante referir uma variedade por vezes utilizada em alguns questio-nários e à qual são atribuídas vantagens em determinadas situações: os itens (ou, mais propriamente, as escalas) de tipo ipsativo. **Este tipo de medidas caracterizam-se pelo facto de um mesmo item ser contabi-lizado no cálculo do resultado de mais do que uma escala.** Um exemplo poderá ajudar a compreender melhor do que se trata. Suponhamos que um investigador pretende construir um questionário com cinco escalas, desti-nadas a avaliar cinco dimensões da personalidade. Elabora um conjunto de itens, cada um dos quais com cinco opções de resposta, correspondentes às cinco escalas. O resultado em cada escala será dado pelo número de itens nos quais o indivíduo escolheu a opção correspondente a essa escala. Uma situação semelhante ocorreria se fosse pedido aos respondentes que ordenassem as cinco opções em termos de preferência e fossem depois somados os números correspondentes às várias ordenações.

Este tipo de medidas apresenta um conjunto de propriedades mate-máticas que é essencial levar em conta. Para começar, é óbvio que **a soma dos resultados de todas as escalas será sempre o mesmo** e, no caso de em cada item o respondente ter de optar por uma das dimensões, será igual ao número de itens. **Por isso, qualquer aumento no resultado de uma escala terá obrigatoriamente como consequência uma diminuição no resultado de uma ou mais das restantes escalas. Por outras palavras, existe uma interdependência entre os resultados das diferentes esca-las,** que resulta do facto de, logo ao nível do item, a opção por qualquer uma das dimensões implicar a recusa de outras. **Uma consequência desta interdependência é o surgimento sistemático de correlações negativas entre as escalas.** Suponhamos o caso mais simples, em que as escalas são apenas duas (A e B). Sendo a soma das duas escalas sempre igual a uma constante ($A + B = k$), existirá uma relação inversa entre os seus resultados ($A = k - B$) e a sua correlação será sempre igual a -1, qualquer que seja a

A elaboração do questionário

correlação real existente entre as variáveis subjacentes. Conforme o número de variáveis (escalas) aumenta, a correlação tende a assumir valores mais próximos de zero, tendendo a sua média para um limite dado por

$$ r = \frac{-1}{m-1} \tag{20} $$

sendo m o número de escalas. **Estas restrições impostas aos valores das correlações tornam as medidas ipsativas inúteis na avaliação empírica das relações existentes entre as variáveis medidas,** uma vez que os resultados obtidos não oferecem garantias de corresponder à realidade.

Uma outra importante limitação diz respeito à possibilidade de comparar os resultados de diferentes indivíduos ou grupos. **Uma vez que a soma (e a média) dos resultados obtidos no conjunto das escalas é o mesmo para todos os indivíduos, as medidas ipsativas eliminam toda a informação relativa a um aspecto essencial das diferenças individuais: o nível global de cada indivíduo no conjunto das escalas. Os resultados obtidos apenas se referem a diferenças intraindividuais, tomando como base de comparação o nível médio do indivíduo.** Deste modo, não é possível afirmar que um mesmo resultado obtido numa escala por duas pessoas diferentes implica que essas pessoas se situam ao mesmo nível da variável subjacente, pois haveria que tomar em conta os resultados obtidos em todas as outras escalas incluídas no questionário. **Os resultados fornecidos pelas medidas ipsativas não podem, por isso, ser interpretados em termos de diferenças interindividuais no sentido habitual.** Qualquer interpretação dos resultados destas escalas tem de levar em conta que elas se referem a diferenças entre a escala em apreço e o nível geral obtido para o indivíduo no conjunto de todas as escalas. Esta constatação afecta todos os tipos de utilizações dos resultados, como sejam a comparação de grupos de indivíduos e o cálculo de correlações entre as escalas e outras variáveis (nomeadamente, para o estudo da sua validade). **Uma diferença significativa entre as médias de dois grupos, por exemplo, não pode ser entendida como significando que um dos grupos tem um nível mais elevado do que o outro na variável. A interpretação correcta seria a de considerar que, nesse grupo, a posição relativa dessa variável, dentro do conjunto de variáveis avaliadas, é mais elevada em média do que no outro grupo.** Mesmo um procedimento tão comum como o estabelecimento de normas através de percentis

198   *Questionários: Teoria e prática*

levanta questões complexas em termos do seu significado real. (Para uma discussão mais detalhada destas questões, ver Hicks, 1970.) **O cálculo da precisão apresenta também importantes problemas, havendo dados que demonstram que o uso de medidas ipsativas resulta numa sobrestimação da consistência interna das escalas** (nível médio da correlação entre os itens), sobretudo se uma ou mais escalas incluídas no questionário apresentarem uma consistência elevada (Tenopyr, 1988).

O exemplo proposto, bem como a exposição das propriedades matemáticas das escalas, teve como referência as chamadas escalas *puramente ipsativas*. Na maior parte dos casos, porém, não se pode considerar que as medidas sejam senão *parcialmente ipsativas*. São assim denominados todos os instrumentos nos quais um aumento no resultado de uma variável pode implicar uma diminuição no resultado de outra ou outras variáveis (e vice-versa, como é natural). Uma medida será puramente ipsativa se essa diminuição ocorrer em todos os casos e se der exactamente na mesma medida do aumento verificado, mantendo a soma dos resultados sempre constante[32]. A ipsatividade parcial ocorrerá quando, num questionário que inclua itens num formato ipsativo, (a) os respondentes podem escolher ou ordenar diferentes números de alternativas no mesmo item; (b) nem todas as alternativas escolhidas ou ordenadas pelos respondente são consideradas no cálculo dos resultados; (c) as escalas são cotadas de forma diferente para diferentes pessoas, ou são referidas a normas diferentes consoante os grupos de indivíduos (ver Capítulo 7); (d) as diferentes alternativas são cotadas com diferentes pesos; (e) uma ou mais escalas são eliminadas antes de os resultados serem analisados; (f) o questionário contém partes não ipsativas (baseado em Hicks, 1970, com modificações). O grau de ipsatividade das medidas pode mesmo ser avaliado, encontrando-se no artigo de Hicks sugestões nesse sentido.

O uso continuado dos métodos ipsativos, apesar das suas evidentes desvantagens, pode ser explicado a partir da preocupação em evitar alguns tipos de tendências ou estilos de resposta supostamente responsáveis por uma diminuição da validade dos resultados. Irei referir-me a esses estilos de resposta na parte final deste capítulo, mas uma

---

[32] Este critério de ipsatividade parcial difere do de Hicks (1970), que propõe que a diminuição ocorre obrigatoriamente em todos os casos. É, no entanto, óbvio que, em algumas das condições indicadas mais adiante como dando origem a medidas parcialmente ipsativas (nomeadamente *a*, *b*, *e* e *f*), a diminuição não se verificará senão numa certa proporção de casos.

A elaboração do questionário

breve referência aqui ajudará a clarificar a questão. Suponhamos que se pretende avaliar em que medida os indivíduos consideram importantes diferentes valores (e.g., honestidade, generosidade, lealdade, etc) fortemente sancionados pela sociedade. Se juntarmos simplesmente a cada valor uma escala na qual se pede ao participante que avalie a importância que lhe atribui, poderá haver razão para recear que quase todas as pessoas atribuam uma importância muito elevada (talvez mesmo o grau máximo) a quase todos os valores, o que resultará numa reduzida capacidade para detectar diferenças entre os indivíduos neste aspecto. Um grau mais elevado de diferenciação poderia ser obtido pedindo aos respondentes que ordenassem os diversos valores, obrigando-os assim a assumir uma posição mais discriminativa face a estes. Vantagens do mesmo tipo poderiam ser obtidas nos casos em que se suspeitasse que os indivíduos poderiam assumir uma atitude neutra ou negativa face à generalidade dos itens. Esta é uma preocupação frequente, sobretudo no caso dos inventários de interesses e valores, o que leva mesmo autores conceituados (e.g., Cronbach, 1990, pp. 469-470) a inclinar-se para o uso de medidas ipsativas nestes casos. O facto de estes instrumentos se destinarem geralmente ao uso em Orientação Escolar e Profissional ou outras formas de aconselhamento individual, torna as características do modelo ipsativo (centração nas diferenças intraindividuais) ainda mais atractivas, ao mesmo tempo que torna menos relevante a impossibilidade de comparações interindividuais ou intergrupais.

O uso de qualquer tipo de modelo, no entanto, só poderá ser legitimado através de demonstrações empíricas das suas vantagens, quando comparado com modelos alternativos, e não apenas com base em crenças intuitivas ou em opiniões de autoridades reputadas. Neste aspecto, as medidas ipsativas parecem ter pouco que as recomende. Veremos mais adiante como a influência dos estilos de resposta sobre os resultados dos questionários tem sido, aparentemente, sobrestimada. A revisão de literatura efectuada por Hicks (1970), por seu turno, permitiu concluir que **os instrumentos de tipo ipsativo ou parcialmente ipsativo não apresentam qualquer tendência para níveis de validade superiores aos dos instrumentos construídos com base no modelo interactivo (o modelo aditivo não ipsativo, ou seja, em que as respostas às diferentes escalas são independentes).** Uma possível razão subjacente a este resultado é a de que as propriedades matemáticas dos dados ipsativos, nomeadamente no aspecto da restrição dos valores das correlações com outras medidas, anulam quaisquer vantagens que poderiam advir do eventual controlo de tendências indesejáveis de resposta.

Em conclusão, pode dizer-se que o recurso a medidas ipsativas não é recomendável, devido às inúmeras desvantagens que apresentam, a não ser naqueles casos em que seja demonstrado que o seu uso permite obter resultados de qualidade superior (nomeadamente, em termos de validade). Em princípio, esta demonstração só será possível em contextos nos quais os estilos de resposta exerçam uma influência considerável sobre os resultados. Somente nestas situações poderá fazer algum sentido pôr em confronto instrumentos ipsativos e não ipsativos, avaliando comparativamente as suas qualidades. Se não houver condições ou interesse em realizar este tipo de comparação, o recurso a medidas não ipsativas deve ser preferido, sobretudo se se pretender interpretar os resultados como reflectindo diferenças interindividuais.

Uma palavra final apenas, para alertar para os perigos da "ipsatividade implícita". É frequente, como forma de tentar controlar certos tipos de tendência de resposta, a inclusão de itens cuja forma de cotação é inversa daquela que poderia ser considerada "normal". Por exemplo, se se pretende medir a atitude face a um determinado objecto social, é comum incluir tanto itens com conteúdos favoráveis como itens com conteúdos desfavoráveis, sendo os segundos considerados com sinal negativo para a obtenção do resultado global. Note-se que isto pressupõe a existência de uma correlação negativa entre as opiniões favoráveis e as desfavoráveis ou, mais ainda, que umas e outras representam pólos opostos do mesmo contínuo e são, por isso, incompatíveis. O mesmo tipo de pressupostos é ainda mais evidente em instrumentos como a escala de locus de controlo de Rotter (Palenzuela, 1988; ver também Barros, Barros e Neto, 1993), em que os itens, dicotómicos, são constituídos por duas alternativas, uma correspondendo a um locus de controlo interno, a outra a um locus de controlo externo. O carácter ipsativo da medida é bastante visível mas, uma vez que o pressuposto é o de que se trata de uma única dimensão e a escala fornece um único resultado numérico, isso não é considerado como um problema.

Onde o problema se pode situar é no postulado de que os dois tipos de locus de controlo constituem extremos opostos de um mesmo contínuo e não dimensões independentes. Este postulado poderia ser posto à prova construindo escalas independentes para o locus de controlo interno e externo e examinando a sua correlação. Mas, uma vez que a escala construída é ipsativa (o respondente opta, em cada item, por um locus de controlo externo ou interno), a correlação entre as duas variáveis, se fossem calculadas separadamente, seria sempre de -1. Trata-se, claramente, de um caso de condicionamento artificial da possível correlação entre as variáveis, devido ao carácter ipsativo dos itens. Este facto não é anulado por se tratar de uma situação produzida intencionalmente pelo investigador.

O mesmo problema se coloca na medição das atitudes e de outras variáveis supostamente bipolares. É hoje claramente sabido, por exemplo, que, nas medidas de personalidade, aquelas que se referem à emocionalidade positiva não constituem o reverso das de emocionalidade negativa. Por outras palavras, o bem-estar e o mal-estar não têm uma relação exactamente inversa, mas são parcialmente independentes[33]. Este é um aspecto importante a ter em conta, por exemplo, quando se constroem questionários para avaliar a depressão: itens referentes à sensação de bem-estar não devem ser simplesmente considerados como medindo a ausência de depressão (e.g., Diener, Smith e Fujita, 1995; Gotlib e Meyer, 1986). Mas também no caso das atitudes este aspecto é importante. Tradicionalmente, a atitude é considerada como uma dimensão bipolar, que se estende entre um extremo positivo e um negativo. Recentemente, porém, tem sido defendido que talvez seja preferível conceptualizá-la como sendo constituída por duas dimensões, uma referente aos sentimentos negativos, outra aos positivos. Estas duas dimensões, embora possam ter entre si uma correlação negativa (variável consoante os casos), são suficientemente independentes para que seja vantajoso considerá-las em separado. Esta ideia é confirmada pela existência de pessoas que não têm nenhuma atitude (positiva ou negativa) face ao objecto em causa (por exemplo, porque nunca lhe atribuíram grande importância ou, simplesmente, não o conhecem) e de outras que, tendo uma atitude marcada, misturam sentimentos positivos e negativos face ao mesmo objecto (o que torna impossível atribuir-lhes uma posição no sector favorável ou no desfavorável). A capacidade de discriminar entre estes dois tipos de situações constitui uma importante vantagem da concepção bidimensional das atitudes. Outra será a possibilidade de examinar as relações existentes entre os sentimentos positivos e negativos, identificando as situações nos quais se inibem ou não mutuamente, por exemplo, ou, ainda, de verificar se exercem ou não diferentes

---

[33] Na realidade, esta questão é bastante complexa, levantando problemas, quer de natureza teórica, quer de natureza metodológica e psicométrica, que seria descabido aprofundar aqui. Uma excelente fonte é o conjunto de artigos publicados em 1999 no *Journal of Personality and Social Psychology* e no *Psychological Bulletin* (Cacioppo, Gardner e Berntson, 1999; Diener, 1999; Green, Salovey e Truax, 1999; Russell e Carroll, 1999; Russell e Feldman Barrett, 1999; Watson e Tellegen, 1999; Watson, Wiese, Vaidya e Tellegen, 1999).

202 *Questionários: Teoria e prática*

efeitos sobre o comportamento (Cacioppo e Berntson, 1994; Cacioppo, Gardner e Berntson, 1997).

Em suma, quando se utilizarem numa mesma escala itens medindo aquilo que se postula serem pólos opostos de uma mesma dimensão, será prudente colocar à prova essa unidimensionalidade. As estratégias a utilizar para esse fim serão apresentadas e discutidas nos próximos capítulos.

As instruções

Para além dos itens, os questionários incluem sempre um conjunto de instruções, nas quais se pretende, além de esclarecer sobre o procedimento a usar na resposta, introduzir outros elementos, destinados a tentar melhorar a qualidade dos dados obtidos e que veremos em detalhe mais adiante. **As instruções são normalmente divididas em dois grandes blocos,** pelo que há que decidir cuidadosamente em qual deles deverá ser incluído cada conteúdo. **O primeiro bloco é apresentado oralmente pela pessoa que aplica o questionário ou, no caso de um questionário enviado pelo correio, é incluído numa carta de apresentação enviada juntamente com este. Pretende-se com este primeiro bloco motivar os participantes para uma participação conscienciosa e, eventualmente, fornecer linhas de orientação gerais para as suas respostas. Por vezes, alguns aspectos particularmente importantes no preenchimento do questionário podem ser também enfatizados aqui. O segundo bloco é incluído no próprio questionário, podendo ou não ser lido em voz alta pela pessoa que efectua a aplicação. Inclui, em geral, indicações mais específicas sobre a forma de responder aos itens.**

Vejamos então em maior detalhe os elementos geralmente incluídos nas instruções, juntamente com os objectivos a alcançar com cada um deles. **O primeiro elemento é quase sempre constituído pela apresentação do investigador e/ou do estudo que este está a realizar,** com o que se pretende não só cumprir uma regra social básica, como também transmitir uma ideia de importância e credibilidade, que motive os inquiridos a participar e a fazê-lo de forma cuidadosa. Como é óbvio, poderá haver interesse em referir a formação do investigador, a sua filiação institucional, o objectivo final do estudo (e.g., obtenção de grau académico, desenvolvimento de um programa de intervenção, etc) ou outros elementos relevantes, tendo sempre em conta que o objectivo é o de persuadir os

A elaboração do questionário

participantes da seriedade do estudo e das qualificações do investigador, sem cair em exageros de auto-elogio que poderiam ser contraproducentes.

Um segundo elemento, ligado a este, refere-se ao tipo de informação que se pretende recolher e ao seu uso futuro. Como é óbvio, não se trata de proferir uma palestra sobre a fundamentação do estudo, mas apenas de referir sinteticamente as questões a que se espera que o estudo responda, ou então apenas a área temática em que se situa (e.g., conhecer as razões a que os professores atribuem o sucesso ou insucesso escolar). De novo, a redacção deste componente das instruções deve seguir um princípio de bom senso e adaptar-se às situações concretas, tendo sempre em conta a sua dupla função: motivar os inquiridos para uma participação sincera e empenhada, persuadindo-os da importância da questão em estudo e da capacidade do investigador, e fornecer-lhes um quadro de referência para as suas respostas, de modo a que, mais claramente informados sobre o tipo de informação que se pretende recolher, possam fornecer respostas mais relevantes.

É precisamente neste aspecto que alguns autores divergem, afirmando que, ao explicar aos participantes o objectivo do estudo, se lhes dá a possibilidade de enviesarem as suas respostas de modo a produzirem uma imagem de si próprios que considerem mais favorável. Já atrás referi algumas das razões pelas quais me parece mais recomendável ser razoavelmente honesto neste capítulo, mas não deixarei de voltar a referir aqui o que me parece mais relevante. **Em primeiro lugar, não se me afigura credível que, na maior parte das situações, com questionários anónimos e referentes a temas pouco ameaçadores, exista da parte dos respondentes uma tendência generalizada para o enviesamento das respostas. Em segundo lugar, a não referência ao objectivo do estudo não oferece qualquer garantia contra esse tipo de tendência. Se os participantes não forem informados sobre a razão pela qual lhes são colocadas semelhantes perguntas, entrarão certamente em conjecturas sobre o assunto e poderão, por si próprios, chegar a uma hipótese quanto aos objectivos do investigador. Os efeitos de um enviesamento das respostas feito em função dessa hipótese (em muitos casos absolutamente mirabolante) poderá ter efeitos ainda mais negativos. Há, por outro lado, que considerar que a recusa em esclarecer os objectivos do estudo pode provocar desconfiança em algumas pessoas e levá-las a assumir um estilo ainda mais defensivo de resposta. Finalmente, a não revelação do objectivo da recolha de informação pode ser considerado como uma violação da norma ética**

do "**consentimento informado**", segundo a qual é imprescindível, em qualquer estudo com participantes humanos, não só obter o consentimento expresso destes antes de recolher qualquer informação sobre eles, mas também assegurar que esse consentimento seja concedido com base numa informação completa e rigorosa sobre todos os aspectos do estudo que possam ser considerados relevantes para a decisão do indivíduo em participar ou não (American Psychological Association [APA], 1992, particularmente Standards 6.11 a 6.13). Embora se considere, por vezes, que a questão do consentimento informado não é relevante no caso de questionários anónimos, a minha opinião é a de que é preferível seguir a norma geral, a menos que existam razões concretas e específicas para não o fazer. **Por isso, a regra deve ser o fornecimento de uma informação rigorosa, apresentada de forma a poder ser compreendida pelos participantes** e que permita, além dos objectivos anteriormente mencionados, resolver a questão do consentimento informado. Se, por qualquer razão, não for possível seguir esta norma, esse facto e as razões que lhe estiveram subjacentes devem ser apresentadas no relatório da investigação.

Um terceiro elemento visa sobretudo afastar receios e assegurar a confiança e colaboração dos respondentes. Frequentemente incluídas neste bloco são as referências ao anonimato ou confidencialidade das respostas (que, embora sejam muitas vezes incluídas nas instruções escritas constantes do questionário, devem ser enfatizadas pessoalmente pelo investigador), chamadas de atenção para perguntas mais delicadas ou sujeitas a desejabilidade social e para a necssidade de lhes responder com sinceridade, referências à importância da colaboração dos respondentes e à disponibilidade do investigador para responder a quaisquer questões, antes, durante ou após o preenchimento do questionário.

Finalmente, um último bloco é, por vezes, necessário para alertar para aspectos específicos do procedimento que não são referidos nas instruções escritas incluídas nos questionários, ou que se considera necessário enfatizar particularmente. Pode ser o caso dos itens sem resposta, cuja presença pode obrigar a excluir da análise todos os dados fornecidos pelo participante.

Seguidamente, passar-se-á à leitura das instruções no questionário propriamente dito. No caso de se tratar de crianças, adolescentes ou pessoas que possam ter dificuldades na leitura, é de toda a conveniência que esta seja feita em voz alta pelo investigador. Noutras situações, esse cuidado não é geralmente necessário, podendo representar uma perda de tempo ou revelar-se irritante para os inquiridos.

Estas instruções deverão ser relativamente breves e incidir sobretudo nos aspectos concretos do procedimento a seguir na resposta. Alguns elementos entre os mais frequentemente incluídos são: **(a)** uma breve referência àquilo que se pretende medir com o questionário, que deve ser concordante com a apresentação feita anteriormente pelo investigador, embora certamente mais breve; **(b)** um enquadramento temporal ou contextual da informação pretendida (e.g., "responda tendo em consideração a última semana", ou "refira-se apenas a pessoas que conheça há mais de 6 meses"); **(c)** instruções específicas sobre como preencher o questionário (e.g., "faça uma cruz no quadrado correspondente à sua escolha, de acordo com a escala colocada à direita de cada frase"), fornecendo eventualmente um exemplo; **(d)** indicação do que fazer em caso de erro ou mudança de escolha (e.g., "risque a cruz de forma a preencher todo o quadrado e faça outra no local pretendido"); **(e)** chamada de atenção para aspectos que mereçam cuidados especiais (e.g., "Note que na 1ª Parte deverá assinalar uma só alternativa em cada questão, enquanto na 2ª Parte poderá assinalar todas as alternativas que se apliquem a si"), sendo a importância de não deixar itens por responder, se tal for exigido pela estrutura do questionário, um elemento a incluir em todos os casos.

Se existir uma clara diferença entre sucessivas partes do questionário, há que avaliar a extensão e complexidade das instruções para as partes que se seguem à primeira: se estas forem simples e fáceis de memorizar, será possível referi-las no bloco inicial, tendo o cuidado de assinalar claramente no questionário o ponto em que se processa a transição; se houver necessidade de instruções relativamente extensas ou complexas, no entanto, será preferível incluí-las num bloco adicional colocado nesse ponto de transição, e deixar nas instruções iniciais apenas a referência ao procedimento a seguir na primeira parte, à mudança a ter lugar para a(s) parte(s) subsequente(s) e à presença de um ou mais blocos adicionais de instruções ao longo do questionário.

É também importante não esquecer que nem só os itens poderão ser revistos em futuras versões do questionário. A informação adquirida ao longo das sucessivas aplicações e da análise dos seus resultados chama muitas vezes a atenção para a necessidade de introduzir alterações que ajudem a reduzir a frequência de determinados tipos de problemas (e.g., itens sem resposta, várias respostas ao mesmo item, respostas ambíguas ou incorrectamente assinaladas, etc). Mas, mesmo antes da obtenção destas informações, **é essencial realizar um controlo da qualidade da formu-**

lação das instruções, recorrendo aos processos geralmente utilizados para os itens: revisão pelo(s) autor(es) passados alguns dias ou semanas, revisão por colegas, aplicações-piloto com indivíduos semelhantes aos da população-alvo, seguidas de entrevista (ver secção final deste capítulo).

Finalmente, não esquecer nunca um "muito obrigado" no final da aplicação. Esteja ou não incluído no questionário, o agradecimento de viva voz pelo investigador constitui um acto de reconhecimento pela colaboração dos participantes, que tanto as normas de conduta social como o assegurar da sua motivação para participar em estudos futuros tornam indispensável.

A disposição gráfica

Sendo o questionário um documento escrito, a qualidade da sua apresentação e organização formal tem uma grande influência no impacto provocado no inquirido e pode ajudar ou, pelo contrário, prejudicar a apreensão do seu conteúdo e a qualidade dos resultados obtidos. Justifica-se, por isso, que lhe seja dedicada alguma atenção, tendo em conta os objectivos a atingir e as melhores formas de o conseguir.

Em primeiro lugar, trata-se de assegurar a motivação do inquirido para responder (sobretudo se se tratar de um questionário a enviar pelo correio) **e para o fazer de forma conscienciosa.** Aqui, aplica-se o que foi dito anteriormente em relação às instruções: **interessa sobretudo transmitir uma ideia da competência do investigador e do cuidado posto na elaboração do questionário. Assim, é essencial obter uma boa apresentação,** tanto quanto possível de qualidade profissional (embora haja, naturalmente, que ter em conta uma razoável administração dos recursos disponíveis), **agradável em termos estéticos e com uma disposição lógica e coerente. Por outro lado, interessa dar uma impressão imediata de facilidade no preenchimento. É, por isso, de evitar a excessiva densidade da apresentação gráfica** deixando, em vez disso, bastante espaço em branco, embora sem cair em exageros que representem um puro desperdício. **O uso de linhas ou rectângulos a separar os principais elementos gráficos ajuda também a criar uma ideia de organização e facilidade,** muito embora seja difícil neste aspecto dar sugestões específicas. O julgamento do investigador e de outras pessoas, perante um questionário concreto, constitui o elemento essencial de avaliação.

O uso de perguntas de resposta aberta, sobretudo na parte inicial do questionário, deverá também ser evitado (a primeira pergunta *nunca* deve ser de resposta aberta, se se quiser evitar uma elevada percentagem de recusas), o mesmo acontecendo com perguntas que exijam um certo esforço mental na resposta, perguntas envolvendo conhecimentos que o respondente possa não dominar, ou sobre temas sensíveis. Todos estes tipos de perguntas, se se revelarem necessários, deverão ser colocados o mais possível na parte final do questionário.

Finalmente, se o questionário tiver sido concebido com vista a um único estudo, deverá em princípio incluir na primeira página (ou numa folha de capa) o título do estudo, o nome da instituição que o promove e/ou do investigador responsável, a data e, eventualmente, uma ilustração ou logotipo. Todos estes elementos ajudarão a dar uma ideia do cuidado posto na elaboração do questionário e do estudo no seu conjunto.

Um segundo grande objectivo a atingir é o de facilitar ao máximo a tarefa do participante ao preencher o questionário. Com isso, conseguir-se-á não só uma redução sempre desejável no tempo dispendido com cada aplicação, como também uma maior qualidade dos resultados obtidos (redução do número de respostas omissas, marcadas erradamente, etc.) e, ainda, uma maior satisfação por parte dos respondentes, que não deixará de se reflectir em respostas mais cuidadosas e maior disponibilidade para participar em estudos futuros. Esta facilidade pode ser melhorada através de alguns cuidados simples, para além dos já referidos nas secções anteriores quanto à clareza e acessibilidade do conteúdo dos itens e das instruções.

Para começar, a tarefa dos respondentes será facilitada se os questionários longos (mais de duas páginas) forem apresentados em forma de caderno, em vez de simples folhas agrafadas. Este formato, obtido utilizando folhas de formato duplo do pretendido e, eventualmente, um agrafador adaptado, melhora a qualidade aparente da apresentação, torna mais prático o manusear do questionário, e permite, caso isso seja conveniente, utilizar toda a largura da folha, quando aberta.

Um cuidado óbvio tem a ver com a legibilidade do questionário: os tipos de letra utilizados devem ser facilmente legíveis e de um tamanho suficiente para não levantarem problemas, mesmo a pessoas com ligeiros problemas de visão (este cuidado é particularmente importante nos casos em que a amostra do estudo possa incluir pessoas de idade mais avançada). Os tipos especiais, como o itálico ou a escrita em maiúsculas, devem ser limitados a curtas indicações que necessitem de ser destacadas, e o seu uso em blocos extensos (e.g., nas instruções iniciais) deve ser evitado, por serem menos legíveis do que o tipo normal. A qualidade da reprodução dos questionários deve ser cuidada, não só para evitar problemas de legibilidade, mas também como forma de demonstrar cuidado na condução do estudo e consideração pelos participantes.

A tarefa dos inquiridos será também facilitada se o questionário tiver uma organização lógica, com as diversas partes de que eventualmente se componha bem individualizadas e com uma indicação do seu início (e.g., "2ª Parte"), um título ou mesmo um novo bloco de instruções. Outro cuidado útil é o de tentar manter o máximo de homogeneidade no formato dos itens. A dimensão na qual os conteúdos são avaliados (e.g., concordância, importância, etc) deve, tanto quanto possível, ser mantida ao longo de todo o questionário, o mesmo acontecendo com a definição dos diversos níveis da escala, o tipo de resposta pedida (e.g., assinalar um dos níveis da escala, ou assinalar todas as alternativas que se apliquem ao seu caso), ou o quadro de referência que as respostas devem considerar (e.g., o comportamento do próprio, de outra pessoa ou das pessoas em geral; aquilo que a pessoa sente nesse momento, ou o que sente habitualmente; a situação real ou aquilo que consideraria uma situação ideal, etc). Caso seja necessário alterar, no decurso do questionário, um destes parâmetros, em função da informação que se pretende recolher, essa mudança deve ser claramente indicada pela disposição gráfica, através de um espaço em branco e da inclusão dos elementos atrás mencionados a propósito da separação das diferentes partes do instrumento. Deste modo se poderá diminuir a probabilidade de alguns dos respondentes não se aperceberem da mudança e responderem, por isso, erradamente. Aliás, o princípio da homogeneidade do formato dos itens nem sempre constitui uma regra absoluta. Por vezes, quando se dá uma alteração no tema das questões, uma modificação simultânea do formato dos itens pode assegurar não só uma melhor adaptação deste ao seu conteúdo, como também uma maior clareza da mudança para os respondentes.

Um procedimento que, muito frequentemente, dá origem a erros é o de incluir itens que apenas deverão ser respondidos por alguns subgrupos de indivíduos (e.g., apenas os do sexo feminino, ou os que tenham respondido de determinada forma a uma questão anterior). Isto obriga, como é natural, a introduzir instruções no sentido de que as pessoas nessas condições não respondam ao item ou passem de imediato ao item com um determinado número. Os erros nestes procedimentos serão frequentes, pelo que devem ser evitados tanto quanto possível. **Quando houver que o utilizar, as instruções devem ser mantidas num máximo de simplicidade e a ordenação dos itens deve ser cuidadosamente pensada, de modo a evitar esquemas complexos de decisão** (e.g., "Se respondeu 'Sim' à pergunta 4, passe imediatamente à pergunta 17, a menos que seja do sexo feminino. Nesse caso, responda também às perguntas 10 e 11. Se escolheu 'Não', continue a responder até à pergunta 17 e passe depois para a pergunta 24. Note que, se for do sexo masculino, não deve responder às perguntas 10 e 11 e que, se responder 'Não' à pergunta 5, não precisa de responder às perguntas 6 e 7." Poderia acrescentar-se: "Se ficou confuso, não se preocupe, eu também fiquei.") Concretamente, há que evitar o uso de mais do que um critério de decisão em cada ponto, e as instruções devem ser colocadas imediatamente a seguir à questão cuja resposta serve de critério para a decisão, se for esse o caso. O uso da disposição ou sinais gráficos para individualizar os blocos de itens a que o esquema de decisão se refere poderá também ajudar a minimizar os problemas. Quando o questionário se destinar a ser enviado pelo correio ou, por qualquer outro motivo, a ser preenchido na ausência do investigador, os cuidados devem ser ainda maiores, pois os participantes não terão forma de esclarecer as suas eventuais dúvidas e poderão mais facilmente optar por não responder. De qualquer modo, **é essencial que instruções deste tipo (mais ainda do que quaisquer outras) sejam cuidadosamente testadas com um número razoável de indivíduos semelhantes àqueles junto de quem irão ser recolhidos os dados para o estudo.** Este cuidado assegurará, em princípio, que os problemas encontrados não serão em número excessivo.

Um dos maiores problemas nos questionários que utilizam o modelo aditivo é, sem dúvida, o das respostas omissas. Por maior que seja o cuidado posto pelo investigador no alertar dos participantes para esse problema e para a necessidade de verificar se responderam a todas as questões, existe sempre uma certa percentagem de pessoas que deixa itens por responder, sobretudo no caso de questionários relativamente longos. **Uma forma de facilitar a verificação pelos respondentes é a separação horizontal das zonas correspondentes ao conteúdo do item e às escalas de avaliação** (ver Figuras 20 e 21). Esta separação torna perceptivamente mais evidente qualquer item omisso, e permite uma verificação rápida, tanto pelo participante como pelo investigador no momento da recepção dos questionários.

210   *Questionários: Teoria e prática*

Figura 20 - Exemplo de disposição gráfica de itens e escalas de avaliação sem separação horizontal.

1 - A religião deve ser a mais importante fonte de orientação na vida do indivíduo.

Completamente falso | 1 | 2 | 3 | 4 | 5 | 6 | 7 | Completamente verdadeiro

2 - As pessoas com formação religiosa têm mais facilidade em distinguir o bem do mal.

Completamente falso | 1 | 2 | 3 | 4 | 5 | 6 | 7 | Completamente verdadeiro

3 - O facto de sermos crentes de uma religião dá-nos um grande apoio moral para enfrentarmos certos problemas.

Completamente falso | 1 | 2 | 3 | 4 | 5 | 6 | 7 | Completamente verdadeiro

4 - As organizações religiosas realizam geralmente obras sociais de grande mérito.

Completamente falso | 1 | 2 | 3 | 4 | 5 | 6 | 7 | Completamente verdadeiro

Relacionada com esta questão está, naturalmente, a da disposição horizontal ou vertical das escalas. Aqui, as questões essenciais são as da utilização racional do espaço e da legibilidade. A disposição horizontal é, geralmente, aquela que permite uma maior economia de espaço, uma vez que o conteúdo dos itens não ocupa mais do que umas poucas linhas, pelo que o uso de escalas verticais obriga a deixar grandes espaços em branco entre os itens. O uso de uma disposição horizontal pode, no entanto, levantar dificuldades no caso das escalas referenciadas ou dos itens constituídos apenas pelas alternativas, quando cada nível da escala é definido por várias palavras ou mesmo por uma frase completa. Pode, então, ser difícil inserir as definições dos diversos pontos da escala dentro do formato horizontal, sem utilizar um tamanho de letra demasiado pequeno ou sem ocupar uma largura exagerada na folha com a escala de avaliação. Nestes casos, é preferível recorrer à disposição vertical que, aliás, constitui a regra nos itens constituídos apenas pelas alternativas. **Outra possibilidade, no caso das escalas referenciadas, é a de incluir as definições dos diversos pontos apenas nas instruções iniciais, e**

apresentar junto dos itens simples escalas numéricas. Trata-se de um procedimento muito utilizado e que não parece ter inconveniente de maior, sendo apenas de recomendar que, no caso de questionários que ocupem várias páginas, a definição dos diversos pontos da escala seja incluída no topo de cada nova página, de modo a ajudar os participantes a mantê-la presente ao responder.

Figura 21 - Exemplo de disposição gráfica de itens e escalas de avaliação com separação horizontal.

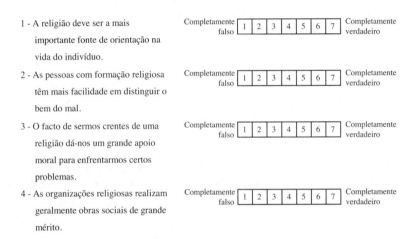

O **cuidado com a utilização racional do espaço deve, aliás, ser um dos princípios mais importantes a ter em conta ao planificar a disposição gráfica de um questionário.** Este cuidado irá reflectir-se numa **redução do número de páginas utilizadas,** o que, por sua vez, se repercutirá de modo positivo nos recursos dispendidos e na facilidade de transporte e armazenamento em quantidade. Para além da preocupação em não deixar espaços inúteis em branco (sem, no entanto, dar aos questionários um aspecto demasiado compacto, o que os faria parecer confusos e difíceis), **existe uma estratégia bem conhecida e que permite reduzir muito sensivelmente o consumo de papel: o uso de uma folha de respostas separada.**

É sabido que a maior parte do espaço de um questionário é destinado à apresentação das instruções e do conteúdo dos itens. Aquele que é dedicado à recolha das respostas e dos dados pessoais dos respondentes não constitui senão uma parte menor. Ora, como os itens e as instruções são idênticas para todos os indivíduos, é possível reaproveitar essa parte do questionário para outras aplicações, ficando inutilizada apenas a folha na qual as respostas são assinaladas. **Na prática, isto implica a elaboração de um caderno contendo as instruções e os itens (uma vez que estes ocupam quase sempre mais do que duas páginas) e uma folha de respostas na qual apenas estarão presentes as escalas de avaliação para os diversos itens.** Se o caderno tiver, digamos, três folhas, isso representará uma redução de até 75% no consumo de papel.

Este tipo de técnica não está, porém, isento de dificuldades e inconvenientes, sobretudo derivados do aumento de complexidade do procedimento (há que utilizar dois conjuntos de folhas em vez de um só, lendo as perguntas num deles e respondendo no outro). Por esse motivo, **esta técnica só é, geralmente, utilizada quando a aplicação decorre na presença do investigador ou de outra pessoa qualificada, que possa controlar o cumprimento das instruções.** No caso de questionários enviados pelo correio ou por qualquer outra forma, esta técnica não é aconselhável, até porque poderia encorajar os respondentes a conservar o caderno contendo os itens, o que não seria conveniente em muitos casos. **Mesmo quando o preenchimento é acompanhado, o uso desta técnica só se justifica em questionários bastante extensos e com os quais se planeia realizar um número considerável de aplicações em diferentes momentos.** Só nestas situações a economia obtida se revelará significativa.

A utilização desta técnica implica ainda, como é óbvio, um cuidado particular na elaboração das instruções, de modo a evitar que as pessoas respondam no próprio caderno (o que, mesmo assim, uma pequena minoria não deixará de fazer). A explicação (detalhada) da forma de responder deve ser incluída nas instruções impressas no caderno mas, mesmo assim, o investigador deve ter sempre o cuidado de a acentuar através de indicações apresentadas oralmente. O mais importante será enfatizar que os participantes não deverão, em caso algum, escrever seja o que for no caderno. Este aspecto deve ser graficamente destacado nas instruções impressas e também receber uma ênfase especial nas instruções orais. Uma vez terminada a aplicação, as folhas de resposta são separadas para registo e tratamento posterior das respostas, enquanto os cadernos são guardados para uso nas aplicações subsequentes. Após algumas aplicações, os cadernos devem ser verificados, e substituídos aqueles que apresentarem qualquer marca ou comentário escrito, ou que, por qualquer outra razão, se encontrem em mau estado.

Para além de facilitar o trabalho do respondente no preenchimento do questionário, **o arranjo gráfico deve, ainda, levar em conta a tarefa de**

A elaboração do questionário 213

registo dos dados e o seu tratamento. Assim, e para além de uma série de recomendações já mencionadas (e.g., o alinhamento vertical dos itens e escalas) **é de toda a vantagem fazer a pré-codificação das questões, ou seja, incluir no próprio questionário (em princípio, na escala em que é dada a resposta) os valores numéricos que representarão cada uma das alternativas. Para além disso, todos os itens deverão ser numerados,** eventualmente com a excepção daqueles que se destinam a recolher dados demográficos (e.g., sexo, idade, etc), o que dependerá da preferência do investigador. No caso de questionários complexos, constituídos por diversas partes, o esquema de numeração dos itens deverá ser pensado com algum cuidado, pois poderá revelar-se essencial no evitar de situações confusas quando do registo, tratamento e apresentação dos resultados. O número do item deverá indicar claramente a parte do questionário em que se situa, assim como o seu formato, caso existam nesse aspecto variações que possam ser importantes para o tratamento ou interpretação dos resultados e cujo esquecimento poderia levar a erros graves.

Um factor adicional de complexidade é a existência de diferentes versões dos questionários. Um procedimento útil nestes casos é o de utilizar diferentes cores para as capas, ou mesmo para todo o questionário, o que facilita o trabalho da sua separação e localização, e diminui a probabilidade de erro. Se as diversas versões forem paralelas (ver capítulo seguinte, sobre a precisão), os problemas não serão muitos. Se forem parcialmente iguais, no entanto, os cuidados terão de ser bastantes. O uso de questionários parcialmente iguais (em que alguns itens são iguais nas diversas versões, mas outros são diferentes) justifica-se, muitas vezes, com o objectivo de evitar a necessidade de os respondentes "saltarem" itens, o que, como já vimos, pode causar mal-entendidos e erros frequentes. **Se os diferentes conjuntos de itens se destinam a grupos bem definidos de indivíduos, de tal modo que seja possível fazer chegar a cada um o questionário apropriado (e.g., alunos e professores de uma escola), haverá vantagem em elaborar versões diferentes do questionário,** cada uma delas incluindo os itens comuns a ambos os grupos e aqueles que são específicos do grupo a que se destina. O uso de meios informáticos permite actualmente realizar esta tarefa com pouco dispêndio adicional de tempo. Nestes casos, e para evitar confusões e enganos, **a numeração deve corresponder estritamente ao conteúdo dos itens, ou seja, a itens iguais devem corresponder números iguais** (o que nem sempre seria obrigatório, mas facilita bastante o tratamento informático dos dados, sobretudo na comparação dos grupos) e, **mais importante**

214   *Questionários: Teoria e prática*

ainda, a itens diferentes devem corresponder sempre números diferentes.

A extensão do questionário

Outra questão que frequentemente se coloca aos investigadores é a da extensão do questionário. **Qual o número máximo (ou mais adequado) de itens a incluir, ou qual a duração desejável para o preenchimento? Como é evidente, não é possível dar uma resposta aplicável a todos os casos, uma vez que haverá sempre que chegar a um compromisso: um questionário mais curto fornece menos informação e/ou informação menos rigorosa; um questionário mais longo dará origem a mais respostas omissas e, certamente, a maior número de recusas em responder.**

Quanto ao primeiro aspecto, há que distinguir entre o caso dos questionários uni ou multidimensionais e o dos questionários "fragmentados" (ver página 116). **Nestes últimos, uma vez que os itens são independentes, avaliando cada um deles uma variável distinta, o maior ou menor número de itens irá sobretudo depender do número de variáveis medidas e, portanto, da extensão do campo temático coberto pelo questionário, ou do detalhe com que essa cobertura é feita. Os efeitos sobre a qualidade dos resultados serão mínimos,** derivando apenas da fadiga e desmotivação que um questionário longo tende a provocar nos respondentes. As vantagens de prolongar o questionário terão portanto, neste caso, que ser determinadas a partir dos objectivos do estudo, não tendo as questões psicométricas grande relevância.

Nos questionários uni ou multidimensionais, a situação é bastante diferente. Uma vez que estes questionários são constituídos por uma ou mais escalas, englobando estas, por sua vez, diversos itens, o número destes deixa de ter influência sobre o número de variáveis medidas (supondo que se trata, em qualquer caso, de adicionar novos itens às escalas já existentes e não de criar novas escalas), **mas tem uma influência muito sensível sobre as propriedades psicométricas dos resultados.** Quando nos referimos às razões pelas quais se utilizam geralmente conjuntos de itens, e não itens isolados, para avaliar as diversas dimensões, assinalámos que os itens possuem factores específicos que, juntamente com a variável que a escala pretende medir, vão determinar a resposta do indivíduo. Ao incluir diversos itens numa mesma escala, os factores

A elaboração do questionário

específicos destes (e, em certa medida, os outros factores estranhos) vão tender a anular-se por se diluírem num conjunto de influências heterogéneas e independentes entre si. Como é facilmente compreensível, este efeito será tanto maior quanto maior for o número de itens incluídos na escala. As escalas mais longas (em número de itens) deverão, portanto, apresentar resultados merecedores de maior confiança. Veremos no próximo capítulo como este princípio aqui apresentado de forma intuitiva pode ser fundamentado com conceitos matemáticos precisos. Bastar-nos-á, por agora, reter que **o número de itens a incluir em cada escala estará dependente do grau de confiança que se pretenda ter nos resultados.**

É por esta razão que questionários destinados a diferentes tipos de utilização tendem a ter extensões bastante diferentes. Uma outra forma de assegurar resultados globais fiáveis, para além do aumento do número de itens, é o aumento do número de respondentes[34]. Por outras palavras, **uma diminuição do número de itens utilizados para medir uma variável deve ser, na medida do possível, compensado por um aumento do número de participantes; uma diminuição do número de indivíduos disponíveis torna recomendável o recurso a um maior número de itens. Concretamente, isto implica que os questionários fragmentados, nos quais cada item corresponde a uma variável, devem ser preferencialmente utilizados com amostras numerosas, para que se possa ter suficiente confiança nos resultados. Nos estudos em que haja que recorrer a amostras pequenas, a questão da fiabilidade das medidas torna-se muito mais importante, o que implica, em princípio, o uso de escalas mais longas. O caso limite é o dos estudos em que o número de respondentes é igual a 1, ou seja, em que o questionário irá servir de base para uma decisão específica acerca de um indivíduo.** É o que sucede, por exemplo, quando se utiliza um questionário como critério de selecção dos candidatos a um emprego, para estabelecer um diagnóstico psicopatológico, ou para recomendar um determinado tipo de profissão ou área de estudos numa entrevista de orientação. Embora em nenhum destes casos o resultado de qualquer questionário deva constituir o fundamento único, ou sequer principal, da decisão, é evi-

---

[34] Esta afirmação é válida apenas para alguns tipos de índices estatísticos, como as medidas de tendência central (e.g., média), mas não para outras, como as medidas de associação (e.g., correlação). Se os objectivos do estudo passam pela avaliação da correlação entre variáveis, é importante utilizar medidas que apresentem uma precisão elevada, embora existam técnicas estatísticas que podem ajudar a resolver o problema quando isso não acontece. Esta questão será de novo abordada no próximo capítulo.

dente que preocupações de eficácia e ética profissional impõem que os questionários utilizados nestas situações possuam um elevado grau de precisão. Por isso, os questionários utilizados em avaliações individuais são frequentemente muito extensos. Em alguns casos, são desenvolvidas formas reduzidas dos questionários, destinadas à investigação nos casos em que as limitações de tempo disponível para a aplicação são severas (e.g., Sarason, Sarason, Shearin e Pierce, 1987). Quando essas limitações não existem, o número de participantes é reduzido, ou se trata de avaliar casos individuais, recorre-se à forma original, mais extensa.

Por outro lado, há que considerar que um questionário longo se arrisca a desgastar a motivação dos respondentes e, se esta diminuir demasiado, as respostas omissas ou descuidadas começam a tornar-se mais frequentes, ou a pessoa pode simplesmente optar por não devolver o questionário. **Por isso, pode também estabelecer-se a regra de que, quanto maior for a motivação dos participantes para responder a um questionário, mais longo este poderá ser.** É o caso da maior parte das situações em que se pretende fundamentar uma decisão sobre o indivíduo: o uso de questionários longos não coloca, por regra, dificuldades, porque a motivação das pessoas para lhes responder tende a ser elevada. Uma situação intermédia verifica-se quando o tema em estudo se relaciona com uma área do interesse ou do conhecimento particular do indivíduo (e.g., a sua profissão ou passatempo preferido) ou cujo conhecimento seja por este considerado relevante. Também neste caso é possível utilizar questionários relativamente longos e/ou complexos. Por outro lado, quando o tema não é considerado muito interessante pelos inquiridos e os seus conhecimentos sobre ele são limitados, os questionários devem ser mantidos curtos e simples, como forma de assegurar a qualidade dos dados fornecidos.

Note-se como, nas frases anteriores, a questão da complexidade surge associada à extensão. Com efeito, ambas contribuem para os "custos" de responder ao questionário, e os seus efeitos, sendo opostos, podem ser utilizados de forma a encontrar um bom equilíbrio. Isto significa que, se se conseguir manter as questões simples, o seu número pode ser aumentado mas, se houver necessidade de colocar perguntas difíceis, poderá ser necessário encurtar o instrumento. **A questão deve ser colocada nos seguintes termos: o aumento da extensão de um questionário tem sempre vantagens; o aumento de complexidade nem sempre. Por isso, há que determinar, em primeiro lugar, se a complexidade é realmente necessária.** Pode sê-lo, por exemplo, se o tema em

A elaboração do questionário

estudo for, de facto, complexo, ou se se pretende testar os conhecimentos dos indivíduos. Se não existir uma exigência imperativa de complexidade, é válido o princípio atrás indicado a propósito da redacção dos itens: simplificar o mais possível.

Posto isto, conclua-se com um conjunto de princípios que, em boa medida, não são mais do que repetições de outros já apontados: (a) quanto mais longo for o questionário, melhor, sobretudo no caso de escalas incluindo um reduzido número de itens; (b) a extensão deve, no entanto, ser limitada devido à importância de assegurar a motivação dos respondentes, havendo ainda que considerar a eventual necessidade de aplicar numa mesma ocasião mais do que um questionário; (c) a complexidade ou dificuldade das questões deve ser reduzida ao mínimo compatível com as utilizações pretendidas para os resultados; (d) a extensão do questionário deve ser objecto de uma particular atenção durante as aplicações-piloto e no pré-teste, observando e interrogando os participantes acerca das suas reacções durante o preenchimento. A informação recolhida através deste último processo deve constituir o fundamento essencial para a decisão de encurtar ou não o questionário na sua forma definitiva.

Os estilos de resposta

Uma preocupação muito frequentemente destacada nas obras que se ocupam dos métodos de construção de questionários é a dos efeitos que os estilos de resposta podem ter sobre a qualidade dos resultados obtidos. **Entre os estilos de resposta mais referidos na literatura, podemos apontar a desejabilidade social, a resposta ao acaso, a aquiescência, a tendência central e a tendência para os extremos. Resumidamente, a desejabilidade social consiste na predisposição para dar respostas que seriam consideradas como mais desejáveis pela maioria das pessoas, de modo a atribuir a si próprio qualidades positivas** (este tipo de predisposição, bem como o seu inverso, a tentativa de dar de si próprio uma imagem negativa, e ainda o tipo seguinte, foram já atrás referidos). **A resposta ao acaso consiste na escolha entre as alternativas de resposta de forma aleatória, ou então de modo sistemático** (e.g., escolher sempre a alternativa central, ou os dois extremos alternadamente) **de modo independente do conteúdo dos itens. A aquiescência consiste numa preferência por dar respostas de concordância ou de aceitação das afirma-**

ções contidas nos itens ou, pelo menos, por mitigar as respostas de discordância (é também admissível a existência de um estilo oposto a este, o negativismo). A tendência central consiste em utilizar preferencialmente a alternativa central (neutra) evitando assim ter de assumir uma posição clara (positiva ou negativa) face ao conteúdo do item. A tendência para os extremos, pelo contrário, consiste na utilização preferencial dos pontos extremos, evitando responder na zona central da escala.

O interesse pelo estudo dos estilos de resposta teve, essencialmente, duas origens: a primeira derivou do receio de que os estilos de resposta, constituindo variáveis não relacionadas com o traço que se pretendia medir, pudessem, caso a sua influência sobre os resultados fosse importante, prejudicar a validade das conclusões neles baseadas. O objectivo seria, portanto, o de determinar em que medida as respostas seriam influenciadas por variáveis estilísticas dos indivíduos, bem como o de encontrar modos de reduzir essa influência, caso ela se revelasse sensível. O segundo motivo derivou da hipótese de que os estilos de resposta poderiam reflectir variáveis de personalidade com interesse em si mesmas. Por exemplo, a desejabilidade social poderia ser utilizada para avaliar o conformismo, a aquiescência poderia reflectir o grau em que o indivíduo seria influenciável, a tendência central o grau em que seria consciencioso ou cauteloso, etc.

Ao abordar esta questão dos estilos de resposta, é hoje em dia reconhecida como essencial a distinção entre estilos de resposta (em Inglês, *response styles*) e atitudes de resposta (*response sets*). Enquanto os primeiros correspondem a preferências por um determinado modo de utilizar as escalas de avaliação, independentemente do conteúdo dos itens, as segundas correspondem a intenções mais ou menos deliberadas, por parte dos respondentes, de transmitir uma certa imagem através das suas respostas, o que implica uma atenção cuidadosa ao conteúdo dos itens (Rorer, 1965). Os problemas levantados por um e outro tipo de variáveis serão bastante diferentes, o mesmo acontecendo com os métodos disponíveis para as tentar controlar. Assim, por exemplo, a desejabilidade social constitui uma atitude de resposta e não um estilo de resposta, uma vez que não leva os inquiridos a dar respostas independentemente do conteúdo dos itens. A resposta ao acaso não é uma atitude de resposta, porque não pretenderá, na maior parte dos casos, transmitir nenhum tipo particular de auto-imagem, mas não constitui também um estilo de resposta, uma vez que não implica nenhum modo consistente de utiliza-

A elaboração do questionário 219

ção das escalas (a sua presença num conjunto de indivíduos não tende a modificar os resultados médios de uma forma determinada, mas apenas do modo que seria de esperar de um factor que actuasse de modo puramente aleatório; ver Nunnally, 1978, pp. 672-676). Por não constituírem estilos de resposta no sentido em que a expressão é aqui utilizada, estes dois factores foram analisados anteriormente, e não serão de novo referidos aqui.

Começando pelas tentativas de utilizar os estilos de resposta como indicadores de variáveis de personalidade, é evidente que este objectivo levaria, antes de mais, ao interesse em construir medidas "puras" dos diversos estilos de resposta. A estratégia seria, portanto, exactamente a inversa da habitual na construção de itens: enquanto que, numa situação normal, se procura maximizar o grau em que a resposta do indivíduo é determinada pelo conteúdo do item, minimizando a influência de outras variáveis, a construção de uma medida "pura" de estilo de resposta implica minimizar a influência do conteúdo. Isto é, habitualmente, conseguido por uma de três estratégias: (a) inclusão de uma mistura de conteúdos tão heterogénea quanto possível, no intuito de que a influência destes acabe por se diluir e ser anulada no número relativamente elevado de itens; (b) elaboração de itens propositadamente ambíguos ou sobre temas que se presume que os respondentes não conheçam; (c) utilização de uma técnica que permita utilizar itens totalmente destituídos de conteúdo (e.g., dizer que se trata de um estudo sobre telepatia, e que o experimentador irá ler silenciosamente cada item, mantido fora da vista do respondente; de facto, o experimentador não lê nada, e o participante responde, portanto, a um item sem conteúdo).

Para além das críticas que, num terreno puramente lógico, se poderiam fazer a cada uma destas técnicas (ver Nunnally, 1978, pp. 667-669), **o principal problema reside no facto de as medidas com elas obtidas não se correlacionarem entre si, o que demonstra que se existe, dentro de uma dada situação (questionário), tendência para responder de uma dada forma, isso não implica por parte do indivíduo qualquer tendência para responder de modo semelhante noutra situação.** Assim sendo, não será de esperar que medidas deste tipo possam constituir bons índices de dimensões da personalidade, uma vez que estas, por definição, se devem manifestar de modo consistente em diferentes situações. **Esta expectativa foi inteiramente confirmada pelo acumular de insucessos nos estudos que procuraram correlacionar medidas de estilo de resposta com outras medidas das dimensões de personalidade que se considerava poderem estar-lhes associad**as (Rorer, 1965).

A questão fica, assim, reduzida à avaliação do grau em que os estilos de resposta constituiriam uma influência sensível sobre os resultados, e às formas de tentar diminuir ou eliminar essa influência. Considerando em primeiro lugar a aquiescência, talvez aquele estilo para o qual se dirigem os maiores receios dos autores de questionários, existe um método relativamente simples para reduzir ou eliminar a sua influência: o uso de cotações de sentido oposto para cada metade dos itens que constituem uma escala. Concretizemos, supondo uma escala com 20 itens, destinada a medir as atitudes face a um qualquer objecto social. Seriam elaborados itens, como habitualmente, mas com o cuidado de obter um número aproximadamente igual de afirmações favoráveis e desfavoráveis em relação ao objecto. Este conjunto inicial de itens seria depois aplicado a uma amostra de indivíduos semelhantes àqueles que se pretendesse estudar, e a correlação de cada item com o total calculada também como habitualmente. Devido à presença de itens com significados opostos, no entanto, o cálculo do total e da sua correlação com os itens não poderia ser feito de imediato. **Haveria que definir em que sentido se pretenderia que os resultados se orientassem (isto é, se os resultados mais elevados na escala corresponderiam a atitudes mais favoráveis ou mais desfavoráveis face ao objecto) e inverter a cotação de todos os itens cuja formulação os levasse no sentido oposto.** Esta inversão corresponderia, por exemplo no caso de uma escala com 7 níveis, a trocar entre si os valores 1 e 7, 2 e 6, e 3 e 5, transferindo a resposta do indivíduo para um ponto simétrico do outro lado da escala. A forma mais fácil de fazer automaticamente esta transformação, num programa informático de estatística ou mesmo numa folha de cálculo, consiste em subtrair o resultado correspondente à resposta do número de níveis da escala, acrescido de 1. A fórmula correspondente seria: $(k + 1) - r$, sendo k o número de níveis na escala e r o correspondente à resposta do indivíduo. No nosso exemplo com uma escala de 7 níveis, a resposta seria subtraída de 8. Se a resposta fosse 1, o resultado seria 7; se fosse 2, seria 6, e assim por diante.

Estes resultados invertidos deverão ser utilizados tanto no cálculo do total como no da correlação dos itens com esse total. No nosso exemplo, se pretendêssemos que os resultados mais elevados correspondessem a atitudes mais favoráveis, seriam os itens contendo afirmações desfavoráveis ao objecto a ser invertidos. Depois disso, os cálculos do total e da sua correlação com os itens prosseguiriam como habitualmente. **Quando do processo de selecção dos itens para a versão definitiva,**

A elaboração do questionário 221

porém, e caso se quisesse manter o equilíbrio entre itens cotados positiva e negativamente, haveria que ter o cuidado de seleccionar os *n* itens (no nosso exemplo, 10) com correlações mais elevadas dentro do grupo "positivo" (com afirmações favoráveis) e outros tantos no grupo "negativo" (com afirmações desfavoráveis). Deste modo, ficaria assegurado que a versão final da escala teria igual número de itens com cotação directa e com cotação inversa, e que a aquiescência não teria efeito nos resultados, pois a sua influência sobre os itens positivos (aumentar o resultado total da escala) seria anulado pelo seu efeito nos itens negativos (diminuir o resultado total). Como é óbvio, isto pressupõe que o efeito da aquiescência se exerce no mesmo grau sobre todos os itens, o que não é garantido. No entanto, mesmo que o efeito de aquiescência não seja eliminado, deverá pelo menos ser fortemente reduzido.

Por vezes, surgem também escalas em que o número de itens positivos e negativos não é idêntico. Isto significa, normalmente, uma de duas coisas: ou o autor não conseguiu redigir um número suficiente de itens negativos (ou positivos), ou não conseguiu que um número suficiente destes alcançasse um resultado aceitável em termos de correlação com o total. Desde que o número de itens dos dois tipos não seja demasiado desequilibrado, a eventual influência da aquiescência será reduzida, pelo que o problema não será grave neste aspecto.

Este procedimento, aparentemente simples e recomendado pela generalidade dos especialistas, não está, no entanto, isento de críticas. Algumas delas não poderão ser compreendidas sem fazer apelo a conceitos que não foram ainda aqui abordados, pelo que a sua discussão terá de ficar adiada para um capítulo posterior. **Uma vez que este capítulo se ocupa de questões ligadas ao conteúdo dos itens, bastará dizer que a redacção de itens que apresentem uma relação inversa entre si não constitui uma tarefa fácil e de resultados garantidos.** Consideremos, por uma questão de simplicidade, um exemplo em que as respostas sejam dicotómicas, e suponhamos um item destinado a uma escala de auto-estima, como "Considero que tenho várias qualidades positivas". Uma vez que a resposta é dicotómica, uma pessoa que concorde com o item deverá discordar do seu inverso e vice-versa. Que tal "Não tenho nenhuma qualidade positiva"? O problema com este item é que algumas pessoas poderiam discordar tanto dele como do original, por exemplo por acharem que só têm uma ou duas qualidades positivas. Procurando utilizar um conteúdo mais claramente inverso do original, poderíamos pensar em "Tenho poucas qualidades positivas", mas neste caso seriam as pessoas que acham que não têm nenhuma qualidade positiva a discordarem de ambos. Além disso, neste item, a relação entre a variável subjacente e a probabilidade de concordância não seria monótona, como se exige no modelo aditivo, mas seguiria um curva em "U" invertido, sendo mais baixa nos níveis inferiores (por acharem que não têm nenhuma qualidade) e nos superiores (por acharem que têm muitas qualidades), e mais elevadas nos níveis intermédios. "Considero que tenho várias qualidades negativas" também não seria solução, porque muitas pessoas poderiam concordar possuir os dois tipos de qualidades. "Não considero que tenha várias qualidades positivas" teria o problema de estar formulado na negativa, o que aumenta a probabilidade de respostas incongruentes devido a erros de leitura ou dificuldades de compreensão. Além disso, o próprio item é ambíguo, o que o poderia levar a apresentar também uma curva característica não monótona. (Como responder se se considera ter numerosas qualidades positivas?) Outros exemplos da dificuldade em elaborar itens "inversos" podem ser encontradas no artigo de Rorer (1965, Table 1 e Table 2).

Não se pretende com isto dizer que é impossível obter itens adequados de cotação negativa. Simplesmente acontece que estes itens não apresentarão uma correlação com os itens directos (depois de invertido o seu resultado) tão elevada quanto se poderia esperar. Muitas vezes, pode mesmo acontecer que os itens do grupo inverso (e os do grupo directo) tenham entre si correlações mais elevadas do que as que existem entre itens de grupos diferentes. Este fenómeno, que, por vezes, é apontado como reflectindo a presença de um factor de aquiescência, pode resultar simplesmente da maior semelhança, em termos de significado, dos itens situados dentro do mesmo grupo. Por outro lado, e como já vimos, pode acontecer que a incompatibilidade dos aspectos positivos e negativos da dimensão avaliada não seja tão estrita como se pensa.

Quanto aos estilos de tendência central e de tendência para os extremos, é bastante mais difícil encontrar métodos eficazes de os minimizar. O único método realmente eficaz é o uso de itens dicotómicos, nos quais estes estilos não se podem manifestar, mas já vimos como essa técnica conduz a importantes perdas de informação. **A utilização de escalas de avaliação com números pares de pontos, evitando a presença de uma categoria neutra, é, por vezes, recomendada como forma de evitar a tendência central, mas não resolve o problema, pois este não reside apenas na escolha preferencial da categoria neutra, mas sim numa tendência para responder na zona central da escala. Para além**

disso, este tipo de escalas impede as pessoas cuja posição seja de facto neutra face ao conteúdo do item de manifestarem com rigor essa posição, o que é gerador de um certo grau de erro na medição e pode prejudicar a atitude colaborante destes indivíduos.

Mas, afinal, até que ponto os estilos de resposta influenciam efectivamente de modo relevante os resultados das escalas? A resposta a esta pergunta não se apresenta tão fácil como se poderia pensar, sobretudo devido a uma dificuldade básica em decidir se os resultados encontrados devem ser atribuídos aos estilos ou a respostas genuínas aos conteúdos dos itens. O problema coloca-se mesmo para a desejabilidade social: os dados apontados em apoio da ideia de que esta atitude de resposta exerce um efeito considerável sobre os resultados dos questionários são, na maior parte dos casos, inapelavelmente ambíguos. Por exemplo, verifica-se que, num questionário de personalidade composto por diversas escalas (e.g., o MMPI), a análise factorial permite concluir que um mesmo factor está subjacente a todas as escalas com conteúdo patológico (ou seja, socialmente indesejável), de tal modo que todas elas se correlacionam positivamente. Isto poderá significar que um factor de desejabilidade social está subjacente às respostas dos indivíduos. Aqueles cujas respostas são fortemente determinadas pela desejabilidade social obtêm resultados baixos em todas as escalas patológicas; aqueles que não apresentam esta atitude tenderão a apresentar resultados mais elevados, daqui se originando um certo grau de correlação positiva entre as escalas. Mas, por outro lado, é igualmente possível que exista um verdadeiro factor de "saúde mental geral" que explique, talvez de um modo mais parcimonioso e plausível, estas correlações.

Outro tipo de dados muitas vezes invocados neste contexto é o que resulta da constatação de que, quando é criada nos indivíduos uma forte tendência para responder de acordo com a desejabilidade social (por exemplo, pedindo-lhes para responderem de forma a dar a melhor impressão possível de si próprios), os resultados tendem a ser bastante diferentes daqueles que se verificam em situações normais. Basta, no entanto, pensar um pouco para verificar que este argumento não colhe: o facto de as pessoas darem respostas diferentes quando são instruídas para responder em termos de desejabilidade social não significa que, em condições normais (questionários anónimos, utilizados para fins de investigação sobre questões nas quais os participantes não têm um interesse pessoal), as respostas de uma proporção relevante de indivíduos sejam influenciadas por esse factor. O facto de uma proporção considerável de participantes na experiência clássica de Milgram (Garcia-Marques, 1997) estarem dispostos a administrar choques eléctricos fortes a outras pessoas, quando são pressionados para o fazer por um suposto cientista, não significa que esse seja um tipo de actividade a que esses indivíduos se entregam com frequência no seu dia-a-dia. Estes dados são, portanto, inconsequentes quanto à demonstração do papel da desejabilidade social na maior parte dos questionários.

Outra estratégia, já atrás referida, consiste na elaboração de itens descrevendo características de tal modo positivas que se poderia esperar que praticamente ninguém as pudesse apontar como verdadeiras para si (e.g., "Nunca cheguei atrasado a um encontro"). Se a pessoa concorda com este tipo de afirmações, sobretudo com várias delas, isso é considerado como um sinal de que não estará a ser sincera nas suas respostas. No entanto, há que considerar que esta interpretação poderá não ser a mais correcta em muitos casos. Por exemplo, é perfeitamente possível que algumas pessoas particularmente conscienciosas possam responder com sinceridade no sentido desejável a itens deste tipo. É verdade que terão de ser poucas mas, na prática, verifica-se que a concordância com estes itens é pouco frequente. Assim sendo, estes itens estariam a medir, não a tendência a dar respostas socialmente desejáveis, mas sim a conscienciosidade, e estaríamos, afinal, a chamar mentirosos àqueles respondentes que tudo procuram fazer de modo perfeito (McCrae e Costa, 1983). Para além disso, há ainda que considerar outros tipos de situações que podem levar a uma resposta positiva, dos quais os mais importantes têm a ver com a forma como os itens são interpretados. Se os participantes partirem do princípio de que ninguém poderia, em consciência, responder afirmativamente ao item tal como está formulado, e de que um item a que todas as pessoas respondessem da mesma forma não seria interessante para o investigador, poderiam supor que aquilo que se pretendia realmente perguntar era "*Raramente* chego atrasado a encontros" ou "Nunca cheguei atrasado a um encontro *por minha culpa*". Outra possibilidade seria a de que as ocasiões de atraso por parte do indivíduo tivessem, no passado, sido tão raras que este, na situação de resposta e debaixo de alguma pressão de tempo, não as conseguisse recordar. Isto significa que as respostas a itens deste tipo podem ser determinadas por uma enorme diversidade de factores para além da desejabilidade social, o que ajuda a explicar o facto de estes itens apresentarem, em regra, baixas correlações entre si. O essencial para o nosso interesse é, no entanto, que a presença de um certo número de respostas positivas (ou negativas, consoante a formulação) a este tipo de itens não demonstra a presença da desejabilidade social como factor relevante nas respostas aos questionários.

No caso da aquiescência, a situação é idêntica, ou pior ainda. Os dados apontados em defesa da existência de um factor relevante de aquiescência são geralmente obtidos por intermédio da análise factorial, pelo que a sua discussão não poderá ser exaustiva sem o contributo do Capítulo 6. Digamos aqui apenas que **os dados apontam para a conclusão de que a aquiescência não exerce, na maior parte dos casos e em situações normais, uma influência relevante sobre os resultados dos questionários. Embora existam autores que não aceitam totalmente esta conclusão** (ver Bentler, Jackson e Messick, 1971; resposta de Block, 1971; contra-resposta de Bentler, Jackson e Messick, 1972), ela é assumida pela maior parte dos especialistas, pelo que a investigação sobre os estilos de resposta conheceu, após um grande surto nos anos 50 e 60, um considerável decréscimo no número de investigações publicadas, sobretudo desde o aparecimento do artigo de Rorer (1965).

Existe, no entanto, um pequeno aspecto, muitas vezes ignorado na literatura, mas que me parece merecedor da maior atenção: num estudo sobre a aquiescência realizado em condições controladas de laboratório (Trott e Jackson, 1967), verificou-se que a influência da aquiescência parecia ser muito maior quando o tempo concedido para responder a cada item era limitado. A leitura de outros estudos parece igualmente sugerir que **a aquiescência é mais importante sempre que os participantes não têm uma grande segurança quanto à resposta a dar, o que pode ser devido tanto a limitações de tempo como à ambiguidade dos itens, problemas na sua leitura, escassez de conhecimentos sobre aquilo que é perguntado, ou dificuldades em aceder à informação relevante na memória.** Os estudos realizados com itens propositadamente ambíguos ou isentos de conteúdos demonstram que a aquiescência exerce um efeito considerável nessas situações, mesmo que o grau de aquiescência encontrado não se generalize para outros testes. **As indicações fornecidas nas secções anteriores deste capítulo, no sentido de facilitar ao máximo a tarefa dos inquiridos na resposta aos itens, deverão, portanto, ser também úteis no reduzir do efeito que os estilos de resposta tenham sobre os resultados.**

Em suma, podemos dizer que, apesar da crença muito difundida em contrário e das precauções recomendadas por muitos autores, os dados de investigação actualmente disponíveis sugerem que a influência dos estilos de resposta sobre os resultados dos questionários, a

existir, será negligenciável ou, no máximo, bastante modesta. Isto implica, por seu turno, que o problema dos estilos de resposta não deve preocupar excessivamente os autores de questionários e que o uso de procedimentos destinados a controlá-los (nomeadamente através da inclusão de igual número de itens positivos e negativos) não deve ser considerado obrigatório. Na minha opinião, os itens devem ser elaborados tendo em consideração apenas as características desejáveis no seu conteúdo (legibilidade, clareza, etc) e formulados no sentido positivo ou negativo, consoante aquilo que torne mais fácil o alcançar desses objectivos. Por outras palavras, a utilização de itens formulados em sentidos opostos não deve ser tida como um objectivo em si, mas é importante que essa possibilidade não seja ignorada, uma vez que pode possibilitar a avaliação de certos aspectos do conceito, que itens homogéneos em termos de direcção de cotação poderiam ignorar. **Quando da selecção dos itens para a forma final, esta deve atender apenas à correlação item-total (ou a outros índices que veremos no próximo capítulo) aceitando qualquer proporção relativa de itens positivos e negativos que daí resulte e examinando cuidadosamente o conteúdo dos itens quando os resultados não sejam satisfatórios, de modo a tentar identificar uma razão para isso e a obter pistas para a reformulação dos itens, de modo a tentar ultrapassar o problema.**

É essencial, no entanto, estar atento a que esta recomendação se aplica aos estilos de resposta, e não às atitudes de resposta, tal como foram atrás definidas. É evidente que estas últimas podem afectar de forma sensível os resultados dos questionários (mesmo que não exista nos indivíduos nenhuma tendência para responder consistentemente, em todas as situações, com uma mesma atitude), e o investigador deve colocar todo o cuidado em as controlar, sobretudo nas situações em que elas possam ser mais relevantes, utilizando para isso os recursos atrás apontados.

A tradução de questionários

Uma das razões mais frequentemente apontadas para o suposto atraso de muitas das áreas de investigação nas ciências do comportamento é a de que o acumular dos resultados é dificultado pelo uso de uma grande diversidade de instrumentos de medida. Com efeito, muitos dos investigadores preferem desenvolver as suas próprias técnicas de medida, em vez de utilizar as que foram propostas por outros autores e, no caso dos questionários, esta prática é por demais frequente. Muitas vezes, a decisão é motivada por discordâncias relativamente ao modo como os outros autores conceptualizaram ou definiram o fenómeno em estudo, ou quanto ao procedimento seguido na construção do questionário. Noutras, porém, não se vislumbram questões que não passem por desejo de protagonismo, obstinação, ou simples falta de conhecimento dos trabalhos anteriores na mesma área. Por isso, **é do maior interesse encorajar os investigadores a considerar a possibilidade de utilizarem instrumentos desenvolvidos por outros, proporcionando assim não só um concentrar de esforços que poderá conduzir a uma melhoria significativa da qualidade de versões futuras dos questionários, mas também a possibilidade de comparação directa dos resultados obtidos em diferentes amostras, facilitando a acumulação de conhecimentos que caracteriza o avanço da ciência.**

Esta secção final será, portanto, dedicada aos procedimentos a seguir quando se pretenda utilizar questionários propostos por outros autores, sobretudo no caso de questionários em língua estrangeira, dado o seu maior número, a sua presumível melhor qualidade quando desenvolvidos por autores conceituados e, sobretudo, as dificuldades técnicas adicionais colocadas pela necessidade de os traduzir. O título desta secção deve-se justamente ao facto de ela se ocupar, na sua maior parte, do problema da tradução.

Para começar, parece-me importante salientar algumas questões éticas que se colocam nestes casos. Quando um investigador elabora um questionário, assistem-lhe os respectivos direitos de autor. Embora, na maior parte das situações e com questionários desenvolvidos para fins de investigação, a questão não se coloque em termos de pagamento de qualquer quantia[35], **o pedido de autorização ao autor constitui uma norma**

---

[35] Pode, no entanto, colocar-se se o questionário foi desenvolvido a pensar em aplicações à prática profissional de psicólogos, psiquiatras, educadores ou outros. Existem empresas especializadas na edição de instrumentos de avaliação psicológica que, naturalmente, vendem os seus produtos por uma determinada quantia. Algumas delas poderão cedê-los gratuitamente ou por uma importância inferior se a utilização pretendida for exclusivamente de investigação. Isto acontece porque o uso dos questionários em investigações, sobretudo se os resultados forem posteriormente publicados, ajuda a publicitar o instrumento entre os seus potenciais utilizadores e a acumular dados sobre as suas qualidades, o que aumenta a sua credibilidade. A cedência gratuita, pelo menos de um certo número de exemplares ou por um certo período de tempo, é ainda mais provável quando o investigador se propõe traduzir o questionário. Neste caso, a disponibilidade do questionário em mais uma língua abre à empresa um novo mercado no qual o poderá comercializar.

ética fortemente recomendável, mesmo nos casos em que o questionário tenha sido publicado na íntegra ou em que toda a informação necessária para o utilizar esteja disponível por outro meio. Para além de colocar o novo utilizador ao abrigo de quaisquer acções legais eventualmente movidas pelo autor (coisa improvável no nosso país mas não noutros), **este pequeno cuidado tem importantes vantagens práticas.** É possível, por exemplo, que já exista uma tradução para a nossa língua (se é disso que se trata) feita por um outro investigador. Caso este tenha também pedido a autorização ou, pelo menos, dado conhecimento do seu trabalho ao autor, este poderá facultar-nos desde logo a tradução, ou pôr-nos em contacto com o colega que fez esse trabalho. A prática frequente de não comunicar aos autores a realização da tradução leva muitas vezes a que diferentes autores portugueses, por exemplo, utilizem diferentes traduções de um mesmo questionário de origem norte-americana, o que, para além do desperdício de trabalho e tempo, torna mais difícil encontrar uma explicação clara para as eventuais diferenças entre os resultados obtidos nos diferentes estudos. Uma segunda vantagem tem a ver com a possibilidade de o autor poder fornecer-nos informações adicionais: talvez uma versão mais recente e aperfeiçoada, ainda não publicada; talvez os resultados de algumas investigações recentes ou mesmo uma lista de bibliografia disponível sobre o questionário, poupando-nos o trabalho de a localizar e o risco de não o conseguirmos, etc. Uma terceira vantagem relaciona-se com o interesse que o próprio autor do questionário tem em que este possa ser utilizado na maior variedade possível de contextos e em recolher o máximo de informação sobre os resultados que ele fornece. Regra geral, o autor solicita que lhe seja enviado um relatório da investigação realizada, um exemplar das publicações a que ela deu origem (se estão numa língua que lhe seja acessível) ou, pelo menos, uma súmula dos resultados obtidos. É natural que, se os resultados lhe merecerem crédito, o autor do questionário, normalmente um investigador mais conceituado, queira referi-los em publicações futuras da sua autoria, dando assim também um forte contributo para a divulgação do trabalho do autor da tradução. Finalmente, é possível que o autor do questionário se prontifique a prestar alguma forma de apoio ou aconselhamento técnico. Nos casos em que o questionário não se encontra publicado na íntegra, apresentando os relatórios das investigações apenas alguns itens exemplificativos e, eventualmente, a indicação de que o questionário completo poderá ser obtido junto do autor, a utilidade desse contacto não carece de explicações. O pedido de autorização, ou pelo menos um esforço razoável (e documentado) para localizar

A *elaboração do questionário*

o autor, caso isso se revele difícil, devem, no entanto, ser considerados como uma regra a seguir em todos os casos.

Escusado será dizer que, caso o autor ou a entidade que distribui o questionário exijam algum compromisso por parte do utilizador, este deve ser escrupulosamente respeitado. Caso não se possa ou pretenda fazê-lo, o acordo de cedência não deve ser aceite, e deve procurar-se (ou construir) um questionário alternativo. Possíveis compromissos poderão ser: não fornecer cópias do questionário a nenhuma outra pessoa; tomar todas as precauções para evitar a sua divulgação acidental; não o utilizar para fins lucrativos; não o utilizar para nenhum outro estudo sem uma autorização adicional específica; não utilizar mais do que um determinado número de exemplares, etc. Este tipo de compromissos é mais frequente quando uma editora decide ceder gratuitamente ou por uma quantia módica um dos questionários que comercializa, assumindo muitas vezes mesmo um carácter de contrato formal. São raros quando se trata de instrumentos concebidos apenas para investigação.

Resolvidas as questões de autorização, passa-se ao processo de tradução propriamente dito (ver também van de Vijver e Hambleton, 1996). Aqui, **escusado será também dizer que é essencial manter o mais possível o sentido original dos itens. O objectivo é o de conseguir no maior número possível de itens uma tradução literal mas, nos casos em que isso não seja possível, ou em que uma tradução literal poderia distorcer o sentido do item (caso de expressões idiomáticas, por exemplo) ou, ainda, em que a tradução literal resultaria num item ambíguo, estranho ou difícil de compreender, não há que hesitar em fazer as modificações que se afigurem necessárias. O maior problema reside na necessidade de alcançar ao mesmo tempo dois objectivos: manter rigorosamente o significado do item original e obter um item que não apresente grandes problemas do tipo dos que foram apontados ao longo deste capítulo** (ambiguidade, dificuldades de leitura, etc). Embora o trabalho de tradução seja, em princípio, facilitado se os itens originais já apresentavam estas qualidades, é quase fatal que surjam, entre outros, problemas derivados de conflitos entre estes dois princípios. Naturalmente, nem todos resolveriam da mesma forma esses problemas, pelo que é inevitável que as traduções tenham o cunho pessoal de quem as realizou, do mesmo modo que o questionário original terá o cunho pessoal do seu autor ou autores. Não resulta daí, necessariamente, qualquer mal.

Escusado seria também dizer que **a realização de uma tradução, qualquer que ela seja, exige um domínio bastante aprofundado da** língua utilizada no original, sem o que a probabilidade de interpretar incorrectamente os itens e, portanto, de os traduzir também incorrectamente, será grande. **Para além disso, um conhecimento adequado das variáveis ou conceitos que o questionário pretende avaliar facilita também a percepção daquilo que é essencial na formulação utilizada pelo autor e, portanto, a sua manutenção tão rigorosa quanto possível na versão traduzida. Por estas razões, e se o investigador tiver lacunas no seu conhecimento da língua, não deverá hesitar em pedir a colaboração de uma pessoa mais versada nesse campo. Não é, no entanto, recomendável entregar por completo a tradução a um tradutor profissional, ou a outra pessoa que não domine as questões essenciais nessa área de investigação. A falta de conhecimentos sobre aquilo que se pretende saber com as diversas perguntas pode resultar em traduções formalmente correctas mas inadequadas para o fim que se pretende.** Também não é conveniente confiar numa mera revisão a posteriori da tradução pelo investigador. É essencial que o especialista da língua e o especialista da investigação trabalhem em conjunto e possam discutir as diversas questões que se vão colocando.

Um procedimento essencial para verificar a preservação do sentido é o da retroversão independente. Significa isto pedir a uma ou mais pessoas que, a partir da tradução, procurem reconstituir o original. É óbvio que essas pessoas não poderão ter tido contacto com o original, donde a palavra "independente". Não há, porém, inconveniente em que sejam pessoas com conhecimentos na área de investigação a que o questionário se refere, ou pelo menos com alguns conhecimentos sobre construção de questionários. **O ideal seria que se tratasse de pessoas cuja língua materna fosse a da versão original do questionário,** mas isso nem sempre é fácil de conseguir e não é absolutamente indispensável. **É claro que esta retroversão poucas vezes repõe os itens exactamente na sua forma original. Na maior parte dos casos, e se a tradução foi adequada, tratar-se-á de discrepâncias menores ou meramente formais** (e.g., troca por sinónimos, omissão de artigos ou preposições) derivados de hábitos particulares de expressão por parte do tradutor ou do retroversor; noutros, de diferenças resultantes da necessidade de reformular o item devido às razões atrás mencionadas; noutras ainda, de distorções de sentido ocorridas num ou noutro processo. Em qualquer caso, **é necessário que os tradutores e retroversores em conjunto confrontem todas as versões (original, tradução e retroversão) e discutam as suas divergências até chegarem a uma solução consensual, tendo**

A elaboração do questionário 231

sempre em conta os dois grandes princípios atrás referidos: preservação do sentido dos itens originais e obtenção de itens com características adequadas na versão traduzida. A primeira possibilitará ao autor controlar em que medida o significado original do item foi mantido e pronunciar-se sobre as modificações que foram feitas. Para isso, é conveniente explicar ao autor as razões pelas quais se decidiu proceder a alterações na redacção dos itens. A segunda permite-lhe facultar a tradução a outros investigadores que a pretendam utilizar.

Uma vez concluído este processo, fará todo o sentido remeter ao autor original a retroversão ou retroversões, bem como o produto final da tradução. A primeira possibilitará ao autor controlar em que medida o significado original do item foi mantido e pronunciar-se sobre as modificações que foram feitas. Para isso, é conveniente explicar ao autor as razões pelas quais se decidiu proceder a alterações na redacção dos itens. A segunda permite-lhe facultar a tradução a outros investigadores que a pretendam utilizar.

Os problemas da tradução não se esgotam, no entanto, nos itens. As instruções e as definições associadas às escalas de avaliação merecem cuidados semelhantes, bem como o aspecto gráfico, que se deve procurar manter tanto quanto possível semelhante ao original. Um problema delicado coloca-se quando se encontram aspectos nos quais o questionário está, aparentemente, mal concebido. Refiro-os aqui porque, na minha experiência de tradução de questionários, o problema se coloca em relação às instruções com mais frequência do que para qualquer outro elemento do questionário. No caso dos itens ou das escalas de avaliação, é sempre possível aguardar pelos resultados e verificar depois se a formulação aparentemente inadequada se reflecte nas propriedades psicométricas (e.g., uma baixa correlação com o total). Quando as instruções são pouco claras ou ambíguas, porém, ou quando o arranjo gráfico parece ser de molde a induzir os respondentes em erro, a situação é mais grave, pois pode invalidar por completo os resultados de toda uma amostra, por vezes difícil de conseguir ou mesmo insubstituível. **Como proceder nestes casos? Como habitualmente, não existem regras absolutas, mas apenas procedimentos aconselháveis.**

Em primeiro lugar, realizar algumas aplicações-piloto de modo a poder avaliar se o problema se põe na prática. A realização de aplicações-piloto é sempre recomendável, mesmo quando se trata de traduções ou adaptações, embora nestes casos não seja tão indispensável como quando o questionário é original. **Se, depois deste ensaio, o problema for considerado significativo, o procedimento mais recomendável é o de delinear as alterações julgadas necessárias, eventualmente testá-las em novas aplicações-piloto, e submetê-las à consideração do autor, explicando-as ou mesmo traduzindo-as,** e usando de uma cuidadosa diplomacia. Na quase totalidade dos casos, se se tratar apenas de especificar certos aspectos das instruções, este dará a sua concordância, mesmo que considere as alterações desnecessárias. **Se não concordar, ficaremos perante uma decisão difícil: ou utilizar o questionário tal como está, aceitando as suas imperfeições, ou procurar ou construir outro. Seja como for, não é ético modificar um questionário contra a opinião do seu autor ou sem o seu conhecimento.** A única excepção ocorre quando não é possível contactar o autor após esforços razoáveis, ou se este já faleceu e nenhum dos seus colaboradores "herdou" claramente o controlo sobre o questionário. Nestes casos, é permissível fazer as alterações julgadas necessárias, desde que sejam explicitamente referidas quando da apresentação dos resultados.

5 – A precisão[36]

Se existe algo com o qual podemos sempre contar, para além da morte e dos impostos, é com a variabilidade dos resultados dos processos de medição. Em todas as ciências este fenómeno é conhecido e o uso de medições repetidas constitui a regra para o enfrentar. Mas também em campos não científicos a variabilidade do comportamento constitui um facto omnipresente: os atletas, nadadores, etc, obtêm marcas variáveis de um dia para o outro ou de uma tentativa para outra; os professores têm dias em que as suas aulas resultam melhores do que noutros; os autores de questionários nem sempre redigem itens igualmente bons! Se, na vida quotidiana, podemos viver com este facto sem que ele nos incomode demasiado, a sua presença constitui um elemento perturbador quando se trata de efectuar avaliações e de fundamentar decisões ou teorias sobre elas. Como afirmar que uma dada variável tem o valor X, se esse valor parece flutuar constantemente? Veremos adiante algumas soluções propostas para este problema, mas basta-nos, por enquanto, reter que **os resultados fornecidos por um instrumento de medida (questionário ou outro) são *precisos* ou *fiáveis* quando variam relativamente pouco de uma ocasião ou contexto para outro.** Nesta secção iremos ocupar-nos dos princípios e técnicas utilizadas na avaliação do grau em que se verifica essa variabilidade.

A *teoria clássica do erro*

Esta teoria constitui a base sobre a qual se apoiaram até há algumas décadas e, em larga medida, continuam a apoiar-se hoje, as formulações teóricas e matemáticas no estudo da precisão. **O postulado fundamental desta teoria é o de que o resultado de uma qualquer medição é deter-**

---

[36] Este conceito, tal como outros em Psicologia, tem sido objecto das mais variadas denominações em Português, correspondendo à palavra inglesa *reliability*. Outras traduções frequentes são, por exemplo, *fiabilidade, garantia, fidelidade, fidedignidade,* etc.

minado por dois factores: o resultado verdadeiro e o erro de medição. Este postulado pode ser expresso matematicamente através da seguinte fórmula:

$$R = Rv + e, \tag{21}$$

em que R é o resultado observado, Rv o resultado verdadeiro e e o erro de medição. **Como é evidente, o resultado verdadeiro nunca pode ser determinado com absoluta certeza, pois não é possível realizar uma medição isenta de erro. O que se pretende é que este resultado verdadeiro possa ser estimado com um razoável grau de precisão, o que implica que o peso do erro seja reduzido. Esse peso do erro pode ser determinado desde que se aceitem certos pressupostos da teoria clássica do erro.**

O pressuposto fundamental é o de que os erros de medição são totalmente aleatórios, ou seja, não estão associados de modo sistemático a nenhuma outra variável. Se este pressuposto se verificar, irão também verificar-se uma série de outros, essenciais para os princípios e procedimentos adiante expostos. O primeiro é o de que os erros têm uma distribuição simétrica. Por outras palavras, há igual probabilidade de o erro se dar no sentido positivo (o resultado observado ser mais elevado do que o resultado verdadeiro), ou no sentido negativo (o resultado observado ser inferior ao verdadeiro). O que nos leva, por sua vez, à possibilidade de prever que, se for efectuado um elevado número de medições de uma mesma variável, os erros tenderão a anular-se, ou seja, a sua média tenderá para zero. Pressupondo que o resultado verdadeiro não se altera no decurso dessas medições, a média dos resultados observados terá tendência a aproximar-se do resultado verdadeiro. Assim, e se fosse efectuado um número infinito de medições, seria possível escrever:

$$\overline{R} = \overline{Rv} + \overline{e} = \overline{Rv} + 0 = Rv \tag{22}$$

É esta a razão pela qual os questionários com um maior número de itens tendem a fornecer resultados mais precisos. Mas existem ainda outras consequências importantes do pressuposto da aleatoriedade dos erros. O mais relevante para a avaliação da precisão é o da independência entre o resultado verdadeiro e o erro. Em termos matemáticos, isto significa que a correlação entre o resultado verdadeiro e o erro,

calculada ao longo de uma série de medições para a mesmo pessoa ou para pessoas diferentes, será de zero. Isto abre-nos, como veremos, a possibilidade de desenvolver um método matemático de avaliação do peso relativo do erro no resultado verdadeiro.

Para isso, recordemos o conceito de *variância*, referido no capítulo anterior (pág. 81) e **que constitui uma medida de variabilidade ou dispersão de um conjunto de dados, correspondente à média do quadrado da diferença entre cada valor e a média de todos os valores. Esta medida tem, entre outras propriedades, uma que é particularmente útil para o nosso interesse no momento: se duas variáveis apresentam uma correlação nula entre si, a variância da sua soma é igual à soma das suas variâncias.** O que é expresso matematicamente do seguinte modo:

$$S^2_{A+B} = S^2_A + S^2_B \tag{23}$$

Esta propriedade é consequência da utilização dos quadrados dos valores dos desvios em vez do seu valor absoluto, por razões matemáticas que não desenvolverei aqui, e constitui uma das principais vantagens da variância enquanto medida de dispersão. **Esta aditividade simples só se verifica, no entanto, quando a correlação entre as variáveis é nula. O que acontecerá quando isso não acontece?** A aplicação de alguma álgebra elementar permite resolver o problema sem dificuldade. Vejamos: a média de uma variável obtida por soma de outras duas é igual à soma das suas médias:

$$X = A + B \Rightarrow \overline{X} = \overline{A} + \overline{B} \tag{24}$$

Recordemos, então, a fórmula da variância, e substituamos X por $A+B$:

$$S^2_{A+B} = \frac{\sum \left[(A+B) - \left(\overline{A} + \overline{B} \right) \right]^2}{N} \tag{25}$$

Eliminando os parêntesis interiores e reorganizando os termos, obtém-se:

$$S^2_{A+B} = \frac{\sum \left[(A+B) - \left(\overline{A} + \overline{B} \right) \right]^2}{N} = \frac{\sum \left(A + B - \overline{A} - \overline{B} \right)^2}{N} = \frac{\sum \left[\left(A - \overline{A} \right) + \left(B - \overline{B} \right) \right]^2}{N} \tag{26}$$

Desenvolvendo o quadrado de uma soma, chega-se à fórmula que nos interessa:

$$S^2_{A+B} = \frac{\sum\left[\left(A - \overline{A}\right) + \left(B - \overline{B}\right)\right]^2}{N} =$$

$$\frac{\sum\left(A - \overline{A}\right)^2 + \left(B - \overline{B}\right)^2 + 2\left(A - \overline{A}\right)\left(B - \overline{B}\right)}{N} =$$

$$\frac{\sum\left(A - \overline{A}\right)^2}{N} + \frac{\sum\left(B - \overline{B}\right)^2}{N} + 2\frac{\sum\left(A - \overline{A}\right)\left(B - \overline{B}\right)}{N}.$$

(27)

Dito de outro modo, a variância da soma de duas variáveis equivale à soma da variância de cada uma delas com o dobro de uma outra grandeza, denominada *covariância* **entre as duas variáveis.** Em forma abreviada, pode, portanto, escrever-se que:

$$S^2_{A+B} = S^2_A + S^2_B + 2S_{AB}$$

(28)

A covariância (representada simbolicamente por S_{AB}) corresponde à média dos produtos dos desvios nas duas variáveis. É semelhante à variância no sentido em que esta corresponde à média do resultado da multiplicação do desvio por si próprio (elevação ao quadrado), enquanto a covariância se obtém multiplicando o desvio, não por si próprio, mas pelo que se verificou, para a mesma observação, na outra variável. A fórmula correspondente será, portanto:

$$S_{AB} = \frac{\sum\left(A - \overline{A}\right)\left(B - \overline{B}\right)}{N}$$

(29)

A covariância é também importante para os nossos propósitos, por estar na base de uma outra medida essencial e já nossa conhecida, a *correlação***. Esta é obtida, na sua forma "canónica", dividindo a covariância pelo produto dos desvios-padrões das duas variáveis.** A sua fórmula é, portanto, a seguinte:

$$r_{AB} = \frac{S_{AB}}{S_A S_B} = \frac{\dfrac{\sum (A - \overline{A})(B - \overline{B})}{N}}{\sqrt{\dfrac{\sum (A - \overline{A})^2}{N}} \sqrt{\dfrac{\sum (B - \overline{B})^2}{N}}} = \frac{\sum (A - \overline{A})(B - \overline{B})}{\sqrt{\sum (A - \overline{A})^2} \sqrt{\sum (B - \overline{B})^2}}$$

$$(30)$$

Antes de prosseguirmos com o problema da avaliação do peso do erro nas medições, permitam-me que introduza ainda um outro conceito, o de variável *padronizada*[37]. Significa esta expressão tão somente que a variável foi transformada de tal modo que a sua média passou a ser 0 (zero) e o seu desvio-padrão (e variância) passou a ser 1. A forma de conseguir esta transformação é simples. Consideremos a variável cujos valores estão representados na coluna da esquerda do Quadro 10. Um cálculo simples permite obter os valores da média e do desvio-padrão. Para que a média passe a ser de 0, basta subtrair a cada um dos valores a média calculada. Para tornar o desvio-padrão igual a 1, os valores obtidos nessa subtracção são divididos pelo desvio-padrão inicialmente calculado. A fórmula para obtenção de resultados padronizados será, portanto:

$$Z_X = \frac{X - \overline{X}}{S_X}$$

$$(31)$$

Os resultados padronizados são, convencionalmente, representados pela letra Z. A sua utilidade situa-se a dois níveis. O primeiro é o da comparação de resultados obtidos em instrumentos diferentes: suponhamos duas escalas, uma com 12 itens e escalas de avaliação de 5 pontos, e outra com 20 itens (diferentes dos da outra escala) com escalas de 9 pontos, mas que medem a mesma variável. Uma pessoa responde à primeira e obtém um resultado de 32, outra responde à segunda e obtém um resultado de 57. Será possível tentar saber qual das pessoas se situa num nível mais elevado na variável subjacente?[38] A impossibilidade de

---

[37] Também se utiliza com frequência o termo *standardizado*, num aportuguesamento directo da palavra inglesa *standardized*, mas trata-se de um termo menos correcto em Português.

[38] Uma possibilidade seria a de usar não a soma mas a média dos resultados nos diversos itens, compensando assim o facto de o seu número ser diferente, mas isso não resolve o problema da diferença no número de pontos nas escalas de avaliação. Esse aspecto poderia ser controlado dividindo a média dos itens pelo número de pontos nas

Quadro 10 - Cálculo dos resultados padronizados para uma variável.

X	$X - \overline{X}$	$\dfrac{X - \overline{X}}{S_X}$
12	4	1,33
11	3	1
5	-3	-1
6	-2	-0,67
5	-3	-1
12	4	1,33
5	-3	-1
8	0	0
$\overline{X} = 8$	$\overline{X} = 0$	$\overline{X} = 0$
$S_x = 3$	$S_x = 3$	$S_x = 1$

uma resposta directa a esta questão foi já atrás referida (página 91 e seguintes) como uma das principais limitações do modelo aditivo. Uma das soluções apontadas na altura foi a do recurso à comparação com uma amostra de referência, tendo sido mencionado o uso dos percentis como forma de situar a pessoa face a essa amostra. Ignorando agora os problemas conceptuais desta estratégia, importa apenas referir o uso dos resultados Z (padronizados) como método alternativo ao dos percentis e apresentando algumas importantes vantagens sobre estes.

O procedimento consiste na determinação, na mesma amostra (de preferência) ou em amostras que possam ser consideradas equivalentes, da média e desvio-padrão dos resultados de cada uma das escalas. Os resultados (chamados, neste caso, "brutos") são então transformados em resultados padronizados utilizando a fórmula atrás apresentada. Supondo que os valores da média e do desvio-padrão eram, para as duas escalas, de 30,4 e 6,2, e de 67,4 e 10,7, respectivamente, obtemos, para o primeiro indivíduo, o resultado:

$$z = \frac{32 - 30,4}{6,2} = 0,26$$

(32)

---

escalas de avaliação e exprimindo o resultado em termos da posição média do indivíduo em relação à dimensão constituída por cada escala de avaliação. Mas a suposta equivalência dos resultados afigura-se indefensável quando se leva em conta que os itens são diferentes. Que os indivíduos se situem ambos, em média, num ponto situado a 2/3 da escala de avaliação não garante que os seus níveis na variável subjacente sejam idênticos, pois duas respostas idênticas têm significados completamente diferentes se são dadas a itens diferentes.

e, para o segundo indivíduo:

$$z = \frac{57 - 67,4}{10,7} = -0,97 \tag{33}$$

Verifica-se, portanto, que o segundo indivíduo, embora obtendo um resultado bruto superior, se encontra provavelmente num nível inferior da variável subjacente, pois o seu resultado situa-se quase um desvio-padrão abaixo da média obtida na amostra de referência, enquanto que o resultado do primeiro se encontra cerca de 1/4 de desvio-padrão acima da média.

Voltaremos a falar de resultados padronizados no capítulo final, a propósito das formas de apresentação e utilização dos resultados dos questionários. Por agora, concentremo-nos na segunda utilidade dos resultados padronizados: a simplificação das fórmulas e dos cálculos no desenvolvimento de muitos princípios e aplicações estatísticas de tipo paramétrico, como é o caso das que nos ocupam aqui a propósito da avaliação da precisão. Vejamos, por exemplo, o caso da correlação, cuja fórmula foi apresentada na equação 30 (página 237). Se os resultados forem padronizados antes de serem introduzidos na fórmula, o denominador desaparece, porque ambos os desvios-padrões são iguais a 1. A subtracção da média também se torna desnecessária, porque esta é agora de 0. Por isso, é possível escrever simplesmente:

$$r_{XY} = \sum z_X z_y \tag{34}$$

Por outras palavras, o cálculo da correlação fica limitado à soma dos produtos das duas variáveis, calculados pessoa a pessoa. Concluída esta pequena digressão, necessária para introduzir alguns conceitos estatísticos indispensáveis para a compreensão do que se segue, retomemos a sequência da exposição. Dissemos atrás que qualquer resultado é constituído pela soma de duas variáveis hipotéticas, não observadas directamente: o resultado verdadeiro e o erro de medição (equação 21, página 234). Por outro lado, a equação 27 (página 236) indica-nos como determinar a variância de uma soma. É, portanto, possível escrever:

$$R = Rv + e \Rightarrow S_R^2 = S_{Rv}^2 + S_e^2 + 2S_{Rve} \tag{35}$$

Mas como, de acordo com os pressupostos da teoria clássica do erro, a correlação entre o resultado verdadeiro e o erro é nula, a sua covariância será também nula, pelo que podemos escrever simplesmente:

$$S_R^2 = S_{Rv}^2 + S_e^2. \tag{36}$$

Ou seja, em termos verbais, **a variância de um conjunto de resultados corresponde à soma da variância dos resultados verdadeiros com a variância dos erros. Esta fórmula fornece-nos, portanto, um método matemático rigoroso para determinar o peso do erro na avaliação: a proporção que lhe é atribuível na variância total dos resultados. Mas isto não nos resolve ainda o problema de determinar, num caso concreto, qual é essa proporção. Suponhamos, então, que obtemos, para uma dada variável, duas medidas paralelas. Chamam-se medidas paralelas de uma variável aquelas que reflectem uma mesma variável subjacente (ou seja, o mesmo resultado verdadeiro), adicionada a erros com a mesma variância.** Em linguagem matemática, diríamos que:

$$R = Rv + e, \tag{37}$$

$$R' = Rv + e' \tag{38}$$

e

$$S_e^2 = S_{e'}^2. \tag{39}$$

Exemplos de medidas paralelas são, por exemplo, avaliações repetidas da mesma variável. Suponhamos que pretendemos avaliar a precisão da medida da variável "salto em comprimento". Cada um dos indivíduos que compõem a amostra será solicitado a saltar duas vezes. A extensão do primeiro salto constituirá a nossa variável R, a do segundo salto será R'. Supondo que a aptidão subjacente para o salto não se alterou de uma ocasião para a outra e que os factores aleatórios que influenciam o resultado permanecem idênticos de uma situação para outra, podemos dar os nossos pressupostos por verificados.

Suponhamos, agora, que calculamos a correlação entre as duas medidas paralelas, depois de as termos padronizado (eliminamos as letras Z

para simplificar a fórmula). Recordando a fórmula da correlação, podemos escrever:

$$r_{RR'} = \frac{S_{RR'}}{S_R S_{R'}} \tag{40}$$

Decompondo o resultado em resultado verdadeiro e erro, obtém-se:

$$r_{RR'} = \frac{S_{RR'}}{S_R S_{R'}} = \frac{\dfrac{\sum RR'}{N}}{S_R S_{R'}} = \frac{\dfrac{\sum (Rv+e)(Rv+e')}{N}}{S_R S_{R'}} =$$

$$= \frac{\dfrac{\sum (Rv^2 + Rve + Rve' + ee')}{N}}{S_R S_{R'}} = \frac{S_{Rv}^2 + S_{Rve} + S_{Rve'} + S_{ee'}}{S_R S_{R'}}. \tag{41}$$

Uma vez que, de acordo com a teoria clássica do erro, a covariância (e a correlação) entre os erros, e entre estes e os resultados verdadeiros, é nula, os três últimos termos do numerador desaparecem. Uma vez que os desvios-padrões das medidas paralelas são idênticos (porque os resultados verdadeiros são os mesmos, e os erros têm igual variância), podemos escrever:

$$r_{RR'} = \frac{S_{Rv}^2 + S_{Rve} + S_{Rve'} + S_{ee'}}{S_R S_{R'}} = \frac{S_{Rv}^2}{S_R^2} \tag{42}$$

Em linguagem corrente, isto significa que **a correlação entre duas medidas paralelas da mesma variável corresponde à proporção entre a variância dos resultados verdadeiros e a dos resultados totais. Por outras palavras, esta correlação fornece-nos directamente a proporção da variância total que é atribuível aos resultados verdadeiros.** Se duas medidas paralelas de uma mesma variável apresentam entre si uma correlação de 0,8, por exemplo, isto significa que 80% da variância dos resultados de cada uma delas corresponde à variância dos resultados verdadeiros e 20% à variância de erro. Por isso, **a este valor da correlação entre medidas paralelas dá-se o nome de** *coeficiente de precisão.*

242 *Questionários: Teoria e prática*

A partir desta fórmula, é relativamente fácil determinar a correlação entre os resultados da escala e os resultados verdadeiros na variável:

$$r_{RRv} = \frac{S_{RRv}}{S_R S_{Rv}} = \frac{\frac{\sum (Rv+e)Rv}{N}}{S_R S_{Rv}} = \frac{\frac{\sum Rv^2 + Rve}{N}}{S_R S_{Rv}} = \frac{S_{Rv}^2 + S_{Rve}}{S_R S_{Rv}} = \frac{S_{Rv}^2}{S_R S_{Rv}} = \frac{S_{Rv}}{S_R} = \sqrt{\frac{S_{Rv}^2}{S_R^2}} = \sqrt{r_{RR'}}$$

$$(43)$$

Em linguagem corrente, diríamos, portanto, que **a correlação entre os resultados observados e os verdadeiros será igual à raiz quadrada do coeficiente de precisão. Esta fórmula é importante ainda por uma outra razão: uma medida não pode correlacionar com nenhuma outra a um nível superior àquele em que correlaciona com o resultado verdadeiro que lhe está subjacente, ou seja, nunca poderá apresentar uma correlação superior à raiz quadrada do seu coeficiente de precisão**[39]. Por exemplo, uma escala cujos resultados apresentem uma precisão de 0,8 não poderá nunca apresentar uma correlação superior a 0,894 com nenhuma outra escala ou variável. Isto é intuitivamente compreensível se pensarmos que a proporção da variância observada que é devida ao factor de erro não pode contribuir para a correlação porque, sendo totalmente aleatória, tende a apresentar uma correlação de zero com qualquer outra variável. Só a componente de resultado verdadeiro pode ser responsável pela correlação. Mas, como nenhuma variável pode correlacionar com outra a um nível superior àquele a que correlaciona consigo própria (+1), deduz-se daí que nenhuma variável observada pode correlacionar com outra mais do que correlaciona com o resultado verdadeiro que lhe está subjacente.

Esta conclusão permite-nos, por sua vez, obter outra: a correlação entre duas escalas será máxima quando lhes estão subjacentes os mesmos resultados verdadeiros, ou seja, quando os resultados verdadeiros de uma e de outra correlacionarem ao nível de 1. É possível demonstrar matematicamente que, quando a correlação entre duas variáveis é determinada pelo facto de ambas estarem correlacionadas com uma terceira, a correlação entre elas será igual ao produto da correlação de cada uma delas com a terceira variável. No nosso caso, isto significa que **duas escalas que tenham subjacentes os mesmos resultados verdadeiros irão correlacio-**

---

[39] Salvo em raríssimos casos, atribuíveis a flutuações aleatórias, e que poderão ocorrer sobretudo se as amostras incluírem um pequeno número de indivíduos.

A precisão 243

nar entre si a um nível que corresponde ao produto da correlação de cada uma com esse resultado verdadeiro, ou seja, ao produto das raízes quadradas dos seus coeficientes de precisão. Designando essas duas escalas por A e B, e os seus coeficientes de precisão respectivamente por $r_{AA'}$ e $r_{BB'}$, teremos, então:

$$r_{AB} = r_{ARv} r_{BRv} = \sqrt{r_{AA'}}\sqrt{r_{BB'}} = \sqrt{r_{AA'} r_{BB'}} \tag{44}$$

Assim, suponhamos que as duas escalas têm coeficientes de precisão de, respectivamente, 0,8 e 0,9. Se os resultados verdadeiros que lhes estão subjacentes forem os mesmos, a sua correlação será:

$$r_{AB} = \sqrt{r_{AA'} r_{BB'}} = \sqrt{0,8 \times 0,9} = \sqrt{0,72} = 0,85 \tag{45}$$

Pelos motivos atrás explicados, duas escalas com estes níveis de precisão nunca poderão apresentar entre si uma correlação superior a esta, salvo flutuações aleatórias atribuíveis à amostragem. Mas esta fórmula abre-nos ainda outras possibilidades: conhecendo o coeficiente de precisão dos resultados de uma e outra escala e podendo calcular a partir daí a correlacão que se verificaria entre eles caso a correlação entre os resultados verdadeiros fosse perfeita, é possível, partindo de um valor observado para a correlação numa dada amostra, obter uma estimativa do valor da correlação entre os resultados verdadeiros (não observáveis). Por outras palavras, **é possível estimar a correlação que teria sido obtida caso os resultados de uma e outra escala fossem perfeitamente fiáveis, ou seja, tivessem ambos um coeficiente de precisão igual a 1.** Assim, sabemos que, quando dois conjuntos de resultados apresentam, respectivamente, uma precisão de 0,8 e 0,9, e a correlação entre os resultados verdadeiros é de 1, a correlação entre os resultados observados é de 0,85. Se a correlação entre os resultados verdadeiros fosse apenas de 0,5, a correlação obtida seria também reduzida a metade, ou seja, seria de 0,42. A fórmula geral para estes casos é:

$$r_{AB} = r_{(Rv_A Rv_B)}\sqrt{r_{AA'} r_{BB'}} \tag{46}$$

Ou seja, a correlação entre os resultados de duas escalas equivale à correlação entre os resultados verdadeiros de cada uma delas, multiplicada pela raiz quadrada do produto dos seus coeficientes de precisão. Por agora, interessa-nos sobretudo a fórmula inversa, que nos permite calcular a correlação entre os resultados verdadeiros, conhecendo a correlação entre os resultados observados e os valores dos coeficientes de precisão. A fórmula é a seguinte:

$$r_{Rv_A Rv_B} = \frac{r_{AB}}{\sqrt{r_{AA'} r_{BB'}}}$$

(47)

Neste caso, a correlação obtida é dividida pela raiz quadrada do produto dos coeficientes de precisão. Suponhamos que duas escalas são aplicadas a uma dada amostra de indivíduos, e se obtém entre os resultados de uma e outra uma correlação de 0,32. Determinados os coeficientes de precisão, obtém-se, suponhamos, 0,75 para uma delas e 0,82 para a outra. Aplicando a fórmula acima, podemos determinar qual a correlação entre os resultados verdadeiros:

$$r_{Rv_A Rv_B} = \frac{0,32}{\sqrt{0,75 \times 0,82}} = 0,41$$

(48)

Como podemos ver, a imperfeita precisão das escalas fez com que uma correlação que, na realidade, é de 0,41, surgisse com um valor de apenas 0,32. De facto, é fácil compreender que **a escassa precisão dos resultados leve à subestimação da correlação entre eles,** uma vez que corresponde à introdução de uma maior proporção de variância de erro, a qual, por natureza, correlaciona ao nível zero com quaisquer outras variáveis. **Por isso se diz que a falta de precisão tende a atenuar as correlações, e se denomina geralmente esta fórmula 47 por** *desatenuação* **ou** *correcção para a atenuação.*

Embora esta fórmula possa, à partida, despertar grande entusiasmo, por permitir obter resultados virtualmente isentos de erro de medição, na prática o seu uso não é muito frequente, pelo menos por três razões. Primeiro, porque o efeito da fórmula só é sensível quando os coeficientes de precisão são relativamente baixos. Se os coeficientes são elevados, a correlação obtida não é muito superior à que foi originalmente observada. Ora, por razões fáceis de compreender, é desejável que os instrumentos psicométricos forneçam coeficientes de precisão elevados. Se isso não acontece, a estratégia deve ser a de melhorar as escalas, de forma a que estas produzam resultados mais fiáveis, e não a de introduzir correcções estatísticas artificiais.

A segunda razão prende-se com o facto de esta fórmula apenas ser aplicável ao coeficiente de correlação. Não se aplica, por exemplo, aos resultados individuais.[40] Ora, o cálculo das correlações interessa sobretudo ao investigador. Ao utilizador prático dos questionários interessarão quase sempre os resultados individuais ou, quando muito, as médias (que não são modificadas pela presença da variância de erro; esta apenas afecta o rigor com que são estimadas). Por esse motivo, a correcção para a atenuação é de pouco interesse fora do campo da investigação.

A terceira razão resulta da dificuldade em determinar, na prática, o "verdadeiro" coeficiente de precisão de um conjunto de resultados. As diferentes técnicas existentes fornecem quase sempre valores discrepantes, o que nos leva ao absurdo de ter diferentes coeficientes de precisão e, portanto, diferentes correlações entre os mesmos resultados verdadeiros. Para mais, algumas destas técnicas parecem subestimar o coeficiente de precisão, o que faz com que, por vezes, as escalas possam apresentar entre si correlações superiores ao produto das raízes quadradas dos seus coeficientes de precisão, o que, teoricamente, seria impossível. Quando se aplica, a resultados com estas características, a fórmula de correcção para a atenuação, obtém-se uma correlação entre os resultados verdadeiros superior a 1, o que é impossível face à fórmula de cálculo da correlação. **Por todas estas razões, o uso da correcção para a atenuação é raro na literatura, mesmo na investigação, e deve ser objecto de ressalvas e dos maiores cuidados.** Mas estes problemas poderão ficar mais bem esclarecidos depois de conhecermos as técnicas utlizadas na prática para a avaliação da precisão, o que faremos de seguida.

A avaliação da precisão

Da leitura da secção anterior pode deduzir-se que a avaliação da precisão (no contexto da teoria clássica do erro) assenta essencialmente sobre a obtenção de medidas paralelas das variáveis. À partida, poderia julgar-se tal objectivo como simples de alcançar. No entanto,

---

[40] Para estes, existem outras fórmulas, a abordar um pouco mais adiante (página 324).

246   *Questionários: Teoria e prática*

haverá que ter em conta algumas exigências colocadas pelo conceito de medidas paralelas que, caso não sejam satisfeitas, poderão levar à obtenção de resultados inválidos para o coeficiente de precisão. **Para começar, as duas medidas terão de ter subjacentes os mesmos resultados verdadeiros.** Se isso não acontecer, e se as duas medidas corresponderem a variáveis diferentes, a sua correlação será inferior à proporção da variância atribuível aos resultados verdadeiros, o que significa que a sua precisão será subestimada. Isto acontece porque a variância dos resultados verdadeiros que é comum nas duas variáveis é menor do que a variância total desses resultados verdadeiros (uma certa parte dessa variância não é comum, porque a variável medida não é exactamente a mesma) e a parte da variância que não é comum é erroneamente atribuída à variância de erro.

O segundo pressuposto é o de que as variâncias dos erros numa e noutra medida são iguais, o que equivale a dizer que as duas medidas apresentam a mesma precisão. Se isso não acontecer, e uma vez que a variância de erro será atribuída por igual às duas medidas, aquela que apresentar menor precisão verá essa precisão sobrestimada, acontecendo o inverso à mais precisa. **O terceiro pressuposto é o de que os erros apresentam sempre correlações nulas,** quer se trate de calcular essa correlação entre os erros numa e noutra medida, quer entre os erros e os resultados verdadeiros. Sem querer entrar no desenvolvimento matemático destas questões, bastará dizer que, se estas correlações não forem nulas, mas sim positivas, isso resultará numa sobrestimação da precisão; se forem negativas, levarão a uma subestimação da precisão. Tendo em mente estes pressupostos (que não são os únicos, mas não pretendo aqui ser exaustivo), abordemos, então, as diversas formas de tentar obter medidas psicométricas paralelas.

O método de teste-reteste

A forma mais simples de obter duas medidas paralelas da mesma variável, apontada atrás no exemplo do salto em comprimento, é a de repetir o mesmo procedimento de medida após um intervalo de tempo relativamente curto. Este procedimento constitui a regra, nas ciências físicas e biológicas, para a avaliação e redução dos erros de medida. No caso das medidas comportamentais, porém, e, sobretudo, das medidas que solicitam informação verbal dos indivíduos (questionários, entrevistas, etc), **este método defronta-se com problemas consideráveis.**

O primeiro desses problemas resulta da possibilidade de as pessoas recordarem as respostas dadas na primeira aplicação e utilizarem essa recordação para transmitirem uma imagem de consistência e conscienciosidade, procurando dar respostas tão semelhantes quanto possível. Esta preocupação por parte dos respondentes conduz, como é natural, à obtenção de um valor mais elevado para a correlação entre as duas medidas, comparativamente ao que aconteceria se esse factor não estivesse presente. Em termos matemáticos, o resultado será a presença de uma correlação positiva entre os erros intervenientes numa e noutra medição. O que acontece é que se, por exemplo, uma dada pessoa apresenta um erro positivo (o resultado obtido para essa pessoa é superior ao resultado verdadeiro) a recordação da resposta dada anteriormente tende a levar a pessoa a repetir o mesmo resultado observado e, portanto, o mesmo erro de medição (dado que o resultado verdadeiro permanece inalterado). O mesmo aconteceria se o erro tivesse sido no sentido negativo ou nulo. Isto resultará em que os erros tendam a ser semelhantes de uma para outra medição e, portanto, a apresentar uma correlação positiva entre si, enquanto que o que a teoria prevê e o método pressupõe é que a correlação seja nula (um indivíduo que apresenta um erro no sentido positivo na primeira avaliação terá igual probabilidade de apresentar um erro positivo ou negativo na segunda). O resultado prático desta não-independência dos erros é, como vimos atrás, o de sobrestimar a precisão dos resultados, porque uma parte da variância de erro, que se mantém de uma aplicação para outra devido à intervenção da memória, é erroneamente atribuída à variância dos resultados verdadeiros. O efeito da recordação das respostas pelos indivíduos será, portanto, o de fazer com que a correlação entre o teste e o reteste seja superior ao verdadeiro coeficiente de precisão dos resultados.

Uma das formas de tentar reduzir o peso da memória nesta correlação consiste em aumentar o intervalo de tempo decorrido entre as duas aplicações. Esta táctica, porém, depara-se com um outro problema: as mudanças nos resultados verdadeiros ocorridas no decurso desse intervalo. Vimos atrás como uma avaliação correcta da precisão através de medidas paralelas exige que estas tenham subjacentes exactamente os mesmos resultados verdadeiros. Sabemos também como a maior parte das variáveis psicológicas (e.g., atitudes, opiniões, traços de personalidade) se modificam ao longo do tempo. Intervalos relativamente longos entre teste e reteste podem, por isso, fazer com que os resultados verdadeiros (a posição real dos indivíduos na dimensão que se pretende medir)

248   *Questionários: Teoria e prática*

sejam algo diferentes numa e noutra ocasião. **Como vimos atrás, esta não coincidência dos resultados verdadeiros conduz a uma subestimação da precisão.**

Como enfrentar, na prática, estes problemas? **O que se verifica, quando se realizam testes e retestes com diferentes intervalos de tempo entre si (em diferentes amostras de pessoas), é que os coeficientes de correlação obtidos baixam de modo sensível com o aumento desse intervalo.** Se o reteste decorre de imediato, é comum encontrar correlações de 0,95 ou mais; se decorre após um ano, é comum a correlação ter descido para 0,50 ou até menos. Isto é compreensível se pensarmos que o factor de memória, que faz aumentar a correlação, tende a desvanecer--se com o decorrer do tempo, enquanto as mudanças na variável subjacente, que fazem baixar a correlação, tendem a tornar-se maiores com o tempo. **O problema está, então, em saber qual o intervalo de tempo que nos fornece o "verdadeiro" coeficiente de precisão e, sobretudo, na constatação de que nenhum dado ou conjunto de dados empíricos nos pode permitir responder de forma conclusiva a esta questão.** O resultado obtido será sempre afectado por diversos factores, cada um deles com um peso que permanece desconhecido. **O coeficiente de precisão é outro caso de um "resultado verdadeiro" que nunca pode ser determinado com absoluta certeza, mas apenas estimado com maior ou menor grau de erro.**

Veremos adiante outros métodos, alternativos ao de teste-reteste, que, por estarem sujeitos a um conjunto diferente de factores de enviesamento, fornecem estimativas diferentes e, por vezes, mais seguras. No entanto, e uma vez que o método de teste-reteste permanece indispensável na avaliação da precisão, por razões que veremos mais adiante, **importa incluir aqui algumas indicações práticas que, embora não fundamentadas por qualquer teoria ou dado empírico rigoroso, podem revelar-se úteis para a sua aplicação.** A primeira regra é a de que o intervalo decorrido entre as duas aplicações não deve ser tão curto que torne excessivamente fácil a recordação das respostas. Intervalos de poucos dias apresentam este problema de forma evidente, pelo que não devem ser considerados como fornecendo dados fidedignos quanto à precisão dos resultados. Daqui se pode concluir que este tipo de procedimento é de reduzida utilidade e deve ser evitado na prática. A única situação em que pode ser admitido é quando se colocam dificuldades logísticas inultrapassáveis à pretensão de voltar a ter acesso aos respondentes após um intervalo mais dilatado. Nestes casos, um intervalo de tempo demasiado curto será, ainda assim,

A *precisão* 249

preferível à ausência de reteste, mas a apresentação dos resultados deverá vir acompanhada de uma referência à curta extensão do intervalo decorrido e aos possíveis efeitos desse facto sobre a estimativa de precisão. Aliás, em qualquer caso, os leitores/consumidores da investigação deverão sempre permanecer atentos aos intervalos de tempo utilizados no teste-reteste e levar em conta essa informação ao interpretarem os resultados obtidos para o coeficiente de precisão. Em circunstâncias normais, no entanto, **intervalos inferiores a uma semana devem ser evitados, por permitirem um peso sensível da memória na replicação dos resultados. Intervalos inferiores a 3-4 dias fornecem informação pouco menos que inútil. Por outro lado, intervalos superiores a 4-5 semanas colocam o problema de eventuais mudanças ocorridas na variável subjacente.** Se, no caso de instrumentos que pretendem avaliar características supostamente estáveis nos indivíduos, como aptidões intelectuais ou traços de personalidade, intervalos algo superiores não deverão causar problemas, o mesmo não se passa com outras variáveis (e.g., opiniões, interesses, atitudes, comportamentos), que podem sofrer mudanças sensíveis neste período. **O intervalo mais adequado para este tipo de variáveis deverá, portanto, situar-se algures entre uma semana e um mês, sendo 2-3 semanas o mais comum.**

Uma outra questão prática é a de como manter a possibilidade de relacionar cada questionário com o que lhe corresponde no reteste. Caso se pretenda manter o anonimato dos respondentes, o que deverá acontecer na maior parte dos casos, **o método mais simples consiste em numerar cada questionário na primeira aplicação e entregar a cada pessoa um pequeno papel ou cartão com o mesmo número, pedindo-lhe para o voltar a trazer para a segunda sessão de aplicação. Nesta, os questionários não serão numerados, e é pedido aos participantes que escrevam neles o número que lhes foi atribuído na primeira sessão.** Existem outros métodos como, por exemplo, o de pedir aos participantes que escolham para si próprios um pseudónimo, mas são, em geral, menos práticos e eficazes. No caso de intervalos mais longos, porém, o risco de perda do número é muito real. Nessas circunstâncias, **uma alternativa viável é a de pedir aos respondentes que indiquem uma informação ou conjunto de informações, determinadas pelo investigador, que (a) sejam garantidamente diferentes das de quase todos os outros participantes, (b) não permitam facilmente chegar à sua identidade e (c) sejam do seu conhecimento, sem necessidade de consultar documentos que possam não ter consigo.** Uma possibilidade seria pedir-lhes que indicassem a data do seu aniversário, do da sua mãe e, eventualmente, do do seu pai. Este conjunto de informações deverá identificar cada pessoa e, com o auxílio de um computador, permitir ligar entre si os dados das duas aplicações, sem pôr em causa o anonimato dos respondentes.

O método das formas paralelas

Os problemas colocados pelo teste-reteste, sobretudo no que diz respeito ao efeito da memória e às mudanças na variável a medir, tornam desejável a existência de métodos alternativos. Um desses métodos é o das formas paralelas, que **consiste em, logo durante a construção da escala, elaborar, não uma, mas duas escalas semelhantes, com o mesmo número de itens de igual formato e destinadas a medir a mesma variável**[41]. Dada a sua semelhança, as duas escalas constituem, em princípio, formas alternativas de medir a variável de interesse, sendo indiferente utilizar uma ou outra. Por isso, são geralmente consideradas, não como escalas diferentes, mas como formas paralelas de uma mesma escala.

A grande vantagem deste método é o de que, uma vez que os conteúdos dos itens são diferentes, a memória não pode exercer efeito sobre os resultados. Assim, nada impede que a aplicação das duas formas seja feita imediatamente de seguida, desde que a sua extensão, em conjunto, não coloque problemas em termos de fadiga dos respondentes. Este reteste imediato, por seu turno, evita o problema das mudanças com o tempo na variável subjacente. Ficam assim eliminados os principais problemas que se colocam no método de teste-reteste, o que levou alguns autores (e.g., Nunnally, 1978) a apontar o método das formas paralelas como a técnica fundamental na avaliação da precisão.

No entanto, e como é natural, o método não está livre de inconvenientes e limitações. **A principal dificuldade reside na própria necessidade de construir duas formas alternativas.** O pocesso de elaboração e selecção de itens é o habitual no modelo aditivo. Depois de elaborados um

---

[41] Escalas com este conjunto de semelhanças entre si e que são, em princípio, intermutáveis, são habitualmente designadas por *Formas* alternativas, muitas vezes indicadas por letras (Forma A, B, etc). No entanto, por vezes também se utiliza a palavra "Forma" para referir diferentes versões da mesma escala, destinadas a populações ou contextos diferentes (e.g., um questionário pode ter· uma Forma para Adultos e outra para Adolescentes).

A precisão 251

conjunto de itens que se pensa que serão adequados para medir a variável pretendida, aplica-se esse conjunto de itens a uma amostra de indivíduos da população relevante. Os N itens que apresentem uma correlação mais elevada com o resultado da soma de todos os itens (calculada invertendo os resultados dos itens formulados em sentido inverso) são seleccionados para integrarem a forma final do questionário. Ora, se pretendermos construir duas formas paralelas do questionário, teremos de seleccionar não N mas $2N$ itens. Mas, **uma vez que estamos a tentar reter apenas os melhores itens, seleccionar um número maior terá de implicar incluir no questionário itens de menor qualidade,** indicada, neste caso, por uma correlação menos elevada com o total. A construção de formas paralelas parece, portanto, implicar o risco de uma qualidade inferior para o produto final.

A única forma de tentar evitar este problema consiste em elaborar, logo à partida, um maior número de possíveis itens, de tal modo que a proporção de itens rejeitados permaneça aproximadamente igual. É claro que, se escrever itens na quantidade e com as qualidades necessárias para constituir uma única escala já representa uma tarefa árdua, escrever o dobro dessa quantidade sem comprometer a qualidade é ainda mais trabalhoso e difícil, e é por essa razão que são relativamente raros os questionários que dispõem de formas paralelas. Para além da possibilidade de a redacção dos itens se tornar menos cuidada devido à necessidade de elaborar um número muito maior, **um outro risco a considerar é o de os itens, ou pelo menos alguns deles, resultarem muito semelhantes entre si, a ponto de os respondentes serem levados a considerar que se trata das mesmas questões colocadas por palavras diferentes. Esta situação é indesejável por diversas razões: primeiro, porque as pessoas tendem a desconfiar de que o investigador os pretende "apanhar em contradição" ao fazer a mesma pergunta várias vezes e preocupam-se, por isso, em dar uma imagem de consistência, respondendo sempre da mesma forma, em vez de reagirem espontaneamente ao conteúdo dos itens; segundo, porque, se os itens semelhantes estão distribuídos pelas duas formas, as pessoas podem lembrar-se do modo como responderam no questionário anterior e dar uma resposta semelhante, o que é exactamente o mesmo que o efeito de memória quando o reteste é feito com o mesmo questionário;** o facto de os itens não serem os mesmos, apenas semelhantes, não altera a questão: este efeito leva a sobrestimar a precisão dos resultados; aliás, o mesmo acontece com o fenómeno mencionado em primeiro lugar, por razões que ficarão claras na próxima secção; **em terceiro lugar, há que ter em conta que, se uma grande semelhança entre os itens pode ser positiva em termos de precisão, não o é em termos de validade;** o problema está em que, se os itens forem demasiado homogéneos, poderão não cobrir adequadamente todos os aspectos do conceito que se pretende medir e, por isso, fornecer uma medida menos válida desse conceito. Mas de validade falaremos mais adiante. O que é importante reter por agora é que a necessidade de elaborar um maior número de itens não deve levar o autor do questionário a cair no erro de elaborar itens demasiado semelhantes entre si.

Caso se consiga ultrapassar estes problemas, no entanto, o método das formas paralelas constitui um recurso extremamente útil, não só na avaliação da precisão, mas também em muitas situações práticas em que é conveniente fazer um reteste passado um curto intervalo de tempo (e.g., para avaliar o efeito produzido na variável de interesse por uma intervenção psicoterapêutica, um programa de sensibilização, uma campanha publicitária, etc). Por isso, sempre que o autor se sentir confiante na sua capacidade para elaborar um número suficiente de itens diversificados e de boa qualidade, a construção de duas formas paralelas do questionário deve ser considerada.

O método de bipartição[42]

Se pensássemos um pouco sobre a lógica do método de reteste com formas paralelas, facilmente nos poderia ocorrer uma ideia brilhante: **porque não utilizar os itens disponíveis na escala e com eles obter duas formas paralelas?** Nem seria necessário distribuir os itens por dois questionários separados. **Bastaria considerar a primeira metade da escala como uma das formas, e a segunda metade como uma forma paralela a esta.** Se, por exemplo, um questionário tem 20 itens, somam-se os resultados dos primeiros 10 (invertidos, se necessário), depois dos restantes 10, e calcula-se a correlação entre estes dois valores ao longo da amostra de indivíduos, obtendo assim um coeficiente de precisão sem necessitar de construir mais itens, de seleccionar itens de menor qualidade ou de voltar a contactar as pessoas para um reteste. Trata-se, de facto, de uma ideia brilhante, mas, como quase todas as ideias brilhantes, apresenta alguns

---

[42] *Split-half,* em Inglês

pequenos problemas. Dois deles, cuja resolução é relativamente fácil, serão abordados de seguida. Um outro será focado mais adiante.

O primeiro problema prende-se com a questão de saber se as duas metades do questionário serão, de facto, medidas paralelas. É fácil pensar em algumas razões pelas quais poderão não o ser: se a fadiga exerce influência sobre a qualidade das respostas, deverá ter um peso muito maior nos itens da segunda metade do que nos da primeira; se existe alguma forma de interacção entre as respostas, ou seja, se uma resposta anterior a um item tem tendência a influenciar as respostas aos itens subsequentes, esse efeito deverá também ser muito maior na segunda metade, o que pode levar a que os resultados verdadeiros subjacentes às respostas não sejam os mesmos nas duas metades, violando mais uma vez os pressupostos das medidas paralelas. Existe, no entanto, uma técnica simples que permite praticamente eliminar este problema: em vez de se dividir os itens em primeira parte/segunda parte, divide-se em pares/ímpares. Por este processo, eliminam-se a maior parte dos problemas de fadiga e de interacção entre itens. A generalização desta técnica levou mesmo a que o coeficiente de precisão obtido por bipartição seja, muitas vezes, designado por *correlação pares-ímpares*. Na prática, o pocedimento é idêntico ao já descrito: somam-se os resultados (invertidos, se necessário) dos itens colocados em números de ordem pares, depois os colocados em números de ordem ímpares, e correlacionam-se os dois conjuntos de valores para o conjunto de pessoas disponíveis. Muitos programas informáticos de estatística para as ciências do comportamento permitem realizar este procedimento de forma automática.

Um segundo problema colocado pelo método de bipartição tem a ver com a redução do número de itens incluídos em cada "forma". Suponhamos uma escala constituída por 20 itens. Se utilizarmos o método do teste-reteste, ou o de formas paralelas, estaremos a correlacionar duas escalas, cada uma delas constituída por 20 itens. Ao utilizarmos o método de bipartição, no entanto, estaremos a correlacionar duas "subescalas" com apenas 10 itens cada. Vimos já como escalas com menor número de itens tendem a ser menos precisas do que as mais extensas. **Como o nosso interesse está em determinar a precisão da escala completa (20 itens) basear o cálculo em conjuntos com apenas 10 itens conduzirá a uma subestimação da precisão. Felizmente para todos nós, já ocorreu a alguém estudar a relação matemática entre o coeficiente de precisão e o número de itens de um instrumento psicométrico. Esta relação é**

**dada pela seguinte fórmula, conhecida por *fórmula de Spearman-
-Brown*:**

$$r_{YY'} = \frac{kr_{XX'}}{1 + (k-1)r_{XX'}} \tag{49}$$

em que $r_{XX'}$ é o coeficiente de precisão inicialmente obtido, $r_{YY'}$ é o coeficiente corrigido em função da nova extensão da escala e k é o factor pelo qual a escala é ampliada, ou seja, a proporção entre o número de itens na versão pretendida e na versão efectivamente aplicada. No caso de, por exemplo, se pretender aumentar a escala para o dobro dos itens, k assumirá o valor 2; se se pretender aumentar para o triplo, será 3, se se pretender reduzir o número de itens para metade, será 0,5, etc. **No caso concreto da avaliação da precisão pelo método de bipartição, k assume o valor 2 e a fórmula pode ser expressa do seguinte modo:**

$$r_{YY'} = \frac{2r_{XX'}}{1 + r_{XX'}} \tag{50}$$

Suponhamos, por exemplo, que calculamos a correlação entre a soma dos itens com números pares e ímpares de uma dada escala e obtemos um resultado de 0,67. Qual será o valor correspondente para a precisão da escala completa? Aplicando a fórmula, obtemos:

$$r_{YY'} = \frac{2 \times 0,67}{1 + 0,67} = 0,8 \tag{51}$$

A precisão da escala, calculada por este método, será, portanto, de 0,80, mas **a fórmula de Spearman-Brown é útil em muitas outras situações, pois constitui um modelo matemático geral que relaciona a precisão de um teste com a sua extensão,** desde que se verifique o pressuposto de que os itens adicionados ou retirados possuem um nível médio de qualidade (em termos da sua intercorrelação) idêntico aos que actualmente constituem a escala. Assim, por exemplo, **é possível saber, tendo uma escala com I itens e um certo coeficiente de precisão, calcular qual seria o valor desse coeficiente se a escala tivesse I' itens. Para isso, utiliza-se a seguinte fórmula, derivada da de Spearman-Brown:**

$$r_{YY'} = \frac{I'r_{XX'}}{I + (I' - I)r_{XX'}}$$
(52)

Suponhamos, por exemplo, uma escala com 7 itens, que apresenta uma precisão de 0,45. Qual seria o valor do coeficiente se conseguíssemos reunir 20 itens com as mesmas características? Aplicando a fórmula, obtemos:

$$r_{YY'} = \frac{20 \times 0,45}{7 + (20 - 7)0,45} = 0,70$$
(53)

Conseguiríamos, portanto, obter uma precisão de 0,70, através deste aumento do número de itens. **É igualmente possível colocar o problema inverso: qual o número de itens, com propriedades equivalentes, necessário para se atingir uma precisão de 0,80? A fórmula indicada para estes casos é a seguinte:**

$$I' = \frac{Ir_{YY'}(1 - r_{XX'})}{r_{XX'}(1 - r_{YY'})}$$
(54)

Os símbolos representam o mesmo que nas fórmulas anteriores. No nosso caso, o resultado seria:

$$I' = \frac{7 \times 0,8(1 - 0,45)}{0,45(1 - 0,8)} = 34,2$$
(55)

Uma vez que não faz sentido incluir 0,2 itens num questionário, poderemos dizer que, para se conseguir uma precisão superior a 0,80, seriam necessários 35 itens.

Se estes dois tipos de problemas têm soluções técnicas relativamente simples, o mesmo não acontece com outros. **Uma possível crítica ao coeficiente de bipartição relaciona-se com a ausência de um controlo adequado sobre a forma como os itens são agrupados. A divisão entre pares e ímpares assegura que os factores relacionados com a posição dos itens no interior do questionário não exerçam um efeito espúrio sobre a correlação entre as duas metades. Mas existem outros factores.** É impossível que todos os itens incluídos num questionário sejam inteiramente homogéneos. A regra é a existência de grupos de itens que são mais semelhantes entre si, mas que são menos semelhantes aos que fazem parte de outros grupos.

Um exemplo poderá ajudar a clarificar a questão. Suponhamos uma escala integrada num questionário de personalidade e que pretende medir a dimensão Extroversão vs. Introversão. A maior parte dos especialistas em personalidade concorda em que é possível distinguir pelo menos dois aspectos dentro da Extroversão: a Sociabilidade e a Impulsividade. Por isso, a maior parte das escalas concebidas para avaliar a Extroversão incluem itens cujo conteúdo se refere a comportamentos reveladores de Impulsividade (e.g., "Muitas vezes, faço coisas levado pelo impulso do momento") e itens que se referem a comportamentos sociáveis (e.g., "Gosto de conhecer novas pessoas"). Vamos supor, por uma questão de simplicidade, que a nossa escala de Extroversão contém igual número de itens com estes dois tipos de conteúdos, e apenas esses. Os itens são colocados na escala por uma ordem aleatória. Vamos ainda supor que os itens referentes ao mesmo tipo de conteúdos apresentam correlações mais elevadas entre si do que com os itens do outro tipo.

Quando da distribuição dos itens pelas duas metades (pares e ímpares) da escala, a proporção relativa de itens de Sociabilidade e de Impulsividade nessas duas metades será determinada pelo acaso. Será possível, embora bastante improvável, que ambas as metades acabem por incluir exactamente o mesmo número de itens de cada tipo. Será igualmente possível (e igualmente improvável) que uma das metades inclua apenas itens de Impulsividade e a outra apenas itens de Sociabilidade. Quase de certeza, a distribuição irá situar-se num ponto intermédio, entre estes dois extremos (e.g., 1/3 vs. 2/3 ou 56% vs. 44%). O problema está em que o coeficiente de precisão obtido poderá ser fortemente afectado por estes valores da proporção. Comecemos por considerar os casos extremos: se os dois tipos de itens forem distribuídos em igual número pelas duas metades (pares e ímpares), o resultado serão duas hemiescalas com características semelhantes, avaliando cada um deles a mesma variável subjacente, a Extroversão, tal como o autor do questionário a definiu, ou seja, como um misto, em proporções iguais, de Impulsividade e Sociabilidade. Nestas condições, as duas metades da escala avaliam o mesmo resultado verdadeiro e, como tal, a sua correlação deverá ser elevada. Vejamos agora o caso oposto: os itens de Sociabilidade são incluídos totalmente numa das metades, os itens de Impulsividade na outra metade. Uma vez que a correlação entre itens de tipos diferentes é menor do que a que se verifica dentro do mesmo tipo, a correlação entre as duas escalas "puras" deverá ser inferior à que se verificaria entre as duas escalas "mistas". Esta diferença de correlações reflectiria apenas a maior ou menor semelhança entre as duas metades em que a escala seria dividida.

A situação em que os itens dos dois tipos são divididos equitativamente pelas duas metades da escala e aquela em que os dois tipos coincidem com as duas metades, constituem casos extremos também em termos da correlação obtida. É fácil de demonstrar matematicamente (mas aqui ficaremos por uma mera compreensão intuitiva) que o resultado obtido para o coeficiente de precisão (calculado por bipartição) será máximo no primeiro caso (igual número de itens dos dois tipos nas duas metades) e mínimo no segundo (cada metade constituída por itens de tipo diferente). Todas as proporções intermédias irão corresponder a correlações também intermédias, maiores ou menores consoante se aproximem mais de uma situação ou de outra.

Embora este exemplo seja bastante simplista, pois a situação na prática é sempre mais complexa, o objectivo da sua apresentação foi o de alertar para o facto de **diferentes formas de distribuir os itens pelas duas metades da escala poderem dar origem a resultados bastante diferentes em termos de coeficiente de precisão obtido.** Isto acontece mesmo na ausência de efeitos da posição de ordem que o item ocupa no questionário sobre as respostas dos indivíduos. Como resolver este problema? Uma possibilidade seria determinar todas as formas possíveis de dividir os itens em dois conjuntos igualmente numerosos e calcular a correlação entre cada uma delas. A média dessas correlações, depois de corrigida através da aplicação da fórmula de Spearman-Brown, indicaria o valor do coeficiente de precisão. O problema com este procedimento está no número extremamente elevado de formas possíveis de "arrumar" os itens, quando a extensão do questionário se torna um pouco maior. Se a escala for constituida por apenas 4 itens, o que é raro, haverá 3 maneiras de os dividir. Mas, se os itens forem 10, já haverá 126 maneiras diferentes. Se forem 20, as variantes serão 92.378. E, se forem 30, serão mais de 77 milhões. Felizmente, existem métodos de cálculo que permitem evitar todo este trabalho. Deles nos ocuparemos na secção seguinte.

O método de consistência interna

A superação das limitações do método de bipartição exigiria um modelo matemático capaz de relacionar as propriedades dos itens com

258 *Questionários: Teoria e prática*

as da sua soma (o resultado global da escala, num modelo aditivo), de modo a evitar a necessidade de agrupar arbitrariamente os itens em dois conjuntos. Ora, esse modelo existe, e foi apresentado anteriormente: é aquele que relaciona a variância de uma soma com a variância das suas parcelas.

Consideremos o mais simples de todos os casos: uma escala constituída por apenas dois itens, A e B. Vimos já que a variância dessa escala será dada pela soma das variâncias dos itens, adicionada do dobro da sua covariância:

$$S_{A+B}^2 = S_A^2 + S_B^2 + 2S_{AB} \tag{56}$$

Suponhamos, agora, que os dois itens apresentam entre si uma correlação nula. Isto significa que a nossa escala fornece resultados cuja precisão, avaliada pelo método de bipartição, é igual a zero. Uma vez que a escala tem apenas dois itens, a sua divisão resulta em duas hemiescalas com um item cada, o que não afecta em nada a aplicação do método de bipartição. Supondo, então, que a correlação entre os itens é de zero, a variância dos resultados totais será igual à soma das variâncias dos itens, como já vimos:

$$S_{A+B}^2 = S_A^2 + S_B^2 + 2S_{AB} \tag{57}$$

Caso os resultados dos itens fossem padronizados (com variância igual a 1), a variância dos resultados da escala seria, simplesmente, igual ao número de itens. Suponhamos, agora, que a correlação entre os resultados (padronizados) dos itens é também de 1. Neste caso, a variância total da nossa escala de dois itens será igual à soma das suas variâncias (2), adicionada do dobro da sua covariância, que será de 1 (ver equações 27 e 28, página 236). Ou seja, a variância do total será de 4. Generalizando para qualquer número de itens, verifica-se que, **quando as correlações entre os resultados dos itens são todas iguais a 0 ou, pelo menos, apresentam uma média de 0, a variância dos resultados totais da escala é dada pelo somatório das variâncias dos itens:**

$$S_R^2 = \sum S_i^2 \tag{58}$$

Quando as correlações são todas iguais a + 1, a variância dos resultados totais é igual a esse somatório, adicionado do dobro da soma de

A precisão 259

todas as correlações entre itens. Ora, sendo o número de correlações entre itens de [n(n-1)]/2, verifica-se que a variância do total é dada por:

$$S_R^2 = I \sum S_i^2$$

(59)

Voltemos agora ao problema da diversidade de resultados que o método de bipartição pode fornecer. Dissemos atrás que uma das possibilidades seria a de calcular todos os coeficientes de bipartição possíveis e determinar depois a sua média. Ora, caso essa média fosse igual a 0, isso significaria que a correlação média entre os resultados dos itens seria de 0 e verificar-se-ia a situação representada pela equação 58. Caso a média fosse 1, isso implicaria que todas as correlações interitens fossem também de 1, ou seja, verificar-se-ia a equação 59. A partir daqui, será possível elaborar um índice que assuma o valor 0 na primeira situação, e o valor 1 na segunda. Para satisfazer a primeira exigência, recorremos à equação 58:

$$S_R^2 - \sum S_i^2$$

(60)

Esta expressão assume o valor 0 quando a média das correlações interitens é igual a 0. Quando a média das correlações for de 1, qual será o seu valor? É fácil calculá-lo, recorrendo à equação 59:

$$S_R^2 - \sum S_i^2 = I \sum S_i^2 - \sum S_i^2 = (I-1) \sum S_i^2$$

(61)

Para que o valor máximo do nosso índice seja de 1, basta dividir a expressão por este seu valor máximo. **O resultado é a fórmula do índice de precisão mais importante em psicometria, o coeficiente α (alfa), proposto por Lee J. Cronbach em 1951:**

$$\alpha = \frac{S_R^2 - \sum S_i^2}{(I-1) \sum S_i^2}$$

(62)

Os leitores com alguns conhecimentos prévios de psicometria poderão, neste ponto, sentir-se um pouco alarmados, por não reconhecerem nesta expressão matemática a fórmula habitual para o coeficiente α de Cronbach. Não há motivo para alarme. Esta expressão é equivalente à tradicional, e é apenas mais conveniente para a minha breve explicação dos fundamentos neste índice. Habitualmente, substitui-se, no denominador, o somatório das variâncias dos itens pela variância da sua soma. Como a segunda, quando a precisão é de 1, é I vezes maior do que a primeira, há que multiplicar por I o numerador. Obtém-se assim:

$$\alpha = \frac{S_R^2 - \sum S_i^2}{(I-1)\sum S_i^2} = \frac{I\left(S_R^2 - \sum S_i^2\right)}{(I-1)S_R^2} = \left(\frac{I}{I-1}\right)\frac{S_R^2 - \sum S_i^2}{S_R^2} \tag{63}$$

É sob esta última forma que o coeficiente α surge na generalidade dos manuais. Este coeficiente tem a importante vantagem de fornecer um resultado igual à média de todos os coeficientes de bipartição possíveis com um dado conjunto de itens. Para além disso, uma vez que o cálculo envolve todos os itens em simultâneo, não é necessário aplicar nenhuma correcção adicional. Por estas razões, substitui com vantagem o método de bipartição, o qual tende a cair em desuso.

Outra possibilidade importante é a de relacionar o valor do coeficiente com o nível médio das correlações entre os itens, o que é conseguido através da seguinte fórmula:

$$\alpha = \frac{I\bar{r}}{1 + (I-1)\bar{r}} \tag{64}$$

em que $\bar{r}$ é a média das correlações entre os itens, e I o número de itens, como habitualmente. Na prática, esta fórmula revela-se útil nos casos em que se pretende aumentar a extensão de uma escala, mas se receia que os novos itens a introduzir se revelem menos eficazes, em termos de correlação com os outros itens e, portanto, com o total, do que os que existem actualmente. Suponhamos, por exemplo, que temos uma escala com 10 itens. Calculado o coeficiente α, obtemos um resultado de 0,77. Para começar, qual será a média das correlações interitens? Este valor pode ser facilmente obtido resolvendo a equação anterior em ordem a $\bar{r}$. Para poupar trabalho ao leitor, aqui está a fórmula resultante:

$$\bar{r} = \frac{1}{\dfrac{I}{\alpha} - I + 1} \tag{65}$$

A precisão 261

Substituindo os valores, obtém-se:

$$\bar{r} = \cfrac{1}{\cfrac{10}{0,77} - 10 + 1} = 0,25 \tag{66}$$

Suponhamos, agora, que o investigador pretende obter uma precisão de 0,85. Receia, no entanto, que os novos itens sejam de qualidade um pouco inferior e façam diminuir a média das correlações entre os itens, digamos, para 0,22. Uma possibilidade seria utilizar as duas fórmulas já apresentadas (64 primeiro, 54 depois). Nada impede, porém, que se unifique estes dois procedimentos numa única fórmula. Esta **permitir-nos-á saber quantos itens serão necessários para atingir um dado nível de precisão, supondo que esses itens terão um determinado nível médio de intercorrelação. Essa fórmula pode ser expressa do seguinte modo:**

$$I = \frac{\alpha(1 - \bar{r})}{\bar{r}(1 - \alpha)} \tag{67}$$

sendo I o número de itens necessários, α o valor pretendido para o coeficiente de precisão e $\bar{r}$ a média das correlações interitens. No nosso exemplo, o resultado seria:

$$I = \frac{0,85(1 - 0,22)}{0,22(1 - 0,85)} = 20,1 \tag{68}$$

Estas fórmulas, sobretudo a da equação 64, apresentam ainda a vantagem de demonstrar claramente **os factores dos quais depende o valor de α o número de itens e o seu grau de intercorrelação. Que o número de itens influencia positivamente a precisão, é há muito sabido. O papel determinante das intercorrelações dos itens, por outro lado, justifica que os métodos do tipo do coeficiente α sejam geralmente designados por "métodos de consistência interna". De facto, o grau de consistência ou congruência (leia-se correlação) entre os diversos itens constitui o principal factor na base do coeficiente.**

Antes de concluirmos esta secção dedicada aos métodos de consistência interna, não poderíamos deixar de referir uma fórmula que, se bem que pouco utilizada hoje em dia, mantém algum interesse para casos particulares e tem, sobretudo, uma grande importância histórica. Vimos já que,

262 *Questionários: Teoria e prática*

quando um item solicita uma resposta dicotómica (e.g., "Sim/Não"), e as duas alternativas são representadas por números inteiros consecutivos (e.g., 0 e 1), a variância das respostas ao item é dada pelo produto das proporções de pessoas que escolhem cada uma das alternativas (ver equação 12, página 85), o que é representado pela seguinte fórmula:

$$S^2 = pq \tag{69}$$

Ora, isto significa que, **na fórmula do coeficiente α, sempre que a escala seja constituída por itens dicotómicos, é possível substituir a variância dos itens por este produto de proporções, o que simplifica consideravelmente o cálculo.** A fórmula resultante será, portanto:

$$\alpha = \left(\frac{I}{I-1}\right) \frac{S_R^2 - \sum p_i q_i}{S_R^2} \tag{70}$$

Esta fórmula é, aliás, historicamente anterior ao coeficiente α de Cronbach, tendo sido proposta por Kuder e Richardson em 1937. De entre as diversas fórmulas incluídas no artigo em que foi publicada, esta fórmula foi identificada com o número 20. Por isso, **é habitualmente designada por KR-20. Há que salientar, no entanto, que se trata apenas de um caso particular do coeficiente α. A aplicação da fórmula geral fornece exactamente o mesmo resultado, salvo pequenas discrepâncias motivadas pelos arredondamentos no cálculo da variância dos itens. Por esta razão, os programas informáticos não fazem, em geral, a distinção entre os dois procedimentos, aplicando sempre a fórmula mais geral (do coeficiente α).**

A precisão reenquadrada: A teoria da generalizabilidade

As secções anteriores permitiram-nos ilustrar como a teoria clássica do erro, embora permita obter um enquadramento teórico geral e coerente para a precisão das medidas, não proporcionou o desenvolvimento de métodos que, na prática, permitissem uma avaliação unívoca do coeficiente de precisão. Esta realidade é ilustrada pelo facto, repetidamente constatado, de os coeficientes obtidos pelos diversos métodos apresentarem valores muito discrepantes entre si. Embora se verifique uma tendência geral no sentido de as escalas que apresentam níveis de precisão elevados num dos métodos apresentarem também níveis semelhantes quando avaliados por outro métodos, é frequente verificarem-se discrepâncias de 0,10 e, em casos mais raros, estas podem atingir 0,25. Uma das escalas do Inventário de Pensamento Construtivo (Constructive Thinking Inventory; Epstein, 1993), por exemplo, apresenta um coeficiente α de 0,45 e um coeficiente de teste-reteste de 0,70.

Como é natural, estas discrepâncias tendem a tornar-se maiores quando as amostras de indivíduos são pouco numerosas e a precisão de estimação dos parâmetros diminui por esse motivo. O reduzido número de itens nas escalas e os valores relativamente baixos da precisão em pelo menos um dos métodos, são outros factores quase sempre presentes nos casos em que surgem essas discrepâncias. No caso do Inventário de Pensamento Construtivo, a escala em questão continha apenas 3 itens, e relembremos que o valor de α era de apenas 0,45.

Para além das regras práticas de evitar, sempre que possível, utilizar escalas com um número muito reduzido de itens, de empregar diferentes métodos de avaliação da precisão (em particular, o de teste-reteste e o coeficiente α) e de assegurar que estes forneçam resultados homogeneamente elevados, **temos de nos defrontar com o problema resultante do facto de os diferentes métodos, que o nosso referencial teórico considerava equivalentes, fornecerem resultados discordantes entre si. Este problema deriva do facto de os resultados observados estarem sujeitos a diferentes tipos de erros e de os diferentes métodos não serem igualmente sensíveis a todos eles.**

Em qualquer situação de avaliação comportamental, existem pelo menos três tipos de variáveis capazes de influenciar os resultados: as características dos indivíduos, as características da situação/ /estímulo e o momento em que o comportamento ocorre[43]**. Em quase todas as situações, quer de investigação, quer de resolução de problemas práticos, o objectivo é o de avaliar uma ou mais características dos indivíduos.** Os casos em que se pretende estudar o efeito que os parâmetros da situação ou do estímulo exercem sobre o comportamento são menos numerosos. Uma vez que apresentam problemas específicos e que fogem ao âmbito deste trabalho, não me ocuparei deles aqui. O mesmo se poderá dizer dos estudos em que o interesse se centra nos efeitos do momento temporal.

---

[43] Em muitos casos, haveria que acrescentar a influência dos critérios utilizados na avaliação.

Estando o nosso interesse centrado nas características das pessoas e no efeito que essas características exercem sobre os resultados, a clareza das conclusões exige uma demonstração de que esses resultados não são afectados por factores situacionais ou temporais. Por outras palavras, é necessário demonstrar que, se a mesma avaliação fosse realizada noutra situação (e.g., noutro local, com outro examinador, etc), com outros estímulos (e.g., outros itens ou outras escalas medindo a mesma característica) e noutra ocasião (e.g., noutro dia, a outra hora), os resultados seriam praticamente os mesmos. Deste modo, o problema da demonstração da precisão pode ser entendido como um problema de demonstração da *generalizabilidade*. Dizer que os resultados de uma dada escala são precisos ou fiáveis equivale a dizer que eles podem ser generalizados para todos os conteúdos e situações avaliativas semelhantes, e também para todos os momentos em que essas situações pudessem ser apresentadas aos indivíduos.

Em termos teóricos, a questão coloca-se do seguinte modo. **O objectivo da ciência (e, em geral, de qualquer actividade produtora de conhecimento) é o de gerar informação que possa ser generalizada para um dado universo ou população.** Entende-se por população o conjunto de todos os elementos que satisfazem uma dada condição (e.g., todos os cidadãos eleitores portugueses; todas as crianças belgas que frequentam o primeiro ano da escolaridade básica). **Uma vez que, salvo raras excepções, não é possível aos investigadores estudar a totalidade das populações, os estudos são, quase sempre, realizados sobre amostras, conjuntos retirados da população mas muito menos numerosos do que ela. O pressuposto (e o objectivo) dos investigadores é o de que os resultados obtidos na amostra correspondem àqueles que teriam sido obtidos caso se tivesse estudado toda a população. Quando uma amostra reflecte de modo exacto as características da população diz-se que é uma** *amostra representativa* **dessa população. Existe um conjunto de técnicas, denominadas técnicas de** *amostragem*, **que procuram assegurar a representatividade das amostras de indivíduos utilizadas nos estudos.**

O importante, neste momento, é compreender que o problema da amostragem não se limita ao da amostragem de indivíduos. É necessário assegurar que os resultados que foram obtidos são idênticos aos que teriam surgido caso os participantes tivessem sido confrontados com *todos os itens possíveis* **que avaliam a mesma variável,** *em todas as situações possíveis* **em que esses itens pudessem ser aplicados de forma**

adequada e *em todos os momentos possíveis* em que essas situações pudessem ser apresentadas. Demonstrar a precisão de um resultado ou conjunto de resultados implica demonstrar isto mesmo.

Como atingir este objectivo? As únicas maneiras de o conseguir seriam avaliando toda a população ou, então, avaliando uma amostra representativa. Por sua vez, a única forma de obter uma amostra seguramente representativa é através de uma *amostragem aleatória*: partindo de uma lista exaustiva de todas as unidades ou elementos que constituem a população, escolhe-se, ao acaso, um número suficientemente grande de elementos. Ora, se este procedimento é, por vezes, possível quando se trata de seleccionar pessoas, é-o muito menos quando se trata de situações ou itens. Talvez porque a atenção, dos investigadores como dos leigos, tende a estar concentrada nas pessoas e não nas situações como determinantes do comportamento, é-nos muito mais fácil saber para que conjunto de pessoas queremos generalizar do que para que conjunto de itens, rigorosamente definido e enumerável, o queremos fazer. Além disso, tanto para as situações como para os momentos, se colocam problemas práticos. Mesmo que conseguíssemos obter uma amostra aleatória de situações e ocasiões, seria certamente difícil conseguir obter muitas delas, pelo menos para amostras de pessoas com uma dimensão suficiente (e.g., no Salão Nobre do Palácio de Belém; numa praia das Caraíbas; às 4 horas da manhã; durante o horário de trabalho, etc).

Estas dificuldades só poderão ser evitadas se conseguirmos demonstrar que estes factores *não exercem influência sensível sobre os resultados*. Pensemos no caso dos indivíduos. Se conseguirmos demonstrar que (quase) todas as pessoas respondem da mesma forma a uma dada pergunta (e.g., "Qual das seguintes palavras melhor descreve a sua situação actual?" Alternativas de resposta: "Morto"; "Vivo") não teremos de nos preocupar grandemente com a representatividade da amostra de pessoas! O mesmo se passa em relação aos itens e às ocasiões. A estratégia seguida na construção de instrumentos psicométricos não passa, regra geral, pela tentativa de obter amostras representativas dos conteúdos possíveis para os itens ou dos momentos em que a avaliação poderia ser feita. Na maior parte dos casos, o que se procura é demonstrar que, se se tivesse utilizado, por exemplo, um outro conjunto de itens, concebido para medir a mesma variável, o resultado seria muito semelhante. Por outras palvras, todos os itens existentes na população fornecem praticamente o mesmo resultado ou, pelo menos, as discrepâncias são diminutas e podem ser ignoradas. Na prática, como já vimos, não se utilizam itens isoladamente, mas sim grupos de itens constituindo escalas. A questão básica, porém, permanece inalterada: demonstrar a precisão dos resultados de uma escala pelo método de consistência interna implica demonstrar que qualquer outro conjunto de itens do mesmo tipo teria fornecido um resultado praticamente idêntico.

A questão é a mesma quando se consideram os momentos da avaliação: não é necessário tentar obter uma amostra representativa desses momentos, desde que se demonstre que o momento não exerce influência sensível sobre o resultado, ou seja, que os resultados serão sempre aproximadamente os mesmos, seja qual for a hora e a data de aplicação. Para isto, seria necessário que a escala fosse aplicada numa variedade de situações e de momentos. Na maior parte dos casos, no entanto, ficamo-nos por duas aplicações, frequentemente em situações semelhantes e à mesma hora do dia, mas em dias diferentes. Embora se pudesse dizer que isto não representa uma variabilidade suficiente de momentos e situações para que se possa ter segurança quanto à representatividade dos resultados, a experiência acumulada através da investigação com numerosos questionários, associada a uma crença implícita na estabilidade do comportamento verbal em diferentes situações, faz com que esta evidência sumária seja considerada suficiente na maioria dos casos.

Esta concepção vem pôr em destaque uma das razões pelas quais os diferentes métodos de avaliação da precisão nem sempre fornecem resultados concordantes: alguns deles (bipartição, consistência interna) avaliam a consistência dos resultados obtidos com diferentes conjuntos de itens; outros (reteste) avaliam a consistência entre diferentes momentos; outros, ainda (reteste com formas paralelas após um intervalo de tempo) avaliam simultaneamente os dois aspectos. Esta constatação conduz-nos, por sua vez, a algumas importantes consequências práticas. Para começar, nenhum dos métodos deve ser considerado como fornecendo "*o*" coeficiente de precisão. Por isso, a recolha de informação suficiente sobre a precisão de uma escala exige que se utilize, pelo menos, um método que avalie as diferenças entre os resultados de diferentes conjuntos de itens (o mais comum, hoje em dia, é o coeficiente α) e outro que avalie as diferenças entre os resultados obtidos em diferentes situações/momentos (o método de reteste). Caso, por qualquer razão, se pretenda utilizar um único método, a escolha deve recair sobre o reteste com formas paralelas após um intervalo de tempo.

Não se deve, no entanto, cair em excesso de entusiasmo com este último método, por várias razões. **Primeiro, porque nem mesmo ele nos pode fornecer o "verdadeiro" coeficiente de precisão:** os resultados serão diferentes consoante o intervalo de tempo decorrido entre as duas aplicações, tal como acontece no método de reteste, e consoante a forma como os itens disponíveis são distribuídos pelas duas formas paralelas, tal como acontece no método de bipartição. **Segundo, porque usar o teste-reteste e o coeficiente α nos fornece informação discriminada sobre o efeito dos itens e da situação/momento,** enquanto o método de reteste com formas paralelas apenas nos indica o efeito conjunto. **Terceiro porque, como já vimos, este último método obriga à construção de maior número de itens,** o que não se justifica se o interesse estiver apenas na avaliação da precisão. **Em resumo, portanto, a obtenção de informação suficiente sobre a precisão dos resultados de uma escala deve envolver, pelo menos, a realização de um reteste com algumas semanas de intervalo e o cálculo do coeficiente α. Mas não seria possível obter um coeficiente que sumariasse a informação fornecida por estas duas técnicas numa única estimativa da precisão? E como proceder quando se obtém avaliações em mais do que dois momentos/situações? Métodos de avaliação da precisão desenvolvidos no contexto da teoria da generalizabilidade (Shavelson e Webb, 1991) permitem-nos atingir estes propósitos de forma particularmente eficaz.**

A avaliação da generalizabilidade: O caso mais simples

O objectivo de dispor de um método capaz de fornecer e combinar informação relativa a diferentes factores com potencial influência sobre os resultados de medidas psicométricas pode ser alcançado se os métodos correlacionais forem substituídos pelos derivados da análise de variância, que se adequam na perfeição aos princípios da teoria da generalizabilidade. A apresentação global dos diversos aspectos da análise de variância está, claramente, fora do âmbito deste livro. Os seus princípios básicos poderão ser encontrados em qualquer manual introdutório de estatística (e.g., Ferguson, 1981) e obras mais especializadas aprofundam numerosos aspectos particulares (e.g., Winer, Brown e Michels, 1991). O objectivo, aqui, será apenas o de proporcionar ao leitor uma compreensão básica do modo como os princípios e métodos da análise da variância são aplicados ao estudo da precisão. Comecemos, por isso, pela situação mais simples, com uma única observação por pessoa e por item.

O Quadro 11 contém os hipotéticos resultados obtidos através da aplicação, a uma amostra constituída por cinco pessoas, de uma escala com cinco itens. A resposta a cada item era dada numa escala de avaliação com nove pontos, pelo que o resultado varia entre 1 e 9. Relembremos, agora, o conceito de variância: a média do quadrado da diferença entre cada resultado e a média geral. Comecemos por calcular a variância do conjunto de resultados de que dispomos. A média geral é de 5. Por isso, o resultado da pessoa A no primeiro item está afastado da média duas unidades. Elevamos o resultado ao quadrado e obtemos 4. Passando à pessoa B, e ainda no Item 1, verificamos de novo um desvio de 2 em relação à média, o que corresponde a um quadrado também de 4. Quanto à pessoa C, o desvio é de -1, o que, elevado ao quadrado, corresponde a 1, etc. Repetimos este procedimento para todos os resultados, de todas as pessoas em todos os itens (ou arranjamos um computador que o faça por nós). No final, somamos todos os quadrados, e obtemos um resultado de 128. Dividimos pelo número de observações (25) e chegamos ao valor da variância: 5,12.

Quadro 11 - Análise de variância: Cálculo dos quadrados dos desvios em relação à média.

	Item 1	Item 2	Item 3	Item 4	Item 5	$\overline{X}_p$	$\overline{X}_p - \overline{X}$	$\left(\overline{X}_p - \overline{X}\right)^2$
Pessoa A	7	9	5	5	9	7	2	4
Pessoa B	7	7	6	2	3	5	0	0
Pessoa C	4	4	3	4	5	4	-1	1
Pessoa D	7	2	5	7	9	6	1	1
Pessoa E	5	3	1	2	4	3	-2	4
$\overline{X}_i$	6	5	4	4	6			
$\overline{X}_i - \overline{X}$	1	0	-1	-1	1			
$\left(\overline{X}_i - \overline{X}\right)^2$	1	0	1	1	1			

Até aqui, nada de novo. **Vejamos, agora, por que se fala em *análise* da variância. Já conhecemos uma propriedade importante da variância: a sua aditividade, ou seja, o facto de, quando duas variáveis são independentes, a variância da sua soma ser igual à soma das suas variâncias. No nosso caso, de que depende o resultado obtido por cada**

pessoa em cada item? Relembremos alguns aspectos já focados, a propósito dos modelos de traço latente. Um primeiro factor que faz com que as respostas dos indivíduos aos itens não sejam sempre todas iguais é a posição desses indivíduos na dimensão (variável) que se pretende medir, à qual, nos modelos de traço latente, se chama geralmente "aptidão". Se não existissem diferenças nesta variável, todas as pessoas obteriam o mesmo resultado na escala e, portanto, a média das suas respostas seria sempre igual. **Assim, um índice da posição da pessoa na variável subjacente é-nos dado pela diferença entre a média das suas respostas e a média geral de todas as respostas**[44]. Em termos matemáticos, esse índice seria expresso do seguinte modo:

$$\bar{X}_p - \bar{X} \tag{71}$$

Outro factor que influencia as respostas é o nível de referência do item que, nos modelos de traço latente, é geralmente designado por "dificuldade". Embora esta característica dos itens seja difícil de definir com rigor dentro do modelo aditivo (o que constitui, como já sabemos, uma das fraquezas deste), podemos dizer que um item se situa num nível de referência tanto mais elevado quanto mais baixa é a média dos resultados que fornece, pressupondo que a posição (média) dos indivíduos na variável subjacente se mantém constante. Podemos, portanto, afirmar que, se não existissem diferenças na "dificuldade" dos itens, todos os itens forneceriam resultados com uma média idêntica. Assim, **um índice do nível de referência do item é-nos dado pela diferença entre a média das respostas a esse item e a média de todas as respostas a todos os itens.** Em linguagem matemática, escreveríamos:

$$\bar{X}_i - \bar{X} \tag{72}$$

Mas os factores responsáveis pela variação das respostas não se esgotam aqui. Existem dois outros tipos de influência. Primeiro, aquilo a que na análise de variância se chama *interacção* **entre pessoas e itens (representada geralmente por "pessoas-itens"). Se as respostas aos itens dependessem apenas das variáveis a medir e do nível de refe-**

---

[44] Embora, normalmente, se utilizem as somas e não as médias dos itens, os resultados são equivalentes, porque resultam de uma divisão pelo mesmo número para todos os indivíduos. A utilização da média, no entanto, permite simplificar bastante a nossa demonstração.

rência dos itens, duas pessoas com o mesmo nível na variável subjacente teriam sempre tendência a responder da mesma forma a um dado item; dois itens com o mesmo nível de referência seriam sempre respondidos da mesma forma por cada pessoa. Na prática, no entanto, não é isto que acontece. Tendo duas pessoas o mesmo nível na variável subjacente, uma delas poderá concordar mais com o item *A* do que com o item *B*, enquanto que a outra concorda mais com o *B* do que com o *A*. A variabilidade gerada no encontro entre características específicas das pessoas e características específicas dos itens pode assumir, em alguns casos, uma magnitude importante e essa variabilidade não pode ser atribuída nem a características das pessoas nem a características dos itens, mas sim a uma acção conjunta desses dois factores, designada por interacção.

Um quarto factor a considerar é o puro acaso, ou factores de natureza aleatória que não são considerados em nenhuma categoria anterior. Por exemplo, suponhamos que, enquanto as pessoas preenchem um questionário, o nível de ruído na sala flutua, e que as respostas aos itens são afectadas por esse ruído. Trata-se de um factor não relacionado com características das pessoas nem com características dos itens e que é irrelevante para os nossos objectivos. Por isso, **os factores deste tipo são incluídos numa categoria genérica denominada residual, variância aleatória ou erro**.

Como avaliar o efeito destes dois últimos factores sobre as respostas aos itens? Digamos desde já que, numa situação em que apenas dispomos de um resultado para cada pessoa em cada item, não é possível separar os efeitos destes dois factores. Se, para cada combinação específica pessoa-item, apenas dispomos de um resultado, não podemos saber se a discrepância verificada, em relação ao resultado que seria de esperar dada a posição da pessoa na variável e o nível de referência do item, é devida a um factor casual, que actuou apenas naquele momento, ou a um fenómeno sistemático, que ocorrerá sempre que aquela pessoa se confrontar com aquele item. A única forma de esclarecer esta dúvida seria obtendo mais do que um resultado para

Quadro 12 - Valor do quadrado do índice de interacção em cada célula pessoa × item.

Pessoa	Item 1	Item 2	Item 3	Item 4	Item 5
A	1	4	1	1	1
B	1	4	4	4	9
C	1	0	0	1	0
D	0	16	0	4	4
E	1	0	1	0	0

cada combinação pessoa-item, por exemplo aplicando mais do que uma vez o mesmo questionário. A média dessas várias observações permitir-nos-ia então estimar o peso da interacção pessoa-item. A sua variabilidade corresponderia à variância aleatória.

Assente este aspecto, como obter um índice do efeito deste conjunto de dois factores sobre as respostas das pessoas aos itens? Trata-se de obter uma estimativa da diferença entre a resposta de uma dada pessoa a um dado item e a resposta que seria previsível, dada a sua posição na variável e o nível de referência do item. Como já dispomos de índices desses dois efeitos, podemos escrever:

$$X_{pi} - (\overline{X}_p - \overline{X}) - (\overline{X}_i - \overline{X}) - \overline{X} = X_{pi} - \overline{X}_p - \overline{X}_i + \overline{X} \tag{73}$$

Esta última expressão fornece-nos um índice do efeito de interacção pessoa-item e da variância aleatória, os quais, como vimos, não são dissociáveis. **O procedimento de análise da variância passa pelo cálculo da variância associada a cada uma destas três fontes de influência. Para isso, começamos por elevar ao quadrado cada um dos valores dos índices apontados e somar esses quadrados. O valor referente às pessoas deve, ainda, ser multiplicado pelo número de itens, uma vez que a média de cada pessoa é obtida dividindo a soma das suas respostas pelo número de itens. Esta multiplicação vai permitir anular o efeito da divisão utilizada para obter a média. O mesmo acontece para os itens, em que o valor obtido é multiplicado pelo número de pessoas.** Os resultados obtidos para as pessoas e para os itens estão indicados nas colunas e nas linhas que se seguem aos dados no Quadro 11. Os resultados para o componente de interacção são indicados no Quadro 12. Os resultados das somas dos diferentes componentes serão, assim, de 50 para o componente relativo às pessoas (10, o resultado da soma dos quadrados do índice, multiplicado por 5, o número de itens), 20 para o dos itens (4 a multiplicar por 5 pessoas) e 58 para o de interacção. A estas grandezas dá-se o nome de *somas de quadrados*, e podem ser abreviadamente designados por SQ_s, SQ_i e $SQ_{si,e}$ (respectivamente, somas de quadrados relativas a pessoas, itens e interacção entre pessoas e itens, esta incorporando ainda a variância de erro). Note-se como, se adicionarmos os três valores das somas de quadrados, obtemos 128, o valor da soma de quadrados total, atrás calculado. As fórmulas utilizadas no cálculo destas somas de quadrados são as seguintes:

$$SQ_p = n_i \sum_{j=1}^{n_p} (\overline{X}_j - \overline{X})^2 \, ,$$

(74)

$$SQ_i = n_p \sum_{k=1}^{n_i} (\overline{X}_k - \overline{X})^2$$

(75)

e

$$SQ_{pi,e} = \sum_{j=1}^{n_p} \sum_{k=1}^{n_i} (\overline{X}_{jk} - \overline{X}_j - \overline{X}_k + \overline{X})^2 \, .$$

(76)

Nestas fórmulas e nas subsequentes, n_p é o número de pessoas e n_i o número de itens.

No cálculo da variância, recordemos, uma soma de quadrados semelhante a esta era dividida pelo número de pessoas ou, por vezes, por esse número subtraído de uma unidade, de modo a fornecer um índice da variabilidade dos resultados. Aqui, passa-se algo de muito semelhante ao segundo caso. As somas dos quadrados são divididas por grandezas designadas *graus de liberdade*, **cuja explicação está fora do âmbito deste trabalho. Para os componentes relativos a pessoas e itens, o número de graus de liberdade é igual ao número de elementos (pessoas ou itens) subtraído de uma unidade. Para o componente de interacção, é o produto dos graus de liberdade dos outros componentes.** As fórmulas são as seguintes:

$$gl_p = n_p - 1 \, ,$$

(77)

$$gl_i = n_i - 1$$

(78)

e

$$gl_{pi,e} = (n_p - 1)(n_i - 1) \, .$$

(79)

Dividindo as somas dos quadrados pelo número de graus de liberdade, obtêm-se as chamadas *médias quadráticas* **ou** *quadrados médios* (*mean squares* em Inglês), abreviadamente designadas por *MQ*. Assim, as fórmulas para as médias quadráticas serão:

$$MQ_p = \frac{SQ_p}{gl_p}$$

(80)

$$MQ_i = \frac{SQ_i}{gl_i}$$

(81)

e

$$MQ_{pi,e} = \frac{SQ_{pi,e}}{gl_{pi,e}}$$

(82)

Aqueles que dominam a análise de variância como teste estatístico de significância terão decerto reconhecido o procedimento sem dificuldade e saberão que se segue a divisão das médias quadráticas relativas a cada um dos efeitos principais (pessoa e item) pela média quadrática para a interacção, para obter uma estatística que segue uma distribuição F. A partir deste ponto, no entanto, os procedimentos referentes ao uso da análise de variância como teste de significância e para a obtenção de estimativas de generalizabilidade divergem. A teoria da generalizabilidade não envolve testes de significância, pois pretende apenas estimar certos parâmetros da população da qual os resultados foram extraídos.

Vejamos o que isto significa. **Dissemos atrás que a teoria da generalizabilidade tem por objectivo estimar, a partir de um determinado conjunto finito (amostra) de pessoas e de um determinado conjunto finito (amostra) de itens, a variabilidade dos resultados de um número potencialmente infinito (população) de pessoas que responderiam a um número potencialmente infinito (população) de itens. Pressupondo que a amostra de pessoas e a amostra de itens são representativas das respectivas populações, é possível determinar matematicamente qual o valor mais provável das variâncias dos resultados das populações de pessoas e de itens, a partir dos dados dessa amostra.** No nosso caso específico, essas estimativas (denominadas *valores esperados*) são-nos dadas pelas seguintes fórmulas:

$$\hat{\sigma}^2_{pi,e} = MQ_{pi,e}$$

(83)

$$\hat{\sigma}_i^2 = \frac{MQ_i - MQ_{pi,e}}{n_p} \tag{84}$$

e

$$\hat{\sigma}_p^2 = \frac{MQ_p - MQ_{pi,e}}{n_i} \tag{85}$$

O sinal circunflexo sobre a letra sigma indica que se trata do valor estimado para a população, a partir dos dados da amostra, e não do valor exacto para a população. A demonstração matemática destas fórmulas é complexa e não nos ocupará aqui. Vejamos, antes, a forma de as aplicar na prática e os resultados que fornecem no nosso caso.

As somas de quadrados foram já calculadas atrás. Aplicando as fórmulas, determinamos as médias quadráticas:

$$MQ_p = \frac{SQ_p}{gl_p} = \frac{50}{4} = 12,5 \tag{86}$$

$$MQ_i = \frac{SQ_i}{gl_i} = \frac{20}{4} = 5 \tag{87}$$

e

$$MQ_{pi,e} = \frac{SQ_{pi,e}}{gl_{pi,e}} = \frac{58}{16} = 3,62 \tag{88}$$

Daí, partimos para o cálculo dos valores esperados para a variância:

$$\hat{\sigma}_{pi,e}^2 = MQ_{pi,e} = 3,62 \tag{89}$$

$$\hat{\sigma}_i^2 = \frac{MQ_i - MQ_{pi,e}}{n_p} = \frac{5 - 3,62}{5} = 0,28 \tag{90}$$

e

$$\hat{\sigma}_p^2 = \frac{MQ_p - MQ_{pi,e}}{n_i} = \frac{12,5 - 3,62}{5} = 1,78 \tag{91}$$

Estes resultados podem ser interpretados directamente, uma vez que representam a variância dos resultados das pessoas, dos itens e da respectiva interacção, estimados para a população de pessoas e de itens da qual a nossa amostra é representativa. Por isso mesmo, são **muitas vezes designados por** *componentes da variância* **presente na população de resultados que nos interessa.** Se tivéssemos utilizado toda a população de itens para a qual pretendemos generalizar e calculássemos o resultado de cada pessoa (média de todos os itens) podemos prever, tanto quanto a nossa amostra o permite, que a média dos resultados seria 5 (a mesma da amostra) e a variância 1,78. Do mesmo modo, se calculássemos a média de cada item, utilizando as respostas de todas as pessoas da amostra, a média do conjunto dos itens seria de novo 5 e a sua variância 0,28. Se calculássemos a interacção para a população de itens e pessoas, o seu valor seria de 3,62. **Como é óbvio, trata-se de** *estimativas*, **ou seja, do valor que seria mais provável encontrar, caso se pudesse obter os resultados do conjunto da população. Os verdadeiros parâmetros da população deverão ser algo diferentes mas, espera-se, relativamente próximos destes, tanto mais próximos quanto maior for o número de pessoas e o número de itens na amostra, e quanto mais esta amostra se aproximar da representatividade da população.** O mesmo acontece para qualquer tipo de estimativa estatística.

Um outro tipo de interpretação possível destes resultados é uma *interpretação relativa*. **Somam-se os três componentes da variância e divide-se cada um deles por esse total. Obtemos, assim, o valor da proporção ou percentagem, no total da variância presente na população, que pode ser atribuída a cada uma das fontes.** No nosso caso, podemos concluir que 31,3% da variância será devida a diferenças entre os resultados das pessoas (ou seja, às diferenças na sua posição na variável subjacente, que se pretende medir), 4,8% será devida às diferenças no nível de referência dos itens, e 63,9% à interacção entre pessoas e itens (ou seja, às diferenças entre a resposta de cada pessoa a cada item e a resposta que seria de prever face à posição da pessoa na dimensão a medir e ao nível de referência do item). Isto significa que, embora a maior parte da variância das respostas a estes itens seja determinada pela interacção entre pessoas e itens, as diferenças entre os indivíduos na sua posição na variável subjacente são, ainda assim, responsáveis por uma proporção considerável da variância total, o que é certamente positivo em termos de precisão da medida. Por outro lado, a magnitude do componente relativo aos itens é bastante pequena, o que sugere que estes não diferem muito no seu nível de referência.

Há, entretanto, dois aspectos importantes a considerar na interpretação destes valores e que, se ignorados, poderão conduzir a uma interpretação errónea. Primeiro, estes valores das proporções não constituem coeficientes de precisão comparáveis aos que encontrámos nas secções anteriores. Existe, de facto, na teoria da generalizabilidade, a possibilidade de calcular coeficientes comparáveis aos da teoria clássica. Esta possibilidade será abordada de seguida. **O segundo aspecto importante é o de que os valores obtidos por estas fórmulas dizem respeito a resultados de itens e não a resultados de escalas,** obtidos por soma de vários itens. No nosso exemplo, 31,3% da variância das respostas aos itens é devida às diferenças entre as pessoas. A proporção da variância dos resultados totais (soma dos 5 itens) devida ao mesmo factor será muito maior.

Esclarecidos estes aspectos, vejamos como pode ser calculado um coeficiente de generalizabilidade para estes dados. Vimos atrás que o coeficiente de precisão equivale à proporção entre a variância dos resultados verdadeiros e a variância dos resultados observados (ver equação 42, p. 241). E já vimos também como, na teoria clássica, a variância dos resultados observados é igual à soma da variância dos resultados verdadeiros com a variância de erro (equação 36, página 240). Na teoria da generalizabilidade, o conceito do "resultado verdadeiro" é substituído pelo de "resultado que seria obtido se tivessem sido aplicados todos os itens relevantes", ou seja, o hipotético resultado para a população de itens. Designando este conceito por X e o resultado observado com uma dada amostra de itens por x, podemos escrever:

$$r_{xx'} = \frac{\hat{\sigma}_X^2}{\hat{\sigma}_x^2} = \frac{\hat{\sigma}_X^2}{\hat{\sigma}_X^2 + \hat{\sigma}_e^2}$$

(92)

Para calcularmos o coeficiente precisamos, portanto, de uma estimativa da variância dos resultados para a população de itens e de uma estimativa da variância de erro. Da primeira já dispomos: é a estimativa da variância dos resultados das pessoas para a população

de itens, calculada a partir dos dados da amostra (no nosso exemplo, 1,78). Qual será a variância de erro? As diferenças no nível de referência dos itens não introduzem erro na medição, pois afectam igualmente todas as pessoas e, portanto, não se reflectem nas posições relativas dos seus resultados. (Veremos daqui a pouco que não é assim em todos os casos.) **O componente de interacção, no entanto, uma vez que reflecte o grau em que as respostas dos indivíduos se desviam daquilo que se poderia prever, dados a sua posição na variável subjacente e o nível de referência dos itens, contribui sem dúvida para modificar essas posições relativas. A variância de erro corresponderá, portanto, ao componente de interacção.** Sendo assim,

$$r_{xX}^2 = \frac{\hat{\sigma}_X^2}{\hat{\sigma}_X^2 + \hat{\sigma}_e^2} = \frac{\hat{\sigma}_p^2}{\hat{\sigma}_p^2 + \hat{\sigma}_{pi,e}^2} \tag{93}$$

Para o nosso exemplo, podemos calcular:

$$r_{xX}^2 = \frac{\hat{\sigma}_p^2}{\hat{\sigma}_p^2 + \hat{\sigma}_{pi,e}^2} = \frac{1,78}{1,78 + 3,62} = 0,33 \tag{94}$$

O coeficiente de precisão seria, portanto, de 0,33, o que não é brilhante. É preciso não esquecer, no entanto, o que atrás se disse: estes valores, ou pelo menos o valor da variância de erro, dizem respeito aos resultados obtidos para um único item. Quando o número de itens aumenta, a magnitude da variância de erro diminui, de acordo com uma fórmula extremamente simples:

$$\hat{\sigma}_e^2 = \frac{\hat{\sigma}_{pi,e}^2}{n_i} \tag{95}$$

Como habitualmente, n_i é o número de itens. **Podemos, portanto, aperfeiçoar a fórmula do coeficiente de generalizabilidade, generalizando-o para escalas com qualquer número de itens:**

$$r_{xX}^2 = \frac{\hat{\sigma}_p^2}{\hat{\sigma}_p^2 + \dfrac{\hat{\sigma}_{pi,e}^2}{n_i}} \tag{96}$$

No nosso exemplo, o resultado seria

$$r_{xX}^2 = \frac{\hat{\sigma}_p^2}{\hat{\sigma}_p^2 + \dfrac{\hat{\sigma}_{pi,e}^2}{n_i}} = \frac{1,78}{1,78 + \dfrac{3,62}{5}} = 0,71$$

(97)

Uma propriedade extremamente interessante deste coeficiente de generalizabilidade é que equivale ao coeficiente α. A demonstração matemática dessa equivalência está fora dos objectivos deste trabalho, mas pode ser verificada calculando o coeficiente α para os dados do Quadro 11. O resultado deverá coincidir com o valor do coeficiente de generalizabilidade.

Modelos com duas ou mais facetas

Terminada a leitura da secção anterior, poderia o leitor perguntar-se qual a razão do desenvolvimento de toda uma nova abordagem à precisão e suas medidas, se essa teoria acaba por fornecer exactamente os mesmos resultados da teoria clássica. Acontece que, se ambas as abordagens se equivalem na análise de resultados como os do exemplo anterior, a superioridade da teoria da generalizabilidade torna-se evidente quando o plano de recolha de dados se torna mais complexo e, ao mesmo tempo, mais rico. **Vimos atrás que os dados, em Psicologia e na generalidade das ciências sociais, se tendem a organizar segundo um sistema de três dimensões: pessoas, situações e ocasiões. O nosso exemplo apenas incluía duas dessas dimensões, pessoas e situações (itens). Sabemos já, também, como a teoria clássica está limitada a avaliar a precisão utilizando duas dimensões de cada vez: pessoas e situações (bipartição, consistência interna) ou pessoas e ocasiões (teste-reteste)[45]. Não existe, dentro da teoria clássica, possibilidade de integrar a informação relativa às três dimensões e obter um único coeficiente de precisão quando um mesmo conjunto de itens foi aplicado duas ou mais vezes a uma**

---

[45] É verdade que existe pelo menos um método (reteste com formas paralelas) que permite avaliar simultaneamente os efeitos das situações e das ocasiões. O que este método não permite, no entanto, é a obtenção de estimativas separadas para a influência de cada uma dessas dimensões.

mesma amostra de pessoas. A teoria da generalizabilidade oferece-nos essa possibilidade.

Nas aplicações psicométricas, em geral, o interesse centra-se na avaliação das características das pessoas. Às outras dimensões utilizadas nos estudos da precisão das escalas (e.g., situações, ocasiões) dá-se, habitualmente, o nome de *facetas,* derivado da teoria das facetas, proposta por Guttmann (o mesmo que criou as escalas ordinais; ver Edmundson, Koch e Silverman, 1993; Shye, 1998; Shye, Elizur e Hoffman, 1994). A teoria das facetas não será aqui abordada em detalhe, mas o termo será utilizado para designar os diferentes planos de recolha de dados. **Assim, os dados do Quadro 11 dizem respeito a um plano com uma faceta, uma vez que, para além das pessoas, apenas um outro factor, o dos itens, está presente. Caso a mesma escala seja aplicada em mais do que uma ocasião, às mesmas pessoas, teremos um modelo com duas facetas. Os dados produzidos estarão organizados em 3 dimensões: pessoas, itens e ocasiões, existindo um resultado (resposta a um item) por cada célula obtida pelo cruzamento de uma pesssoa, um item e uma ocasião.**

O procedimento utilizado na análise de variância é semelhante ao já conhecido, apenas um pouco mais complexo. Teremos, neste caso, somas de quadrados e médias quadráticas para cada um dos 3 factores. Uma vez que as fórmulas são similares às já conhecidas, incluo apenas aqui as respeitantes às médias quadráticas, indicando a forma de calcular as somas dos quadrados e os respectivos graus de liberdade:

$$MQ_p = \frac{n_i n_o \sum \left(\overline{X}_p - \overline{X} \right)^2}{n_p - 1} \tag{98}$$

$$MQ_i = \frac{n_p n_o \sum \left(\overline{X}_i - \overline{X} \right)^2}{n_i - 1} \tag{99}$$

e

$$MQ_o = \frac{n_p n_i \sum \left(\overline{X}_o - \overline{X} \right)^2}{n_o - 1} \tag{100}$$

Sendo n_o o número de ocasiões em que a escala foi aplicada e $\overline{X}_o$ a média de todas as respostas obtidas numa dada ocasião. Do mesmo modo,

$\bar{X}_p$ representa a média de todas as respostas de uma dada pessoa (todos os itens em todas as ocasiões) e $\bar{X}_i$ a média de todas as respostas a um dado item (todas as pessoas em todas as ocasiões). **Assim, estas equações permitem-nos definir, respectivamente, a variabilidade das médias das respostas das pessoas, que se presume representarem a sua posição na variável que se pretende medir (equação 98), a variabilidade das médias das respostas aos itens, que se presume representarem o seu nível de referência (equação 99) e a variabilidade das médias das respostas nas diversas ocasiões, que se presume representarem eventuais mudanças nas tendências globais de resposta de uma ocasião para outra (equação 100).**

Uma das vantagens da utilização de mais do que uma faceta é a possibilidade de separar o efeito da interacção entre os diferentes factores presentes da variação aleatória, pelo menos em parte. Assim, é possível calcular os médias quadráticas para a interacção entre cada par de factores. Teremos, portanto, três componentes de interacção: entre pessoas e itens, entre pessoas e ocasiões, e entre itens e ocasiões. As respectivas fórmulas são as seguintes:

$$MQ_{pi} = \frac{n_o \sum (\bar{X}_{pi} - \bar{X}_p - \bar{X}_i + \bar{X})^2}{(n_p - 1)(n_i - 1)} \tag{101}$$

$$MQ_{po} = \frac{n_i \sum (\bar{X}_{po} - \bar{X}_p - \bar{X}_o + \bar{X})^2}{(n_p - 1)(n_o - 1)} \tag{102}$$

e

$$MQ_{io} = \frac{n_p \sum (\bar{X}_{io} - \bar{X}_i - \bar{X}_o + \bar{X})^2}{(n_i - 1)(n_o - 1)} \tag{103}$$

O significado destes componentes de interacção é o mesmo já exemplificado com o componente pessoas-itens nas páginas 269-270. Aquele corresponde à magnitude das discrepâncias entre as respostas efectivamente dadas pelas pessoas e as respostas que seriam de prever, dadas a posição das pessoas nas variáveis subjacentes e os níveis de referência dos itens. O componente de interacção entre pessoas e ocasiões corresponde ao grau em que as respostas médias das pessoas se desviam relativamente àquilo que seria de prever, dada a sua média

A precisão

global e a média das diferentes ocasiões. Pode acontecer, por exemplo, que a média geral das respostas não se altere de uma ocasião para outra, mas algumas pessoas obtenham médias mais elevadas numa ocasião que noutra. Ou, por outro lado, que uma pessoa obtenha uma média quase idêntica numa e noutra ocasião, enquanto que a média geral subiu sensivelmente de uma ocasião para outra.

De modo semelhante, a interacção entre itens e ocasiões diz respeito ao grau em que os níveis de referência (médias) dos itens se parecem modificar de uma ocasião para outra, de tal modo que as suas posições relativas se alteram de uma ocasião para outra, não se limitando a acompanhar as flutuações da média geral.

Para além destas interacções entre os factores dois a dois (designadas por interacções de primeira ordem), haverá ainda que considerar um sétimo componente, correspondente à interacção conjunta entre os três factores e designado por interacção de segunda ordem. Tal como acontecia nos modelos de uma só faceta para a interacção de primeira ordem, a existência de um único resultado para cada combinação pessoa X item X ocasião torna impossível separar esta interacção de segunda ordem da variação puramente aleatória. A notação utilizada, tal como anteriormente, reflecte isso mesmo.

$$MQ_{pio,e} = \frac{\sum (\overline{X}_{pio} - \overline{X}_{pi} - \overline{X}_{po} - \overline{X}_{oi} + \overline{X}_{p} + \overline{X}_{i} + \overline{X}_{o} - \overline{X})^2}{(n_p - 1)(n_i - 1)(n_o - 1)}$$

(104)

A interpretação dos componentes de interacção acima da primeira ordem é complexa e, na prática, raramente recebe grande ênfase. É possível dizer que este componente reflecte o facto de a magnitude da interacção entre pessoas e itens variar de uma ocasião para outra, ou de a interacção entre pessoas e ocasiões variar segundo os itens, ou, ainda, de a interacção entre itens e ocasiões variar de uma pessoa para outra. Na realidade, este componente pode reflectir qualquer destes efeitos, ou todos eles ou, ainda, o puro acaso. Por isso, é difícil atribuir--lhe outra interpretação para além da de que constitui, simplesmente, variância de erro.

Um dos aspectos mais complexos da teoria da generalizabilidade é o do cálculo das médias quadráticas esperadas, ou componentes de variância na população. O cálculo das médias quadráticas das amostras não apresenta grandes dificuldades e é quase sempre feito com

282   *Questionários: Teoria e prática*

recurso aos procedimentos de análise de variância incluídos nos "pacotes" informáticos de análise estatística. Uma vez obtidos os valores esperados para os componentes de variância, o cálculo dos coeficientes de generalizabilidade é também relativamente directo. **A passagem das médias quadráticas observadas para os componentes de variância, porém, envolve um certo grau de complexidade matemática.** As fórmulas necessárias variam consoante as características dos modelos ou planos (em Inglês, *designs*) de recolha de dados e não é fácil determinar quais as fórmulas correctas para cada caso. Por vezes, é possível que os programas informáticos que efectuam os cálculos da análise de variância forneçam directamente os valores esperados para as médias quadráticas e, inclusivamente, as fórmulas respectivas. Por outro lado, existem procedimentos algorítmicos que permitem determinar as fórmulas necessárias, mas a sua aplicação é demorada e, por vezes, complexa. **No caso de modelos relativamente simples, a solução mais fácil será a de procurar num livro sobre a teoria da generalizabilidade ou a análise de variância as fórmulas necessárias. Haverá, porém, que ter grande cuidado com um aspecto: muitas destas fontes (e.g., Shavelson e Webb, 1991) apresentam fórmulas que permitem calcular as médias quadráticas esperadas *para as amostras* a partir dos valores dos componentes de variância na população. Nas aplicações da teoria da generalizabilidade, no entanto, interessa-nos precisamente o contrário: calcular os componentes de variância, partindo das médias quadráticas obtidas na amostra. Por isso, é muitas vezes necessário inverter as equações, resolvendo-as em ordem aos componentes de variância.** Ao longo dos diversos pontos de que se compõe esta secção, irei apresentando as fórmulas aplicáveis aos casos mais comuns em aplicações com questionários. As fórmulas correspondentes a planos mais complexos, de utilização muito rara com questionários, são apresentadas no livro de Shavelson e Webb (1991).

    Suponhamos, então, que obtemos um novo conjunto de dados, numa ocasião diferente, para os mesmos indivíduos e itens apresentados no Quadro 11. Este novo conjunto de dados é apresentado no Quadro 13. Desta vez, vamos recorrer a um programa de estatística para a obtenção das médias quadráticas. O único aspecto que, aqui, poderá originar dificuldades é

Quadro 13 - Resultados hipotéticos na segunda ocasião.

	Item 1	Item 2	Item 3	Item 4	Item 5
Pessoa A	8	7	7	4	8
Pessoa B	5	4	3	5	3
Pessoa C	5	7	5	5	5
Pessoa D	3	5	4	7	8
Pessoa E	6	5	3	2	2

A *precisão* 283

o da organização dos dados. Os mais conhecedores dos procedimentos de análise de variância não terão dificuldade em perceber que estamos perante um modelo com *medidas repetidas* e, partindo de uma organização dos dados semelhante à que se encontra nos Quadros 11 e 12 (aliás, colocando--os lado a lado), utilizar as possibilidades do programa de estatística para resolver o problema. Há apenas um "truque" aqui envolvido. Normalmente, não se considera, na análise de variância, os componentes relativos aos indivíduos, pois estes não apresentam qualquer interesse quando o objectivo do estudo se centra na relação entre as variáveis. A forma de "obrigar" o programa de computador a considerar as pessoas como factor é a seguinte: numeram-se as pessoas com números inteiros consecutivos, numa coluna adicional, e indica-se essa coluna como uma das variáveis que definem os grupos de indivíduos[46]. O Quadro 14 contém a informação saída do programa de computador (*Statistical Package for Social Science, SPSS, versão 6*).

Analisando esta listagem, facilmente encontramos a identificação dos vários factores envolvidos: os efeitos directos (chamados, em Inglês, *Main Effects*) das pessoas (identificado pela designação "$casenum"), itens e ocasiões, as interacções de primeira ordem, ou seja, entre as variáveis duas a duas (*2-Way Interactions*) e a interacção de segunda ordem entre os três factores (*3-Way Interactions*). Seguindo a linha em que é indicado cada factor, encontramos as respectivas somas de quadrados (*Sum of Squares, SS*), graus de liberdade (*Degrees of Freedom, DF*) e as médias quadráticas (*Mean Square, MS*). Além disso, encontramos ainda outros valores que, por não nos interessarem, iremos ignorar: na linha com o título "*Main Effects*" encontramos a soma dos quadrados de todos os efeitos directos, nas linhas "*2-Way Interactions*" e "*3-Way Interactions*" a soma de todas as interacções de primeira e segunda ordem e, nas linhas "*Explained*" e "*Total*" o total da variância explicada e a variância total.

No nosso caso, estes dois últimos valores coincidem, devido ao facto de termos apenas uma observação em cada célula. É também por isso que, na linha "*Residual*" encontramos o valor zero, que corresponde à diferença entre a variância total e a variância explicada ou, por outras palavras, à variância não explicada. É também pelo mesmo motivo que as colunas mais à direita, denominadas "*F*" e "*Signif. of F*", estão em branco. Seria

---

[46] Alguns programas criam de forma automática uma variável que corresponde ao número do caso, como acontece com algumas versões do SPSS (variável $casenum, abaixo referida), e que pode ser aproveitada para este fim.

aqui apresentado o resultado do teste estatístico associado à análise de variância. A maior parte dos programas de análise de variância, porém, só dispõem do procedimento de teste aplicável aos casos em que existe mais do que uma observação em cada célula. Por isso, embora seja também possível aplicar o teste em casos como o nosso, a maior parte dos programas não o faz, e pode mesmo apresentar-nos um aviso de que o teste não é possível, ou de que o residual é zero. Uma vez que o teste estatístico é inútil na teoria da generalizabilidade, este facto não nos causa qualquer problema. Apenas nos interessa aproveitar, da informação fornecida pelo computador, os valores das médias quadráticas: Pessoas = 18,32; Itens = 5,17; Ocasiões = 0,02; Pessoas X Itens = 4,16; Pessoas X Ocasiões = 2,32; Itens X Ocasiões = 1,17; Pessoas X Itens X Ocasiões = 2,16.

Na posse destes valores vamos, então, determinar as médias quadráticas esperadas. Para o caso de um modelo com duas facetas cruzadas, as fórmulas necessárias são:

$$\hat{\sigma}^2_{pio,e} = MQ_{pio,e} \tag{105}$$

$$\hat{\sigma}^2_{io} = \frac{MQ_{io} - MQ_{pio,e}}{n_p} \tag{106}$$

$$\hat{\sigma}^2_{po} = \frac{MQ_{po} - MQ_{pio,e}}{n_i} \tag{107}$$

$$\hat{\sigma}^2_{pi} = \frac{MQ_{pi} - MQ_{pio,e}}{n_o} \tag{108}$$

$$\hat{\sigma}^2_{o} = \frac{MQ_{o} - MQ_{po} - MQ_{io} + MQ_{pio,e}}{n_p n_i} \tag{109}$$

$$\hat{\sigma}^2_{i} = \frac{MQ_{i} - MQ_{pi} - MQ_{io} + MQ_{pio,e}}{n_p n_o} \tag{110}$$

e

$$\hat{\sigma}_p^2 = \frac{MQ_p - MQ_{pi} - MQ_{po} + MQ_{pio,e}}{n_i n_o}$$

(111)

Quadro 14 - Saída do computador (programa SPSS) para uma análise de variância num modelo de 2 facetas, análise com medidas repetidas.

```
MANOVA I1 I2 I3 I4 I5 I1R I2R I3R I4R I5R BY $CASENUM (1 5) /WSFACTORS OCASIAO
(2) ITEM (5) .

NOTE    12167
The last subcommand is not a design specification--A full factorial model
is generated for this problem.

         5 cases accepted.
         0 cases rejected because of out-of-range factor values.
         0 cases rejected because of missing data.
         5 non-empty cells.

         1 design will be processed.

*   W A R N I N G   *  Too few degrees of freedom in RESIDUAL
*                     *  error term (DF = 0).
--------------------------------------------------------------------------------
Tests of Between-Subjects Effects.

Tests of Significance for T1 using UNIQUE sums of squares
Source of Variation          SS          DF        MS          F  Sig of F

RESIDUAL                     .00          0         .
CONSTANT                 1260.02          1    1260.02          .      .
$CASENUM                   73.28          4      18.32          .      .

*   W A R N I N G   *  Too few degrees of freedom in RESIDUAL
*                     *  error term (DF = 0).
--------------------------------------------------------------------------------
Tests involving 'OCASIAO' Within-Subject Effect.

Tests of Significance for T2 using UNIQUE sums of squares
Source of Variation          SS          DF        MS          F  Sig of F

RESIDUAL                     .00          0         .
OCASIAO                      .02          1        .02          .      .
$CASENUM BY OCASIAO         9.28          4       2.32          .      .

*   W A R N I N G   *  Too few degrees of freedom in RESIDUAL
*                     *  error term (DF = 0).
--------------------------------------------------------------------------------
EFFECT .. $CASENUM BY ITEM
EFFECT .. ITEM

*   W A R N I N G   *  Too few degrees of freedom in RESIDUAL
*                     *  error term (DF = 0).
--------------------------------------------------------------------------------
Tests involving 'ITEM' Within-Subject Effect.

AVERAGED Tests of Significance for MEAS.1 using UNIQUE sums of squares
Source of Variation          SS          DF        MS          F  Sig of F

RESIDUAL                     .00          0         .
ITEM                       20.68          4       5.17          .      .
$CASENUM BY ITEM           66.52         16       4.16          .      .

*   W A R N I N G   *  Too few degrees of freedom in RESIDUAL
*                     *  error term (DF = 0).
--------------------------------------------------------------------------------
EFFECT .. $CASENUM BY OCASIAO BY ITEM
EFFECT .. OCASIAO BY ITEM

*   W A R N I N G   *  Too few degrees of freedom in RESIDUAL
*                     *  error term (DF = 0).
--------------------------------------------------------------------------------
Tests involving 'OCASIAO BY ITEM' Within-Subject Effect.

AVERAGED Tests of Significance for MEAS.1 using UNIQUE sums of squares
Source of Variation          SS          DF        MS          F  Sig of F

RESIDUAL                     .00          0         .
OCASIAO BY ITEM             4.68          4       1.17          .      .
$CASENUM BY OCASIAO        34.52         16       2.16          .      .
BY ITEM
```

Questionários: Teoria e prática

O volume das fórmulas não deve assustar o leitor. Afinal, basta aplicá-las mecanicamente:

$$\hat{\sigma}^2_{pio\,e} = 2,16 \tag{112}$$

$$\hat{\sigma}^2_{io} = \frac{1,17 - 2,16}{5} = -0,20 \tag{113}$$

$$\hat{\sigma}^2_{po} = \frac{2,32 - 2,16}{5} = 0,03 \tag{114}$$

$$\hat{\sigma}^2_{pi} = \frac{4,16 - 2,16}{2} = 1,00 \tag{115}$$

$$\hat{\sigma}^2_{o} = \frac{0,02 - 2,32 - 1,17 + 2,16}{5 \times 5} = -0,05 \tag{116}$$

$$\hat{\sigma}^2_{i} = \frac{5,17 - 4,16 - 1,17 + 2,16}{5 \times 2} = 0,20 \tag{117}$$

e

$$\hat{\sigma}^2_{p} = \frac{18,32 - 4,16 - 2,32 + 2,16}{5 \times 2} = 1,40 \tag{118}$$

Somando todos estes valores e dividindo cada um deles pelo total, obtemos a proporção de variância atribuível a cada um. A variância total é de 4,54. A proporção de variância será, então, de 0,31 para as pessoas, 0,04 para os itens, -0,01 para as ocasiões, 0,22 para a interacção entre pessoas e itens, 0,01 para a interacção entre pessoas e ocasiões, -0,04 para a interacção entre itens e ocasiões, e 0,48 para a interacção entre pessoas, itens e ocasiões, adicionada da variância de erro.

É de notar a presença de dois componentes de variância com valores negativos. Em princípio, este tipo de resultados não deveria ocorrer, uma vez que a variância, como medida da variabilidade de um conjunto de resultados, não pode assumir valores negativos. O absurdo de um valor negativo para a variância é também claro se a concebermos como uma medida da distância entre cada ponto e o centro da nuvem de pontos (uma distância nunca pode ser negativa) ou, ainda, como a média dos quadrados das diferenças para a média (qualquer número real, elevado ao quadrado, é sempre positivo). **A obtenção de valores negativos só é possível porque se trata de estimativas dos parâmetros das populações, inferidos a partir dos dados das amostras. Os valores obtidos não coincidem nunca com os valores reais dos parâmetros, antes flutuando em torno deles. Se o valor real do parâmetro é muito próximo de zero, é óbvio que as flutuações aleatórias da estimativa poderão levá-lo a assumir um valor inferior a zero. Este acontecimento será tanto mais provável quanto menor for o número de pessoas, itens ou ocasiões utilizadas para estimar o parâmentro, pois a variabilidade das estimativas diminui com o aumento do número de níveis considerados.** Por este motivo, a obtenção de valores negativos para os componentes de variância é comum apenas nos estudos de pequena dimensão, como é o caso do nosso exemplo, sendo raro em estudos com maior número de pessoas, itens e ocasiões. A maior precisão das estimativas justifica, portanto, a recomendação de que o número de valores assumidos pelas diversas facetas do modelo seja o maior possível

Uma outra questão que se coloca nestes casos é a da utilização dos valores negativos na resolução das equações subsequentes. As opiniões dos especialistas dividem-se neste aspecto. Para alguns, os valores negativos não podem ser senão erros, e o valor mais provável para o parâmetro respectivo é de zero. Por isso, recomendam que se substituam todas as estimativas com valores negativos por zero e se utilize esse valor (zero) em todas as fórmulas subsequentes em que essa estimativa surja. Outros, porém, salientam que os valores negativos foram fornecidos pelos próprios dados disponíveis e que, se os valores negativos reflectem um certo grau de erro, o mesmo acontece com todos os outros. Modificar apenas alguns dos valores destrói a coerência dos resultados, oriundos todos eles de um mesmo conjunto de dados, e não existem garantias de que a solução final assim obtida esteja mais próxima dos parâmetros da população. Por isso, estes autores recomendam que, embora chamando a atenção para a pre-

sença de valores negativos, para o seu carácter necessariamente erróneo e para o facto de o valor zero ser o mais provável para o parâmetro na população, se utilize o resultado fornecido pela fórmula em todos os cálculos subsequentes. Foi este o procedimento seguido no nosso exemplo. **Em qualquer caso, a opção por um ou outro método não deverá trazer diferenças de maior. Uma vez que constituem um mero produto dos erros de amostragem, os resultados negativos deverão apresentar-se sempre com valores absolutos muito baixos, ou seja, muito próximos de zero,** a não ser que as amostras tenham uma dimensão ridiculamente pequena e/ou sejam fictícias, como é o caso da do nosso exemplo. Assim, substituir por zero os resultados negativos não deverá trazer grande diferença.

Regressando aos valores das proporções de variância, os resultados parecem ser encorajadores quanto à precisão da escala, uma vez que o componente relativo às diferenças entre as tendências de resposta dos diferentes indivíduos, que corresponde àquilo que pretendíamos medir, abrange mais de 30% da variância, sendo superado apenas pelo componente de interacção de segunda ordem, o qual engloba também, como sabemos, a variância de erro. Considerações deste tipo, no entanto, poderão ser melhor fundamentadas através do cálculo do coeficiente de generalizabilidade. Vimos atrás que, para isso, necessitamos apenas de uma estimativa da variância atribuível às diferenças entre pessoas (aquilo que pretendemos medir ou, por outras palavras, a variância dos resultados verdadeiros) e de uma estimativa da variância de erro. Vimos também como, no modelo de uma só faceta, a variância de erro nos é dada pela interacção entre pessoas e itens, sendo o componente de variância relativo aos itens irrelevante, pois não afecta as posições relativas dos pessoas. No caso de um modelo de duas ou mais facetas, como o que temos aqui, o princípio é muito semelhante: **a variância de erro é-nos dada pelos componentes que envolvem uma interacção entre o factor pessoas e quaisquer outros factores, ou seja, no nosso caso, corresponde à soma do componente de interacção pessoas-itens com o componente de interacção pessoas-ocasiões e com o componente de interacção pessoas-itens-ocasiões.** A fórmula será, portanto, a seguinte:

$$r_{rR}^2 = \frac{\hat{\sigma}_p^2}{\hat{\sigma}_p^2 + \left(\hat{\sigma}_{pi}^2 + \hat{\sigma}_{po}^2 + \hat{\sigma}_{pio,e}^2\right)}$$

(119)

Fazendo os necessários cálculos, obtemos:

$$r_{rR}^2 = \frac{1,40}{1,40 + 1,00 + 0,03 + 2,16} = 0,31$$

(120)

Como valor do coeficiente de generalizabilidade, poderá não parecer muito animador, mas há que recordar que, tal como para o modelo de uma só faceta, este valor corresponde à precisão de uma escala constituída por um único item e aplicada numa única ocasião. Para obter o valor da precisão de uma escala constituída por um maior número de itens, com propriedades semelhantes às do hipotético item "médio" desta amostra, bastará dividir os diversos componentes da variância de erro pelo número de níveis pretendidos para as facetas:

$$r_{rR}^2 = \frac{\hat{\sigma}_p^2}{\hat{\sigma}_p^2 + \left(\dfrac{\hat{\sigma}_{pi}^2}{n_i} + \dfrac{\hat{\sigma}_{po}^2}{n_o} + \dfrac{\hat{\sigma}_{pio,e}^2}{n_i n_o} \right)}$$

(121)

Assim, no nosso caso, com uma escala composta por cinco itens e aplicada numa só ocasião, obteríamos:

$$r_{rR}^2 = \frac{1,40}{1,40 + \dfrac{1,00}{5} + \dfrac{0,03}{1} + \dfrac{2,16}{5 \times 1}} = 0,68$$

(122)

Este resultado já é bastante mais animador em termos das propriedades da escala, sobretudo se tivermos em atenção que esta inclui apenas cinco itens.

O procedimento aqui exposto, referente a modelos de uma ou duas facetas, pode ser facilmente generalizado para números superiores. Por exemplo, suponhamos que pedimos a um grupo de trabalhadores para avaliarem a capacidade de liderança dos seus superiores hierárquicos, utilizando para isso uma escala com diversos itens, à qual respondem em diferentes ocasiões. Teríamos aqui um modelo com três facetas cruzadas, uma vez que cada indivíduo (superior hierárquico), seria avaliado por um conjunto de juízes (trabalhadores), através de um conjunto de itens, num conjunto de ocasiões. Adicionando novos

290 *Questionários: Teoria e prática*

factores, seria possível considerar um número ainda maior de facetas, mas estes modelos raramente são utilizados na prática.

Facetas aleatórias e facetas fixas

Nos modelos apresentados até aqui, as facetas utilizadas (itens e ocasiões) poderiam apresentar uma infinidade de valores ou, pelo menos, um número bastante elevado destes. O conjunto de itens incluídos numa determinada escala, por exemplo, não é senão um pequeno subconjunto de todos os itens que medem a mesma variável (população) e o pressuposto subjacente ao seu uso é o de que o conjunto de itens seleccionados constitui uma amostra representativa dessa população, como vimos atrás. O mesmo se poderia dizer das ocasiões. Aquilo que se fez foi seleccionar, de modo supostamente aleatório, duas ou mais ocasiões de um universo potencialmente infinito de ocasiões possíveis. **Quando as facetas presentes num estudo de generalizabilidade assumem este carácter, são designadas por** *facetas aleatórias*, **querendo isto significar que os valores utilizados não constituem senão uma pequena amostra, em princípio seleccionada de forma aleatória a partir de uma população muitíssimo mais numerosa ou mesmo infinita.**

Noutros casos, porém, esta situação não se verifica e os valores utilizados constituem, ou a totalidade da população, ou uma parte particularmente importante desta. Vejamos um exemplo: um investigador pretende desenvolver um questionário para medir a "auto-estima escolar". Para isso, decide seguir uma técnica na qual pergunta aos alunos em que medida pensam ser capazes de obter bons resultados nas diversas disciplinas do currículo: Português, Matemática, Biologia, História, etc. Assim, cada disciplina irá constituir um item e o resultado total será obtido pela soma ou média dos itens, como é habitual no modelo aditivo. Neste caso, é evidente que os itens utilizados não constituem uma pequena amostra extraída da numerosa população de itens possíveis. Os itens incluídos no questionário constituem a própria população na sua totalidade, pois, não havendo mais nenhuma disciplina, não seria possível elaborar mais nenhum item. Noutros casos, a amostra não coincide com a população, mas os valores a utilizar foram seleccionados de forma intencional pelo investigador, por forma a satisfazer um qualquer critério. Seria esse o caso, por exemplo, se o investigador tivesse decidido utilizar apenas as disciplinas de Matemática e Português, por considerar que são as mais importan-

A precisão 291

tes do currículo. Seria, ainda, o caso de um investigador que, pretendendo avaliar uma determinada característica de personalidade e baseando-se numa teoria que aponta um certo número de comportamentos como reveladores dessa característica, elaborasse um item com a descrição de cada um desses comportamentos e solicitasse aos participantes a indicação do grau em que esse comportamento fazia parte da sua forma habitual de agir. **Em qualquer destas situações, os valores assumidos dentro desta faceta não podem ser considerados como uma amostra aleatória dos valores possíveis, uma vez que constituem, ou a totalidade da população, ou um sector específico seleccionado dentro desta. Quando uma faceta num estudo de generalizabilidade assume este carácter, é designada por *faceta fixa*.**

A importância da distinção entre facetas aleatórias e fixas resulta do pressuposto de que, para estimar a variância atribuível a uma dada faceta, é necessário que os valores dessa faceta constituam uma amostra representativa da população relevante. Se tal não acontecer (como é o caso das facetas fixas) não é legítima a utilização do modelo de análise da variância como fonte da estimativa. O objectivo da utilização da análise de variância é estimar qual o grau em que os diversos valores de uma faceta são responsáveis pela flutuação dos resultados observados em torno dos parâmetros da população. Ora, se os itens, por exemplo, constituem a totalidade da população relevante, esta questão deixa de ter sentido: os valores obtidos não são já estimativas, mas sim valores exactos para a população. O mesmo acontece se o investigador selecciona deliberadamente certos itens. Se nenhum outro conjunto de itens poderia substituir o que foi utilizado, então não estamos perante uma amostra representativa de nenhuma população: se fosse esse o caso, poderíamos sempre substituir essa amostra por outra amostra igualmente representativa.

O que fazer, então? Dois procedimentos são possíveis, consoante o tipo de medida e os objectivos do investigador. Consideremos o primeiro exemplo, do questionário de auto-estima escolar. Se o objectivo do investigador for o de elaborar uma medida global de auto-estima escolar, a solução mais adequada será a de considerar apenas a média das respostas obtidas para os diversos valores da faceta, ignorando esta como factor de variabilidade. (O que faz todo o sentido neste caso, pois os itens constituem a totalidade da população e, como tal, não podem contribuir para o erro na estimação dos parâmetros dessa população.) **Uma outra possibilidade seria a de considerar que as diversas disciplinas constituem aspectos independentes da auto-estima escolar e que, por**

isso, é importante ter a possibilidade de os examinar separadamente, obtendo um resultado para cada uma delas em vez de uma medida global. Neste caso, o procedimento mais correcto seria o de efectuar um estudo de generalizabilidade separado para cada um dos valores da faceta, ou seja, para cada disciplina.

A decisão de utilizar um ou outro procedimento deve basear-se sobretudo em critérios conceptuais, embora os dados empíricos não devam ser ignorados. Concretamente, é necessário decidir se aquilo que se pretende é obter uma medida global e se a média de todos os valores da faceta fixa pode ser considerada uma medida adequada da variável a avaliar. Se assim for, é de recomendar a utilização da média. O nosso segundo exemplo (comportamentos característicos de um traço de personalidade) é, claramente, deste tipo. **Se, pelo contrário, os diversos valores da faceta podem ser considerados como reflectindo diferentes variáveis, a opção adequada é a de efectuar um estudo de generalizabilidade separado para cada um deles.**

Um exemplo deste tipo é o do Inventário de Saliência das Actividades (Ferreira Marques, 1995), desenvolvido no contexto do estudo sobre a Importância do Trabalho (*Work Importance Study*) realizado em numerosos países com a coordenação do Prof. Donald Super (Ferreira Marques e Miranda, 1995). Neste questionário, pretende-se medir a saliência ou importância que têm para o indivíduo um conjunto de áreas de actividade (estudo, trabalho, serviços à comunidade, casa e tempos livres). A saliência das actividades é avaliada por um conjunto de itens, idêntico para todas elas excepto na menção ao tipo de actividade visada. (Na realidade, a organização do questionário é um pouco mais complexa mas, para os nossos propósitos, estes aspectos são suficientes). Teremos, portanto, num estudo de generalizabilidade, três facetas: tipos de actividade, itens e ocasiões (supondo que tivéssemos efectuado mais do que uma aplicação), constituindo o tipo de actividade uma faceta fixa (dado que o questionário se baseia numa listagem das actividades consideradas mais relevantes) e os itens e ocasiões facetas aleatórias. Supondo que a média da saliência de todas as actividades não constitui uma variável interessante, o procedimento adequado seria o de efectuar um estudo de generalizabilidade separado para cada um dos tipos de actividade. Assim, teríamos, para cada um destes, um estudo com duas facetas aleatórias (itens e ocasiões), em tudo semelhante ao que foi descrito na secção anterior ou, caso tivéssemos efectuado apenas uma aplicação, um estudo com uma só faceta aleatória, também já atrás descrito.

A precisão 293

Uma vez que o tratamento em separado dos diversos níveis da faceta fixa reduz o estudo da generalizabilidade a uma série de estudos com uma ou mais facetas aleatórias, em tudo idênticos aos já abordados, **irei debruçar-me mais em detalhe sobre os procedimentos a utilizar quando se pretende recorrer à média dos resultados como forma de integrar a informação proveniente dos diversos valores da faceta fixa. Há que ter presente, antes de mais, que o recurso à média pressupõe que os resultados obtidos nos diversos níveis da faceta fixa são relativamente consistentes. Este pressuposto é compreensível, uma vez que se baseia num outro, o de que todas as facetas avaliam a mesma variável. Ora, estes pressupostos podem ser testados, recorrendo ao mesmo método aplicado às facetas aleatórias. Concretamente, o procedimento recomendado consiste em, numa primeira etapa, introduzir os dados e tratá-los estatisticamente, tal como se a faceta fixa fosse uma faceta aleatória.** No exemplo referido no final do parágrafo anterior, em que os itens constituíam a única faceta aleatória e o tipo de actividade uma faceta fixa, começaríamos por calcular o valor de cada um dos componentes de variância, tratando todas as facetas como se fossem aleatórias, exactamente como nos modelos anteriores. Obteríamos, assim, sete componentes de variância: três componentes simples, nomeadamente, pessoas ($\hat{\sigma}_p^2$), itens ($\hat{\sigma}_i^2$) e actividades ($\hat{\sigma}_a^2$); três componentes de interacção de primeira ordem ($\hat{\sigma}_{pi}^2$, $\hat{\sigma}_{pa}^2$, $\hat{\sigma}_{ia}^2$) e um componente de interacção de segunda ordem ($\hat{\sigma}_{pia,e}^2$). **O pressuposto de equivalência dos diversos níveis da faceta fixa poderia, então, ser posto à prova: se fosse verdadeiro, os componentes de variância envolvendo a faceta fixa ($\hat{\sigma}_a^2$, $\hat{\sigma}_{pa}^2$, $\hat{\sigma}_{ia}^2$, $\hat{\sigma}_{pia,e}^2$) deveriam ser relativamente pequenos (sendo particularmente importantes aqueles que envolvessem interacções com outros componentes). A avaliação desta previsão, feita a partir daquilo que atrás designámos por interpretação relativa da magnitude dos componentes de variância, nem sempre se apresenta fácil, por falta de critérios objectivos.** Os casos em que a percentagem de variância correspondente aos componentes em causa é, digamos, inferior a 10%, não colocam grandes dúvidas. O mesmo acontece nos casos em que é superior a 30%, ou em que se situa entre os dois ou três componentes com maior percentagem de variância. Muitas situações existem, porém, nas quais a decisão se revela difícil de fundamentar. Nesses casos, haverá que ter em atenção que os critérios de ordem conceptual devem tomar a primazia sobre os puramente estatísticos neste tipo de decisões.

Se o pressuposto de equivalência dos diversos valores da faceta fixa acabar por se revelar insustentável, a melhor solução será, prova-

velmente, a de tratar esses diferentes níveis, ou conjuntos de níveis, em estudos de generalizabilidade separados. Técnicas correlacionais, como a análise factorial, por exemplo, poderão ajudar a fundamentar um agrupamento dos níveis (e.g., disciplinas de Letras vs. Ciências).

Uma vez concluído que os componentes associados à faceta fixa não correspondem a uma proporção importante da variância total, o que legitima a utilização da sua média, há que calcular os valores dos componentes aleatórios, de forma a determinar o grau de generalizabilidade dos resultados assim obtidos. Os componentes aleatórios serão aqueles que não incluem a faceta fixa, ou seja, no nosso exemplo, os referentes às pessoas, aos itens e à sua interacção. Os seus valores diferem dos obtidos quando se tratou a faceta fixa como se fosse aleatória mas, felizmente, podem ser obtidos a partir destes: basta somar, ao valor obtido para cada componente, o valor correspondente à interacção desse componente com a faceta fixa, dividido pelo número de níveis da faceta fixa. Concretizemos através de uma fórmula. Designaremos os componentes de variância da parte aleatória do modelo acrescentando-lhes um asterisco, para os distinguir dos obtidos na primeira parte do procedimento. Teremos, assim, $\hat{\sigma}^2_{p*}$, $\hat{\sigma}^2_{i*}$, $\hat{\sigma}^2_{pi,e*}$. Designaremos, ainda, a faceta fixa pela letra f, e seu o número de níveis por n_f. A fórmula para o componente pessoas será a seguinte:

$$\hat{\sigma}^2_{p*} = \hat{\sigma}^2_{p} + \frac{\hat{\sigma}^2_{pf}}{n_f}$$

$$(123)$$

Repare-se que o componente corresponde à interacção entre a pessoa e o tipo de actividade (faceta fixa), como foi explicado anteriormente. Do mesmo modo, as fórmulas para os restantes componentes serão:

$$\hat{\sigma}^2_{i*} = \hat{\sigma}^2_{i} + \frac{\hat{\sigma}^2_{if}}{n_f}$$

$$(124)$$

e

$$\hat{\sigma}^2_{pi,e*} = \hat{\sigma}^2_{pi} + \frac{\hat{\sigma}^2_{pif,e}}{n_f}$$

$$(125)$$

Uma vez obtidas as estimativas dos componentes que constituem a parte aleatória do modelo, o procedimento prossegue com a sua interpretação, em termos absolutos e relativos, e com o cálculo do coeficiente de generalizabilidade, de modo em tudo idêntico ao descrito atrás, para quando todas as facetas do modelo eram aleatórias.

Facetas inclusas

Até aqui, todos os modelos analisados incluíam todas as combinações possíveis entre todos os valores das diversas facetas. No modelo mais comum, de duas facetas (itens e ocasiões), todas as pessoas respondiam a todos os itens em todas as ocasiões consideradas. **Quando duas ou mais facetas se combinam desta forma exaustiva, dizem-se** *facetas cruzadas*. **Existem, no entanto, casos em que não é assim, ou por opção do investigador, ou por dificuldades de qualquer ordem.** Na verdade, trata-se de situações raras quando se utilizam questionários, pelo que um exemplo algo diferente poderá ser preferível nesta altura. Suponhamos um estudo utilizando o método de observação, no qual se pretende avaliar a frequência de um dado comportamento numa dada situação, por exemplo, do comportamento de conversar com os colegas durante a aula, em alunos de uma turma do Ensino Básico. Os alunos serão observados simultaneamente por dois observadores, de modo a que se possa avaliar a eventual influência que a capacidade de detecção do comportamento por parte dos observadores possa ter sobre os resultados. Para examinar a estabilidade do comportamento, os alunos serão observados por igual período de tempo, em dois dias diferentes. Poderíamos, assim, ter um simples modelo com duas facetas (observadores e ocasiões), cada uma com dois níveis, o que conduziria a quatro resultados (número de ocorrências do comportamento durante o período de tempo) para cada aluno.

Não é, porém, de excluir a hipótese de o investigador se defrontar com um problema prático: devido a terem outros afazeres, não é possível aos observadores comparecerem nos dois dias; será necessário utilizar outro par de observadores no segundo dia. Por si só, este facto não inviabiliza o estudo, mas impede o estabelecimento de uma relação entre os resultados de cada observador numa e noutra ocasião, uma vez que os observadores não são os mesmos. Note-se como, neste caso, as facetas não são integralmente "cruzadas": os observadores não estão todos presentes em todas as ocasiões, pois cada observador só está presente numa ocasião.

Nestes casos, diz-se que os observadores estão incluídos ou inclusos (*nested*, em Inglês) nas ocasiões e designa-se a faceta respeitante aos observadores por *faceta inclusa*.

Especificamente, para que uma faceta possa ser considerada inclusa, têm de ser verificadas duas condições: (a) que exista mais do que um nível da faceta inclusa em cada nível da faceta em que esta se inclui e (b) que os níveis da faceta inclusa presentes em cada nível da faceta que a inclui não sejam os mesmos. Embora possam parecer algo confusas, o significado destas condições é simples. Vejamos como a segunda se aplica ao nosso exemplo: se os observadores presentes em cada ocasião fossem os mesmos, não constituiriam uma faceta inclusa, pois estariam integralmente cruzados com as ocasiões. Quanto à primeira condição, significa que, para que se possa separar (até certo ponto, como veremos) o efeito das ocasiões do efeito das características dos observadores, é necessário que exista sempre mais do que um observador em cada ocasião. Se, por exemplo, houvesse apenas um observador em cada ocasião, seria impossível determinar se as variações dos resultados obtidos num e noutro dia seriam devidas a diferenças no comportamento dos alunos ou a diferenças nas características dos observadores.

Como dissemos atrás, os modelos com facetas inclusas não são frequentes na análise de questionários. Podem, no entanto, surgir em certos casos. Imaginemos que um investigador pretende avaliar o apoio emocional que uma pessoa considera ter disponível. Para isso, elabora um questionário no qual se pede ao inquirido que enumere, por exemplo, as 10 pessoas mais importantes na sua vida e que indique, para cada uma delas, numa escala de avaliação, em que medida acredita que poderia contar com essa pessoa para lhe dar apoio emocional se estivesse a passar por uma fase difícil. O questionário seria constituído por 10 itens, cada um avaliando o apoio potencialmente prestado por uma pessoa, mas os itens seriam diferentes para cada respondente, pois referir-se-iam a pessoas diferentes, satisfazendo os requisitos para uma faceta inclusa. Note-se que, se diversos respondentes tiverem a(s) mesma(s) pessoa(s) como fornecedora(s) de apoio, a aplicação deste modelo já será ilegítima, uma vez que o mesmo item estará a ser respondido por mais do que uma pessoa (ou seja, os itens não serão todos diferentes para diferentes pessoas). Outro exemplo seria o de um questionário destinado a avaliar o perigo de recaída em pessoas em recuperação de um problema de consumo excessivo (e.g., de tabaco, álcool ou drogas), em que cada pessoa elaboraria uma lista, por exemplo de 10 situações que considerasse que, para si, representam um maior perigo de

A precisão

recaída. O perigo seria então individualmente avaliado para cada uma dessas situações. Uma vez que se poderia considerar que nunca haveria duas situações iguais apontadas por pessoas diferentes, mesmo que a descrição fosse feita quase pelas mesmas palavras, o requisito de que cada pessoa responderia a itens diferentes seria respeitado. Porém, se as situações fossem seleccionadas a partir de uma lista igual para todos, e em que diferentes pessoas pudessem responder aos mesmos itens (e.g., K. J. Miller, McCrady, Abrams e Labouvie, 1994), a aplicação deste modelo já não seria correcta. Para além disso, há ainda que ter em atenção que, nestes dois exemplos, a faceta inclusa seria também uma faceta fixa, pois é óbvio que as pessoas ou situaçõs apontadas não constituem uma amostra aleatória de todas as pessoas ou situações potencialmente disponíveis. Uma vez que a média das respostas aos itens constituiria uma variável relevante (o apoio global percebido ou o perigo global de recaída), o procedimento recomendado seria o de calcular essa média e basear nela as análises (eventualmente após uma primeira análise em que a faceta fixa seria tratada como aleatória). Repare-se, entretanto, como este procedimento implica o desaparecimento dos itens enquanto faceta autónoma e, portanto, o desaparecimento da faceta inclusa.

Outro tipo de situação em que podem surgir facetas inclusas, e em que estas têm de ser tratadas como tais, é nos questionários que apresentem escalas divididas em subescalas. Um exemplo de instrumento deste tipo é o questionário de personalidade NEO PI-R (M. P. Lima e Simões, 1995), o qual visa medir cinco grandes traços de personalidade, chamados "domínios" (Neuroticismo, Extroversão, Abertura à Experiência, Amabilidade e Conscienciosidade), cada um dos quais é, depois, subdividido em seis facetas[47]. Por exemplo, o domínio do Neuroticismo é subdividido em Ansiedade, Hostilidade, Depressão, Auto-Conscienciosidade, Impulsividade e Vulnerabilidade. Cada faceta é avaliada por um conjunto de oito itens, sendo o resultado obtido por soma desses itens. O resultado para o domínio é obtido somando as seis facetas, ou seja, os 48 itens.

Neste caso, é óbvio que os itens estão inclusos nas facetas, pois contam apenas para a avaliação de cada uma delas. A situação é, no entanto, ainda mais complexa do que no caso anterior, uma vez que, para além do

---

[47] Por influência da teoria das facetas, os autores do questionário decidiram chamar "facetas" aos subcomponentes de cada domínio da personalidade. Há que estar atento ao duplo sentido do termo "facetas" (da personalidade e do estudo) neste exemplo, de modo a evitar a confusão.

298 *Questionários: Teoria e prática*

maior número de facetas, temos ainda a presença de facetas fixas. Analisando o modelo com algum detalhe, começamos por verificar que os cinco grandes domínios são uma faceta fixa, pois constituem, segundo os autores do inventário, os cinco principais componentes da personalidade. Não poderiam ser substituídos por quaisquer outros e não pretendem constituir uma amostra aleatória de todos os domínios concebíveis. Para além disso, pretendem constituir aspectos independentes da personalidade e não faria nenhum sentido aglutiná-los através do cálculo da sua média. Assim, como vimos atrás, o procedimento adequado é o de efectuar estudos de generalizabilidade separados para cada domínio.

Quando chegamos ao nível da faceta, porém, a questão torna-se diferente. Uma vez que cada faceta faz parte de um único domínio, as facetas constituem (passe o falso pleonasmo) facetas inclusas. Para além disso, uma vez que o conjunto de facetas consideradas em cada domínio não poderia ser substituído por nenhum outro, as facetas são igualmente facetas fixas. Uma vez que iremos efectuar estudos de generalizabilidade separados para cada domínio, o carácter incluso das facetas não causa nenhum problema. Resta-nos lidar com o seu carácter fixo. Comparativamente ao nível anterior (domínios fixos), porém, há uma diferença essencial: enquanto que a soma (ou média) dos diferentes domínios não faria qualquer sentido, a soma ou média das facetas tem um significado muito preciso, pois constitui o resultado para o domínio. Trata-se de um dos casos em que a forma adequada de tratar os resultados consiste em somar os diferentes níveis (aqui, as facetas da personalidade). É igualmente um bom exemplo do princípio acima enunciado, de que a opção entre os dois métodos de análise, em modelos com facetas fixas, deve basear-se, antes de mais, em critérios conceptuais, não desempenhando os resultados empíricos um papel decisivo senão em raros casos. Mas uma complexidade adicional resulta, aqui, da presença dos itens, ou seja, de uma faceta aleatória inclusa dentro de uma faceta fixa. Antes de vermos como analisar este tipo de modelos, debrucemo-nos sobre o princípio geral da análise de facetas inclusas, começando pelo modelo mais simples.

O principal inconveniente das facetas inclusas consiste na impossibilidade de determinar a magnitude da variância correspondente à faceta inclusa, pois essa variância é, inevitavelmente, confundida com a variância correspondente à interacção entre a faceta inclusa e aquela que a inclui. Vejamos o nosso primeiro exemplo, em que os observadores presentes diferiam consoante as ocasiões. Trata-se de um modelo com duas facetas (observadores e ocasiões). Se os observadores fossem integral-

A precisão

mente cruzados com as ocasiões, ou seja, se os mesmos observadores estivessem presentes em todas as ocasiões, seria possível estimar sete componentes de varância, correpondentes, respectivamente, à variância devida às pessoas ($\hat{\sigma}_p^2$), aos observadores ou juízes ($\hat{\sigma}_j^2$), às ocasiões ($\hat{\sigma}_o^2$), às suas interacções de primeira ordem ($\hat{\sigma}_{pj}^2$, $\hat{\sigma}_{po}^2$, $\hat{\sigma}_{jo}^2$) e à interacção de segunda ordem, adicionada da variância de erro ($\hat{\sigma}_{pjo,e}^2$). Mas, uma vez que os observadores estão inclusos nas ocasiões, a sua variância não pode ser estimada separadamente da do componente de interacção com estas, uma vez que estão inapelavelmente confundidos. Assim, apenas é possível estimar cinco componentes de variância: pessoas ($\hat{\sigma}_p^2$), ocasiões ($\hat{\sigma}_o^2$), interacção entre pessoas e ocasiões ($\hat{\sigma}_{po}^2$), observadores, confundido (ou seja, adicionado) ao componente de interacção entre ocasiões e observadores ($\hat{\sigma}_{j,jo}^2$), e interacção entre pessoas e observadores, confundido com a interacção de segunda ordem e com a variância de erro ($\hat{\sigma}_{pj,pjo,e}^2$). A inseparabilidade entre a interacção pessoas X observadores e a interacção de segunda ordem deve-se, mais uma vez, à inclusão dos observadores nas ocasiões: do mesmo modo que não é possível estimar separadamente a variância devida às diferenças entre observadores, também não é possível avaliar a magnitude da interacção entre os observadores e qualquer outra faceta, sem "levar a reboque" destes a sua interacção com as ocasiões.

Repare-se, entretanto, que estas impossibilidades de separação tornam inviável o cálculo do coeficiente de generalizabilidade. Relembremos que o cálculo seria efectuado por uma fórmula semelhante à da equação 121 (página 289), a qual implicaria que os componentes ($\hat{\sigma}_{pj}^2$, $\hat{\sigma}_{pjo}^2$, e fossem divididos por divisores diferentes. Dado que o número de observadores terá sempre de ser maior do que 1, para que sejam respeitadas as condições apontadas quanto à constituição de facetas inclusas, esses divisores nunca poderão coincidir, o que inviabiliza a aplicação da fórmula. Este é um dos principais inconvenientes do uso de facetas inclusas.

Vejamos, agora, o exemplo em que os itens estão inclusos nas facetas, as quais, por sua vez, estão inclusas nos domínios. Já decidimos que cada domínio da personalidade irá ser tratado separadamente, por isso só precisamos de nos preocupar com facetas e itens. Temos, portanto, uma faceta aleatória (os itens, dado que nada existe de peculiar e insubstituível nos itens usados para medir cada faceta da personalidade, sendo teoricamente possível elaborar outros igualmente bons), inclusa dentro de uma faceta fixa (as facetas desse domínio da personalidade). Uma vez que consideramos legítimo calcular a média de todos os níveis da faceta fixa (a qual equivale ao resultado para o domínio) aplicaremos o princípio atrás descrito, começando por tratar todas as facetas como se fossem aleatórias. Teremos, assim, cinco estudos (um para cada domínio), cada um com duas facetas, sendo uma delas inclusa, pelo que poderemos calcular os seguintes componentes de variância: $\hat{\sigma}_p^2$ (pessoas), $\hat{\sigma}_f^2$ (facetas), $\hat{\sigma}_{pf}^2$ (interacção entre pessoas e facetas), $\hat{\sigma}_{i:f}^2$ (itens inclusos nas facetas) $\hat{\sigma}_{pi:f,e}^2$ e (interacção entre pessoas e itens, estes inclusos nas facetas).

Note-se como, neste caso, o componente relativo aos itens e à sua interacção com as facetas aparece referido como i:f, e não como i,if, dado que se trata de uma situação diferente da anterior. **Naquela, os observadores foram distribuídos pelas duas ocasiões de forma aleatória, ou segundo um critério arbitrário.** Poderiam tê-lo sido de qualquer outra maneira: os observadores da primeira ocasião utilizados na segunda e vice-versa, apenas um deles deslocado para a outra ocasião, etc. **No presente caso, não faria sentido dizer que os itens poderiam ser deslocados para outra faceta, pois, pelo seu próprio conteúdo, eles não podem medir nenhuma outra faceta senão aquela em que estão inclusos. Diz-se que, neste caso, os itens estão intrinsecamente inclusos nas facetas, ou que estão inclusos em termos do seu universo, ou da população de todos os itens possíveis.** Qualquer item que meça uma dada faceta da personalidade está, ipso facto, incluso nessa faceta. Não pode medir nenhuma outra. Pelo contrário, no primeiro exemplo, nada limita os observadores a serem utilizados numa só ocasião. Apenas ao nível da nossa amostra (de observadores e de ocasiões) isso se verificou, mas seria perfeitamente legítimo recorrer a esses observadores noutras ocasiões.

Este aspecto, aparentemente subtil, não deixa de ter consequências em termos dos componentes de variância a avaliar. Não faz, por exemplo, qualquer sentido falar em interacção entre facetas e itens quando os itens estão inclusos em termos do seu universo. Relembremos que, quando falamos de interacção, nos referimos ao facto de as posições relativas das médias para uma dada faceta variarem consoante o nível em que se situam noutra faceta. No nosso primeiro caso, a presença de uma interacção ocasiões X observadores significa que, se o observador x apresenta uma média superior à do observador y na ocasião 1, poderá apresentar uma média inferior na ocasião 2. Isto faz todo o sentido, embora o nosso plano de facetas inclusas não nos permita saber se tal acontece, pois nenhum par de observadores foi utilizado nas duas ocasiões. No segundo caso, a interacção significaria que o item x poderia apresentar uma média superior à do item y, quando ambos fossem utilizados para medir a faceta 1, mas uma média inferior, quando fossem utilizados para medir a faceta 2. Ora, isto é absurdo, porque já vimos que um item não pode ser utilizado para medir nenhuma outra faceta senão aquela de que faz parte. Algo de semelhante acontece para o componente relativo aos itens. Relembremos que este é obtido somando os quadrados das diferenças entre a média de cada item e a média de todos os itens, e dividindo o resultado pelo número de graus de liberdade. Ora, é lógico dizer que também isto é absurdo. Uma vez que um dado item apenas é relevante para a faceta em que se inclui, qual o sentido de calcular a diferença entre a sua média e a média de um conjunto de itens que, em grande parte, se referem a outras facetas, com as quais esse item nada tem a ver?

Por estas razões, **não se pode propriamente falar em efeito de interacção entre uma faceta inclusa e aquela que a inclui, nem no efeito da faceta inclusa, quando essa inclusão é intrínseca, ou seja, se verifica obrigatoriamente para todo o universo de valores das duas facetas, e não apenas por uma opção do investigador.** Assim, utiliza-se nestes casos uma notação do tipo, $\hat{\sigma}^2_{I:f}$. Quando a inclusão resulta apenas da conveniência do investigador, faz sentido considerar os factores de interacção entre faceta inclusa e inclusiva, e da própria faceta inclusa, mesmo que o plano de estudo utilizado não permita avaliá-los separadamente. Assim, fará sentido utilizar a notação $\hat{\sigma}^2_{if,i}$.

O cálculo do coeficiente de generalizabilidade para o resultado referente ao conjunto do domínio segue o já atrás indicado para estes casos. Começamos por identificar a parte aleatória do plano, que, neste caso, é constituída pelas facetas correspondentes a pessoas e itens. Estas facetas são integralmente cruzadas, uma vez que todas as pessoas responderam a todos os itens. A inclusão dos itens nas facetas (da personalidade) em nada afecta o cruzamento integral pessoas-itens, uma vez que as facetas estão a ser ignoradas neste caso. Se o resultado para o domínio é dado pela soma das diversas facetas e se o resultado de cada faceta é dado pela soma dos itens que a compõem, então o resultado do conjunto do domínio é dado pela soma de todos os seus itens. O plano do estudo de generalizabilidade a utilizar será, portanto, idêntico àquele que se emprega quando se tem uma única escala (pessoas-itens) e o coeficiente de generalizabilidade que se obtém no final é equivalente a um coeficiente α de Cronbach.

Tal como no exemplo anterior, os valores dos coeficientes de generalizabilidade podem ser calculados a partir dos que foram obtidos tratando a faceta fixa como se fosse aleatória. Neste caso, os valores são dados pelas seguintes fórmulas:

$$\hat{\sigma}^{2}_{p*} = \sigma^{2}_{p} + \frac{\sigma^{2}_{pf}}{n_{f}}$$

(126)

$$\hat{\sigma}^{2}_{i*} = \sigma^{2}_{i:f}$$

(127)

e

$$\hat{\sigma}^{2}_{pi,e*} = \sigma^{2}_{pi:f,e}$$

(128)

Depois disto, haverá, ainda, que avaliar a generalizabilidade de cada faceta da personalidade. Tratar-se-á apenas de efectuar estudos de generalizabilidade separados para cada uma delas, o que, como vimos atrás, constitui o outro método habitualmente utilizado na análise de facetas fixas. Estes sucessivos estudos não deverão levantar qualquer dificuldade, uma vez que não envolvem facetas fixas nem facetas inclusas, utilizando, portanto, um plano simples de facetas cruzadas (p X i). Os resultados obtidos correspondem igualmente, neste caso, ao coeficiente α de Cronbach.

Decisões relativas e decisões absolutas

Disse-se atrás que, no cálculo do coeficiente de generalizabilidade, se consideravam como fazendo parte da variância de erro apenas aqueles componentes que representavam interacções entre a faceta correspondente ao objecto de medida (quase sempre as pessoas) e outras facetas. Nenhum dos outros componentes merecia interesse pois, embora afectassem o nível geral dos resultados, não timham qualquer influência sobre as posições relativas dos resultados das diferentes pessoas. **Veremos nesta secção que tal nem sempre é verdade e quais as consequências disso.**

Suponhamos que uma qualquer escala é aplicada a um conjunto de pessoas, com o objectivo de seleccionar um certo número delas para um tratamento posterior (seja a admissão num curso de formação, numa intervenção clínica, ou apenas a aplicação de outras medidas). Neste caso, aplica-se o princípio enunciado no parágrafo anterior. O resultado exacto obtido por cada pessoa nada indica quanto à sua inclusão ou não no grupo seleccionado. Só a comparação com os resultados obtidos por outras pessoas permite concluir quanto a isso. Se, por exemplo, quiséssemos seleccionar os 10% de indivíduos com melhores resultados, a lista de nomes obtida em nada se alteraria se somássemos 20 pontos ao resultado de cada pessoa, ou se os multiplicássemos por 1,47.

Uma situação semelhante acontece quando os resultados brutos são aferidos por comparação com uma amostra de referência, por exemplo através de percentis ou resultados padronizados. Note-se como, também neste caso, se aplica o princípio apresentado nos parágrafos anteriores. A adição de qualquer grandeza ao resultado bruto da escala, ou a sua multiplicação por qualquer factor, deixam absolutamente inalterado o resultado derivado, desde que a mesma operação seja efectuada para o resultado do indivíduo a classificar e também para todos os resultados da amostra de aferição, como é óbvio. Isto significa, por sua vez, que os componentes que não representam interacções com os resultados das pessoas (e.g., o nível de referência dos itens) não necessitam de ser incluídos no cálculo da variância de erro, pois, uma vez que não afectam as posições relativas dos indivíduos, mas apenas o seu nível geral (somando ou multiplicando por uma constante), o seu efeito é eliminado pelo procedimento de comparação com a amostra de referência.

Consideremos, porém, os casos em que a decisão é tomada com base no resultado bruto, não com base num resultado derivado obtido por comparação, e sem ter em conta o número de pessoas classificadas num e noutro conjunto. Seria o caso, por exemplo, de um teste de conhecimentos em que a decisão (aprovado / reprovado ou de outro tipo) fosse tomada a partir do número ou da percentagem de respostas correctas. Neste caso, o componente relativo aos itens tem um efeito real sobre a decisão: se os itens forem mais difíceis, a percentagem de pessoas que lhes respondem correctamente será inferior e, por isso, a percentagem de reprovações será maior. **A este tipo de avaliação, em que as respostas do indivíduo, ou a sua agregação, constituída pelo resultado bruto, servem de base directa de decisão, chama-se** *avaliação referida a um critério*, **por oposição à** *avaliação referida à norma*, **em que se chega à decisão depois de comparar o resultado do indivíduo com o obtido por outros indivíduos para a mesma medida** (Glaser, 1963).

Este tipo de utilização (na realidade, trata-se apenas de formas diferentes de utilizar ou interpretar os dados; a mesma escala pode servir para ambos os fins, se tal for apropriado; ver Cronbach, 1990, pp. 104-105) implica, como é óbvio, diferenças na forma de analisar a generalizabilidade, não no processo de cálculo da magnitude dos componentes da variância, que permanece inalterado, mas apenas no do coeficiente de generalizabilidade. Assim, **nos casos em que a decisão é tomada comparando o resultado do indivíduo com o de outros indivíduos (chamada uma *decisão relativa*), a variância de erro inclui apenas os componentes que correspondem a interacções com o componente relativo às pessoas. No caso de a decisão ser tomada através de um critério fixo aplicado ao resultado bruto (chamada uma *decisão absoluta*), contribuem para o erro todos os componentes de variância, com excepção do relativo às pessoas.** Consideremos, a título de exemplo, um modelo com duas facetas cruzadas, itens e ocasiões. No caso de uma decisão relativa, contribuiriam para a variância de erro três componentes: a interacção pessoas X itens, a interacção pessoas X ocasiões e a interacção pessoas X itens X ocasiões que, como sabemos, se confunde com toda a restante variância de erro. A fórmula correspondente é indicada na equação 121 (página 289).

No caso de uma decisão absoluta, a variância de erro terá de incluir todos os componentes de variância com excepção do relativo às pessoas. Assim, para além dos incluídos no caso anterior, irá ainda incluir os referentes aos itens, às ocasiões e à interacção entre itens e ocasiões. A fórmula será a seguinte:

$$r^2_{rRAbs} = \frac{\hat{\sigma}^2_p}{\hat{\sigma}^2_p + \left(\dfrac{\hat{\sigma}^2_i}{n_i} + \dfrac{\hat{\sigma}^2_o}{n_o} + \dfrac{\hat{\sigma}^2_{pi}}{n_i} + \dfrac{\hat{\sigma}^2_{po}}{n_o} + \dfrac{\hat{\sigma}^2_{io}}{n_i n_o} + \dfrac{\hat{\sigma}^2_{pio,e}}{n_i n_o} \right)} \tag{129}$$

Para os outros tipos de planos de recolha de dados, bastará aplicar os princípios referidos para obter as fórmulas necessárias.

Virtudes e limitações da teoria da generalizabilidade

A adopção de qualquer novo método ou abordagem, numa área na qual já existam procedimentos consagrados pelo uso, exige uma demonstração clara das vantagens, teóricas ou práticas, da nova técnica. No caso da teoria da generalizabilidade, será possível identificar vantagens que justifiquem o abandono dos nossos velhos companheiros, os coeficientes de correlação teste-reteste e α de Cronbach?

Adianto desde já que a minha resposta a esta questão é afirmativa mas, antes de explicitar as razões que me levam a defender tal posição, permitam-me que acentue os contributos que a perspectiva da generalizabilidade *não* nos oferece.

Talvez o ponto mais fraco de toda a teoria clássica do erro seja o seu postulado de um *resultado verdadeiro*, cujo valor exacto é impossível de determinar. As diferentes técnicas utilizadas para calcular a precisão de uma escala constituem, afinal, formas de determinar certas propriedades desses resultados (a sua variância e a correlação com os resultados observados). O problema está no facto de diferentes métodos e diferentes amostras fornecerem resultados diferentes na avaliação dessas propriedades, ou seja, também neste caso existem resultados "verdadeiros", cujo valor nunca poderá ser determinado, e os resultados observados são apenas aproximações a esses valores. **Poderíamos, portanto, dizer que avaliar a precisão dos resultados de uma escala consiste em obter estimativas erradas das propriedades de uma coisa que não existe...**

Foram, em parte, estes problemas que levaram ao desenvolvimento da teoria da generalizabilidade, que substitui, como vimos, o conceito de resultado verdadeiro pelo de "média de todos os resultados do universo relevante". Outros autores têm tentado resolver o problema de forma diferente, por exemplo reduzindo-o à obtenção de estimativas da correlação entre diferentes resultados observados para a mesma variável (Tryon, 1957). **A solução encontrada pela teoria da generalizabilidade, entretanto, tem sido criticada por dois motivos** (Thorndike, 1966). **Em primeiro lugar, é geralmente admitida a impossibilidade de observar, na prática, todos os resultados pertencentes a um universo de resultados relevantes (todos os indivíduos, em todas as ocasiões, com todos os itens...) Assim, o resultado médio para o universo, ou população total, permanece tão inatingível como o resultado verdadeiro da teoria clássica, e com os mesmos problemas que este** (apenas podemos obter estimativas das suas propriedades, estimativas essas que estarão sempre enviesadas pelas particularidades da nossa amostra, ou seja, nunca coincidem com a incognoscível realidade).

O segundo problema relaciona-se com a própria definição do universo relevante. Pensemos na amostra de indivíduos, onde o problema é menos complexo. Qual a população para a qual pretendemos generalizar? Todos os indivíduos? Apenas os Portugueses? Apenas os Portugueses escolarizados? Apenas para um determinado grupo social/profissional (e.g., estudantes universitários, professores do Ensino Secundário)? Apenas para os alunos de uma determinada escola? No caso dos itens, o problema é ainda mais nebuloso. Como definir o universo de todos os itens relevantes possíveis? Haverá alguma regra que nos permita delimitar esse campo? Dificilmente. Haverá pelo menos uma forma de, perante um qualquer item, saber sempre, de forma clara, se ele pertence ou não ao nosso domínio? Igualmente pouco provável. **Por outras palavras, avaliar a generalizabilidade dos resultados de uma escala consiste em obter estimativas erradas dos parâmetros de uma população indefinida... Em termos de clareza conceptual, por comparação com a teoria clássica, o avanço não é grande.**

Por outro lado, esta teoria apresenta a considerável vantagem de poder ajudar os investigadores e os utilizadores das escalas a tomar consciência do verdadeiro significado do conceito de precisão e das diversas técnicas utilizadas para a avaliar. O próprio nome da teoria e o modelo conceptual que lhe está subjacente contribuem para isso, ao acentuarem o facto de que aquilo que se pretende avaliar é a possibilidade de utilizar um dado conjunto de resultados observados para prever outros conjuntos de resultados observados, obtidos para a mesma variável com outro conjunto de itens e/ou noutra ocasião. Além disso, ajuda também a chamar a atenção para a conveniência de definir com o rigor possível o universo ou população para a qual se pretende generalizar.

Outra importante vantagem relaciona-se com a integração, num quadro de referência comum, de diferentes técnicas utilizadas no modelo clássico para a avaliação da precisão. Esta integração, conseguida quer ao nível conceptual quer ao nível dos procedimento de cálculo, apresenta um interesse fulcral. Ao nível dos procedimentos, porque permite ultrapassar o problema das diferentes estimativas da precisão obtidas com as técnicas derivadas do modelo clássico (coeficiente α teste-reteste, formas paralelas) e integrá-las num único plano de recolha de dados e num único índice, que, se as facetas escolhidas e os respectivos níveis forem adequados, nos fornecerá uma estimativa da precisão dos resultados muito mais adequada do que qualquer dos métodos clássicos.

Paralelamente a isto, **a integração proporcionada a nível conceptual poderá ajudar os investigadores a tomar consciência da não equivalência de métodos que examinam a precisão apenas com referência a uma faceta.** Infelizmente, é ainda comum encontrar, em comunicações a congressos ou em revistas científicas, afirmações do tipo: "a precisão da escala é de $\alpha = 0,80$". **Ora, não só a precisão não é uma propriedade da escala, mas sim dos seus resultados, como também o coeficiente α não pode ser considerado como uma medida suficiente da precisão de uma**

escala. O exame, pelo menos, da faceta referente às ocasiões é indispensável para se obter uma estimativa do grau em que os resultados obtidos serão replicáveis. No entanto, talvez devido às dificuldades logísticas que coloca, esse exame é demasiadas vezes ignorado pelos investigadores. Por exemplo, numa colectânea de trabalhos sobre provas psicológicas desenvolvidas ou adaptadas para a população portuguesa (Almeida, Simões e Gonçalves, 1995), na qual seria de esperar algum cuidado com os aspectos psicométricos apresentados, verifica-se que apenas 9 dos 22 trabalhos incluídos apresentam dados referentes à estabilidade temporal dos resultados (como comentário lateral, podemos dizer que nenhum utiliza a teoria da generalizabilidade). Caso consiga ajudar os investigadores a tomar consciência de que os diferentes métodos propostos pela teoria clássica não são equivalentes e não se podem substituir entre si, a teoria da generalizabilidade terá já deixado um contributo extremamente importante.

Outro contributo potencial desta teoria tem a ver com a acentuação do facto de os itens incluídos numa dada escala constituírem uma amostra de todos os itens que seriam relevantes para medir a variável pretendida. Já atrás dissemos que as técnicas de amostragem estão muito mais desenvolvidas no que se refere à amostragem de indivíduos do que à amostragem de estímulos, como é o caso dos itens incluídos em questionários. Os princípios fundamentais, no entanto, permanecem os mesmos, sendo as técnicas básicas as da amostragem aleatória e da amostragem estratificada. Esta última é geralmente mais eficaz, sobretudo quando as amostras (como é o caso dos itens) tendem a ser de pequena dimensão. A teoria da generalizabilidade, ao acentuar a necessidade de extrapolar a partir de uma amostra para uma população de itens, vem igualmente acentuar a necessidade de obter uma amostra de itens representativa dessa população, o que significa obter itens que abarquem de forma sistemática os diversos aspectos do construto que se pretende medir. Um aspecto curioso é o de que este propósito pode, paradoxalmente, surgir como contraditório com alguns dos critérios avançados pela própria teoria da generalizabilidade (ver página 311 e seguintes).

Factores que influenciam a precisão dos resultados de uma escala

Um dos objectivos mais importantes, ao construir uma nova escala, é o de assegurar que essa escala forneça resultados tão precisos quanto possível, ou seja, que a magnitude do erro de medida seja reduzida ao mínimo. É, por isso, do maior interesse conhecer os factores que podem influenciar a precisão dos resultados. **Dois desses factores são já nossos conhecidos: a homogeneidade dos itens e o seu número.** Mantendo iguais todos os outros factores, uma escala tenderá a fornecer resultados tanto mais precisos quanto maior o valor médio das correlações entre os resultados dos itens. Essa correlação dependerá, por sua vez, da homogeneidade das variáveis que influenciam a resposta aos diversos itens. Quanto mais uma única variável determinar as respostas a todos os itens, tanto mais estes apresentarão uma intercorrelação elevada. Por seu turno, essa homogeneidade dos factores subjacentes pode ser alcançada por intermédio da homogeneidade dos conteúdos dos itens. Os resultados fornecidos por uma dada escala tenderão, portanto, a ser tanto mais precisos quanto mais os itens forem semelhantes entre si. No limite, se os itens fossem todos iguais e as pessoas lhes respondessem de forma lógica, dariam a mesma resposta a todos eles. A correlação entre quaisquer itens seria sempre igual a 1 e, por conseguinte, a precisão dos resultados seria também de 1, um resultado perfeito. A questão de saber se esta situação é desejável constitui outro assunto, a discutir um pouco mais adiante.

Um segundo factor que já sabemos afectar a precisão dos resultados é o número de itens que compõem a escala: quanto maior esse número, maior a precisão. Por conseguinte, é desejável, tanto quanto as circunstâncias da recolha de dados o permitam, utilizar escalas com grande número de itens.

Mas existem outros factores. O mais importante é, talvez, o grau de heterogeneidade da amostra. É possível demonstrar matematicamente que, dadas duas variáveis com uma distribuição normal que apresentam entre si um dado valor de correlação (chamemos-lhe r), se reduzirmos a heterogeneidade numa delas (ou nas duas) e voltarmos a calcular a correlação, o resultado será mais próximo de zero. Vejamos um exemplo. O gráfico na Figura 22 representa a relação entre a altura e o peso, numa amostra de 106 estudantes universitários de ambos os sexos. A correlação entre estas duas variáveis é de 0,74. Vejamos agora o que acontece se restringirmos o leque de variação. O gráfico da Figura 23 representa exactamente as mesmas variáveis na mesma amostra, só que, desta vez, eliminámos todos os indivíduos com um peso igual ou inferior a 50 quilogramas, ou com um peso igual ou superior a 70 quilogramas. A simples inspecção visual do gráfico permite verificar como a nuvem de pontos se apresenta muito mais dispersa e com uma direcção menos definida. O valor da correlação reflecte isso mesmo, tendo descido para 0,55.

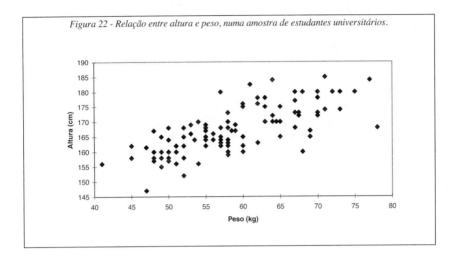

Figura 22 - Relação entre altura e peso, numa amostra de estudantes universitários.

Este fenómeno, conhecido por *restrição da amplitude de variação* (em Inglês, *range restriction*) é de grande importância na análise de dados estatísticos, pois pode, muitas vezes, levar a uma subestimação da correlação entre duas variáveis ou dificultar o propósito de obter uma estimativa rigorosa dessa correlação. Imagine-se, por exemplo, que um determinado questionário é utilizado na selecção de candidatos a um emprego. Os responsáveis pelo processo de selecção têm um natural interesse em saber se o questionário é eficaz, ou seja, se permite prever com certo rigor a qualidade do desempenho nesse emprego. O problema está em que avaliar essa eficácia de predição exigiria ter, para toda a amostra de interesse (o conjunto de candidatos) os valores de ambas as variáveis (resultado no questionário e desempenho no emprego). Mas, se o questionário é usado no processo de selecção, essa condição não se verifica, pois apenas os candidatos com um resultado acima (ou abaixo) de um determinado limite serão admitidos no emprego e só para esses haverá avaliação do desempenho. O problema é exactamente o mesmo que para os dados de altura e peso: supondo que a correlação entre o resultado no questionário e o desempenho no emprego é positiva, a restrição imposta à amplitude de variação fará com que a correlação obtida na amostra seleccionada seja inferior à que seria encontrada para o conjunto dos candidatos. Uma vez que estas questões são particularmente importantes na avaliação da validade, voltarei a referir-me a elas mais adiante.

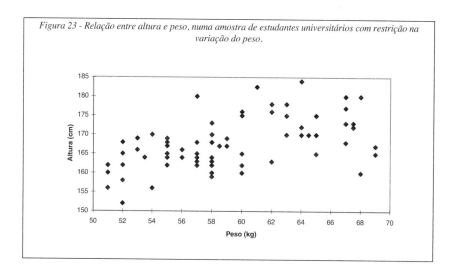

Figura 23 - Relação entre altura e peso, numa amostra de estudantes universitários com restrição na variação do peso.

A lição a retirar daqui é a de que a avaliação das qualidades psicométricas de uma escala ou questionário deve ser feita com base em dados recolhidos numa população tão semelhante quanto possível àquela em que se pretende vir a utilizá-los. Certas práticas comuns, como a de utilizar grupos de estudantes universitários para recolher dados psicométricos acerca de questionários destinados a populações clínicas, por exemplo, arriscam-se a fornecer dados distorcidos e devem ser desencorajadas. Mais uma vez, é importante recordar: **a precisão é uma característica dos resultados, não das escalas. A mesma escala, aplicada a outro conjunto de pessoas ou em circunstâncias diferentes, poderá fornecer resultados muito diferentes.**

Um outro conjunto de factores capazes de influenciar o grau de precisão dos resultados de uma escala é constituído por todos aqueles aspectos que podem facilitar ou dificultar a tarefa das pessoas que respondem ao questionário. A falta de clareza das instruções ou dos itens, uma disposição gráfica que facilite os erros, a pressão de tempo, etc, constituem factores que propiciam a intromissão de factores aleatórios (variância de erro) e podem fazer diminuir a precisão dos resultados ou, pelo contrário, aumentá-la de forma espúria, se os factores de erro estão correlacionados entre si e se confundem com a variância dos resultados verdadeiros. As recomendações emitidas no capítulo 4, dedicado à elaboração do questionário, são de grande relevância aqui.

Poderá uma escala ser demasiado precisa?

Já foi dito por diversas vezes que um dos objectivos na construção de escalas é o de conseguir que os resultados que estas fornecem apresentem um elevado grau de precisão. Este objectivo assegura que os resultados obtidos seguem de perto os valores reais da variável que se pretende medir e proporciona uma avaliação mais rigorosa das correlações existentes entre esta variável e outras que sejam do interesse do investigador. Vimos também como o objectivo de uma elevada precisão pode ser atingido, construindo o questionário de forma cuidadosa, prevendo um número suficiente de itens e assegurando que o seu conteúdo se refere de forma homogénea à variável que se pretende medir. Ora, se, quanto ao primeiro aspecto, é difícil cometer excessos e, quanto ao segundo, dificuldades práticas rapidamente se interpõem, quanto ao terceiro há que ter alguns cuidados, de forma a evitar que um excesso de zelo possa ser contraproducente.

Se é verdade que uma escala será tanto mais precisa, mantendo constante o número de itens, quanto maior for a correlação média entre os resultados destes, e que essa correlação tenderá a ser tanto mais elevada quanto mais homogéneo for o conteúdo dos itens, há que ter também em atenção que o principal objectivo de uma escala é o de medir uma variável latente, regra geral um construto psicológico que inclui em si vários aspectos diferentes. **Os itens incluídos na escala, como também já vimos, devem constituir uma amostra representativa de todos os itens que seriam adequados para medir esse construto ou conceito teórico. Limitar a amostragem apenas a um aspecto específico do conceito e construir, em referência a esse aspecto, um conjunto de itens muito semelhantes entre si, constitui uma táctica segura para obter uma escala com um elevado nível de consistência interna, mas tem normalmente como resultado final uma escala pouco útil, pois, ao não reflectir de forma adequada a diversidade de aspectos do conceito, a sua capacidade para prever outros comportamentos ou variáveis relevantes (a sua validade) sairá seriamente prejudicada.** Imaginemos, por exemplo, uma escala constituída pelos seguintes itens: "Sinto-me frequentemente triste"; "Sinto tristeza com frequência"; "Estou triste uma grande parte do tempo"; "Os meus dias são, muitas vezes, tristes"; "A tristeza é um sentimento comum em mim", etc. Provavelmente, sobretudo se os itens fossem apresentados em sequência, muitas pessoas responderiam do mesmo modo a todos eles, permitindo-nos obter um coeficiente α próximo de 1.

Resta saber se esse resultado corresponderia efectivamente a uma elevada qualidade da informação fornecida pela escala. Na quase totalidade dos casos, essa correspondência não se verifica. Vejamos porquê.

Os conceitos mais relevantes, em Psicologia e noutras ciências sociais, podem quase sempre ser decompostos em diferentes aspectos ou facetas. O seu interesse reside precisamente na capacidade de unificar numa mesma estrutura conceptual uma diversidade de fenómenos (e.g., comportamentos) salientando a sua tendência para co-ocorrer na mesma pessoa ou momento, e/ou atribuindo-lhes um significado comum. Assim, o conceito de depressão engloba uma série de sub-conceitos ou facetas: sentimentos de tristeza, visão negativa de si próprio, interpretação negativa dos acontecimentos, pessimismo quanto ao futuro, diminuição do prazer ou interesse em actividades, diminuição da participação em actividades, etc. Uma avaliação da depressão enquanto conceito global implicará a avaliação de todos estes aspectos ou, pelo menos, de uma parte considerável, uma vez que a sua correlação não é perfeita e diferentes pessoas poderão apresentar diferentes resultados nos vários componentes. **Uma escala em que os itens são excessivamente homogéneos não pode, portanto, constituir uma medida adequada de um conceito multifacetado, como são a maior parte dos conceitos nas ciências humanas.**

Reparemos como este aspecto aponta para a presença de um paradoxo na abordagem teórica da teoria da generalizabilidade (e das abordagens à precisão, em geral). Um conjunto de itens utilizado para avaliar um determinado conceito deve constituir uma amostra representativa de todos os itens possíveis e relevantes para esse fim. O grau em que os itens constituem uma medida adequada (no sentido de dotada de precisão) desse conceito é avaliado (inversamente) pela magnitude dos componentes de variância referentes à interacção entre as pessoas e os itens, ou outras facetas presentes no modelo. Ora, se diferentes pessoas apresentam diferentes resultados nas diversas dimensões de que se compõe o conceito, a inclusão de itens que medem diferentes dimensões vai implicar um aumento da magnitude da interacção itens- -pessoas. Por outras palavras, a obtenção de uma medida *mais* adequada de um conceito (no sentido de uma escala que reflecte as diversas facetas desse conceito), implicará uma medida *menos* adequada desse conceito (no sentido de uma escala com um coeficiente de generalizabilidade, ou seja, um nível de precisão, mais baixo). O resultado seria o mesmo se a teoria da generalizabilidade fosse substituída pela teoria clássica e se calculasse, por exemplo, o coeficiente α de Cronbach.

Uma segunda razão pela qual o excesso de homogeneidade dos itens não é desejável tem a ver com razões de economia no processo de avaliação. Se todas as correlações entre os itens forem de 1, a precisão dos resultados será também sempre de 1, qualquer que seja o número de itens. Será indiferente usar 1, 2, 10 ou 100.000 itens, pois o resultado, em termos de precisão e de relação com outras medidas, será sempre o mesmo. Assim sendo, para quê usar mais do que um item? Desperdiça-se bastante trabalho, tanto dos respondentes como do investigador, e os resultados não serão, com isso, melhores. Se a correlação entre os itens não for de 1, mas for próxima desse valor, o mesmo acontece, se bem que de uma forma atenuada. A utilidade de introduzir novos itens não será nula, mas será bastante reduzida, tanto mais reduzida quanto maior a correlação entre os novos itens e aqueles já presentes na escala. Em suma, quando os itens são extremamente semelhantes entre si, um reduzido número deverá ser suficiente.

Como enfrentar estes problemas? Comecemos pelo segundo aspecto. O problema que se coloca, quando se considera a possibilidade de incluir numa escala itens adicionais, de conteúdo muito semelhante ao de outros que já lá se encontram, é um problema de *redundância*, ou seja, de saber se os novos itens acrescentam informação nova, em relação à fornecida pelos anteriores. Em termos estatísticos, esta redundância pode ser avaliada por uma técnica denominada *correlação múltipla*. Embora os procedimentos envolvidos no cálculo da correlação múltipla sejam complexos, o princípio básico, o único que nos interessará aqui, é bastante simples. Suponhamos que se pretende prever uma dada variável, a que chamaremos "critério", a partir de outro conjunto de variáveis, a que chamaremos "preditores". Seja, como exemplo, o nosso objectivo prever a nota de um grupo de alunos em Matemática, no final do ano lectivo. No início do ano, avaliamos uma série de variáveis que pensamos poderem vir a revelar-se preditores eficazes: o resultado num teste de aptidão intelectual, um índice do nível socio-económico da família e um questionário de motivação para a Matemática. O problema seguinte será o de saber como combinar a informação proveniente destes diferentes preditores, de modo a obter uma previsão tão exacta quanto possível da nota final em Matemática. Para simplificar o problema, estabelecemos a priori que as relações entre os preditores e o critério são lineares, ou seja, que, se os resultados para o critério e para cada preditor fossem representados graficamente, as nuvens de pontos resultantes se distribuiriam aproximadamente em torno de uma linha recta. Estabelecemos também que

314 *Questionários: Teoria e prática*

não serão consideradas interacções entre os preditores[48]. Uma relação linear entre duas variáveis padronizadas (isto é, com uma média de 0 e um desvio-padrão de 1, ver página 237), pode sempre ser expressa por uma equação do tipo

$$Y = rX, \tag{130}$$

em que Y é o critério, X o preditor e r o coeficiente de correlação entre eles. O valor obtido para r tem a seguinte propriedade: multiplicando o resultado (padronizado) da variável preditora (X) por esse valor, obtém-se a melhor estimativa possível para o resultado (padronizado) no critério (Y), para cada indivíduo. Este caso da correlação simples (um só preditor) pode ser generalizado para qualquer número de preditores. A equação tomará, para o caso de três preditores, a forma

$$Y = \beta_1 X_1 + \beta_2 X_2 + \beta_3 X_3 \tag{131}$$

sendo, agora, X_1, X_2 e X_3 os preditores e β_1, β_2, β_3 os pesos pelos quais deverão ser multiplicados de modo a que a sua soma posterior forneça a melhor previsão possível de Y. Estes pesos são diferentes da correlação que cada preditor apresentaria individualmente com o critério e, por isso, são designados por *coeficientes de regressão padronizados* e representados pela letra grega β (beta). Estes valores de β dependem do conjunto específico de preditores considerados: a adição ou eliminação de qualquer preditor implica a modificação dos coeficientes β para todos os outros preditores. O conjunto de coeficientes β indicado pela análise de correlação múltipla apresenta a mesma propriedade que o coeficiente de correlação simples: é aquele que permite a melhor previsão possível do critério. Concretamente, constitui o conjunto de pesos que permite obter a correlação mais elevada entre os resultados previstos e os resultados observados. A esse valor da correlação entre os resultados previstos e os observados (calculado pelo mesmo processo da correlação simples) dá-se o nome de *coeficiente de correlação múltipla* entre o critério e o conjunto de preditores. É simbolicamente representado por R (maiúsculo, para o distinguir do coeficiente de correlação simples). Sabemos já também que o quadrado de

---

[48] Embora tanto relações não lineares como interacções possam ser incluídas com relativa facilidade em análises de regressão e correlação múltiplas, não são utilizadas na aplicação a que nos referimos, pelo que não as abordaremos aqui. Uma exposição sintética pode ser encontrada em Cohen (1968).

um coeficiente de correlação corresponde à proporção de variância partilhada pelas duas variáveis em questão. É também possível elevar ao quadrado o coeficiente de correlação múltipla, e **o valor obtido (R^2) pode ser interpretado como correspondendo à proporção de variância do critério que pode ser explicada pela sua relação com o conjunto de preditores considerados.**

No nosso exemplo, a técnica de regressão/correlação múltipla poderia fornecer-nos os seguintes resultados: um coeficiente de regressão padronizado (ou não, consoante o nosso interesse) para cada preditor, um conjunto de resultados previstos para o critério (nota em Matemática) e um valor para a correlação entre esses valores previstos e os obtidos no critério, que nos forneceria um índice da exactidão da nossa previsão. Perante uma nova amostra de alunos, para os quais dispuséssemos dos resultados para os preditores mas não para o critério, a equação 131, com os valores dos coeficientes β fornecidos pelo procedimento, permitir-nos-ia uma predição dos valores da sua nota em Matemática.

A exposição dos métodos de cálculo e de outros aspectos da análise de regressão/correlação múltipla está claramente fora do âmbito deste trabalho e pode ser encontrada em qualquer manual de Estatística. Interessa-nos, aqui, a aplicação desta técnica à avaliação do problema da redundância dos itens. Suponhamos o caso extremo que vimos anteriormente, em que todos os itens apresentavam intercorrelações de 1. É fácil compreender que, se aplicarmos o procedimento de correlação múltipla neste caso, usando um qualquer item como critério e todos os outros itens como preditores, obteremos um coeficiente de correlação múltipla igual a 1. (De facto, bastaria usar um único item como preditor para obter este resultado.) Elevando-o ao quadrado, obtemos igualmente 1, o que significa que 100% da variância deste item pode ser explicada pelos outros itens já presentes na escala. Isto significa, por seu turno, que este item nada acrescenta, em termos de informação, ao que já era oferecido pelos outros itens, ou seja, é completamente redundante.

O quadrado do coeficiente de correlação múltipla pode, assim, constituir um índice do grau de redundância de um item. Para o obter, efectuam-se sucessivas análises de regressão/correlação múltipla, tantas quantos os itens, utilizando de cada vez um dos itens como critério e todos os outros como preditores. Se isto parece implicar um grande volume de trabalho, não se preocupe: quase todos os actuais programas informáticos de tratamento estatístico incluem, nos módulos dedicados à análise de itens, à avaliação da precisão ou à análise factorial, esta opção, geralmente designada *"squared multiple correlation"*, *"squared multiple regression"* ou *"communality estimate"* (veremos num próximo capítulo o significado desta expressão), que permite calcular automaticamente o valor do quadrado do coeficiente de correlação múltipla. Este valor poderá, então, permitir-nos identificar e eliminar os itens que apresentem valores demasiado elevados. **Infelizmente, trata-se de um procedimento ainda pouco usual no desenvolvimento de escalas psicométricas, pelo que não existem regras consagradas para decidir a partir de que nível um item pode ser considerado demasiado redundante e, por isso, eliminado.** De qualquer modo, este procedimento tem já sido utilizado no desenvolvimento de alguns questionários (e.g., Morey, 1995).

Um procedimento alternativo, talvez mais próximo da prática habitual da construção de escalas, apoia-se na análise das correlações entre os itens. Segundo Briggs e Cheek (1986), a média das correlações entre os itens que compõem uma escala deve situar-se entre 0,2 e 0,4. Correlações médias acima de 0,5 indicam, segundo estes autores, que "os itens na escala tendem a ser excessivamente redundantes, e o construto medido demasiado específico" (p. 115). Relembremos que esta correlação média entre os itens de uma escala pode ser calculada a partir do valor de α (ver equação 65, página 260). **Um problema prático que então se pode colocar é o da eliminação selectiva dos itens, ou seja, da escolha dos itens a excluir de modo a que o valor médio das correlações desça para níveis considerados adequados. Uma possível técnica seria a de excluir o item que apresentasse um nível mais elevado de redundância e voltar a calcular a correlação média, repetindo o procedimento até o valor desta se encontrar dentro do intervalo considerado desejável.**

Em qualquer caso, importa usar de uma certa prudência no recurso a estas técnicas. Eliminar os itens que apresentam níveis mais elevados de redundância pode corresponder a eliminar aqueles que apresentam maior correlação com o resultado total da escala e, portanto, se revelaram mais eficazes na medição do construto visado. É evidente que estes problemas ligados à redundância necessitam de muito mais investigação. **Ao utilizador de procedimentos de construção de escalas, é essencial recomendar que se assegure de que as técnicas que utiliza conduzem, de facto, a uma melhoria dos seus resultados, e não o contrário. Uma preocupação elementar, por exemplo, será a de comparar os níveis de validade obtidos com a escala, antes e depois de eliminados os itens considerados mais redundantes.**

A precisão 317

Seja como for, neste caso como noutros, talvez o melhor princípio seja o de que "mais vale prevenir do que remediar", ou seja, **mais valerá tentar assegurar, desde o início do processo de elaboração dos itens, que estes reflectem de modo equilibrado os diferentes aspectos do conceito que se pretende medir. Abordagens formais, como a proporcionada pela teoria das facetas** (e.g., Edmundson, Koch e Silverman, 1993; Shye, 1998; Shye, Elizur e Hoffman, 1994) **podem ser úteis neste aspecto. Depois, há que estar atento, no decorrer de um eventual processo de selecção por correlação com o total (ou qualquer outro critério) a que o conjunto de itens dele saído mantenha esse equilíbrio de representação. Se tal não acontecer, isso significa provavelmente que o construto avaliado não é unidimensional, havendo vantagem em recorrer a uma técnica como a análise factorial para melhor analisar a questão.** Por outro lado, pode também acontecer que os itens criados para medir certos aspectos do conceito se revelem menos adequados que os que se referem a outros. Neste tipo de situações, a experiência e a "intuição psicológica" são, muitas vezes, essenciais para conseguir diagnosticar e ultrapassar o problema, sem prejuízo da importância de outros procedimentos, como, por exemplo, as entrevistas subsequentes às aplicações-piloto, que podem revelar problemas na interpretação de certos itens, por exemplo.

Um outro problema atrás apontado foi o de que a procura de homogeneidade nos itens a incluir na escala tende a ser incompatível com um certo grau de heterogeneidade, necessário para assegurar que as diversas facetas que compõem um dado construto são adequadamente representadas. **Em muitos casos, é possível identificar essas facetas ou, pelo menos, as mais importantes, e prever explicitamente subconjuntos de itens para as medir.** Suponhamos, por exemplo, que pretendemos construir uma escala para avaliar o grau de extroversão dos indivíduos, baseando-nos numa teoria que afirma que essa dimensão da personalidade é constituída por duas subdimensões: impulsividade e sociabilidade. Ao construir a nossa escala, seleccionamos igual número de itens medindo estas duas facetas. Por exemplo, 10 para cada, constituindo uma escala com 20 itens. Ora, **a aplicação do coeficiente α de Cronbach seria incorrecta neste caso.** Relembremos que este coeficiente equivale à média de todos os coeficientes de bipartição possíveis. Mas, no nosso caso, nem todos os subconjuntos de 10 itens, seleccionados de entre os 20 que constituem a escala, seriam medidas adequadas do construto mais geral, extroversão. Uma medida adequada deste tem de incluir igual número de itens medindo impulsividade e sociabilidade. Assim, só um subconjunto de todos os coeficientes de bipartição possíveis faria justiça ao nosso modelo teórico subjacente e à precisão da escala que nele se baseia. Mais exactamente, das 92.378 maneiras diferentes de dividir a nossa escala em duas metades, apenas 15.786 serão aceitáveis (trata-se do número de possíveis maneiras de dividir a escala em duas metades com 10 itens cada, de modo a que cada uma dessas metades tenha 5 itens de cada tipo). Felizmente para nós, também neste caso não é necessário calcular o resultado para cada uma destas alternativas. **A solução pode ser obtida utilizando o chamado coeficiente α estratificado.** Este coeficiente baseia-se no princípio de que a nossa escala de 20 itens é constituída pela adição de duas subescalas com 10 itens cada. Para calcular a precisão da escala global, haverá que calcular a variância de erro de cada subescala e aplicar a seguinte fórmula:

$$\alpha_{estrat} = 1 - \frac{\sum \sigma_e^2}{\sigma_X^2}$$

(132)

em que σ_X^2 representa a variância dos resultados totais (da soma de todos os itens, 20 no nosso exemplo) e σ_e^2 representa a variância de erro de cada uma das partes ou subescalas em que pode ser dividida a escala total. Uma vez que a maior parte dos programas de computador fornecem o valor de α e não o da variância de erro, poderá ser útil apresentar também a fórmula para cálculo a partir de α:

$$\alpha_{estrat} = 1 - \frac{\sum \sigma_j^2 (1 - \alpha_j)}{\sigma_X^2}$$

(133)

Nesta fórmula, $\sigma^2 j$ representa a variância dos resultados de cada uma das partes da escala, e o valor de α para essa parte. **Este coeficiente α estratificado constitui uma medida muito mais rigorosa da precisão de uma escala dividida em diversas partes, homogéneas em termos de conteúdo mas que não são cotadas separadamente, quando comparado com o coeficiente α. O seu valor é quase sempre mais elevado que o de α nessas circunstâncias, sendo a diferença tanto maior quanto mais homogéneas forem as subescalas e quanto menor for a sua intercorrelação.**

Outras aplicações das medidas de precisão

A utilidade do conceito de precisão e das medidas utilizadas para o avaliar não se limita ao fornecimento de índices que assegurem que os resultados das escalas não são excessivamente afectados pelo erro. Por mais longa e bem construída que seja uma escala, nunca estará completamente isenta de factores de erro. **As escalas mais precisas habitualmente usadas em Psicologia apresentam coeficientes na ordem de 0,90 a 0,95. Trata-se, em geral, de instrumentos longos e de aplicação demorada, reservados ao exame de casos individuais. Na investigação, em que os efeitos do erro são menos sérios do que na avaliação de casos individuais, os coeficientes tendem a rondar 0,80,** embora se encontrem, por vezes, valores muito mais baixos (o que não é recomendável). **Temos, portanto, que nos defrontar sempre com uma margem de erro nos resultados das nossas avaliações.** Mas, se é verdade que aquilo que é conhecido é mais fácil de controlar, o mesmo acontece com o erro de medida. **Conhecer a sua magnitude permite-nos compensar alguns dos seus efeitos.** Vejamos como o coeficiente de precisão e outras medidas que lhe estão associadas podem ser usadas para este fim.

O erro-padrão de medida

O erro-padrão de medida (em Inglês, *standard error of measurement*) é, simplesmente, o desvio-padrão dos erros de medição, ou seja, a raiz quadrada da variância de erro. Alguns autores defendem que, como índice da precisão de um conjunto de resultados, é preferível ao coeficiente de precisão. Na realidade, apresenta sobre este pelo menos duas vantagens. Primeiro, tende a demonstrar uma maior estabilidade em diferentes amostras, sobretudo por não ser tão sensível a diferenças na sua heterogeneidade. Vimos atrás que os valores obtidos para o coeficiente de precisão variam, por vezes de forma bastante acentuada, de um grupo de indivíduos para outro, sendo tanto mais elevados quanto maior a heterogeneidade da amostra de indivíduos examinados na variável que se pretende medir. O erro-padrão de medida, porém, não é tão afectado por este factor, pelo que os seus valores tendem a variar menos de um grupo para outro. Assim, é legítimo considerar que o erro-padrão fornece um melhor índice da propensão de uma dada escala para ser afectada pelo erro aleatório, independentemente das características dos indivíduos a que é aplicada.

Outra vantagem do erro-padrão de medida é o de ser expresso nas mesmas unidades em que são expressos os resultados (pelo menos os resultados "brutos") da escala. Esta propriedade torna-o bastante útil, ao dar ao utilizador dos resultados uma ideia do grau de incerteza que lhes está associado. Veremos, daqui a pouco, como aplicar na prática esta possibilidade.

Por outro lado, esta propriedade representa uma das suas piores desvantagens. Por ser expresso em unidades de resultado bruto da escala, o erro-padrão não tem significado senão para essa escala. Colocados perante a necessidade de escolher entre duas escalas, ou mesmo entre dois métodos para cotar a mesma escala, o erro-padrão de medida não constitui uma boa base de comparação, pois as unidades em que são expressos os dois valores não são comparáveis. Por essa mesma razão, o erro-padrão não permite o estabelecimento de critérios que indiquem se uma dada escala fornece resultados suficientemente precisos, ou se ainda necessita de mais aperfeiçoamentos. Por estas razões, a solução mais defensável talvez seja a de continuar a utilizar os dois índices (Feldt e Brennan, 1989).

O cálculo do erro-padrão é bastante simples. No caso de estimativas obtidas com recurso à análise de variância, como é comum na teoria da generalizabilidade, o erro-padrão é, simplesmente, a raiz quadrada da variância (absoluta) de erro. Uma vez que esta última é necessária para o cálculo do coeficiente de generalizabilidade, o erro-padrão é ainda mais fácil de obter do que aquele.

Se a precisão é calculada por métodos correlacionais, como o coeficiente α ou de teste-reteste, o erro-padrão é dado pela fórmula seguinte:

$$\sigma_e = \sqrt{\sigma_X^2 (1 - r_{XX'})} \tag{134}$$

Ou seja, **subtraindo de 1 o valor do coeficiente de precisão e multiplicando o resultado pela variância dos resultados observados, obtém-se o valor da variância de erro. Extraindo a raiz quadrada, encontramos o erro-padrão de medida.**

A precisão 321

Estimação do erro-padrão de medida em diferentes níveis de resultado

Os métodos habituais de cálculo do erro-padrão pressupõem que este é idêntico para todos os indivíduos, independentemente do nível da variável subjacente em que se situem. Na generalidade dos casos, este pressuposto não é verdadeiro, e o grau de precisão da medida pode variar de modo acentuado ao longo da escala de resultados. Este facto é particularmente relevante quando se trata de interpretar resultados individuais, pois a confiança neles colocada poderá ser tanto maior quanto menor for o seu erro-padrão.

No caso dos chamados modelos de traço latente, a determinação do erro-padrão em cada nível de resultado está prevista no modelo matemático que lhes está subjacente e relaciona-se com a *função de informação* do teste (ver página 106 e seguintes). Concretamente, no caso de parâmetros estimados através de métodos de máxima verosimilhança, o erro-padrão de medida (designado, nos modelos de traço latente, por "erro-padrão de estimação") é dado pela fórmula seguinte (Hambleton, Swaminathan e Rogers, 1991, p. 94):

$$\sigma_{e(\theta)} = \frac{1}{\sqrt{I_{(\theta)}}}$$

(135)

que significa que o erro-padrão de estimação (que tem exactamente a mesma interpretação do erro-padrão de medida, ou seja, corresponde ao desvio-padrão dos erros de estimação), para o nível de resultado bruto Θ (teta) é igual ao inverso da raiz quadrada da função de informação da escala nesse nível de resultado. Outros tipos de modelos matemáticos de resposta ao item podem implicar formas diferentes de estimar o erro-padrão (ver Feldt e Brennan, 1989).

Para o caso do modelo aditivo, que não se apoia em pressupostos matemáticos definidos quanto à relação entre a variável subjacente e a resposta aos itens, o processo é menos elegante e algo indirecto, baseando-se na divisão da amostra em grupos de indivíduos apresentando diferentes níveis de resultados, se possível com resultados idênticos dentro de cada grupo. O problema está em que, para obter uma estimativa fidedigna do erro-padrão, é necessário dispor de um número de indivíduos suficientemente grande (digamos, muitas dezenas, como mínimo absoluto) em cada nível de resultado bruto, o que implica uma amostra muito numerosa. Por isso, a estimativa do erro-padrão é, regra geral, obtida para certos intervalos de resultados e não para cada nível separadamente.

A estimativa dos erros-padrões em cada nível de resultado pode ser obtida por dois métodos. O primeiro, proposto por Thorndike, é algo semelhante ao método de bipartição. Começamos por dividir a escala em duas metades que possam ser consideradas equivalentes. Tal como em qualquer outra escala, os resultados destas hemiescalas são compostos pela soma de um resultado verdadeiro e de um erro de medição. Designando, respectivamente, os resultados das duas metades da escala por A e B, temos:

$$A = Rv_A + e_A \ e \ B = Rv_B + e_B \tag{136}$$

O resultado conjunto da escala é dado pela soma das duas metades, portanto,

$$R = A + B = Rv_A + e_A + Rv_B + e_B \tag{137}$$

A variância de erro para o conjunto da escala será, como já sabemos,

$$\sigma_e^2 = \sigma_{eA}^2 + \sigma_{eB}^2. \tag{138}$$

Consideremos, agora, a diferença entre os resultados das duas metades da escala:

$$A - B = (Rv_A + e_A) - (Rv_B + e_B) = Rv_A - Rv_B + e_A - e_B. \tag{139}$$

Pressupondo que os resultados verdadeiros das duas metades da escala são sempre idênticos, para um mesmo indivíduo, os dois primeiros termos reduzem-se a zero, pelo que nos resta

$$A - B = e_A - e_B. \tag{140}$$

Ora, pressupondo que os erros têm entre si uma correlação nula, a variância da sua diferença será igual à variância da sua soma, pelo que podemos escrever:

$$\sigma_{eA-eB}^2 = \sigma_{eA+eB}^2 = \sigma_e^2 = \sigma_{A-B}^2 \tag{141}$$

A precisão 323

Assim, verificamos que **a variância das diferenças entre as duas metades da escala equivale à variância de erro da escala no seu conjunto.** A determinação do erro-padrão pode, então, fazer uso desta propriedade. Calcula-se o resultado de cada indivíduo em cada metade da escala e, depois, a diferença entre esses dois resultados. Identifica-se o grupo de indivíduos que apresentam o resultado bruto pretendido, ou cujos resultados brutos se incluem no intervalo pretendido, e calcula-se a variância das diferenças entre os resultados das duas metades da escala nesse grupo. O resultado será uma estimativa da variância de erro no nível de resultados considerado. **A sua raiz quadrada será o erro-padrão da medida. É de notar, no entanto, que este método apenas é aplicável se se puder considerar que as duas metades da escala têm subjacentes os mesmos resultados verdadeiros** (na terminologia psicométrica, é necessário que sejam *tau-equivalentes*). Se existirem diferenças entre os resultados verdadeiros subjacentes a uma e outra (mesmo que essa diferença seja constante para todos os indivíduos, como no caso das medidas *essencialmente tau-equivalentes*), a variância de erro já não corresponderá à variância das diferenças entre os resultados das duas metades da escala. **Uma vez que a diferença nos níveis de referência dos itens constitui a regra no modelo aditivo, o pressuposto de tau-equivalência entre as metades da escala só é defensável quando o número de itens utilizados é relativamente grande. Por isso mesmo, é conveniente verificar a igualdade das médias das duas metades e apresentar esses resultados (média e desvio-padrão de cada metade) sempre que se utilize este método.**

O segundo método é algo mais trabalhoso, mas apresenta importantes vantagens, inclusivamente na maior plausibilidade dos seus pressupostos. Tal como o método de Thorndike, implica a divisão da amostra de indivíduos em grupos que apresentem resultados idênticos ou muito próximos. A diferença está em que, em vez de utilizar a variância da diferença entre duas metades tau-equivalentes como forma de estimar a variância de erro, se utilizam os métodos derivados da teoria da generalizabilidade. Trata-se, afinal, de realizar estudos de generalizabilidade separados para cada grupo de pessoas que apresentem um nível de resultado bruto diferente. O processo só se distingue do habitual por se centrar no cálculo da variância de erro e não na estimação da magnitude dos componentes de variância e do coeficiente de generalizabilidade. Aliás, o cálculo dos coeficientes de generalizabilidade, e dos coeficientes de precisão em geral, não faz sentido neste tipo de situações, pois implica a comparação da variância de erro com a variância dos resultados verdadeiros e esta última está artificialmente reduzida ou mesmo anulada, se considerarmos grupos de indivíduos que apresentam o mesmo resultado bruto.

Estimação pontual de resultados verdadeiros individuais

Dissemos já, por várias vezes, que o resultado verdadeiro é uma construção teórica não observável e da qual apenas é possível obter estimativas, a partir dos resultados observados. Consideremos o possível papel da variância de erro nos resultados obtidos pelos diversos indivíduos. Sabemos que **os erros podem variar na sua magnitude e na sua direcção (*erros positivos*, se o resultado observado for superior ao verdadeiro, e *erros negativos*, se o resultado observado for inferior ao verdadeiro).** Sabemos, igualmente, que os erros positivos e negativos se tendem a anular quando o número de observações é elevado, ou seja, que a soma e a média dos erros tendem para zero nessas circunstâncias.

Suponhamos, agora, um caso em que todos os indivíduos apresentem o mesmo resultado verdadeiro. Assim sendo, toda a variância é variância de erro, os indivíduos cujo resultado se situa acima da média correspondem a erros positivos e os indivíduos cujo resultado se situa abaixo da média correspondem a erros negativos. Isto implica, por sua vez, que, nas pessoas que obtiveram resultados superiores à média, os seus resultados verdadeiros são inferiores aos resultados observados, enquanto que, nas pessoas que obtiveram resultados inferiores à média, os seus resultados verdadeiros são superiores aos observados. Ora, o mesmo fenómeno tende a acontecer mesmo quando existe variação nos resultados verdadeiros. **Em qualquer avaliação, resultados acima da média tendem a estar associados a erros positivos e resultados abaixo da média a erros negativos.** Naturalmente, tal não se verifica em todos os casos. Poderá haver resultados observados que recaiam num ponto acima da média e em que os resultados verdadeiros sejam ainda mais elevados. No entanto, esses casos deverão ser menos numerosos do que aqueles em que o inverso se verifica. É óbvio que não nos é possível saber com segurança qual a magnitude e direcção do erro de medida associado a um resultado individual. Isso implicaria conhecer com exactidão o resultado verdadeiro, o que não é possível. O que é possível é apenas tentar obter uma estimativa de qual o valor mais provável desse resultado verdadeiro. O resultado observado constitui um possível estimador, e já vimos como as médias de uns e outros

A precisão 325

coincidem. **O predomínio dos erros positivos e negativos, respectivamente nos resultados observados que se situam acima e abaixo da média, porém, leva a que o resultado observado constitua aquilo a que se chama um *estimador enviesado* do resultado verdadeiro, tanto mais enviesado quanto mais o resultado observado se afasta da média e quanto mais baixa for a precisão dos resultados. Partindo do pressuposto (que simplifica bastante os cálculos) de que a relação entre os resultados verdadeiros e observados é linear, uma estimativa do valor mais provável do resultado verdadeiro, dado um resultado observado, é fornecida pela seguinte fórmula:**

$$\hat{R}_v = r_{xx'}(R - \overline{R}) + R \tag{142}$$

em que, recordemos, $\hat{R}_v$ é a estimativa do resultado verdadeiro, $r_{xx'}$ o coeficiente de precisão, R o resultado observado e $\overline{R}$ a média de todos os resultados observados. É fácil verificar o que esta fórmula implica: a diferença entre cada resultado e a média é considerada com um peso correspondente ao coeficiente de precisão. Assim, se uma dada pessoa obtém um resultado que se situa 10 pontos acima da média e o coeficiente de precisão calculado para os resultados dessa escala é de 0,8, então o valor mais provável para o seu resultado verdadeiro será de 8 pontos acima da média.

Sendo este procedimento, além de lógico, relativamente simples, poderíamos pensar por que razão não é utilizado rotineiramente. De facto, a transformação sofrida pelos resultados brutos (observados) para obtenção da estimativa dos resultados verdadeiros é linear. Basta que os resultados observados sejam padronizados, ou apenas centrados (que a cada um seja subtraída a média do conjunto, de modo a que a média, depois desta operação, seja de zero) para que a fórmula se reduza a

$$\hat{R}_v = r_{xx'} R. \tag{143}$$

As transformações lineares apresentam, entre outras propriedades, a de deixarem inalteradas as posições relativas dos indivíduos, o que implica que, **quando aquilo que se pretende é fundamentar uma decisão relativa, esta transformação é inconsequente: não vem alterar em nada o resultado dessa decisão. Para além disso, os valores das correlações com outras variáveis também não são alterados e a precisão da estimação dos resultados verdadeiros é idêntica à dos resultados observados. Por isso, na maior parte das situações, a primeira não tem qual-**

quer vantagem sobre a segunda, donde a sua utilização ser rara na prática. Só no caso de decisões absolutas a transformação tem algum efeito. Se temos razões claras para estabelecer um certo critério (e.g., considerar como tendo uma atitude "claramente favorável" as pessoas cuja pontuação total seja igual ou superior a 40, correspondendo a uma resposta média a cada item de "moderadamente de acordo" ou superior), a diferença entre os resultados observados e a estimativa dos resultados verdadeiros pode levar-nos a modificar a nossa decisão em alguns casos, sobretudo se o nosso nível de "corte" se encontra bastante afastado da média e se a precisão dos resultados não é muito elevada.

Estimação intervalar de resultados verdadeiros individuais

Vimos na secção anterior como é possível, a partir do resultado observado, da média dos resultados observados e do coeficiente de precisão, estimar qual o valor mais provável do resultado verdadeiro. Mas vimos também que esse valor não tem um significado absoluto: o valor encontrado não é o resultado verdadeiro, mas sim o valor mais provável para esse resultado, correspondendo ao ponto central de uma zona pela qual se distribui a probabilidade de ocorrência desse resultado. Segundo a teoria clássica, os erros seguem uma distribuição normal, com um desvio-padrão correspondente ao que denominamos por erro-padrão da medida e que já vimos atrás como calcular. Por isso, é habitual encontrar, nos manuais de psicometria, uma forma de calcular o *intervalo de confiança* para um dado resultado. Começarei por abordar a forma habitual de o fazer, para depois apontar alguns dos problemas que apresenta e, finalmente, apresentar um procedimento mais adequado. Para começar, sabemos que um resultado observado corresponde à soma de um resultado verdadeiro e de um erro de medição. Assim,

$$R = R_v + e \Leftrightarrow R_v = R - e. \tag{144}$$

Uma vez que estamos a considerar um caso individual, o resultado observado é uma constante. Se os erros de medição seguem uma distribuição normal, a nossa estimativa do resultado verdadeiro seguirá também uma distribuição normal. O sinal negativo não tem qualquer influência, pois limita-se a inverter a distribuição, e esta é simétrica.

A precisão 327

Partindo desta base e do conhecimento das propriedades matemáticas da distribuição normal, é possível determinar a probabilidade de o resultado verdadeiro se situar dentro de um determinado intervalo. Para isso, utilizam-se as tabelas que nos indicam a área compreendida entre dois valores da distribuição normal reduzida. Uma explicação do uso destas tabelas poderá ser encontrada no capítulo final, dedicado à apresentação dos resultados das escalas, e existe igualmente em qualquer manual de introdução à Estatística. Consideremos aqui apenas o caso mais comum, em que se pretende determinar o intervalo dentro do qual o resultado verdadeiro terá 95% de probabilidade de recair. Consultando a tabela da distribuição normal reduzida, encontramos os valores padronizados (Z) simétricos entre os quais se localiza 95% da distribuição: -1,96 e +1,96. A transposição destes valores para a escala dos resultados observados (e verdadeiros) é feita através da seguinte fórmula:

$$L_{RV} = R \pm Z\sigma_e \qquad (145)$$

Ou seja, basta multiplicar o valor limite encontrado na tabela (estes limites têm sempre o mesmo valor absoluto, apenas com sinal oposto) pelo erro-padrão de medida e somar cada produto ao resultado observado. O valor negativo indicar-nos-á o limite inferior do intervalo; o valor positivo, o limite superior. Vejamos um exemplo. Uma pessoa obtém numa escala um resultado de 30 pontos. O desvio-padrão dos resultados desta escala é de 6 pontos e a sua precisão 0,8. Comecemos por calcular o erro-padrão da medida:

$$\sigma_e = 6\sqrt{1 - 0,8} = 2,68 \qquad (146)$$

A partir deste, podemos calcular os limites do nosso intervalo de confiança:

$$L_I = 30 - (1,96 \times 2,68) = 24,75 \qquad (147)$$

e

$$L_S = 30 + (1,96 \times 2,68) = 35,25 \qquad (148)$$

A partir destes cálculos, embora não possamos saber com absoluto rigor qual é o valor do resultado verdadeiro, sabemos que há 95% de pro-

328   *Questionários: Teoria e prática*

babilidade de ele se situar entre estes dois valores. Caso não exigíssemos um tão elevado grau de certeza, poderíamos escolher uma probabilidade inferior, e o intervalo de variação seria mais estreito. Haveria, apenas, que procurar na tabela os valores correspondentes a essa nova probabilidade e repetir o procedimento.

Embora esta técnica para determinar os intervalos de confiança para os resultados verdadeiros esteja muito difundida e seja amplamente utilizada e recomendada, apresenta vários problemas. Primeiro, utiliza o resultado observado como estimador pontual do resultado verdadeiro, o que, como já vimos, introduz algum enviesamento, sobretudo nos extremos da distribuição. Segundo, utiliza o erro-padrão da medida como estimador do desvio-padrão da distribuição condicional dos resultados verdadeiros para um dado resultado observado, o que também não é rigoroso. O erro-padrão da medida é exactamente o contrário: é o desvio-padrão dos resultados observados, dado um certo resultado verdadeiro. Uma abordagem que leva em consideração estes dois aspectos é geralmente designada por "abordagem de *intervalos de tolerância*". Nesta, o ponto central da distribuição de probabilidade dos resultados verdadeiros, que constitui ao mesmo tempo o seu valor mais provável, é-nos dado pela fórmula da equação 142 (página 325). Quanto ao seu desvio-padrão, recordemos que aquilo que nos interessa é o desvio-padrão dos resultados verdadeiros, dado um certo valor do resultado observado. Por outras palavras, "congela-se" a variação dos resultados observados e avalia-se a variabilidade que resta nos resultados verdadeiros. Isso pode ser conseguido retirando, da variância dos resultados verdadeiros, aquela que é devida à sua correlação com os resultados observados. Sabemos já que a proporção de variância partilhada por duas variáveis nos é dada pelo quadrado do seu coeficiente de correlação. Assim, a variância que resta, nos resultados verdadeiros, depois de eliminada a influência dos resultados observados, será:

$$\sigma_{Rv}^2 - r_{RRv}^2 \sigma_{Rv}^2 = \sigma_{Rv}^2 \left(1 - r_{RRv}^2\right) \tag{149}$$

Relembremos, entretanto, a equação 43 (página 242):

$$r_{RRv} = \sqrt{r_{RR'}} \Leftrightarrow r_{RRv}^2 = r_{RR'} \tag{150}$$

Ou seja, a proporção de variância dos resultados verdadeiros explicada pela sua correlação com os resultados observados (e vice-versa) corresponde ao valor do coeficiente de precisão. E qual será a variância dos resultados verdadeiros? Relembremos agora a equação 42 (página 191):

$$r_{RR'} = \frac{\sigma_{Rv}^2}{\sigma_R^2} \Leftrightarrow \sigma_{Rv}^2 = r_{RR'}\sigma_R^2$$

(151)

De posse destas igualdades, podemos fazer algumas substituições na equação 149:

$$\sigma_{Rv}^2(1 - r_{RRv}^2) = r_{RRv}\sigma_R^2(1 - r_{RR'})$$

(152)

Mas relembremos também que

$$\sigma_R^2(1 - r_{RR'}) = \sigma_e^2$$

(153)

Donde

$$\sigma_{Rv.R}^2 = r_{RR'}\sigma_e^2$$

(154)

Sendo $\sigma_{Rv.Ro}^2$ a variância dos resultados verdadeiros, depois de eliminada a variação dos resultados observados. Repare-se como é menor do que a variância de erro, por um factor igual ao coeficiente de precisão. **Posto isto, o intervalo de tolerância do resultado verdadeiro, dado um certo resultado observado, será dado por:**

$$\overline{R} + r_{RR'}(R - \overline{R}) \pm Z\sigma_e\sqrt{r_{RR'}}$$

(155)

Os valores de Z correspondentes à proporção (ou grau de certeza) pretendida são obtidos, como no caso dos intervalos de confiança, a partir da tabela da distribuição normal. **Repare-se como os intervalos obtidos por este procedimento são ligeiramente mais estreitos do que os intervalos de confiança obtidos através do procedimento tradicional, o que significa que este subestimava um pouco a exactidão das nossas estimativas dos resultados verdadeiros. Note-se ainda como, em qualquer dos procedimentos, é possível utilizar estimativas do erro-padrão da medida em diferentes níveis de resultado.**

6 – A validade

Messick (1989, p. 13) define a validade como "um julgamento avaliativo integrado acerca do grau em que os dados empíricos e as explicações teóricas apoiam a convicção de que as inferências e as acções baseadas nos resultados dos testes ou outras formas de avaliação são adequadas e apropriadas". Nesta definição, podemos encontrar o essencial do significado do conceito de validade, bem como os principais aspectos da sua evolução ao longo das últimas décadas. Por isso, a sua análise constitui um bom ponto de partida na abordagem do tema.

A validade constitui, tal como a definição consagra, não uma propriedade dos instrumentos em si, nem mesmo dos seus resultados (como acontecia para a precisão), mas sim da relação entre os resultados e algo que os transcende: uma inferência ou uma acção. Quando um psicólogo do trabalho aplica um determinado inventário de interesses, por exemplo, e verifica que um dado indivíduo obteve um resultado elevado numa escala de interesses burocráticos, infere daí que esse indivíduo estará provavelmente motivado para desempenhar as funções de funcionário administrativo a que se candidatou; com base nesse resultado, a sua inclinação para recomendar que seja contratado aumenta. De modo semelhante, um investigador coloca a hipótese de que o apoio social (no sentido de apoio emocional) por parte de outras pessoas tem efeitos positivos sobre a auto-estima. Solicita a um grupo de indivíduos que preencham dois questionários, pretendendo um deles medir o apoio social e o outro a auto-estima. Verifica que os dois questionários apresentam entre si uma correlação positiva importante, e daí infere que estes dois factores psicológicos se interrelacionam. Recomenda, então, que as escolas e universidades adoptem programas destinados a facilitar a integração social dos novos alunos ou de alunos que apresentem dificuldades de relacionamento.

Em ambos os casos, como pudemos ver, **os resultados das medidas em si não são o mais importante. O essencial reside nas inferências que através deles podemos fazer (ou seja, do seu significado) e nas consequências do seu uso para orientar certas acções (ou seja, da sua** utilidade). A validade consistirá, então, num julgamento quanto a estes dois aspectos.

Esta forma de apresentar o conceito de validade tem a importante vantagem de chamar a atenção para o facto de, correspondendo a validade à relação entre um resultado e uma inferência ou acção, não ser possível responder à pergunta "este instrumento é válido?", sem antes responder a uma outra: "para quê?" Não sendo a validade uma característica dos instrumentos nem dos resultados, uma dada escala poderá ser bastante válida para um determinado fim e completamente inválida para outro. Um inventário de interesses pode permitir prever com bastante eficácia a motivação de um indivíduo para se ocupar em determinada actividade, mas será provavelmente pouco eficaz na predição da competência com que a realizará. Um teste de aptidão espacial pode indicar-nos em que medida uma pessoa poderá realizar com sucesso um curso de engenharia civil, mas não nos fornece uma medida adequada do seu interesse em o fazer, nem da sua capacidade para, no momento presente, projectar uma ponte.

Por sua vez, isto implica que **todas as interpretações, predições, decisões, etc, que sejam realizadas a partir dos resultados de um dado instrumento de medida têm de ser apoiadas por argumentos sólidos quanto à sua validade. Aos utilizadores de um teste ou qualquer outro instrumento semelhante devem ser fornecidos pelo autor ou editor, no respectivo manual ou por outro meio, esses argumentos e a sua fundamentação. Essa informação, como é óbvio, deve deixar bem claro quais são as inferências e as acções que legitimamente podem ser baseadas nos resultados desse instrumento. Omitir essa informação, ou sugerir que os resultados podem ser válidos como fundamento para outras inferências ou acções, em relação às quais não existem quaisquer dados, constitui uma violação das normas éticas aplicáveis no uso de medidas psicológicas** (American Educational Research Association, American Psychological Association e National Council on Measurement in Education, 1999, p. 18).

Outra consequência, infelizmente muitas vezes esquecida, desta necessidade de apresentar dados respeitantes à validade para todas e cada uma das inferências e acções recomendadas a partir dos resultados, é a de que essa necessidade se coloca também em relação a todas as partes do instrumento que sejam objecto de uma interpretação separada. Se um questionário é constituído por diversas subescalas, é necessário recolher e apresentar dados de validade para cada uma

A validade 333

delas. **A sugestão de que poderia ser útil interpretar individualmente alguns ou todos os itens deve ser encarada com particular cuidado: não só os autores não apresentam, em geral, dados de validade para cada item, mesmo quando sugerem a sua interpretação isolada, como a precisão de cada item tende a ser bastante baixa, o que significa que a proporção de variância aleatória é demasiado elevada para que se possa arriscar uma interpretação, na maior parte dos casos.**

Quando se trata, não de testes ou de outros procedimentos destinados a avaliar características de indivíduos num contexto clínico, educacional, profissional, etc, mas apenas de instrumentos de investigação, as precauções não são, em geral, tão estritas, pois não se pretende, com base nos resultados de um único indivíduo nesse instrumento, tomar decisões de grande relevância para o seu futuro. De qualquer modo, tal não significa que as preocupações de validade possam estar afastadas nos contextos de investigação. Confirmar ou infirmar uma teoria através de um estudo empírico implica poder afirmar que os instrumentos de medida utilizados avaliam de modo válido as variáveis incluídas na teoria! Muitas vezes, se os dados de um estudo não confirmam a teoria, o investigador pode argumentar com a possível falta de validade das medidas que utilizou e, assim, manter a aceitabilidade de uma teoria inadequada. É evidente que o processo inverso também pode ocorrer, e problemas deste tipo são muitas vezes invocados para explicar o progresso supostamente lento de alguns ramos da Psicologia (Meehl, 1978). As preocupações com a validade não devem, portanto, ser exclusivas dos contextos de aplicação prática nem do método dos testes. Constituem um imperativo em qualquer situação na qual seja necessário avaliar uma característica psicológica (Messick, 1989, p. 20).

Outro aspecto essencial da definição apresentada é a ênfase dada às propriedades das inferências e acções baseadas nos resultados de uma medição. Já dissemos atrás que aquilo que é validado não é a escala ou o questionário, nem mesmo os seus resultados, mas sim aquilo que se faz com eles. A validade não é um atributo dos instrumentos, porque estes não constituem senão um dos componentes do procedimento de recolha de dados, e outros componentes desse procedimento podem ter consequências extremamente importantes em termos de validade. Suponhamos o caso de um psicólogo conselheiro de Orientação Escolar e Profissional que utiliza um teste de aptidões intelectuais constituído por várias sub-escalas, que pretendem avaliar as aptidões verbal, numérica, espacial, etc. Entre os alunos a quem é aplicado esse teste, conta-

-se uma certa percentagem de filhos de emigrantes, para os quais a língua utilizada no teste não é a língua materna, mas sim uma segunda língua. O mais provável é que o psicólogo verifique que esses alunos obtêm resultados tendencialmente mais baixos no subteste de aptidão verbal do que nos de aptidão espacial e numérica, o que o poderia levar a recomendar para esses alunos cursos em áreas científicas, em detrimento das áreas humanísticas.

O que acontece é que os resultados do subteste de aptidão verbal não são concerteza válidos para esse subgrupo de alunos. Quase sempre, os testes de aptidão verbal utilizam o grau de domínio da língua que o indivíduo apresenta num dado momento como indício da sua maior ou menor eficácia e facilidade na aquisição de competência linguística. Ora, esta inferência implica pressupor que todos os indivíduos testados tiveram um grau semelhante de contacto e oportunidade de aprendizagem da língua. Isto não é, provavelmente, verdade, nem mesmo para crianças de diferentes classes sociais com a mesma língua materna. É concerteza falso para crianças que têm a língua em que o teste é formulado como primeira e segunda língua. Por esse motivo, haveria que suspeitar que o subteste de aptidão verbal (e, provavelmente, também os outros subtestes, se bem que em menor grau) não seria válido para aquele tipo de alunos, porque subestimaria a sua aptidão. Utilizar esse teste seria eticamente incorrecto até que um estudo de validade confirmasse que a interpretação dos resultados para o fim em vista seria adequada. Outros exemplos de componentes que transcendem os instrumentos e podem afectar a validade do processo de avaliação são as condições de aplicação (e.g., se a sala estiver excessivamente quente, as pessoas respondem de modo apressado para poderem sair mais depressa), o comportamento do responsável pela aplicação (e.g., omitir uma parte das instruções, ou oferecer aos presentes a sua própria interpretação daquilo que os itens "querem realmente dizer"), as condições motivacionais dos respondentes (e.g., estes pensam que seria do seu interesse que o estudo fornecesse determinados resultados, como no caso de trabalhadores inquiridos sobre as suas condições de trabalho, etc).

A análise deste caso poderia levar-nos a pensar que a validade seria uma propriedade dos resultados e não do teste: o problema seria que os resultados não reflectiam o "verdadeiro" nível de aptidão verbal dos alunos filhos de emigrantes, embora o reflectissem de modo correcto para os outros alunos. Que não é esse o caso podemos facilmente concluir se pensarmos que os resultados do teste poderiam ser perfeitamente válidos, mesmo para os filhos de emigrantes, se os objectivos da recolha de dados fossem diferentes. Se, por exemplo, uma empresa pretende seleccionar trabalhadores para uma função que exige elevados níveis de aptidão verbal (e.g., secretariado), os resultados do teste de aptidão verbal serão perfeitamente válidos: pessoas para quem a língua em que vão desempenhar a função é uma segunda língua terão tendência a ser menos eficientes do que aqueles para quem constitui a língua materna. Os resultados do teste deveriam reflectir isso mesmo e, portanto, a diferença eventualmente encontrada só viria confirmar a sua validade. No caso de os alunos planearem procurar emprego no seu país de origem, porém, a inferência, embora baseada nos mesmos resultados, já não seria válida. Caso se pretendesse utilizar os resultados no aconselhamento escolar e profissional dos alunos, haveria que distinguir cuidadosamente os tipos de inferências que seria ou não legítimo extrair dos resultados: estes podem reflectir com rigor a aptidão para desempenhar, no momento actual, tarefas que exigem elevados níveis de aptidão verbal, realizadas na língua em que o teste está formulado, mas não reflectem a capacidade de as realizar quando apresentadas na língua materna, nem sequer na língua utilizada no teste, depois de um período bastante mais prolongado de contacto intensivo com essa língua. É óbvio que os resultados, neste caso, serão tanto mais válidos quanto maior o contacto do aluno com a língua, e cabe ao psicólogo que utiliza o teste julgar da sua validade para cada caso individualmente. **Por melhores que sejam os estudos apresentados no manual, o julgamento profissional do utilizador do teste permanece indispensável para a sua adaptação às variadíssimas situações em que pode ser utlizado. É por essa razão que a formação dos utilizadores é um elemento indispensável no assegurar de práticas correctas de avaliação psicológica ou educacional.**

Reparemos aqui neste aspecto fundamental que distingue a precisão da validade: enquanto a primeira constitui uma propriedade dos resultados, a segunda reside na relação entre estes e algo que os transcende (as inferências e as acções que neles se baseiam). Ou seja, enquanto a precisão é algo que permanece interior aos resultados de um dado instrumento, a validade implica um "salto" para o exterior, e o ponto de aterragem deste salto constitui um elemento decisivo da qualidade do trabalho realizado na avaliação da validade de uma escala. É, sem dúvida, por esse motivo que o estudo da precisão levou ao desenvolvimento de modelos matemáticos bastante mais complexos do que os correspondentes para a validade e atrai regularmente o interesse dos investigadores com maior propensão para as matemáticas. Na validade, as questões conceptuais sobrepõem-se às questões puramente estatísticas, o que é visível pela simples comparação do número de fórmulas presentes nos capítulos sobre precisão e validade nos manuais de psicometria. Isto apesar de a distinção entre uma e outra nem sempre ser tão clara como se poderia pensar, como veremos um pouco mais adiante.

Outro elemento importante na definição apresentada refere-se ao papel dos dados empíricos e das explicações teóricas como fundamentos para uma dada inferência ou acção empreendida com base nos resultados. A presença destes dois componentes reflecte a posição, hoje prevalecente entre os especialistas, de que nenhum deles é, por si só, suficiente para estabelecer que um dado uso de um instrumento psicométrico é "adequado e apropriado". Não é suficiente fazer analisar os itens, formatos de resposta, instruções, etc, por um grupo de especialistas e obter o seu acordo em que os itens reflectem um certo conceito teórico, muito embora este possa ser um componente útil no processo de validação. Nem será suficiente mostrar que uma dada escala permite prever um dado comportamento ou outro critério, sem fazer referência aos mecanismos ou estruturas psicológicas que poderão estar na base dos resultados obtidos. Interpretações conceptuais e resultados empíricos são indispensáveis e devem sempre ser considerados de forma interdependente. É por isso que a definição apresentada fala de um "julgamento integrado". Esta questão ficará mais clara depois de termos considerado as diferentes formas de avaliação da validade.

O último aspecto a destacar da definição proposta é justamente a apresentação da validade como um "julgamento avaliativo integrado". Esta forma de apresentação consagra vários aspectos importantes no conceito de validade, que me parece essencial distinguir. **Em primeiro lugar, a validação de uma medida psicométrica envolve obrigatoriamente um julgamento, no sentido de uma avaliação racional dos diferentes elementos apresentados a favor e contra a validade da inferência ou acção proposta, da consideração de explicações alternativas, da antecipação de possíveis consequências, etc, de modo não muito diferente do que se passa num procedimento judicial (ver, a propósito, Mislevy, 1994). Em segundo lugar, esta formulação acentua o carácter de decisão de que se reveste o problema da validade: o utilizador de um dado instrumento tem de decidir se este é ou não apropriado e adequado ao uso que pretende dar-lhe. Esta decisão tem quase sempre um carácter dicotómico (utilizar vs. não utilizar), embora se possa**

também argumentar que a validade é uma questão de grau, e não de tudo-ou-nada. Concretizemos. Não é possível afirmar, de modo absoluto, que uma dada escala é ou não válida como medida de um dado conceito ou como fundamento para uma dada acção. Uma medida nunca pode ser completamente válida, porque isso implicaria estar completamente isenta de factores de erro (ou seja, ter uma precisão também perfeita, igual a 1), estar completamente isenta da influência de quaisquer outras variáveis que não aquela que se pretende medir, e reflectir de forma equilibrada todos os aspectos do construto visado. Nenhum destes três requisitos é alcançável na prática, pelo que não existe nenhuma medida cuja validade seja perfeita. Por outro lado, se pensarmos que todos os acontecimentos do universo são de alguma forma interdependentes e, por isso, em última análise, todas as variáveis se correlacionam em alguma medida com todas as outras, nunca uma escala será completamente destituída de validade como medida de um qualquer conceito. A questão será, portanto, sempre colocada em termos de grau.

Mas a resposta à questão "em que grau é válida esta medida para este uso?" é ainda dificultada pela inexistência de um índice único de validade. O problema não é muito diferente do encontrado para a precisão. Existem diferentes formas de avaliar a validade e, mesmo que algumas delas nos forneçam algo que se pareça com um coeficiente de validade, o seu valor será diferente de uma ocasião para outra, de uma amostra para outra e de uma forma de avaliação para outra. **O papel do utilizador terá, portanto, de ser o de, a partir das diversas informações de que dispõe, estimar se o grau de validade provavelmente apresentado pelo processo de avaliação que pretende utilizar (ou seja, o instrumento, usado num contexto específico e para um dado fim) é ou não suficiente para que o seu uso possa ser considerado "adequado e apropriado". Isto envolve, na generalidade dos casos, uma avaliação das prováveis consequências do uso do procedimento nesse contexto.** Qual a probabilidade de se obter, a partir dos resultados, uma inferência ou acção correcta? E qual a probabilidade de esta ser incorrecta? Uma maior validade da medida corresponderá a uma maior diferença entre estas duas probabilidades, por aumento da primeira e diminuição da segunda. Quais as consequências prováveis de uma acção correcta? E de uma acção incorrecta? E da ausência de qualquer acção? Qual o valor (positivo ou negativo) dessas consequências? A partir destas questões, poderíamos colocar outras. Quanto se ganharia com uma inferência ou acção correcta, comparativamente à ausência de acção (ou a uma acção indiscriminada, ou a uma acção orientada por um outro procedimento disponível)? E de quanto seria o prejuízo causado por uma decisão incorrecta? Considerando a probabilidade de uma e outra, justifica-se, afinal, utilizar este procedimento nesta situação? Os ganhos potenciais superarão os custos e os riscos? O papel do utilizador terá de ser o de integrar toda a informação disponível e, baseando-se nela, tomar a decisão de utilizar ou não o procedimento. Se a tarefa parece difícil, é-o sem dúvida, mas nenhum utilizador consciente de medidas psicométricas se pode esquivar a assumi-la. É também neste sentido que se fala de um "julgamento integrado".

A palavra "avaliativo" reflecte um outro aspecto desta questão. Estando em causa diferentes acontecimentos possíveis, e sendo necessário decidir entre eles (tentar alcançar alguns e evitar a ocorrência de outros), essa preferência tem obrigatoriamente que envolver valores, explícitos ou implícitos, no processo de decisão. Por esse motivo, um acto de intervenção social, como é o de avaliar uma dada característica de uma dada pessoa, ou mesmo o de construir um instrumento para o fazer, envolve sempre julgamentos de valor. Utilizar um teste para seleccionar, de entre um conjunto de candidatos a um emprego, aqueles que parecem ser mais promissores em termos de produtividade futura envolve, regra geral, valores económicos. Utilizar um inventário de interesses indicia uma maior atenção aos valores ligados à realização pessoal e ao bem estar (embora os valores económicos não estejam aqui excluídos: um trabalhador insatisfeito terá maior probabilidade de mudar de emprego, inutilizando os recursos investidos na sua formação; do mesmo modo, um trabalhador mais produtivo e bem sucedido terá maior probabilidade de se sentir satisfeito e realizado; a dificuldade em separar as consequências das diversas acções e os valores que lhes estão associados ajuda a complicar estas questões). A ênfase relativa concedida a diferentes tipos de instrumentos, por exemplo num programa de Orientação Escolar e Profissional, reflecte de forma nítida a importância atribuída a diferentes valores.

Mas mesmo na investigação os valores estão sempre presentes. Por exemplo, o desenvolvimento das teorias e instrumentos de avaliação sobre a qualidade da relação mãe-bébé levou, a certa altura, ao surgimento de numerosas investigações procurando esclarecer se a educação em infantário acarretaria efeitos negativos, em termos da segurança emocional da criança, comparativamente à educação em casa, pela mãe (Clarke-Stewart, 1989). O facto de estas investigações se terem proposto explicitamente procurar possíveis efeitos negativos do infantário e não se terem preocupado com os efeitos positivos, que são nítidos e bem conhecidos há mais

A validade   339

de um século (e.g., Schwabe e Bartholomai, 1870, citados por Bronfenbrenner e Crouter, 1983, pp. 360-361) é reveladora da presença de valores a priori. O mesmo se pode dizer do facto de não se terem preocupado com os efeitos positivos que a ida da criança para o infantário pode ter para as mães. É óbvio também que, por outro lado, as críticas que foram feitas a estas investigações, e que chegaram mesmo a exigir o seu abandono imediato, resultam igualmente de opções valorativas evidentes (Silverstein, 1991). Mesmo em casos menos flagrantes do que este, **a decisão de avaliar uma dada dimensão, ou de empreender a construção de um questionário, resulta sempre de uma atitude valorativa. Nem o profissional nem o investigador actuam num vazio em termos de valores, e é claramente preferível que os identifiquem, assumam e reflictam sobre eles, de modo a não agirem como peões passivos de uma estrutura de valores pela qual não se sentem responsáveis. Desta dependência de valores não estão isentos também outros intervenientes no processo, incluindo as pessoas avaliadas e outras que defendem os seus interesses (e.g., pais, associações representativas).** O papel dos valores (e do processo de julgamento avaliativo em geral) é claramente visível nos casos em que decisões tomadas com base em instrumentos de avaliação psicológica são alvo de contestação judicial. Em países, como os Estados Unidos da América, em que tal é frequente, as decisões judiciais constituem uma influência importante sobre os processos de construção e validação de testes, nem sempre com um impacto positivo (Landy, 1986). A questão da influência dos valores sobre os estudos de validade é, sem dúvida, complexa, e não lhe poderemos fazer aqui inteira justiça. O leitor interessado terá todo o interesse em consultar a biliografia indicada, com destaque para os trabalhos de Samuel Messick (1975, 1980, 1989).

Quantas validades?

Folheando qualquer obra que se ocupe da validade das medidas psicométricas, difícil será não encontrar referência aos diferentes tipos de validade que é possível apontar. Ao longo das últimas décadas, inúmeros tipos têm sido propostos e seria fastidioso enumerar um conjunto extenso. Utilizaremos antes a classificação predominante na literatura, na qual **são distinguidos três tipos de processos destinados a assegurar a validade das medidas: validade de conteúdo, validade referenciada por um critério e validade de construto.**

Por validade de conteúdo entende-se o grau em que os conteúdos incluídos na escala se referem de modo adequado àquilo que se pretende medir (Haynes, Richard e Kubany, 1995). Concretamente, pretende-se que o conteúdo dos itens se refira claramente à característica psicológica que se pretende avaliar. Isto poderia parecer uma exigência óbvia, mas a verdade é que, por vezes, se podem colocar problemas neste aspecto, sobretudo por duas ordens de razões, que encontraremos repetidamente ao longo deste capítulo.

O primeiro possível problema é o de que a medida deixe passar em claro um ou mais aspectos do conceito a medir. Vimos já, no capítulo anterior, que a grande maioria dos conceitos utilizados nas ciências sociais são multifacetados, ou seja, incluem diversos aspectos que, embora relacionados entre si, são discerníveis. Uma medida válida desse conceito terá de se referir a todos esses aspectos ou facetas e reflectir de modo adequado o peso de cada uma delas na medida global. Isto não significa necessariamente atribuir a cada faceta o mesmo peso (e.g., o mesmo número de itens) mas sim atribuir a cada uma delas um peso que esteja de acordo com o modo como o investigador define aquilo que pretende medir. Um segundo possível problema, em certa medida o reverso deste, consiste na possibilidade de a escala reflectir aspectos de outras variáveis ou conceitos que não aquele que pretende medir. Suponhamos, por exemplo, uma escala que pretende avaliar o grau de hipocondria dos indivíduos, na qual se incluiria o seguinte item: "Vou ao médico com bastante frequência". O problema que se pode pôr aqui é o de saber em que medida a concordância com este item, se pode ser atribuída à hipocondria do respondente, não poderá ser também atribuída a outras causas (e.g., recursos económicos suficientes, uma doença crónica, sentimentos de solidão que o levam a apreciar as consultas como uma oportunidade de interacção social, etc). Se o conteúdo dos itens for de molde a permitir a interferência de factores estranhos deste tipo, a escala poderá não constituir um índice válido de hipocondria.

A validade referenciada por um critério, por muitos apontada, nos primórdios da avaliação psicológica, como a forma por excelência da validade, apoia-se na possibilidade de obtenção de índices alternativos da variável que se pretende medir e no exame da associação estatística entre os resultados da escala e os valores desse índice. Por exemplo, suponhamos que um dado teste é utilizado para seleccionar os candidatos a um curso de formação. Examinando a correlação entre os resultados no teste e o aproveitamento no curso, teremos uma ideia da validade do procedimento utilizado: uma correlação positiva daria indicações também positivas acerca da validade, na medida em que as pessoas que obtêm melhores resultados no teste tendem também a obter melhores resultados no curso, o que nos leva a pensar que o teste pode ajudar a seleccionar os melhores candidatos. Mas, caso a correlação seja próxima de zero, isso significa que não existe relação entre os resultados no teste e no curso e, portanto, o teste será inútil no processo de selecção. Caso se pretendesse escolher os indivíduos *abaixo* de um determinado valor, seria uma correlação *negativa* a reveladora de validade.

O mesmo princípio se aplicaria à avaliação da validade de outros tipos de escalas. Uma escala destinada a avaliar a depressão, por exemplo, poderia ser aplicada a um grupo de indivíduos com um diagnóstico de depressão clínica e a um grupo de "normais", comparando-se depois os resultados médios dos dois grupos. Obviamente, caso a escala fosse válida, o primeiro grupo deveria obter resultados mais elevados. O facto de o critério ser dicotómico, assumindo apenas dois valores possíveis (deprimido vs. não deprimido), não altera em nada a classificação de um estudo como de validade referenciada por um critério. Uma escala de religiosidade deverá estar relacionada com a frequência de participação em cerimónias religiosas, uma escala de motivação para o estudo com a quantidade de trabalho escolar realizado, etc. **Outra possibilidade frequentemente utilizada é a de recorrer a escalas já existentes e para as quais existem dados apoiando a sua validade. Se a nova escala for igualmente válida, deverá apresentar uma correlação importante com outras escalas que meçam a mesma dimensão.**

Quanto à validade de construto, surgiu sobretudo em resposta às dificuldades que se colocavam na obtenção de dados convincentes quanto à validade de certos tipos de medidas, particularmente aquelas que pretendiam avaliar variáveis da personalidade, quer através de questionários, quer através de métodos de tipo projectivo (e.g., o teste das manchas de tinta de Rorschach). No caso dos questionários, ainda seria possível falar de validade de conteúdo (os itens reflectem de modo adequado as características do tipo ou dimensão de personalidade que se pretende medir, tal como são descritas pela teoria em que o questionário se baseia). Mas o recurso exclusivo a julgamentos, mesmo que de diversos especialistas, constitui uma estratégia pouco recomendável na avaliação da validade, sobretudo quando se pretende com essas medidas fundamentar decisões de grande impacto (e.g., avaliação de casos clínicos). A obtenção de dados empíricos permite uma muito maior segurança na afirmação da utilidade da medida. Mas, então, surgiria o problema de obter um critério que reflectisse a dimensão de personalidade que se pretende avaliar. **Qual seria um bom critério para avaliar, por exemplo, uma escala que pretendesse medir a introversão vs. extroversão? É difícil pensar em critérios objectivos, como no caso do teste de selecção para um emprego, ou seja, que não passassem por julgamentos de outras pessoas (e.g., conhecidos do indivíduo ou observadores treinados). Mas, neste último tipo de critérios, poderia colocar-se o problema da sua validade.** Até que ponto haveria razões legítimas para pensar que essas medidas seriam mais válidas do que a escala em estudo? Caso se verificasse que a correlação era baixa, poderíamos pensar que uma das medidas (escala ou critério) não seria válida, mas não poderíamos afirmar seguramente qual. E, se a correlação fosse elevada, poderíamos suspeitar que tal seria devido a factores de invalidade que actuassem de modo semelhante nas duas medidas (e.g., a imagem que o indivíduo procura deixar nos outros). **Uma medida alternativa só pode servir como critério num processo de validação desde que a sua validade não possa ser posta em causa. Ora, tal raramente acontece, sobretudo no domínio da avaliação da personalidade.**

Estas dificuldades levaram um conjunto de autores a propor uma nova forma de conceber a validade e a sua demonstração, surgida em termos formais nas "Recomendações técnicas para os testes psicológicos e técnicas de diagnóstico" emitidas pela *American Psychological Association* em 1954, com o nome de "validade de construto" (em Inglês, *construct validity*). Embora seja possível detectar alguns antecedentes desta concepção de validade, podemos dizer que a fonte historicamente mais importante quanto a este tema é o artigo de Lee Cronbach e Paul Meehl (dois dos principais elementos da comissão que elaborou as "Recomendações técnicas"), publicado no *Psychological Bulletin* em 1955.

A principal inovação trazida por esta nova forma de conceber a validade é a de considerar que as técnicas psicométricas não se dirigem à avaliação de características objectivamente observáveis nos indivíduos (ou outros objectos de avaliação) mas sim a dimensões teóricas, não directamente observáveis mas relacionadas com outras características e definidas por uma teoria psicológica. Neste sentido, as dimensões avaliadas pelos instrumentos psicométricos constituem conceitos, *construídos* **pelos teóricos para explicar uma ampla variedade de comportamentos. É neste sentido que são geralmente designados pelo neologismo** *construtos***.**

Ora, sendo essas variáveis conceitos teóricos abstractos, não observáveis directamente, torna-se óbvio que não será possível encontrar nenhum critério inquestionável de validade, que implicaria obter um índice directo daquilo que se pretende medir. Como proceder, então, à validação de uma medida desse construto? A única solução será a de testar as diferentes relações, previstas pela teoria em que a definição do construto se baseia, entre a medida em análise e diversas outras medidas, da mesma ou de outras variáveis. Por exemplo, no caso de uma escala de personalidade pretendendo avaliar a dimensão introversão-extroversão, diversos tipos de relações poderiam ser postuladas com outras medidas. Colocaríamos então, por exemplo, a hipótese de que a nossa escala correlacionaria positivamente com outras escalas que pretendem medir o mesmo construto ou construtos que a teoria considera estarem com ele relacionados (e.g., dominância-submissão; sociabilidade-timidez; impulsividade-reflexividade; expressividade-reserva); para evitar a possibilidade de as correlações serem devidas à utilização de um método semelhante, colocaríamos também a hipótese de que os resultados da escala estariam correlacionados com as avaliações da personalidade dos indivíduos feitas por pessoas que os conhecem bem, por avaliadores devidamente treinados que lhes fariam uma entrevista individual, por um conjunto de observadores que classificariam o seu comportamento durante uma entrevista colectiva ou uma situação de interacção em grupo e, ainda, com certos tipos de respostas num teste projectivo. Pressupondo que a extroversão se relaciona com a sociabilidade, pediríamos a cada pessoa (ou a alguém que a conhecesse bem) para identificar um conjunto de pessoas a quem considera "amigos", esperando que o número de pessoas mencionadas estivesse positivamente relacionado com a extroversão. Melhor ainda, poderíamos pedir a cada pessoa que fizesse um registo, durante alguns dias, de todas as suas actividades quotidianas, incluindo a sua duração e a identidade das outras pessoas eventualmente envolvidas ou presentes. Esperaríamos encontrar uma relação positiva entre a extroversão e o número de actividades envolvendo outras pessoas, a duração dessas actividades e o número total de pessoas mencionadas. Poderíamos ainda pensar que certos grupos de pessoas deveriam apresentar resultados particulares na escala (e.g., vendedores vs. bibliotecários; pessoas em psicoterapia por problemas de timidez, etc). Por outro lado ainda, poderíamos considerar uma teoria psicofisiológica da introversão-extroversão (e.g., Eysenck, 1967) e derivar daí um conjunto de hipóteses referentes a correlatos fisiológicos e comportamentais da nossa escala, etc, etc.

344   *Questionários: Teoria e prática*

Repare-se como nenhuma destas medidas constitui um critério, no sentido em que este termo é considerado quando se fala em validade referenciada por um critério, pois nenhum deles nos oferece um "acesso directo" à dimensão que se pretende medir, nem constitui aquilo que poderíamos chamar um "índice por excelência" dessa dimensão. Trata-se apenas de outras variáveis que, tal como a nossa escala, são apontadas como devendo estar relacionadas com a introversão-extroversão. **Não sendo nenhuma delas um critério suficiente por si só, a obtenção da relação prevista com a nossa escala para apenas uma delas não constitui evidência suficiente de validade.** Caso a relação se verifique, poderá sempre ser devida a um factor estranho e indesejável. Caso não se verifique, não será claro onde colocar a responsabilidade: na nossa escala, na medida com a qual a correlacionámos, na teoria que prevê que as duas estarão correlacionadas, ou em qualquer aspecto metodológico do nosso estudo (e.g., amostra de indivíduos demasiado homogénea numa das variáveis ou em ambas)? **Na avaliação da validade de construto, nenhum resultado é decisivo por si só. É a partir de um conjunto de resultados, obtidos em diferentes estudos e, preferivelmente, por diferentes investigadores, que se poderá fundamentar um julgamento integrado (tal como a definição de Messick refere) acerca do grau em que a nossa medida reflecte o construto latente, não observável, que pretendemos medir. Repare-se como esta forma de conceber a validade a transforma num processo de investigação: validar uma medida implica validar ao mesmo tempo uma série de outras medidas que lhe serviram de correlatos e, simultaneamente, a teoria que as coloca num quadro de referência comum. O processo de validação de uma medida envolve a verificação de uma série de hipóteses derivadas da teoria a partir da qual o construto é definido. Não existe qualquer diferença entre o exame da validade e o processo de investigação científica em geral.**

A coexistência destes três tipos de concepções acerca da validade e das formas de a examinar deu origem a alguma indefinição acerca das relações existentes entre eles e ao estatuto da validade no seu conjunto. Um perigoso mal-entendido, que há que evitar a todo o custo, consiste em pensar que o autor de um novo instrumento de medida deve considerar os três tipos de validade, escolher aquele que melhor se adequa às características do seu instrumento, e recolher dados de validade dentro desse tipo, ignorando os restantes. Embora possa parecer demasiado simplista, a verdade é que alguns autores defende-

A validade   345

ram esta perspectiva, e outros afirmaram, pelo menos, que os três tipos de validade se aplicariam preferencialmente a três tipos de medidas: a validade de conteúdo, aos testes de conhecimentos; a validade referenciada por um critério, aos testes concebidos para prever comportamentos, incluindo os testes de inteligência e aptidões; a validade de construto, aos instrumentos que procuram avaliar características psicológicas não observáveis, incluindo as escalas de personalidade (mas não só; ver Landy, 1986).

A evolução em anos recentes das concepções sobre a validade, no entanto, tende a diluir as fronteiras entre os diferentes tipos ou aspectos da validade e a salientar o carácter unitário do conceito (American Educational Research Association, American Psychological Association e National Council on Measurement in Education, 1999, p. 11). A afirmação progressiva desta unidade tem vindo a dar-se quer ao nível conceptual, quer ao nível metodológico, através do reconhecimento da similaridade entre os objectivos e significado dos diferentes métodos de exame da validade. Por outro lado, é importante destacar também que esta progressiva unificação se tem dado em torno da conceptualização da validade de construto, ou seja, da ideia de que as medidas psicométricas terão um máximo de utilidade se constituírem bons índices de dimensões latentes, não observáveis, ao longo das quais os indivíduos podem ser distribuídos. A validade de uma medida será, então, tanto maior quanto maior o grau em que os seus resultados sejam determinados por essa dimensão ou construto latente, nas suas diversas facetas, e quanto menor o grau em que esses resultados sejam afectados por factores que não façam parte desse construto.

Ora, é possível reenquadrar os princípios e procedimentos utilizados no exame da validade de conteúdo e da validade referenciada por um critério de forma a incorporá-los no âmbito da validade de construto, e verificar que os seus objectivos são exactamente os mesmos. Por exemplo, quando se procura construir uma escala para medir uma dada dimensão da personalidade (e.g., introversão-extroversão) ou um síndroma clínico (e.g., depressão), o exame da validade de conteúdo é particularmente relevante, com dois grandes objectivos: assegurar que os itens representem adequadamente todas as facetas que integram a variável que se pretende medir, e que o seu conteúdo não é de molde a proporcionar a interferência de factores estranhos (e.g., a escala de depressão não contém itens que se refiram à ansiedade), em ambos os casos preocupações bem características da abordagem da validade de construto, tal como ficou exposto no parágrafo anterior. Por outro lado, a inclusão desse conjunto de conteúdos numa dada escala só é justificado pela presença prévia de um construto na mente do autor da escala, que o leva a atribuir um significado comum a todos eles. Por outras palavras, a definição de uma fronteira separando os conteúdos que devem aparecer na escala daqueles que dela devem ser excluídos só é possível a partir de uma conceptualização prévia daquilo que se pretende medir. Por isso mesmo, os resultados irão depender da forma como for posicionada essa fronteira, ou seja, irão reflectir a definição que o autor fez do construto que pretendia avaliar.

Esta forma de encarar a validade de conteúdo permanece adequada mesmo dentro daquela área em que ao exame racional dos conteúdos é tradicionalmente atribuída maior importância: a dos testes de conhecimentos. Afirma-se muitas vezes que um teste de Matemática, ou um exame de acesso ao exercício da advocacia, por exemplo, não pretendem avaliar nenhum construto, mas apenas uma amálgama de competências isoladas e sem nada em comum. Porém, a verdade é que o próprio termo "competência" é, em si mesmo, um construto. "Saber resolver equações do segundo grau" é um construto, tanto quanto "inteligência" o é. Aliás, quase poderíamos chegar a dizer que cada palavra desta definição de um objectivo educacional representa por si só um construto, cuja definição nem sempre é clara nem consensual. Recorremos a um construto quando defendemos que é necessário evitar que as respostas "ao acaso" tenham efeitos positivos na nota final. E, finalmente, é raro que os conteúdos dos testes de conhecimentos constituam amostras equilibradas dos múltiplos aspectos dos conteúdos educacionais ministrados na situação educativa cujos resultados se pretende avaliar. A regra é uma representação desequilibrada desses múltiplos aspectos, reflectindo essa representação desequilibrada a conceptualização que o autor do teste de conhecimentos faz dos construtos "dominar a matéria do programa de Matemática do 9.° ano de escolaridade" ou "possuir os conhecimentos necessários para ser um advogado competente".

O mesmo tipo de argumentação poderia ser usado para a validade referenciada por um critério. Sendo as variáveis que pretendemos medir não observáveis, nenhum critério constitui um índice directo dessa variável. As notas na universidade não constituem um critério directo de inteligência, nem a frequência de oração é um índice directo de religiosidade, porque em ambos os casos os resultados dependem também de vários outros factores. Aquilo que podemos ter será, em qualquer caso, um indicador, ou seja, uma característica observável que se presume reflectir, num grau suficiente, a característica não observável que queremos quantificar. Não existe nenhum critério único ou suficiente por si só, pelo que a estratégia mais profícua será a de considerar uma variedade de critérios e correlacionar cada um deles com a medida que pretendemos validar. O conjunto dos resultados obtidos, se positivo, será muito mais convincente do que o de qualquer critério isolado, por muito cuidadosamente que este tenha sido escolhido.

Dois tipos de críticas têm, entretanto, sido apontadas a este tipo de abordagem. O primeiro, enquadrado numa concepção da medida conhecida por *operacionismo*, proposta nos anos 20 pelo físico P. W. Bridgman, questiona a vantagem de se considerar construtos não observáveis nas concepções sobre a medida, argumentando que cada conceito incluído numa teoria deve ter associada uma operação que reflicta a sua magnitude (donde o nome operacionismo) e que, simultaneamente, constitui uma definição do conceito. Esta posição exige, portanto, que as interpretações dos resultados se limitem estritamente àquilo que é observável e implica uma relação termo-a-termo entre operações de medida e variáveis avaliadas. A cada variável corresponde uma única técnica ou instrumento de medição, e vice-versa. Embora estas concepções tenham despertado algum interesse em algumas escolas que, dentro da Psicologia, valorizam a observabilidade como critério de aceitabilidade científica e procuram eliminar toda a inferência para entidades não directamente perceptíveis (nomeadamente, o behaviourismo ou comportamentalismo, pelo menos em algumas das suas correntes; ver Skinner, 1954, 1974/1982), nunca alcançaram grande impacto noutras ciências e, mesmo na Psicologia, a sua aceitação é muito diminuta actualmente.

Embora uma discussão detalhada das vantagens e inconvenientes de uma abordagem operacionista esteja fora do âmbito deste trabalho (uma referência mais desenvolvida a este e outros problemas epistemológicos pode ser encontrada em Messick, 1989), **é possível destacar rapidamente um ponto crítico. É regra geral que determinados conjuntos de indicadores se relacionem entre si de forma acentuada (e.g., apresentem entre si uma elevada correlação). Uma abordagem operacionista apontaria a necessidade de explicar teoricamente a razão pela qual cada uma dessas correlações se verifica, uma vez que a cada variável observada corresponde um conceito teórico diferente. Suponhamos quatro indicadores observáveis, que designaremos por *a*, *b*, *c* e *d*. Explicar as correlações observadas entre eles implica dar conta das seis relações existentes entre os diferentes pares de indicadores**

(Figura 24, Painel A). **Se postularmos a existência de um construto central, não observável mas influenciando em certa medida em cada um dos indicadores, apenas teremos que dar conta de quatro relações, as existentes entre cada indicador e o construto latente (Figura 24, Painel B)**. Esta economia (designada na Filosofia da Ciência por "parcimónia") será tanto maior quanto maior for o número de indicadores presentes. Para 5 indicadores, a redução será de 10 para 5 relações. Com 10 indicadores, será de 45 para 10.

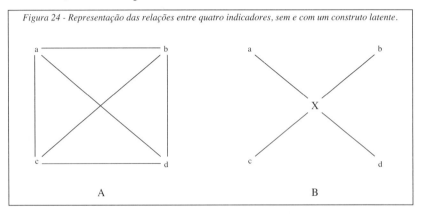

Figura 24 - Representação das relações entre quatro indicadores, sem e com um construto latente.

Vejamos um caso concreto. Suponhamos que aplicamos a um conjunto de indivíduos diversas escalas de personalidade, que medem cinco dimensões: sociabilidade, impulsividade, expressividade, dominância e procura de sensações. Seguindo uma linha radicalmente operacionista e não fazendo apelo a nenhum construto unificador, teríamos que analisar teoricamente a relação entre cada par das nossas variáveis. Supondo que obtemos correlações positivas e significativas entre todos os nossos indicadores, teremos de encontrar uma explicação teórica para a relação encontrada entre sociabilidade e impulsividade, outra explicação independente para a relação entre sociabilidade e expressividade, outra para a relação entre sociabilidade e dominância, e assim sucessivamente. É claro que será mais económico e útil postular a existência de uma variável latente que todos os nossos indicadores reflectem em maior ou menor grau (sem prejuízo de cada um dos indicadores possuir igualmente uma certa proporção de variância que lhe é específica e de ser também afectado por uma certa dose de variância aleatória, ou de erro). **A utilização deste construto unificador (extroversão) permitirá simplificar bastante não só a construção**

A validade 349

teórica, como também a tarefa daqueles que a utilizarão para tentar resolver problemas práticos. Aliás, este princípio de postular que um grupo de variáveis observadas que apresentam entre si correlações importantes reflectem a presença de um factor subjacente a todas elas constitui a base da técnica da análise factorial, que abordaremos numa das próximas secções e cuja função principal é precisamente a de simplificar a interpretação dos resultados, através da redução de um conjunto de variáveis observadas a um conjunto bastante menor de factores latentes, dos quais as variáveis observadas constituem indicadores.

Um segundo tipo de críticas que têm sido apontadas ao reenquadramento dos métodos de análise da validade referenciada por um critério apontam os casos em que a medida se destina exclusivamente a prever um determinado acontecimento. Seria o caso, por exemplo, de um gestor de recursos humanos que pretendesse seleccionar os trabalhadores que maior sucesso poderiam alcançar num curso de formação, de uma universidade que pretendesse seleccionar os alunos mais promissores, ou de um psicólogo que pretendesse desenvolver um teste capaz de prever, quando aplicado a crianças com 10 anos de idade, a probabilidade de virem, anos mais tarde, a tornar-se toxicodependentes. Argumenta-se que, nestes casos, tudo o que há a fazer é escolher pragmaticamente quaisquer itens ou escalas que correlacionem com o critério que se quer prever, sem necessidade de preocupações quanto aos construtos subjacentes a estas medidas.

Mas basta pensarmos um pouco para verificarmos que não é assim. Para começar, em nenhum destes casos alguém seguiria uma estratégia aleatória na selecção dos instrumentos a utilizar. Partir sem qualquer pressuposto quanto às características que, nos indivíduos, deverão estar relacionados com o critério implicaria escrever, ao acaso, um grande número de itens referentes a uma diversidade igualmente aleatória de temas e aplicá-los indiscriminadamente à amostra de indivíduos disponível, esperando que dessa amálgama algo de útil emergisse. Ou, então, escolher ao acaso, de entre os inúmeros instrumentos de avaliação psicológica e educacional existentes, um conjunto qualquer para experimentar nessa situação. Ora, esta não é uma estratégia frequente nem eficaz. A escolha de um primeiro grupo de medidas a ensaiar resulta sempre de uma concepção prévia do tipo de características psicológicas que se supõe estarem relacionadas com o critério que se pretende prever, mesmo que essa concepção permaneça implícita e mesmo que esse conjunto de medidas seja depois modificado em função dos resultados

empíricos obtidos. Poucas pessoas considerariam de bom senso a utilização de uma escala de religiosidade para tentar prever o sucesso no curso de formação ou de uma medida de acuidade visual como possível preditora da toxicodependência.

Uma segunda objecção teria a ver com a previsível dificuldade em conseguir defender, junto dos indivíduos avaliados ou de outros envolvidos no processo, a utilização de preditores para os quais não existe nenhuma justificação racional, mas apenas uma correlação empírica (e.g., os exemplos do final do parágrafo anterior). **E não se pense que estas objecções poderiam ser facilmente descartadas como resultando da falta de conhecimentos destes críticos. É bem sabido que existem numerosos factores capazes de enviesar os resultados de um estudo empírico e, mais facilmente ainda, uma correlação.** Para começar, não sabemos, perante uma correlação significativa entre X e Y, se é X que afecta Y, se é Y que afecta X, ou se será um qualquer terceiro factor, desconhecido, que afecta ambas as variáveis simultaneamente. Se se verificasse, por exemplo, que a religiosidade se correlacionava com o sucesso numa dada profissão, isso poderia ser devido a um qualquer factor (e.g., uma tendência de personalidade para manter atitudes socialmente convencionais) que fosse em simultâneo um determinante de ambas as características. Neste caso, é óbvio que seria de toda a vantagem substituir a escala de religiosidade por uma de convencionalidade, mas uma escolha inicial feita ao acaso não nos garante que essa troca fosse feita. Mas outros factores ainda mais indesejáveis poderiam interferir. Se as competências necessárias para essa profissão fossem particularmente enfatizadas nas escolas de inspiração católica, poderia residir aí a explicação do resultado para a religiosidade. **O risco de uma correlação inesperada, entre duas variáveis que, à partida, não pensávamos que pudessem estar relacionadas, poder ser resultado de factores espúrios é considerável, o que leva os especialistas a não ficarem mais entusiasmados do que os leigos perante variáveis preditoras pouco plausíveis, identificadas num estudo empírico feito "às cegas".**

Uma outra objecção a esta abordagem resulta do provável interesse em utilizar os resultados obtidos como fonte de pistas para a intervenção e não apenas como preditores. Em muitos casos, não interessa apenas recolher dados que permitam prever, por exemplo, o sucesso numa dada tarefa. Interessa também identificar características psicológicas, de preferência modificáveis através de uma intervenção, que constituam antecedentes explicativos desse sucesso. Saber que as crianças oriundas de meios socioeconómicos mais favorecidos tendem a obter melhores resultados escolares pode ser útil na previsão destes, mas em nada nos ajuda se o nosso objectivo é o de promover a melhoria dos resultados de uma ou mais crianças. Mas se, em vez dessa variável, recorrermos à análise das características psicológicas das crianças relacionadas com o sucesso escolar (e.g., motivação, estratégias de estudo, competências cognitivas, etc), a nossa capacidade preditiva poderá ser melhor ou pior, mas teremos indícios claros quanto ao modo como poderíamos promover esse sucesso, promovendo o desenvolvimento das variáveis psicológicas que o medeiam. Ao contrário, o nível socioeconómico em nada nos ajuda neste aspecto, uma vez que está geralmente fora do nosso alcance modificá-lo. O mesmo princípio poderia aplicar-se na selecção de candidatos a um emprego (obtendo ideias para acções de formação ou aperfeiçoamento) ou na previsão da toxicodependência (obtendo ideias para intervenções preventivas junto de indivíduos em risco).

Finalmente, este tipo de estratégia tem sido criticada pela necessidade que implica de efectuar novos estudos para cada nova decisão que seja necessário tomar. Suponhamos que uma universidade pretende seleccionar entre os candidatos a um curso de Gestão de Empresas. Para isso, escolhe uma série de testes e outros critérios e determina, através de um estudo empírico, quais os que melhor permitem prever os resultados no curso, passando, a partir daí, a utilizá-los na selecção dos alunos. Passados alguns anos, essa universidade decide criar um curso de Economia. Uma vez que a fórmula utilizada na selecção dos candidatos ao curso de Gestão foi determinada de modo empírico, exclusivamente para esse curso e sem nenhuma base racional, não há justificação para a utilizar no novo curso. Assim, será necessário efectuar um novo estudo, seleccionando um novo conjunto de testes para cada novo curso. O procedimento teria de ser repetido para cada nova necessidade de selecção. Imagine-se o que tal implicaria para uma empresa de recursos humanos, que tenha de seleccionar candidatos para dezenas ou centenas de funções diferentes, em dezenas de empresas também diferentes. **Mas esta necessidade constante de novos estudos pode ser evitada se se demonstrar que cada instrumento mede uma dada característica dos indivíduos e que cada tipo de função exige um determinado conjunto de características, que será possível determinar recorrendo às técnicas genericamente denominadas *"análise de funções"*** (e.g., Leplat e Cuny, 1977/1983; McCormick, 1983). **A partir daí, é possível seleccionar, com base em argumentos racionais apoiados em resultados de investigações, um conjunto de**

352 *Questionários: Teoria e prática*

testes para cada tipo de função, sem necessidade de recorrer constantemente a novos estudos. Mas conseguir isto implica pensar em termos de variáveis latentes (construtos), quer na análise de funções, quer no exame da validade das medidas.

Todas estas razões levam a que, hoje em dia, se considere que a abordagem de "empirismo cego" não é a mais recomendável. Partir de uma hipótese explícita relativamente às variáveis que melhor permitirão prever aquilo que nos interessa e confrontar essa hipótese com uma verificação empírica, adaptando-a, reformulando-a ou abandonando-a em função dos resultados obtidos, deverá constituir uma estratégia bastante mais útil. Em alternativa, seria possível colocar várias hipóteses e confrontar a sua capacidade preditiva mas, em qualquer caso, é preferível estabelecer claramente e desde muito cedo quais as possíveis variáveis preditoras que se pretende avaliar, justificando de modo explícito a escolha realizada, em vez de nos limitarmos a dar "tiros no escuro".

A avaliação da validade

Uma vez definida a posição adoptada neste capítulo quanto ao conceito de validade, dedicaremos o espaço restante à abordagem dos métodos utilizados na sua avaliação. **De modo coerente com a posição de princípio quanto ao carácter unitário da validade, estes métodos não serão divididos entre os referentes ao conteúdo, à relação com critérios exteriores, etc. Todos os métodos serão considerados com referência à avaliação da validade de construto e agrupados em função da sua semelhança.** Antes de entrarmos na análise de alguns dos principais tipos, no entanto, importa enfatizar alguns pontos essenciais da validade de construto.

Dissemos atrás, ao focar os tipos tradicionais de validade, que a validade de construto tinha por objectivo fundamentar a interpretação dos resultados das medidas psicométricas como representando a posição dos indivíduos em categorias ou dimensões hipotéticas, não observáveis directamente. Essas categorias ou dimensões seriam construídas mentalmente pelos investigadores e serviriam para explicar a convergência de diferentes observações, facilitando assim a compreensão, previsão e modificação do comportamento. Ora, este objectivo exige que estejam reunidas duas condições: que sejam claramente definidas e comprovadas as propriedades do conceito ou construto

A validade 353

considerado (e.g., a sua natureza, fronteiras, correlatos, etc) e que se demonstre de forma convincente que os resultados dos instrumentos reflectem de forma fiel a posição dos indivíduos em relação a esse construto. Poderíamos considerar que o primeiro desiderato constitui o papel da investigação fundamental e o segundo o papel dos estudos de validade. Na prática, no entanto, a distinção não é tão clara e os dois tipos de objectivos tendem a ser inseparáveis.

Uma prova da ampla sobreposição entre os dois domínios é a semelhança entre as tácticas utilizadas para um e outro fim. Tanto a investigação em geral, como os estudos de validação em particular, seguem, ou deveriam seguir, um esquema geral habitualmente designado por método hipotético-dedutivo. Este consiste numa série de passos mais ou menos rígidos e sequenciais, considerados como o paradigma do método científico: (a) uma dada questão desperta o interesse do investigador; (b) este entrega-se a alguma especulação e, com base nos dados de que dispõe, nos estudos anteriores sobre o assunto e em mais ou menos imaginação, coloca-se uma hipótese que permitiria dar resposta à sua questão; (c) dessa hipótese, geralmente formulada em termos abstractos (de construtos), o investigador deduz um conjunto de observações que seriam previstas pela sua hipótese[49]; (d) o investigador realiza estas observações e (e) extrai daí conclusões a respeito da sua hipótese, após o que o processo retorna ao seu início.

O caso dos estudos de validação é muito semelhante. Suponhamos um investigador que (a) se interessa pelo problema da agressividade e constrói uma escala para a avaliar; (b) propõe, portanto, que os resultados da sua escala reflectem o grau de agressividade dos indivíduos; (c) para verificar a sua hipótese, postula que os resultados da escala deverão apresentar uma correlação positiva com avaliações da agressividade feitas por pessoas que conheçam bem os indivíduos em causa; (d) obtém a colaboração de um grupo de pessoas que respondem à escala e, para cada um deles, de um ou mais amigos, familiares ou colegas, que avaliam, através de outro instrumento adequado, o grau de agressividade dos indivíduos do

---

[49] Muitas vezes, o método hipotético-dedutivo é apresentado como tendo por objectivo a comprovação de uma teoria. A partir dessa teoria (geral), é deduzida uma hipótese (particular) que, caso não seja verificada, obrigaria a abandonar a teoria. Embora esta constitua a forma canónica do método hipotético-dedutivo, e seja importante salientar isso aqui, a forma apresentada no texto parece-me estar bem mais próxima daquilo que é o comportamento real dos investigadores.

primeiro grupo; (e) calcula a correlação entre as duas medidas e, se esta for positiva, conclui que os resultados apoiam a sua hipótese (embora isso não elimine a necessidade de realizar mais estudos, antes de recomendar a utilização da escala na prática). Se for encontrada uma correlação nula, ou mesmo negativa, várias explicações poderão ser aventadas: (a) a escala não tem a validade pretendida, ou seja, os resultados não reflectem o grau de agressividade dos indivíduos; (b) o instrumento utilizado para recolher as avaliações pelas pessoas conhecidas não é válido; (c) a escala em estudo mede um certo tipo de agressividade (e.g., latente, não manifestada em comportamentos, virada contra si próprio, projectada nos outros, etc), que não se correlaciona com o tipo de agressividade avaliado pelo outro instrumento; (d) a amostra de indivíduos utilizada é demasiado homogénea (e.g., quase todas as pessoas são muito pouco agressivas), o que impossibilita a obtenção de uma correlação elevada, etc. Em qualquer caso, seriam necessários mais estudos para decidir qual destas possibilidades seria mais plausível.

Reparemos na alternativa c. Trata-se de um exemplo claro de como os estudos de validade confinam com a chamada "investigação fundamental". A partir de um resultado obtido num estudo de validade, que não estava de acordo com as previsões formuladas a partir das ideias disponíveis, chegamos a uma nova hipótese, cuja utilidade transcende o objectivo estrito da validação, para se colocar no campo do conhecimento teórico. O processo inverso é ainda mais evidente: **os instrumentos são produto das hipóteses que os seus autores se colocaram quanto à forma mais adequada de medir um determinado construto, e essas hipóteses não podem senão reflectir as concepções teóricas desses autores. Nesse sentido, as concepções teóricas limitam aquilo que é possível fazer em termos de técnicas de avaliação. Só por acidente uma medida poderá ser melhor do que a conceptualização teórica que lhe deu origem, pelo que se, num determinado domínio, as concepções teóricas são primitivas e inadequadas, não podemos esperar que as medidas de construtos dentro desse domínio sejam muito eficazes. Em qualquer ramo da ciência, técnicas de medida e formulações teóricas tendem a funcionar em conjunto: avanços significativos num destes aspectos levam quase sempre a avanços significativos no outro.**

Por todos estes motivos, é importante que a recolha de dados nos estudos de validade não seja feita ao acaso. Em qualquer actividade de investigação, os estudos mais úteis em determinado momento serão aqueles que permitam responder a problemas relevantes que se colo-

cam dentro de um domínio teórico, que abram caminho a novas hipóteses e investigações, e que apresentem maiores implicações para a prática. Assim, toda a investigação sobre a validade deveria ter um carácter *programático*, ou seja, não ser constituída por estudo isolados, mas sim por conjuntos de estudos coordenados, sucessivos ou paralelos, que atacassem de forma sistemática as principais questões que se colocam em termos dos diversos aspectos da validade da medida.

Um dos grandes perigos da validade de construto é o de, pelo seu carácter flexível e abrangente, que permite integrar uma grande diversidade de dados e de métodos para os obter, encorajar o recurso a amálgamas heterogéneas de resultados, obtidos em estudos não planeados, conduzidos por outros motivos ou simplesmente porque as circunstâncias os tornaram fáceis de levar a cabo. Muito embora seja verdade que dados recolhidos dessa forma podem ter alguma utilidade, é difícil que, quando a validação de um instrumento é feita desta forma, não subsistam importantes áreas não examinadas, que levantem dúvidas quanto à possibilidade de interpretação dos resultados e, portanto, limitem a utilidade da medida na prática. A esta abordagem casual aos estudos de validade, por vezes designada abordagem "fraca" à validação de construto, deveria preferir-se uma abordagem "forte", a qual procura definir claramente quais as interpretações que se pretende fazer dos resultados e, a partir daí, identificar quais os principais pontos fracos, dúvidas ou críticas que poderiam ser apontadas a essas propostas de interpretação. Os critérios utilizados para identificar essas objecções mais relevantes não são diferentes dos que apontámos atrás para identificar quais os estudos potencialmente mais úteis dentro de um dado programa de investigação: aqueles que permitem responder às objecções que, no actual estado dos conhecimentos, surgem como mais importantes e plausíveis, aqueles que contribuam para identificar novas ameaças à validade e aqueles que poderiam apresentar maiores implicações para o uso da escala ou questionário na prática. É evidente que os problemas específicos que se colocam em cada caso dependem muito das características da medida e do construto que ela pretende avaliar, pelo que não é possível estabelecer princípios gerais a este respeito. Podemos, no entanto, relembrar aquilo que já dissemos quanto aos dois principais tipos de ameaças que se colocam à validade de construto: a representação inadequada dos diversos aspectos do construto e a interferência de factores indesejáveis.

Quando falamos de representação dos diversos aspectos do construto, referimo-nos à necessidade de os resultados obtidos reflectirem de modo adequado o construto que se propõe medir, tal como é definido pelos autores da escala e tal como será interpretado pelos seus utilizadores. O principal problema que se pode colocar neste aspecto é o de a medida deixar de lado um ou mais aspectos importantes do construto, ou dar a esses diferentes aspectos ênfases ou pesos na determinação dos resultados que não estejam de acordo com a sua importância real, tal como é definida na conceptualização que deu origem ao instrumento. Quanto à interferência de factores indesejáveis, tem a ver com a possibilidade de outras variáveis, para além do construto visado, exercerem uma influência sensível sobre os resultados. O "suspeitos do costume" são, em primeiro lugar, outros construtos próximos do ponto de vista teórico (e.g., uma medida de ansiedade cujos resultados são influenciados pela depressão); em segundo lugar, estilos ou atitudes de resposta (e.g., desejabilidade social e aquiescência); em terceiro lugar, factores ligados à compreensão dos itens (e.g., palavras desconhecidas ou mal compreendidas pelos respondentes). Para além destas, como é evidente, existem muitas outras hipóteses plausíveis, que será necessário considerar caso a caso.

Uma outra dicotomia, que é importante não confundir com esta, é a que opõe a "representação do construto" à "amplitude nomotética" (Embretson, 1983). **Aqui, entende-se por representação do construto o facto de os processos envolvidos na resposta serem aqueles que o construto prevê.** Os métodos utilizados na avaliação deste aspecto da validade são aqueles geralmente designados por "análise de tarefas" e cujo objectivo é o de decompor essas tarefas, identificando os seus componentes de modo a fornecer aos utilizadores uma ideia detalhada daquilo que está implicado na produção de uma dada resposta aos itens propostos. É importante acentuar que estes processos ou componentes de resposta não têm necessariamente que implicar diferenças individuais. O que interessa aqui é a comparação de tarefas, não a comparação de indivíduos e, em muitos casos, a validade de construto implica precisamente um desempenho idêntico de todos os indivíduos em certas subtarefas (e.g., leitura e interpretação dos itens). Avaliar a representação do construto, neste sentido, implica, por exemplo, saber se, quando é colocada aos indivíduos uma questão acerca do seu comportamento habitual perante uma dada situação, estes pesquisam a sua memória em busca de um número considerável dessas situações no passado (como era suposto), ou se baseiam apenas nas ocorrências mais recentes, naquilo que observam nos outros, naquilo que pensam que os outros fazem, naquilo que lhes parece mais "bem visto" socialmente, etc.

Por outro lado, por "amplitude nomotética" entende-se a capacidade da medida para reflectir as diferenças individuais no construto visado, demonstrada através da correlação entre os seus resultados e os de outras medidas relacionadas com o construto. Repare-se como os dois tipos de informações quanto à validade exigem métodos diferentes para a sua obtenção, e como pode acontecer que, para uma dada medida, tenhamos bastantes dados quanto a um mas não quanto ao outro. Por exemplo, numa entrevista clínica, no chamado "método clínico" Piagetiano (Piaget, 1926/1972, pp. 5-30) ou num teste de conhecimentos escolares, dedica-se grande atenção aos processos pelos quais os indivíduos chegaram às respostas que nos forneceram e muito menos aos correlatos dessas respostas. Pelo contrário, na maior parte dos instrumentos psicométricos, incluindo não só os tradicionais testes de personalidade e de aptidões intelectuais, mas também as inúmeras escalas e questionários utilizados para a avaliação de outras variáveis psicológicas, a questão da amplitude nomotética recebe muito mais atenção do que a dedicada à representação do construto, o que é manifesto no facto de quase toda a informação referente à validade ser obtida a partir de alguma forma de correlação, ou entre componentes da medida ou entre estes e outros índices, não sendo os processos de resposta normalmente objecto de grande atenção.

Esta diferença de ênfase não é, por sua vez, independente de uma outra distinção que por vezes se estabelece entre diferentes tipos de interpretação das medidas psicológicas: como *amostras* e como *sinais*. No caso de uma interpretação em termos de amostra, pressupõe-se a existência de uma identidade de processos entre o comportamento manifestado na situação de avaliação e aquele que se pretende avaliar. No caso da maior parte das avaliações de conhecimentos, do desenvolvimento e mesmo das aptidões intelectuais, os comportamentos que se solicitam ao indivíduo avaliado são semelhantes, em termos da sua estrutura espacio-temporal e da sua relação com os estímulos que os controlam, aos comportamentos que se pressupõe ocorrerem no meio "natural" e cuja probabilidade de ocorrência se pretende determinar. Os comportamentos observados na situação de avaliação deverão, assim, constituir uma amostra representativa da população de comportamentos visada. **Neste contexto, é evidente que o problema da representação do construto assume uma particular evidência, e torna-se necessário assegurar que**

358 Questionários: Teoria e prática

as amostras, tanto de estímulos (itens) como de respostas e processos para as obter, são representativas dessa população.

Pelo contrário, no caso da maior parte das avaliações de personalidade, crenças, opiniões, atitudes, etc, os comportamentos empregues na resposta aos instrumentos não são considerados semelhantes àqueles que se pretende prever. A escolha dos comportamentos nestes casos não se baseia na semelhança, mas sim na crença de que os comportamentos escolhidos apresentam uma elevada correlação com aqueles que se pretende avaliar (e.g., aquilo que a pessoa afirma fazer habitualmente é considerado como um sinal daquilo que faz de facto, embora os comportamentos de dizer e fazer sejam bastante diferentes). Neste sentido, os comportamentos de resposta (ou os vestígios que deixam, como no caso do preenchimento de questionários) funcionam como sinais da presença de outros comportamentos ou características qualitativamente diferentes. É, por isso, de certo modo compreensível que, nestes casos, as preocupações com a amplitude nomotética excedam as tidas com a representação do construto, pois, sendo os processos envolvidos diferentes, é menos óbvia a preocupação com a sua representatividade.

Em qualquer caso, é importante não exagerar a diferenciação entre estes dois tipos de interpretações. Embora as diferenças de ênfase sejam admissíveis, há que ter presente que a obtenção de argumentos dos dois tipos permanece indispensável. Uma vez que se pretenda fazer interpretações em termos de diferenças individuais (e.g., uma dada criança encontra-se num nível de desenvolvimento superior ao de outra) é indispensável recolher dados de amplitude nomotética (e.g., comparação de crianças de diferentes idades). Por outro lado, uma medida interpretada em termos de sinal de um comportamento aparentemente não relacionado (e.g., as respostas dadas perante uma mancha de tinta num cartão permitem prever certas características de personalidade ou motivação) terá muito maior probabilidade de ser tomada a sério se o seu autor, para além de apresentar resultados convincentes em termos de correlação com outros indicadores dos construtos visados, for capaz de oferecer uma explicação teórica credível para o facto de processos aparentemente tão díspares se correlacionarem de forma tão clara. Do mesmo modo, a demonstração da validade da maior parte das escalas e questionários sairia bastante reforçada se se dedicasse maior atenção aos processos psicológicos envolvidos na resposta, e a qualidade dos dados fornecidos iria também certamente reflectir isso de forma positiva.

A validade 359

Assim, é de toda a legitimidade afirmar que não existem grandes diferenças ou implicações, em termos do estudo da validade, devidas à distinção entre amostras e sinais como referências de interpretação dos resultados psicométricos. Trata-se, em qualquer caso, de construtos, pelo que se aplicam os princípios gerais da avaliação da validade de construto. Se, no caso da interpretação em termos de sinais, tal não oferece qualquer dúvida, o mesmo se passa no caso da interpretação em termos de amostra. Falar em amostras implica ter como referência populações, e estas populações (ainda mais no caso de populações de situações, comportamentos e processos) são quase sempre impossíveis de observar na sua totalidade, constituindo, por isso, construtos. Para mais, qualquer categorização implica sempre definir um critério que sirva de base à inclusão ou exclusão de cada caso específico, e esse critério envolve necessariamente um construto.

Antes de concluirmos esta secção e passarmos à análise de estratégias específicas para a avaliação da validade de construto, parece-me ainda importante salientar dois pontos. O primeiro é o de que **a validade de um instrumento é algo que nunca poderemos considerar definitivamente demonstrado. Sabe-se, por exemplo, que a evolução histórica produz numerosas mudanças nas situações e estímulos com que os indivíduos se defrontam, nos comportamentos que lhes são exigidos e nos processos psicológicos que medeiam entre uns e outros. Este facto conduz ao efeito bem conhecido de perda de validade dos instrumentos com o passar do tempo.** Muito embora este seja um fenómeno que não afecta igualmente todos os tipos de medida, nenhuma lhe é totalmente imune. Por isso mesmo, a validade de todos os instrumentos psicométricos deve ser reexaminada periodicamente, e a possibilidade de introduzir alterações (a nível de normas ou mesmo de conteúdos e estrutura da medida) deve ser considerada e utilizada quando se revelar necessária. **Para além disso, o trabalho de validação de um dado questionário nunca poderá afastar todas as dúvidas que se poderiam levantar em relação às interpretações propostas. Por todas estas razões, a validação é um trabalho permanentemente incompleto** e que exige um empenho continuado. É por esta razão que alguns autores preferem mesmo utilizar a palavra "validação" em vez de "validade" (e.g., Cronbach, 1971) pois aquela transmite melhor o sentido de um processo continuado de investigação, que nunca poderá ser dado como concluído, e da validade como um objectivo inalcançável na sua plenitude.

Finalmente, é importante ter em atenção que os objectivos propostos para o processo de validação são, por vezes, irrealistas e que

aquilo que verdadeiramente se empreende tem que ter em conta diversas limitações práticas. A apresentação que se segue dos métodos utilizados na avaliação da validade não deve ser entendida como querendo significar que todos esses métodos devem ser utilizados em cada questionário. Tal nunca acontece, mesmo com os instrumentos mais complexos e mais exaustivamente estudados, muito menos com questionários construídos com menores recursos e destinados a aplicações mais limitadas. Em todos os casos, o essencial será determinar quais as principais questões que se poderão colocar em termos da validade das interpretações propostas e seleccionar, de entre os métodos disponíveis, aqueles que pareçam mais adequados para responder a essas questões, sem peocupações de tentar utilizar todos os métodos disponíveis num mesmo programa de investigação/validação, muito menos num único estudo. Mesmo tendo em atenção as ameaças mais plausíveis à validade de um dado instrumento, é geralmente impossível dedicar a todas elas estudos suficientemente convincentes. Em quase todos os casos, é preciso contemporizar com as dificuldades práticas e permitir a presença de algumas áreas de dúvida, na esperança de que eventuais estudos futuros possam contribuir para esclarecer esses aspectos. Não se deve deixar, no entanto, de alertar os eventuais utilizadores para a sua presença, de modo a que estes possam tomar as precauções que se justifiquem, ou mesmo contribuir com dados úteis quanto a esses pontos. Uma leitura das obras de referência sobre os diferentes tipos de instrumentos (e.g., Anastasi e Urbina, 1997; Cronbach, 1990), ou das críticas de testes disponíveis em livros ou revistas especializadas, permitem verificar claramente como mesmo os testes mais utilizados apresentam, muitas vezes, claras insuficiências de validação.

Uma vez definido o conceito de validade e examinados os princípios essenciais da sua avaliação, estamos em condições de abordar em maior detalhe os métodos utilizados nessa avaliação. Disse já que não considero útil a divisão da validade na tríade tradicional (de conteúdo, de construto e referenciada por um critério), pelo que não a utilizarei, ao contrário da maior parte das obras sobre este tema, para organizar a exposição sobre os aspectos metodológicos. Em vez disso, procurei fazer um levantamento dos variadíssimos métodos utilizados na avaliação da validade e agrupar estes métodos em categorias baseadas na semelhança. Esta opção, se poderá ir contra alguns hábitos instalados ou dificultar a comparação com as propostas de outros autores, terá certamente a vantagem de evitar aquelas situações problemáticas em que um método pode ser considerado relevante para dois tipos diferentes de validade. Além disso, pelo seu carácter mais lógico e sistemático, penso que poderá constituir uma base mais sólida para a selecção pelos investigadores dos processos mais heurísticos para a validação das escalas de que se ocupam. Assim, os métodos utilizados na avaliação da validade surgirão agrupados em cinco grandes categorias: (a) aqueles que se baseiam no exame dos conteúdos do questionário e suas prováveis implicações em termos dos processos envolvidos no desempenho dos indivíduos; (b) aqueles que procuram examinar de modo mais directo os processos envolvidos nas respostas; (c) aqueles que recorrem à introdução de variações sistemáticas (experimentais) nas condições em que se dá esse desempenho; (d) aqueles que se baseiam no exame da estabilidade das respostas ao longo do tempo; (e) aqueles que se baseiam no exame das correlações entre diferentes partes ou subcomponentes do questionário; finalmente, (f) aqueles que se baseiam no exame das correlações entre os resultados da escala e os de outras medidas.

Exame dos conteúdos

Este primeiro tipo de métodos baseia-se no exame, pelo autor ou por outros especialistas, dos conteúdos do questionário, com o objectivo de, a partir daí, extrair inferências quanto aos processos envolvidos nas respostas. Tradicionalmente, estes métodos são apresentados no âmbito da chamada "validade de conteúdo" (Haynes, Richard e Kubany, 1995). Essa abordagem não será aqui adoptada, em primeiro lugar por se considerar a validade como um conceito unitário e, em segundo lugar, porque o assegurar uma representação adequada do construto visado num questionário implica considerar não apenas o conteúdo das questões e respostas, mas também os processos que medeiam entre umas e outras. Por esse motivo, esta secção abrange um domínio mais amplo do que o habitualmente incluído na validade de conteúdo, pois inclui igualmente aspectos processuais. Aliás, é compreensível que se considere que **o exame dos processos de resposta é mais importante do que o do conteúdo das questões em si, pois será nesses processos que se irão manifestar as características que se pretende detectar nos indivíduos. A inclusão de conteúdos determinados tem como função apenas o tentar assegurar o emprego de certos processos.** Mesmo no caso dos testes de conhecimentos, em que a validade de conteúdo é considerada fundamental, aquilo que se pretende é avaliar certas competências que os indivíduos deveriam dominar. O cuidado posto na selecção dos conteúdos resulta da preocupação de que as respostas obtidas impliquem e reflictam a posse dessas competências e não outras características. Mas isto corresponde, na realidade, a uma preocupação com os processos envolvidos na produção das respostas e não com os conteúdos em si.

Este exame dos processos envolvidos visa, naturalmente, verificar a hipótese de que estes correspondem ao construto que se pretende medir, e isto, na maior parte dos casos, é conseguido se os conteúdos dos itens reflectirem esse construto. Mas porque incluiria o autor do questionário itens cujo conteúdo não reflectisse aquilo que pretende medir? Isto pode acontecer por várias razões, e é importante estar alertado para elas, de modo a dirigir eficazmente o exame dos conteúdos.

Em primeiro lugar, há que considerar a possibilidade de problemas na interpretação dos itens. A relação estabelecida entre os conteúdos dos itens e os processos de resposta está dependente de a interpretação dos itens pelos indivíduos ir no sentido pretendido pelo investigador. Se tal não acontecer, e se os inquiridos fizerem uma interpretação dos itens que se afaste daquilo que era suposto, é fatal que intervirão na resposta factores não incluídos no construto e que porão em causa a validade da avaliação. Tal pode resultar, por exemplo, da presença de expressões ambíguas, estruturas gramaticais complexas (e.g., itens formulados na negativa), ou palavras cujo significado um número importante de pessoas possa desconhecer. Outro possível problema é o de a formulação dos itens ser de molde a propiciar a interferência de atitudes de resposta como a desejabilidade social (se os itens forem socialmente "carregados") ou o negativismo (e.g., se os itens forem de molde a despertar reacções de hostilidade). Uma terceira possibilidade é a de os itens exigirem dos indivíduos esforço ou dificuldades tão grandes que os levem a optar por processos mais expeditos, mas que podem então reflectir construtos que não os pretendidos (e.g., estimar a frequência de um comportamento ao longo de um extenso período de tempo poderá desencadear respostas baseadas em vagas impressões gerais, em vez da recordação individualizada de cada ocorrência). **Estes problemas foram já abordados no Capítulo 4, quando falámos dos pressupostos implícitos na elaboração dos itens, pelo que será desnecessário entrar aqui em mais detalhes. Aliás, o desenvolvimento deste tema logo nesse capítulo, a propósito da elaboração do questionário, reflecte o sábio princípio de que "mais vale prevenir do que remediar". A preocupação com a representação do construto pelo conteúdo dos itens, tal como a possível influência de problemas de compreensão ou atitudes de resposta, deve estar presente desde o iní-**

A validade 363

cio do processo de construção do questionário, ao longo da elaboração e revisão dos itens e instruções e, ainda, nas aplicações-piloto.

O mesmo se pode dizer dum outro aspecto da representação do construto, o da representação das diversas facetas que o compõem. Dissemos atrás que a maior parte dos contrutos que se procura avaliar através de medidas psicométricas são multifacetados, no sentido de serem compostos de uma multiplicidade de aspectos que têm que estar reflectidos no conteúdo da escala. Para que o resultado de uma escala possa ser interpretado como reflectindo um dado construto, é necessário que reflicta cada uma das suas facetas, e que o faça de uma forma equilibrada, ou seja, que o peso de cada uma das facetas no resultado seja proporcional ao peso previsto pelo modelo teórico do construto que serve de fundamento à escala. O peso de cada uma das facetas no resultado final é normalmente manipulado através do número de itens referentes a cada uma delas incluídos na versão final. Esta preocupação em incluir de forma equilibrada os diversos componentes do construto é semelhante à preocupação de representatividade das amostras de indivíduos, que se procura obter através da inclusão de um número proporcional de indivíduos em cada categoria (de sexo, idade, classe social, zona de residência, etc). **Esta questão foi também já abordada no Capítulo 3, pelo que uma nova referência detalhada será desnecessária. De qualquer modo, e sobretudo quando se avalia um instrumento construído por outro autor, que pode não ter tomado os cuidados necessários, este aspecto é particularmente relevante no exame da validade.**

Ainda em relação a este exame dos conteúdos, é importante referir aqui um conceito que mereceu alguma atenção nos primórdios da avaliação psicológica, mas que hoje se encontra abandonado. Trata-se da *validade facial*, **definida como o grau em que o conteúdo dos itens reflecte de modo evidente aquilo que se pretende medir.** Perante uma escala dotada de validade facial, qualquer pessoa, mesmo leiga na matéria, deveria ser capaz de identificar aquilo que a escala pretende medir, ainda que desconhecendo o termo técnico exacto para designar essa variável. **A validade facial está hoje posta de lado como critério de validade, uma vez que a transparência dos itens (ou seja, a possibilidade de identificar de imediato aquilo que pretendem medir) é largamente independente da sua eficácia na avaliação dos construtos. Um item pode ser totalmente transparente e, apesar disso (ou talvez por causa disso) proporcionar a interferência significativa de factores estranhos, como a desejabilidade social.** Imagine-se, por exemplo, um item como "Sou uma pessoa vingativa". É evidente que este item teria validade facial se integrado numa escala de vingatividade, mas isso não nos dá nenhuma garantia de que fosse eficaz na medição desse construto. **A avaliação de características ou comportamentos muito indesejáveis do ponto de vista social levanta grandes problemas, sobretudo quando se baseia em afirmações dos próprios, e a validade facial está longe de constituir uma vantagem na maior parte destes casos.**

Uma estratégia por vezes recomendada nestas situações é precisamente a de evitar a validade facial, tentando encontrar itens que, embora continuando a reflectir o construto, evitem dar a entender aos respondentes aquilo que pretendem medir. São os chamados *itens subtis*, que podem ser obtidos, por exemplo, recorrendo ao princípio da *projecção*. As pessoas que apresentam certas características de comportamento têm muitas vezes tendência a acreditar que as outras pessoas apresentam essa mesma característica. Assim, é possível avaliar o primeiro aspecto, inquirindo as pessoas acerca do segundo, que é menos ameaçador e, portanto, deverá estar menos sujeito a distorções. Um possível item destinado a avaliar a vingatividade usando este princípio seria, por exemplo: "A maior parte das revoluções são motivadas por desejos de vingança pessoal" (Kline, 1986, p. 71). Nestes casos, é evidente que a validade facial estará totalmente, ou quase, ausente, o que não implica que os itens construídos deste modo não possam constituir uma escala dotada de validade, talvez em maior grau do que outra, constituída por itens "transparentes".

De qualquer forma, é óbvio que será sempre imprescindível um exame cuidadoso da validade. A presença de validade facial não dispensa a avaliação da validade propriamente dita (recordemos que a chamada validade facial não tem, de facto, a ver com a validade). **Por outro lado, a ausência de validade facial pode ser considerada motivo para preocupações adicionais. A ausência de uma relação evidente entre o conteúdo dos itens e a dimensão que se pretende avaliar implica quase sempre uma relação mais indirecta entre o construto e a resposta aos itens. Este carácter mais indirecto tende a reduzir a eficácia dos itens, diminuindo a sua precisão e a sua correlação com o construto e propiciando a intromissão de todo o tipo de factores estranhos.** Será necessário, nestes casos, efectuar cuidadosos estudos que permitam avaliar se, afinal, estes itens subtis apresentam vantagens, em termos de validade, sobre os itens mais clássicos, ou se, pelo contrário, os problemas que levantam são mais graves do que aqueles que vêm resolver.

A *validade* 365

Para além de tudo isto, há ainda um outro aspecto a considerar no que concerne à validade facial. Muito embora se possa afirmar que, por si só, nada implica quanto à validade das avaliações, é importante ter em conta que **a validade facial pode constituir um factor importante quanto à atitude dos respondentes. Se estes considerarem as questões colocadas como sem sentido ou irrelevantes, a sua motivação para responder poderá ser afectada e, com isso, o cuidado posto nas respostas e a qualidade dos resultados obtidos.** É por esta razão que, nos questionários que incluem escalas com itens de resposta quase universal, destinados a detectar respostas ao acaso (e.g., "Geralmente, os homens preferem usar saias"), a inclusão destes itens é quase sempre explicada e justificada nas instruções iniciais. Talvez mais grave ainda, nos casos em que os indivíduos têm um conhecimento, mesmo que vago, daquilo que se pretende avaliar, e um interesse directo nos resultados (e.g., processos de selecção profissional), a ausência de validade facial pode dar origem a desconfiança e consequentes protestos. A validade facial pode, portanto, apresentar vantagens em muitos casos, mesmo não constituindo propriamente uma forma de validade e sendo independente desta. Afinal, trata-se do único tipo de informação relativa à validade sistematicamente acessível aos leigos (incluindo aqui os respondentes).

O exame dos processos de resposta

Dissemos atrás que o que é verdadeiramente relevante na avaliação da validade não é o exame dos conteúdos dos itens, mas sim o dos processos envolvidos nas respostas, sendo a inclusão de certos conteúdos apenas uma forma de tentar orientar esses processos na direcção pretendida. Infelizmente, as técnicas de exame dos processos envolvidos nas respostas são muito menos conhecidas e desenvolvidas do que as do exame dos conteúdos, talvez devido ao seu carácter mais complexo e laborioso e talvez devido ao facto de terem tido de esperar pelo desenvolvimento de procedimentos oriundos, sobretudo, da Psicologia Cognitiva, que não datam senão das últimas décadas. Para mais, esta área do exame dos processos de resposta tem sido muito mais desenvolvida no campo da avaliação das aptidões (Sternberg, 1985/1992), do que no da avaliação das preferências ou respostas típicas.

Na verdade, poderíamos dizer que quase todos os métodos abordados nesta secção se referem ao exame dos processos envolvidos nas respostas,

366 *Questionários: Teoria e prática*

pelo que o título desta subsecção poderá parecer abusivo. **Abordaremos aqui, no entanto, apenas aqueles métodos que se baseiam na observação do desempenho e na análise qualitativa dos produtos das respostas,** deixando para depois aqueles que se baseiam em tentativas de modificar as respostas ou em análises estatísticas das relações entre as respostas e outras variáveis.

Estes métodos foram já referidos, ainda que de passagem, quando nos referimos à vantagem de realizar algumas aplicações-piloto de qualquer novo questionário antes de empreender estudos com um maior número de indivíduos. Esta ocasião, em que se realiza um pequeno número de aplicações destinadas a uma análise mais cuidadosa, constitui uma oportunidade privilegiada para recolher dados quanto aos processos utilizados pelos indivíduos na elaboração das suas respostas. Através de uma entrevista realizada durante ou imediatamente após o preenchimento, é possível questionar os respondentes acerca da sua interpretação das questões, dos processos utilizados para recordar a informação que consideraram necessária para responder, da escolha da alternativa preferida, etc. Uma variação deste procedimento consiste em solicitar aos indivíduos que "pensem em voz alta", verbalizando os seus pensamentos durante o processo de interpretação e resposta. Embora seja óbvio que não podemos considerar estes relatos como representações fiéis dos processos realmente envolvidos nas respostas, pois muitos deles não estarão mesmo ao alcance da consciência (Nisbett e Wilson, 1977), **podemos, através deles e uma vez tomados os necessários cuidados, obter muita informação relevante acerca dos mecanismos mentais envolvidos na resposta aos nossos itens** (ver Ericsson e Simon, 1993).

Noutros casos, a própria observação do comportamento das pessoas durante a resposta pode fornecer informação útil quanto aos processos envolvidos, embora, mais uma vez, este método tenda a ser mais útil nos testes de aptidões, sobretudo nos que exigem manipulação de algum material, do que nos questionários, em que o comportamento se limita quase sempre ao assinalar das opções escolhidas. Existem, ainda assim, alguns aspectos do comportamento que, em circunstâncias determinadas, nos podem fornecer indicações úteis. **Sem a preocupação de ser exaustivo, poderia citar três deles: (a) o tempo de latência da resposta, ou seja, a extensão do intervalo de tempo que decorre entre o momento em que o indivíduo dirige pela primeira vez a sua atenção para o conteúdo do item e o momento em que assinala a sua resposta;** este tempo não será idêntico para todos os itens nem para todas as pessoas, e a análise da sua variação pode permitir levantar ou testar hipóteses relativas aos processos envolvidos; **(b) a análise dos erros,** pois, embora seja também uma técnica particularmente adaptada aos testes de aptidões, pode ter alguma utilidade nos questionários que pretendem avaliar preferências; **os "erros" podem corresponder quer a respostas que os indivíduos, depois de as assinalarem, pretendem espontaneamente modificar, quer a respostas que se modificam em situações de reteste com intervalos bastante curtos; (c) a análise dos movimentos dos olhos realizados durante a leitura dos itens e, posteriormente ainda, durante o período de latência que antecede o assinalar da resposta;** embora tenha a desvantagem de exigir equipamento laboratorial sofisticado e nem sempre acessível, e de implicar bastante trabalho na recolha de um volume suficiente de dados, é uma técnica potencialmente interessante, em casos específicos, por nos fornecer indícios objectivos acerca dos processos envolvidos na análise dos itens pelos indivíduos.

É claro que estes métodos, sobretudo os mais complexos e dispendiosos, não devem ser utilizados ao acaso, ou só por serem recomendados por alguns autores. Como se disse atrás, os estudos de avaliação da validade terão condições para serem muito mais úteis se forem orientados para o exame de hipóteses específicas, e o método a utilizar deverá ser seleccionado em função dessas hipóteses. As hipóteses, por seu turno, devem reflectir a relação postulada entre o construto que se pretende medir e a resposta ao(s) item(s). Por que razão deveria um indivíduo que apresenta um grau mais elevado da característica X ter maior tendência para concordar com a afirmação Y? **Idealmente, um modelo teórico da resposta deveria possibilitar uma simulação dos processos de resposta em diferentes situações, de modo a permitir realizar uma previsão quantitativa razoavelmente exacta da resposta ao item a partir da posição do indivíduo na dimensão avaliada** (e.g., a curva característica do item, postulada pelos modelos de traço latente). Para além disso, este modelo poderia ainda ajudar-nos a prever quais as características das pessoas e dos itens que estariam associadas a tempos de latência mais longos ou mais breves, bem como maiores ou menores frequências dos diferentes tipos de erro. **Todas estas hipóteses poderiam depois ser testadas através dos métodos indicados, contribuindo não só para a comprovação da validade das interpretações, como também para a introdução de aperfeiçoamentos nos próprios itens e noutros aspectos do processo de medição.**

Mas tudo isto se torna ainda mais complexo se levarmos em conta que nenhum item envolve um só processo. Desde a localização do item na página e à capacidade de não o confundir nem com o anterior nem com o subsequente, até à habilidade motora indispensável para assinalar o quadrado pretendido e não outro qualquer, responder a um item de escolha múltipla envolve uma miríade de processos sensoriais, perceptivos, intelectivos, afectivos, mnésicos, motores, etc, cuja complexidade ultrapassa as mais sofisticadas teorias psicológicas existentes. O essencial será separar os processos centrais, nos quais terão origem as diferenças encontradas nas respostas, reflectindo a característica que se pretende avaliar, dos processos acessórios, que não dependem da variável a avaliar e que, por isso mesmo, não deverão contribuir para as diferenças verificadas nas respostas. Muitos dos cuidados recomendados na construção dos itens (conteúdo claro, leitura fácil, disposição gráfica evidente, etc), têm precisamente por objectivo assegurar este último aspecto. Para complicar ainda mais, é preciso considerar que podem existir diferentes processos de chegar à resposta e que nem todas as pessoas utilizarão obrigatoriamente o mesmo processo, havendo que considerar as consequências que esse facto pode ter para a validade.

Em qualquer caso, é necessário ter em conta que esta é ainda uma área muito recente no campo da avaliação da validade. Se as investigações neste domínio são raras quando se trata da avaliação das aptidões, são-no ainda mais quando se trata de avaliação de preferências. Por esta razão, não se poderá exigir a apresentação de dados deste tipo entre os estudos de validação de um questionário, sobretudo se não se encontrar no reduzido número daqueles que são mais intensamente utilizados pelos profissionais. Neste momento, **necessitamos de mais e melhores modelos explicativos dos processos envolvidos nas respostas ao tipo de tarefas exigidas pelos questionários. Só quando estes modelos teóricos mais gerais estiverem suficientemente desenvolvidos será legítimo exigir estudos específicos com determinados questionários.**

Variação experimental das condições de resposta

Na prática da avaliação psicométrica, os métodos correlacionais são fortemente predominantes. Basta percorrer o índice deste livro para verificar a presença constante do coeficiente de correlação e de outras medidas dele derivadas. **No entanto, o método correlacional apresenta**

uma considerável desvantagem: não permite inferir a presença de uma relação causal com um sentido determinado. Ao verificarmos que duas variáveis quaisquer se correlacionam a um nível significativo, é possível concluir daí que a variação de uma e de outra não são independentes em termos causais, mas não é possível determinar o sentido da causalidade. Será a primeira variável a influenciar a segunda, a segunda a influenciar a primeira, ou serão ambas influenciadas por uma terceira variável, não medida? E, neste caso, qual será essa terceira variável? Este último problema, muitas vezes ignorado quando se abordam estas questões, constitui uma dificuldade relevante nos estudos de validade de construto. **Quando se correlaciona uma nova medida com um outro índice que se presume estar relacionado com o construto visado e se encontra um resultado significativo, presume-se que as duas variáveis medidas não se influenciam mutuamente, mas que ambas são influenciadas por uma terceira variável, que não foi medida directamente: o construto que se presume que ambas reflectem. Mas, neste tipo de estudos, existe sempre a possibilidade inquietante de a correlação se dever ainda a uma quarta variável, que induza uma correlação positiva entre os dois índices observados, por os influenciar a ambos, mas que nada tenha a ver com o nosso construto. Poderá ser um estilo ou uma atitude de resposta, um conceito semelhante mas distinto daquele que pretendíamos medir, ou qualquer outro factor espúrio.**

A única forma de determinar com clareza a presença de uma dada relação causal consiste em não deixar a variação do factor que se presume agir como causa entregue aos acasos das flutuações naturais, mas sim manipulá-lo activamente, obrigando-o a assumir determinados valores para depois examinar as consequências sobre a variável que se presume receber a sua influência. É precisamente isto que fazem os estudos experimentais, o que os torna numa ferramenta da grande utilidade (embora geralmente subaproveitada) nos estudos sobre a validade das medidas.

Os estudos experimentais utilizados neste contexto podem apresentar 3 tipos de objectivos: (a) demonstrar que a variável manipulada influencia os resultados; (b) mostrar que não os influencia; ou (c) verificar apenas se essa influência existe. No primeiro caso, trata-se de construtos considerados relativamente instáveis nos indivíduos, cujos níveis se modificam de forma previsível em determinadas circunstâncias ou, ainda, de características que se supõe poderem ser modificadas por uma determinada intervenção. Dentro do primeiro tipo teremos, por exemplo, medidas destinadas a avaliar estados emocionais. Existem diversas escalas pretendendo avaliar os níveis de ansiedade ou de raiva sentidos pelas pessoas, *no momento em que respondem ao questionário*. Uma vez que se pressupõe que os estados emocionais das pessoas variam de acordo com as situações com que são confrontadas, poderíamos criar ou aproveitar situações nas quais se poderia prever que as pessoas reagiriam com uma determinada emoção, submeter metade de um grupo de indivíduos a essa situação e a outra metade a uma situação neutra, pedindo depois a todas as pessoas para responderem ao questionário. No caso da ira ou raiva, por exemplo, poderíamos pedir aos dois grupos que comparecessem a uma determinada hora, eventualmente em dias diferentes mas, enquanto o primeiro grupo (chamado *grupo de controlo*) seria atendido imediatamente e solicitado a preencher o questionário, o segundo grupo (chamado *grupo experimental*) seria, por exemplo, obrigado a esperar uma hora, alegando-se um atraso injustificado do investigador. Finalmente, decorrida essa hora, o investigador surgiria e, sem apresentar justificações ou desculpas, pediria às pessoas desse grupo para preencherem o questionário. Depois disso, seria explicado o propósito e planeamento da experiência, esclarecendo que o período de espera fazia parte do procedimento e se destinava a desencadear um estado de ira[50]. Pressupondo que a manipulação fosse eficaz, esperaríamos um resultado médio mais elevado na escala de ira no grupo que foi obrigado a esperar, do que no grupo que foi atendido de imediato.

No caso da ansiedade, poderíamos, por exemplo, aplicar os questionários a dois grupos de estudantes que pudessem ser considerados equivalentes (ou, porque não, ao mesmo grupo) em duas ocasiões diferentes: uma em que pensaríamos que estariam submetidos a uma maior ansiedade (e.g., na véspera de um exame importante) e outra em que a ansiedade seria mais baixa (e.g., nas primeiras semanas de aulas). A nossa hipótese seria a de que os resultados na escala de ansiedade seriam mais elevados

---

[50] Experiências deste tipo, nas quais se oculta dos participantes o verdadeiro propósito da investigação, levantam por vezes objecções éticas (e.g., Epley e Huff, 1998). No entanto, o problema não será relevante, desde que (1) seja feito um esclarecimento total logo que possível, (2) não exista qualquer risco, físico, psicológico ou de outra natureza para os participantes e (3) o procedimento não contradiga a informação dada previamente (e.g., no nosso exemplo, quando os participantes foram recrutados para o estudo, foi-lhes fornecida uma estimativa exacta da duração do procedimento, incluindo já o tempo de espera e o ocupado pelo esclarecimento final e resposta a questões; a constatação deste facto ajudaria, por certo, ao apaziguamento dos participantes).

A validade

na primeira situação do que na segunda. Repare-se como, neste caso, não teríamos um estudo experimental no sentido estrito, pois não seriam verificadas duas das condições necessárias para que um estudo seja considerado experimental: a manipulação activa pelo investigador da variável que se supõe funcionar como causa, designada variável independente (uma vez que estaríamos a aproveitar uma situação "natural", ocorrida por iniciativa de outros e para outros fins, e não a criar directamente essa situação como no exemplo anterior) e a atribuição aleatória dos indivíduos aos grupos (uma vez que essa atribuição foi feita aquando da constituição dos grupos "naturais" utilizados, também ela feita por outras pessoas e para outros fins; a escolha aleatória da turma a ser avaliada numa e noutra situação, embora útil e necessária, não substitui a atribuição aleatória dos indivíduos). Estaríamos, assim, perante um estudo chamado quasi-experimental, o qual, embora não oferecendo o mesmo rigor metodológico de um verdadeiro estudo experimental, é mais exequível em muitas situações práticas, o que constitui uma vantagem a não negligenciar.

Para além dos estados emocionais e outros que se pense poderem flutuar de acordo com factores situacionais (e.g., intenções, opiniões, etc), os estudos experimentais são particularmente úteis quando se pretende avaliar construtos para os quais dispomos de processos de intervenção capazes de os modificar. O caso mais óbvio será, talvez, o dos testes de conhecimentos. Aplicando o teste a dois grupos de pessoas, um a quem os conhecimentos foram ministrados e outro a quem não o foram, o primeiro grupo deverá, se o teste for válido, obter resultados superiores aos do segundo (a menos, é claro, que o ensino não tenha sido eficaz). O mesmo resultado poderia ser obtido aplicando o teste às mesmas pessoas, antes e depois de receberem a formação correspondente. Claro que, aqui, se poderia levantar a possibilidade de o facto de se ter respondido ao teste uma vez poder ter efeitos sobre a segunda resposta, independentemente da formação entretanto decorrida. Esta objecção pode ser evitada utilizando um grupo de controlo, que responderá também por duas vezes ao teste, com o mesmo intervalo de tempo que o grupo experimental, mas sem ser alvo de nenhuma intervenção nesse período. Este tipo de estudos é particularmente importante no campo da avaliação de programas, no qual se procura determinar em que medida um dado programa de intervenção (e.g., uma campanha publicitária, uma campanha de prevenção de certo comportamento indesejável, uma acção de esclarecimento) teve os efeitos pretendidos sobre os comportamentos, intenções, opiniões, sentimentos, etc, dos indivíduos visados (Fitz-Gibbon e Morris, 1978). É possível que questionário e estratégia de intervenção sejam desenvolvidos em simultâneo, ou então que se utilize um questionário já existente para avaliar uma dada intervenção, ou uma intervenção cujos resultados já são conhecidos para avaliar a validade de um novo questionário. Em qualquer caso, se o questionário confirmar que a intervenção produz os efeitos pretendidos, ambos verão a sua credibilidade reforçada; se os resultados forem negativos, a suspeita será lançada sobre ambos, mas recaindo em primeiro lugar sobre aquele que tivesse anteriormente dados menos sólidos do seu lado. Estes são os tipos de resultados esperados de um estudo empírico de validade de construto.

Um aspecto merece, no entanto, particular atenção nestes estudos de avaliação de intervenções, quando aquilo que os questionários medem são preferências e não aptidões: se a relação entre a intervenção e o questionário é demasiado óbvia, e este surge claramente com o objectivo de avaliar aquela, pode verificar-se o efeito das chamadas "características de solicitação" (em Inglês, *demand characteristics*). Diz-se que características deste tipo estão presentes quando a relação entre a manipulação experimental e o procedimento de avaliação é tão óbvia que os participantes são levados a responder de uma dada forma, apenas porque se apercebem de que é essa a resposta desejável, tendo em conta a manipulação. Suponhamos, por exemplo, que se efectua uma campanha de sensibilização para os efeitos negativos do consumo do tabaco junto dos alunos de uma escola e se aplica um questionário avaliando as atitudes em relação ao tabaco e as intenções de o consumir, antes do início da campanha e depois da sua conclusão. É evidente que os alunos dessa escola se irão aperceber de qual será a resposta mais "correcta" na segunda aplicação do questionário, assinalando atitudes mais negativas em relação ao tabaco e menor intenção de o consumir, de modo a satisfazer os investigadores (e, eventualmente, tentar persuadi-los de que não é necessário prolongar as actividades da campanha), mesmo que isso não corresponda às suas convicções reais. Neste contexto, um resultado positivo não pode ser considerado um indicador seguro da eficácia da intervenção e da validade do questionário, pois existe uma outra variável não prevista (a percepção pelos participantes da desejabilidade de um certo tipo de resposta) capaz de, por si só, explicar o resultado encontrado. **Será de toda a conveniência, neste tipo de situações, ocultar o mais possível a relação entre a intervenção e o questionário, adiando a aplicação deste por algum tempo depois da intervenção, apresentando os dois elementos como pertencendo a dois estudos separados**

realizados por investigadores diferentes, avaliando no questionário vários outros construtos para além do visado na intervenção, etc.

Um outro tipo de estudos ainda dentro desta categoria é aquele em que se pretende demonstrar que uma dada variável *não* tem influência sobre os resultados do questionário. Estudos deste tipo são relevantes pelo menos em dois tipos de situações. A primeira ocorre quando a teoria define o construto como bastante estável e não se modificando facilmente de uma situação para outra. É o caso de muitas características psicológicas que se supõe parmanecerem estáveis nos indivíduos, mesmo ao longo de períodos de tempo bastante prolongados e durante os quais podem ocorrer acontecimentos relevantes. De acordo com muitas teorias, características como a personalidade, a inteligência, o estilo cognitivo, etc, pouco se alteram ao longo do tempo ou de diferentes situações. A questão das alterações com o tempo será abordada numa secção posterior, mas os estudos de tipo experimental são de grande relevância para o estudo das alterações em função de determinados acontecimentos. Em termos metodológicos, estes estudos em nada se distinguem dos que atrás descrevemos. Apenas a interpretação dos resultados será diferente. Poderíamos, por exemplo, aplicar um questionário de personalidade a um grupo de estudantes a quem tínhamos feito esperar uma hora, a outro grupo na véspera de um exame, e a um terceiro grupo sem nenhuma manipulação especial. Se o questionário avaliasse características estáveis de personalidade, que não são influenciadas por estados emocionais transitórios, não esperaríamos encontrar diferenças significativas entre os resultados dos três grupos. Se ocorressem diferenças, tal significaria que variáveis situacionais influenciam, ao contrário daquilo que a teoria prevê, as respostas ao questionário, pelo que a interpretação dos resultados como reveladores de características estáveis da personalidade dos indivíduos não seria válida. O mesmo tipo de situação poderia ocorrer, por exemplo, para um teste de inteligência. Se a inteligência representa um potencial de aprendizagem independente de aprendizagens específicas já realizadas, uma intervenção educacional não deverá permitir melhorar os resultados nesse teste. Se isso acontecer, será porque o teste não é válido, ou porque a teoria da inteligência que o fundamenta é incorrecta, o que vem a dar no mesmo.

A segunda situação em que este tipo de estudos é relevante ocorre quando a manipulação incide sobre um construto próximo mas distinto daquele que o instrumento em estudo pretende medir. Continuando a usar os mesmos exemplos, imaginemos que, tanto no estudo com o grupo obrigado a esperar como no estudo com o grupo inquirido na véspera do exame, aplicávamos ambas as escalas, de ansiedade e de ira. Esperaríamos encontrar um aumento do resultado médio na escala de ira no primeiro caso, e um aumento do resultado médio na escala de ansiedade no segundo caso, mas esperaríamos também não encontrar um aumento muito pronunciado da ansiedade no grupo obrigado a esperar, nem um aumento muito pronunciado da ira no grupo inquirido na véspera do exame. É claro que um ligeiro aumento seria tolerável, não só porque, em algumas pessoas, a activação de uma dada emoção pode levar à activação automática de outras emoções, sobretudo se todas forem de tonalidade negativa (Mikulincer e Orbach, 1995; Feldman, 1995), mas também porque as situações em si são susceptíveis de interpretações que poderiam levar ao desencadear de emoções diferentes das previstas (e.g., os estudantes do grupo obrigado a esperar podem recear chegar atrasados a um compromisso importante devido à demora do investigador, e reagir com ansiedade por esse motivo; os estudantes examinados na véspera do exame podem sentir ira contra os professores por os obrigarem a estudar tão arduamente uma matéria tão pouco interessante e útil). De qualquer modo, a magnitude do efeito (avaliada, por exemplo, através do coeficiente de correlação bisserial por pontos, ou de outro índice adequado) deverá ser muito maior para a escala mais directamente visada. Se o contrário acontecer, ou se se verificar um efeito comparável sobre as duas escalas, poderemos suspeitar que os resultados da escala não directamente visada são excessivamente influenciados por um construto periférico (os resultados da escala de ansiedade são afectados pelo nível de ira, e vice-versa).

Um terceiro tipo, enquadrável dentro dos estudos experimentais ou quasi-experimentais, é aquele em que se pretende verificar se uma dada variável, presente em diferentes níveis nas situações de avaliação, exerce uma influência sensível sobre os resultados. Ao construir um questionário, sobretudo se com ele se pretende avaliar características relativamente estáveis nos indivíduos, pressupõe-se que os resultados que ele fornece não serão afectados pelo facto de ser preenchido de manhã ou de tarde, no verão ou no inverno, numa sala de aula ou em casa, apresentado pessoalmente ou enviado pelo correio, etc. Mas, como em todos os casos, é importante não confiar demasiado nestes pressupostos e submeter estas hipóteses a testes empíricos, **tentando identificar o maior número possível de factores que poderão variar entre os diferentes contextos em que o questionário poderá vir a ser utilizado. Todos os factores que se verifique exercerem um efeito relevante sobre os resultados terão de ser incluídos no manual como factores a controlar pelo utilizador. Se,**

A validade

por exemplo, se verificar que os resultados são significativamente diferentes quando o questionário é preenchido na presença do investigador ou enviado pelo correio, estas terão de ser consideradas como duas situações distintas, e deverão ser recolhidos dados de validade separadamente para ambas.** Se, no nosso exemplo, todos os estudos feitos até à altura tivessem sido feitos com a presença do investigador, a descoberta de diferenças significativas nos resultados quando o questionário é enviado pelo correio implicaria a ausência de garantias de que os resultados disponíveis para a validade fossem aplicáveis neste novo tipo de utilização. Mesmo que existissem dados suficientemente credíveis quanto à validade do questionário quando enviado pelo correio, a presença de uma diferença implica a necessidade de tomar em consideração, ao interpretar os resultados, o contexto em que as respostas foram obtidas. **Repare-se ainda que, neste terceiro tipo de estudos, não nos ocupamos de factores dotados de grande relevância teórica, mas apenas de aspectos ligados ao contexto de aplicação. É por esse motivo que se pode considerar que os resultados, positivos ou negativos, não terão consequências determinantes para a avaliação da validade, embora apontem para cuidados importantes a ter (ou não) na utilização do questionário, de modo a melhor garantir essa validade.**

Em termos metodológicos, os procedimentos desenvolvidos no âmbito da teoria da generalizabilidade são particularmente adequados à avaliação do impacto que diferentes factores exercem sobre os resultados, até por permitirem uma quantificação precisa da magnitude do efeito exercido pelo factor. **Em geral, neste tipo de estudos como na generalidade dos estudos sobre a validade, não basta demonstrar a existência de um efeito ou a sua significância estatística. Um efeito poderá ser estatisticamente significativo, embora seja de magnitude desprezível, se a amostra de indivíduos for suficientemente numerosa. Neste contexto, são particularmente úteis os índices de magnitude do efeito, sobretudo aqueles que puderem ser mais facilmente entendidos pelos potenciais utilizadores, como sejam o coeficiente de correlação bisserial por pontos, no caso da comparação de dois grupos, ou o coeficiente *eta* (–, por vezes chamado *razão de correlação*) para mais de dois grupos. Estes dois índices, que são directamente comparáveis ao coeficiente de correlação *r*, podem ser encontrados em qualquer manual de estatística. Existem muitas outras medidas de magnitude do efeito, que será, sem dúvida, útil conhecer** (e.g., McGraw e Wong, 1992; Rosenthal, 1990; Snyder e Lawson, 1993).

376   *Questionários: Teoria e prática*

Um último aspecto me parece importante salientar a propósito destes estudos envolvendo a manipulação de factores antecedentes. **A influência desses factores pode exercer-se em igual medida sobre todos os indivíduos e, nesse caso, não afectará as suas posições relativas**[51]**. Ou pode ter mais impacto sobre alguns indivíduos e, então, serão também as posições relativas, e não só o nível geral, a serem afectados. A avaliação do efeito sobre o nível global (ou tendência central) pode ser feita a partir da comparação das médias e, por isso, não exige que as mesmas pessoas sejam avaliadas nas diferentes condições (embora isso seja vantajoso, pois facilita a comparação). Pelo contrário, o efeito sobre as posições relativas terá de ser avaliado através da correlação entre os resultados obtidos pelos mesmos indivíduos, numa e noutra condição.** Nos estudos de generalizabilidade, um efeito do factor em estudo sobre o nível global dos resultados irá reflectir-se num componente de variância atribuível directamente a esse factor. Um efeito sobre as posições relativas irá reflectir-se num componente de interacção entre esse factor e a faceta correspondente às pessoas. **É importante estar atento a esta distinção, pois qualquer um dos tipos de influência poderá ocorrer independentemente do outro e, muitas vezes, os investigadores apenas se ocupam de um deles. Defender que um dado factor não afecta os resultados implica ter demonstrado que não ocorre nenhum dos dois tipos de influência por esse factor.** Caso um dos tipos ocorra, a atitude a tomar depende do tipo de efeito: se se tratar de um efeito sobre o nível global, poderá ser possível encontrar uma forma de compensar essa diferença, através de normas específicas (ver capítulo seguinte), da introdução de um factor de correcção, etc, porque o efeito não se traduz na introdução de uma nova fonte de variabilidade entre os resultados dos indivíduos; mas, se as posições relativas dos indivíduos se alterarem, o que se manifestará por uma baixa correlação entre os resultados obtidos numa e noutra condição, isso significará que uma nova fonte de variação foi

---

[51] Em alternativa, o efeito poderá não se exercer em igual grau sobre todos os indivíduos, desde que a sua magnitude seja proporcional aos resultados. Nesta situação, a relação entre as pontuações obtidas numa e noutra condição será expressa por uma equação linear, do tipo $Y = aX + b$, e a correlação entre os dois conjuntos de resultados será de 1, salvo a redução motivada pela variância de erro. Nestas condições, o nível médio pode mesmo não ser alterado (se o parâmetro b tiver o valor zero), mas a dispersão (e.g., desvio-padrão) modificar-se-á por um factor correspondente ao valor do parâmetro a. É outra possibilidade a que é importante estar atento, comparando as dispersões dos resultados numa e noutra condição, e não apenas a sua média (Feingold, 1995).

introduzida. Tal não implica necessariamente invalidade numa das condições, sobretudo no caso de características instáveis como os estados emocionais, que podem reflectir na sua activação relações complexas entre as predisposições dos indivíduos e as características das situações, mas indicará claramente essa invalidade no caso de características que a teoria subjacente define como estáveis.

O exame da estabilidade dos resultados

Este tipo de estudos tem muitos aspectos em comum com o tipo referido na secção anterior, o que nos permitirá manter esta secção bastante breve. **A diferença essencial entre estes estudos e os anteriores consiste em que, aqui, não se efectua nenhuma manipulação deliberada com o objectivo de avaliar o seu impacto sobre os resultados: limitamo-nos a deixar correr o tempo e a reexaminar os mesmos indivíduos após um determinado período. Em termos metodológicos, estes estudos equivalem exactamente aos estudos de teste-reteste descritos a propósito da avaliação da precisão. Dissemos na altura que, como forma de avaliar a precisão dos resultados de uma medida, o método de reteste apenas fazia sentido no caso de escalas que pretendessem avaliar características bastante estáveis nos indivíduos pois, se assim não fosse, os coeficientes de correlação entre teste e resteste, com um intervalo de tempo suficientemente dilatado para obviar à intervenção excessiva da memória, seriam sempre bastante baixos, muito inferiores à verdadeira precisão dos resultados da escala.**

É justamente esta diferenciação que torna este método relevante para o estudo da validade, sempre que a questão da estabilidade ou instabilidade dos resultados (verdadeiros) seja um elemento importante na definição do construto. No caso de construtos definidos como estáveis (e.g., personalidade, estilo cognitivo), os coeficientes de precisão teste-reteste deverão ser relativamente elevados e próximos dos obtidos por outros métodos (e.g., coeficiente α). Para além disso, o valor da correlação não deverá diminuir demasiado rapidamente com o aumento do intervalo de tempo (embora o ritmo dessa diminuição dependa do grau de estabilidade atribuível ao construto). Pelo contrário, no caso de construtos cujos valores são teoricamente definidos como instáveis, a correlação teste-reteste deverá ser relativamente baixa e, em qualquer caso, muito inferior às estimativas de precisão

oferecidas pelo coeficiente α. O único cuidado relevante será o de assegurar um intervalo de tempo suficiente entre as duas avaliações para que, por um lado, a característica avaliada tenha possibilidade de flutuar num grau suficiente e, por outro lado, para que a memória e o desejo de se mostrar consistente na sua resposta não levem os indivíduos a dar intencionalmente respostas semelhantes nas duas ocasiões. Os intervalos de tempo geralmente recomendados para os estudos de teste-reteste destinados a avaliar a precisão (algumas semanas) são bastante adequados, mas mesmo um intervalo de uma semana poderá ser suficiente. Intervalos superiores a quatro semanas podem despertar a suspeita de que mesmo uma característica relativamente estável poderia apresentar variações sensíveis num período de tempo tão dilatado, pelo que não são recomendáveis. Em qualquer caso, as características atribuídas ao construto devem ser atentamente consideradas ao planear este como outros tipos de estudos. Quanto maior a instabilidade temporal que a teoria prevê para o construto, menor poderá ser o intervalo de tempo considerado, e inversamente

Um último aspecto a destacar é o de que, neste tipo de estudos, não se considera normalmente senão a variação verificada nas posições relativas dos indivíduos. Não sendo exercida qualquer influência sistemática sobre as características medidas, as variações ocorridas entre um e outro momento de avaliação poderão ser consideradas aleatórias. Assim, não há razão para esperar qualquer modificação do nível geral (médio) dos resultados, pois, enquanto que o resultado de alguns indivíduos poderá ser superior na segunda avaliação, o de outros será inferior. **Caso se verifique uma diferença significativa entre as médias numa e noutra ocasião, haverá que procurar possíveis explicações para esse facto. Uma possibilidade poderá ser a de que um qualquer acontecimento de impacto, a nível local, nacional ou internacional, tenha afectado a característica avaliada, num número considerável de indivíduos da amostra[52]. Uma outra possibilidade, algo mais inconveniente, é a de que a simples exposição ao questionário, na primeira**

---

[52] Numa certa ocasião, tinha planeado com alguns alunos realizar uma série de entrevistas, nas quais se pedia, entre outras coisas, o completamento de uma história em que um casal se confrontava com o dilema de fazer ou não um aborto. Por uma infeliz coincidência, foi agendado para a véspera desse dia um debate parlamentar sobre a lei da interrupção voluntária da gravidez, que recebeu grande destaque na comunicação social. Foi difícil convencer alguns participantes de que a entrevista não se destinava a avaliar a sua posição face à proposta de lei e não tinha sido intencionalmente prevista para esse dia!

A validade

aplicação, tenha influenciado o construto avaliado ou, pelo menos, a tendência de resposta dos indivíduos. Por vezes, ter de responder a um questionário sobre um determinado tema leva as pessoas a dedicarem-lhe mais atenção, a pensarem ou mesmo a informarem-se melhor sobre ele, o que pode levar a mudanças de convicções a médio prazo. É o chamado "efeito de reteste", que coloca problemas sempre que é necessário, para os objectivos de um determinado estudo, avaliar uma mesma característica em repetidas ocasiões[53]. O exame da diferença de médias, num estudo de reteste, poderá ajudar a determinar se esse efeito ocorre para a escala em estudo, o que constitui também um aspecto do exame da validade.

O exame das relações entre os resultados de diferentes partes do instrumento

Consultando alguns artigos publicados, sobretudo em revistas dedicadas à Psicologia, e nos quais se apresentam estudos sobre a validade de questionários, é fácil constatar que a grande maioria dos resultados se baseiam em correlações, ora entre diversos componentes desses questionários (itens, escalas), ora entre esses componentes e outros índices do mesmo ou de outros construtos. Este peso corresponde à habitual predominância da amplitude nomotética no exame da validade deste tipo de instrumentos e, por seu turno, justifica a extensão dada a esta secção e à que se segue. Para mais, há aqui necessidade de introduzir diversas técnicas utilizadas na análise dos resultados, sobretudo no apoio à interpretação dos conjuntos de correlações encontradas. Por esse motivo, a (grande) parte final desta secção será dedicada à *análise factorial*, uma técnica de grande tradição e utilidade na construção de instrumentos psicométricos.

Mas o estudo das correlações entre diferentes partes dos questionários não tem obrigatoriamente que recorrer a técnicas tão sofisticadas. **O princípio básico é, aliás, extremamente simples e já nosso conhecido: trata-se de pôr à prova a conceptualização na qual se baseou a cons-**

---

[53] Caso sejam necessárias estas avaliações repetidas e a escala esteja sujeita a efeito de reteste, uma possibilidade será a de usar formas paralelas mas, mesmo assim, será necessário efectuar estudos de reteste com essas formas paralelas e com um intervalo de tempo adequado, a fim de verificar se o efeito de reteste não existirá também nestas condições.

trução do instrumento. Essa conceptualização deve ser suficientemente clara para permitir prever com relativa exactidão as correlações entre diferentes partes dos instrumentos. São três as principais situações que se podem colocar: (a) dois componentes do questionário pretendem medir a mesma variável; nesse caso, deverão apresentar uma correlação positiva bastante elevada, excepto se medirem pólos opostos dessa variável porque, então, deverão apresentar uma correlação também elevada, mas negativa[54]; (b) dois componentes do questionário medem variáveis diferentes mas que, no modelo teórico que presidiu à sua construção, se prevê que apresentem uma certa correlação; neste caso, uma correlação observada cujo valor fosse próximo do previsto pela teoria seria considerada um indicador positivo de validade; (c) dois componentes do questionário pretendem medir variáveis diferentes, que a teoria prevê que sejam ortogonais, ou seja, apresentem uma correlação de zero; neste caso, a comprovação da validade exige que a correlação observada entre esses componentes seja próxima de zero. Para além de determinar em qual destes três casos recai uma determinada correlação, é preciso ainda contar com o efeito de atenuação: a teoria prevê as correlações entre resultados verdadeiros, mas as correlações observadas deverão ser claramente mais baixas em valor absoluto (isto é, mais próximas de zero), sendo este efeito tanto mais pronunciado quanto mais baixa for a precisão dos componentes envolvidos. Este fenómeno é sensível sobretudo ao nível dos itens, cuja precisão, quando tomados individualmente, tende a ser bastante baixa. Por esse motivo, mesmo quando dois itens pretendem medir o mesmo construto, a sua correlação não é, em geral, superior a 0,6. Mesmo entre duas escalas nas mesmas circunstâncias, correlações acima de 0,8 são raras (embora isso dependa da sua precisão, como é óbvio). Valores mais elevados do que estes levantam a suspeita de que as medidas apresentam erros correlacionados, ou seja, que o factor subjacente que se pretende medir não constitui a única influência relevante comum às duas medidas, e que uma mesma variável estranha as afecta. Tal pode acontecer, como já vimos, quando os itens incluídos numa escala são demasiado semelhantes entre si e, por isso, redundantes.

---

[54] A partir deste ponto e no restante desta secção, iremos ignorar esta possibilidade e considerar que todas as escalas medindo a mesma variável ou variáveis semelhantes são cotadas no mesmo sentido, apresentando sempre correlações positivas entre si.

A validade 381

Vejamos, então, como se aplicam na prática estes princípios. Recordemos, para começar, os três grandes tipos de questionários mencionados no final do Capítulo 3: unidimensionais, multidimensionais e "fragmentados", considerando em separado cada um deles. **Os questionários unidimensionais são constituídos por uma única escala e, por isso, fornecem um só resultado. Isso reflecte, por seu turno, um ponto de partida teórico segundo o qual o questionário mede um único construto. Demonstrar a validade do questionário nestas circunstâncias equivale a demonstrar que todos os itens medem esse mesmo construto, ou seja, são *homogéneos* ou *unidimensionais*. A demonstração desta homogeneidade passa pela análise das correlações entre os itens, a qual, neste caso, se enquadra na primeira situação atrás descrita: os itens pretendem medir a mesma variável e, portanto, deverão apresentar entre si correlações elevadas, tanto quanto o seu nível de precisão o permitir. Assim, nos questionários unidimensionais, o principal objectivo deste tipo de métodos de avaliação da validade é o de demonstrar que os itens apresentam entre si correlações elevadas.**

No caso dos questionários multidimensionais, compostos por diversas escalas, cada uma delas visando medir um construto diferente, a situação é comparável à dos questionários unidimensionais se considerarmos cada uma das escalas isoladamente. Uma vez que se pressupõe que todos os itens incluídos numa escala medem o mesmo construto, a situação inclui-se no primeiro tipo acima mencionado: é necessário demonstrar que todos os itens incluídos na escala apresentam uma correlação elevada entre si.

Neste tipo de questionários, porém, há ainda que considerar a existência de várias escalas. Uma vez que estas pretendem avaliar construtos diferentes, não se enquadram já na primeira situação, mas sim na segunda ou na terceira, dependendo daquilo que a teoria prevê. Note-se que, aqui, podemos considerar a questão quer ao nível do item quer ao nível da escala: se a teoria prevê que os construtos medidos pelas diferentes escalas são completamente independentes, é necessário verificar que os itens de uma e de outra escala não apresentam correlações significativas, o mesmo acontecendo com os resultados das escalas no seu conjunto e, ainda, com os itens de uma escala e o resultado global de outra. Se a teoria prevê a existência de uma certa correlação entre os dois construtos, o caso é semelhante, apenas com a diferença de que se procura verificar se as correlações encontradas entre itens e resultados globais de diferen-

tes escalas são compatíveis com o nível e o sentido da correlação prevista pela teoria.

Em princípio, espera-se que a teoria seja suficientemente específica para nos indicar o nível que se espera para essa correlação. Em muitos casos, porém, tal não acontece, pois a teoria é omissa relativamente ao grau de relação entre os dois construtos. Nesse caso, estaremos perante uma situação mista entre o segundo e o terceiro tipo: os resultados poderão apresentar uma correlação nula, ou então uma correlação de nível moderado, sugerindo esta que os construtos estão, até certo ponto, relacionados. Dois tipos de resultados poderiam pôr em causa a validade neste caso: o primeiro seria se a correlação entre as medidas dos diferentes construtos fosse tão elevada que sugerisse a possibilidade de não haver diferenciação, ou seja, de se tratar, afinal, do mesmo construto. Essa hipótese seria apoiada se se verificasse que as correlações, depois de corrigidas para a atenuação através da fórmula indicada na equação 47 (página 244), eram muito próximas de 1, sugerindo a identidade dos construtos subjacentes. Isto aconteceria, por exemplo, se duas escalas apresentando uma precisão estimada em 0,8 apresentassem entre si uma correlação também de 0,8. **Como regra prática, podemos dizer que, para se poder defender que dois construtos são diferenciados, a correlação entre as suas medidas deve ser claramente inferior à precisão dessas medidas. Por outro lado, ainda se pode colocar a questão da redundância da medida, mesmo que o problema da identidade esteja afastado.** Se dois construtos se correlacionam a um nível muito elevado, a utilidade de medir um deles, quando já se dispõe de uma medida do outro, pode não ser suficiente para justificar os custos envolvidos. A situação é muito semelhante à que vimos anteriormente para a análise da redundância dos itens: se dois construtos apresentam uma correlação muito elevada, a informação fornecida por cada um deles pouco acrescenta à que é fornecida pelo outro, e isto será tanto mais verdade quanto mais elevada for a correlação. Por este motivo, quando se incluem num mesmo questionário uma diversidade de escalas e construtos, é útil que esses construtos apresentem entre si correlações relativamente baixas, senão nulas.

Um segundo tipo de resultado que colocaria em causa a validade neste tipo "indiferenciado" diz respeito já não aos resultados das escalas mas aos dos itens, e ocorreria se se verificasse que um determinado item apresenta uma correlação mais elevada com um qualquer outro construto do que com aquele que é suposto medir. Mas

também aqui a questão pode ser analisada a dois níveis, o das escalas e o dos itens. Na primeira, determina-se a correlação de cada item com a escala a que pertence[55] e com as restantes escalas. Se o construto estiver suficientemente diferenciado e se o item constituir uma medida válida desse construto, a correlação com a escala a que pertence deverá ser claramente mais elevada do que a que se verifica com as outras escalas. Quando a análise é feita ao nível dos itens, procura-se verificar se o item apresenta correlações mais elevadas com os itens incluídos na mesma escala do que com os pertencentes a outras escalas. Mas este procedimento apresenta alguns problemas, em primeiro lugar porque, excepto em questionários compostos por muito poucos itens, a tarefa envolve um grande número de comparações, tornando-se exageradamente fastidiosa, e em segundo lugar porque o grande número de comparações torna provável que algumas delas forneçam resultados contrários à expectativa por simples flutuação aleatória, o que é ainda facilitado pela fraca estabilidade das correlações entre itens, sobretudo se as amostras de indivíduos não forem muito numerosas. Por estas razões, este procedimento raramente é utilizado, sendo substituído com vantagem pela análise factorial.

Quanto aos questionários "fragmentados", distinguem-se dos multidimensionais por não incluírem escalas, ou seja, conjuntos de itens medindo o mesmo construto. Cada item vale por si, o que faz com que as correlações entre itens caiam dentro do segundo ou terceiro tipos mencionados. Não se espera, neste tipo de instrumentos, encontrar correlações muito elevadas (mesmo depois de corrigidas para a atenuação) entre os itens. Se isso acontecer, significa que esses itens medem o mesmo construto e, portanto, todos eles excepto um deveriam ser eliminados, ou então os seus resultados deveriam ser adicionados para obter uma medida mais precisa do construto, transformando o questionário em multidimensional. De resto, aplica-se a este tipo de instrumentos tudo o que atrás ficou dito em relação à escolha entre o segundo e o terceiro tipo de expectativas quanto ao nível da correlação, bem como o que foi dito em relação ao tipo "não especificado".

---

[55] Como é óbvio, utilizando a correlação item-total corrigida (página 84), ou seja, eliminando o item do cálculo do resultado total da escala. Esta correcção é crucial neste caso, uma vez que se pretende comparar a correlação obtida com a verificada para outras escalas nas quais o item não está incluído.

Um problema que se coloca com especial acuidade neste tipo de questionários relaciona-se com a dificuldade em obter estimativas rigorosas dos parâmetros associados a cada construto e à sua medida. Uma vez que cada construto é avaliado apenas por um item e os itens tendem a ter uma precisão bastante baixa quando considerados individualmente, as correlações verdadeiras existentes entre os construtos serão concerteza fortemente atenuadas, o que torna difícil obter dados conclusivos quanto a este aspecto da validade. É verdade que estimativas das correlações verdadeiras podem ser obtidas através da correcção para a atenuação, mas isso exige uma estimativa da precisão de cada item, o que não é fácil de obter e, de qualquer modo, essa estimativa estará sujeita a um apreciável grau de erro. Se pensarmos que, para além da incerteza na estimativa da precisão dos itens, nos defrontamos também com uma considerável incerteza na estimativa da correlação observada, verificaremos que o resultado desta correcção para a atenuação não merece grande confiança. **Na realidade, não existe uma solução satisfatória para este tipo de problemas.** A precisão das medidas é um requisito fundamental para a credibilidade dos resultados, e a sua ausência pode conduzir a conclusões enviesadas e enganadoras. E, apesar de todos os cuidados que possam ser postos na construção dos itens, **é muito difícil atingir níveis elevados de precisão com um único item por construto. Por esta razão, o uso de questionários deste tipo deve ser desencorajado, e apenas se justifica quando o número de construtos a avaliar e os recursos de tempo disponíveis a isso obrigarem** (e, nesses casos, será de considerar a possibilidade de modificar o estudo ou de o transferir para um contexto mais favorável, em vez de correr o risco de chegar a resultados inválidos) **ou como passo inicial na exploração de um domínio de interesse, com o objectivo de identificar as suas dimensões fundamentais** (provavelmente através da análise factorial) e chegar mais tarde à construção de um questionário multidimensional.

A comprovação da unidimensionalidade

Vimos atrás que a verificação da unidimensionalidade constitui um passo essencial na comprovação da validade de uma escala, quer esta constitua a totalidade do questionário (caso em que a verificação da unidimensionalidade esgota a análise das relações entre componentes do questionário), quer esteja integrada num questionário incluindo outras escalas,

A validade

o que já exigirá também a verificação de uma estrutura multidimensional. Como esta última é quase sempre feita com recurso a técnicas de análise estatística multivariada, como a análise factorial e outras semelhantes, deixá-la-emos para a secção seguinte. **Quanto à verificação da unidimensionalidade, defenderemos também daqui a pouco um papel fulcral para a análise factorial nesse processo. Mas uma vez que existem outros métodos concebidos para o fazer, e de uso muito generalizado, não é possível passar por eles sem os mencionar e discutir criticamente. Aliás, os principais métodos são já bem nossos conhecidos: o cálculo da correlação item-total e do coeficiente α.**

É muitas vezes verdade que o uso generalizado de uma técnica não implica a sua adequação para o fim em vista, e o caso da correlação item-total e do coeficiente α comprova perfeitamente este princípio (Green, Lissitz e Mulaik, 1977). Comecemos pelo coeficiente α, que constitui o caso mais flagrante. **O coeficiente α pretende constituir um índice da precisão dos resultados de uma escala, e não da homogeneidade dos itens que a constituem. Por isso, reflecte não apenas o nível médio de intercorrelação dos itens, mas também o número de itens, que é uma propriedade da escala, resultado de uma decisão do seu autor. Assim, o coeficiente α não deve ser considerado como um indicador do grau de homogeneidade ou unidimensionalidade dos itens. Quando muito, será um índice da consistência interna dos resultados da escala, mas não das propriedades dos seus itens.**

Vejamos um exemplo, tomando, por enquanto, como correcto considerar a média das correlações entre os itens como índice de homogeneidade. São-nos apresentadas duas escalas, sendo que uma delas fornece resultados com um α de 0,85 e outra resultados com um α de 0,70. Qual delas será mais homogénea? Poderíamos ser tentados a dizer que seria a primeira, mas a verdade é que nada podemos afirmar sem levar em conta, pelo menos, o número de itens que compõem cada uma. Suponhamos que a primeira escala é constituída por 20 itens, enquanto que a segunda inclui apenas 5. Aplicando a fórmula da equação 65 (página 260), podemos verificar que a média das correlações entre os itens será, para a primeira escala, de 0,22, enquanto que, para a segunda, ascende a 0,32. Afinal, a escala com um coeficiente α mais baixo demonstrou ser mais homogénea, embora a precisão dos seus resultados seja limitada pelo reduzido número de itens. **O coeficiente α é particularmente enganador como índice de homogeneidade, porque mesmo escalas em que os itens apresentam intercorrelações baixas podem atingir elevados níveis de consistência**

interna, desde que o número de itens seja suficientemente grande. Uma escala em que os itens apresentem entre si uma correlação média de 0,10, demasiado baixa para ser aceitável em circunstâncias normais, poderá apresentar um coeficiente α de 0,80. Bastará, para isso, que seja constituída por 36 itens, o que está longe de ser incomportável na prática. **Por todas estas razões, é importante não confundir consistência interna com homogeneidade ou unidimensionalidade. É incorrecto apontar um coeficiente α elevado como demonstrando a unidimensionalidade de uma escala.**

Outros índices frequentemente apontados como demonstrando a unidimensionalidade de uma escala são a média das correlações entre os itens e a média das correlações de cada item com o total. Mas também estes índices se revelam, por vezes, inadequados. Consideremos o hipotético exemplo de uma escala constituída por 8 itens. Calculado o coeficiente α, obtemos o valor de 0,73, o que é aceitável, sobretudo para uma escala com tão poucos itens, e poderia até ser considerado por alguns como indicativo de unidimensionalidade da escala. Para mais, o valor médio da correlação entre itens (0,26) situa-se também num nível aceitável, e o valor da correlação entre cada item e a soma dos itens restantes (correlação item-total corrigida) é também bastante animador: 0,41 (como se trata de um exemplo artificial, o valor é igual para todos os itens). Examinemos, porém, cada uma das correlações, apresentadas no Quadro 15.

Quadro 15 - Matriz de correlações entre os resultados de um hipotético conjunto de 8 itens.

	Item 1	Item 2	Item 3	Item 4	Item 5	Item 6	Item 7	Item 8
Item 1	1	0,6	0,6	0,6	0	0	0	0
Item 2	0,6	1	0,6	0,6	0	0	0	0
Item 3	0,6	0,6	1	0,6	0	0	0	0
Item 4	0,6	0,6	0,6	1	0	0	0	0
Item 5	0	0	0	0	1	0,6	0,6	0,6
Item 6	0	0	0	0	0,6	1	0,6	0,6
Item 7	0	0	0	0	0,6	0,6	1	0,6
Item 8	0	0	0	0	0,6	0,6	0,6	1

Estes conjuntos de correlações são normalmente representados através de matrizes, tabelas de dupla entrada em que os sucessivos itens, aqui

A validade 387

numerados de 1 a 8, correspondem cada um a uma linha e uma coluna, estando o valor da correlação entre cada par de itens indicado na célula em que se cruzam a linha correspondente a um item e a coluna correspondente a outro, ou vice-versa. Quando os números da linha e da coluna coincidem, ou seja, na diagonal (superior esquerda – inferior direita) da matriz, deveria ser indicada a correlação de cada item consigo próprio. Como se trata de valores idênticos, a correlação é obrigatoriamente de 1, e é por essa razão que as células situadas sobre a diagonal apresentam todas o valor 1. Por outro lado, sendo a correlação um índice simétrico, a correlação entre X e Y é sempre igual à que se verifica entre Y e X, o que implica que as correlações entre o mesmo par de itens, situadas em posições simétricas em relação à diagonal, sejam idênticas. Assim, a zona da matriz situada abaixo da diagonal, designada *triângulo inferior*, é sempre idêntica à situada acima da diagonal, designada *triângulo superior*, bastando efectuar uma simetria em relação à diagonal. Por esta razão, em qualquer matriz de correlações, bastará considerar qualquer um dos triângulos para obter toda a informação contida na matriz. Tanto a diagonal como o outro triângulo são redundantes, não fornecendo qualquer informação suplementar.

Observemos, agora, o triângulo inferior da nossa matriz. Contém um total de 28 correlações, sendo que 12 delas têm o valor 0,6 e as restantes 16 têm o valor 0 (zero). Obviamente, trata-se de um exemplo artificial e hipotético, pois resultados reais nunca nos forneceriam um padrão tão claro. Vejamos quais os itens que apresentam correlações positivas. Junto ao canto superior esquerdo da matriz, verificamos que os itens 1, 2, 3 e 4 apresentam entre si correlações de 0,6. No canto oposto, os itens 5, 6, 7, e 8 apresentam igualmente intercorrelações com o mesmo valor. A zona inferior esquerda da matriz, no entanto, indica-nos que, entre pares de itens pertencentes a um e outro grupo (dos acima mencionados) a correlação é nula. Sabemos já que uma correlação elevada, reflectindo o facto de os resultados de duas variáveis serem concordantes, nos indica que um factor comum está subjacente a essas duas variáveis. Assim, este conjunto de resultados sugere que um factor comum está subjacente às respostas aos itens 1, 2, 3 e 4, e que um outro factor comum está subjacente às respostas aos itens 5, 6, 7 e 8. Mas, por outro lado, o facto de os itens pertencentes a um e outro grupo apresentarem entre si correlações nulas indica-nos que nenhum factor subjacente é comum aos dois grupos de itens. Cada grupo corresponde a um factor, e esses dois factores são independentes. O que nos leva a uma conclusão clara: uma escala constituída por estes oito itens não seria unidimensional, mas bidimensional. Não corresponderia a uma medida "pura" de um dado factor, mas sim à soma de duas medidas, correspondentes a dois factores que, para além de distintos, são independentes, no sentido de apresentarem uma correlação de zero.

Veremos mais adiante como utilizar a análise factorial para interpretar estas matrizes de correlações. Por agora, o importante é ter presente que muitos dos índices geralmente utilizados para a demonstração da unidimensionalidade podem ser enganadores, e foram-no neste caso. Tanto o coeficiente α como a média das correlações entre os itens e a correlação item-total se encontravam dentro de valores considerados aceitáveis, não levantando suspeitas quanto à bidimensionalidade real da escala. A prática corrente de considerar estes índices como comprovativos da unidimensionalidade tem certamente levado à utilização de muitas escalas consideradas unidimensionais, mas que não o são na realidade. Como evitar este perigo? A técnica mais simples passa pelo exame directo da matriz de correlações, com o objectivo de verificar se os valores são relativamente homogéneos, ou seja, se se distribuem dentro de uma faixa relativamente estreita. Particularmente importante neste contexto é a detecção da presença de correlações nulas (próximas de zero) ou mesmo negativas, que são incompatíveis com o pressuposto da unidimensionalidade[56]. Mas este exame torna-se algo complexo quando o número de itens da escala aumenta. Numa escala com 20 itens, por exemplo, seria necessário considerar 190 correlações. Uma outra possibilidade é a de examinar a distribuição dos valores (absolutos) das correlações (Piedmont e Hyland, 1993). Se a escala for, de facto, unidimensional, a distribuição será aproximadamente simétrica e com muito poucos valores próximos de zero. Pelo contrário, se dois ou mais factores estiverem subjacentes às respostas aos diferentes itens, a distribuição dos valores absolutos das correlações será marcadamente assimétrica, e os valores com maior frequência serão aqueles que se situam próximos de zero. Este procedimento, porém, não é frequentemente utilizado, sobretudo devido à inexistência de programas informáticos que o permitam aplicar com facilidade e rapidez, em contraste com a acessibilidade dos programas de análise factorial, que fornecem muito mais informação.

---

[56] Mais uma vez, esta afirmação pressupõe que todos os itens formulados num sentido oposto ao pretendido para a escala tiveram os seus resultados atempadamente invertidos.

A validade 389

A análise factorial

Por todas as razões atrás apontadas, dever dar-se por insuficiente, como prova da unidimensionalidade de uma escala, o cálculo de índices de precisão como o coeficiente α. Para além disso, estes índices apenas são aplicáveis no caso de questionários unidimensionais. Quando se pretende determinar, num questionário multidimensional, se os itens foram correctamente atribuídos à escala com a qual mais se relacionam ou, num questionário "fragmentado", se um número relativamente reduzido de dimensões está subjacente à diversidade de itens que o compõem, a análise factorial constitui uma ferramenta preciosa. Mas o que é, afinal, a análise factorial?

Análise factorial (mais propriamente "análise factorial exploratória") é a designação genérica de um conjunto de técnicas aplicáveis à análise de matrizes de correlações (e de outros índices estatísticos, mas essas aplicações excedem o âmbito deste trabalho), **com o objectivo de identificar as variáveis latentes que estão subjacentes às variáveis observadas e determinar qual a relação (geralmente, a correlação) entre umas e outras**[57]. **Os produtos fundamentais de um análise factorial serão, assim: (a) uma estimativa do número de dimensões subjacentes (factores) necessários para explicar de modo suficientemente adequado os resultados obtidos e (b) estimativas das correlações entre cada um desses factores e cada uma das variáveis observadas.** A título de exemplo, o Quadro 16 apresenta os resultados de uma análise factorial efectuada a partir da matriz de correlações apresentada no Quadro 15. Ignoremos, por enquanto, a informação relativa ao método utilizado e verifiquemos apenas como estes resultados confirmam aquilo que uma análise "à vista desarmada" tinha já sugerido. Estão subjacentes à nossa matriz de correlações dois factores latentes, aqui arbitrariamente desig-

---

[57] Existem numerosas obras mais ou menos introdutórias sobre a análise factorial, desde aquelas que se limitam a introduzir alguns conceitos básicos (Child, 1990), até às que entram em detalhes técnicos (e.g., Cureton e D'Agostino, 1983; Gorsuch, 1983; Lewis-Beck, 1994), e às que se debruçam sobre as complexas questões matemáticas colocadas pelos processos de cálculo (e.g., Harman, 1976). Uma introdução muito mais sucinta pode ser encontrada em Tinsley e Tinsley (1987). Para mim pessoalmente, a referência introdutória mais coerente e equilibrada, que oferece uma compreensão detalhada do raciocínio subjacente sem entrar em aspectos demasiado técnicos, são os dois capítulos dedicados ao tema na obra de Nunnally (1978). Importa aqui não confundir com a edição mais recente, de Nunnally e Bernstein (1994), que é claramente inferior e, na minha opinião, de evitar.

390 *Questionários: Teoria e prática*

nados Factor I e Factor II (a designação dos factores por números romanos e com inicial maiúscula é uma convenção geralmente seguida). Um destes factores apresenta uma forte correlação com os quatro primeiros itens (0,77) mas uma correlação nula com os restantes quatro, enquanto o inverso acontece com o segundo factor. Podemos, assim, considerar que o primeiro factor é representado pelos itens 1 a 4, enquanto o segundo factor é representado pelos itens 5 a 8. Partindo daqui, e embora os factores constituam variáveis latentes (ou seja, abstractas, hipotéticas, e não observáveis), é possível, a partir dos conteúdos ou dos processos de resposta que se pensa estarem subjacentes a cada grupo de itens, chegar a uma ideia mais ou menos rigorosa do construto a que cada factor poderá corresponder. Este último passo, da interpretação dos resultados obtidos, será, como outros, analisado em detalhe mais adiante. Vejamos, agora, quais os sucessivos passos de que se compõe uma análise factorial, para depois analisarmos mais em pormenor cada um deles.

Quadro 16 - Resultados da análise factorial, pelo método de máxima verosimilhança, da matriz de correlações apresentada no Quadro 15.

	Factor I	Factor II
Item 1	0,77	0,00
Item 2	0,77	0,00
Item 3	0,77	0,00
Item 4	0,77	0,00
Item 5	0,00	0,77
Item 6	0,00	0,77
Item 7	0,00	0,77
Item 8	0,00	0,77

O primeiro passo em qualquer análise factorial é a obtenção da matriz de correlações entre as variáveis medidas. Uma vez que este objectivo não implica senão o cálculo de correlações simples entre todos os pares de variáveis possíveis, não necessitaremos de nos ocupar mais com ele. **O segundo passo, no entanto, apresenta bastante mais dificuldades. Trata-se da determinação do número de factores a extrair.** No caso do nosso exemplo, não existia qualquer dúvida, uma vez que a matriz foi construída propositadamente para reflectir dois factores. Na prática, e **quando se trabalha com matrizes de correlações resultantes de dados empíricos reais, a presença de variação aleatória faz com que o número de factores a considerar raras vezes seja claro. Por isso, foram propostos por diversos autores uma multiplicidade de princípios e técnicas para responder a esta questão,** que abordaremos em detalhe mais adiante.

Uma vez definido o número de factores a considerar, segue-se a extracção desses factores. Também aqui existe uma multiplicidade de procedimentos, embora a tendência seja para que todos eles forneçam

A validade 391

resultados semelhantes. Em qualquer caso, estes procedimentos fornecem pelo menos um conjunto de informações básicas: (a) um índice da importância de cada factor, geralmente representado por um "valor próprio" (em Inglês, *eigenvalue*) e/ou por uma proporção de variância explicada; (b) uma matriz indicando o grau de associação (geralmente, a correlação) entre cada factor e cada variável observada, semelhante à do Quadro 16; (c) uma estimativa da proporção da variância explicada, em cada variável observada, pelo conjunto de factores extraídos, a chamada *comunalidade*.

Um princípio presente em todos os métodos de extracção de factores[58] é o de que esta é hierárquica, ou seja, de que cada factor, ao ser extraído, explica o máximo possível de variância, o que faz com que a proporção de variância explicada por cada factor vá sempre decrescendo, conforme se vão extraindo sucessivos factores. É útil pensar no processo de extracção de factores como procedendo do seguinte modo: (a) a partir da matriz de correlações inicial, o procedimento de cálculo determina qual deverá ser a posição de um primeiro factor (em termos da sua correlação com as variáveis observadas) de modo a que este explique o máximo possível de variância, ou seja, que tenha o máximo possível de variância em comum com as variáveis observadas; (b) a contribuição deste primeiro factor para a correlação entre as variáveis é eliminado, por um procedimento denominado correlação parcial, obtendo-se uma nova matriz de correlações, com o efeito do primeiro factor já eliminado; (c) essa segunda matriz de correlações é submetida a uma nova análise do mesmo tipo, obtendo-se um segundo factor, e assim sucessivamente. Uma vez que em cada passo se extrai o máximo de variância possível, os sucessivos factores vão explicando cada vez menor proporção de variância. Na prática, os métodos de cálculo não procedem exactamente assim, por razões que têm a ver com a optimização dos procedimentos (velocidade e requisitos de memória nos computadores), mas o resultado é o mesmo.

Mas como se procede à extracção dos factores? Regra geral, os procedimentos são de grande complexidade matemática e, hoje em dia, são sempre efectuados com o auxílio de computadores. Além disso, os detalhes dos procedimentos não têm grande interesse para o utilizador não especialista. Por isso, tentarei dar apenas uma ideia intuitiva daquilo que

---

[58] Dentro da chamada "análise factorial exploratória", de que nos ocupamos aqui. O mesmo já não acontece na "análise factorial confirmatória", que iremos abordar mais adiante.

está envolvido nestes procedimentos, uma vez que uma abordagem mais detalhada fugiria ao âmbito deste trabalho.

Já sabemos que um índice da proporção de variância comum entre duas variáveis nos é dado pelo quadrado do seu coeficiente de correlação. Para simplificar, consideremos um caso em que temos apenas uma variável, devidamente padronizada (média igual a 0, desvio-padrão igual a 1). Qual seria a posição ideal para um factor que explicasse o máximo possível de variância desta variável? Neste caso, a resposta seria óbvia: o factor deveria apresentar uma correlação de 1 com a variável; a proporção de variância comum a um e outra seria de 1^2, ou seja, 1; o factor explicaria, portanto, 100% da variância da variável, o que não é de surpreender, uma vez que, estando as duas variáveis padronizadas e apresentando uma correlação de 1, os seus resultados têm obrigatoriamente de coincidir. O factor *é* a variável, e vice-versa. Por isso, não faz qualquer sentido efectuar uma análise factorial quando se tem apenas uma variável.

O caso torna-se algo mais interessante quando se tem duas variáveis. Consideremos, por exemplo, que entre essas duas variáveis (X e Y) se verifica uma correlação de 0,6. Para começar, façamos coincidir o nosso primeiro factor com uma das variáveis (X). Assim, a correlação entre X e I (o factor) será de 1, e a correlação entre Y e I será de 0,6 (porque I coincide com X). Qual será a proporção de variância explicada? Para começar, a variância total é de 2 (1 para cada variável). A variância explicada será de 1 para a variável X e de 0,36 para a variável Y ($0,6^2$). A variância total explicada será de 1,36, e a proporção (0,68) será obtida dividindo este valor pela variância total. Concluímos, portanto, que este factor explica 68% da variância total presente nas duas variáveis.

Mas fazer coincidir o factor com uma das variáveis não é a solução mais interessante. **O nosso objectivo é o de obter um factor que explique o máximo possível de variância, ou seja, o de determinar qual deverá ser a posição do factor, de modo a que o total dos quadrados das suas correlações com cada variável seja o maior possível.** Em termos matemáticos chama-se, a este tipo de problemas, problemas de maximização. Para melhor entender a forma como são resolvidos, entretanto, **é útil considerar uma outra forma de representação: através de um modelo geométrico.**

A representação geométrica das correlações e variância de um conjunto de variáveis é feita segundo alguns princípios básicos: (a) cada variável é representada por um vector, ou seja, por um segmento

A validade 393

de recta definido por três parâmetros: comprimento, orientação no espaço e sentido; (b) os vectores representando as diferentes variáveis têm origem no mesmo ponto; (c) o comprimento dos vectores corresponde à variância das variáveis que representam; (d) o ângulo formado pelos vectores correspondendo a cada par de variáveis é aquele cujo coseno é igual ao valor da correlação entre as variáveis (ou seja, é o arcocoseno desse valor). Vejamos, então, como seriam, de acordo com estes princípios, representadas as nossas variáveis. Teríamos dois vectores, de igual comprimento (uma vez que ambas as variáveis estão padronizadas e têm, por isso, variância igual a 1), com origem no mesmo ponto e formando um ângulo equivalente ao arcocoseno de 0,6, o que corresponde a cerca de 0,93 radianos, ou 53 graus. **Esta forma de representação apresenta a importante vantagem de nos permitir calcular a percentagem de variância explicada por um factor, qualquer que seja a sua posição no espaço** (em todos os casos, a recta correspondente ao factor terá de passar pelo ponto de origem dos vectores). Poderíamos, partindo da posição inicial do factor, coincidente com a variável X, fazê-lo rodar 360 graus e verificar como a variância por ele explicada se vai modificando no decurso dessa rotação. Tomando a variável X como referência, o ângulo formado entre o factor e a variável Y será igual ao ângulo formado entre o factor e a variável X, subtraído de 53 graus. Deste modo, designando por $\hat{I}X$ o ângulo formado pelo factor e pelo vector correspondente à variável X, a variância explicada pelo factor (que designaremos por VE_I) seria dada por:

$$VE_I = (\cos\hat{I}X)^2 + (\cos\hat{I}X - \arccos 0,6)^2 \tag{156}$$

Fazendo variar o ângulo $\hat{I}X$ entre 0 e 360 graus, obtemos o gráfico apresentado na Figura 25. Podemos verificar como a variância explicada pelo factor se modifica de forma bastante acentuada quando a direcção deste varia, e apresenta dois pontos em que atinge o máximo (aquilo que nos interessa), um deles situado num ângulo de cerca de 25 graus, e o outro num ângulo de cerca de 205 graus. Mas haverá alguma maneira de determinar de forma exacta a magnitude do ângulo em que a variância explicada atinge o máximo? Há, e apenas exige mais alguma matemática.

Observando o gráfico, reparemos no que acontece à inclinação, ou declive, da função correspondente à equação 156. Nos pontos em que a função atinge um máximo (ou um mínimo), a linha torna-se horizontal, ou seja, o seu declive é de zero. Ora, a uma função cujo valor em cada ponto corresponde ao declive de outra chama-se função *derivada* da primeira, e

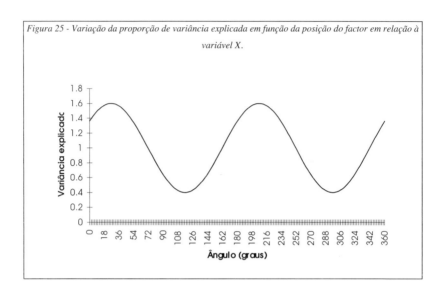

Figura 25 - Variação da proporção de variância explicada em função da posição do factor em relação à variável X.

existem procedimentos bastante bem conhecidos para a obter. Nomeadamente, a função derivada da da equação 156 será:

$$2\cos\hat{I}X + 2\cos\left[\hat{I}X - \arccos(0,6)\right] \tag{157}$$

Para determinar o ponto em que a função atinge um máximo ou um mínimo, iguala-se o valor da derivada a zero e resolve-se a equação correspondente:

$$2\cos\hat{I}X + 2\cos\left[\hat{I}X - \arccos(0,6)\right] = 0$$

$$\cos\hat{I}X + \cos\left[\hat{I}X - \arccos(0,6)\right] = 0$$

$$\cos\hat{I}X = -\cos\left[\hat{I}X - \arccos(0,6)\right]$$

$$\hat{I}X = -\hat{I}X + \arccos(0,6)$$

$$2\hat{I}X = \arccos(0,6)$$

$$\hat{I}X = \frac{\arccos(0,6)}{2}. \tag{158}$$

A posição do factor para a qual a função atinge um máximo será, portanto, aquela em que o ângulo entre o factor e a variável X é exactamente metade do ângulo entre os vectores das variáveis X e Y, ou seja, quando o factor se situar exactamente entre as duas variáveis. É compreensível que, neste caso, o factor tenha um máximo de capacidade explicativa das duas variáveis em simultâneo. A Figura 26 representa a posição do factor em relação às variáveis.

Mas mesmo depois de considerado este factor, resta ainda uma certa quantidade de variância por explicar. Podemos determinar essa quantidade, começando por calcular a variância explicada pelo nosso primeiro factor. Substituindo na equação 156 o valor da gandeza do ângulo pelo resultado encontrado na equação 158, obtém-se:

$$VE_1 = \left[\cos\left(\frac{\arccos 0,6}{2}\right)\right]^2 + \left[\cos\left(\frac{\arccos 0,6}{2} - \arccos 0,6\right)\right]^2 =$$

$$= \left[\cos\left(\frac{\arccos 0,6}{2}\right)\right]^2 + \left[\cos\left(-\frac{\arccos 0,6}{2}\right)\right]^2 =$$

$$= 0,89^2 + 0,89^2 = 0,8 + 0,8 = 1,6. \tag{159}$$

O nosso Factor I explica, portanto, uma variância de 1,6. Sendo a variância total de 2, constatamos que o primeiro factor explica 80% da variância total, e que fica por explicar 20% dessa variância. Podemos, ainda, determinar a correlação entre o factor e cada uma das variáveis iniciais. Sabendo que o ângulo entre a variável X e o factor é de (arcos 0,6) / 2, a correlação será igual ao coseno desse ângulo. Esse valor, entretanto, já foi calculado na equação 159, e é de 0,89. Note-se que, para a variável Y, o valor é igual pois, apesar de o ângulo com o factor ser negativo, o valor e sinal do coseno não são alterados. Elevando este valor ao quadrado, obtemos a variância de cada variável explicada pelo factor (neste caso, 0,8 para cada variável).

A explicação do restante da variância presente no nosso par de variáveis terá de implicar a consideração de um segundo factor. O procedimento em termos algébricos seria semelhante ao que vimos atrás, apenas um pouco mais complexo, devido à necessidade de levar em conta a presença do primeiro factor, ou de eliminar a sua influência, o que é o mesmo. Em vez disso, prossigamos com a representação geométrica, que nos proporciona uma compreensão mais fácil dos princípios envolvidos. Retomemos a Figura 26 e relembremos a definição de coseno de um ângulo como a distância entre o vértice desse ângulo e o

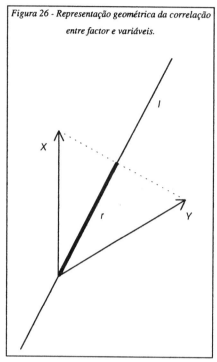

Figura 26 - Representação geométrica da correlação entre factor e variáveis.

ponto de projecção ortogonal da extremidade de um vector, coincidente com um dos lados do ângulo e com um comprimento de uma unidade, sobre a recta correspondente ao outro lado do ângulo. Assim, na Figura 26, representamos desta forma o valor das correlações entre as duas variáveis e o factor. Tendo os vectores correspondentes às variáveis um comprimento igual a uma unidade, o comprimento do segmento de recta indicado por r será igual ao valor da correlação. Repare--se como o segmento é idêntico para as duas variáveis, o que está de acordo com a igualdade das suas correlações com o factor.

Eliminar o contributo deste factor para a correlação verificada entre as variáveis equivale a eliminar a sua correlação com o factor, ou seja, eliminar este segmento de recta, deslocando as extremidades dos vectores para um ponto cuja projecção ortogonal sobre a recta correspondente ao factor coincida com a origem. A Figura 27 representa o resultado desta deslocação, sendo os vectores correspondentes às variáveis, depois da deslocação, representados por X' e Y'. Reparemos na posição destes vectores: ambos se situam sobre uma mesma recta, ortogonal à do Factor I (ou seja, formando com esta um ângulo recto), o que significa que um único factor, cuja representação geométrica será esta recta, é suficiente para explicar a variância residual, depois de eliminado o contributo do Factor I, e que esse segundo factor apresenta uma correlação de zero com o primeiro factor. Quanto à correlação de cada variável com o segundo factor, existem diversos processos para a determinar utilizando funções trigonométricas mas, tendo em consideração que as extremidades de X e X' e a sua origem formam um triângulo rectângulo, podemos aplicar simplesmente o teorema de Pitágoras:

$$r_{XII}^2 + r_{XI}^2 = 1^2 \Leftrightarrow r_{XII}^2 = 1^2 - 0{,}8 \Leftrightarrow r_{XII} = \sqrt{0{,}2} \Leftrightarrow r_{XII} = 0{,}45 \qquad (160)$$

Para a variável Y, o valor será o mesmo, mas com sinal negativo, uma vez que o ponto de projecção se situa do lado oposto da origem. Quanto à variância explicada pelo factor, equivalente ao quadrado da sua correlação com cada variável, será de 0,2 para cada uma, 0,4 no total. Somando estes valores aos já obtidos para o Factor I, verificamos que os dois factores explicam, no seu conjunto, a totalidade da variância existente em cada variável. Dispomos, agora, de toda a informação necessária para elaborar dois dos mais importantes quadros de resultados saídos de uma análise factorial. **Enquanto o Quadro 17 nos apresenta diversos índices da importância de cada factor e dos conjuntos de factores extraídos até cada sucessivo passo, o Quadro 18 apresenta-nos a chamada matriz de factores, ou seja, a correlação ou saturação[59] de cada variável em cada factor.** Mais uma vez, iremos ignorar a referência ao método utilizado para obter os factores, que irá ser alvo da nossa atenção um pouco mais adiante.

Uma vez obtidos os factores passa-se, em quase todos os casos, à sua rotação. Para melhor entender o que esta significa, observemos de novo a Figura 27. Os vectores representando as duas variáveis estão bastante afastados um do outro, o que sugere que poderá não ser inteiramente adequado pensar que ambos correspondem ao mesmo factor. Por outro lado, o Factor II encontra-se bastante afastado de qualquer uma das variáveis, o que sugere que, pelo menos na sua actual posição, não terá grande importância (apenas 1/4 da do outro factor, como vimos). Seria possível reposicionar estes factores, de modo a que se aproximem mais das variáveis? **É precisamente esse o objectivo do processo de rotação: rodar a posição dos eixos (rectas) correspondentes aos factores, de tal modo que se aproximem o máximo possível da posição dos conjuntos de variáveis.**

O Quadro 19 e a Figura 28 apresentam-nos o resultado de um procedimento de rotação no nosso exemplo. Mais uma vez, ignoremos por enquanto a referência ao procedimento de rotação utilizado e verifiquemos

Quadro 17 - Valor próprio, variância explicada por cada factor e variância explicada acumulada, numa análise factorial, pelo método de componentes principais, de duas variáveis com uma correlação de 0,6.

	Valor próprio	Variância explicada (%)	Variância acumulada (%)
Factor I	1,6	80	80
Factor II	0,4	20	100

---

[59] Na análise factorial, designa-se habitualmente por *saturação* a correlação entre um factor e uma variável incluída na análise. O termo correspondente em Inglês é *loading*.

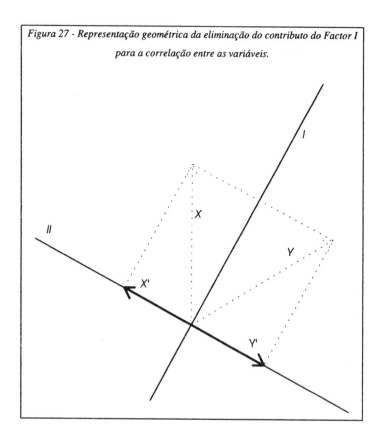

Figura 27 - Representação geométrica da eliminação do contributo do Factor I para a correlação entre as variáveis.

apenas os seus efeitos. Cada factor ficou agora consideravelmente mais próximo de uma das variáveis, o que se manifesta por um aumento da sua correlação com essa variável (de 0,89 para 0,95). Isto pode ser considerado desejável, uma vez que este nível de correlação legitima em maior grau a assimilação do factor à variável: com uma correlação tão próxima de 1, podemos dizer que o factor *é* a variável. Assim, e se estivermos dispostos a ignorar as correlações, bastante mais baixas (0,32) que cada variável apresenta com o outro factor, podemos dizer que esta análise factorial nos permitiu chegar a uma conclusão muito simples: subjacentes a estas duas

Quadro 18 - Matriz de factores obtidos numa análise factorial, pelo método de componentes principais, de duas variáveis com uma correlação de 0,6.

	Factor I	Factor II
X	0,89	0,45
Y	0,89	-0,45

variáveis encontram-se dois factores, e cada um desses factores é representado por uma variável. **É este objectivo de clarificação da interpretação que se procura atingir pelo uso da rotação, pelo que, regra geral, se prefere interpretar os factores depois de efectuada essa rotação. A prática ensina que, antes da rotação, as matrizes de factores são geralmente confusas e torna-se difícil atribuir aos factores um significado claro.**

Quadro 19 - Matriz de factores rodados obtida a partir da matriz apresentada no Quadro 18 por um procedimento de rotação de tipo Quartimax.

	Factor I	Factor II
X	0,32	0,95
Y	0,95	0,32

Antes de prosseguirmos, importa ainda efectuar alguns esclarecimentos e chamar a atenção para alguns aspectos importantes. Neste último exemplo, com apenas duas variáveis, poderíamos considerar o procedimento de extracção de factores como inútil, pois a única coisa a fazer seria determinar a orientação dos eixos, e isso poderia ser feito apenas através da rotação. Com efeito, é assim, mas isso deve-se ao facto excepcional de se ter retido um número de factores igual ao número de variáveis. Dois factores são sempre suficientes para explicar toda a variância presente em duas variáveis, mas isso acontece porque qualquer ponto do plano pode ser sempre representado pela sua projecção sobre duas rectas não paralelas situadas nesse plano. Na realidade, a extracção de factores é inútil nestes casos, mas tratava-se de um exemplo, e só por nos termos limitado a duas variáveis os procedimentos de cálculo se revelaram tão simples. Os processos de extracção de factores tornam-se imprescindíveis quando o número de variáveis aumenta e se pretende considerar um número de factores inferior ao número de variáveis mantendo, ao mesmo tempo, o máximo possível de capacidade explicativa. Mas, quando o número de variáveis aumenta, aumenta também a complexidade dos cálculos, que passam a implicar a resolução de complexos sistemas, compostos por grande número de equações, o que obriga a recorrer a formas mais avançadas de cálculo, como o cálculo matricial ou álgebra de matrizes (Carreira e Pinto, 1999).

Até há algumas décadas, estes cálculos eram efectuados à mão, ou com o auxílio de calculadoras mecânicas primitivas, pelo que os estudos envolvendo análises factoriais com números importantes de variáveis eram raros, pois exigiam grandes equipas de calculadores e/ou períodos de tempo muito dilatados, só para a conclusão dos cálculos. Hoje em dia, porém, um vulgar computador pessoal pode efectuar em menos de um minuto uma análise factorial que, feita manualmente, demoraria meses. Esta facilidade conduziu à proliferação de estudos utilizando a análise factorial ou outras técnicas da estatística multivariada, o que apresenta importantes vantagens no assegurar da validade dos procedimentos psicométricos utilizados pelos investigadores e profissionais.

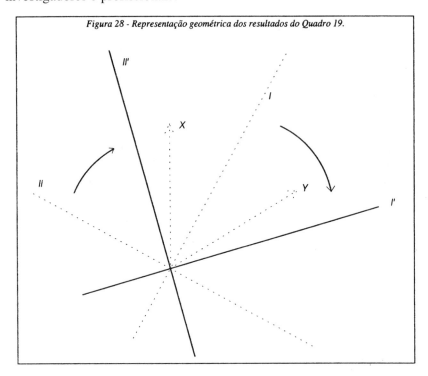

Figura 28 - Representação geométrica dos resultados do Quadro 19.

Outro aspecto relevante que o nosso exemplo salienta tem a ver com o carácter subjectivo de qualquer análise factorial do tipo que temos estado a apresentar. Consideremos as duas soluções propostas para o nosso exemplo com duas variáveis. Na primeira, concluímos que existia um factor comum às duas variáveis e que ambas apresentavam uma correlação elevada com esse factor (0,89); depois, surgia um factor secundário, de muito menor importância e com o qual as duas variáveis apresentavam correlações de sinais opostos; seria plausível admitir que este factor não teria qualquer significado e constituiria um efeito espúrio da presença de variância aleatória, que impediria as duas variáveis observadas de apresentar uma correlação perfeita (de 1) entre si e com o factor; assim sendo, seria legítimo ignorar este segundo factor e considerar que ambas as variáveis reflectiam uma única dimensão subjacente. A segunda solução, entretanto, implica uma conclusão inteiramente diferente: a cada variável corresponde um factor específico, embora a outra variável também apresente uma certa correlação com esse factor, sendo assim necessário considerar dois factores, em vez de um só, e cada um desses factores sendo representado por uma das variáveis.

Ora, estas duas soluções são claramente incompatíveis. Qual delas estará "certa"? É evidente que não é possível responder a esta questão com base nos dados disponíveis, e a culpa não será inteiramente atribuível à técnica da análise factorial. De facto, os resultados de que dispomos são compatíveis com qualquer das duas soluções. Dependendo dos pressupostos que estejamos preparados para assumir à partida, assim chegaremos a soluções que poderiam ser diferentes, caso esses pressupostos fossem também diferentes. **As técnicas de extracção de factores utilizadas na análise factorial exploratória (de que nos ocupamos aqui) efectuam essa extracção de forma hierárquica, ou seja, começam por extrair um factor que explique o máximo possível de variância, depois um segundo factor que explique o máximo possível da variância que restou depois de eliminado o contributo do primeiro factor, e assim sucessivamente.**

Esta forma de proceder tem fortes implicações para os resultados obtidos. Por exemplo, quando se analisa um questionário que pretende medir um dado construto, começa-se quase sempre por obter um *factor geral*, ou seja, um factor com o qual todas as variáveis apresentam uma correlação importante, seja positiva ou negativa, consoante os itens estejam formulados na forma directa ou inversa. Depois deste factor geral, tendem a surgir *factores bipolares*[60], por vezes difíceis de interpretar. Pelo contrário, os procedimentos de rotação tendem, não a concentrar o máximo de variância nos primeiros factores, mas sim a distribuí-la por todos os factores considerados. Assim, a rotação tem geralmente por efeito a fragmentação dos factores gerais e a distribuição das variáveis pelos factores, de tal modo que cada variável fique primordialmente ligada a um factor e estes surjam como agrupamentos homogéneos de variáveis, com um grau de sobreposição reduzido e de interpretação bastante facilitada. A este tipo de resultado dá-se o

---

[60] Chamam-se bipolares aos factores que apresentam correlações elevadas tanto de sinal positivo como de sinal negativo com diversas variáveis observadas. Se todas as correlações importantes têm o mesmo sinal, seja ele positivo ou negativo, diz-se que o factor é unipolar.

402 · *Questionários: Teoria e prática*

nome de *estrutura simples*, e diferentes autores têm proposto diversas formas de o definir matematicamente (ver Cureton e D'Agostino, 1983, pp. 177-184).

Poderemos observar este efeito da rotação quando analisarmos um exemplo prático. Por agora, aquilo que nos ocupa é o problema de uma mesma matriz de correlações poder dar origem a uma diversidade de soluções factoriais. Na realidade, não existe nenhuma forma de evitar este problema, e é essencial que os utilizadores da análise factorial estejam conscientes disso. A solução obtida depende em grande medida dos pressupostos de que se partiu, e a análise factorial exploratória parte de um amplo conjunto, quase nunca inteiramente assumido ou controlado pelo investigador. Os potenciais perigos desta situação são diversos, mas dois deles merecem particular atenção. Em primeiro lugar, os pressupostos presentes na análise factorial podem levar os investigadores a não detectar certos aspectos dos dados que não estão de acordo com esses pressupostos. Um exemplo comum deste tipo de problema é o da correlação entre os factores. A maior parte dos procedimentos de análise factorial pressupõe que os factores não apresentam qualquer correlação entre si (ou seja, apresentam uma correlação de zero) e, por isso, fornecem estimativas da relação entre factores e variáveis que denotam essa ausência de correlação. Ora, no "mundo real" nada obriga a que os factores sejam, de facto, ortogonais e podem entre eles existir correlações relevantes. Mas, desde que essas correlações não sejam excessivamente elevadas, o que tende a acontecer é que os resultados da análise factorial pareçam plausíveis, e que os sinais de não independência entre os factores são facilmente ignorados (veja-se a correlação de cada variável com o "outro" factor no Quadro 19). Nestas condições, a tendência do investigador será para permanecer persuadido de que os seus factores são ortogonais, quando, na realidade, se correlacionam.

Em segundo lugar, pode acontecer que um investigador, interessado em testar uma hipótese (de que determinado conjunto de variáveis se distribui de determinada forma por determinado número de factores) **através da análise factorial, acabe por considerar que a deve rejeitar, porque os resultados apontam para outra solução, quando, afinal, esses resultados são consequência da adopção de certos procedimentos** (com os pressupostos que lhes estão associados) **e os resultados teriam sido muito mais de acordo com a hipótese se tivessem sido adoptados outros procedimentos, sem que a escolha implique qualquer preferência teórica.** O nosso exemplo, com duas variáveis, em que os resultados

A validade · 403

antes e depois da rotação apontavam para soluções claramente diferentes, constitui um caso em que este tipo de situação se poderia verificar. Quanto à solução para este problema, ela existe e reside nos procedimentos de análise factorial confirmatória, que abordaremos mais adiante.

Deve ser nesta altura evidente que a análise factorial não é uma técnica do tipo "chave na mão", em que nos limitemos a introduzir os nossos dados e esperar para ver o que sai. Na realidade, algumas pessoas poderão usá-la desse modo, mas, nesse caso, é seguro que não conseguirão aproveitar ao máximo as suas potencialidades, e farão certamente jus à expressão inglesa *"garbage in, garbage out"*[61], utilizada pelos estatísticos para descrever as consequências do uso irreflectido de métodos quantitativos sofisticados. **Na realização de uma análise factorial, existem pelo menos cinco pontos críticos nos quais se tem de tomar decisões com consequências importantes para a qualidade da análise: na recolha da amostra de dados, na escolha do método de extracção dos factores, na definição do número de factores a considerar, na escolha do critério de rotação e na interpretação dos resultados.** Abordaremos sucessivamente cada uma destas questões.

A amostra de indivíduos e variáveis

A este respeito, é importante salientar dois aspectos. O primeiro é o da composição da amostra de indivíduos. **Diz-se frequentemente, com o intuito de criticar a análise factorial, que esta não fornece como resultado senão aquilo que o investigador lá colocou, e essa afirmação é verdadeira pelo menos num sentido importante: a análise factorial é um instrumento de análise das diferenças entre respostas, dadas por diferentes pessoas perante situações (e.g., itens) também diferentes. Essa análise é feita identificando factores latentes, que associam em diferente grau certas pessoas a certas tendências de resposta em certas situações. Assim, é óbvio que, se não estiverem presentes na nossa amostra pessoas que manifestem em diferentes graus essas tendências, ou se não estiverem presentes no nosso questionário aqueles itens nos**

---

[61] Literalmente, "entra lixo, sai lixo". Se os dados de que o investigador dispõe não são adequados e se as suas opções na aplicação dos procedimentos são impensadas, os resultados fornecidos nunca poderão ser credíveis, por melhores que sejam as técnicas estatísticas utilizadas.

404   *Questionários: Teoria e prática*

quais as tendências se manifestam, esses factores nunca poderão emergir da análise. Por esta razão, é extremamente importante, quando se planeia um estudo utilizando a análise factorial, prestar uma particular atenção à amostragem de pessoas e de conteúdos. Da segunda já falámos anteriormente, e pouco mais haverá a acrescentar. É essencial que os diversos itens presentes reflictam de forma equilibrada todas as facetas teoricamente previstas no construto que se pretende medir pois, se qualquer delas estiver ausente ou apenas representada por um ou dois itens, poderá não emergir da análise.

Quanto à amostragem de indivíduos, a questão não é muito diferente. O princípio básico é o de que a amostra utilizada para recolher dados para a análise factorial deve ser suficientemente representativa da população com a qual se pensa vir a utilizar o questionário. Se este se destinar à "investigação fundamental" ou a ser utilizado com indivíduos de uma população inespecífica, será de utilizar uma amostra de pessoas "normais". Mas, se o questionário se destina a uma população específica, a análise factorial terá de ser realizada com dados obtidos nessa população, uma vez que diferenças nas características dos indivíduos podem ter efeitos muito acentuados sobre os resultados. Por exemplo, é comum, quando se utiliza um questionário destinado a avaliar uma ou mais formas de perturbação psicológica (e.g., ansiedade, depressão, hostilidade, somatização) que a análise factorial identifique um único factor geral em amostras de indivíduos normais, mas uma variedade de factores mais específicos quando se examinam pessoas com perturbações clinicamente declaradas. Não significa isto que um dos procedimentos seja incorrecto, mas sim que as interpretações a dar aos resultados, quando se pretende situar as pessoas em duas populações diferentes, terão de ser também diferentes (vd. definição de validade, página 331). No caso de pessoas "normais", o resultado no conjunto da escala poderá constituir um bom índice do seu nível global de perturbação, enquanto que, em pessoas com perturbações manifestas, o seu resultado em conjuntos determinados de itens poderá ajudar a diagnosticar com maior exactidão a perturbação específica de que sofrem. Mas o caso inverso pode não fazer sentido: não se pode diagnosticar qual a perturbação de que sofre uma pessoa se ela não sofre de nenhuma, o que significa que, na população de pessoas normais, o padrão de respostas aos diferentes itens não tem, provavelmente, significado e tende a ser instável. Do mesmo modo, o nível geral de resposta poderá não ser um indicador útil do grau de perturbação em pessoas com um diagnóstico determinado, pois baseia-se, em larga medida, em itens que não têm a ver directamente com a perturbação de que o indivíduo sofre. Isto significa, concretamente, que o questionário poderá ter validade em ambas as situações, mas para interpretações diferentes, e será necessário ter em conta a população com a qual se pretende comparar o(s) indivíduo(s) antes de decidir qual a interpretação mais válida. Obviamente, a análise factorial poderá fornecer indicações importantes a esse respeito, mas importa não esquecer que elas apenas serão válidas na mesma população na qual se recolheram os dados em que se baseou.

Uma segunda questão prende-se com o número de indivíduos a recrutar. Em princípio, quanto maior for a dimensão da amostra, menor será a dispersão dos valores obtidos para as correlações em torno dos seus valores "verdadeiros" para a população. Suponhamos que entre duas variáveis existe uma correlação "verdadeira" de 0,30. Que valor de correlação iríamos encontrar se examinássemos uma amostra representativa dessa população, supondo que as nossas medidas apresentam uma precisão perfeita e, por isso, não existe atenuação? Mesmo nestas condições, é certo que não iríamos encontrar exactamente 0,30, mas sim um valor mais ou menos próximo desse, sendo tanto mais provável obter um valor próximo do "verdadeiro" quanto maior fosse a dimensão da amostra. A aplicação de um pouco de estatística permite-nos determinar com rigor essa probabilidade. Supondo um valor de 0,30 para a população e uma amostra de 100 indivíduos, podemos afirmar que existiria uma probabilidade de 95% de o valor obtido na amostra se situar entre 0,11 e 0,47, um intervalo bastante amplo. Mas se a amostra incluísse 500 indivíduos, o intervalo correspondente a essa mesma probabilidade iria de 0,21 a 0,38, ou seja, a variação aleatória do resultado seria bastante menor. Enquanto que, com a amostra de dimensão 100, a correlação poderia variar entre valores geralmente considerados quase nulos (0,10-0,15) até valores já bastante elevados (0,45-0,50), a amostra mais numerosa permitiria evitar as variações mais extremas, dando-nos fortes garantias de que a correlação obtida não estaria afastada da "verdadeira" por mais de 0,1.

Este princípio de "quanto mais, melhor" tem, porém, limites. Se juntássemos à nossa amostra mais 400 indivíduos, obtendo um número total de 900, o nosso intervalo de confiança para a mesma probabilidade (95%) estender-se-ia entre 0,24 e 0,36, ou seja diminuiria muito pouco, se comparado com o que se obteria com 500 indivíduos. **As conclusões a extrair daqui serão duas. Primeiro, é importante, para que se possa realizar uma análise factorial digna de confiança, recolher dados junto de uma amostra bastante numerosa de indivíduos. Em amostras de**

pequena dimensão, os valores das correlações tendem a apresentar grandes flutuações e, uma vez que a análise factorial se baseia nesses valores, tende a apresentar resultados confusos, difíceis de interpretar e que se modificam acentuadamente de um estudo para outro, sobretudo nos factores menos importantes. Segundo, conforme a dimensão da amostra aumenta, a vantagem de introduzir novos indivíduos vai-se tornando cada vez menor, a ponto de, a certa altura, os custos da recolha de dados deixarem de compensar, em termos de melhoria do rigor dos resultados. Em princípio, deveria existir um ponto ideal de compromisso, em que as duas tendências se compensariam. O problema estará em determinar a localização desse ponto.

Ao longo da história da análise factorial, vários autores propuseram regras destinadas a orientar a resolução deste problema. Por exemplo, Comrey (1978, 1988) aponta como número mínimo 200 participantes, embora considere que só a partir de 400 o investigador se deverá sentir seguro e mencione casos da sua experiência em que a clareza dos resultados continuou a melhorar com o aumento do número de indivíduos, até este atingir valores da ordem de 2.000. Outros autores consideram que o número de indivíduos não é o único aspecto a ter em conta, e que o melhor será estabelecer uma proporção entre o número de indivíduos e o número de variáveis na análise, devendo a dimensão da amostra ser tanto maior quanto maior for o número de variáveis. Assim, por exemplo, Comrey (1978, 1988) recomenda 5 pessoas por variável, enquanto que Nunnally (1978, p. 436) prefere um mínimo de 10, o que é geralmente considerado excessivo, especialmente quando o número de variáveis é elevado. Tinsley e Tinsley (1987, p. 415) recomendam entre 5 e 10 pessoas por cada variável, até ao limite de 300 pois, acima desse número "os erros aleatórios de medição tendem a anular-se mutuamente, os parâmetros dos itens e dos testes tendem a estabilizar, e torna-se menos importante aumentar a dimensão da amostra".

No entanto, estes últimos autores ressalvam ainda que, segundo um estudo de Arrindell e Van der Ende (1985), a dimensão necessária para a amostra depende não apenas do número de variáveis, mas também da estrutura subjacente à matriz de correlações. Neste estudo, os autores aplicaram a *Fear Survey Schedule* (um inventário de situações geradoras de medo ou outras emoções desagradáveis, que os indivíduos avaliam numa escala de 5 pontos; a versão utilizada neste estudo era composta por 76 itens; ver Tasto, 1977, pp. 156-174) a uma amostra constituída por 1104 pessoas, e efectuaram sucessivas análises factoriais com subamostras alea-

A validade 407

toriamente seleccionadas, compostas por 500, 300, 200 e 100 indivíduos (o que corresponde a rácios indivíduos/variáveis de, respectivamente, 14,5 para a amostra completa, e de 6,6, 3,9, 2,6 e 1,3 para as sucessivas subamostras). "Concluíram [em resultado das várias análises,] que nem o rácio observações [ou seja, indivíduos]/variáveis nem o número absoluto de observações tinham qualquer efeito na estabilidade dos factores encontrados" e que mesmo a amostra de 100 indivíduos [com um rácio, recordemos, de 1,3 por variável] "forneceu uma solução factorial estável" (Tinsley e Tinsley, 1987, p. 415). Estes autores sugerem que a estabilidade dos factores encontrados depende em larga medida da precisão da estimativa dos coeficientes de correlação e da sobredeterminação dos factores (ou seja, do número de variáveis presentes relacionadas com esse factor): se estiver presente um número relativamente elevado de variáveis acentuadamente relacionadas com cada factor, a dimensão da amostra de indivíduos não assume tanta importância.

Uma posição definitiva a este respeito, no entanto, apenas poderia ser fundamentada com rigor através de estudos de simulação nos quais, partindo de estruturas factoriais determinadas a priori, se examinasse de forma sistemática o impacto que os diferentes factores em jogo (número de indivíduos, número de variáveis, rácio indivíduos/variáveis, número de factores, número de variáveis saturando em cada factor, nível de saturação, etc) exercem sobre o grau em que essa estrutura factorial presente na população é replicada através dos resultados das diferentes amostras. Estes métodos de simulação são particularmente úteis no estudo de diversos aspectos da análise factorial (bem como de outras técnicas estatísticas), uma vez que permitem ao investigador, desde que disponha dos conhecimentos estatísticos necessários, criar matrizes de dados com as características exactas que pretende, desde o número de variáveis até ao número de factores presentes, à saturação de cada variável em cada factor e até mesmo ao número de "indivíduos" que constituem a amostra (Cliff e Hamburger, 1967). Um estudo desse tipo foi levado a cabo por Guadagnoli e Velicer (1988) e não deixou de fornecer alguns resultados surpreendentes. Em primeiro lugar, foi claramente verificado que o factor com maior influência na replicabilidade dos factores era o nível de saturação das variáveis. Por exemplo, nos casos (simulados) em que a correlação do factor com as variáveis que o definiam era de 0,80, os factores eram sempre obtidos com toda a clareza, mesmo quando as amostras não ultrapassavam os 50 indivíduos. Quando o nível de saturação não era tão alto, emergia a importância de um segundo aspecto: a dimensão total da amostra. Com efeito, nos casos em que a correlação entre factores e variáveis era de 0,60 (o que deve corresponder ao caso mais típico na prática), apenas com amostras de 150 indivíduos ou mais a replicação dos factores era consistente, enquanto que o número de variáveis e os rácios indivíduos/factores ou variáveis/ /factores continuavam a não ter um efeito sensível. Só nos casos em que as saturações eram relativamente baixas (0,40) se detectava a presença de um efeito do número de variáveis saturando em cada factor, sendo os factores mais claramente replicados a partir das amostras quando maior número de variáveis com eles se correlacionavam. Para além disso, é de salientar que, com estes níveis de saturação, eram necessários 300 a 400 indivíduos na amostra para se obter uma replicação consistente. Uma situação especialmente curiosa verificou-se para o caso do rácio indivíduos/variáveis: enquanto que a maior parte dos autores aponta que a presença de um maior número de variáveis observadas na análise deveria obrigar à presença de maior número de indivíduos na amostra, os resultados do estudo de Guadagnoli e Velicer (1988) sugerem justamente o contrário. Embora o número de variáveis só tenha um efeito digno de nota nos casos em que o nível de saturação é baixo, esse efeito vai no sentido de a presença de um maior número de variáveis levar a uma maior estabilidade da solução factorial e, com isso, permitir que seja utilizada uma amostra de dimensão algo menor.

Em suma, a minha posição é de que o número de pessoas a recrutar para um estudo utilizando a análise factorial não necessita de ser astronómico, embora não sejam igualmente de aconselhar amostras demasiado pequenas. Como regra prática (afinal, apenas mais uma) podemos apontar para 100 como o mínimo absoluto. Serão raros os casos em que, em estudos com questionários, não se consiga atingir este número. Nas raras situações em que tal não aconteça, os resultados deverão ser considerados com grandes reservas e, logo que possível, deve ser efectuada uma replicação do estudo com uma nova amostra, de modo a verificar a consistência desses resultados. Em circunstâncias normais, porém, parece-me que seria preferível para o investigador estabelecer o número de 200 como objectivo mínimo para a dimensão da sua amostra. A partir de 300 indivíduos, parece haver pouca vantagem em recrutar um número ainda maior mas, se se puder aceder sem grandes custos a uma amostra de grande dimensão, a ocasião não será de desperdiçar. Nessas circunstâncias, talvez seja útil constituir duas ou mais subamostras e efectuar análises separadas, de modo a poder examinar a estabilidade dos resultados. Voltaremos mais tarde a referir-nos a este assunto. **Para além disso, parece-me ainda de**

A validade 409

aconselhar que os investigadores procurem obter uma estimativa a priori do nível de correlação esperada entre os factores e as variáveis (e.g., a partir de estudos publicados na literatura com o mesmo questionário ou com questionários semelhantes) e, nos casos em que haja razões para recear um nível de correlação baixo (e.g., inferior a 0,5), procurem obter uma amostra com mais de 300 indivíduos e incluir na amostra um maior número de variáveis (itens) relacionados com cada factor (e.g., 10).

Os métodos de extracção de factores

Depois de recolhidos os dados e obtida a matriz de correlações, haverá que decidir quanto ao método a utilizar na extracção dos factores. **os dois métodos mais conhecidos são a "análise em componentes principais" (em Inglês, *principal components analysis*) e a "análise em factores principais" (*principal factors analysis*, também por vezes chamada *principal axis factoring*).** Esta última é ainda designada por alguns autores simplesmente como "análise factorial", pois há quem considere que os outros métodos, sobretudo a análise em componentes principais, não são verdadeiras análises factoriais. Estes dois métodos são bastante semelhantes, pelo que interessa sobretudo focalizar aquilo que os diferencia.

Recordando aquilo que dissemos em relação à chamada "teoria clássica do erro", a propósito da avaliação da precisão (página 233), **a variância de qualquer variável observada pode ser dividida em duas partes: a variância sistemática, ou variância dos resultados verdadeiros, e a variância de erro. Quando uma variável está inserida num conjunto de outras variáveis, entretanto, é possível fazer uma outra distinção: dentro da variância sistemática, uma parte será específica dessa variável, enquanto que outra parte será comum a outras variáveis, reflectindo a influência de um mesmo conjunto de factores latentes sobre as diversas variáveis observadas.** A forma como é feita a avaliação da proporção de variância comum será abordada em detalhe mais adiante. Mas vejamos um exemplo simples. Consideremos duas variáveis cuja precisão é de 0,8, e que apresentam uma correlação de 0,6 entre si. Por razões que veremos mais adiante, sabemos que a proporção de variância comum no total da variância, chamada comunalidade, será igual a 0,6 para ambas as variáveis. Por outro lado, sabemos qual a proporção correspondente a variância sistemática (o valor do coeficiente de precisão, ou seja, 0,8) e qual a proporção correspondente a variância de erro (0,2). Uma vez que a comunalidade faz parte da variância sistemática, pois a variância de erro, por definição, apresenta uma correlação de zero com qualquer outra variável, a proporção de variância específica pode ser obtida por subtracção: 0,8-0,6 = 0,2. Assim, concluímos que, para ambas as variáveis consideradas, a proporção de variância comum (comunalidade) é de 60%, a de variância específica 20% e a de variância de erro também 20%.

A análise em factores principais baseia-se na ideia de que, por definição, só a variância comum interessará para uma análise factorial. A variância de erro não é influenciada de modo sistemático por nenhum factor e, pressupondo que um factor latente terá sempre de influenciar mais do que uma variável, a variância específica também em nada interessa à identificação dos factores. Sendo específica de uma dada variável, essa variância corresponde somente, e por definição, a um factor observável (a variável) e não a um factor latente. Se considerarmos a matriz de correlações em que se irá basear a análise factorial, é óbvio que só a variância comum irá influenciar as correlações entre diferentes variáveis, ou seja, aquelas que se situam fora da diagonal da matriz. Mas a escolha do valor a colocar na diagonal irá reflectir a escolha do investigador quanto à proporção de variância de cada variável a incluir na análise factorial: se se pretende que a análise se processe sobre toda a variância, deve colocar-se na diagonal o valor 1 (é assim que se procede na análise em componentes principais); se se pretende que incida apenas sobre a variância sistemática, deve colocar-se o valor do coeficiente de precisão (o que raramente é feito); se se pretende incluir apenas a variância comum, deve colocar- -se o valor da comunalidade (o que acontece na análise em factores principais). Dadas estas diferenças, o procedimento de cálculo é idêntico nos dois casos.

Antes de abordarmos outras técnicas, interessa avaliar os méritos relativos destas duas. Não existem grandes dúvidas de que a análise em factores principais é mais rigorosa, pois é óbvio que a variância específica e, sobretudo, a variância de erro, são irrelevantes numa análise factorial. Mas diversos aspectos, práticos tornam a questão menos clara. Para começar, os resultados obtidos com uma e outra técnica tendem a ser muito semelhantes, e tanto mais semelhantes quanto maior o número de variáveis na análise. A razão deste fenómeno é fácil de compreender: quanto maior a dimensão da matriz de correlações, menor a proporção de correlações que se situam na diagonal. Se tivermos,

A *validade* 411

por exemplo, uma matriz composta por 5 variáveis, teremos um total de 25 correlações (ignoremos agora o facto de que 10 delas são redundantes). Dessas 25 correlações, 5, ou seja, 20%, estarão situadas sobre a diagonal. Mas se a matriz incluir 10 variáveis, as correlações situadas sobre a diagonal serão apenas 10 em 100, ou seja, 10%. E se as variáveis forem 20, serão 20 em 400, ou seja, apenas 5%. **Por esta razão, muitos autores defendem que a utilização de um ou outro método é indiferente quando o número de variáveis é relativamente grande (digamos, acima de 30; e.g., Nunnally, 1978, p. 418).**

Um problema associado à análise em factores principais é o da estimação das comunalidades. Esta estimação equivale a determinar qual a proporção de variância de cada variável explicada pelos factores relevantes no conjunto de variáveis consideradas. Ora, em princípio, estimar esta proporção implica saber quais são esses factores. Mas, se o método de extracção dos factores implica conhecer previamente as comunalidades, o problema é aparentemente irresolúvel. Como em muitos outros casos, estas situações são resolvidas com recurso a métodos iterativos (aproximações sucessivas), já mencionados a propósito da estimação de parâmetros na teoria da resposta ao item. O procedimento mais comum consiste em partir de uma estimativa da comunalidade de cada variável, colocar esses valores na diagonal da matriz e extrair os factores. De posse da matriz de factores, é possível calcular as comunalidades para esse conjunto de factores (veremos como um pouco mais adiante). O que normalmente acontece é que as novas estimativas das comunalidades não coincidem com as iniciais e podem até ser bastante diferentes. Nesse caso, substitui-se na diagonal da matriz as estimativas iniciais pelos valores saídos da análise factorial e repete-se a extracção com o mesmo número de factores. As discrepâncias entre as comunalidades obtidas na primeira e na segunda análise factorial deverão já ser menores e o procedimento é repetido até que essas discrepâncias se tornem inferiores a um certo limiar (e.g., nenhuma variável apresente uma diferença maior do que 0,01). É óbvio que se trata de um procedimento trabalhoso, pois envolve a realização de sucessivas análises factoriais mas, hoje em dia, os computadores realizam todo o procedimento de forma automática em poucos minutos.

Mas mesmo esta técnica de aproximações sucessivas apresenta ainda pelo menos duas dificuldades. A primeira tem a ver com a necessidade de dispor de uma estimativa inicial das comunalidades.

Também aqui existem diferentes propostas, cada uma delas apoiada em argumentos mais ou menos racionais mas que, como habitualmente, tendem a fornecer resultados discrepantes. Existem três opções mais comuns. (a) A correlação de valor absoluto mais elevado que a variável apresenta com outra variável incluída na análise. Trata-se simplesmente de, para cada variável, examinar todas as suas correlações com outras variáveis presentes na matriz, e identificar a que tem o valor absoluto mais elevado. Esse valor será tomado como estimativa da comunalidade, baseando-se no argumento de que as variáveis com comunalidades mais elevadas tendem a apresentar correlações mais elevadas com as outras variáveis, mas este índice é altamente falível, tanto podendo subestimar como sobrestimar o valor da comunalidade, pelo que não é de recomendar. (b) A estimativa da precisão da variável, que corresponde ao limite máximo da comunalidade. A comunalidade nunca pode exceder a precisão, pois corresponde à proporção de variância comum, enquanto que a precisão engloba a variância comum e a específica. Assim, uma vez obtida uma estimativa da precisão, sabemos com certeza (salvo flutuações aleatórias) que o valor da comunalidade será inferior. Este método não constitui também uma boa opção, pois tende a sobrestimar de modo sistemático a comunalidade, levando a que seja incluída na análise a variância específica, quando o objectivo era limitá-la à variância comum. (c) O quadrado da correlação múltipla entre cada variável e todas as restantes é geralmente considerado como a melhor alternativa para a estimação das comunalidades, uma vez que o seu objectivo é o de estimar a proporção de variância de cada variável que pode ser explicada pelas outras variáveis presentes, o que está muito próximo do conceito de variância comum. Em princípio, o quadrado da correlação múltipla poderá apresentar alguma tendência para subestimar a comunalidade, mas esta é geralmente ligeira e corrigida ao longo das sucessivas análises factoriais. Os detalhes do cálculo do quadrado da correlação múltipla foram abordados a propósito do exame da redundância dos itens (página 313 e seguintes), pelo que não necessitamos de os repetir aqui. A maior parte dos programas de análise estatística determinam de forma automática o quadrado da correlação múltipla (e efectuam as respectivas iterações) como parte do procedimento de análise em factores principais.

Embora o método do quadrado da correlação múltipla seguido de iterações seja o mais frequentemente recomendado na literatura, é importante referenciar algumas críticas que lhe têm sido apontadas, em particular por Cureton e D'Agostino (1983). Argumentam estes autores, em primeiro

A validade 413

lugar, que o quadrado da correlação múltipla tende em geral a subestimar os valores das comunalidades mas que, em certas condições, essa subestimação pode não existir e pode mesmo ser substituída por uma sobrestimação sensível. Isto tende a acontecer sobretudo quando as variáveis são numerosas e a sua precisão é bastante baixa, o que leva a que o procedimento de regressão múltipla acabe por incluir na comunalidade alguma variância de erro. Esta tendência está sempre presente, mas é normalmente desprezível e é compensada pela tendência "natural" de subestimação. Mas, quando a proporção de variância de erro é elevada (baixa precisão das variáveis) e o número de preditores (variáveis) é também elevado, a sobrestimação pode tornar-se excessiva. Por isso, estes autores consideram que o quadrado da correlação múltipla fornece um bom índice das posições relativas das várias variáveis em termos de comunalidade, mas não deve merecer confiança como indicador do nível geral das comunalidades, por poder dar origem, consoante os casos, a sobrestimações e subestimações sistemáticas desse nível. Pelo contrário, e ainda segundo Cureton e D'Agostino (1983, pp. 140-141), o valor absoluto máximo da correlação de cada variável constitui um índice bastante falível para cada correlação individual, mas a sua média aproxima-se em geral bastante do nível médio das comunalidades "reais". Assim, estes autores sugerem que se utilize a média dos valores absolutos máximos de correlação de cada variável como estimativas do nível geral e o quadrado da correlação múltipla como estimativa da posição relativa de cada variável, através da seguinte fórmula:

$$\hat{h}_i^2 = R_i^2 \, \frac{\sum |r_i|_{max}}{\sum R^2}$$

(161)

em que h_i^2 corresponde à comunalidade, pelo que a fórmula se refere à estimação da comunalidade da variável de índice i, R_i^2 é o quadrado da correlação múltipla entre a variável i e todas as outras e $|r_i|_{max}$ é o valor máximo do módulo (valor absoluto) da correlação entre a variável i e qualquer outra. Esta fórmula corresponde a introduzir uma correcção nos valores dos quadrados das correlações múltiplas, correspondente à proporção entre o nível geral (aqui dado pelos somatórios) dos valores absolutos máximos e dos quadrados das correlações múltiplas. Independentemente de qualquer discussão sobre os méritos desta correcção, há que ter presente que os seus efeitos, em termos dos resultados finais da análise, não deverão ser grandes. Se as diferenças entre a colocação, na diagonal da matriz,

414   *Questionários: Teoria e prática*

de estimativas das comunalidades ou do valor 1 já tendem a ser reduzidas, mais reduzidos ainda serão os efeitos desta correcção, sobretudo se os valores forem depois submetidos a iterações.

Uma segunda objecção apontada pelos mesmos autores dirige-se ao procedimento que consiste em repetir iterativamente a extracção dos factores até que as comunalidades estabilizem. Segundo Cureton e D'Agostino (1983, p. 139), a aplicação deste procedimento conduz com frequência a uma situação anómala connhecida por "caso de Heywood", e que consiste na obtenção de uma estimativa da comunalidade de uma variável como sendo superior a 1. Ora, como é impossível que os factores considerados expliquem mais do que 100% da variância de uma qualquer variável, podemos concluir que uma análise factorial que fornece um tal resultado terá incluído um qualquer aspecto anómalo. Com maior frequência ainda, segundo os mesmos autores, este método dá origem aos chamados "quasi-casos de Heywood", nos quais o valor encontrado para a comunalidade é superior à precisão da variável, ainda que inferior a 1, outro resultado anómalo. A minha experiência, no entanto, é de que este resultado está fortemente dependente da opção tomada em termos do número de factores a considerar. Quando se utiliza, para determinar esse número, métodos que se sabe hoje conduzirem a uma sobrestimação (de entre os quais se destaca o método de Kaiser, ou dos valores próprios superiores a 1), é relativamente frequente o surgimento de casos de Heywood na análise em factores principais com iterações. É perfeitamente plausível que o surgimento de quasi-casos de Heywood seja ainda mais frequente, mas a sua detecção implica conhecer o valor da precisão das variáveis analisadas, o que não é em geral possível quando a análise se faz ao nível dos itens. Como a análise factorial realizada ao nível das escalas é bastante menos comum, não me é possível estimar com que frequência este tipo de situações se verificará. De qualquer modo, é fácil constatar que a combinação deste tipo de análise com o critério de Kaiser conduz quase sempre a estimativas das comunalidades, no final da análise, muito superiores às obtidas inicialmente, pelo que a possibilidade de ocorrerem quasi-casos de Heywood não detectados é bastante plausível. Pelo contrário, utilizando métodos que se pensa actualmente estimarem com muito maior rigor o número de factores a considerar (nomeadamente métodos derivados da "análise paralela"), nunca verifiquei, em algumas dezenas de análises com tipos de dados bastante variados, o surgimento de quaisquer casos de Heywood. Quanto aos quasi-casos de Heywood, e pelas razões acima apontadas, a avaliação é bastante mais difícil. No entanto, não me parece plausível que tal aconteça com frequência, uma vez que é raro que os valores estimados para as comunalidades, após a análise factorial, sejam muito superiores às estimativas iniciais fornecidas pelo quadrado da correlação múltipla. A tendência geral vai no sentido de as estimativas finais serem mesmo um pouco inferiores às iniciais e, quando sucede que alguma variável apresente uma estimativa mais elevada após a análise, essa diferença não é geralmente grande, não se destaca visivelmente da distribuição de diferenças encontrada para o conjunto das variáveis, e o valor da estimativa final da comunalidade é quase sempre inferior à que é obtida a partir da análise em componentes principais. A minha opinião é, portanto, a de que o problema apontado por Cureton e D'Agostino resulta do seu uso de métodos que conduzem à extracção de um número excessivo de factores. O surgimento de casos de Heywood, numa análise em factores principais com iteração até estabilização das comunalidades, poderá mesmo ser considerado como um sinal de que se estará a tentar extrair um número excessivo de factores.

A análise em componentes principais e a análise em factores principais constituem os dois métodos mais frequentemente usados para a extracção dos factores. Existem, contudo, diversos outros, como o *método α* (Kaiser e Caffrey, 1965), o *método de imagem*, o *método dos centróides* (muito utilizado antes da generalização dos computadores, pois permitia obter resultados muito semelhantes aos da análise em factores principais com muito menor volume de cálculos, mas hoje em dia em desuso), os *métodos de máxima verosimilhança*, o *método dos residuais mínimos (MINRES)*, etc (Cureton e D'Agostino, 1983, pp. 164-167; Nunnally, 1978, Cap. 10; Tinsley e Tinsley, 1987, pp. 417-419). **Em geral, pode dizer-se que as diferenças entre os resultados fornecidos pelos diferentes métodos tendem a ser relativamente pequenas e sem consequências sensíveis, sobretudo quando o número de variáveis é relativamente grande e nenhuma delas apresenta uma comunalidade baixa.** Gorsuch (1974, citado por Tinsley e Tinsley, 1987), sugere um mínimo de 30 variáveis e de 0,40 de comunalidade para cada uma delas mas, na minha experiência, mesmo quando estas condições não se verificam, as implicações da escolha do método de extracção são muito menos relevantes do que outras decisões necessárias ao longo do processo de análise.

Existe, no entanto, uma distinção que me parece de alguma relevância e que está na base da maior parte das divergências entre métodos. Quando um investigador analisa os resultados de um certo grupo de indivíduos num certo conjunto de variáveis, poderá estar interessado apenas nesses conjuntos de indivíduos e variáveis que, nesse caso, constituirão a sua

416   *Questionários: Teoria e prática*

população de interesse ou, pelo contrário, poderá considerá-los apenas como amostras das populações de indivíduos e variáveis para as quais pretende generalizar. Assim, por exemplo, se um investigador pretende estudar o interesse que os professores que frequentam um determinado centro de formação contínua têm por diferentes áreas de formação, deverá tentar recolher dados junto de *todos* os professores do centro. Uma vez que ao investigador (que poderá ser um dos responsáveis do centro) apenas interessam as preferências desses professores, e não pretende daí inferir nada acerca de outros, os seus dados serão referentes a uma população. Mas, se se questionar um grupo de algumas centenas de professores com o objectivo de daí se inferir os interesses de todos os professores do país, os nossos dados serão referentes a uma amostra e teremos um problema de generalização a resolver. A questão é semelhante para as variáveis. Se se pretende estudar as atitudes dos participantes acerca dos países que integram a União Europeia, não é difícil obter a totalidade da população (a lista exaustiva dos países da União Europeia). Mas, em muitos casos, e sobretudo quando a análise é feita ao nível dos itens, não é fácil defender que as variáveis constituem uma população, pois seria quase sempre possível elaborar um número considerável de novos itens para medir as mesmas dimensões.

Esta distinção é importante porque, se examinarmos a totalidade da população, teremos apenas necessidade de a *descrever*, enquanto que, se examinarmos uma amostra, teremos de *inferir* quais os valores para a população. Esta segunda tarefa é bastante mais complexa, pois não teremos nunca a certeza de quais serão esses valores e apenas podemos estimar qual o valor mais provável e, eventualmente, um intervalo de variação dentro do qual haja uma certa probabilidade de que o valor para a população se encontre. Esta necessidade de trabalhar com estimativas, em vez de directamente com os valores observados, complexifica de forma sensível os cálculos na análise factorial, pelo que muitos autores a procuram evitar, levando a que a maior parte dos métodos pressuponha que os conjuntos de indivíduos e variáveis examinadas constituem as populações de interesse. Estão nestas condições os métodos de análise em componentes principais, análise em factores principais, de imagem, dos residuais mínimos e dos centróides, entre outros que não referirei aqui. A menor complexidade destes métodos, porém, tem como contrapartida a impossibilidade de efectuar qualquer generalização dos resultados obtidos para outros conjuntos de variáveis ou indivíduos semelhantes. (Mais um exemplo dos pressupostos escondidos dos métodos de análise factorial.)

A validade 417

Um outro tipo de métodos considera o conjunto de variáveis como uma população, mas o conjunto de indivíduos como uma amostra, representativa de uma população de dimensão potencialmente infinita. Dentro deste tipo de métodos, que já possibilitam inferências para outros grupos de indivíduos, embora não para outros grupos de variáveis, destacam-se os de máxima verosimilhança, com algumas das suas variantes, como a análise factorial canónica. Para além disso, estes métodos apresentam ainda a vantagem de incluírem um teste de significância da hipótese de que uma população na qual estivessem presentes os factores indicados na análise poderia dar origem a uma amostra cujos resultados fossem aqueles que o investigador observou. Mas este teste, naturalmente, estará sujeito a todos os inconvenientes dos testes de significância, nomeadamente a tendência indiscriminada para fornecer resultados não significativos (sugerindo que a hipótese é sustentável) em amostras de reduzida dimensão e resultados significativos (sugerindo que a hipótese deve ser rejeitada) em amostras numerosas.

Entre os métodos que pressupõem que o conjunto de variáveis considerado constitui uma amostra de uma população potencialmente infinita, mas que os indivíduos avaliados constituem a totalidade da população de interesse, temos o método α (alfa, Kaiser e Caffrey, 1965). Este método possibilita a inferência para outros conjuntos de variáveis incluídas dentro do mesmo domínio conceptual, e tem por objectivo maximizar a generalizabilidade dos factores para esses outros conjuntos. Ora, esta é precisamente a característica que se pretende avaliar quando se utilizam índices de precisão das escalas, tais como o coeficiente α. É, por isso, inteiramente correcto afirmar que este método de análise factorial maximiza o coeficiente α dos factores que extrai, e é essa a origem da sua designação.

Certamente devido à complexidade matemática envolvida, não existe, pelo menos no meu conhecimento, nenhum método de análise factorial que considere simultaneamente os indivíduos e as variáveis como amostras. Mas poderíamos perguntar-nos por que razão a maior parte dos estudos utilizam métodos que pressupõem populações tanto de indivíduos como de variáveis, quando essa é, afinal, a situação menos verosímil e menos frequente. A principal razão deverá ser aquela que atrás apontámos: a generalidade dos métodos fornece resultados bastante semelhantes na grande maioria das situações, pelo que os investigadores tendem a lançar mão de um método qualquer, mais frequentemente a análise em componentes principais, por ser mais simples e directa. Uma segunda razão tem a ver com a determinação do número de factores. Com efeito, a análise em

418   *Questionários: Teoria e prática*

componentes principais, sobretudo, tem associados uma série de procedimentos, de origens diversas e com diferentes graus de rigor, mas geralmente simples e expeditos, que procuram apontar o número de factores que deverão ser considerados para interpretação. Veremos na secção seguinte estes diversos procedimentos e os seus méritos.

Quanto ao método α, este apresenta igualmente o mesmo problema, pois embora inclua um critério para determinar a selecção dos factores, este não pode ser considerado fiável. Para além disso, a verdade é que os pressupostos deste método raramente se verificam na prática. É quase sempre mais importante poder generalizar para outros grupos de indivíduos do que para outros conjuntos de variáveis. Quando um investigador efectua uma análise factorial dos resultados fornecidos por um dado questionário, não está geralmente interessado em saber aquilo que aconteceria se tivesse utilizado um outro conjunto de itens com os mesmos indivíduos mas, eventualmente, naquilo que aconteceria se tivesse utilizado os mesmos itens com outro conjunto de indivíduos, pois o mais natural é que a sua intenção para o futuro (e é para aí que mais interessa a generalização) seja a de continuar a utilizar o mesmo questionário com novos indivíduos, e não o de elaborar sucessivamente novos itens para avaliar os mesmos construtos e utilizá-los sempre com as mesmas pessoas. Para além disso, há que considerar todos os problemas ligados à amostragem de variáveis, que já mencionámos a propósito da teoria da generalizabilidade. É raro que um investigador seleccione as suas variáveis ao acaso de entre um vasto conjunto, procedimento habitual para conseguir uma amostra representativa de indivíduos, mesmo quando as variáveis são itens de um questionário. A escolha ou elaboração das variáveis é quase sempre um acto deliberado ou planeado e nem sempre seria fácil substituir essas variáveis por outras, permanecendo fiel aos objectivos do estudo e ao rigor metodológico. Sabemos também que muitos autores consagrados recusam liminarmente que conceitos como população ou amostra se possam aplicar às variáveis (Loevinger, 1965). Para além disso, este método deixa-nos ainda com o problema da inferência (insustentável) para outros conjuntos de indivíduos, da qual poucos investigadores estariam dispostos a prescindir. Tudo isto faz com que o método α, apesar da sua vantagem de maximizar a generalizabilidade dos factores, só muito raramente surja na investigação.

Aquilo que, afinal, é típico, como já dissemos, é a utilização mais ou menos indiscriminada da análise em componentes principais, sendo o problema da generalização para outros grupos de indivíduos ignorado olimpicamente ou, então, parcialmente resolvido através de sucessivas análises das mesmas variáveis em diferentes amostras de participantes, com o objectivo de demonstrar a replicabilidade dos resultados. De qualquer modo, o método de análise em factores principais não deixa de apresentar algumas (pequenas) vantagens sobre a análise em componentes principais em certas situações, pelo que não seria de recomendar o seu abandono, e o método de máxima verosimilhança tende a apresentar as mesmas vantagens e, ainda, um maior rigor conceptual, sobretudo quando se pretende generalizar para uma população de indivíduos. Uma vez que a complexidade e extensão dos cálculos, hoje em dia sempre realizados por computadores, já não constituem obstáculo, parece-me de encorajar uma utilização mais frequente deste método.

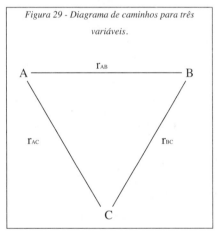

Figura 29 - Diagrama de caminhos para três variáveis.

Mas vejamos então quais são, em concreto, as vantagens dos métodos de análise em factores principais e de máxima verosimilhança, em relação à análise em componentes principais. Para isso, torna-se útil introduzir alguns princípios subjacentes a todas as análises factoriais, bem como a outras técnicas da estatística multivariada e que, aliás, nos voltarão a ser úteis mais adiante. Suponhamos três variáveis, designadas A, B e C, e representadas na Figura 29 juntamente com as suas intercorrelações. O primeiro princípio a reter é o de que, se a correlação entre A e B, por exemplo, for *exclusivamente* devida à correlação que ambas apresentam com C, então a correlação entre A e B será igual ao produto da correlação entre A e C pela correlação entre B e C:

$$r_{AB} = r_{AC} r_{BC} \qquad (162)$$

Suponhamos agora que introduzimos uma nova variável, D (Figura 30), e que a correlação entre A e B é exclusivamente devida à correlação destas variáveis com C e D. O valor dessa correlação será dado por:

$$r_{AB} = r_{AC} r_{BC} + r_{AD} r_{BD} + r_{AC} r_{CD} r_{BD} + r_{AD} r_{CD} r_{BC} \qquad (163)$$

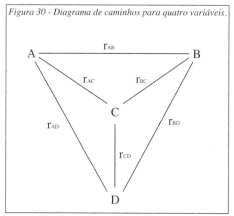

Figura 30 - Diagrama de caminhos para quatro variáveis.

Isto pode parecer complicado mas, na realidade, é muito simples: basta (a) encontrar todos os caminhos possíveis para ir de A até B no diagrama; (b) para cada um deles, calcular o produto de todas as correlações encontradas ao longo do caminho; (c) somar o resultado de todos os caminhos. Existem quatro maneiras (indirectas) de ir de A até B no nosso diagrama: A-C-B, A-D-B, A-C-D-B e A-D-C-B. Está assim justificada a equação 163. Devido a este princípio de encontrar e seguir todos os caminhos possíveis, chama-se a esta técnica "análise de caminhos" (em Inglês, *path analysis*). De notar, entretanto, que, quando esta expressão surge na literatura, se refere quase sempre a um procedimento mais complexo, ainda que baseado nos mesmos princípios, e que referiremos mais adiante. Note-se, ainda, que bastaria que uma das correlações fosse nula para que a fórmula ficasse bastante simplificada, reduzindo-se a duas parcelas. Quando se sabe ou pressupõe que uma das correlações é nula, é habitual eliminar-se por completo a indicação do percurso entre as variáveis em causa, de modo a simplificar a análise, pois todos os caminhos que por ele passem serão automaticamente iguais a zero, podendo ser ignorados.

As variáveis em questão neste tipo de análise não necessitam de ser observadas. De facto, uma das grandes utilidades deste princípio resulta da possibilidade que nos dá de estimar correlações envolvendo variáveis latentes (hipotéticas, não observadas). Vejamos uma aplicação simples à análise factorial, utilizando o diagrama da Figura 29. Suponhamos que A e B são duas variáveis observadas que apresentam entre si uma certa correlação. Colocamos a hipótese de que essa correlação pode ser explicada pelo facto de ambas as variáveis estarem relacionadas com um mesmo factor latente (C). O problema de qualquer análise factorial será o de determinar as correlações (saturações) de A e B com C. Aqui, a análise de caminhos pode-nos dar uma ajuda preciosa: desde que estejamos dispostos a assumir que a correlação observada entre as variáveis é exclusivamente devida a um único factor (C), sabemos que o produto das correlações de cada variável com o factor terá de ser igual à correlação observada, tal como nos diz a equação 162.

A validade 421

O problema é que esta conclusão não nos permite ainda chegar ao valor de cada correlação. Voltemos ao nosso exemplo de duas variáveis apresentando uma correlação de 0,6 e suponhamos que essas variáveis são as variáveis A e B da Figura 29. Postulemos ainda que a correlação verificada entre as duas variáveis é exclusivamente devida à influência sobre ambas de um mesmo factor, C. Infelizmente para nós, não é possível determinar a correlação entre cada variável e o factor, pois há uma infinidade de pares de valores, situados entre -1 e 1, e cujo produto é 0,6. Por exemplo, 0,75 e 0,8 (ou vice-versa), mas também 0,(6) e 0,9, ou 0,65 e 0,923, já para não falar em 0,6 e 1, ou em -0,75 e -0,8. Mais uma vez o problema da indeterminação das soluções, que só conseguimos ultrapassar estabelecendo uma nova restrição (ou pressuposto): fixar arbitrariamente o valor de uma das correlações, ou determinar (ou pouco menos arbitrariamente) que elas terão de ter valores idênticos e positivos. Neste último caso, é óbvio que a correlação entre cada variável e o factor será igual à raiz quadrada da correlação entre as variáveis, ou seja, 0,77. Voltemos agora a examinar a solução apontada pela análise em componentes principais, apresentada no Quadro 18 (página 398), e apliquemos-lhe a análise de caminhos, sendo as variáveis observadas A e B (em vez de X e Y), e os factores, respectivamente, C e D. Uma vez que os factores extraídos pela análise em componentes principais (de facto, por todos os métodos de extracção aqui mencionados) são ortogonais, ou seja, apresentam entre si uma correlação de zero, não precisamos de nos preocupar com os caminhos que incluam ir de um factor para outro, uma vez que todos eles terão valor zero. A correlação observada poderá, então, ser reproduzida a partir das saturações das variáveis nos factores:

$$r_{AB} = r_{AC}r_{BC} + r_{AD}r_{BD} = (0{,}89 \times 0{,}89) + \left[0{,}45 \times (-0{,}45)\right] = 0{,}79 - 0{,}20 = 0{,}59 \quad (164)$$

Como vemos, a correlação foi reproduzida exactamente, apenas com um pequeno erro devido aos arredondamentos. O problema está em que, na análise em componentes principais, nunca se consideram todos os componentes, pois o objectivo é o de reduzir o número de variáveis, identificando os principais factores latentes. Uma vez que o número de componentes é sempre igual ao de variáveis, se considerássemos todos os factores ficaríamos exactamente na mesma, apenas bastante mais confusos, por termos substituído as variáveis observadas por variáveis latentes. Por isso, aquilo que se faz sempre é seleccionar um conjunto de factores, os mais importantes no sentido de explicarem maior proporção de variân-

422 *Questionários: Teoria e prática*

cia, e que foram extraídos em primeiro lugar. Foi isso que ficou sugerido quando dissemos que o segundo factor extraído talvez não tivesse significado e que talvez fosse devido apenas ao facto de as variáveis, apesar de influenciadas por um único factor, não poderem apresentar uma correlação de 1 devido à presença de alguma variância de erro (e de variância específica). Por isso, faria sentido ignorar o segundo factor e considerar apenas o primeiro. Mas vejamos qual seria o valor da correlação reproduzida se assim procedêssemos:

$$r_{AB} = r_{AC} r_{BC} = 0,89 \times 0,89 = 0,79 \tag{165}$$

Os resultados dizem-nos que a correlação entre as variáveis é de 0,8 (fora os arredondamentos), quando sabemos que é apenas de 0,6! Voltando a olhar para a equação 164, torna-se claro que o papel do Factor II neste caso é o de criar um componente negativo, devido às saturações de sinais opostos, que corrija a sobrestimação introduzida pelo Factor I. Encontramos aqui a principal crítica que se pode apontar à análise em componentes principais como técnica de análise factorial: tende a sobrestimar as saturações nos primeiros factores, criando depois factores residuais que compensam essa sobrestimação; mas como só os primeiros factores são geralmente retidos para rotação e interpretação, a sobrestimação permanece até aos resultados finais. Vejamos, em comparação, o comportamento da análise em factores principais, cujos resultados, em termos de saturações das variáveis, são apresentados no Quadro 20. Reparemos, em primeiro lugar, no desaparecimento do Factor II, que apresenta uma correlação de zero com ambas as variáveis. De facto, a análise de caminhos já nos tinha mostrado como um único factor é suficiente para explicar uma correlação (postulamos aqui, como sempre na análise factorial, que não existe influência directa de nenhuma variável sobre outra; se essa influência ocorresse, não seria necessário invocar nenhum factor latente para explicar a correlação). Em segundo lugar, reparemos como os valores encontrados para as saturações das variáveis correspondem exactamente (com arredondamento) à raiz quadrada do valor da correlação, coincidindo com a solução que tínhamos atrás previsto para o caso em que as duas saturações fossem iguais. Parece, portanto, que a análise em factores principais apresenta sobre a análise em

Quadro 20 - Matriz de factores obtidos numa análise factorial, pelo método de factores principais, de duas variáveis com uma correlação de 0,6.

	Factor I	Factor II
X	0,77	0,00
Y	0,77	0,00

A validade 423

componentes principais a importante vantagem de não sobrestimar as saturações nos factores iniciais.

Poderemos entender a razão para esta diferença se considerarmos a variância explicada por uma e outra solução. Já sabemos que o total de variância explicada por um dado factor pode ser calculado somando os quadrados de todas as saturações nesse factor. O mesmo princípio se aplica às variáveis: a soma dos quadrados de todas as saturações dessa variável nos diversos factores equivalerá à proporção de variância explicada pelos factores considerados, ou seja, será a comunalidade da variável. É com base neste princípio que é calculada a comunalidade de cada variável após as sucessivas iterações na análise em factores principais, e é também aqui que se baseiam as estimativas de comunalidades quase sempre fornecidas pelos computadores no final dos procedimentos de análise factorial. Podemos verificar como, na análise em componentes principais, os dois factores extraídos explicam 100% da variância de cada variável, elevando ao quadrado e somando os valores ao longo da linha do Quadro 18 (página 398). Mas sabemos já que uma variável não pode apresentar uma comunalidade de 1. Supondo, mais uma vez, que as duas variáveis apresentam saturações idênticas, poderemos avaliar a comunalidade de cada uma delas em $0,77^2$, ou seja, 0,6. Ora, mesmo se considerarmos apenas o primeiro factor da análise em componentes principais, a estimativa da comunalidade já será $0,89^2$, ou seja, $0,89^2$ Basta o primeiro factor para já sobrestimarmos a comunalidade. Pelo contrário, reparemos como a análise em factores principais estima correctamente as comunalidades, e como o total de variância por ela explicado é de apenas 1,2 (a soma das comunalidades) e não o total da variância (2). O que acontece é que a análise em componentes principais força a variância específica e aleatória a entrarem nos factores, o que não deveria acontecer. Este facto não seria tão negativo se ocorresse apenas nos últimos factores, que serão descartados, como parecem acreditar muitos investigadores. Embora a proporção de variância espúria nos factores aumente conforme estes vão sendo sucessivamente extraídos, alguma está já presente nos primeiros, e tem como efeito inflaccionar as suas saturações.

No nosso caso, teremos 2 como variância total, 1,2 de variância comum e 0,8 de variância específica ou aleatória. O primeiro factor da análise em componentes principais tem um valor próprio de 1,6, ou seja, explica a totalidade da variância comum e 0,4 (metade) da variância espúria. Ao segundo factor resta explicar a outra metade da variância espúria (donde o seu valor próprio de 0,4) e, ao mesmo tempo, anular a presença

424 *Questionários: Teoria e prática*

da variância espúria no primeiro factor. É fácil ver como isto acontece: enquanto no primeiro factor as saturações vão no mesmo sentido, fazendo elevar a correlação reproduzida entre as variáveis, no segundo factor vão em sentido opostos, fazendo-a descer. Eliminando os últimos factores, elimina-se grande parte da variância espúria, mas essa eliminação é enviesada, pois parte dela permanece nos primeiros factores, precisamente aquela que vai no sentido de aumentar as correlações. A eliminação dos erros negativos, incongruentes com os factores iniciais, mas não dos positivos, congruentes com eles, acaba por conduzir à sobrestimação da variância explicada, com todas as suas consequências.

Vejamos um novo exemplo, um pouco mais complexo e realista, que nos permitirá constatar de novo este fenómeno, antes de verificarmos aquilo que ocorre na prática. Retomemos, para isso, a matriz de correlações apresentada no Quadro 15 (página 386) e analisemo-la pelos dois métodos, extraindo dois factores, pois sabemos ser esse o número subjacente à matriz. Os resultados, em termos de saturações das variáveis, são apresentados no Quadro 21. Reparemos como a análise em componentes principais sobrestima mais uma vez as saturações. Multiplicando as saturações das variáveis sob influência do mesmo factor, encontramos o valor 0,7, contra 0,8 do exemplo com duas variáveis. Isto ilustra o princípio bem conhecido de que a diferença entre os dois métodos se reduz quando o número de variáveis aumenta. Reparemos também como a análise em factores principais volta a fornecer um valor bastante exacto. O resultado em termos de correlações reproduzidas entre variáveis influenciadas pelo mesmo factor é de 0,59, e a maior parte do erro é devido aos arredondamentos destinados a reduzir o número de casas decimais nos resultados.

Quadro 21 - Resultados da análise factorial, pelos métodos de análise em componentes principais (ACP) e análise em factores principais (AFP), da matriz de correlações apresentada no Quadro 15.

	ACP		AFP	
	Factor I	Factor II	Factor I	Factor II
Item 1	0,84	0,0000	0,7745	0,0000
Item 2	0,84	0,0000	0,7745	0,0000
Item 3	0,85	0,0000	0,7745	0,0000
Item 4	0,84	0,0000	0,7745	0,0000
Item 5	0,0000	0,84	0,0000	0,7745
Item 6	0,0000	0,84	0,0000	0,7745
Item 7	0,0000	0,84	0,0000	0,7745
Item 8	0,0000	0,84	0,0000	0,7745

Mas voltemos ao Quadro 16 (página 390) e reparemos na solução fornecida pelo método de máxima verosimilhança. O resultado é idêntico ao da análise em factores principais, ou seja, também este método está isento da tendência de enviesamento patente para a análise em componentes principais.

Voltaremos à comparação dos métodos quando analisarmos os resultados do nosso questionário. Para já, **podemos ficar com algumas conclusões: (a) a análise em componentes principais apresenta uma tendência para a sobrestimação das correlações entre variáveis e factores (saturações); (b) a análise em factores principais e o método de máxima versomilhança estimam essas correlações com maior rigor, sendo os resultados de uma e de outro muito semelhantes; (c) a tendência de sobrestimação da análise em componentes principais diminui com o aumento do número de variáveis; (d) uma vez que a sobrestimação introduzida pela análise em componentes principais é devida à inclusão por esta de variância específica e variância aleatória na análise, como se se tratasse de variância comum, o grau de sobrestimação, ceteris paribus, deverá ser maior quando a comunalidade das variáveis for mais baixa; nomeadamente, tenderá a ser maior quando se analisam resultados de itens do que quando se analisam resultados de escalas; (e) em qualquer caso, talvez com excepção de análises com um número muito reduzido de variáveis, o grau de sobrestimação é pequeno e não deve afectar sensivelmente a interpretação do significado dos factores;** só em casos nos quais, por alguma razão, se considere importante obter uma estimativa não enviesada das saturações a questão terá alguma importância; seja como for, também as estimativas das saturações estão sujeitas a alguma flutuação de amostra para amostra, cuja magnitude será em muitos casos largamente superior às diferenças entre os métodos de análise.

Em suma, a minha opinião quanto à escolha dos métodos de extracção de factores é de que não se trata de uma questão determinante. Em qualquer caso, os diversos métodos deverão fornecer resultados muito semelhantes, que conduzirão à mesma interpretação dos factores. O método de análise em componentes principais poderá apresentar a vantagem de, ao inflacionar as saturações, aumentar a diferenciação entre saturações altas e baixas e, com isso, facilitar um pouco a interpretação. Além disso, é um pouco mais económico em termos de trabalho (e tempo) de computação, pois a análise em factores principais implica repetir (iterar) sucessivamente a análise, e o método de máxima verosimilhança é bastante mais complexo. Mas, com a rapidez dos computadores actuais, esta vantagem é quase sempre desprezível. A análise em factores principais e o método de máxima verosimilhança, por seu turno, apresentam a vantagem de uma estimação mais rigorosa das correlações "reais", sobretudo em análises ao nível dos itens ou com reduzido número de variáveis, mas a diferença quase nunca será sensível ou terá impacto na interpretação. A escolha do número de factores a considerar e a rodar tem, em geral, consequências muito mais decisivas para os resultados da análise.

A determinação do número de factores

De todos os problemas e decisões envolvidos numa análise factorial, a da escolha do número de factores a considerar é provavelmente a mais difícil e aquela que mais consequências terá para os resultados obtidos, talvez a par com a da amostragem de variáveis. Não significa isto que outros aspectos, como a amostragem de indivíduos ou a rotação, não sejam relevantes mas, para estes, existem regras e princípios mais seguros, e os efeitos sobre os resultados são mais fáceis de controlar. O mesmo já não acontece com o número de factores pois, **devido ao efeito da rotação na redistribuição da variância e reorganização dos factores, a inclusão de um factor adicional implica a modificação de todos os anteriores.** Nos métodos de máxima verosimilhança, em que a extracção do número de factores especificado não é hierárquica mas simultânea, o problema coloca-se mesmo antes da rotação. Felizmente, existem já hoje métodos de aplicação bastante prática e que parecem apontar com algum rigor o número adequado de factores. A questão não pode, no entanto, considerar-se encerrada, e as investigações prosseguem.

Ao longo das décadas, foi sendo proposta uma grande variedade de critérios, mais ainda do que para a extracção de factores (afinal, a questão é bem mais simples do ponto de vista matemático). Alguns destes critérios mostraram ser erróneos ou enviesados, e foram (ou deveriam ser) definitivamente abandonados. Outros parecem fornecer estimativas mais ou menos adequadas, e devem ser retidos e utilizados como critérios principais ou acessórios. Outros ainda não conseguiram provar suficientemente, devendo ser objecto de mais investigações para verificar a sua utilidade. Analisaremos aqui oito tipos de critérios propostos na literatura, sem a pretensão de ser exaustivos. É importante notar, entretanto, que **quase todos estes critérios se referem primordialmente à análise em componentes principais,** de longe o método de extracção mais utilizado. Em muitos casos, quando se pretenda utilizar outros métodos de extracção, será mesmo necessário realizar em primeiro lugar uma análise em componentes principais para determinar o número

A validade 427

de factores, e só depois utilizar os outros métodos, solicitando a extracção desse número. Sempre que abordarmos um critério que não seja (ou possa não ser) aplicado exclusivamente à análise em componentes principais, esse aspecto será explicitado.

Critérios baseados nos valores próprios

O primeiro tipo de métodos baseia-se nos valores próprios, e procura estabelecer um limiar acima do qual os valores próprios corresponderiam a factores relevantes. Recordemos que os valores próprios, um para cada factor, correspondem à variância explicada pelo factor, supondo cada uma das variáveis padronizada, ou seja, com uma variância igual a 1. O valor próprio constitui, assim, uma medida da importância do factor na explicação das variáveis observadas, e a proporção da variância total por ele explicada pode ser determinada dividindo o valor próprio pelo número de variáveis. O valor próprio equivale também à soma dos quadrados das saturações de todas as variáveis nesse factor.

O critério talvez mais frequentemente usado na análise factorial para determinar o número de factores recomenda que se considerem aqueles que apresentarem um valor próprio superior a 1. O raciocínio subjacente a este princípio é o seguinte. Estando as variáveis utilizadas na análise padronizadas (uma vez que se trabalha com as suas correlações), a variância de todas elas será igual a 1. Assim, sendo m o número de variáveis, cada uma delas será responsável por $1/m$ do total da variância. Ora, o objectivo da análise factorial será o de reduzir o número de variáveis necessárias para explicar os resultados, o que só poderá ser conseguido se os factores explicarem mais variância do que as variáveis que vêm substituir. Podemos, por isso, estabelecer o critério de que só serão merecedores de atenção aqueles factores que explicarem mais variância do que cada uma das variáveis, ou seja, mais do que $1/m$ da variância total. Relembrando que a proporção de variância explicada por um factor é igual ao seu valor próprio dividido pelo número de variáveis, está explicada a exigência de um valor próprio superior a 1. Este critério parece ter sido defendido sobretudo por Henry Kaiser, que o propôs inicialmente no contexto do método de factorização α (Kaiser e Caffrey, 1965, p. 11), embora com uma justificação algo diferente. O seu uso, no entanto, rapidamente se generalizou a outros métodos, nomeadamente à análise em componentes principais, onde continua muitas vezes a ser designado por "critério de Kaiser".

Este critério apresenta sobretudo a vantagem de ser fácil de aplicar, pois não exige mais nenhum cálculo para além daquilo que os programas de análise factorial sempre apresentam. Para além disso, é perfeitamente objectivo: dois investigadores analisando o mesmo conjunto de dados estarão sempre de acordo quanto ao número de factores a extrair segundo este critério. Certamente por esta razão, quase todos os programas informáticos de análise factorial seguem automaticamente este critério para seleccionar os factores para rotação, embora o utilizador possa sempre substituí-lo por outro, indicando qual o valor próprio mínimo que deseja considerar ou, então, directamente o número de factores, o que permite utilizar qualquer dos métodos que veremos de seguida. Por todas estas razões, este é sem dúvida o critério mais frequentemente utilizado, na literatura publicada, para determinar o número de factores.

Tudo isto seria extremamente positivo se este fosse um método rigoroso de estabelecer o número de factores. Acontece que não é esse o caso, pois a evidência empírica é esmagadora quanto à tendência deste critério para indicar um número demasiado elevado de factores[62]. Este facto tem sido constatado através de dois tipos de métodos, aliás utilizados para testar a adequação de todos os outros tipos de critérios. O primeiro consiste em utilizar dados provenientes de estudos "reais" e comparar os números de factores indicados pelos diferentes critérios. Claro que, aqui, quando os diferentes critérios sugerem diferentes números de factores, se coloca sempre a questão de saber qual deles estará a indicar o número "correcto". Por vezes, acontece que os autores do estudo seleccionaram as suas variáveis de modo a reflectirem um certo conjunto de factores, e procura-se verificar se os vários critérios apontam para o número pretendido, mas nunca se pode ter a certeza de que o propósito dos autores tenha sido plenamente atingido. Em geral, é mais fácil fazê-lo quando a análise incide sobre os resultados das escalas e não dos itens, pois é provável que se conheça com maior rigor aquilo que medem, que a sua variância seja fortemente dominada por esse

---

[62] Tinsley e Tinsley (1987, p. 420) afirmam que este método "pode subestimar o número de factores com significado presentes na matriz em algumas circunstâncias", mas não apresentam quaisquer dados empíricos em favor desta afirmação. Não tenho conhecimento de nenhum outro autor que defenda esta opinião, a qual está em completa contradição com a evidência empírica. A subestimação do número de factores relevantes por este método deverá ser um fenómeno raríssimo.

construto e que a proporção de variância de erro seja baixa. Em certos casos, porém, o enviesamento é nítido. Por exemplo, num estudo de Howarth e Browne (1972) foi efectuada uma análise factorial, ao nível dos itens, do Inventário de Personalidade de Eysenck (Eysenck e Eysenck, 1964), um questionário de personalidade que pretende medir duas dimensões: Introversão vs. Extroversão e Neuroticismo (instabilidade vs. estabilidade emocional) e que inclui ainda uma escala de desejabilidade social. Nestas condições, poderíamos esperar que a análise fornecesse dois factores, talvez três se a escala de desejabilidade definisse um factor separado, ou mesmo quatro, se a escala de extroversão se separasse em sociabilidade e impulsividade, o que faria sentido em termos teóricos. No máximo, poderíamos esperar mais um ou dois factores, provenientes de algum subconjunto mais homogéneo de itens dentro de uma das escalas. Mas a realidade neste caso foi que o critério do valor próprio maior do que 1 (abreviadamente $VP > 1$) indicou nada menos do que 15 (quinze!) factores, sendo notória a dificuldade dos autores em encontrar uma interpretação plausível para muitos deles.

Um segundo tipo de métodos utilizados para avaliar este e outros critérios (já mencionado a propósito do problema do número de indivíduos na amostra) consiste em criar matrizes de dados artificiais com características determinadas e submetê-las depois à análise factorial. O estudo mais abrangente a este respeito é, provavelmente, o de Zwick e Velicer (1986), que estudaram uma variedade de métodos para determinar o número de factores na análise em componentes principais, sob uma variedade de circunstâncias. Voltaremos a referir-nos a este estudo quando abordarmos outros métodos nele examinados. Por agora, basta-nos indicar que este estudo demonstrou claramente a tendência do critério de Kaiser para extrair um número excessivo, por vezes mesmo grosseiramente excessivo, de factores. Esta tendência verificava-se de modo mais acentuado quando as variáveis tinham uma saturação "real" relativamente baixa nos factores (0,50), quando as variáveis eram mais numerosas (72) e quando o número de indivíduos era menor (144), sendo o primeiro aspecto o mais influente. Por exemplo, quando as características do estudo eram as indicadas entre parênteses, este critério indicava um número de factores superior ao real, em média, em 17,8! Considerando que os números de factores considerados neste estudo foram de 3 e 6, consoante os casos, podemos concluir que exageros como os ocorridos no estudo de Howarth e Browne (1972) não serão ocorrências isoladas. O método $VP > 1$ mostrou ser o pior de todos os métodos estudados por Zwick e Velicer

(1986) e o único que, em alguma circunstância, errava no número de factores por mais de 10.

A razão para este enviesamento não é difícil de compreender. Se todas as correlações entre as variáveis fossem iguais a zero, todos os valores próprios seriam iguais a 1. Mas isso nunca acontece, devido à presença de variância aleatória. Essa variância aleatória é sempre captada pela análise em componentes principais, na sua tentativa de explicar o máximo possível de variância com cada um dos sucessivos factores. Isto conduz inevitavelmente ao aparecimento inicial de alguns factores com valor próprio superior a 1, mesmo que as variáveis sejam inteiramente constituídas por variância específica e aleatória. O mesmo acontecerá ainda que existam factores "reais" e as comunalidades não sejam todas iguais a zero. Parte da variância aleatória irá ser incorporada nesses factores, mas muita ficará ainda disponível, tendendo a acumular-se de forma desproporcionada nos factores que se seguem e levando a que muitos deles ultrapassem o limiar do valor próprio igual a 1. Este fenómeno será mais pronunciado sempre que a proporção de variância aleatória potencialmente disponível para ser "absorvida" pelos factores for maior: elevado número de variáveis, reduzido número de indivíduos, baixa comunalidade e baixa precisão das variáveis. Isto pode levar-nos a pensar, com alguma razão, que **o critério do valor próprio maior do que 1 funcionará melhor quando a análise for feita ao nível das escalas** (que serão, provavelmente, em menor número e de maior precisão) **do que ao nível dos itens. De qualquer modo, mesmo ao nível das escalas, existem critérios bastante mais fiáveis, pelo que este critério deveria ser, em minha opinião, simplesmente abandonado.**

Algumas variações em torno deste critério têm sido propostas, mas nenhuma delas parece ter grande utilidade, pelo que as refiro aqui só de passagem. Cureton e D'Agostino (1983, p. 161) notaram a tendência do critério $VP > 1$ para extrair um número exagerado de factores quando o número de variáveis é elevado e, supostamente, um número demasiado reduzido em alguns casos em que o número de variáveis é também reduzido. Por isso, propõem a substituição do valor crítico de 1 por $(K^{0,6})/15$, sendo K o número de variáveis. Esta fórmula implica um valor próprio mínimo de cerca de 0,175 quando as variáveis são 5, 0,998 quando são 91 e 2,324 quando são 372. Não conheço qualquer estudo empírico que avalie este critério e os próprios autores reconhecem que é um dos menos fiáveis. Parece-me merecer muito pouco crédito, pela simples razão de que, para 72 variáveis, recomenda o abaixamento do critério mínimo do valor

A validade 431

próprio, de 1 para 0,868, o que implicará a inclusão de mais alguns factores. Ora, o estudo de Zwick e Velicer (1986) mostrou que, para este número de variáveis, um valor próprio de 1 já conduz a uma sobrestimação quase escandalosa...

Tinsley e Tinsley (1987, p. 420) propõem dois critérios baseados não nos valores próprios mas nas percentagens de variância explicada e acumulada, que estão com eles relacionadas. O primeiro critério baseia-se na percentagem de variância explicada pelo último factor retido mas, uma vez que os autores não propõem nenhum valor crítico ou limiar, ficamos sem saber como aplicar o critério, o que os autores, aliás, admitem, limitando-se a sugerir que factores que expliquem uma proporção muito pequena da variância, da ordem de 1%, não terão provavelmente interesse. Isto é concerteza verdade, mas não representa grande ajuda. O critério de explicar pelo menos 1% da variância não é para ser tomado a sério, nem mesmo para estes autores, e seria sempre muito mais liberal do que o critério de Kaiser, já de si excessivamente permissivo, sempre que o número de variáveis fosse inferior a 100.

Um outro critério proposto pelos mesmos autores já me parece mais plausível, baseando-se na percentagem de variância explicada pelo conjunto de factores retidos, e não apenas pelo último. A ideia subjacente é a de que, se o objectivo do conjunto de factores é explicar a variância comum, a proporção de variância por eles explicada deve ser igual à proporção de variância comum, que pode ser determinada através do cálculo da média das comunalidades. Trata-se de um método que, tanto quanto é do meu conhecimento, não foi até hoje objecto de um estudo tão sério quanto mereceria, mas parece-me deparar-se com alguns problemas. Em primeiro lugar, não me parece defensável utilizá-lo em conjunto com a análise em componentes principais, pois esta, ao incorporar na análise variância específica e aleatória, faz com que estas sejam ilegitimamente incluídas nos primeiros factores, inflacionando as estimativas da capacidade explicativa destes e podendo, com isso, levar a que seja extraído um número insuficiente de factores. Como Tinsley e Tinsley reconhecem, faria mais sentido utilizá-lo em associação com a análise em factores principais sem iteração. A mim parece-me que faria mais sentido ainda utilizá-lo com a análise em factores principais mas com iteração, pois só assim se poderia verificar até que ponto o número de factores escolhidos acarretaria uma modificação sensível, para cima ou para baixo, do nível geral das comunalidades. (A média das estimativas das comunalidades após a análise é igual à proporção de variância explicada pelo conjunto de factores retidos.) É claro que

432   *Questionários: Teoria e prática*

a aplicação deste critério implicaria efectuar o procedimento de iteração para diferentes números de factores, até se encontrar aquele que explicaria uma proporção de variância mais próxima da estimativa da variância comum, mas a tarefa não seria excessiva para um computador moderno. Um problema talvez mais grave seria a dependência deste critério em relação à existência de uma estimativa rigorosa das comunalidades ou, pelo menos, do seu nível geral (média). Ora, os métodos disponíveis para a estimação das comunalidades nem sempre nos fornecem todas as garantias, como já vimos (página 411). De qualquer modo, este método parece-me merecedor de mais investigação do que aquela de que tem sido alvo até aqui.

Métodos baseados na progressão dos valores próprios

Um segundo grande tipo de métodos, proposto inicialmente por Raymond B. Cattell (Cattell e Vogelmann, 1977) baseia-se ainda nos valores próprios mas, em vez de estabelecer um limiar mínimo, analisa a forma como estes vão decrescendo ao longo dos sucessivos factores. O raciocínio subjacente é o de que, **conforme a variância comum vai sendo extraída, os factores vão explicando uma proporção cada vez menor. Chegando ao ponto em que já só resta variância específica e aleatória, os factores tendem a explicar todos a mesma proporção de variância, pois nela já nada existe de sistemático, que a leve a acumular-se onde quer que seja. Este facto pode ser verificado elaborando um gráfico que represente os sucessivos valores próprios. Verifica-se geralmente que o gráfico apresenta um ponto em que faz um "cotovelo", após o que se torna praticamente numa recta, muito próxima da horizontal.** A Figura 31 apresenta um exemplo particularmente claro, obtido a partir de um questionário construído deliberadamente para medir dois factores, o que foi comprovado em numerosas investigações (ver Moreira, Andrez, Moleiro, Silva, Aguiar e Bernardes, 2002). Merece também uma olhadela o gráfico apresentado no estudo de Howarth e Browne (1972, Figure 1) que aponta de forma gritante para dois factores, e não 15 como os autores consideraram, baseando-se no critério de Kaiser.

A aplicação deste método do "cotovelo" não apresenta grande dificuldade, pois a maioria dos programas de estatística pode fornecer, a pedido do utilizador, o gráfico dos valores próprios. Certamente por isso, deve ser actualmente o segundo critério mais frequente na

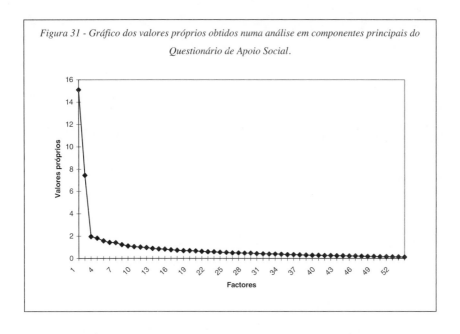

Figura 31 - Gráfico dos valores próprios obtidos numa análise em componentes principais do Questionário de Apoio Social.

investigação, logo a seguir ao de Kaiser. O grande problema deste método, no entanto, é o de nem sempre ser claro e, por isso, não ser inteiramente objectivo. Em muitos casos, o "cotovelo" nítido é substituído por uma curva mais ou menos suave, ou então com vários pontos de descontinuidade, onde não se consegue identificar nenhum que se destaque claramente dos restantes. A designação inglesa deste critério, "*scree test*", reflecte este facto, pois "scree" designa a forma progressiva de transição formada pela acumulação de detritos no fundo de um precipício ou falésia. Exactamente isso pode ser verificado pela análise do gráfico (Figura 32) obtido com um outro questionário por mim estudado (Moreira, 1998), onde podemos detectar descontinuidades após 3, 6 e 9 factores, pelo menos. Este carácter subjectivo impede, naturalmente, que os computadores apliquem este método de forma automática e pode levar muitos investigadores a evitar utilizá-lo com receio de críticas. Os seus proponentes, no entanto, defendem-no apontando um elevado grau de acordo entre juízes na esmagadora maioria dos casos, desde que os juízes recebam um mínimo de explicação daquilo que se pretende, e argumentam que, se nos baseássemos rigidamente na necessidade de todas as pessoas, mesmo principiantes, estarem sempre de acordo quanto aos resultados das

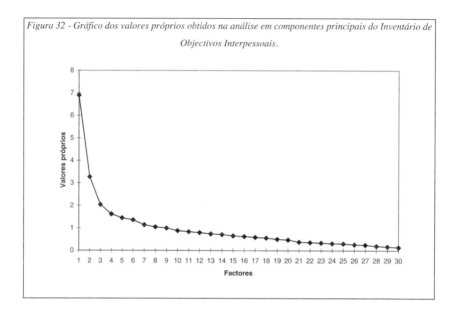

Figura 32 - Gráfico dos valores próprios obtidos na análise em componentes principais do Inventário de Objectivos Interpessoais.

observações, teríamos de pôr de lado na investigação científica métodos como a observação ao microscópio na biologia e os testes colorimétricos na química, por exemplo.

Para tentar obviar a este tipo de objecções, Cattell e Vogelmann (1977) efectuaram um estudo empírico sobre o grau de acordo entre juízes utilizando este método. As instruções dadas aos juízes nesse estudo foram as seguintes:

(1) era-lhes apresentado um gráfico semelhante ao da Figura 31, mas com mais factores antes do cotovelo, e dito que **o último factor real era o que se localizava antes de iniciada a parte recta do gráfico; além disso, era-lhes pedido que observassem as quatro regras seguintes;**

(2) **se tentassem fazer passar uma linha recta pelos pontos situados antes do cotovelo e outra pelos situados depois, a segunda deveria ajustar-se com muito maior exactidão** (eram apresentados exemplos ilustrativos de ajustamentos aceitáveis e inaceitáveis);

(3) **obviamente, não vale a pena testar o ajustamento de uma recta se não tivermos pelo menos 3 pontos; a menos que se tenha muito poucas variáveis, deveríamos tentar ajustar a recta subsequente ao cotovelo a um mínimo de 6 a 10 pontos, ou um quarto do total de variáveis;**

A validade   435

(4) a inclinação da recta posterior ao "cotovelo" deverá estar
mais próxima da horizontal do que da vertical (com uma inclinação
inferior a 40 graus); deveria especialmente apresentar uma mudança
de direcção, com respeito a qualquer linha situada antes do cotovelo,
que correspondesse a um ângulo de 30 graus ou superior; aplicar esta
condição pressupõe que 0,10 na escala vertical é representado pela mesma
distância que 1,0 na escala horizontal (adaptado de Cattell e Vogelmann,
1977, pp. 308-312).

Estas instruções foram testadas criando 15 conjuntos de dados artificiais, com características semelhantes aos resultados típicos das investigações psicológicas, e efectuando sobre eles análises factoriais, após o que
os gráficos dos valores próprios eram submetidos à inspecção dos juízes,
pedindo-lhes que localizassem o cotovelo e indicassem o número de factores a considerar. Os juízes eram em número de 12, sendo 6 deles experientes no uso da análise factorial e 6 inexperientes. Verificou-se que os 12
juízes estiveram unanimemente de acordo em 9 dos 15 conjuntos de dados,
embora em 4 destes o número identificado não correspondesse ao "real",
mas errando apenas por um factor. Nos 6 conjuntos que não reuniram a
unanimidade dos juízes, 4 apresentavam uma diferença de apenas 2 factores entre a estimativa mais baixa e a mais alta; num outro, todos os juízes
experientes estavam de acordo (propondo 9 factores), mas apenas 2 dos
juízes principiantes se lhes juntavam, propondo os outros 12 ou 13 factores. Finalmente, apenas num dos casos as opiniões divergiam marcadamente, com 6 juízes apontando 6 factores, 1 indicando 13 e os restantes
preferindo 20 (o número pretendido quando os dados foram construídos).
Estes resultados permitem-nos caracterizar aquilo que geralmente
tende a acontecer, em termos de acordo entre juízes na utilização deste
método. Embora não tenhamos garantias de que o estudo em questão tenha
utilizado gráficos que se possam considerar como constituindo uma amostra representativa daqueles que se obtêm em estudos reais, parece-me que
estas conclusões gerais se ajustam à minha experiência. **(a) Numa grande
percentagem de casos, o cotovelo é perfeitamente nítido e podemos
esperar uma unanimidade completa, ou quase, entre os juízes. (b) Nos
restantes casos, ou existe um leque bastante reduzido de alternativas
(mais ou menos um factor) ou, então, (c) existem duas ou três alternativas relativamente afastadas, nas quais as opiniões dos juízes se concentram, na ausência de opiniões intermédias. Algo de muito semelhante acontece quando se tem um só juiz, com a diferença de que a**

divergência de opiniões é substituída pela hesitação e dúvida. Nos casos em que não se detecta uma solução clara, será talvez preferível recorrer a outros métodos, verificando se convergem para uma das hipóteses. Ainda no caso em que surjam duas ou mais hipóteses relativamente afastadas, deve-se considerar a hipótese de uma estrutura factorial hierárquica, em que os sucessivos "cotovelos" corresponderiam ao número de factores em cada nível da hierarquia. Veremos mais adiante como efectuar a análise neste tipo de situações.

Algumas propostas têm sido entretanto avançadas no sentido de tornar este método objectivo, eliminando assim a subjectividade e a hesitação. Eu próprio apresentei recentemente um novo critério com esta finalidade (Moreira, 1999). Não irei apresentar aqui estes métodos, dado que nenhum deles me parece apresentar qualidades que o recomendem, e aquele que foi proposto por mim necessita ainda de passar pelas indispensáveis provas empíricas. O leitor interessado poderá consultar o artigo citado, onde estes métodos são descritos em detalhe.

Métodos baseados em testes de significância

Para além das vantagens já apontadas do método de máxima verosimilhança, este surge ainda acompanhado de um teste de significância que procura indicar se o conjunto de factores extraído abrange a totalidade da variância presente na matriz de correlações. Em rigor, aquilo que o teste verifica é a probabilidade de uma matriz idêntica à matriz residual ser obtida por mera variação aleatória, a partir de uma população em que as variáveis apresentam uma correlação de zero. Entende-se por matriz residual a matriz de correlações entre as variáveis, depois de eliminado o efeito dos factores extraídos. Esta matriz residual pode ser obtida calculando a diferença entre a matriz original e a matriz reproduzida a partir dos factores (através da diferença entre cada uma das correlações observadas e a correlação reproduzida através da solução factorial). O teste de significância examinará então a hipótese de que todas as correlações fora da diagonal da matriz residual são iguais a zero. Se o resultado não for significativo, podemos presumir que a variância que permanece depois de extraído o número de factores que indicámos é desprezível, e que o número de factores é suficiente. Se o resultado for significativo, isso indica que ainda permanece na matriz uma quantidade considerável de variância, e que será recomendável extrair um maior número de factores. É, obviamente, possível começar por extrair um só factor e, caso o resultado do teste seja significativo, extrair dois, repetindo sucessivamente o procedimento até que o limiar de significância (e.g., $p < 0,05$) seja ultrapassado. Uma descrição matemática deste teste pode ser encontrada no livro de Gorsuch (1983, pp. 152-154). Um teste semelhante pode ser aplicado à análise em componentes principais, mas não é geralmente incluído nos "pacotes" informáticos de estatística (Gorsuch, 1983, pp. 150-152) e existem ainda alguns outros procedimentos do mesmo tipo, menos interessantes e divulgados.

O grande problema que se pode pôr em relação a estes procedimentos é comum a todos os testes de significância: a sua dependência em relação ao número de indivíduos recrutados. Em amostras de pequena dimensão, somente correlações que se afastem claramente de zero serão significativas, enquanto que em amostras numerosas mesmo efeitos de reduzida magnitude serão considerados significativos. Isto pode levar a que uma mesma matriz residual seja considerada não significativa, sugerindo que o número de factores é suficiente, numa amostra com um determinado número de indivíduos, mas que seja considerada significativa, sugerindo a necessidade de mais factores, numa amostra de maior dimensão. É fácil compreender como este efeito pode conduzir a que o número de factores extraídos seja tanto maior quanto maior for o número de pessoas inquiridas, o que não parece desejável. De modo coerente com este pressuposto, os estudos empíricos parecem indicar que este método sugere um número demasiado pequeno de factores, em amostras de reduzida dimensão, e um número excessivo, em amostras de grande dimensão.

Métodos baseados na "análise paralela"

Já vimos como os principais problemas que se colocam à aplicação do critério de Kaiser resultam da presença, nos factores extraídos, de variância de erro. Também no critério do cotovelo e nos testes de significância a ideia é a de tentar identificar e eliminar a presença deste componente de variância. O método conhecido como "análise paralela" (Horn, 1965) procura fazer exactamente o mesmo, através da determinação das magnitudes que seriam encontradas para os valores próprios, caso *apenas* este tipo de variância estivesse presente.

É sabido que mesmo dados completamente aleatórios podem ser submetidos a análises factoriais e, em muitos casos, fornecer resultados plausíveis. Recomendo, a propósito, o simples exercício de reunir alguns construtos interessantes, criar com eles uma tabela de "dados" utilizando as funções de geração de números aleatórios disponíveis nos programas do tipo "folha de cálculo", e submetê-los à análise factorial, criando depois uma interpretação para os factores "encontrados". No método da análise paralela não chegamos tão longe, ficando apenas pela obtenção dos valores próprios. Se a matriz da qual se parte para a análise factorial apenas contivesse variância específica e aleatória, todas as correlações (fora da diagonal) deveriam, em princípio, apresentar um valor de 0. Efectuando uma análise em componentes principais desta matriz, todos os valores próprios seriam iguais a 1. Na realidade, não é isso que se passa. Com dados reais, as correlações nunca serão iguais a 0, flutuando aleatoriamente em torno desse valor. **Na sua tentativa de extrair o máximo possível de variância em cada factor, a análise factorial acaba por tomar alguma da variância de erro por variância comum e incluí-la nos primeiros factores. Isto faz com que, sempre que se analisa uma matriz obtida a partir de dados aleatórios, comecem por surgir alguns factores com valores próprios superiores a 1, sendo os restantes inferiores a esse valor.**

Uma vez que esta progressão corresponde apenas à variância aleatória, poder-se-ia pensar que uma forma adequada de determinar o número de factores seria comparando cada um dos valores próprios com o valor próprio correspondente obtido a partir da análise da matriz aleatória. Aqueles valores próprios que se apresentassem superiores ao correspondente (com o mesmo número de ordem), seria legítimo pensar-se que conteriam uma quantidade relevante de variância comum, devendo ser considerados para rotação e interpretação. O problema é que, de cada vez que criamos uma nova matriz de dados aleatórios, os valores próprios que iremos obter serão diferentes, podendo apontar números de factores também diferentes. A única solução estará em produzir grande número de matrizes de dados aleatórios, obter os valores próprios para cada uma delas e calcular depois a sua média para todas as sucessivas matrizes. É este o procedimento da chamada "análise paralela".

Embora tenha sido proposto há já algumas décadas (Horn, 1965) e se saiba actualmente que é talvez o mais rigoroso de que dispomos (Zwick e Velicer, 1986), este método permaneceu quase ignorado até recentemente,

A validade 439

sobretudo devido às dificuldades que, na época, se levantavam à sua utilização. **O principal problema com este método é que a lista de limiares críticos para os valores próprios difere consoante o número de variáveis e o número de indivíduos, havendo necessidade de obter uma lista específica para cada par de valores destes dois parâmetros.** Em princípio, deveria ser possível derivar analiticamente (através de operações sobre fórmulas matemáticas) a distribuição de amostragem dos valores próprios, em função do número de variáveis e do número de casos, para dados aleatórios seguindo uma distribuição normal. Estas distribuições são conhecidas para uma variedade de outros parâmetros estatísticos, como a média, a variância, a correlação, etc. Infelizmente, este trabalho é muito mais complexo no caso de parâmetros cujo cálculo é também complexo, como acontece com os valores próprios e, que eu saiba, nenhum matemático conseguiu até hoje solucionar este problema. Se dispuséssemos desta distribuição teórica, bastaria inserir na fórmula o número de variáveis e de observações para obter a distribuição e, daí, a sua média. Mas, uma vez que essa distribuição teórica não é conhecida, não existe outra forma de determinar os valores que nos interessam senão criando um elevado número de amostras de dados aleatórios, com o número de variáveis e indivíduos (fictícios, é claro) pretendidos, e submeter cada uma dessas amostras a uma análise em componentes principais. Ora, se há algumas décadas atrás fazer uma análise factorial já envolvia um dispêndio de tempo considerável, fazer as muitas dezenas ou centenas que este procedimento envolvia era incomportável para os investigadores. O problema poderia ser resolvido através da criação de tabelas que indicassem os valores para cada caso, mas a extensão dessas tabelas seria igualmente incomportável. Uma vez que os valores só seriam válidos para um dado número de variáveis e um dado número de casos, se, por exemplo, se quisesse elaborar tabelas entre 10 e 50 variáveis e entre 100 e 1.000 indivíduos, teríamos quase 37.000 listas de valores.

Dois métodos foram propostos como forma de tentar ultrapassar esta dificuldade. O primeiro, o método de regressão, parte dos valores obtidos para uma variedade de números de variáveis e casos e procura calcular, de forma absolutamente empírica, uma curva (e respectiva fórmula matemática) que se ajuste com a maior exactidão possível aos valores previamente calculados, usando um procedimento de regressão não linear. De posse da fórmula obtida, o utilizador apenas terá de inserir o número de variáveis e o número de indivíduos, para obter uma estimativa da média da distribuição dos valores próprios para o factor pretendido nessas condições (Longman, Cota, Holden e Fekken,

1989). **O segundo método, de interpolação linear, parte também de valores obtidos a partir de conjuntos de amostras de dados aleatórios para diferentes números de variáveis e indivíduos, mas obtém os valores para os casos intermédios através de uma proporção simples.** Suponhamos que o nosso estudo envolve, por exemplo, 27 variáveis e 238 indivíduos. Não encontramos tabelas para estes valores exactos, mas dispomos de valores para 25 variáveis e 200 indivíduos, 25 variáveis e 250 indivíduos, 30 variáveis e 200 indivíduos, e 30 variáveis e 250 indivíduos. As tabelas necessárias para a aplicação deste procedimento podem ser encontradas num artigo de Lautenschlager (1989).

Começamos por estimar o limiar para o primeiro factor, procurando na tabela: encontramos os valores 1,713 (25 variáveis, 200 indivíduos), 1,644 (25 variáveis, 250 indivíduos), 1,812 (30 variáveis, 200 indivíduos) e 1,728 (30 variáveis, 250 indivíduos). De posse destes valores, estimamos os valores para 238 indivíduos, com 25 e 30 variáveis. Para 25 variáveis, ao subirmos de 200 para 250 indivíduos, o valor desce 0,069 (de 1,713 para 1,644). Isto significa que, para cada novo indivíduo, o valor descerá 0,00138 (0,068 ÷ 50). Acrescentando 38 indivíduos a uma amostra de 200, o valor descerá, portanto, 0,05244 (0,00138-38), donde se obtém 1,66056. Efectuamos o mesmo procedimento para 30 variáveis, obtendo 1,748. Finalmente, aplicamos ainda a mesma técnica para as variáveis: ao subir de 25 para 30 variáveis, o valor do limiar sobe 0,088. Dividindo essa diferença por 5, multiplicando por 2 e somando o resultado ao valor obtido para 25 variáveis, obtemos o resultado que nos interessa: 1,695. O primeiro factor na nossa análise será significativo se o seu valor próprio for superior a este. Para facilitar a aplicação deste procedimento na prática, indicarei aqui a sua fórmula:

$$\left[\left(V_{NsFs} + V_{NiFi} - V_{NsFi} - V_{NiFs}\right)\frac{N - N_I}{N_S - N_I} + V_{NiFs} - V_{NiFi}\right]\frac{F - F_I}{F_S - F_I} + V_{NiFi} \tag{166}$$

sendo N o número de indivíduos da nossa amostra, N_I o número de indivíduos imediatamente inferior existente na tabela, N_S o número de indivíduos imediatamente superior, F, F_I e F_S os números correspondentes para as variáveis na amostra, imediatamente superior e imediatamente inferior na tabela, e os valores V os limiares encontrados na tabela: V_{NIFI} o valor para os números de indivíduos e variáveis imediatamente inferiores encontrados na tabela, V_{NIFS} o valor para o número de indivíduos imediatamente

A validade 441

inferior e o número de variáveis imediatamente superior, e assim sucessivamente.

Mas o modo mais cómodo de aplicar este procedimento será o de recorrer a um programa de folha de cálculo. O Quadro 22 apresenta-nos uma possível forma de organizar a folha de cálculo para este efeito. Nas

Quadro 22 - Organização de uma folha de cálculo para interpolação linear.

	A	B	C	D	E	F
1					Individuos	
2				200	250	238
3				Inferior	Superior	Amostra
4		25	Inferior	1.713	1.644	
5	Variáveis	30	Superior	1.812	1.728	
6		27	Amostra			
7						
8	Limiar =	((D4+E5-E4-D5)*(F2-D2)/(E2-D2)+D5-D4)*(B6-B4)/(B5-B4)+D4				

células da linha 2 inserem-se os números de indivíduos: o número pretendido (presente na nossa amostra) em F2, o número imediatamente inferior existente na tabela em D2 e o imediatamente superior em E2. De modo semelhante, inserimos em B6 o número pretendido de variáveis, e em B4 e B5 os números imediatamente inferior e imediatamente superior existentes na tabela. No quadrado formado pelas células D4, D5, E4 e E5, inserimos os valores obtidos pela leitura da tabela (respectivamente, V_{NIFI}, V_{NIFS}, V_{NSFI} e V_{NSFS}). Finalmente, inserimos na célula B8 a fórmula indicada, sem esquecer que alguns programas exigem que as fórmulas sejam antecedidas de um sinal de "=". Os títulos inseridos ajudam-nos a recordar os valores que devem ser colocados em cada célula, como é óbvio. Esta folha de cálculo pode então ser gravada e recuperada para posteriores utilizações. Inserindo os valores indicados, a célula B8 indica-nos imediatamente o limiar para o factor. Este procedimento, ou o cálculo manual, terão de ser depois repetidos para o segundo factor, terceiro factor e assim sucessivamente, até que o valor próprio seja inferior ao encontrado, o que levará à exclusão desse factor e dos subsequentes. Outra forma de poupar trabalho resulta do facto de que, dos quatro valores que "rodeiam" o limiar que pretendemos encontrar, o mais elevado é sempre o correspondente ao número superior de variáveis e ao número inferior de indivíduos. Se compararmos o valor próprio obtido para esse factor com o valor indicado, da tabela (V_{NIFS}), e se o valor próprio for superior, saberemos de imediato que também será superior ao valor exacto do limiar, pelo que não há necessidade de efectuar a interpolação. Só haverá necessidade de realizar o cálculo quando o valor próprio já não for superior a V_{NIFS}. Isto significa que, na maior parte dos casos, apenas será necessário efectuar uma interpolação, e em quase todos os restantes casos bastarão duas.

Maior facilidade ainda pode ser conseguida recorrendo a um pequeno programa informático (intitulado RanEigen) especialmente elaborado para este efeito, e que pode ser obtido através da página do seu autor na Internet, pois não se encontra comercializado (Enzmann, 1997; http://www.kfn.de/softwareenzmann.html). Basta, neste caso, introduzir o número de variáveis e o número de indivíduos, para que o programa nos forneça os valores críticos para os sucessivos factores. Este programa baseia-se nas tabelas contidas no artigo de Lautenschlager (1989) já referido.

Um outro aperfeiçoamento foi, entretanto, proposto para esta técnica. Uma vez que se utiliza como limiar para considerar um determinado factor a média dos valores próprios obtidos para esse factor em amostras aleatórias, é de esperar que, mesmo nessas amostras aleatórias, os valores encontrados superem o limiar em cerca de 50% dos casos pois, em distribuições simétricas, cerca de metade das observações recaem em valores superiores à média. Naturalmente, este facto levará à sobrestimação do número de factores em pelo menos um factor em 50% dos casos. Com efeito, é conhecida uma tendência deste método para recomendar um número de factores ligeiramente superior ao real, em estudos com dados artificiais (Zwick e Velicer, 1986). **Uma solução para este problema seria a de utilizar não a média da distribuição dos valores próprios, mas sim um ponto mais elevado dessa distribuição. O problema estará em saber qual o ponto a utilizar, pois não existe nenhum critério racional para preferir um valor a outro. Alguns autores propuseram o uso do percentil 95 (o valor abaixo do qual recaem 95% das observações), mas mesmo esses autores reconhecem que a proposta tem o seu quê de arbitrário, baseando-se apenas na tradição de, na estatística inferencial, se considerar o nível de 95% como um grau suficiente de certeza. Tabelas semelhantes às já mencionadas a propósito do procedimento de interpolação linear estão também disponíveis para o percentil 95** (Cota, Longman, Holden, Fekken e Xinaris, 1993).

Métodos baseados na replicabilidade dos factores

Um dos perigos mais frequentemente apontados, quando o número de factores é excessivo, é o de os factores não serem de novo encontrados quando se estudam as mesmas variáveis (e.g., o mesmo questionário) noutra amostra de indivíduos (Thompson, 1994). Não admira, por isso, que alguns autores tenham proposto a replicabilidade dos factores em diferentes amostras como critério para o número de factores a reter. Este tipo de procedimentos decorre, em geral, do seguinte modo: efectuam-se duas (ou mais) análises factoriais para o mesmo conjunto de variáveis, em diferentes amostras de indivíduos, começando por extrair um só factor, e verifica-se se esse factor (após a rotação) é semelhante nas duas análises; se o for, repetem-se as análises, desta vez extraindo dois factores, e volta-se a verificar se ambos surgem semelhantes nas diversas amostras; se sim, extraem-se 3 factores, e assim sucessivamente, até que um ou mais factores se apresentem diferentes de uma amostra para outra. Retêm-se aqueles factores que foram claramente obtidos nas duas (ou mais) amostras utilizadas.

Embora pareça, à primeira vista, bastante recomendável, este método não tem sido estudado tão intensamente como alguns outros, o que faz com que seja difícil efectuar uma avaliação clara. Será, talvez, de recomendar a sua utilização em conjunto com outros, enquanto se aguarda por dados mais seguros quanto ao seu desempenho. Entretanto, importa mencionar algumas questões, dificuldades e variantes na sua aplicação.

Dois aspectos são particularmente relevantes neste tipo de métodos: a forma de comparar os factores encontrados e a forma de obter as diferentes amostras. Quanto ao primeiro aspecto, que, aliás, corresponde à questão muito mais geral de saber como comparar os resultados de diferentes análises factoriais, o mais imediato seria talvez tentar interpretar os factores surgidos de uma e outra análise e avaliar se se podem ou não considerar semelhantes, mas este método está sujeito à influência da subjectividade do investigador, o que faz com que lhe possam ser levantadas bastantes reservas. Outra possibilidade seria a de considerar as variáveis que apresentassem uma saturação acima de certo limiar e verificar em que medida os conjuntos de variáveis encontrados para cada factor seriam coincidentes, mas não existem critérios racionais ou consagrados pela prática para determinar se o grau de coincidência é suficiente. Uma outra alternativa, usada por alguns autores, seria a de correlacionar as saturações obtidas nos factores que se pretende comparar, tomando cada variável como uma observação, mas outros autores têm considerado este procedimento como muito pouco fiável, pois factores com significado bastante diferente podem, ainda assim, apresentar correlações elevadas entre as suas saturações nas diferentes variáveis (Nunnally, 1978, pp. 432-433). Finalmente, **talvez o método mais adequado seja o de correlacionar os resultados nos diferentes factores. O problema do cálculo do resultado de cada indivíduo nos factores será abordado mais adiante mas, na análise em componentes principais, esse resultado pode ser obtido multiplicando o resultado do indivíduo em cada variável pela saturação dessa variável no factor e somando depois ao longo de todas as variáveis.** Desde que o mesmo conjunto de variáveis tenha sido utilizado nas duas análises, é possível calcular, para qualquer das amostras ou para o conjunto das duas, os resultados de cada indivíduo nos factores surgidos de cada análise, e correlacionar depois esses resultados. Uma importante vantagem deste procedimento é o de que a nossa experiência é maior quando se trata de julgar se duas variáveis observadas correspondem a construtos semelhantes a partir da sua correlação numa amostra de indivíduos, do que quando essa correlação incide sobre uma amostra de variáveis. Tinsley e Tinsley (1987, p. 420) apontam uma correlação de 0,8 como limiar abaixo do qual se deve considerar que os dois factores são dissemelhantes, e que uma correlação superior a 0,9 indica a necessidade de extrair um maior número de factores, embora não clarifiquem exactamente se se referem a uma correlação calculada ao longo dos indivíduos ou ao longo das variáveis.

Quanto ao problema de como obter as diferentes amostras, levanta talvez menos dificuldades conceptuais, mas pode confrontar-se com dificuldades práticas. O ideal seria dispor de uma amostra de indivíduos suficientemente numerosa para que se pudesse dividi-la em duas de forma aleatória (por exemplo, dividindo os indivíduos, pelo número de ordem de aplicação do questionário, em pares e ímpares) **e efectuar análises independentes nas duas metades. O único problema é que o número de indivíduos em cada uma das subamostras deve respeitar os critérios atrás mencionados quanto à dimensão mínima das amostras. Para mais, estes métodos apoiam-se fortemente na consistência dos resultados, e esta é bastante problemática quando as amostras são de pequena dimensão. Em amostras demasiado pequenas, ficaremos sem saber se a inconsistência dos factores é devida ao seu carácter espúrio ou à insuficiência da amostra. Por isso, não é aconse-**

A validade 445

lhável o emprego deste método se não se dispuser de uma amostra com pelo menos **400** indivíduos, de modo a poder reter mais de **200** para cada análise.

Outra possibilidade ainda seria a de utilizar diferentes amostras nas diferentes análises, mas aí poderia levantar-se a possibilidade de a baixa concordância encontrada entre os factores ser devida a diferenças nas características das amostras. Uma alternativa possível seria a de juntar as duas ou mais amostras, nas quais foram avaliadas as mesmas variáveis, numa única grande amostra, e dividir aleatoriamente ou de forma estratificada essa amostra em duas, cada uma delas incluindo indivíduos de todas as amostras iniciais, e aplicar o método anterior.

A referência a este tipo de métodos não ficaria, entretanto, completa sem referência à técnica do *"bootstrap"*, uma das áreas mais dinâmicas da investigação estatística na actualidade. O nome *bootstrap*, significando literalmente "atacadores de botas", refere-se à suposta possibilidade de alguém conseguir levantar voo puxando energicamente pelos seus próprios atacadores. Esta metáfora refere-se ao **objectivo da técnica, de estimar parâmetros que, em princípio, implicariam dispor de dados referentes à população ou, pelo menos, a um número considerável de amostras, quando apenas se dispõe de uma única amostra. A técnica baseia-se na reamostragem com reposição para obter um número muito elevado de amostras, permitindo estimar propriedades da distribuição de amostragem quando esta não é conhecida. Na maior parte dos testes de significância, parte-se de um conhecimento da distribuição de amostragem, derivado de um pressuposto quando à distribuição dos resultados, como nos testes chamados "paramétricos"** (e.g., quando uma variável apresenta uma distribuição normal, sabe-se que a distribuição de amostragem da sua média, ou seja, a distribuição dos valores obtidos para a média de sucessivas amostras de uma dada dimensão, segue uma distribuição t), **ou a partir de outros processos, como no caso dos testes chamados "não paramétricos". O problema está naqueles casos em que a variável apresenta características demasiado complexas para que lhe possam ser aplicados os princípios subjacentes aos testes não paramétricos e a sua distribuição de amostragem não é conhecida. Não é, em princípio, possível aplicar nestes casos quaisquer testes de significância ou intervalos de confiança, e é esta limitação que a técnica do *bootstrap* pretende superar, fornecendo-nos uma caracterização da distribuição de amostragem mesmo na ausência de informação relativa à distribuição dos resultados.**

Concretamente, o procedimento consiste no seguinte: supondo que dispomos de uma amostra constituída por N indivíduos (ou quaisquer outras unidades de observação independentes), vamos constituir uma amostra com essa mesma dimensão a partir dos indivíduos disponíveis, com reposição. Assim, começamos por escolher ao acaso um dos N indivíduos e incluímo-lo na nossa amostra "derivada". Recolocamos esse indivíduo no seu lugar e voltamos a escolher outro indivíduo, aleatoriamente (pode muito bem acontecer que escolhamos o mesmo, embora isso seja pouco provável à primeira, se a amostra for de dimensão suficiente). Repetimos o procedimento até termos seleccionado N indivíduos, que irão constituir a primeira amostra do *bootstrap*. Como é óbvio, alguns dos indivíduos da amostra inicial não serão incluídos e alguns serão incluídos duas ou mais vezes. Este procedimento é repetido sucessivamente, obtendo de cada vez uma nova amostra com N elementos, alguns deles repetidos, até se atingir o número de amostras pretendido (geralmente, este número é de algumas centenas, mas nada impede que seja superior). Para obter uma estimativa da distribuição de amostragem do parâmetro pretendido, basta calculá-lo para cada uma das amostras e determinar a sua distribuição no elevado número de amostras obtidas. Se, por exemplo, quiséssemos determinar o intervalo de confiança da média a 95%, e se tivéssemos obtido 1000 amostras, bastar-nos-ia colocá-las por ordem das suas médias: a média da 25ª e da 975ª indicar-nos-iam os limites do intervalo de confiança, pois entre elas recairiam 95% do total de amostras extraídas.

Apesar de o princípio da reamostragem com reposição poder suscitar algumas desconfianças, a verdade é que a técnica do *bootstrap* se tem revelado bastante eficaz e rigorosa na estimação de diversos parâmetros das distribuições de amostragem e tem dado origem a uma grande variedade de aplicações (Thompson, 1995). No caso que aqui nos interessa mais, o da análise factorial, o *bootstrap* permite-nos obter informação sobre a distribuição de amostragem de diversos resultados para os quais essa distribuição não foi ainda derivada analiticamente, como é o caso dos valores próprios e das saturações nos factores. Obtendo numerosas amostras através da técnica do *bootstrap* e efectuando sucessivas análises factoriais sobre essas amostras, é possível estimar a estabilidade de diversos aspectos dos resultados obtidos, caso se tivesse efectuado novos estudos em diferentes amostras, sem necessidade de efectuar na realidade esses estudos.

A validade 447

Devido ao seu desenvolvimento recente e à forte tradição de certos procedimentos na análise factorial, são ainda raros os estudos sobre a aplicação do *bootstrap* a esta técnica. Um deles é o estudo de Chatterjee (1984) que pretende precisamente oferecer uma exposição e exemplo das possibilidades deste procedimento (ver também Thompson, 1988). A partir das sucessivas análises, para um determinado número de factores, consideram-se as saturações de cada item em cada factor e determina-se a sua média e desvio-padrão que, neste caso, constitui o erro-padrão de estimação dessas saturações. Esse valor do erro-padrão pode, então, ser utilizado para obter um intervalo de confiança para a saturação do item no factor. Uma vez que, para um intervalo de confiança de 95%, o valor da distribuição normal reduzida é de 1,96, é muitas vezes recomendado que se considerem significativas e, portanto, relevantes para a caracterização do factor, aquelas saturações cujo valor absoluto seja superior a duas vezes o erro-padrão de estimação.

A partir daqui, não existe propriamente um procedimento bem definido para determinar o número de factores, mas apenas a utilização das estimativas dos erros-padrões das saturações como apoios à interpretação das soluções encontradas. Se o número de factores extraídos for demasiado pequeno ou demasiado grande, pressupõe-se que a solução factorial encontrada será instável. Algumas variáveis irão saturar num determinado factor em algumas das amostras, mas em factores diferentes noutras amostras, o que levará a que as estimativas dos erros-padrões das saturações para essas variáveis sejam elevadas, por comparação com a estimativa das médias das saturações, ou com a saturação obtida na análise da amostra primária, que deverá ser bastante semelhante. Como vimos, é necessário, para que possamos afirmar com segurança que uma variável apresenta uma saturação diferente de zero num dado factor, que o valor absoluto dessa saturação seja igual ou superior ao dobro da estimativa do erro-padrão. O ideal será conseguir encontrar um número de factores para o qual se verifique um conjunto interpretável de saturações claramente afastadas de zero e cujas estimativas do erro-padrão sejam inferiores a metade do seu valor absoluto. Este tipo de situação, no entanto, poderá não se verificar em nenhum dos casos, ou então verificar-se para diferentes números de factores, de tal modo que **esta técnica continua a depender em grande medida das interpretações efectuadas pelo investigador, e não pode ser, de forma alguma, considerada objectiva.**

Métodos baseados na análise dos resultados

Este último conjunto de métodos apoia-se no exame directo das matrizes de saturação das variáveis nos factores, podendo dentro dele distinguir-se dois grandes tipos: aqueles que analisam a matriz de factores não rodada, seleccionando a partir dela os factores a rodar e aqueles que efectuam diversas rotações para diferentes números de factores, comparando depois as características das soluções encontradas.

Dentro do primeiro tipo, um dos mais completos conjuntos de regras é o apresentado por Cureton e D'Agostino (1983, pp. 161-162), que recomendam que se comece por extrair um número de factores igual a metade do de variáveis. Obtida a matriz rectangular das saturações das variáveis nos factores, na qual as primeiras corresponderão às linhas e os segundos às colunas, procede-se do seguinte modo:

1) localiza-se, para cada variável (linha), qual o factor (coluna) para o qual apresenta a saturação mais elevada[63], desde que essa saturação seja superior a 0,2; em princípio, devem ser retidos um número de factores suficiente para que todas essas saturações máximas aí estejam incluídas;

2) localiza-se, depois, a segunda saturação mais elevada para cada variável; o número de factores necessário para que as duas saturações mais elevadas de cada variável sejam mantidas deverá ser o limite superior para o número de factores relevantes; por outras palavras, o número de factores a rodar deverá estar compreendido entre o número indicado por esta regra e o indicado pela anterior;

3) se uma coluna (factor) apresentar uma saturação superior a 0,4, ou se pelo menos 3% das suas saturações estiverem acima de 0,3, deverá em princípio ser retida, juntamente com todas as anteriores; esta regra ficará, no entanto, enfraquecida se as duas maiores saturações para todas as variáveis ficarem em colunas anteriores;

4) se pelo menos 10% a 20% das saturações de uma coluna forem superiores a 0,2, com pelo menos uma ou duas acima de 0,25, essa coluna e todas as anteriores devem normalmente ser retidas;

---

[63] Quando aqui se menciona "a saturação mais elevada" ou "de valor superior a" um determinado limiar, deve sempre entender-se como mais elevada ou superior em valor absoluto.

A *validade* 449

5) o número de colunas retidas dever ser suficiente para que, na quase totalidade das variáveis, a soma dos valores absolutos das saturações nessas colunas seja superior à mesma soma para as colunas descartadas; esta regra pressupõe que as colunas (factores) inicialmente consideradas correspondem a metade do número de variáveis, ou ao número imediatamente inferior, no caso de o número de variáveis ser ímpar.

Este tipo de critérios era particularmente útil antes do uso dos microcomputadores se ter generalizado, uma vez que permitia decidir do número de factores antes da rotação e, com isso, evitar a necessidade de rodar diversos conjuntos de factores, como os métodos a seguir apresentados exigem, numa época em que a rotação era um processo trabalhoso e caro. Ao mesmo tempo, este método permitia que a escolha do número de factores fosse feita tendo em consideração os resultados (em termos de saturações) saídos da análise, o que não acontecia com os métodos apresentados nas secções anteriores. O intuito fundamental deste procedimento é o de assegurar que os factores retidos sejam dotados de algum significado em termos de interpretação, manifestado através da presença de pelo menos algumas saturações relativamente elevadas em algumas das variáveis. Este mesmo princípio é explicitamente afirmado por Guilford (1952, p. 29) quando afirma, embora sem propor nenhuma regra específica, "que o melhor critério para quando parar de extrair factores é o da magnitude das saturações mais elevadas nos factores. Enquanto forem suficientemente grandes para contribuir com algo para os outros factores na rotação ou para permitirem obter algo de psicologicamente significativo, deveriam provavelmente ser extraídos". **Quanto à avaliação da eficácia destes métodos na prática, é difícil dizer algo de concreto, pois não conheço qualquer estudo empírico. A ter algum papel na prática, o deste método será concerteza ao lado de outros que nos ofereçam mais garantias.**

O segundo grande tipo de critérios dentro desta secção analisa os resultados obtidos depois da rotação. Embora este seja um aspecto da análise factorial a ser abordado mais adiante, podemos dizer que a rotação procura redistribuir a variância pelos factores, de tal modo que as saturações se aproximem o mais possível ou de 1 (o que significa que o factor influencia a variável) ou de 0 (o que significa que o factor e a variável nada têm em comum). O objectivo é o de simplificar e facilitar a interpretação, apontando com clareza o conjunto de variáveis que se relacionam com cada factor e eliminando as saturações intermédias, de significado sempre ambíguo. Este objectivo pode ser concretizado através de índices quantitativos que, regra geral, se apoiam no cálculo de alguma forma de variância dos valores absolutos das saturações. Uma maior variância das saturações significa que estas se tendem a concentrar nos valores extremos, ou seja, próximas de 0 ou de 1. Assim sendo, a variância das saturações pode ser considerada com um índice de interpretabilidade da solução factorial encontrada. Um método que se baseia neste princípio foi proposto por Crawford (1975). A sua aceitação na prática, no entanto, nunca foi grande, o que, aliado a alguma complexidade, me leva a não o apresentar aqui em detalhe.

Talvez a grande objecção que se pode apresentar a esta técnica seja a de que, embora se baseie nos resultados finais da análise factorial (as saturações das variáveis nos factores após a rotação), não utiliza nenhum aspecto substantivo desses resultados, ou seja, ignora por completo a identidade das variáveis que saturam em cada factor, limitando-se a considerar a forma como essas saturações se distribuem. Nada garante que o número de factores para o qual se verifica uma melhor separação entre saturações elevadas e baixas em cada factor corresponda à solução mais interpretável, pois uma outra solução em que essa separação seja menos extrema poderá agrupar as variáveis de uma forma que faça mais sentido teórico. **Para além disso, nada garante também que essa separação clara corresponda à realidade dos dados: se a amostra contiver várias variáveis que meçam em simultâneo dois factores, este critério poderá indicar-nos um número claramente errado. De qualquer forma, trata-se de objecções de princípio apenas. Uma verdadeira avaliação do mérito da proposta de Crawford (1975) exigiria estudos empíricos que, tanto quanto sei, permanecem por realizar.**

Finalmente, para concluir este conjunto de métodos utilizados na determinação do número de factores, haverá que mencionar aquele que é talvez o grande rival, em termos de frequência de utilização, do critério de Kaiser: chamar-lhe-emos o método de interpretabilidade intuitiva. Consiste em extrair diferentes números de factores e rodá-los, obtendo uma diversidade de soluções (com 1 factor, 2 factores, 3 factores, etc) e escolher de entre elas aquela que pareça ao investigador ser mais clara, mais fácil de interpretar, mais interessante ou estar mais de acordo com uma dada teoria. É frequente partir-se de um pequeno número de factores (e.g., 2, ou mesmo 1) e, se esses factores puderem ser interpretados, extrair mais um e rodar o novo conjunto; se esse conjunto (agora de 3 factores) se mostrar ainda interpretável, volta a extrair-se mais um, e assim sucessivamente, até se chegar a um número para o qual já não se consiga interpretar um ou mais factores. Aí, opta-se por reter como final a solução imediatamente anterior, ou seja, a última que se conseguiu interpretar.

Seguindo, mais uma vez, o princípio de que nem sempre aquilo que é muitas vezes utilizado na prática constitui um procedimento recomendável, este não pode ser considerado um bom método para a determinação do número de factores, pois sofre de duas dificuldades difíceis de ultrapassar. Em primeiro lugar, trata-se de um método por natureza subjectivo, com todas as implicações que isso acarreta: diferentes investigadores poderiam propor diferentes soluções, pois aquilo que um deles considera interpretável não será interpretável para outro, e o investigador pode sempre ser acusado de enviesamento, ao escolher a solução que mais se aproxima da sua teoria[64]. **Em segundo lugar, verifica-se na prática que este método tende a extrair um número de factores superior ao que seria desejável. O que acontece é que, em muitos casos, se torna relativamente fácil, perante um determinado conjunto de variáveis saturando num dado factor, elaborar uma interpretação para esse factor. Isso leva quase sempre a que alguns factores, constituídos já exclusivamente por variância específica e de erro, acabem por ser considerados interpretáveis e incluídos na solução final, o que implica uma sobrestimação do número de factores presentes na matriz. Esta sobrestimação é, por vezes, dolorosamente visível quando, ao repetir o estudo noutra(s) amostra(s), vários dos factores julgados claríssimos não voltam a surgir.** O fenómeno é ainda notório se se tentarem analisar matrizes de dados aleatórios, como já atrás referimos.

---

[64] Embora nada haja de reprovável em decidir deliberadamente extrair o número de factores previsto por uma dada teoria que se pretende pôr à prova. Se a teoria for incorrecta, verificar-se-á que os itens não se agrupam nos factores de acordo com o previsto, e escolher o número de factores proposto pela teoria impede que se possa afirmar que, se esta foi refutada para essa amostra, tal se deveu apenas ao número incorrecto de factores extraídos. O mesmo se passa sempre que se procura estudar a estrutura factorial de um dado instrumento que se pressupõe à partida medir certo número de factores, por essa ter sido, desde o início, a intenção do seu autor. Neste tipo de casos, é inteiramente defensável pedir ao computador que extraia esse número de factores. É claro que a teoria, ou a validade do questionário, ficarão ainda mais bem consolidadas se os métodos mais fiáveis e objectivos atrás descritos indicarem também esse número de factores. Em qualquer dos casos, este tipo de situações faz, com mais sentido, apelo à análise factorial confirmatória, que referiremos um pouco mais adiante, do que à análise factorial exploratória, que nos ocupa aqui.

452 *Questionários: Teoria e prática*

É surpreendente como a partir de dados totalmente aleatórios se podem muitas vezes obter resultados que são não só interpretáveis como inclusive plausíveis e interessantes. Tal facto deve levar-nos a desconfiar de qualquer critério baseado na interpretabilidade e a recorrer a outros métodos mais objectivos.

Afinal, como escolher o número de factores?

No final de todas estas considerações acerca dos métodos existentes para determinar o número de factores, cuja considerável extensão me parece justificada pela importância do problema e pela diversidade de métodos disponíveis, que princípios poderemos extrair quanto ao método ou métodos a utilizar na prática? Parecem-me ser cinco os princípios essenciais.

1) Dos métodos frequentemente utilizados, o critério de Kaiser, ou do valor próprio superior a 1, e o da interpretabilidade intuitiva dos factores, revelam-se claramente inadequados, indicando ambos um número excessivo de factores, e devem ser abandonados, pelo menos como métodos isolados.

2) Os métodos que apresentam um melhor conjunto de vantagens, em termos de rigor, objectividade e facilidade de aplicação, são os derivados da análise paralela, aplicados com o auxílio de fórmulas de regressão, tabelas de interpolação ou de um programa informático específico.

3) Quando não for possível aplicar a análise paralela (e.g., porque o número de indivíduos ou de variáveis está fora do leque coberto pelas tabelas ou pelo programa), o método do "cotovelo" constitui a melhor alternativa, apenas com o inconveniente de uma menor objectividade.

4) Sempre que tal se revele possível, a replicabilidade dos factores deve ser examinada, ou repetindo o estudo noutra amostra ou dividindo aleatoriamente a amostra ao meio. Este método deverá também fornecer resultados bastante adequados, mas nem sempre nos é possível dispor do número de indivíduos necessário.

5) Em caso de dúvida, é preferível extrair um número excessivo de factores a um número demasiado restrito. O destino mais provável dos factores extraídos em excesso será o de não serem replicados em estudos futuros e, com isso, acabarem por ser abandonados. Mas os

factores, reais, que ficarem por extrair poderão estar "perdidos para sempre": não serão encontrados em estudos posteriores, pois não serão procurados e, mesmo que fossem encontrados, correriam o risco de ser considerados espúrios, pois não foram encontrados no estudo original e, por isso, serão considerados "não replicáveis". Por este motivo, parece-me ser razoável aplicar dois ou três dos métodos considerados mais rigorosos e, se estes não apontarem o mesmo número de factores, escolher de entre eles o que aponte um maior número de factores interpretáveis.

A rotação dos factores

No decurso do desenvolvimento da análise factorial como técnica de tratamento de dados, depressa se chegou à conclusão de que os factores extraídos nem sempre se prestavam a uma interpretação fácil e nem sempre correspondiam à forma mais simples e útil de dispor factores e variáveis. Um exemplo concreto, e típico de uma das situações mais comuns, encontra-se já descrito na página 397 e seguintes. O que aconteceu neste exemplo foi que o primeiro factor, na tentativa de explicar a maior proporção possível de variância, foi colocado exactamente entre as duas variáveis, obrigando o segundo factor a ficar bastante afastado de ambas. Aquilo que se fez então foi, retendo as posições relativas das variáveis (pois estas são determinadas pela correlação observada entre elas), rodar os factores em torno do ponto de origem, de modo a aproximá-los o mais possível das variáveis. Neste caso, seria discutível qual a solução mais adequada: ou a obtida antes da rotação, ignorando o segundo factor e defendendo que ambas as variáveis medem um mesmo construto subjacente, o que é criticável devido à correlação relativamente baixa observada entre as variáveis; ou a obtida depois da rotação, defendendo que cada variável mede um factor diferente, o que é criticável devido à presença de uma correlação sensível entre cada variável e o factor supostamente subjacente à outra (provocada pela necessidade de "encaixar" duas variáveis correlacionadas num sistema de factores ortogonais). É óbvio que a preferência por uma ou outra solução depende do critério do investigador. Mas qual deveria ser esse critério?

A mais importante proposta para resolver este problema deve-se a Thurstone e é denominada "estrutura simples". Não é fácil definir exactamente o conceito de estrutura simples, muito menos encontrar

454 *Questionários: Teoria e prática*

um critério objectivo que o substancie (e.g., Child, 1990, pp. 48-49) **mas, em geral, é possível defini-lo como a tentativa de eliminar as saturações de nível intermédio, procurando que cada variável se correlacione com cada factor ou a um nível próximo de 0 ou a um nível próximo de 1. Este tipo de resultado facilita bastante a interpretação, pois torna mais fácil dizer, para cada variável, quais são os factores que a influenciam e, para cada factor, quais as variáveis que o definem. Maior facilidade ainda será obtida se cada variável apresentar uma saturação considerável em apenas um dos factores pois, nesse caso, a solução corresponderá a uma partição da amostra de variáveis em vários grupos, correspondentes aos factores. Este objectivo, porém, nem sempre é viável, dependendo em muito das variáveis presentes e do número de factores extraídos. Apesar de a eliminação das correlações de nível intermédio constituir o critério subjacente à quase totalidade dos métodos de rotação, é importante notar que não é necessariamente o melhor em todos os casos, havendo certos domínios nos quais outros princípios podem ser mais adequados.** No domínio das emoções, do comportamento interpessoal e de alguns aspectos da personalidade, por exemplo, tem sido bastante utilizado o chamado modelo de "circumplexo", no qual as variáveis, em vez de se agruparem junto a eixos aproximadamente perpendiculares, se distribuem, numa solução em dois factores, formando aproximadamente um círculo (Plutchik, 1997). É evidente que, neste caso, qualquer que seja a posição dos factores, haverá sempre variáveis com níveis de saturação intermédios.

Durante décadas, os procedimentos de rotação foram efectuados manualmente, com o auxílio de representações gráficas dos pontos, vectores e eixos correspondentes às variáveis e aos factores, não só devido à escassez de recursos de cálculo automatizado, mas também devido à convicção de muitos investigadores de que nenhum método objectivo permitia obter soluções tão adequadas como o "olho" treinado de um analista experiente. Ainda hoje alguns autores mantêm uma posição deste tipo, defendendo que é quase sempre vantajoso efectuar pelo menos alguns ajustamentos manuais após o processo automatizado de rotação. Uma vez que estes métodos visuais são hoje pouco usados, e a sua exposição seria extensa e complexa, não os apresentarei aqui. Uma explicação detalhada pode ser encontrada no livro de Cureton e D'Agostino (1983, Cap. 6).

Na quase totalidade dos casos, hoje em dia, utilizam-se os procedimentos de rotação existentes nos programas informáticos de estatística, os quais fornecem um resultado determinado, dado o número

A validade   455

de factores, sem necessidade de nenhuma decisão adicional por parte
do utilizador. Nalguns casos, porém, existem parâmetros cujo valor
quantitativo é escolhido pelo utilizador e que influenciam aspectos dos
resultados. Os diversos métodos distinguem-se essencialmente pelo
critério que utilizam para determinar o grau de aproximação ao conceito de estrutura simples, sendo, quanto ao resto, muito semelhantes.
O método de cálculo é quase sempre iterativo, ou seja, procede por
aproximações sucessivas visando minimizar ou maximizar o critério
de estrutura simples. O procedimento é interrompido quando a diferença
entre um determinado passo e o anterior desce abaixo de um certo limite,
indicando que já não parece ser possível melhorar muito a solução obtida[65].
Os critérios são muito variados e as suas designações indicam geralmente
que procuram maximizar ou minimizar um determinado critério: Varimax,
Equamax, Quartimax, Quartimin, Oblimin, Oblimax, Biquartimin, Cova-
rimin, Binormamin, Promax, etc. **Uma distinção importante será entre
as rotações ortogonais, que mantêm os factores com ângulos rectos
entre si, e as rotações oblíquas, que permitem que os factores se correlacionem.** Dos aspectos particulares das rotações oblíquas falaremos um
pouco mais adiante. Por agora, abordemos um pouco mais em detalhe os
critérios utilizados nas rotações ortogonais, as três primeiras da lista acima
indicada.

A rotação Varimax, sem dúvida a mais popular, procura maximizar a variância (donde o nome Varimax) dos quadrados das saturações *dentro de cada factor*, somando depois as variâncias dos diversos
factores. O processo é bastante simples: começa-se por elevar ao quadrado cada uma das saturações; depois, calcula-se a variância desses valores para cada coluna, utilizando a fórmula clássica da variância; final-

---

[65] É necessário estar atento, quando se utilizam diferentes programas informáticos,
a que eles muitas vezes diferem no valor que utilizam para o limite mínimo de progressão,
o que pode fazer com que o mesmo método, aplicado com programas diferentes, possa
fornecer resultados ligeiramente diferentes. A questão põe-se para todos os métodos em
que o cálculo seja iterativo (e. g., extracção de factores pelo método de máxima verosimilhança ou método de factores principais com iteração das comunalidades) e não apenas
na rotação. A diferença, em qualquer caso, não será grande e não terá decerto implicações
na interpretação. Possíveis cuidados serão o de especificar qual o limite mínimo utilizado
(que deveria ser sempre indicado pelo manual), modificar esse limite mínimo (o que
deveria ser sempre permitido pelo programa) de modo a torná-lo igual ao do programa
alternativo, ou especificar qual o programa utilizado, mas nem isso deverá ser necessário
na maior parte dos casos.

456   *Questionários: Teoria e prática*

mente, somam-se as variâncias obtidas para os diversos factores. Este é o critério que o processo de rotação procura maximizar nos seus sucessivos passos, e a sua fórmula será:

$$Q_V = \sum_{k=1}^{m} \left[\frac{\sum_{i=1}^{n} (v_{ik}^2 - \overline{v_k^2})^2}{n} v_k^2 \right]$$

(167)

Um critério algo diferente é usado no método Quartimax, no qual o objectivo é o de simplificar o mais possível a interpretação *de cada variável*, procurando que cada uma delas apresente uma saturação próxima de zero para todos os factores com excepção de um. Isto possibilita identificar, para cada variável, qual o factor a que esta "pertence", o que vimos atrás como um dos critérios de estrutura simples. Por processos matemáticos que não nos interessam aqui, é possível demonstrar que a aproximação a um critério deste tipo será máximo quando o somatório de todas as saturações elevadas à quarta potência for também um máximo (donde o nome Quartimax). Assim, o critério Quartimax pode ser expresso matematicamente pela fórmula:

$$Q_Q = \sum_{k=1}^{m} \sum_{i=1}^{n} v_{ik}^4$$

(168)

Quanto ao critério Equamax, procura combinar equitativamente os dois critérios anteriores (donde o seu nome). A escolha de um destes três métodos não é geralmente muito clara e, tal como em muitos casos para os métodos de extracção, parece resultar em larga medida de hábitos pouco fundamentados por parte dos investigadores. O método Varimax é o mais frequentemente usado, o que não parece negativo, dado que o critério Quartimax é bastante mais específico e poderá não ser apropriado para todos os casos. De facto, a opção não está isenta de consequências. Voltando ao nosso exemplo de duas variáveis apresentando entre si uma correlação de 0,6 vemos, no Quadro 19 (página 399), como o método Quartimax separou as variáveis em dois factores, na tentativa de reduzir ao mínimo a saturação de cada uma delas em pelo menos um factor. Neste caso, o método Varimax teria deixado o resultado da extracção inalterado (Quadro 18), conduzindo a uma interpretação bastante diferente. Em princípio, tudo dependerá da concepção da qual o investigador parta, ou do objectivo que pretende atingir: se pressupõe ou pretende que cada uma das variáveis sature num único factor, fará sentido utilizar a rotação Quartimax; se não tem uma ideia clara quanto a isso, a rotação Varimax constitui um método mais genérico e que fornece bons resultados na grande maioria dos casos. Para mais, há que ter em conta que alguns autores apontam que o critério Quartimax apresenta uma tendência excessiva no sentido de identificar apenas um factor geral, com todas as variáveis apresentando uma forte saturação logo no primeiro factor (Hair, Anderson, Tatham e Black, 1992, p. 235).

É ainda importante distinguir entre a aplicação destes critérios aos valores *brutos* das saturações ou aos seus valores *normalizados*. O que muitas vezes se verifica ao aplicar estes métodos às saturações não transformadas é que a variância não é distribuída de forma muito homogénea pelos diferentes factores, tendendo a concentrar-se em excesso no primeiro factor em detrimento dos restantes. Esta tendência pode ser reduzida efectuando uma normalização das saturações, conseguida através da divisão das saturações de cada variável pela raiz quadrada da sua comunalidade. Matematicamente, esta transformação pode ser representada por:

$$u_{ik} = \frac{v_{ik}}{\sqrt{\dfrac{\sum_{i=1}^{n} v_{ik}^2}{n}}}$$

(169)

O critério utilizado na rotação, qualquer que ele seja, é aplicado aos valores das saturações depois desta transformação. Uma vez encontrados os valores que maximizam o critério, as saturações são desnormalizadas por multiplicação pela mesma grandeza (raiz quadrada da comunalidade), sendo estes os valores apresentados pelos programas e utilizados na interpretação. **Este procedimento de normalização parece ser recomendável na generalidade dos casos.** Quando um programa nada menciona além do nome do critério, isso significa concerteza que ele é aplicado às saturações normalizadas. Alguns programas oferecem a opção entre utilizar saturações brutas e normalizadas (e.g., "Varimax raw" vs. "Varimax normalized") sendo recomendável optar pela segunda.

Um último aspecto a referir quanto à rotação é o da escolha entre uma rotação ortogonal e uma rotação oblíqua. A rotação ortogonal tem pelo seu lado a vantagem da simplicidade e, se aquilo que se pretende é construir um espaço conceptual no qual as variáveis se distribuem, eixos ortogonais são a forma mais parcimoniosa de estruturar

458   *Questionários: Teoria e prática*

esse espaço. Por outro lado, é verdade que, em muitos casos, os construtos que pretendemos avaliar não são independentes entre si e podem apresentar correlações importantes. Ao utilizar uma rotação ortogonal, não só obrigamos os nossos factores a manterem-se independentes, como ficamos sem possibilidade de saber em que medida a independência encontrada é inerente aos dados ou foi forçada pelo método. A melhor solução seria a de não obrigar os factores a permanecerem ortogonais, mas permitir que assumissem uma posição algo oblíqua, caso os dados assim sugerissem e com isso se conseguisse que as saturações se aproximassem em maior grau de 0 ou 1. Dos diversos métodos de rotação oblíqua disponíveis, os mais conhecidos são o Oblimin e o Promax. A avaliação comparativa é mais difícil ainda do que para as rotações ortogonais, até porque alguns destes procedimentos contêm um parâmetro modificável pelo utilizador que permite controlar o grau de obliquidade tolerada aos factores. Não haverá qualquer problema em fazer variar este parâmetro dentro dos limites indicados e verificar quais os seus efeitos sobre a solução final, mas os valores assumidos automaticamente pelos programas constituem em geral um bom compromisso.

    A principal dificuldade associada aos métodos oblíquos resulta de fornecerem não uma mas duas matrizes de resultados, uma correspondente às correlações entre as variáveis e os factores, chamada matriz de estrutura, e outra aos coeficientes pelos quais seria necessário multiplicar os resultados nas variáveis para obter os resultados no factor, chamada matriz de configuração (em Inglês, *pattern matrix*). No caso de rotações ortogonais, estes valores coincidem, pelo que obtemos uma única matriz, mas, no caso das rotações oblíquas, obtemos duas matrizes, com valores algo diferentes, e tanto mais diferentes quanto maior for a correlação entre os factores. O grande problema estará em saber qual das matrizes deverá ser utilizada na interpretação pois, embora os resultados não sejam, em geral, muito diferentes, podem colocar-se dúvidas em relação a algumas das variáveis. **Não há consenso sobre qual das duas matrizes deve ter a primazia na interpretação, embora pareça haver uma tendência no sentido de dar maior peso às correlações (matriz de estrutura).**

    Sempre que se efectua uma rotação oblíqua, obtém-se, para além das duas matrizes que indicam a relação entre factores e variáveis, uma matriz das correlações entre os factores. Esta matriz pode perfeitamente ser utilizada como ponto de partida para uma nova análise factorial, chamada então "de segunda ordem", uma vez que é efectuada sobre os factores

A validade

obtidos na primeira análise. Abordaremos a questão das análises de segunda ordem depois de termos tratado a questão da obtenção de resultados a nível dos factores.

A interpretação dos factores

Todos os passos atrás abordados se destinavam, afinal, a chegar a esta fase: saber quais são os factores que determinam os resultados obtidos nas diversas variáveis e quais as variáveis que mais estão relacionadas com esses factores. Na realidade, o processo funciona no sentido inverso: **consultando a matriz de factores (em regra, depois da rotação), podemos saber quais as variáveis que mais se correlacionam com cada factor. A partir desse conhecimento, tentamos encontrar um construto capaz de explicar as correlações encontradas e que corresponderá à nossa interpretação do factor criado pela análise.**

Neste processo de interpretação, é essencial manter presente que nos estamos a basear em correlações e que há que utilizar toda a informação que elas nos fornecem, para não correr o risco de efectuar uma interpretação errónea, porque baseada em informação incompleta. É necessário ter sempre presentes alguns princípios básicos: (a) os factores são dimensões nas quais as características dos indivíduos variam e não simples conjuntos de variáveis; (b) uma correlação *positiva* importante entre uma variável e um factor significa que os resultados numa e noutro tendem a estar relacionados de forma directa, ou seja, indivíduos com resultados elevados no factor terão tendência a ter resultados também elevados nessa variável; (c) uma correlação *negativa* importante entre uma variável e um factor significa que os resultados numa e noutro tendem a estar relacionados de forma inversa, ou seja, indivíduos com resultados elevados no factor terão tendência a ter resultados baixos nessa variável e vice-versa; estas variáveis não são, em nenhum aspecto, menos importantes para a interpretação do factor do que aquelas que apresentam uma correlação positiva, pois o grau de associação é idêntico; apenas é necessário tomar em conta o sinal, que nos indica qual o sentido da relação; estas saturações negativas surgem muitas vezes quando se procura formular itens na negativa, ou que meçam o pólo oposto de um construto, por exemplo para tentar controlar um estilo de aquiescência nas respostas, mas podem ocorrer em muitas outras situações; (d) uma correlação próxima de

zero entre uma variável e um factor significa que os resultados de uma e outro não estão associados de forma relevante, ou seja, os resultados do indivíduo no factor não nos permitem prever os seus resultados na variável, o mesmo acontecendo da variável para o factor; estas variáveis não são, em geral, relevantes para a interpretação do factor, a não ser nos casos em que a evidência negativa seja de particular interesse; é sem dúvida verdade, se bem que nem sempre evidente, que um factor é definido pelas variáveis que *não* se correlacionam com ele, tanto quanto pelas que se correlacionam; só podemos interpretar um factor como correpondendo, por exemplo, a neuroticismo, se os itens de introversão, amabilidade, consciensiosidade e abertura à experiência não se correlacionarem como ele, mas este aspecto não necessita, geralmente, de atenção ou referência explícita; o mesmo não acontece, por exemplo, se os itens referentes a ansiedade, depressão e hostilidade se correlacionarem com o factor, mas os itens referentes a sintomas psicossomáticos saturarem noutro factor; uma vez que a somatização é considerada um componente importante do neuroticismo, a ausência de correlação destes itens obrigar-nos-ia a rever a nossa interpretação do factor, como correspondendo, por exemplo, apenas a emocionalidade negativa.

A forma mais útil e correcta de encarar os factores será, portanto, como dimensões, definidas nos seus extremos por "tipos" ideais, que nos ajudam a visualizar o conceito mas que tendem a ocorrer raramente: o "tipo elevado", com resultados elevados nas variáveis que saturam positivamente no factor e resultados baixos nas variáveis que saturam negativamente, e o "tipo baixo", com resultados baixos nas variáveis que saturam positivamente no factor e resultados elevados nas variáveis que saturam negativamente. A maior parte dos indivíduos estará, muito provavelmente, situada em níveis intermédios.

Outro aspecto importante neste processo de interpretação é o de saber qual o valor absoluto que terá de apresentar uma saturação para que se possa afirmar que a variável se relaciona com o factor. O conceito de significância estatística (saber qual a probabilidade de uma saturação com um valor tão afastado de zero ocorrer por acaso) não é fácil de aplicar neste contexto. Utilizar o teste de significância para a correlação é completamente errado, pois uma saturação (correlação entre uma variável observada e uma variável latente, construída no abstracto a partir das relações entre um conjunto de variáveis observadas, incluindo aquela com a qual a correlacionamos nesse momento) não é a mesma coisa que uma correlação simples entre duas variáveis observadas.

A distribuição de amostragem das saturações factoriais não é conhecida e, mesmo que o fosse, a aplicação de testes de significância neste contexto estaria sujeita aos problemas habituais: quanto mais numerosa a amostra de indivíduos, menor seria o valor absoluto da saturação necessário para atingir a significância; com uma amostra de grande dimensão (da ordem de milhares de indivíduos), poderíamos chegar à conclusão de que todas as variáveis se relacionavam significativamente com todos os factores, o que representaria a impossibilidade de qualquer interpretação. A única forma de tentar obter algo que se parece com um teste de significância será baseando-nos nas técnicas de reamostragem do tipo "bootstrap", mas estas permanecem ainda em larga medida como um campo de investigação para especialistas. Talvez daqui a alguns anos a sua aplicação seja mais bem conhecida e divulgada.

Não havendo possibilidade de estabelecer critérios definidos e objectivos, a única solução é a de procurar regras práticas e de as ajustar às particularidades do estudo, regressando um pouco ao aspecto "artístico" da análise factorial. Alguns autores propõem como regra que saturações abaixo de 0,3 não são merecedoras de atenção, princípio com o qual estou de acordo, desde que seja entendido como um limite inferior mínimo: muitas variáveis podem apresentar saturações superiores a 0,3 e, ainda assim, não constituírem indicadores adequados do factor, vindo tornar a interpretação bastante mais confusa. A minha experiência indica-me que, na análise em componentes principais seguida de rotação Varimax, o limiar de 0,5 constitui um bom ponto de partida. No caso da análise em factores principais ou do método de máxima verosimilhança, que tendem a fornecer saturações um pouco mais baixas, este valor deve ser ajustado para 0,4 ou mesmo 0,35. De qualquer modo, o peso dado às diversas variáveis na interpretação dos factores deve depender do seu nível de saturação: uma variável com uma saturação de 0,8 deve receber uma atenção muito maior e exercer uma maior influência na interpretação do que outra que sature apenas 0,5.

Uma possível forma de proceder é a seguinte. Pegando na matriz de saturações depois da rotação, sublinham-se todas as correlações superiores a 0,5 (sempre em valor absoluto), utilizando uma linha dupla ou uma cor diferente para aquelas que se situarem acima de 0,7. Feito isso, procura-se interpretar cada factor, começando por considerar os itens que apresentem saturações superiores a 0,7, pois deverão ser esses que permitirão caracterizar o factor com mais exactidão. Depois, observa-se aqueles que saturam entre 0,7 e 0,5 e, a partir de todo o conjunto, procura-se avançar uma hipótese relativa ao construto que poderá estar na base das saturações verificadas, sem esquecer de levar em conta os sinais, positivos ou negativos. Estabelecida essa hipótese, examina-se o conjunto de variáveis que saturam abaixo de 0,5, procurando detectar alguma que, se a hipótese de interpretação fosse correcta, se poderia esperar que saturasse nesse factor. Caso se encontre alguma, dois tipos de situações se podem pôr: ou a saturação dessa variável se encontra relativamente próxima de 0,5, digamos, acima de 0,3, e o resultado anómalo pode ser atribuído a uma flutuação aleatória, ou a saturação é bastante inferior e, nesse caso, é necessário tentar resolver ou pelo menos explicar a anomalia. Pode ser necessário rever a interpretação, ou então encontrar uma explicação ao nível da própria variável, por exemplo um item ambíguo ou contaminado por outro factor (valerá a pena examinar as saturações nos outros factores para verificar isso).

Uma vez concluído este processo para todos os factores, procura-se de novo resolver os casos anómalos, de variáveis que saturam em certos factores e parecem deslocadas no conjunto, variáveis que não saturam nos factores em que aparentemente deveriam e variáveis que saturam em mais do que um factor. Vale a pena tentar explorar a possibilidade de modificar o limiar de 0,5, que é apenas um ponto de partida, e verificar se um limiar mais baixo ou mais alto permitem clarificar a interpretação, sem esquecer que o critério usado para decidir se uma variável satura ou não num dado factor não deve ser ad hoc, mas minimamente sistemático. Isto significa que se deve escolher um limite idêntico para todos os factores, a menos que exista outro critério mais defensável (e.g., uma separação nítida entre um grupo de variáveis com uma saturação elevada e outro com uma saturação claramente mais baixa). De qualquer modo, a interpretação de uma análise factorial nunca é inteiramente objectiva e, por mais que se procure encontrar, para os passos anteriores a esse, procedimentos objectivos, a interpretação permanece em boa medida uma arte. É essa uma das razões pelas quais é preferível limitar o uso da intuição a essa fase, de modo a não permitir que a subjectividade do investigador tenha um papel excessivo, que dificulte a replicação das suas conclusões por outros.

Terminado este processo, é inevitável que permaneçam ainda aspectos aparentemente impossíveis de integrar no conjunto da interpretação proposta. É preciso reter que estes não são, de forma alguma, fatais para a aceitabilidade das conclusões. Variáveis que saturam ao mesmo tempo em dois factores podem ser, de facto, influenciadas por ambos, e isso em nada invalida os resultados da análise, embora se possa considerar que esses itens não constituem medidas adequadas (puras) de nenhum dos factores e que a possibilidade de os eliminar do questionário deve ser considerada. Outros resultados anómalos podem ser produto de flutuações aleatórias devidas à amostragem, sobretudo se a amostra não for numerosa, e devem ser notados como tal, mas não implicam a rejeição da solução como um todo. Outra alternativa para tentar resolver estes problemas é a de tentar seleccionar um número superior ou inferior de factores, mas já atrás vimos os perigos deste método, quando não é controlado por critérios mais objectivos.

Obtenção de resultados para os factores

Sendo o objectivo da análise factorial ajudar à identificação dos construtos subjacentes aos resultados num determinado conjunto de variáveis, fará todo o sentido procurar obter uma estimativa da posição de cada indivíduo face a cada um desses construtos, ou seja, da posição em que ele ou ela se situa na dimensão que define o factor. Afinal, esta estimativa é indispensável para o prosseguimento das análises dos resultados, para se saber se a estimativa fornecida pelo questionário em estudo é concordante com a de outros índices disponíveis, num estudo de validade, ou para se poder relacionar esse construto com outros, num estudo de natureza mais teórica.

A obtenção de resultados nos factores não apresenta dificuldade quando a análise é efectuada pelo método de componentes principais. Uma vez que os componentes principais não são mais do que combinações ponderadas das variáveis observadas, obter o resultado de um dado indivíduo num dado factor não envolve mais do que somar os seus resultados em todas as variáveis, com uma ponderação dada pela saturação da variável no componente. De notar apenas que, como a análise em componentes principais partiu da matriz de correlações e não da matriz de covariâncias, as saturações obtidas pressupõem que as variáveis estão padronizadas, com média de 0 e desvio-padrão de 1. Assim, é necessário padronizar as variáveis antes de as introduzir na fórmula seguinte:

$$C_k = \frac{\sum_{i=1}^{n} v_{ik} z_i}{\lambda_k}$$

(170)

em que C_k é o resultado de um indivíduo no componente de ordem k, v_{ik} é a saturação da variável i no componente k, z_i o resultado padronizado do indivíduo na variável i, e λ_k o valor próprio do componente k. A divisão pelo valor próprio do componente destina-se apenas a assegurar que os resultados tenham uma variância de 1, podendo ser omitida se não houver interesse nisso. A média dos resultados obtidos desta forma será sempre igual a 0.

No caso dos modelos de análise factorial propriamente dita, que se baseiam na distinção entre variância comum, específica e aleatória, o cálculo de resultados nos factores é bastante mais difícil e complexo, uma vez que os resultados deveriam reflectir apenas variância comum, mas têm de se basear de alguma forma nos valores observados, e nestes a variância comum está inextricavelmente misturada com a variância específica e de erro. Esta situação faz com que este tipo de resultados, para todos os modelos de factores (no sentido estrito, ou seja, enquanto opostos aos modelos de componentes) sejam essencialmente indeterminados e apenas susceptíveis de estimação, partindo de certos pressupostos. Os métodos de estimação são variados e de alguma complexidade, podendo uma discussão do problema e de várias tentativas de resposta ser encontrada num capítulo da autoria de Kim e Mueller (1994, pp. 128-140).

A razão por que não incluo aqui uma discussão destes métodos é o seu interesse discutível na prática. A questão não é diferente para os resultados em termos de componentes principais. É bastante questionável a vantagem de incluir no cálculo dos resultados variáveis que apresentam uma baixa saturação no factor pois, uma vez que o seu peso na soma é determinado pela saturação, a sua influência nos resultados tende a ser desprezível. Para além disso, ocorre muitas vezes que as correlações mais baixas são espúrias e têm sobretudo o papel de corrigir distorções resultantes do não ajustamento dos dados aos pressupostos do modelo, sobretudo em termos da ortogonalidade dos factores (vd. exemplo da página 399). Assim, **parece-me legítimo defender a vantagem de ignorar as correlações mais baixas e basear o cálculo apenas nas variáveis claramente relacionadas com o factor. Dentro destas, o leque de variação das saturações deverá ser bastante mais estreito (e.g., entre 0,5 e 0,8), pelo que se pode pôr em dúvida a real utilidade de atribuir pesos diferentes às variáveis, o que complica o procedimento de forma acentuada.** Para além disso, os resultados referentes às saturações estão sujeitos a flutuar de forma mais ou menos acentuada de uma amostra para outra, sendo difícil de justificar o uso de valores muito precisos para o peso de cada variável (Dawes e Corrigan, 1974; Wainer, 1976).

Nestas condições, porque não utilizar simplesmente a soma dos resultados brutos dos indivíduos, nas variáveis consideradas como "pertencendo" a cada factor, como estimativas da posição desses indivíduos nesse factor? De facto, este procedimento tende a fornecer índices que se correlacionam fortemente com os resultados nos factores obtidos por processos muito mais complexos, são mais replicáveis de um estudo para outro e permitem muitas vezes corrigir alguns pressupostos errados dos modelos de análise. Por exemplo, se os factores na população se correlacionam em certo grau, os resultados em factores ou componentes podem permanecer ortogonais por a isso serem forçados pelo modelo de extracção e rotação, mas os resultados obtidos pela simples soma das variáveis com saturações mais elevadas deverão correlacionar-se a um nível bastante mais próximo do dos factores subjacentes. Para além disso, este tipo de resultados é muito mais simples em termos de cálculo e mais próximo da forma habitual de cotação de escalas, quando não se usa a análise factorial. Por todas estas razões, esta forma de estimar a posição de cada indivíduo nos factores parece-me a mais recomendável, não apresentando os resultados em componentes ou factores propriamente ditos, na grande maioria dos casos, vantagens que compensem os seus vários inconvenientes. Critérios auxiliares, como o de saber se a introdução ou eliminação de um item faria aumentar o nível de consistência interna, podem também ser utilizados para decidir quais os itens a incluir no cálculo, havendo que tentar conjugar esses critérios com os saídos da interpretação da análise factorial.

Análise factorial de segunda ordem

Já vimos como, no caso dos métodos de rotação oblíqua, os resultados incluem uma matriz de correlações entre os factores. Se as correlações fora da diagonal não forem muito próximas de zero, é justificável efectuar uma nova análise factorial sobre essa matriz. Uma vez que se trata de uma análise factorial de factores, e já não de variáveis observadas, esta análise é geralmente designada "de segunda ordem". Em termos gerais, este tipo de análise em nada se distingue da análise efectuada sobre as variáveis, envolvendo aspectos seme-

lhantes na escolha do método de extracção, do número de factores, do critério de rotação, etc.

Onde se podem colocar questões específicas será na fase da interpretação. O procedimento habitual consiste em atribuir a cada um dos factores obtidos na análise de primeira ordem uma designação reflectindo a interpretação proposta pelo investigador e basear nessas designações a interpretação da análise de segunda ordem. O problema com este procedimento é que as interpretações obtidas para os factores de primeira ordem não passam de hipóteses e apresentam sempre certo grau de subjectividade. Basear novas interpretações, de nível mais abstracto, sobre essas interpretações pode conduzir a uma multiplicação da subjectividade. Uma alternativa consistiria em calcular a correlação entre cada factor de segunda ordem e as variáveis iniciais. Se recordarmos os pressupostos da "análise de caminhos", saberemos que é possível calcular com relativa simplicidade esta correlação: bastará seguir todos os caminhos que conduzem da variável ao factor de segunda ordem e multiplicar as sucessivas correlações encontradas, somando depois todos os produtos. Uma vez que cada variável satura, por pouco que seja, em todos os factores de primeira ordem e cada factor de primeira ordem satura, por pouco que seja, em todos os factores de segunda ordem, o número de caminhos a considerar será igual ao número de factores de primeira ordem. Assim, para cada um destes, multiplicamos a sua correlação com a variável pela sua correlação com o factor de segunda ordem. Somando o resultado obtido para todos os factores de primeira ordem, obtém-se a correlação pretendida. Para aqueles que dominam os fundamentos do cálculo matricial, esta operação corresponde a multiplicar a matriz de saturações resultante da análise de primeira ordem pela resultante da de segunda ordem, obtendo uma matriz de saturações das variáveis nos factores de segunda ordem. A interpretação dos factores de segunda ordem pode, então, ser baseada directamente na sua correlação com as variáveis, evitando o problema de basear interpretações sobre outras interpretações. Infelizmente, este cálculo quase nunca é fornecido pelos programas de estatística mais comuns, embora exista um programa de difusão mais restrita que o efectua (Thompson, 1990). Em muitos programas do tipo "folha de cálculo", porém, existem comandos de multiplicação de matrizes que tornam o processo relativamente fácil.

Mas este cálculo só é possível quando a análise se segue a uma rotação oblíqua. Se a correlação entre os factores for calculada correlacionando as estimativas dos resultados em factor obtidos através da

soma dos itens com saturações mais elevadas, não será possível calcular a correlação entre variáveis e factores de segunda ordem, pois que se perdeu toda a informação relativa às correlações entre variáveis e factores de primeira ordem. A única possível solução seria a de calcular a posteriori essas correlações. Resta saber se todo este processo terá de facto algum efeito positivo sobre a qualidade da interpretação dos factores de segunda ordem.

Análise factorial confirmatória

Todas as técnicas que discutimos até agora se inserem dentro da chamada "análise factorial exploratória", cujo objectivo é o de, dada uma matriz de correlações entre um conjunto de variáveis, criar um conjunto menos numeroso de variáveis latentes, não observáveis, que expliquem as correlações observadas entre as variáveis. Vimos já como este problema é, por natureza, indeterminado e como a sua resolução obriga a estabelecer uma série de condições, como a ausência de qualquer influência de uma variável sobre outra que não passe pelos factores, a ausência de correlação entre os factores, a obrigatoriedade de cada factor adicional explicar o máximo possível de variância, etc. Estas restrições podem ser origem de vários problemas na análise, devido ao facto de nem sempre estarem de acordo com as características reais dos dados e de o investigador nem sempre poder verificar esse acordo, ou estar sequer consciente da necessidade de o fazer. **Mas talvez fosse possível estabelecer outras restrições, mais plausíveis e das quais o investigador tivesse mais consciência e controlo. Para compreendermos de que modo a análise factorial confirmatória procura fazer justamente isto, temos de voltar um pouco atrás, à análise de caminhos e ao problema de duas variáveis apresentando uma certa correlação, que se pressupõe ser causada por um factor subjacente (página 392). Vimos, então, que o problema de saber qual a correlação entre cada uma dessas variáveis e o factor era indeterminado, uma vez que existia uma infinidade de soluções possíveis. Por sua vez, isto era devido ao facto de pretendermos estimar duas incógnitas (as correlações de cada variável com o factor) com apenas uma equação (dado que só temos uma correlação observada). Vimos como o problema poderia ser resolvido impondo-lhe mais uma restrição, que poderia ser a de que as correlações entre as variáveis e o factor fossem iguais, o que, na prática, reduzia as**

468   *Questionários: Teoria e prática*

incógnitas a uma, e vimos ainda como a análise em componentes principais consegue o mesmo tipo de efeito impondo que a soma dos quadrados das saturações seja a maior possível.

Vejamos agora o que aconteceria se em vez de duas variáveis tivéssemos três, saturando no mesmo factor. Teríamos então três incógnitas, as correlações das variáveis com o factor (designado o factor por Y, e as variáveis por X_1, X_2 e X_3, teremos r_{YX_1}, r_{YX_2} e r_{YX_3}) e três correlações, as correlações não redundantes entre as variáveis (r_{X1X2}, r_{X_1X3} e $r_{X_2X_3}$). Isto significa que o sistema é resolúvel e, para quaisquer valores das correlações entre as variáveis, existirá sempre um e um só conjunto de correlações entre as variáveis e o factor, que explica exactamente as correlações observadas. As equações respectivas são:

$$r_{X_1X_2} = r_{YX_1} r_{YX_2}$$
$$r_{X_1X_3} = r_{YX_1} r_{YX_3}$$
$$r_{X_2X_3} = r_{YX_2} r_{YX_3} \tag{171}$$

Se, por exemplo, a correlação observada entre X_1 e X_2 fosse 0,20, entre X_1 e X_3 de 0,24, e entre X_2 e X_3 de 0,30, seria fácil calcular que as correlações entre o factor e X_1, X_2 e X_3 seriam, respectivamente, de 0,40, 0,50 e 0,60. **Um modelo deste tipo, que apresenta igual número de correlações e de incógnitas, e que, por isso mesmo, permite sempre identificar uma e uma só solução, diz-se *identificado* ou, melhor ainda, *exactamente identificado*. Um modelo no qual o número de incógnitas seja superior ao de correlações conhecidas diz-se *não identificado* ou *subidentificado*.**

Reparemos, entretanto, como, mesmo no caso de três correlações a três incógnitas, o modelo só pôde ser identificado porque lhe impusemos uma restrição adicional: toda a correlação entre as variáveis é *exclusivamente* devida à sua correlação com o factor. Se permitíssemos que duas das variáveis se correlacionassem entre si sem ser por intermédio do factor latente, teríamos de estimar essa correlação, o que implicaria introduzir mais uma incógnita e, com isso, tornar o modelo não identificado. Se pretendêssemos que todas as variáveis se pudessem correlacionar entre si sem interferência do factor, isso implicaria criar tantas incógnitas quantas as correlações, e nenhum modelo envolvendo factores latentes poderia ser identificado nessa situação. **Em todos os modelos de análise factorial exploratória, pressupõe-se que nenhum par de variáveis se correlacionam sem a intervenção dos factores. Na análise factorial**

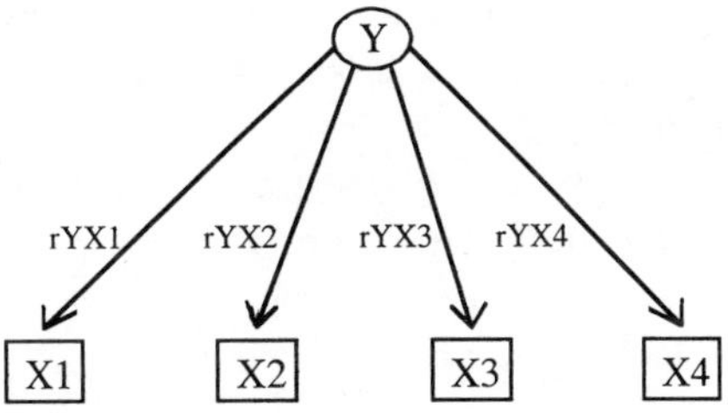

confirmatória nem sempre é assim. De qualquer modo, é importante reter neste momento um aspecto essencial: neste tipo de questões e de modelos, a regra geral é a de que aquilo que é omitido, que se pressupõe não existir, é tão ou mais importante do que aquilo que é calculado.
Vejamos agora o que aconteceria se acrescentássemos uma nova variável ao nosso modelo, ficando com 4 variáveis a satu-

Figura 33 - Representação esquemática de um modelo com quatro variáveis observadas saturando num único factor latente.

rar num só factor. O modelo é esquematizado na Figura 33, e a hipotética matriz de correlações é apresentada no Quadro 23. Por convenção, as variáveis observadas são indicadas por quadrados ou rectângulos, as variáveis latentes (não observadas) por círculos ou elipses. Reparemos como, **agora, conhecemos 6 correlações, o que nos permitirá construir 6 equações, mas apenas necessitamos de determinar 4 incógnitas, o que significa que temos 2 equações "de sobra".** As equações são as seguintes, sendo que as três primeiras são idênticas às já apresentadas:

Quadro 23 - Hipotética matriz de correlações entre quatro variáveis.

X_2	0,20		
X_3	0,24	0,30	
X_4	0,28	0,25	0,36
	X_1	X_2	X_3

$$r_{X1X2} = r_{YX1}\, r_{YX2}$$
$$r_{X1X3} = r_{YX1}\, r_{YX3}$$
$$r_{X1X4} = r_{YX1}\, r_{YX4}$$
$$r_{X2X4} = r_{YX2}\, r_{YX4}$$
$$r_{X3X4} = r_{YX3}\, r_{YX4}$$

(172)

As três primeiras equações já foram atrás resolvidas, pelo que já conhecemos o valor da saturação das três primeiras variáveis. Basta-nos, portanto, utilizar a quarta equação para determinar a saturação da quarta variável:

$$0,28 = 0,40r_{YX_4} \Leftrightarrow r_{YX_4} = \frac{0,28}{0,40} \Leftrightarrow r_{YX_4} = 0,70$$

(173)

Já conhecemos, assim, os valores de todas as incógnitas, e ainda nos sobram duas equações. Substituamos os valores nessas equações para ver o que acontece:

$$0,25 = 0,50 \times 0,70 \Leftrightarrow 0,25 = 0,35$$

(174)

$$0,36 = 0,60 \times 0,70 \Leftrightarrow 0,36 = 0,42$$

(175)

Decididamente, há algo que não corre bem, e **o sistema não pode ser resolvido de forma coerente. Como poderemos explicar a discrepância entre as estimativas fornecidas pelas diversas equações? Duas hipóteses são possíveis: ou as discrepâncias são devidas a flutuações aleatórias nos valores observados para as correlações, ou então o nosso modelo está errado. Como poderá o nosso modelo estar errado? Mais uma vez, o mais importante é aquilo que não é explícito. O modelo pode estar errado se os pressupostos em que se baseia, ou seja, se as associações que supõe não existirem, e que, por isso, não apresenta, existirem de facto: se houver correlações entre as variáveis que não passem exclusivamente pelo factor ou, o que no fundo é a mesma coisa, se subjacente às variáveis estiver mais do que um factor. Reparemos agora como, na realidade, afirmar que subjacente aos resultados se encontra um único factor não significa negar a existência de outros, mas apenas pressupor que a sua influência sobre as nossas variáveis observadas é nula. Mais uma vez, o essencial é invisível para os olhos. Se algumas dessas influências não fossem, afinal, nulas, isso poderia explicar a discrepância encontrada. O problema resume-se, então, à velha questão a que os testes de significância procuram responder: a discrepância pode ser explicada pelo mero acaso? Se nos fosse possível responder a esta questão, poderíamos também responder a outra muito mais interessante: o nosso modelo é adequado? Será um único factor suficiente para explicar as correlações entre as variáveis? Felizmente, a resposta à primeira questão existe, pelo menos desde que estejamos dispostos a aceitar um novo conjunto de pressupostos, entre os quais avulta o de que as variáveis observadas seguem**

A validade 471

uma distribuição normal[66], pelo que podemos ter esperança de poder responder à segunda. É este o raciocínio fundamental subjacente à análise factorial confirmatória, o qual só é possível se o nosso modelo apresentar um número de equações superior ao de incógnitas, dizendo--se neste caso *sobreidentificado*. Reparemos ainda como, num caso como este, em que possuímos mais equações do que incógnitas, pode-ríamos "libertar" outros parâmetros como, por exemplo, correlações entre variáveis independentemente da acção dos factores. Esta liber-tação, que não é possível na análise factorial exploratória, é possível aqui, desde que se disponha de um excesso de equações em relação ao número de incógnitas. O problema estará em saber quais das corre-lações libertar, pois já sabemos que não podemos fazê-lo para todas. Em princípio, esta possibilidade só se utiliza se tivermos razões para pensar a priori que podem ocorrer, por exemplo, erros ou tendências de resposta que atinjam em conjunto duas ou mais variáveis, por estas terem alguma semelhança particular entre si. Quando não, esta possi-bilidade pode também ser útil para efectuar ajustamentos a posteriori no modelo, quando o computador nos indica que libertar algumas destas correlações permitiria obter um modelo mais adequado. Mas estes ajustamentos post facto são sempre muito criticáveis se não tive-rem por detrás alguma fundamentação conceptual. Voltaremos ainda a este assunto.

Vejamos, agora, o que acontece se introduzirmos um segundo factor. Teremos nove incógnitas (as correlações de cada uma das qua-tro variáveis com cada um dos dois factores e a correlação entre os dois

---

[66] Na realidade, o pressuposto é um pouco mais exigente, e implica que as variáveis seguem uma distribuição multinormal, ou seja, que cada uma delas tem uma distribuição normal para cada nível ou valor de cada uma das outras. No caso de duas variáveis, uma distribuição binormal implica que as duas variáveis apresentem uma distribuição normal (a famosa curva em forma de sino estudada, entre outros, por Gauss) e ainda que cada uma delas apresente uma distribuição normal em cada um dos níveis da outra. Isto significa que, num gráfico em três dimensões, a representação conjunta das duas variáveis seria uma superfície em forma de sino que, quando seccionada em qualquer plano paralelo a um eixo correspondente a uma das variáveis, forneceria sempre uma curva normal. Para mais do que duas variáveis, o princípio é semelhante, mas já não é possível uma representação visual. Cada variável deve apresentar uma distribuição normal em cada uma das combi-nações possíveis de valores de todas as outras variáveis. Este pressuposto é indispensável para que se possam aplicar testes de significância na análise factorial confirmatória mas, felizmente, o teste de χ^2 utilizado para este efeito parece ser bastante robusto face a violações deste pressuposto, desde que não sejam excessivas.

factores), mas apenas 6 equações (uma para cada correlação observada). O modelo está subidentificado, e não é possível nem estimar a magnitude das correlações nem examinar a plausibilidade do modelo. Para fazer isso, é necessário introduzir mais restrições, de modo a eliminar algumas incógnitas. Eliminando três delas, o modelo estará identificado e será possível estimar as correlações, mas haverá sempre uma solução exacta, e o modelo não pode ser testado nem rejeitado. Isso só seria possível se se eliminassem ainda mais incógnitas. Como poderia isso ser conseguido? Poderíamos, por exemplo, pressupor que as duas primeiras variáveis apenas são influenciadas pelo primeiro factor, e as duas últimas pelo segundo factor (Figura 34). Isto bastaria para reduzir o número de incógnitas a 5, tornando o modelo sobreidentificado e possibilitando a aplicação do teste de significância.

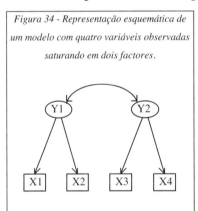

Figura 34 - Representação esquemática de um modelo com quatro variáveis observadas saturando em dois factores.

A aplicação dos testes de significância e a estimação dos parâmetros cujo valor não se pressupõe à partida ser zero é bastante complexa, sendo sempre efectuada com o auxílio de computadores. Na maior parte dos casos, os cálculos são efectuados recorrendo a um procedimento matemático conhecido como "método de máxima verosimilhança", embora possam ser utilizados outros, como o de "mínimos quadrados não ponderados" (*unweighted least squares*, ULS) ou o de "mínimos quadrados generalizados" (*generalized least squares*, GLS), que podem apresentar vantagens quando, por exemplo, os dados não apresentam uma distribuição multinormal, tal como é pressuposto pelo método de máxima verosimilhança (Bentler, 1980). Os métodos de mínimos quadrados são menos sensíveis à forma das distribuições, mas apresentam a importante desvantagem de não possuírem testes de significância associados, fornecendo apenas estimativas para os valores das correlações. O mais antigo e talvez mais completo programa de análise factorial confirmatória é o LISREL, nome derivado da expressão inglesa *linear structural relations* (relações estruturais lineares) que, por sua vez, reflecte o facto de as potencialidades de utilização do programa não se limitarem à análise factorial confirmatória, antes abrangendo múltiplas outras possibilidades, sempre que se pretende testar modelos teóricos envolvendo variáveis latentes ou observadas, a partir de matrizes de correlações (ou de outros índices estatísticos, como as variâncias e covariâncias). Veremos um pouco mais adiante algumas outras potencialidades de aplicação deste programa. Por agora, é importante apenas indicar que existem outros programas disponíveis no mercado que efectuam o mesmo tipo de cálculos, alguns não tão completos como o LISREL, mas quase todos eles mais fáceis de utilizar (e.g., EQS, AMOS, SEPATH), e que alguns destes procedimentos começam a ser incluídos nos "pacotes" de análise estatística.

Apresentar em detalhe a forma de utilizar o LISREL está claramente fora do âmbito deste livro, existindo obras de nível introdutório bastante acessíveis (e.g., Baldwin, 1989; Fassinger, 1987; Kelloway, 1998; McArdle, 1996) e abundante literatura de nível mais avançado (e.g., Bentler, 1980; Long, 1994; Schumaker e Lomax, 1996). Interessa-nos, aqui, apenas ficar com uma ideia daquilo que é necessário fornecer ao programa e daquilo que poderemos esperar dele, de modo a podermos reconhecer a sua potencial utilidade em diversas situações. **Como *input* para o programa, teremos que fornecer o modelo teórico que pretendemos testar,** quer sob a forma de um diagrama semelhante ao das Figuras 33 e 34 (os programas mais recentes permitem-nos efectuar os cálculos directamente a partir de um diagrama desenhado no computador), quer sob a forma de matrizes de especificação, um processo algo mais complexo exigido pelo LISREL. **Para além disso, teremos ainda de fornecer a matriz de correlações entre as variáveis, ou então os dados brutos, para que o computador as calcule.**

Em resposta, receberemos do programa, pelo menos, o seguinte: (a) um teste de significância global, que nos permitirá testar o ajustamento do nosso modelo à matriz de correlações observadas; (b) estimativas do valor mais verosímil para cada uma das correlações cujo valor não foi fixado à partida; (c) testes de significância para a hipótese de que essas correlações são iguais a zero na população; (d) estimativas do valor que seria assumido por cada uma das correlações que foram fixadas, caso essas correlações fossem "libertadas", e do impacto que essa libertação teria no teste de significância global do modelo. Estes dois últimos aspectos poderão ser úteis no sentido de nos darem indicações acerca de possíveis formas de aperfeiçoar o nosso modelo, eliminando correlações que parecem pouco relevantes, de forma a simplificá-lo, ou introduzindo outras que parecem existir, ao contrário do que tínhamos pressuposto incialmente. Estas modi-

ficações, entretanto, merecem muitas reservas por parte dos especialistas, sobretudo quando não têm por detrás uma base teórica explícita e não foram previstas à partida, uma vez que implicam violar o espírito da análise factorial confirmatória e apresentam muitos dos problemas de indefinição e replicabilidade que se colocam à análise factorial exploratória (MacCallum, 1986).

Por agora, vejamos apenas os resultados que o LISREL nos oferece para o nosso exemplo fictício, introduzindo-lhe o modelo da Figura 33 e a matriz de correlações do Quadro 23. Por uma questão de facilidade, apresentamos os resultados não na forma fornecida pelo LISREL, mas através da Figura 35. Uma especificação adicional exigida pelo programa é a do número de indivíduos na amostra na qual foi obtida a matriz de correlações. Como a nossa matriz é inteiramente fictícia, não dispomos deste número, pelo que iremos fixá-lo em 200, o mínimo recomendável para a utilização do LISREL. **Observando a Figura 35, comecemos por examinar, na parte inferior, o resultado do teste de significância através do método de quiquadrado (χ^2)**[67]. Como qualquer outro teste de significância, este indica-nos qual a probabilidade de as discrepâncias encontradas entre o modelo de partida e os dados poderem ocorrer apenas por acaso. No nosso exemplo, a probabilidade, indicada pela letra *p*, é bastante elevada, o que significa que não se pode excluir a possibilidade de as discrepâncias entre o modelo e a matriz de correlações observadas serem meramente casuais. Assim, é plausível que o modelo teórico constitua uma representação bastante exacta das relações entre as variáveis[68]. Esta ideia é ainda apoiada pelo valor encontrado para o índice designado *AGFI* (do Inglês *adjusted goodness of fit index*,

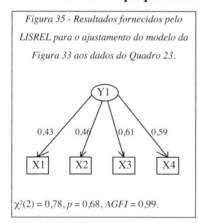

Figura 35 - Resultados fornecidos pelo LISREL para o ajustamento do modelo da Figura 33 aos dados do Quadro 23.

$\chi^2(2) = 0,78, p = 0,68, AGFI = 0,99.$

---

[67] O valor entre parêntesis, a seguir ao símbolo χ^2, é o número de graus de liberdade.

[68] Repare-se como, ao utilizar o teste de significância na análise factorial confirmatória, a conclusão extraída do teste é bastante diferente da habitual. O mais comum é que o investigador esteja interessado em demonstrar a existência de uma diferença entre grupos, ou de uma correlação entre duas variáveis. O seu objectivo ao aplicar o teste será, então, o de demonstrar que os dados são incompatíveis com a hipótese de uma ausência

A validade 475

"índice ajustado de bom ajustamento"[69]), que pretende constituir um indicador do grau de ajustamento do modelo aos dados, sem os inconvenientes do teste de significância, nomeadamente a sua dependência em relação ao número de indivíduos na amostra[70]. Este índice pode variar entre 0 e 1, correspondendo 0 à total ausência de ajustamento e 1 a um ajustamento perfeito. Uma regra consagrada pela prática é a de considerar que se ajustam de forma aceitável aqueles modelos que apresentarem um valor do *AGFI* superior a 0,9. No nosso caso, o ajustamento é excelente, mesmo muito próximo da perfeição. Ficamos, assim, a saber que as discrepâncias encontradas entre os dados e o nosso modelo podem ser atribuídas ao mero acaso, e que a hipótese de um único factor estar subjacente às nossas quatro variáveis observadas é plausível.

---

de diferença ou de uma correlação nula. Na análise factorial confirmatória, pelo contrário, o intuito é o de demonstrar que os dados são compatíveis com a hipótese de que algumas das correlações entre as variáveis presentes e todas as correlações com as variáveis ausentes do modelo são nulas, desde que sejam escolhidas as estimativas mais adequadas para os valores daquelas correlações que se pressupõem não nulas. Nestas circunstâncias, o maior interesse do investigador está geralmente em não rejeitar a hipótese nula, ao contrário do que é habitual.

[69] O nome deste coeficiente, que na tradução portuguesa pode parecer um pouco estranho, deve-se ao facto de ser derivado de um outro coeficiente, chamado *goodness of fit index*, e diferir dele por incluir um ajustamento que lhe permite levar em conta o número de "graus de liberdade", um conceito estatístico que seria fastidioso detalhar aqui, mas que desempenha um papel importante nos testes de significância e corresponde, nestes casos, ao número de equações "de sobra", ou seja, ao número de correlações observadas subtraído do número de parâmetros a estimar.

[70] No caso de amostras de reduzida dimensão, discrepâncias bastante grandes poderão ainda ser plausivelmente atribuídas ao acaso. Por isso, modelos bastante inadequados poderão ser considerados aceitáveis. Essa é uma das razões pelas quais se recomenda um mínimo de 200 indivíduos na amostra, sendo a outra a de garantir estimativas estáveis e fidedignas para o teste de significância e para os parâmetros deixados livres. No caso de amostras de grande dimensão, mesmo discrepâncias mínimas levarão à rejeição da hipótese de ajustamento, fazendo com que modelos que se ajustam bastante bem sejam considerados inaceitáveis. De facto, um ajustamento perfeito não é de esperar, pois existem sempre muitas outras variáveis não incluídas no modelo que exercem uma influência, por mínima que seja, sobre os resultados. O objectivo deve ser apenas o de encontrar um modelo que se ajuste suficientemente bem, e o índice *AGFI*, assim como outros índices que têm sido propostos na literatura (e.g., Kelloway, 1998, Cap. 3), mas cuja apresentação detalhada fugiria ao âmbito deste trabalho, pretendem justamente auxiliar o investigador neste propósito.

Consideremos, agora, a nossa segunda hipótese, de que subjacentes às nossas 4 variáveis estão dois factores correlacionados, tal como indicado na Figura 34. Os resultados da aplicação do LISREL a este problema são apresentados na Figura 36. O primeiro aspecto a destacar é o da estimativa obtida para o valor da correlação entre os factores. De notar que se trata, teoricamente, de uma correlação entre resultados verdadeiros, eliminando o efeito da variância de erro (que teria feito baixar as correlações), por um processo comparável ao da correcção para a atenuação já atrás focado. Uma correlação de 1 entre duas variáveis só pode significar que se trata, afinal, da mesma variável. O valor encontrado para esta correlação significa, portanto, que não há qualquer vantagem em incluir um factor adicional, pois este não vem trazer nada de novo em relação ao modelo anterior, com um só factor. A semelhança entre os resultados dos dois modelos é, aliás, flagrante. As estimativas das saturações das variáveis nos factores são idênticas, assim como o valor do χ^2. As únicas diferenças situam-se ao nível da probabilidade associada ao χ^2 e do *AGFI*, devido ao facto de se ter perdido um grau de liberdade. **Apenas haveria, portanto, interesse em considerar dois factores se a correlação entre eles fosse bastante mais baixa, claramente afastada de 1. Esta hipótese pode ser testada examinando o ajustamento de um modelo no qual a correlação entre os factores fosse fixada em zero. O teste deste modelo não apresenta dificuldade, pois consiste apenas em eliminar a seta curva que une os dois factores na Figura 34. Que um modelo de um só factor é claramente mais adequado para este exemplo do que um com dois factores independentes é demonstrado pelo fraco ajustamento deste último modelo (χ^2 (2) = 39,22, p = 0,005, *AGFI* = 0,59).**

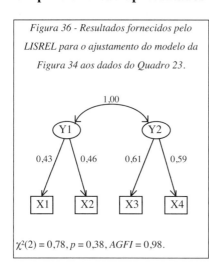

Figura 36 - Resultados fornecidos pelo LISREL para o ajustamento do modelo da Figura 34 aos dados do Quadro 23.

$\chi^2(2) = 0,78, p = 0,38, AGFI = 0,98.$

Os exemplos aqui apresentados são extremamente simples e não pretendem senão ilustrar algumas das possibilidades dos programas de análise de estruturas de covariância na análise factorial confirmatória, a qual constitui apenas um dos seus campos de aplicação. Veremos mais

A *validade* 477

adiante algumas outras possibilidades deste tipo de técnicas no exame da validade dos questionários.

Exame das relações entre os resultados do instrumento e critérios exteriores

Embora já atrás tenhamos visto como a relação com um critério exterior não pode constituir a base única nem fundamental para a construção de uma escala medindo um determinado construto, a verdade é que este tipo de estudos, frequentemente designados de "validade referenciada por um critério" ou "referida a um critério" constituem uma forma essencial e imprescindível de avaliar a validade. Dentro deles, é ainda possível distinguir dois grandes tipos: os que envolvem critérios obtidos mais ou menos na mesma altura em que é aplicado o questionário, designados estudos de "validade concorrente", e aqueles em que o critério é obtido algum tempo depois da aplicação, designados de "validade preditiva". Embora possam parecer bastante semelhantes, e em termos metodológicos o sejam, pois ambos os tipos envolvem a obtenção de um índice estatístico, geralmente a correlação, entre a medida e o critério, os dois tipos de estudos não são de forma alguma idênticos nem intermutáveis, pois tendem a focalizar-se em dois tipos bastante diferentes de interpretações e utilizações dos resultados.

No caso dos estudos de validade concorrente, o critério utilizado é um índice alternativo do construto que se pretende medir, e que deverá ter uma validade pelo menos comparável à do instrumento em estudo. A preferência, no entanto, irá para medidas que apresentem índices de precisão e validade tão elevados quanto possível.

Uma questão que se pode então colocar é a de saber qual a razão de se utilizar um questionário, quando já se dispõe de um outro critério que apresenta uma validade comparável ou mesmo superior. A resposta é que, de facto, pode acontecer que haja pouca utilidade em construir o questionário... a menos que este apresente alguma vantagem sobre o critério. Esta vantagem enquadra-se geralmente numa de duas categorias: economia ou representatividade. Por economia entende-se que a aplicação do questionário é mais fácil, rápida ou menos dispendiosa do que a obtenção do critério alternativo. Se, através da aplicação de um questionário de interesses, se obtém informação

478 *Questionários: Teoria e prática*

comparável à que se obteve num estudo de observação em que se acompanhou cada indivíduo durante vários dias, é evidente que a aplicação do questionário será bastante vantajosa, mesmo que o estudo de observação apresente resultados um pouco mais rigorosos. **Por representatividade entende-se o facto de o questionário e o critério não representarem de forma idêntica as diversas componentes do construto a medir. Pode acontecer que o questionário abranja um maior número de facetas do que o critério. Neste caso, o critério não seria, por si só, uma boa medida do construto, pois avalia apenas um aspecto demasiado restrito deste.** Como exemplo, teríamos a avaliação do ritmo cardíaco como critério de validade para um questionário de ansiedade. O ritmo cardíaco não é um bom índice do nível de ansiedade, pois não toca senão um dos três grandes componentes da resposta de ansiedade, o fisiológico, deixando de lado os componentes subjectivo e comportamental (Borkovec, Weerts e Bernstein, 1977). Mas pode também acontecer que o critério reflicta outras variáveis para além do construto que se pretende medir. Como exemplo, teríamos as notas em Língua Portuguesa como critério de validade para uma escala de interesses literários. As notas em Língua Portuguesa não são, por si só, um bom índice do nível de interesses literários de um aluno, pois dependem de uma quantidade de outras variáveis que não esses interesses (e.g., aptidões, interesse pelos componentes não literários da disciplina, etc). Em ambos os casos, não seria de recomendar o simples uso do critério no lugar do questionário, independentemente da maior economia de um ou de outro, o que não impediria que se considerasse, em qualquer deles, que uma correlação positiva com o critério indicado viria em apoio da validade da escala.

No caso dos estudos de validade preditiva, não se colocam ao mesmo nível as dúvidas sobre a vantagem de utilizar o questionário em lugar do critério, uma vez que este ainda não está disponível na altura em que o questionário é aplicado e o objectivo do estudo de validade é justamente o de saber em que medida ele permite prever um comportamento ou resultado que só virá a ocorrer no futuro. É o caso, por exemplo, quando se procura saber se um dado questionário permite prever quais os formandos que obterão aproveitamento num dado curso, ou quais os trabalhadores com maior probabilidade de abandonarem voluntariamente uma empresa. Neste tipo de situações, frequentemente com marcado carácter prático, tendem a ser menos prementes as preocupações com a qualidade da avaliação do critério, que tende a ser mais concreto e específico, o que não quer dizer que seja lícito esquecê-las.

Os principais problemas que se colocam neste tipo de estudos prendem-se também muitas vezes com o seu carácter aplicado: nem sempre é possível esperar o tempo necessário até que o critério esteja disponível para tomar uma decisão, o que leva, por sua vez, a dois tipos de situações indesejáveis. A primeira coloca-se quando, para evitar o excessivo dispêndio de tempo, se procura substituir um estudo de validade preditiva por um estudo de validade concorrente. Com efeito, os dois tipos de estudos não podem ser considerados equivalentes, e não é recomendável utilizar um estudo de validade concorrente como fundamentação exclusiva para a tomada de decisões preditivas. A questão não está, porém, isenta de polémica, havendo autores que defendem que os resultados obtidos num e noutro tipo de estudo tendem a ser semelhantes, e que um estudo concorrente cuidadosamente realizado nos fornece informação bastante rigorosa sobre aquilo que teria sido obtido num estudo preditivo comparável (Barrett, Phillips e Alexander, 1981), enquanto que outros defendem a perspectiva oposta (Guion e Cranny, 1982).

De qualquer modo, o princípio essencial deve ser o de que o plano do estudo a realizar se aproxime o mais possível das interpretações que se pretendem efectuar dos resultados. Se o objectivo for o de efectuar interpretações e decisões de carácter preditivo, o uso de um estudo de tipo preditivo é de recomendar, e a sua eventual substituição por um estudo concorrente só deve ser encarada quando a abordagem preditiva for impraticável, ou quase. Nessas circunstâncias, a apresentação dos resultados relativos à validade para interpretações preditivas deve reconhecer essa limitação presente no estudo, e a possibilidade de vir a realizar um verdadeiro estudo preditivo no futuro deve ser sempre contemplada.

Uma segunda situação indesejável, e que levanta ainda maiores problemas de interpretação, ocorre quando, na ausência de informação relativa ao critério no momento de aplicação do teste ou passado pouco tempo, se utiliza uma outra variável como indicador desse critério. É o caso, por exemplo, quando se utiliza um dado teste para seleccionar as pessoas que irão receber um curso de formação para ocuparem depois um posto de trabalho em certa função. O objectivo do teste é o de identificar as pessoas que serão mais eficazes no desempenho da função a médio e longo prazo, mas o tempo necessário à recolha dessa informação pode ser longo e mesmo a própria recolha pode ser difícil, por exemplo se os indivíduos, depois de concluída a formação, se dispersarem por diversos locais e organizações onde o desempenho da função é necessário. Nestas circunstâncias, será grande a tentação de desistir da recolha de dados quanto à eficácia do desempenho, e tentar demonstrar apenas que o teste se correlaciona com o aproveitamento no curso de formação. O problema está em que, não obstante esta informação poder ser bastante mais fácil de recolher e fornecer um índice não totalmente inútil de validade, não responde exactamente à questão que se colocava, uma vez que nem sempre os indivíduos mais rápidos a assimilar os aspectos essenciais de uma tarefa são aqueles que vêm a desempenhá-la com mais eficácia a médio prazo. O problema seria atenuado, mas não inteiramente resolvido, se se recolhesse, por exemplo, dados relativos à eficácia do desempenho nas primeiras semanas ou meses de trabalho.

Independentemente de se tratar de um estudo concorrente ou preditivo, é óbvia a necessidade de assegurar a qualidade do critério utilizado. A sua precisão e validade não podem ser apenas pressupostas, devendo merecer uma atenção cuidada. Se se trata de estudos de observação ou de análise de produtos do comportamento, é importante justificar porque se considera esse comportamento como um bom índice do construto, assegurar que a observação abranja um período de tempo suficiente e com uma amostragem adequada, que exista um elevado grau de acordo entre observadores ou juízes quanto aos resultados, etc. **De facto, em qualquer estudo de validade referenciada por um critério, duas validades estão sempre postas em questão: a do questionário em estudo e a do critério. Se entre elas se verificar a relação esperada, reforçamos a nossa confiança na validade de ambos; se essa relação não se verificar, poderá ser qualquer um dos dois (ou ambos) a apresentar uma validade deficiente. Como identificar o "culpado"? A questão não é irrelevante, porque pode muito bem acontecer que a escala que não se correlaciona com o critério tal como era esperado seja, afinal, válida, e seja o critério a apresentar uma precisão e/ou validade inadequadas. Responder-lhe exige quase sempre recorrer a outros estudos, a realizar ou já realizados no passado, pelo mesmo investigador ou por outros, que nos forneçam indicações quanto às qualidades métricas tanto da escala como do critério. A nossa suspeita deverá dirigir-se em primeiro lugar para aquela medida cuja validade esteja menos solidamente apoiada na evidência anterior.** Repetir o estudo depois de tentar introduzir alguns melhoramentos nessa medida será uma boa sugestão. **Esta eventualidade vem ainda alertar-nos para os inconvenientes de nos apoiarmos num único critério no estudo da validade. O uso de uma diversidade de critérios permitir-nos-á obter uma ideia muito mais completa acerca das qualidades e limitações não**

só da nossa medida, como dos próprios critérios que utilizarmos. Voltaremos mais adiante a esta questão dos indicadores múltiplos.

Em qualquer caso, a qualidade dos critérios utilizados deve ser, além de objecto de atenção por parte do investigador, mencionada e justificada na apresentação dos resultados. É importante não só descrever em suficiente detalhe o critério utilizado, como obter e apresentar dados quanto à sua precisão e validade, de modo a que os utilizadores do questionário possam avaliar de forma crítica os resultados e a sua capacidade persuasiva quanto à validade das interpretações propostas.

Um dos aspectos mais importantes, ainda dentro desta questão da qualidade do critério, é a sua independência em relação à medida em estudo. Embora aquilo que se pretende seja obter uma sólida correlação entre a escala e o critério, é necessário também assegurar que essa correlação não é devida a factores estranhos. Particularmente suspeitas e merecedoras de escrutínio cuidadoso são aquelas correlações que se apresentem excessivamente elevadas (digamos, acima de 0,5), pois é raro, em variáveis do domínio psicológico, encontrar medidas independentes que se correlacionem muito acima desse valor. Repare-se como a correlação irá depender da precisão de cada uma das medidas e, ainda, da sua validade. Se, por exemplo, cada uma das medidas tiver uma precisão de 0,8, a sua correlação já não poderá exceder esse valor, mesmo que a sua validade seja perfeita. Mas se a validade de cada uma delas (entendida como a correlação entre os seus resultados verdadeiros e os resultados verdadeiros para o construto que se pretende medir) for também de 0,8 e não houver nenhum outro factor comum que as influencie, a correlação entre os seus resultados verdadeiros será apenas de 0,64, e a correlação entre os resultados observados de 0,512, ainda que meçam exactamente a mesma variável.

A independência entre a medida e o critério pode ser definida em termos teóricos de um modo muito semelhante ao que já vimos nos pressupostos da análise factorial: toda a correlação entre a medida e o critério é devida à influência do construto subjacente a ambos e que se pretende medir, não havendo nenhum outro factor que os influencie em simultâneo e faça com isso aumentar artificialmente a correlação. Esta exigência é essencial, porque esse aumento da correlação pode levar-nos a sobrestimar a validade, ou mesmo a considerar válida uma interpretação que não o é.

Na prática, porém, o assegurar da independência das medidas está longe de ser tão simples e claro. É óbvio que não é possível elimi-

482 *Questionários: Teoria e prática*

nar todo e qualquer factor estranho comum, e aquilo que se espera do investigador é tão somente que esteja atento a possíveis origens de não independência importante e que procure eliminá-las ou controlá-las. **Algumas das mais frequentes entre essas fontes de não independência são as seguintes.**

(1) **A identidade dos respondentes, sem dúvida a mais comum, está presente quando uma e outra medida se apoiam nas respostas da mesma pessoa.** Este é, sem dúvida, um procedimento extremamente prático, e o tipo de critério mais frequentemente usado na validação de um questionário sobre um dado tema é... outro questionário sobre o mesmo tema! É verdade que, quando se trata de questões incidindo sobre aspectos pessoais e subjectivos (e.g., atitudes, opiniões, sentimentos) é difícil conceber outra medida que não passe pelas afirmações do indivíduo, mas não se pode ignorar que neste tipo de relatos se encontra a influência de vários outros factores para além do construto que se pretende medir: estilos e tendências de resposta, processos de elaboração da resposta, interpretações do conteúdo dos questionários ou daquilo que eles pretendem medir, serão factores que, por certo, influenciarão de forma comparável as respostas do indivíduo às duas medidas e, com isso, poderão levar a estimativas da validade superiores às reais. **Por esta razão, e sempre que possível, os dados de medidas de auto-relato devem ser comparados não apenas com outras medidas do mesmo tipo, mas também com medidas de relato por outras pessoas, de observação, de análise de vestígios do comportamento, ou mesmo fisiológicas.**

(2) **A semelhança dos conteúdos e formatos das medidas é outro dos factores a ter em conta.** Uma vez que os conteúdos e formatos das perguntas e respostas num dado instrumento não constituem nunca amostras inteiramente representativas de todos aqueles que seriam possíveis para avaliar um dado construto, usar um conteúdo e/ou formato muito semelhante na medida e no critério introduz um enviesamento que tenderá também a fazer aumentar artificialmente as correlações. **Por essa razão, é importante, sempre que se utilizam como critério outros instrumentos respondidos pela mesma ou por outra pessoa, tentar que o seu formato e conteúdos sejam claramente distintos** (e.g., uma entrevista, um teste projectivo, ou um questionário cujo conteúdo e formato de perguntas seja o mais diferente possível, ainda que procurando medir o mesmo construto).

(3) **A contaminação dos resultados da escala pelo critério, ou**

vice-versa, é possível sempre que as pessoas envolvidas na recolha dos dados para uma das medidas tenham conhecimento dos resultados da outra. Mesmo para um investigador treinado, e consciente da possibilidade de contaminação, é quase impossível evitar que o seu julgamento na avaliação de uma entrevista, na cotação de uma resposta aberta, ou na observação de um comportamento algo ambíguo, seja influenciado pelo conhecimento prévio dos resultados de uma medida alternativa do mesmo construto, ainda que essa medida seja de validade duvidosa. **A regra de ouro é, portanto, a de manter, na medida do possível, as pessoas que têm algum papel na recolha de dados com uma das medidas na ignorância dos resultados obtidos com a outra. É óbvio que existem situações em que isto não é possível, sobretudo quando ambas as medidas se apoiam nos relatos do mesmo indivíduo. Um cuidado a tomar nestes casos é o de efectuar em primeiro lugar a avaliação com a medida mais sujeita a enviesamento.** Se, por exemplo, procuramos avaliar a validade de uma escala de auto-avaliação da competência social através da observação de uma situação de interacção do indivíduo com outra pessoa, será preferível aplicar a escala antes de expor o indivíduo à situação, uma vez que é mais fácil enviesar a resposta à escala do que o comportamento na situação, se este for realmente atribuível a uma competência. A questão poderá ser algo diferente quando houver a possibilidade de evitar que os indivíduos se apercebam da ligação entre as duas avaliações, devendo nesse caso adoptar-se a sequência que torne essa ligação menos visível.

Um tipo peculiar de não independência entre a escala e o critério ocorre muitas vezes em contextos aplicados, como a selecção de pessoal nas empresas, e consiste na utilização da própria medida para seleccionar os indivíduos para os quais será possível obter o critério. É o caso, por exemplo, quando uma escala é usada para seleccionar, de entre os candidatos a um emprego, aqueles que serão admitidos, e se procura depois correlacioná-la com um qualquer índice de desempenho nesse emprego. **É óbvio que, nesses casos, a composição da amostra estará fortemente enviesada por esse procedimento de selecção, pois está limitada a um leque de resultados na própria escala bastante mais estreito do que aquilo que seria "natural". Já atrás vimos (página 308) que esta limitação na amplitude de variação tem, em quase todos os casos, por efeito a atenuação das correlações, ou seja, a obtenção de valores mais próximos de zero do que aqueles que teriam sido obtidos caso se tivesse estudado a amostra intacta.**

484   *Questionários: Teoria e prática*

Existem, entretanto, outros aspectos a considerar. Este efeito de atenuação só se verifica quando a restrição se dá na variabilidade intrínseca das posições dos indivíduos na variável. Uma qualquer transformação matemática linear pode modificar os valores das medidas de dispersão (variância e desvio padrão) mas, dado que a variabilidade intrínseca não é afectada, o valor da correlação não se altera. Suponhamos, por exemplo, que, na amostra de estudantes universitários utilizada no exemplo da página 308, passávamos a exprimir a altura em polegadas e não em centímetros. Para isso, dividíamos todos os valores da altura por 2,54. A dispersão dos resultados seria consideravelmente reduzida com esta transformação. Enquanto que os resultados em centímetros variavam entre 147 e 185 (uma amplitude de 38 unidades), os resultados em polegadas variam entre 58 e 73 (uma amplitude de apenas 15 unidades). Do mesmo modo, a variância desce de 61,24 para 9,49, e o desvio-padrão de 7,83 para 3,08. A correlação, no entanto, permanece inalterada, porque apenas reflecte as posições relativas dos indivíduos nas variáveis e estas não foram alteradas pelas transformações. Quando se diz que os valores obtidos para a correlação dependem da variabilidade dos resultados, há que ter consciência de que nos referimos à variabilidade nas dimensões latentes que são medidas e não apenas aos índices de dispersão dos resultados numéricos, que são quase sempre expressos em unidades arbitrárias.

Um segundo aspecto é o de que o fenómeno da atenuação das correlações por restrição da variabilidade apenas se dá de forma consistente quando se verificam os pressupostos do cálculo da correlação, ou seja, quando a relação entre as duas variáveis é linear e as suas distribuições são normais (Huck, 1992). **Quando estes pressupostos não se verificam, o efeito da restrição da variabilidade é imprevisível e pode muito bem acabar por ser o de elevar o valor da correlação.** Vejamos, por ser mais simples, o caso de uma relação não linear. O gráfico da Figura 37 representa um hipotético caso de duas variáveis que mantêm entre si uma relação extremamente clara, embora curvilinear. O procedimento de cálculo da correlação r, agindo de acordo com os seus pressupostos, procura ajustar uma recta (também representada no gráfico) a esta nuvem de pontos. Apesar de, manifestamente, não representar de forma adequada a relação entre as variáveis, a recta consegue, ainda assim, reflectir a presença de uma forte relação ($r = 0,82$). Mas vejamos o que aconteceria se restringíssemos a variação na dimensão das abcissas, considerando apenas os valores até 50 (a metade esquerda do gráfico). É fácil

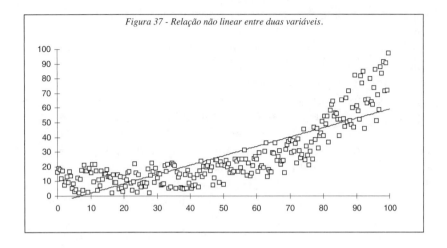

Figura 37 - Relação não linear entre duas variáveis.

verificar que, nesse leque de valores, a correlação é, praticamente, de zero (na realidade 0,11). Embora este fenómeno de atenuação também se verifique em relações lineares, o efeito nunca seria tão grande com uma restrição da variação para metade. Mas pensemos, agora, no que aconteceria se considerássemos apenas os resultados acima de 50. A correlação dentro deste leque de valores é muito mais forte, e mais próxima de uma relação linear, do que no conjunto dos resultados, e o valor da correlação (0,91) reflecte isso mesmo. Há, pois, que estar atento a que, embora as restrições da variabilidade levem quase sempre à diminuição do valor (absoluto) da correlação, casos há em que o efeito pode ser nulo, ou até conduzir a um aumento do valor.

Outro aspecto essencial a ter em conta é o de que a ocorrência deste tipo de efeitos não exige que a selecção seja feita utilizando uma das medidas a ser correlacionadas. Mesmo que seja feita com base em qualquer outro critério, o efeito de selecção apenas será nulo quando esse critério apresentar uma correlação de zero tanto com a medida como com o critério, caso bastante improvável. Assim, mesmo que fosse possível assegurar que a medida em estudo, ainda não validada, não fosse usada na selecção dos candidatos admitidos, o uso de qualquer outra medida com um mínimo de validade, ou seja, que se correlacionasse de forma significativa com o desempenho, seria suficiente para colocar o problema da limitação da amplitude de variação.

As soluções para este problema não são fáceis, sobretudo em contextos aplicados. O ideal seria, como é óbvio, evitar qualquer

forma de selecção, mas não é geralmente viável, por exemplo, convencer uma empresa a deixar aplicar aos candidatos a um emprego um instrumento com potencial utilidade para a selecção dos mais capazes e, depois, admiti-los a todos ou a um subgrupo escolhido de forma completamente aleatória. O mesmo problema se põe, por exemplo, em exames de admissão de estudantes a uma escola, ou de pacientes para um certo tratamento. **Uma vez verificada a inexequibilidade desta proposta, várias soluções de compromisso são possíveis. Uma delas poderá ser a de admitir um conjunto de candidatos que seriam à partida rejeitados, ou explicitamente para fins de pesquisa ou com outra justificação (e.g., representação mais equitativa de certos grupos populacionais). Uma segunda possibilidade será a de admitir os candidatos rejeitados, se não de forma plena, pelo menos a um processo que permita obter um índice aproximado daquilo que seria o seu desempenho na "realidade", como seja uma pequena formação ou uma simulação de desempenho. Outra possibilidade é a de abandonar a correlação e utilizar antes o coeficiente de regressão (não padronizado, também chamado coeficiente b) para avaliar a validade.** Um dos pressupostos da correlação é o de que a relação entre as duas variáveis é linear, ou seja, que a nuvem de pontos obtida num gráfico ilustrando essa relação se distribui aproximadamente em torno de uma linha recta. Uma das consequências deste pressuposto, felizmente verificada na prática com muita frequência, é a de que, quando a amplitude de variação é restringida, a nuvem de pontos torna-se menos nítida e a sua dispersão em torno da recta maior, o que corresponde à diminuição da correlação, mas a inclinação da própria recta tende a permanecer inalterada, ainda que se possa perder alguma precisão na sua estimação. Ora, esta inclinação da recta, que nos é dada pelo **coeficiente de regressão, é particularmente importante, e ainda mais em contextos aplicados, uma vez que permite estabelecer uma relação imediata entre a medida e o critério, na forma de "por cada unidade de aumento no resultado da escala, podemos esperar uma melhoria de X unidades no desempenho". Este valor X corresponde ao coeficiente de regressão e não deverá ser muito afectado pelas restrições à variação, pelo que pode substituir com vantagem o coeficiente de correlação nestes casos. Uma última possibilidade a considerar seria a de utilizar uma fórmula que permitisse estimar o coeficiente de correlação que teria sido obtido caso pudéssemos ter examinado todos os indivíduos. É claro que estes coeficientes, obtidos a partir de extrapolações para dados que não foram efecti-**

A validade

vamente recolhidos, de acordo com pressupostos muitas vezes duvidosos e inverificáveis, merecem uma interpretação cautelosa. Para além disso, assumem alguma complexidade estatística, pelo que não os apresentarei aqui, remetendo os leitores interessados para um artigo de Olson e Becker (1983). De qualquer modo, sempre que se utilize qualquer dos métodos propostos para efectuar esta correcção, é essencial explicitar e justificar o método utilizado.

Mas todos estes alertas em relação à não independência entre variável e critério não devem fazer-nos esquecer outros problemas metodológicos que podem constituir ameaça ao rigor dos resultados obtidos em estudos de correlação com critérios. Um princípio essencial é o de que todo o contexto deve ser tanto quanto possível idêntico àquele em que virão mais tarde a ser feitas as aplicações reais. Isto significa, entre outras coisas, que a amostra de indivíduos utilizados deve ser representativa da população na qual se pretende aplicar o questionário, não se podendo esperar que de um estudo de correlação com um critério realizado com uma amostra de estudantes universitários saiam indicações conclusivas quanto à validade do questionário com pacientes em psicoterapia. Mas há outras variáveis de contexto às quais é necessário tomar atenção, entre elas as motivações dos indivíduos que respondem. Responder a um questionário meramente para fins de investigação e sem nenhuma consequência pessoal à vista é muito diferente de lhe responder sabendo que dos resultados pode depender a admissão num emprego ou uma sentença no tribunal. As condições de aplicação nos estudos de validade devem por isso ser tornadas o mais possível semelhantes às que se espera encontrar quando se pretender fazer interpretações dos resultados.

Um tipo particular de relação com um critério é o da comparação de grupos. Em muitos casos, não é possível obter um critério quantitativo do construto visado, pelo menos com suficientes garantias de precisão e validade, mas é relativamente fácil ter acesso a grupos mais ou menos bem identificados em relação aos quais se tem boas razões para pressupor que terão uma certa posição face ao construto visado. Se procuramos avaliar a validade de, por exemplo, uma escala de religiosidade, poderemos comparar os resultados obtidos junto de uma amostra de frequentadores de uma igreja e de uma amostra de frequentadores de um café. Resultados médios mais altos na primeira virão em apoio da validade da escala. Muitos outros exemplos seriam possíveis, mas o aspecto essencial é o de que este tipo de critério (diferenciação de grupos)

488   *Questionários: Teoria e prática*

em nada se distingue dos anteriores, a não ser pelo facto de o critério não ser uma variável contínua, mas dicotómica, apenas podendo assumir um de dois valores. **Mesmo esta particularidade não impede a utilização do coeficiente de correlação,** o qual, nestas condições, assume uma fórmula simplificada conhecida por "coeficiente de correlação bisserial por pontos", disponível em qualquer manual de estatística elementar e que não é mais do que o aproveitamento da dicotomização de uma das variáveis para simplificar o cálculo manual. Se a pertença a cada um dos grupos for indicada por um número qualquer (e.g., 0 para os frequentadores do café e 1 para os frequentadores da igreja, mas também -27 para os primeiros e 624 para os segundos) e um coeficiente de correlação tradicional, produto-momento de Pearson, calculado com base nesses dados, o resultado será sempre o mesmo. É esta a razão pela qual os programas informáticos de estatística quase nunca incluem o coeficiente de correlação bisserial por pontos, devendo utilizar-se nestes casos o coeficiente de Pearson.

Mas, **para além de estes estudos de contraste de grupos apresentarem todos os problemas inerentes a qualquer outro estudo de correlação com um critério (precisão e validade do processo de selecção para os grupos, representatividade das amostras, independência da medida, condições de aplicação, adequação da escolha dos grupos ao construto visado, etc) é ainda importante não esquecer que estes grupos de indivíduos não podem ser utilizados para o cálculo das correlações entre a escala e qualquer outro critério.** Não é correcto, por exemplo, recrutar uma amostra de estudantes do Conservatório de Música e outra da mesma idade numa Escola Secundária e, no conjunto das duas amostras, correlacionar o número de concertos a que os alunos afirmam ter assistido no último ano com uma escala de interesses musicais para avaliar a validade desta última. Demonstrar que os alunos do Conservatório apresentam resultados mais elevados na escala, ou que esses resultados se correlacionam com a frequência de ida a concertos na amostra de estudantes da Escola Secundária seriam, de facto, indicadores positivos de validade. Mas uma correlação calculada sobre o conjunto dos indivíduos dos dois grupos seria claramente enviesada, uma vez que a escala não se destina por certo a ser utilizada numa população constituída em cerca de 50% por estudantes do Conservatório de Música. Esse estudo teria de ser efectuado numa amostra representativa da população na qual se planeia utilizar o questionário. **Correlações obtidas com grupos de características extremas são sempre exageradas por comparação com as que seriam obtidas em amostras mais representativas.**

A validade 489

Mas existe ainda uma outra forma de utilizar as diferenças entre grupos no estudo da validade. Em certos casos, prevê-se que a correlação entre uma dada escala e um critério seja diferente em diferentes grupos. Imaginemos, por exemplo, que procuramos examinar a validade de uma escala de "apoio social" ou "apoio emocional". A teoria pressupõe que este apoio por parte de pessoas próximas funciona como um "amortecedor" do stress, no sentido de que, entre as pessoas submetidas a maior stress, aquelas que dispuserem de maior apoio social estarão relativamente protegidas, enquanto que aquelas que dele não dispuserem estarão em maior risco de sofrer de perturbações (Alloway e Bebbington, 1987). Por outro lado, as pessoas submetidas a baixos níveis de stress não deverão apresentar perturbações, e o nível de apoio social não fará, para elas, grande diferença. Neste caso, a verificação da validade da escala exigiria não uma mas duas correlações: no grupo submetido a stress, no qual se esperaria uma correlação negativa significativa entre o apoio social e a medida de perturbação, e no grupo não submetido a stress, no qual não se esperaria correlação. A este tipo de efeitos, em que o impacto de uma variável depende do nível de outra variável, chama-se em estatística *efeitos de interacção*, e a sua presença pode ser testada de diversas maneiras, consoante as variáveis sejam de tipo categorial ou quantitativo (Jaccard, Turrisi e Wang, 1990).

Estes efeitos de interacção podem ainda ser importantes noutros casos, agora no sentido negativo. Uma das críticas mais frequentemente apontadas aos testes psicológicos é a de que estes seriam injustos para com determinados grupos, atribuindo-lhes resultados que os caracterizariam de modo mais negativo do que aquilo que seria adequado. Embora esta questão da eventual injustiça dos testes ultrapasse o âmbito deste trabalho, uma das mais importantes formas de verificar se uma medida é ou não "justa" para um determinado grupo consiste em verificar se a recta de regressão que exprime a relação entre a medida e o critério é a mesma nos diversos grupos. Caso existam diferenças na capacidade da escala para prever um mesmo critério em diferentes grupos, isso será manifestado através de um efeito de interacção entre os resultados e a pertença ao grupo na previsão do critério. Um efeito de interacção significativo nestas condições significará, portanto, que a escala poderá não ser igualmente válida para todos os subgrupos da amostra, o que será merecedor de um exame mais aprofundado, uma vez que, se o problema existir e não for corrigido, estaremos perante o risco de efectuar interpretações erróneas dos resultados para o caso de pessoas pertencentes a certos grupos, sobretudo grupos minoritários. Assim, sempre que a amostra do estudo de validade referenciada por um critério incluir diversos subgrupos com um número suficiente de indivíduos (e.g., sexo, idade, etnia, nível sociocultural), valerá a pena examinar os efeitos de interacção entre essas variáveis e os resultados da escala na previsão do critério, de modo a poder oferecer mais garantias de que a validade da escala é semelhante para os diversos tipos de pessoas às quais poderá vir a ser aplicada.

Um outro aspecto importante a referir quanto a estes estudos de validade por referência a um critério é o de que eles não servem apenas para tentar demonstrar que os resultados da escala estão relacionados com indicadores alternativos do construto que se pretende medir (a chamada "validade convergente"), mas também para tentar demonstrar que os resultados *não* estão relacionados com indicadores de construtos que se pretende que não os influenciem (a chamada "validade divergente" ou "discriminante"). As questões que se colocam neste tipo de estudos não são diferentes das que se põem noutros tipos envolvendo critérios exteriores, sendo a única diferença a de que aquilo que se pretende agora não é obter uma correlação significativa e afastada de zero como indicativa de validade, mas precisamente obter uma correlação não significativa e próxima de zero como indicativa dessa validade.

Um último aspecto, e particularmente importante, nestes estudos de validade referenciada por um critério, é o da escolha dos construtos cujos indicadores são usados. Podemos desde já dividir a questão entre aquilo que se passa nos estudos de validade convergente e nos de validade discriminante. Nos primeiros, a escolha mais óbvia recairá sobre indicadores do mesmo construto que se pretende medir com a escala, pois esses deverão fornecer os resultados mais claros e as correlações mais elevadas. Uma possível alternativa seria a de recorrer a construtos muito próximos, se bem que distintos, e que deveriam também fornecer correlações consideráveis (e.g., uma escala de "desamparo aprendido" como critério para uma escala de depressão). Quanto aos estudos de validade divergente, o problema é algo mais complexo, pois é evidente que existiria uma infinidade de construtos que se pretende que não influenciem os resultados. A escolha nestes casos deveria ser racional e estratégica, visando refutar aquelas hipóteses que poderiam constituir mais séria ameaça à validade. São dois os principais tipos de hipóteses nestas condições: (a) construtos que

influenciam de modo relativamente generalizado as respostas a escalas, como os estilos e as tendências de resposta; (b) construtos semelhantes ou próximos daquele que se pretende avaliar, mas que se considera importante distinguir dele. Quanto ao primeiro caso, haverá que procurar encontrar critérios que reflictam essas variáveis, por exemplo através de escalas de resposta socialmente desejável ou por outros processos (e.g., Schwab e Packard, 1973). Quanto ao segundo, é necessário referirmo-nos ao esquema teórico de base para tentar identificar aqueles construtos que seriam mais susceptíveis de poder contaminar as respostas dos indivíduos. Por exemplo, no caso de uma escala de depressão, os candidatos mais óbvios seriam outras escalas que medissem construtos psicopatológicos, tais como ansiedade, hostilidade ou somatização, ou construtos que pudessem estar na base da depressão, tais como o stress ou o apoio social. Como é evidente, nestes casos não deveríamos esperar uma correlação de zero, mas sim uma correlação não demasiado elevada, e claramente mais baixa do que aquela que se verificasse entre a escala e outros indicadores do mesmo construto. Um resultado deste tipo seria indicativo da validade da escala, ao demonstrar ao mesmo tempo que ela apresentava uma correlação diferente de zero com construtos com os quais aquele que ela pretendia medir estava de certa forma relacionado mas, ao mesmo tempo, que efectuava uma suficiente discriminação dos construtos, ao correlacionar-se com esses construtos relacionados a um nível inferior àquele a que o fazia com o construto que pretendia medir.

Matrizes multitraço-multimétodo

Sumariando aquilo que se procura obter quando se efectuam estudos de validade referenciada por um critério, podemos dizer que os objectivos essenciais são dois: assegurar que a nossa medida se correlaciona a um nível elevado com outras medidas do mesmo construto, mesmo quando estas utilizam métodos diferentes, e assegurar que a nossa medida se correlaciona a um nível baixo com medidas de construtos diferentes, mesmo quando estas utilizam métodos semelhantes. Estudos deste tipo implicam, portanto, obter medidas de diferentes construtos (por vezes designados, sobretudo nos estudos da personalidade, por "traços"), através de diferentes métodos. Num artigo, hoje clássico, de 1959, Campbell e Fiske propuseram uma sistematização deste tipo de estudos, através daquilo que designaram por "matriz multitraço-multimétodo". Esta consiste na matriz de correlações entre um conjunto exaustivo de medidas dos diferentes construtos pelos diferentes métodos. Para maior facilidade de exame da matriz, é conveniente agrupar as medidas em função do método utilizado, tal como na Figura 38. A disposição nesta matriz terá, então, a vantagem de separar, facilitando o exame visual, quatro tipos de correlações relevantes.

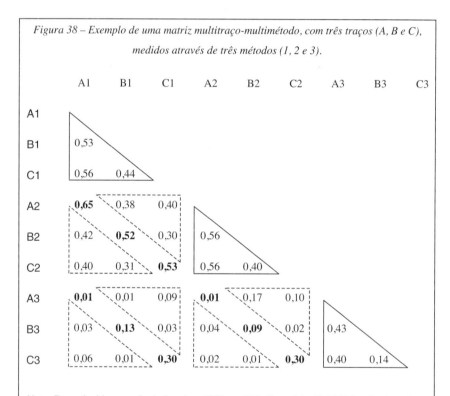

Figura 38 – Exemplo de uma matriz multitraço-multimétodo, com três traços (A, B e C), medidos através de três métodos (1, 2 e 3).

Nota: Reproduzido a partir de Lawler, 1967, p. 374. Copyright © 1967 by the American Psychological Association. Reprinted with permission of the publisher and the author. The American Psychological Association is not responsible for the accuracy of this translation.

A validade 493

Em primeiro lugar, nas diagonais situadas fora dos triângulos, encontramos os *coeficientes de validade*[71], ou seja, as correlações entre medidas do mesmo construto usando diferentes métodos. Dentro dos triângulos formados por linhas contínuas, encontramos as correlações entre medidas de diferentes construtos obtidas através do mesmo método, pelo que Campbell e Fiske os designam por "triângulos heterotraço-monométodo". Finalmente, dentro dos triângulos desenhados a tracejado, encontramos as correlações entre medidas de diferentes construtos obtidas através de diferentes métodos: são os "triângulos heterotraço-heterométodo".

Como utilizar este tipo de matriz na avaliação da validade? Campbell e Fiske (1959, pp. 82-83) propõem quatro regras essenciais. (a) "Os coeficientes de validade devem ser significativamente diferentes de zero e suficientemente grandes para encorajar a continuação do exame da validade. Esta exigência constitui prova de validade convergente." Recordemos que por validade convergente se entende a existência de uma correlação importante entre diferentes indicadores do mesmo construto. Se medidas do mesmo construto, obtidas através de diferentes métodos (e.g., um questionário de auto-relato e uma observação comportamental) não apresentarem correlação entre si, isso pode significar várias coisas: que uma delas, pelo menos, apresenta problemas de validade; que o estudo apresenta problemas metodológicos como, por exemplo, uma amostra inadequada; ou, então, que o próprio construto está mal definido ou não é unívoco. Em qualquer destes casos, não se poderão obter conclusões positivas em termos de validade. (b) "Um valor na diagonal da validade deve ser mais elevado do que os valores que se situam na mesma coluna e linha nos triângulos heterotraço-heterométodo. Ou seja, o valor da validade para uma variável deve ser mais alto do que as correlações obtidas entre essa variável e qualquer outra variável que não tenha nem traço nem método em comum. Esta exigência pode parecer tão mínima e tão óbvia que não necessitaria de ser explicitada, mas um exame da literatura mostra que não é satisfeita em muitos casos, e pode

---

[71] O uso aqui da expressão "coeficiente de validade" não deve ser entendido como querendo significar que é possível resumir num qualquer índice numérico a avaliação da validade de uma interpretação. Já vimos como o julgamento da validade é complexo e sujeito a inúmeros condicionalismos. A situação não é diferente da que se coloca para a precisão, pois também aí existe uma quase infinidade de coeficientes, que só no seu conjunto nos permitem obter uma ideia do nível de precisão dos resultados de uma escala.

494   *Questionários: Teoria e prática*

não ser satisfeita mesmo quando os coeficientes de validade são de magnitude substancial." **(c) Os valores na diagonal da validade devem ser mais elevados do que os valores que se situam na mesma coluna e linha nos triângulos heterotraço-monométodo. Esta exigência é origem dos problemas mais frequentes nos estudos com este tipo de matrizes, pois é comum que medidas que utilizam o mesmo método para medir diferentes construtos se correlacionem mais fortemente do que medidas do mesmo construto por diferentes métodos. Quando tal acontece, significa que as medidas em causa são afectadas em excesso pela chamada "variância de método", ou seja, por factores subjacentes que exercem a sua acção apenas sobre os resultados obtidos por um determinado método.** Poderá tratar-se, por exemplo, de uma atitude ou estilo de resposta, se o método em causa é o auto-relato, de um estilo comportamental ou de um enviesamento dos observadores, se se tratar de observação. Em qualquer caso, se esta terceira condição não se verificar, isso significa que os resultados parecem ser influenciados em maior grau por estes factores de método do que pelos traços que se pretendem medir, o que constitui um indicador negativo em termos de validade. **(d) As correlações devem apresentar um padrão semelhante em todos os triângulos heterotraço (aqueles que têm o ângulo recto na parte inferior esquerda), quer nos heterotraço-monométodo, quer nos heterotraço-heterométodo. Esta condição significa que o padrão de correlações entre os diferentes traços deve ser sempre aproximadamente o mesmo, qualquer que seja o método utilizado para os medir (triângulos heterotraço-monométodo) e mesmo que os traços sejam medidos por diferentes métodos (triângulos heterotraço-heterométodo).** Como exemplo, reparemos como a matriz da Figura 38 respeita esta exigência: as correlações entre os traços A e B, e A e C, são sistematicamente iguais ou muito próximas, e ao mesmo tempo mais elevadas do que a que ocorre entre os traços B e C. **Ainda segundo Campbell e Fiske (1959, p. 83), "estes três últimos critérios constituem evidência de validade discriminante."**

Vejamos, agora, em que medida a matriz do nosso exemplo satisfaz as condições propostas por Campbell e Fiske. Para tornar a discussão mais clara, importa esclarecer que o estudo versava a avaliação do desempenho de gestores de nível médio e superior numa empresa industrial e que os traços avaliados foram a qualidade do desempenho (A), a aptidão ou capacidade para ter um bom desempenho (B) e o esforço exercido (C). Os três métodos recaíram todos eles dentro da categoria da avaliação por juízes,

A validade

respectivamente superiores hierárquicos (método 1), colegas do mesmo nível (método 2) e o próprio indivíduo avaliado (método 3).

Começando pelo primeiro critério, o do valor dos coeficientes de validade, verificamos de imediato a existência de problemas com o método 3 (avaliação pelo próprio), para o qual a validade convergente parece não existir, pelo menos no que diz respeito aos traços de desempenho e capacidade. Pelo contrário, as avaliações efectuadas pelos superiores e colegas apresentam correlações consideráveis entre si, o que constitui um indicador positivo quanto a este aspecto da validade. Em relação ao segundo critério, de que os coeficientes de validade deverão ser mais elevados do que os coeficientes que, na mesma linha e coluna, se situem dentro dos triângulos heterotraço-heterométodo, o caso é bastante semelhante, com o critério a verificar-se para os coeficientes de validade obtidos por correlação entre as avaliações de superiores e colegas para os três traços, algumas excepções a ocorrerem para o traço C (esforço) na avaliação pelo próprio, e com uma visível ausência de validade para os traços A e B na avaliação pelo próprio. No terceiro critério, de que os coeficientes de validade deverão ser mais elevados do que os coeficientes que, na mesma linha e coluna, se situem dentro dos triângulos heterotraço-monométodo surgem, como habitualmente, os maiores problemas, com uma violação (em duas possíveis) tanto para o traço B como para o traço C, mesmo excluindo as avaliações pelo próprio. O mesmo acontece para a avaliação do esforço pelo próprio (C3), enquanto que a avaliação por este método do desempenho e da capacidade não merecem sequer comentário. Finalmente, já atrás vimos que o quarto critério (semelhança da matriz de correlações entre os traços para todos os métodos) se verifica de forma bastante aceitável.

A conclusão geral a extrair parece, portanto, ser a de que as medidas dos três traços obtidas a partir dos métodos 1 e 2 (avaliação por outrem) apresentam indicações razoáveis de validade, embora o aparecimento de excepções no terceiro critério aponte no sentido de um peso excessivo da variância de método, que se deveria tentar corrigir no desenvolvimento futuro destas medidas. Pelo contrário, a avaliação pelo próprio parece apresentar sérios problemas, com apenas alguns ténues sinais de esperança para a auto-avaliação do esforço e um panorama totalmente negativo para os outros dois traços. Este panorama negro começa logo pelos baixíssimos níveis dos coeficientes de validade, que nos mostram que, enquanto que as avaliações pelos superiores e pelos pares parecem estar a medir algo em comum, as avaliações pelo próprio, se avaliam algo de sistemático, não será concerteza a mesma coisa que as outras duas. Mas parece-me ainda importante salientar que as indicações positivas verificadas em relação a pelo menos parte das medidas deverão ser encaradas com prudência, face às sérias limitações na amostragem de métodos. Com efeito, é legítimo argumentar que, embora se tivessem utilizado juízes com posições bastante diferentes na situação, o estudo se limitou a avaliações subjectivas e que, para termos dados merecedores de confiança em relação a estas medidas como indicadores válidos de desempenho, capacidade e esforço profissional, seria importante incluir métodos mais objectivos, tais como observações sistemáticas, avaliação de "outputs", testes, simulações, etc. Até lá, não poderemos afirmar que estas medidas avaliam efectivamente os factores envolvidos no desempenho profissional e não apenas a reputação criada, um indicador por vezes falível.

Esta contribuição de Campbell e Fiske revestiu-se de particular importância, a ponto de se ter tornado num dos artigos mais frequentemente citados na literatura psicológica (Fiske e Campbell, 1992). **As inovações trazidas foram várias e extremamente úteis, permanecendo ainda hoje fundamentais, apesar dos avanços entretanto ocorridos, sobretudo ao nível das técnicas de análise dos resultados. Podemos sintetizar estas inovações em três pontos essenciais. O primeiro é o da própria concepção da matriz multitraço-multimétodo como forma prática de dispor o conjunto de correlações obtidas e efectuar de forma simples as comparações necessárias para verificar se os requisitos de validade estão presentes. O segundo foi a chamada de atenção para a importância da validade discriminante, salientando que não basta demonstrar que uma medida se relaciona com outros critérios do construto que se pretende medir, pois há também que demonstrar que não se relaciona a um nível excessivo com indicadores de outros construtos que se pensa poderem representar potenciais fontes de contaminação. O terceiro, e talvez o mais importante, foi a defesa da necessidade de realizar estudos mais complexos do que o habitual, em que se estudassem simultaneamente medidas de diferentes construtos e empregando diferentes métodos. Tendo assumido que qualquer medida constitui um binómio traço-método, um estudo exaustivo da validade de uma medida exige que ela seja correlacionada não apenas com outras medidas do mesmo construto por outros métodos, mas também com medidas de outros construtos pelo mesmo método e, ainda, com medidas de outros construtos por outros métodos. Só um estudo ao mesmo tempo multitraço e multimétodo, que combine estas duas dimensões de uma forma sistemática, através de uma matriz que**

assegure a presença de todas as possíveis combinações traço-método, poderá assegurar a um estudo da validade referenciada por critérios exteriores um exame exaustivo tanto da validade convergente como da validade discriminante.

Mas estas potencialidades da abordagem multitraço-multimétodo não devem fazer-nos esquecer que o seu aproveitamento integral só será possível com uma escolha cuidadosa tanto dos traços como dos métodos a incluir no estudo. Esta escolha não deve ser feita ao acaso nem resultar de mera conveniência, sob pena de pôr em causa os ganhos de credibilidade para as interpretações propostas e, portanto, a própria utilidade do estudo. Como em qualquer estudo de validade, o seu planeamento deve ser estratégico e orientado para a refutação das principais ameaças que se colocam à validade da interpretação em estudo. A técnica das matrizes multitraço-multimétodo é particularmente útil no afastar de dois possíveis tipos de críticas: de que a variância da medida é devida em grande parte ao método que utiliza, e não ao construto que pretende avaliar, e de que os resultados da medida são influenciados por outros construtos para além deste. Refutar a primeira crítica implica demonstrar que a medida não se correlaciona com medidas de outros construtos que utilizem o mesmo método, mas também que se correlaciona com outras medidas do mesmo construto que utilizem métodos diferentes. O impacto destes dois resultados será tanto maior quanto mais semelhantes forem os métodos no primeiro caso, e quanto mais diferentes forem no segundo. Assim, os princípios gerais quanto à escolha dos métodos devem ser que, dentro das medidas "utilizando o mesmo método" se deve fazer um esforço no sentido de uma efectiva homogeneidade: será muito mais adequado ter questionários de resposta fechada para avaliar todos os construtos, do que usar um questionário de resposta fechada para avaliar um construto, um questionário de resposta aberta para avaliar um segundo construto, e uma entrevista para avaliar um terceiro, e designá-los genericamente por "medidas de auto-descrição". Talvez mais importante ainda será assegurar que, entre as medidas "utilizando diferentes métodos", as diferenças sejam consideráveis, de modo a tentar evitar ao máximo a possibilidade de que os mesmos factores de erro os afectem. O ideal seria que os métodos se distribuíssem pelas grandes categorias existentes nas ciências humanas: auto-relato, relato por pares, observação, medidas objectivas de comportamento, registos fisiológicos, etc. Se tal não for possível, há que tentar, dentro da mesma grande categoria, encontrar medidas suficientemente distintas (e.g., questionário de resposta fechada vs. entrevista com avaliação por juízes; observação com avaliação global vs. registo de frequência de comportamentos específicos). O uso de medidas muito semelhantes entre si (e.g., avaliações globais feitas por diferentes juízes) são de desaconselhar, sobretudo se os seus resultados forem positivos, porque se ficará na dúvida se o acordo entre os observadores será devido, por exemplo, à validade das suas observações ou à variância de método (como no nosso exemplo). Se as suas correlações forem baixas, apesar da semelhança de métodos, a hipótese de validade será insustentável em qualquer caso. Por isso, caso se pretenda demonstrar a validade convergente, o princípio deverá ser o de diferenciar ao máximo os métodos; se se pretender demonstrar a ausência de validade convergente, será admissível usar métodos mais semelhantes. **Por outro lado ainda, há que ter em conta as dificuldades práticas que muitas vezes se colocam à utilização de métodos muito diferentes: estudos com uma grande diversidade de métodos tornam-se muito dispendiosos e demorados, sendo difícil recrutar participantes; é muitas vezes difícil encontrar, para determinados construtos, medidas que usem métodos muito diversificados, oferecendo ao mesmo tempo suficientes garantias de validade, etc. Por isso, acaba por ser muitas vezes necessário usar métodos não tão diferentes. Estudos utilizando avaliações por diferentes juízes, ocupando diferentes posições numa instituição, por exemplo, são mencionados no artigo de Campbell e Fiske (1959, p. 93 e seguintes) e utilizados habitualmente noutras áreas** (e.g., Lawler, 1967).

Quanto ao segundo propósito, de afastar a possibilidade de os resultados serem influenciados por outros construtos para além daquele que se pretende medir, o problema é talvez um pouco mais complexo, e poderemos enunciar três princípios genéricos: (a) os construtos a incluir não deverão ser demasiado diferentes pois, se assim for, a ausência de correlação poderá ser considerada trivial (e.g., atitudes políticas progressistas vs. conservadoras não se correlacionam com a fluência verbal); **(b) os construtos não deverão ser demasiado semelhantes, sobretudo a ponto de se poder pôr em causa a sua diferenciação (e.g., ira e hostilidade) ou de um deles poder ser considerado como um componente do outro (e.g., depressão e desamparo aprendido); a maior utilidade deverá, portanto, estar no uso de construtos que se situem em graus intermédios de proximidade; dentro destes (c) a escolha deverá incidir sobre aqueles construtos que, partindo de um**

A validade 499

referencial teórico de base, se poderiam considerar como apresentando mais riscos de influência indevida, ou cujas relações com o construto central (caso existam) seriam de maior interesse teórico, pelo que interessaria replicá-los através dos diferentes métodos. Afinal, há que manter presente que um estudo de matriz multitraço-multimétodo, tal como qualquer outro estudo de validade, pretende sempre pôr à prova interpretações e, portanto, teorias.

A aplicação da análise de caminhos a matrizes multitraço-multimétodo

Não obstante ter constituído um significativo avanço, tanto teórico como conceptual, no estudo da validade referenciada por critérios, o método das matrizes multitraço-multimétodo deixa ainda, para muitos autores, bastante a desejar, devido à definição algo imprecisa dos critérios de validade que propõe e à ausência de procedimentos sistemáticos de análise estatística do conjunto das correlações encontradas. Ambos estes aspectos, no entanto, podem ser ultrapassados com relativa facilidade aplicando à análise das matrizes as técnicas que já vimos anteriormente, sob o título de análise de caminhos ou de análise factorial confirmatória. O modelo conceptual subjacente a uma matriz multitraço-multimétodo como o da Figura 38 é simples e imediato: pressupomos que, subjacentes à matriz, se encontram três factores, correspondentes aos construtos A, B e C. Cada um destes construtos influencia três dos indicadores, sendo independente dos outros seis. Este modelo é representado pelo diagrama da Figura 39.

Note-se que, neste caso, haverá que estimar um total de 12 parâmetros, sendo 9 correlações entre indicadores e construtos, e 3 correlações entre construtos (indicadas por setas bidireccionais). Uma vez que a matriz, com 9 variáveis, inclui um total de 36 correlações não redundantes, o modelo pode ser testado sem dificuldade por um programa como o LISREL, fornecendo-nos não apenas um teste da plausibilidade do modelo apresentado, mas também estimativas da correlação entre cada indicador e o construto que pretende medir (que pode ser considerada como um coeficiente de validade no contexto da presente amostra de indivíduos e variáveis) e, ainda, estimativas das correlações entre os construtos, expurgadas do efeito atenuador da variância de erro. **Mas a obtenção de um resultado favorável quanto ao ajustamento do modelo aos dados**

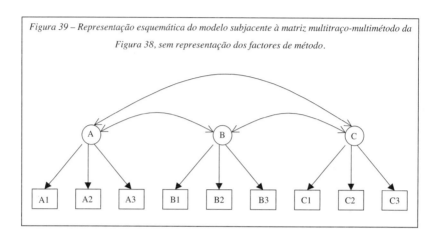

Figura 39 – Representação esquemática do modelo subjacente à matriz multitraço-multimétodo da Figura 38, sem representação dos factores de método.

estará dependente da ausência de factores de método, o que é certamente pouco plausível. Assim, e embora seja importante em todos os casos testar um modelo do tipo do da Figura 39, um modelo que inclua, para além dos construtos, a possibilidade de existência de factores de método será mais plausível e terá maior probabilidade de obter um ajustamento aceitável. Para além disso, sobretudo se os métodos não forem muito diferenciados, não temos razões sólidas para pressupor que os factores de método são independentes: se um indivíduo se esforça por transmitir uma certa imagem de si, poderá fazê-lo tanto num questionário como numa entrevista, ou até numa situação em que esteja a ser observado. O modelo resultante destas considerações é apresentado na Figura 40.

Apesar do considerável aumento de complexidade, o modelo permanece testável, pois haverá 24 parâmetros a estimar e 36 correlações. Esta complexidade, implicando uma certa falta de parcimónia, constitui a sua principal desvantagem, levando a que só possa ser testado quando se disponha de um mínimo de três métodos para três construtos, dois métodos para quatro construtos ou quatro métodos para dois construtos. Para além disso, haverá sempre a possibilidade de estar a incluir parâmetros desnecessários, caso os factores de método sejam desprezíveis. Nestes casos, ou se verificará que as correlações com estes factores são muito baixas, ou então que um modelo como o da Figura 39 se ajusta bastante bem aos dados.

Antes de aplicarmos o LISREL à análise da matriz segundo este modelo, importa ainda salientar como a aplicação da análise de cami-

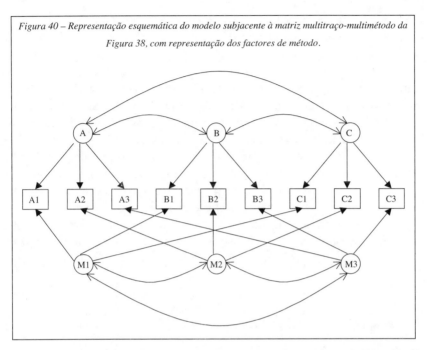

Figura 40 – Representação esquemática do modelo subjacente à matriz multitraço-multimétodo da Figura 38, com representação dos factores de método.

nhos nos permite detectar alguns problemas graves nos critérios intuitivos propostos por Campbell e Fiske (1959) para a análise das matrizes multitraço-multimétodo (Kalleberg e Kluegel, 1975; Sullivan e Feldman, 1994). **Recordemos que o primeiro critério é o de que as correlações entre indicadores do mesmo construto utilizando diferentes métodos deveriam ser relativamente elevadas, pois isso significaria que esses indicadores apresentavam uma importante correlação com o construto e, portanto, uma elevada validade.** Apliquemos os princípios da análise de caminhos para verificar de que dependem este tipo de correlações, tomando como exemplo os indicadores A1 e A2. Segundo o modelo da Figura 40, existem duas formas de chegar de A1 até A2 sem repetir nenhum caminho e sem passar por mais do que uma seta curva: passando por A, ou então passando por M1 e M2. A correlação pretendida será, portanto, dada por:

$$r_{A1A2} = r_{A1A}r_{A2A} + r_{A1M1}r_{M1M2}r_{A2M2}. \tag{176}$$

Podemos, assim, ver como esta correlação depende de dois aspectos: por um lado, da validade dos dois indicadores, tal como é pressuposto por

502   *Questionários: Teoria e prática*

Campbell e Fiske; por outro, das suas correlações com os respectivos factores de método e da correlação entre esses factores de método[72]. Se ambos os indicadores forem fortemente influenciados por factores de método e esses factores se correlacionarem de forma acentuada, a correlação entre os indicadores pode ser considerável, mesmo que a sua validade seja muito baixa. **A correlação entre os indicadores só será um índice seguro de validade se pelo menos uma das correlações situadas no caminho alternativo for muito próxima de zero.**

Quanto ao segundo critério, o caso não é muito melhor. Recorde-se que este critério exige que os coeficientes situados na diagonal da validade sejam mais elevados do que aqueles que se situam, na mesma linha ou coluna, nos triângulos heterotraço-heterométodo. Como exemplo deste critério, consideremos a exigência de que a correlação entre A1 e A2 seja maior do que a que se verifica entre A1 e B2. Já atrás vimos a que se deve a primeira correlação. Quanto à segunda, será dada por:

$$r_{A1B2} = r_{A1A}r_{AB}r_{B2B} + r_{A1M1}r_{M1M2}r_{B2M2}. \tag{177}$$

Donde,

$$r_{A1A}r_{A2A} + r_{A1M1}r_{M1M2}r_{A2M2} > r_{A1A}r_{AB}r_{B2B} + r_{A1M1}r_{M1M2}r_{B2M2}$$

$$\left(r_{A1A}r_{A2A} + r_{A1M1}r_{M1M2}r_{A2M2}\right) - \left(r_{A1A}r_{AB}r_{B2B} + r_{A1M1}r_{M1M2}r_{B2M2}\right) > 0$$

$$\left(r_{A1A}r_{A2A} - r_{A1A}r_{AB}r_{B2B}\right) + \left(r_{A1M1}r_{M1M2}r_{A2M2} - r_{A1M1}r_{M1M2}r_{B2M2}\right) > 0$$

$$r_{A1A}\left(r_{A2A} - r_{B2B}r_{AB}\right) + r_{A1M1}r_{M1M2}\left(r_{A2M2} - r_{B2M2}\right) > 0. \tag{178}$$

Assim, para que o critério se verifique, podem ocorrer diversas situações. Para que o lado esquerdo da expressão seja positivo, é necessário que a expressão dentro do parênteses seja positiva, o que é natural que aconteça se as validades dos indicadores A1 e B2 forem semelhantes e a correlação entre os factores A e B for baixa. Mas, para que a expressão no seu conjunto seja positiva, basta que o lado esquerdo não seja muito negativo, o que pode também ter várias causas, entre elas a de que as correlações dos indicadores A2 e B2 com o respectivo factor de método sejam muito semelhantes. Isto fará com que a expressão entre parênteses seja próxima de zero, tendendo a anular todo o lado direito da expressão, mesmo que os

---

[72] Isto pressupondo ainda que o modelo é o correcto, não existindo outros factores relevantes, erros correlacionados ou correlações entre factores de traço e de método.

A *validade*

valores das correlações sejam elevados. Em consequência, conclui-se que **o critério pode ser verificado, mesmo quando os indicadores são fortemente influenciados por factores de método.**

No caso do terceiro critério, a comparação é semelhante, mas envolve um coeficiente de validade e um coeficiente heterotraço-monométodo, ou seja, uma correlação entre um dos indicadores envolvidos no coeficiente de validade e outro indicador, que meça uma variável diferente através do mesmo método. Como exemplo deste critério teremos a exigência de que a correlação entre A1 e A2 seja maior do que a que se verifica entre A1 e B1. Vejamos, então, a que se pode atribuir esta segunda correlação:

$$r_{A1B1} = r_{A1A}r_{AB}r_{B1B} + r_{A1M1}r_{B1M1}. \tag{179}$$

A diferença de correlações será dada por:

$$r_{A1A}r_{A2A} + r_{A1M1}r_{M1M2}r_{A2M2} > r_{A1A}r_{AB}r_{B1B} + r_{A1M1}r_{B1M1}$$

$$\left(r_{A1A}r_{A2A} + r_{A1M1}r_{M1M2}r_{A2M2}\right) - \left(r_{A1A}r_{AB}r_{B1B} + r_{A1M1}r_{B1M1}\right) > 0$$

$$\left(r_{A1A}r_{A2A} - r_{A1A}r_{AB}r_{B1B}\right) + \left(r_{A1M1}r_{M1M2}r_{A2M2} - r_{A1M1}r_{B1M1}\right) > 0$$

$$r_{A1A}\left(r_{A2A} - r_{AB}r_{B1B}\right) + r_{A1M1}\left(r_{M1M2}r_{A2M2} - r_{B1M1}\right) > 0. \tag{180}$$

Supondo que as correlações são, em geral, positivas, a verificação do critério irá depender sobretudo das expressões situadas dentro dos parênteses. Uma vez que o valor do produto de duas correlações tende a ser inferior ao de uma única correlação, se elas forem de magnitude comparável, pode prever-se que o primeiro termo tenderá a ser positivo e o segundo negativo. Dado que o primeiro termo reflecte a validade dos indicadores e a correlação entre os construtos que eles avaliam, enquanto que o segundo reflecte a importância dos factores de método e a sua correlação, podemos depreender que a verificação do critério exigirá uma validade relativamente elevada dos indicadores, associada a uma importância relativamente reduzida dos factores de método. Deste modo, **podemos considerar este critério como adequado.**

O quarto critério envolve uma comparação algo mais complexa, exigindo que o padrão das correlações entre os indicadores dos diversos construtos seja o mesmo para todos os métodos. Assim, por exem-

504 Questionários: Teoria e prática

plo, a diferença entre a correlação de A1 e B1 e a correlação de A1 e C1 deverá ser semelhante à diferença entre a correlação de A2 e B2 e a correlação de A2 e C2.

$$r_{A1B1} - r_{A1C1} = r_{A2B2} - r_{A2C2} \tag{181}$$

Decompondo estas correlações, obtemos:

$$\left[\left(r_{A1A} r_{AB} r_{B1B} + r_{A1M1} r_{B1M1} \right) - \left(r_{A1A} r_{AC} r_{C1C} + r_{A1M1} r_{C1M1} \right) \right] =$$
$$= \left[\left(r_{A2A} r_{AB} r_{B2B} + r_{A2M2} r_{B2M2} \right) - \left(r_{A2A} r_{AC} r_{C2C} + r_{A2M2} r_{C2M2} \right) \right] \tag{182}$$

Pondo em evidência os elementos comuns

$$\left[r_{A1A} \left(r_{AB} r_{B1B} - r_{AC} r_{C1C} \right) + r_{A1M1} \left(r_{B1M1} - r_{C1M1} \right) \right] =$$
$$= \left[r_{A2A} \left(r_{AB} r_{B2B} - r_{AC} r_{C2C} \right) + r_{A2M2} \left(r_{B2M2} - r_{C2M2} \right) \right] \tag{183}$$

Ambos os lados da equação têm dois termos, correspondendo o primeiro à validade dos indicadores e à correlação entre os traços e o segundo aos factores de método e à sua correlação. Deste modo, **a igualdade expressa nesta equação, e que consubstancia o quarto critério proposto por Campbell e Fiske, nada garante em relação à importância relativa dos construtos e dos factores de método. A igualdade pode verificar-se, por exemplo, se os factores de método tiverem uma influência de magnitude homogénea sobre todos os indicadores, ainda que os factores de método tenham uma importância muito superior à dos construtos.**

Em conclusão, verifica-se que, dos quatro critérios propostos por Campbell e Fiske (1959) para a avaliação da validade em matrizes multitraço-multimétodo, apenas um deles (o terceiro) nos oferece garantias mínimas de assegurar aquilo que dele pretendemos. Uma consequência directa desta constatação deve ser o abandono deste método de análise das matrizes, bem como o lançar da dúvida sobre todas as supostas demonstrações de validade existentes na literatura e que nele se apoiam. Felizmente, a alternativa de análise através de programas como o LISREL não apresenta excessivas dificuldades. Apliquemos, pois, este programa à matriz da Figura 38, começando por lhe tentar ajustar o modelo da Figura 39, o qual pressupõe a inexistência de factores de método. Os resultados são apresentados na Figura 41.

À primeira vista, os resultados não parecem ser maus, e confirmam as impressões retiradas da análise segundo os critérios de Campbell e Fiske. Os indicadores obtidos através da avaliação pelos superiores e pelos

Figura 41 – Resultados da análise pelo LISREL do ajustamento do modelo da Figura 39 à matriz da Figura 38.

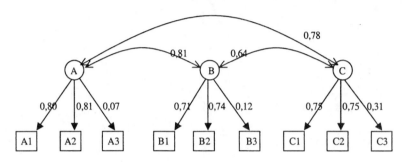

χ^2 (24) = 179,35, p < 0,001, AGFI = 0,69

pares (métodos 1 e 2) relacionam-se claramente com os construtos que pretendem medir, enquanto que os indicadores do método 3 (auto-avaliação) apresentam coeficientes inaceitavelmente baixos, apenas com a relativa excepção da avaliação do esforço (construto C). Por outro lado, verificam-se correlações bastante altas entre os construtos, o que poderá levantar dúvidas sobre se as nossas medidas permitem discriminar suficientemente entre eles. Mas é importante notar também que se trata de correlações já corrigidas para a atenuação, ou seja, com o efeito da variância de erro eliminado (dentro do que é possível, dada a amostra de variáveis disponível). Assim, se não houvesse qualquer distinção entre os construtos, poderíamos esperar que o valor estimado para a sua correlação pudesse chegar a 1, e o facto de os valores obtidos serem mais baixos indica pelo menos um certo grau de discriminação. Obviamente que, aqui, se reentra no campo das interpretações teóricas, e a questão a colocar seria a de saber, por exemplo, se uma correlação de 0,64 entre a aptidão e o esforço estaria ou não demasiado acima daquilo que se poderia aceitar.

Seja como for, acontece que o exame dos índices de ajustamento é decepcionante: não só o teste de qui-quadrado é claramente significativo, como o índice quantitativo é demasiado baixo. Temos, por isso, de concluir que este modelo, apenas com factores de traço, não se ajusta aos dados, havendo que procurar um modelo alternativo, de preferência igualmente apoiado numa sólida base teórica. A escolha adequada nestas circunstâncias será, como é óbvio, o modelo apresentado na Figura 40, ou seja, acrescentando a hipótese de existência de factores de método. Os resultados, em termos de estimativas dos parâmetros, são apresentados na Figura 42.

Figura 42 – Resultados da análise pelo LISREL do ajustamento do modelo da Figura 40 à matriz da Figura 38.

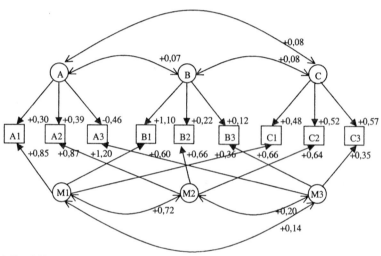

$\chi^2(12) = 6,00, p < 0,92, AGFI = 0,98$

Desta vez, comecemos por considerar os indicadores de ajustamento. Estes permitem-nos concluir que o modelo se ajusta de forma excelente aos dados, muito melhor, aliás, do que é habitual em dados empíricos. O valor do qui-quadrado é muito baixo e não significativo, e o valor do índice de ajustamento é quase perfeito. Mas, se neste aspecto os resultados são muito positivos, no aspecto substantivo o panorama é bastante diferente. Em termos da validade das medidas, eles são, pelo menos, equívocos. Por exemplo, para o construto A (desempenho), o peso dos factores de método nos seus indicadores é sempre superior ao do construto em si[73]. Para o

---

[73] A presença de coeficientes superiores a 1 não deve surpreender, uma vez que as setas unidireccionais não representam correlações, mas sim coeficientes de ponderação pelos quais seria necessário multiplicar os valores nos construtos latentes para obter uma previsão dos resultados nos indicadores observáveis.

A validade 507

construto B (capacidade), a situação é a mesma, apenas com a excepção do seu peso muito elevado na medida B1 (avaliação pelos superiores). No construto C (esforço), idem, apenas com o método 3 (auto-avaliação) a ter aqui um peso um pouco menor. Em qualquer caso, só para a avaliação do esforço se verifica uma influência sensível do construto latente sobre os seus indicadores, apoiando a ideia anterior de que só aqui eles funcionam mais ou menos adequadamente no seu conjunto, embora se deva ressalvar o superior peso dos factores de método. O construto B (capacidade) parece só influenciar o indicador obtido pelo método 1, sugerindo que talvez só os superiores sejam capazes de avaliar com algum rigor a capacidade do indivíduo para desempenhar a sua função. Finalmente, para o construto A, os indicadores parecem mesmo exibir efeitos de sinal contrário. O que os resultados sugerem é que, enquanto que as avaliações feitas por colegas e superiores apresentam uma relação de magnitude moderada com o desempenho (ainda que o efeito dos factores de método seja claramente maior), a auto-avaliação apresenta uma relação de sinal negativo, ou seja, quanto pior o desempenho, mais elevada a auto-avaliação desse desempenho.

No conjunto, portanto, os dados não são elogiosos quanto à validade das medidas. A avaliação pelos superiores é a única que parece apresentar qualidades mínimas consistentes para os três construtos, a avaliação pelos pares apenas para o desempenho e o esforço, e a auto-avaliação apenas para o esforço. Em qualquer caso, é preciso ainda levar em conta que os factores de método (enviesamento dos avaliadores[74]) constituem as mais fortes influências sobre os resultados das medidas, pelo que estas não podem ser consideradas satisfatórias. O recurso a outros métodos de avaliação apresenta-se, portanto, como uma necessidade inultrapassável neste caso[75].

---

[74] Repare-se na elevada correlação entre os factores de método 1 e 2, correspondentes à hetero-avaliação, o que parece indicar a presença de um "efeito de reputação".

[75] O método de análise e o exemplo apresentados aqui pressupõem que os efeitos dos construtos e dos métodos sobre as medidas são aditivos, ou seja, que o efeito dos factores de método é idêntico, seja qual for a posição do indivíduo no construto. Os modelos em que tal não acontece, e em que o método interage com o traço, são designados multiplicativos, e o seu uso foi defendido num artigo de Campbell e O'Connell (1967). A análise de matrizes multitraço-multimétodo segundo modelos multiplicativos é algo mais complexa do que é apresentado aqui, e não pode ser efectuada com recurso ao *software* estatístico mais corrente. Um modelo de análise multiplicativo foi desenvolvido por Michael D. Browne (1984) e um programa para esse efeito (designado MUTMUM) pode ser obtido gratuitamente a partir da *home page* do seu autor na Internet, em http://quantrm2.psy.ohio-state.edu/browne/index.htm.

508   *Questionários: Teoria e prática*

Seja como for, o exemplo apresenta com clareza as excepcionais potencialidades dos modelos de equações estruturais, assim como dos programas informáticos que os aplicam, na análise de questões relativas à validade, mesmo em casos difíceis, como o aqui apresentado.

A generalização da validade

Sendo a validade uma questão de saber qual a interpretação legítima a dar aos resultados de um determinada medida, torna-se evidente que, subjacente a esta, se coloca uma questão de generalização. **De que adianta dispor de estudos que parecem apoiar a validade da medida, se depois não for possível generalizar essa conclusão para outra amostra de indivíduos?** É verdade que o critério de significância estatística nos oferece alguma segurança ao generalizar dentro de uma mesma população mas, devido à falta de clareza dos procedimentos de amostragem utilizados em muitos dos estudos, os limites dessa população tendem a ser algo indefinidos. **Na prática, o problema coloca-se geralmente em termos de saber se um instrumento de medida permanece válido ao ser utilizado numa outra zona geográfica, talvez mesmo noutro país, passados alguns anos, em pessoas de idade ou nível socio-cultural diferente, que exercem outra profissão, etc.** O problema põe-se ainda com particular acuidade nos casos em que o objectivo é a previsão de um determinado acontecimento, sobretudo em selecção profissional: um teste que permite avaliar em que medida um trabalhador é consciencioso e cuja validade foi demonstrada numa amostra de operadores de caixa de supermercado, será válido para avaliar a mesma característica em candidatos a assessores jurídicos?

É evidente que, em princípio, seria sempre desejável recolher dados empíricos sobre cada tipo de utilização em particular, mas os custos envolvidos não podem ser ignorados,** quer se trate de uma empresa de recursos humanos encarregue de seleccionar candidatos a trabalhadores, de um candidato a um mestrado que pretende utilizar um dado questionário no seu trabalho de dissertação, etc. **A questão será, em que circunstâncias será necessário efectuar um novo estudo?**

Tradicionalmente, os investigadores e os autores de testes têm tendido para uma atitude cautelosa, e a recomendar cuidado com os excessos de confiança na generalização da validade, salientando a utilidade, e mesmo a necessidade, de se realizarem estudos locais de

A validade

validação sempre que um dado instrumento é usado em condições diferentes daquelas para que foi concebido. Esta atitude foi reforçada pelo facto repetidamente constatado de estudos de validade aparentemente semelhantes, conduzidos em diferentes contextos, com diferentes critérios, etc, poderem dar origem a resultados e conclusões muito diferentes. Um dado teste poderia, por exemplo, correlacionar a um nível de 0,50 com um dado critério num estudo, para logo, num estudo semelhante, correlacionar apenas 0,10 e não atingir a significância, e depois, num estudo com um critério alternativo do mesmo construto, ficar pelos 0,25, pouco acima do necessário para ser significativo. Perante esta inconsistência dos resultados, a generalidade dos investigadores tendia a concluir pela impossibilidade, em termos gerais, de generalizar quaisquer conclusões de validade, sugerindo antes que a validade de uma medida dependeria em grau considerável do contexto em que era utilizada.

Este panorama alterou-se substancialmente com o desenvolvimento de um conjunto de métodos estatísticos, genericamente denominados de meta-análise, e cujo objectivo é o de integrar os resultados de diferentes estudos sobre um determinado assunto (Glass, McGaw e Smith, 1981; Hunter, Schmidt e Jackson, 1982). Estas técnicas de meta-análise permitem não só integrar num único todos os resultados obtidos nos diferentes estudos, como ainda analisar os factores envolvidos na variabilidade desses resultados. O primeiro objectivo é fácil de compreender se pensarmos, por exemplo, num conjunto de estudos em que se procurou verificar se os resultados de um questionário medindo introversão vs. extroversão estariam correlacionados com a frequência de comportamentos julgados indicadores de extroversão numa observação comportamental. Não haveria dificuldade em, por exemplo, recolher cada uma das correlações encontradas, calcular a sua média e verificar se esse resultado seria significativo, numa amostra cuja dimensão fosse igual à soma das de todas as amostras utilizadas. No fundo, tratar-se-ia de englobar todos os estudos num único e gigantesco estudo, com uma amostra que facilmente atingiria os milhares de indivíduos, caso se tratasse de uma relação já bastante investigada. Na prática, o procedimento é um pouco mais complexo, mas a ideia de base é esta. Informação mais rigorosa pode ser encontrada nas obras mencionadas.

A conclusão extraída em termos do nível global da correlação, no entanto, só seria rigorosa caso os resultados dos diversos estudos fossem homogéneos, ou seja, se as diferenças verificadas de um estudo

510 *Questionários: Teoria e prática*

para outro pudessem ser explicadas por factores estranhos à relação em causa. Existem, efectivamente, numerosas possibilidades de explicação para essa variação dos resultados. Para começar, temos a própria variação aleatória: com a multiplicação dos estudos locais de validade, feitos muitas vezes em condições difíceis e com escassa disponibilidade de recursos, a dimensão das amostras tem tendência a ser pequena, não ultrapassando geralmente os 100 indivíduos (numa revisão de 406 estudos de validade, a mediana do N das amostras era de 68; Lent, Aurbach e Levin, 1971, citados por Schmidt e Hunter, 1977) **o que, por si só, tende a tornar as correlações instáveis**[76]. **Depois, mesmo que o instrumento a validar permaneça o mesmo, o critério utilizado para o construto varia, e nem todos os critérios possuem a mesma precisão (e validade). Diferentes estudos são ainda afectados em diferente grau por aspectos de selecção (e.g., somente os candidatos admitidos estão disponíveis para o cálculo da correlação entre o teste e o desempenho), o que pode também afectar substancialmente as correlções. Para além disso, os estudos podem ainda variar em múltiplos outros aspectos da sua qualidade metodológica, e estão também sujeitos a erros de natureza burocrática no registo dos dados, na sua análise e apresentação, mais frequentes do que aquilo que se julga. A questão a colocar será, assim, a de estimar o impacto destes factores sobre os resultados dos estudos de validade e saber se ele permite explicar a variabilidade constatada nesses resultados.**

Foi justamente com este objectivo que foram desenvolvidas nas últimas décadas técnicas estatísticas de análise da generalização da validade (Schmidt e Hunter, 1977; Raju e Burke, 1983). A apresentação detalhada ou o comentário crítico a estas técnicas foge ao âmbito deste trabalho (para uma perspectiva crítica, ver James, Demaree e Mulaik, 1986), até porque não são geralmente utilizadas na fase de construção e desenvolvimento dos questionários, mas apenas quando já existem bastantes dados sobre a sua validade. O maior interesse em apresentá-las aqui, para além do encorajamento à realização de estudos com questionários de uso já estabelecido, reside na chamada de atenção para as principais

---

[76] Uma outra consequência deste aspecto é que, para que possamos ter confiança na estabilidade da correlação encontrada, um estudo de validade deveria ser sempre levado a cabo com uma amostra bastante numerosa, pelo menos de várias centenas de indivíduos. Esta necessidade imperiosa vem dificultar bastante a realização de estudos locais de validade e afectar a credibilidade de muitos dos já disponíveis.

A validade

511

conclusões para que apontam os estudos de generalização da validade. **Desde o início da sua utilização, sobretudo com testes de aptidão intelectual utilizados em selecção de pessoal, as conclusões têm sido muito animadoras. Não só se verifica que os testes apresentam em geral um nível significativo, ainda que moderado, de validade, como ainda se conclui que esse nível de validade não varia de um contexto para outro, dentro da mesma designação profissional, mais do que seria de prever face à presença dos factores metodológicos que apontámos acima** (Schmidt e Hunter, 1981; Schmidt, Hunter e Pearlman, 1981). **Significa isto, por exemplo, que, se um dado teste de aptidão intelectual permite prever um bom desempenho numa dada função numa dada empresa, permitirá prever com igual eficácia o desempenho na mesma função numa outra empresa. A existência destes resultados para testes de aptidão intelectual, entretanto, não deve levar-nos a pensar que a mesma conclusão será válida para outros tipos de testes e de construtos**[77]. **Os dados disponíveis quanto à possibilidade de generalização da validade de questionários tendem ainda a ser muito menos abundantes do que os que se referem a testes de aptidão. O que não constitui senão mais uma razão para encorajar a realização de estudos deste tipo.**

Em qualquer caso, se os resultados disponíveis até agora encorajam uma atitude algo optimista quanto à possibilidade de generalizar a validade das provas psicológicas para contextos semelhantes aos iniciais, esse optimismo não deve levar-nos a descurar a necessidade de assegurar um grau mínimo de semelhança entre as amostras usadas em estudos de validade e as populações com as quais se pretende utilizar o instrumento final. Muitas vezes, as amostras são escolhidas unicamente por critérios de conveniência, sendo o mais comum o uso de estudantes universitários, quando os questionários se destinam a adultos. Mas, não obstante este tipo de amostras poder ser de alguma utilidade nalgumas fases e para alguns objectivos no desenvolvimento dos questionários, não é de forma alguma adequado para obter dados credíveis quanto à validade em populações muito diferentes (e.g., candidatos a um certo emprego, pessoas sofrendo de psicopatologias ou mesmo adultos em geral). As grandes diferenças de idade (implicando um certo período de

---

[77] Resultados muito positivos foram, entretanto, obtidos num estudo que examinou a generalização da validade de testes de integridade ou honestidade, quando utilizados em selecção (Ones, Wiswesvaran e Schmidt, 1993).

desenvolvimento e, com isso, preocupações, atitudes, e toda uma "estrutura de vida" bastante diferente; Bee, 1987; Levinson, Darrow, Klein, Levinson e McKee, 1979), de nível educacional e mesmo de modo de funcionamento psicológico, fazem com que as conclusões obtidas para uma dada população não possam ser consideradas válidas para outra sem que um estudo empírico demonstre essa possibilidade. Em suma, o princípio é o de que não é possível considerar válida uma dada interpretação para um resultado obtido com um paciente psiquiátrico, se essa interpretação não for apoiada por um estudo com uma amostra de pacientes psiquiátricos.

Por outro lado, é importante também assegurar que as condições em que decorre a aplicação são semelhantes. Pode acontecer que um dado contexto (e.g., selecção profissional) crie uma forte tendência para responder num dado sentido, ou que existam aspectos temporais capazes de afectar as respostas de uma forma relevante (e.g., o nível de stress entre os professores, assim como noutras profissões, varia de forma acentuada ao longo do ano; Esteve e Fracchia, 1988), ou que aspectos das instruções dadas (e.g., avisos acerca da possibilidade de detectar respostas socialmente desejáveis) possam ter o mesmo efeito, etc. Em todas estas situações, é importante ter em conta que, se se prevê que alguns destes factores estarão presentes quando da utilização prática do questionário, eles deverão estar igualmente presentes nos estudos de validade, de modo a minimizar as dúvidas que se poderiam legitimamente levantar.

Por fim, parece-me ainda de referir uma outra faceta neste problema da generalização da validade. Uma dada escala pode e deve fornecer uma ampla gama de resultados e, muitas vezes, diferentes níveis de resultados poderão servir de base a diferentes decisões. Na selecção para muitos tipos de profissões, por exemplo, o traço de personalidade designado por consciênciosidade (ser consciencioso, responsável, cuidadoso, não impulsivo, alguém com quem se pode contar) é um critério positivo e desejável. Mas, levado a extremos, resulta numa preocupação obsessiva com os detalhes, na observação compulsiva de regras rígidas e em exigências de certeza e precisão que podem constituir obstáculos à resolução eficaz dos problemas e levar mesmo a um diagnóstico de "perturbação da personalidade obsessiva" (American Psychiatric Association, 1994/1996; Costa e Widiger, 1994). Suponhamos agora que dispomos de uma escala de consciênciosidade e verificamos que ela se correlaciona com o cuidado e o rigor colocado, por exemplo, na execução de tarefas profissionais. Poderemos daqui inferir que resultados extremamente elevados nesta escala poderão ser um elemento de diagnóstico de uma perturbação da personalidade obsessiva? Talvez, mas isso não ficou demonstrado no estudo. Mesmo pondo de lado a questão de saber se o traço de personalidade envolvido nas duas situações é efectivamente o mesmo, coloca-se o problema de saber se a capacidade discriminativa, ou seja, a validade da escala como indicador de conscienciosidade, é a mesma para todos os níveis de resultados. O problema é muito semelhante ao que já atrás vimos a propósito da precisão, a qual tende a variar de forma acentuada ao longo do espectro de resultados. O problema equivalente para a validade está ainda menos estudado e as orientações técnicas para o resolver são ainda mais escassas. Os modelos de traço latente estarão aqui, tal como para a precisão, em melhor posição para poderem constituir uma potencial fonte de soluções. **Em qualquer caso, e para todos os efeitos práticos, será melhor que, para cada tipo de decisão e para cada nível fortemente diferenciado de resultados, sejam realizados estudos específicos de validação.**

O problema do título

Para concluir este capítulo dedicado aos problemas da validade, olhemos com alguma atenção o problema das designações a atribuir às escalas e aos questionários. Deixando de lado aqueles componentes do título que procuram individualizar o instrumento referindo-se ao seu autor, à instituição ou ao local em que foi elaborado, bem como aqueles que se lhe referem de modo formal (o uso de expressões como "Questionário", "Inventário", "Escala", etc, parecem depender sobretudo do gosto pessoal) ou à população a que se destinam (sobretudo em termos de faixa etária), **a questão fulcral que nos interessa aqui é a daquilo que o título afirma acerca do que o questionário pode medir.**

Um primeiro problema que se coloca é o de o título ser inadequado por se revelar demasiado restrito ou mais abrangente do que aquilo que os dados de validade justificam. Um título demasiado restrito pode resultar, por exemplo, da inclusão na escala de itens que não se dirijam à essência do construto a medir, mas sim a outras variáveis que com ele se sabe ou supõe estarem relacionadas. Pelo contrário, um título demasiado abrangente ocorre quando os itens não reflectem de forma equilibrada todos os aspectos do construto, concentrando-se apenas num ou em alguns deles. Estas duas situações podem ser ilustradas através do exemplo da construção de uma escala de depressão. Se

514 *Questionários: Teoria e prática*

fossem incluídos na escala itens referentes a irritabilidade, perturbações somáticas e ansiedade, por exemplo, na convicção de que estes sintomas estão relacionados com a depressão e podem constituir indicadores úteis, seria legítimo duvidar se a escala constituiria ainda uma medida pura de depressão e não de um construto mais vasto, como o neuroticismo ou a emocionalidade negativa. Neste caso, seria legítimo dizer que o termo "depressão" seria demasiado restrito. Mas, se na escala apenas fossem incluídos itens referentes a afectos depressivos, perguntando aos respondentes com que frequência ou intensidade se sentiam tristes, deprimidos, desanimados, "em baixo", etc, seria igualmente legítimo afirmar que um título mais adequado para a escala seria o de "afecto (ou disposição, ou emocionalidade, etc) depressivo", uma vez que estariam ausentes do conteúdo da escala aspectos fundamentais da síndrome depressiva, como a ausência de prazer e satisfação nas actividades, a diminuição do envolvimento em actividades (aspectos comportamentais), a baixa auto-estima, uma visão pessimista tanto do presente como do futuro (aspectos cognitivos), etc, necessários para que se pudesse ter uma representação adequada e abrangente do construto de depressão. Neste segundo caso, o termo "depressão" seria, portanto, demasiado amplo.

A avaliação de construtos psicopatológicos, de que a depressão é um excelente exemplo, permite-nos, ainda, alertar para um outro problema que pode surgir neste contexto da designação das escalas e que se prende com a questão da avaliação de uma dimensão contínua vs. uma entidade nosológica de diagnóstico. O problema está em que uma elevada proporção de pessoas podem apresentar um certo grau de sintomatologia, mas sem que isso permita considerá-las como apresentando a perturbação clínica correspondente, a qual só é correctamente diagnosticada numa percentagem mínima da população. O recurso a escalas contínuas de sintomas pode conduzir, portanto, a uma grosseira sobrestimação da incidência da entidade clínica e a um enorme número de "falsos positivos" (pessoas que são incluídas no grupo com a patologia quando, de facto, não a apresentam sob uma forma clinicamente diagnosticável). Os resultados obtidos com base neste método, e que pretendam ter implicações para a compreensão ou o tratamento dessa perturbação, enfermarão por isso de um erro susceptível de pôr em dúvida a sua validade (Coyne, 1994)[78]. Note-se

---

[78] Para uma tentativa de ultrapassar este problema, desenvolvendo um questionário com o objectivo específico de diagnosticar a depressão, ver Zimmerman e Coryell (1987).

que não se trata aqui de qualquer problema inerente à escala, mas apenas à interpretação dos seus resultados e, mais especificamente, àquilo que se entende por "depressão", categoria de diagnóstico psicopatológico ou simples auto-relato de sintomas de mal-estar emocional.

7 – A apresentação dos resultados

Na grande maioria dos casos em que os resultados obtidos através de questionários são apresentados num contexto de investigação, aquilo que nos surge são os chamados "resultados brutos", ou seja, aqueles que são directamente obtidos a partir da cotação da escala, seja pela soma ou média dos resultados dos itens, seja por qualquer outro processo. Em certos casos, porém, haverá interesse em efectuar alguma transformação dos resultados e em apresentá-los sob uma forma diferente, geralmente designada por "resultados derivados". A função destes resultados derivados será sempre a de facilitar a interpretação e/ou evitar possíveis erros ou mal-entendidos nessa interpretação, e o seu uso só se justifica nesses casos.

Vejamos, então, em que casos poderá ser útil o uso de resultados derivados. Uma primeira situação coloca-se quando os resultados brutos apresentam características, em termos da sua distribuição, que os tornam inadequados ou indesejáveis para certas utilizações. Pode acontecer, por exemplo, que apresentem uma forte assimetria, com a grande maioria dos indivíduos a apresentar resultados relativamente baixos, e alguns casos isolados com valores muito altos (ou o contrário), como tende a acontecer em escalas que medem construtos ligados à patologia ou em medidas sociométricas. Mas pode também acontecer que se saiba que os resultados de uma escala apresentam uma relação curvilinear com uma outra variável de interesse, podendo uma transformação tornar a relação linear e facilitar a sua análise.

Nestes casos, é possível transformar os resultados brutos em resultados derivados com praticamente qualquer tipo de distribuição, mas é essencial justificar de forma clara a transformação efectuada, em termos da sua validade, pois pode muito bem acontecer que as características da distribuição dos resultados brutos sejam perfeitamente legítimas e compreensíveis face à distribuição previsível para o construto que se pretende medir, como acontece no caso de dimensões psicopatológicas. É essencial que os resultados derivados sejam utili-

518 *Questionários: Teoria e prática*

zados sempre de forma reflectida e quando se justifiquem, nunca por automatismo ou hábito.

Uma outra utilidade dos resultados derivados surge quando se pretende comparar os resultados de um indivíduo ou de uma amostra com os de um grupo de referência. Suponhamos, por exemplo, que aplicamos a um estudante, ou a uma amostra de estudantes pertencentes a uma determinada população (e.g., uma minoria étnica) uma escala de auto-estima, e obtemos um resultado (individual ou médio) de 14. Se quisermos saber se este aluno ou grupo apresentam uma auto-estima elevada ou baixa, seria possível considerar a média dos itens em vez da sua soma, e procurar situá-la em relação ao conteúdo dos itens e das escalas de avaliação, mas essa seria sempre uma avaliação grosseira. Muito mais útil seria se pudéssemos situar os resultados obtidos em relação aos de outros estudantes ou, melhor ainda, ao conjunto de todos os estudantes em situação comparável (através de uma amostra representativa). **A estes parâmetros do conjunto de uma população e que vão servir de referência para a interpretação de resultados particulares dá-se o nome de** *normas*, **e o processo da sua obtenção é designado por** *aferição*[79].

Uma terceira utilidade tem a ver com a possibilidade de comparar resultados obtidos pelos mesmos indivíduos em diferentes medidas. Muitas vezes, este objectivo pode também ser conseguido de forma mais directa a partir dos conteúdos, estabelecendo itens de estrutura e conteúdo tanto quanto possível paralelos para todos os construtos que se quer comparar. Por exemplo, suponhamos que queremos saber quais os valores mais importantes para um indivíduo ou grupo. Poderemos listar os valores que nos interessa avaliar (e.g., sucesso económico, realização pessoal, vida familiar, paz de espírito, etc) e pedir aos respondentes que avaliem cada um deles numa escala idêntica de importância para si. A homogeneidade da estrutura do "tronco" do item e a completa igualdade de todas as escalas de avaliação assegura que os resultados nos diversos itens serão directamente comparáveis, permitindo saber se um dado valor é mais, menos ou igualmente importante do que outro para o indivíduo. **Mas esta comparação directa deixa de ser possível quando aquilo que se avalia são construtos mais complexos e multifacetados, que têm de ser avaliados por um conjunto mais heterogéneo de itens. Aqui, duas**

---

[79] Em Inglês, usa-se o termo *norming*, que não deve ser confundido com *normalization*. Este último é traduzido, em Português, por *normalização*, e consiste numa transformação dos resultados que obriga estes a assumir uma distribuição normal.

A apresentação dos resultados

situações se podem pôr: ou se trata de escalas que pretendem medir o mesmo construto (sejam formas paralelas da mesma escala ou escalas distintas) ou de escalas para medir diferentes construtos (permitindo avaliar, por exemplo, se os problemas de ansiedade que um indivíduo apresenta serão mais ou menos sérios do que os seus problemas de depressão). O primeiro caso constitui um campo designado *igualização* (em Inglês, *equating*) e em que os modelos de traço latente apresentam particular utilidade. O objectivo destas técnicas passa pelo estabelecimento de uma correspondência entre os resultados de um e outro instrumento, possibilitando, a partir do resultado obtido por um indivíduo num deles, estimar com relativa precisão o resultado que esse mesmo indivíduo obteria no outro, o que torna praticamente indiferente a opção por um ou outro. Uma vez que se trata de um domínio algo especializado, e cujas aplicações a questionários são ainda escassas, não o iremos desenvolver aqui, remetendo antes o leitor para a bibliografia especializada (Hambleton, Swaminathan e Rogers, 1991, Cap. 9; Petersen, Kolen e Hoover, 1989). Em alternativa, a referência a normas obtidas numa mesma amostra de aferição, ou em amostras que se possam considerar representativas da mesma população (coisa rara na prática) pode possibilitar essa comparação.

No segundo caso, em que se pretende comparar os resultados em escalas medindo construtos diferentes, os procedimentos de igualização não são aplicáveis, devido ao facto de a correlação entre os resultados não ser muito alta e não se colocar a possibilidade de prever os resultados de uma escala a partir dos da outra. O recurso a normas constitui a solução indicada para estes casos.

Finalmente, uma quarta vantagem do uso de resultados derivados prende-se com a possibilidade de estes facilitarem o registo e o tratamento dos resultados, por exemplo reduzindo uma escala quase contínua a um número mais limitado de categorias, facilitando a interpretação e acentuando, ao mesmo tempo, que pequenas diferenças verificadas nos resultados brutos não têm, provavelmente, significado. Alguns tipos de transformações podem ainda ter outros efeitos, como o de eliminar dos resultados valores negativos ou decimais ou, ainda, reduzir o número de algarismos e, com isso, o volume dos dados e do trabalho necessário para os registar.

Nas duas secções restantes deste capítulo, iremos então abordar sucessivamente alguns dos problemas colocados aos processos de aferição e os principais tipos de escalas de resultados derivados. Uma vez que estes se baseiam quase sempre nalgum tipo de normas, abordaremos em primeiro lugar a questão da aferição.

O processo de aferição

Na essência do processo de aferição encontra-se, como já vimos, a obtenção de resultados do instrumento em causa, junto de uma amostra de indivíduos representativa da população na qual se pretende utilizar o questionário. Em rigor, porém, dever-se-ia dizer "amostra representativa de resultados" e não de indivíduos, pois diversos outros factores para além da identidade dos respondentes são susceptíveis de afectar os resultados. Significa isto que, ao proceder à recolha dos dados da amostra de aferição, se deve procurar que todo o contexto da aplicação seja representativo (o que normalmente quer dizer o mais semelhante possível) daquele que vai ser encontrado quando da utilização do questionário na prática. Isto envolve todos os aspectos da apresentação do questionário[80], atitude do experimentador, instruções, etc. Mas talvez o aspecto mais crucial diga respeito à motivação do respondente que, seguindo exactamente a regra anterior, deve ser o mais possível idêntica nas duas situações. Diferenças no nível e no tipo de motivação presente nos respondentes (e.g., para serem sinceros, transmitir uma certa imagem, agradar ao experimentador, acabar o mais depressa possível, etc), podem afectar significativamente os resultados e, com isso, conduzir a interpretações erróneas dos resultados derivados (e.g., se os resultados na amostra de aferição estiverem enviesados no sentido de serem mais baixos do que seriam nas condições desejáveis, os resultados derivados tenderão a apresentar valores mais elevados do que seria correcto). Este deve, portanto, ser um aspecto a merecer particular cuidado, o que não exclui a necessidade de considerar todos os outros aspectos da situação de avaliação capazes de afectar os resultados.

---

[80] Uma possibilidade de que se faz uso com cada vez maior frequência é a da utilização do computador para efectuar as aplicações dos questionários. Uma consequência da necessidade de igualizar as condições de aplicação na amostra de aferição e na utilização prática, é a de que normas obtidas com aplicações tradicionais (de papel e lápis) não devem *nunca* ser utilizadas para ajudar a interpretar resultados de aplicações feitas em computador, havendo antes necessidade de efectuar uma nova aferição nas novas condições.

Em geral, porém, a maior parte da atenção, quando se discutem aspectos da obtenção de normas, vai para a questão da amostragem de respondentes. Neste aspecto há que, primeiro, definir qual a população na qual queremos utilizar o questionário e na qual queremos situar os indivíduos que respondem e, depois, obter uma amostra representativa dessa população. Na definição da população, por seu turno, colocam-se dois tipos de questões: substantivas e práticas. As considerações substantivas têm a ver com o saber qual a população com a qual será adequado efectuar comparações, tendo em consideração as interpretações que se pretende efectuar dos resultados. Mesmo em questionários de uso muito genérico, a sua utilização estará concerteza limitada aos falantes da língua em que este está elaborado e, dentro destes, apenas àqueles que souberem ler o suficiente para conseguirem compreender o que se lhes pede! Mas, mesmo dentro destes, há quase sempre limitações adicionais: questionários destinados a adultos não podem geralmente ser empregues com crianças e vice-versa, pelo que há que impor limites de idade. Se uma mesma língua é falada em mais do que um país, as diferenças culturais entre eles são, na maior parte dos casos, suficientemente acentuadas para que não seja defensável considerar os seus nativos como constituindo uma mesma população. Assim, **as amostras de aferição mais genéricas são habitualmente de dimensão nacional, mas limitadas a certas faixas etárias, a pessoas com um domínio suficiente da língua e da leitura, etc.**

Mas é também de toda a conveniência questionar a necessidade de uma população muito abrangente. Como iremos ver um pouco mais adiante, a obtenção deste tipo de amostras é difícil e dispendioso, e o sucesso final da operação permanece muitas vezes sob suspeita. Mas pode muito bem acontecer que uma população mais restrita seja até mais conveniente. A questão central está em saber qual o tipo de interpretação que se pretende efectuar e qual a população de referência que será mais útil para a comparação na qual se irá basear essa interpretação. Suponhamos, por exemplo, que o serviço de aconselhamento psicológico de uma universidade pretende desenvolver um questionário medindo diversos construtos psicopatológicos, destinado a ser utilizado como instrumento de rastreio ou de avaliação de novos casos. A interpretação pretendida poderá ser de maior rigor se os resultados do indivíduo forem comparados com os de uma amostra representativa dos estudantes dessa universidade, em vez de com os de "pessoas em geral", pois o grupo específico a que os indivíduos que irão responder ao questionário pertencem apresenta características particulares que o tornam muito diferente, em termos globais, dessa população indiferenciada.

Este processo de definição da população-alvo, aliás, nada tem de simples, e deve ser objecto de uma reflexão cuidada. Por exemplo, no caso acima apontado, deverá a população-alvo ser definida como a dos estudantes da universidade, ou a dos estudantes que recorrem ao serviço de aconselhamento psicológico? Naturalmente, será de esperar que os resultados médios, em todas as dimensões psicopatológicas, sejam mais elevados na segunda. A questão crucial, mais uma vez, será a de qual a interpretação que se procura obter. Se o que se pretende é efectuar um despiste e saber se o indivíduo apresenta problemas do foro psicopatológico, uma comparação com a população genérica de estudantes deverá ser mais útil. Mas, se essa questão já está ultrapassada e o que se procura agora é efectuar um diagnóstico diferencial, ou seja, saber dentro de que tipo de utente do serviço o indivíduo se enquadra, a segunda opção pode ser mais vantajosa.

Depois de ultrapassadas estas difíceis decisões, chegamos então ao confronto com os aspectos práticos da amostragem. De facto, obter uma amostra representativa de uma dada população não é uma tarefa nada fácil, o que faz com que as amostras de aferição representativas de populações muito genéricas (e.g., crianças portuguesas entre os 6 e os 15 anos de idade) sejam de facto muito mais raras do que aquilo que geralmente se pensa. As grandes dificuldades têm em geral dois tipos de origens: enviesamentos subtis e dificuldade de acesso a certas "franjas" da população.

Quanto ao primeiro aspecto, comecemos logo por pôr de lado os procedimentos que o senso comum considera aleatórios mas que, na realidade, estão longe de o ser. Não seria aceitável, por exemplo, enviar colaboradores para as instalações da universidade com instruções para aplicar o questionário a um certo número de "alunos escolhidos ao acaso". Um tal procedimento faria com que os alunos que, por qualquer razão, passam mais tempo nos corredores, bares e bibliotecas da universidade tivessem maior probabilidade de serem seleccionados (e poderiam ser os mais sociáveis, os que têm mais amigos na universidade, ou aqueles que têm menos condições de estudo em casa), enviesando inapelavelmente a amostra. Para além disso, seria impossível assegurar que os colaboradores (ou o próprio investigador, se se encarregasse deste trabalho) não enviesariam as suas abordagens dos potenciais participantes tendo em conta o seu ar (des)ocupado, a aparência de ser alguém disposto a colaborar numa tarefa desse tipo, o seu aspecto mais ou menos atraente, etc. **A única forma**

A apresentação dos resultados

de obter uma amostragem verdadeiramente aleatória seria a partir de uma lista de todos os elementos da população (neste caso, alunos inscritos na universidade), **extraindo dessa lista um subconjunto com a dimensão pretendida, de uma forma garantidamente aleatória. Mais uma vez, aqui, há que pôr de lado as técnicas amadorísticas, tais como "folhear a lista ao acaso e apontar um nome",** pois isso faz com que os nomes situados na zona central da lista tenham maior probabilidade de ser escolhidos, e qualquer tentativa de contrariar essa tendência produz distorções adicionais. **Em princípio, o número de indivíduos deverá ser grande demais para se aplicar a conhecida (e rigorosa) técnica de escrever todos os nomes ou números em pedaços de papel (idênticos em tamanho, tipo de papel, etc), colocá-los num saco, sacudi-los (muito) bem, e ir tirando, sem olhar, um de cada vez, voltando sempre a sacudir antes de tirar outro. Quando as populações são de dimensão medianamente grande (o que significa que ainda é possível obter uma lista razoavelmente completa), o mais prático é trabalhar com números: atribuir a cada indivíduo um número convencional em sequência, ou então aproveitar um número já atribuído** (e.g., número do cartão de estudante) **e obter números aleatórios, através da função geradora de números aleatórios existente em programas informáticos (e.g., tipo "folha de cálculo"), de tabelas de números aleatórios existentes em alguns livros de estatística ou, ainda, através do processo dos papelinhos ou bolas (preferível) numeradas num saco.** Neste caso, o procedimento não necessita de ser complexo ou dispendioso. Podem usar-se 10 berlindes, bolas de ténis de mesa, etc, onde se escrevem os algarismos de 0 a 9. Para obter um número até 10.000 bastará efectuar quatro extracções (repondo sempre a bola saída depois de registar o algarismo): uma para o algarismo das unidades, outra para as dezenas, outra para as centenas e outra para os milhares. Como, em geral, não se atribui o número 0, a sequência 0000 pode ser considerada como correspondendo ao número 10.000. Com cinco extracções poderemos chegar até 100.000. Para uma amostra de dimensão razoável, é sem dúvida trabalhoso, donde a vantagem do computador. É claro que, se saírem na "lotaria" números que não correspondam a nenhum indivíduo, haverá que extrair outros em sua substituição, mas isso não cria nenhum enviesamento, uma vez que todos os números correspondentes a pessoas continuam a ter igual probabilidade de "sair".

Quando a população alvo é ainda de maior dimensão e não é possível obter uma listagem completa, segue-se geralmente um pro-

cesso hierárquico. **As unidades de amostragem (neste caso, as pessoas) estão englobadas em unidades mais vastas, das quais é possível obter uma listagem exaustiva. Por exemplo, o país está dividido em concelhos, dos quais é possível obter uma lista: os concelhos estão divididos em freguesias,** e nestas seria possível obter, através dos cadernos eleitorais, uma lista mais ou menos actualizada de todos os cidadãos com mais de 18 anos. Tudo isto em princípio porque, na prática, não é viável seguir exactamente este procedimento para obter uma amostra representativa de todos os cidadãos maiores, uma vez que o uso dos cadernos eleitorais não é autorizado para este tipo de fins. **Na realidade, o que, na maior parte dos casos, se procura é, primeiro, efectuar uma amostragem de unidades habitacionais e, depois, de pessoas dentro delas. E quase sempre, quando se fala em amostras representativas a nível nacional, estas contêm alguma ressalva que as torna muito mais fáceis de recolher (e.g., apenas habitações com telefone na lista, ou em localidades com mais do que determinado número de habitantes, etc). De qualquer modo, estas técnicas mais complexas de amostragem fogem ao âmbito deste trabalho, adquirindo maior importância em inquéritos de cariz sociológico do que em trabalhos com questionários do tipo que nos ocupa aqui.**

Mais frequentes são os trabalhos de alguma forma relacionados com a educação e em que a população é a dos estudantes que satisfazem certas condições (em termos de escolaridade, idade, aproveitamento, sexo, região, etc). Aqui, a primeira unidade de amostragem é geralmente o distrito ou o concelho, dentro dele a escola e, dentro desta, a turma. **Dois aspectos merecem destaque neste procedimento. Primeiro, se as unidades de amostragem são de dimensão muito diferente, esse facto deve ser tido em conta na sua selecção. Por exemplo, se o distrito de Lisboa tem um número de estudantes na nossa população-alvo muito superior ao do distrito de Beja, por exemplo, a probabilidade de seleccionar à partida os dois distritos não deve ser igual, mas sim corresponder à sua quota-parte no total da população-alvo.** É possível estimar esta proporção através de dados estatísticos disponibilizados pelas instituições estatais competentes e tais dados devem reflectir-se na quantidade de números ou bolas atribuídas no sorteio. Se assim não acontecer, um qualquer aluno do distrito de Lisboa teria, à partida, menor probabilidade de ser incluído do que um aluno do distrito de Beja, violando assim o princípio da amostragem aleatória.

Um segundo aspecto é o de que nem sempre o procedimento segue de forma linear até à unidade fundamental de amostragem. Por

A apresentação dos resultados 525

exemplo, no nosso caso, não é comum nem prático seleccionar aleatoriamente um distrito, dentro deste uma escola, dentro desta uma turma, dentro desta um aluno, e efectuar uma deslocação, talvez bastante longa, para examinar um único indivíduo das centenas ou milhares necessários para a amostra. **A partir do momento em que a unidade de amostragem é suficientemente pequena, é comum e não introduz excessivo enviesamento efectuar uma sobreamostragem ou mesmo a utilização de todas as unidades de amostragem dentro dessa unidade.** Por exemplo, se se trata de um questionário de aplicação colectiva, é aceitável, depois de escolhida aleatoriamente a turma, efectuar aplicações a todos os alunos da turma; se for de aplicação individual, é possível fazê-lo a 4 ou 5 alunos seleccionados aleatoriamente dentro da turma, etc. Também a um nível ligeiramente mais elevado se pode aplicar o mesmo princípio: depois de seleccionar aleatoriamente um dado concelho, e para rentabilizar as deslocações, pode-se decidir utilizar várias escolas desse concelho, em lugar de uma só. Em qualquer caso, há que salientar que aqui apenas se apresentam os rudimentos destas técnicas de amostragem. Caso se pretenda efectuar uma aferição de um instrumento para uma população ampla, será indispensável o recurso à literatura mais específica sobre o assunto.

Todos os aspectos focados nos últimos parágrafos se referiam, como o leitor atento terá verificado, a aspectos de localização geográfica, sem dúvida fulcrais para se obter acesso à amostra pretendida. É, no entanto, evidente que existem muito mais divisões possíveis na população-alvo com potencial para exercerem importante influência sobre os nossos resultados. Dentre elas, as mais óbvias serão talvez o sexo, a idade e o nível socio-económico-cultural. É verdade que a teoria matemática demonstra que, se a amostra for de dimensão suficientemente grande e efectivamente aleatória, a distribuição destas variáveis na amostra tenderá a ser muito semelhante à da população. Mas, mesmo assim, e porque a dimensão das amostras nem sempre é suficiente para permitir uma eficaz eliminação de todos os enviesamentos, é preferível, sempre que se coloca algum empenhamento na obtenção de uma amostra representativa, não deixar totalmente nas mãos do acaso essa representatividade e constituir uma amostra estratificada em termos das variáveis consideradas mais importantes. Este tipo de amostra caracteriza-se por uma procura deliberada de indivíduos com certas características e combinações de características, de forma a que cada grupo por elas definido constitua uma proporção na amostra semelhante àquela que representa na população total. Assim, depois de saber, de novo a partir de informações estatísticas, qual a proporção que na população-alvo corresponde a cada sexo, a cada nível etário, a cada nível socio-económico, a cada região geográfica, ou a cada valor de outras variáveis julgadas importantes, é possível determinar, com base na dimensão total pretendida para a amostra, o número de pessoas de cada sexo, nível etário, socio-económico, região, etc, que a deverão integrar, e fazer a recolha dos dados procurando respeitar essas proporções. É claro que, se os números previstos tiverem sido excedidos, se poderá sempre eliminar os dados de alguns dos indivíduos, escolhidos de forma aleatória dentro das classes com indivíduos em excesso.

Em qualquer caso, importa estar sempre atento aos tipos de problemas que mencionámos anteriormente. A possibilidade de enviesamentos subtis não está completamente afastada, mesmo quando se usam processos formais de amostragem: a probabilidade de um aluno estar ausente num determinado dia não é independente de certas características pessoais e sociais que poderão influenciar a resposta ao questionário; a amostragem aleatória de escolas não pode deixar de lado as escolas privadas, sob pena de enviesar a amostra, etc. **O problema do acesso a certas "franjas" da população é ainda de mais difícil resolução: alunos com insucesso e pouca assiduidade, ou que abandonaram a escola, do mesmo modo que adultos sem telefone ou residência fixa, desempregados sem ligação aos centros de emprego e, sobretudo, aqueles que não se mostram interessados em colaborar, são sempre subrepresentados em qualquer tipo de estudos e limitam inevitavelmente a representatividade das amostras. Por maiores que sejam os esforços no sentido de tentar assegurar uma maior participação, pode-se sempre contar com uma certa percentagem de não participantes, cujo impacto nos resultados é difícil de determinar com rigor.**

Em suma, a obtenção de uma amostra representativa, sobretudo de uma população definida de uma forma ampla, é um processo trabalhoso e dispendioso, e tanto mais quanto maior for o rigor pretendido. Por isso, é sempre necessário tentar coordenar os objectivos do trabalho (e.g., em que medida é necessário considerar uma população-alvo ampla?) com os recursos (e.g., tempo, dinheiro, colaboradores) disponíveis, de modo a encontrar um compromisso tão adequado quanto possível. De facto, em muitos casos, a recolha de uma amostra representativa de uma população muito genérica não se justifica, e uma população mais restrita, indo por vezes até àquilo a que se chama "normas locais" é perfeitamente aceitável para muitos dos objectivos

habituais na utilização de questionários. O que não pode significar, de modo algum, falta de rigor na definição da população e na amostragem aleatória a efectuar dentro dela, se se quiser com legitimidade atribuir aos resultados o título de normas!

Finalmente, uma palavra quanto a números. É evidente que é desejável, numa amostra de aferição, dispor de um número considerável de respondentes, pois esse número elevado corresponde a uma redução no erro de amostragem, o qual se irá repercutir no rigor das interpretações. Quantos participantes será, então, necessário recrutar para a amostra de aferição? Como em muitos outros casos, é difícil apontar números concretos, e a maior parte dos autores de obras sobre o assunto resiste a fazê-lo, pois inevitavelmente implica um julgamento com muito de subjectivo. Talvez seja útil assumir como ponto de referência as dimensões das amostras utilizadas na aferição dos testes mais utilizados a nível internacional. Dentro destes, haverá que distinguir entre os de aplicação individual e os de aplicação colectiva. No primeiro caso, a amostra envolve tipicamente dois ou três milhares de participantes. No segundo caso, mais frequente com os questionários, o número tende a ser superior, aproximando-se por vezes dos 10.000. Mas há ainda que ter em conta que, em muitos destes casos, se pretende obter normas separadas por grupos de nível etário e, por vezes, de sexo[81]. Portanto, o que na realidade temos são várias subamostras com dimensões menores. **Sem querer estabelecer ex cathedra um número arbitrário, atrever-me-ia a propor, como mero valor de referência e para questionários de aplicação colectiva, um número de 500 indivíduos para cada grupo de normas que se pretenda obter. Na qualidade de número de referência, este não deve ser tomado em absoluto. Em situações de escassez de recursos, um número algo inferior pode ser aceitável. E, se houver possibilidade de recolher uma amostra maior, essa oportunidade não deve ser enjeitada.**

As escalas de resultados

Uma vez obtidos os resultados da amostra de aferição, estes irão servir para a obtenção dos chamados resultados derivados, ou seja,

---

[81] A conveniência de usar ou não este tipo de normas depende, mais uma vez, das interpretações que se pretendem fazer, não sendo possível estabelecer regras gerais.

528 *Questionários: Teoria e prática*

para a transformação dos resultados brutos numa forma que facilite a sua interpretação, com os objectivos que vimos anteriormente. Apresentarei aqui três grandes tipos de resultados derivados, por vezes também chamados "escalas" de resultados, embora esta designação tenha a desvantagem de se poder confundir com os vários outros sentidos em que a palavra "escalas" é utilizada. De fora ficarão alguns tipos de escalas cuja utilidade se situa sobretudo nos testes de aptidão intelectual, de desenvolvimento e de aproveitamento escolar, como sejam as escalas de idade, ou aquelas que pretendem ser equivalentes a níveis escolares. Os três tipos essenciais a referir aqui são os percentis, os resultados padronizados e os resultados normalizados.

Percentis

Os percentis constituem um dos tipos de escalas de resultados que mais frequentemente surgem na literatura e apresentam a importante vantagem de serem talvez o tipo mais fácil de compreender, mesmo por leigos na matéria. **Exprimir um resultado em percentis implica apenas indicar qual a percentagem de indivíduos que, na amostra de aferição, obtiveram um resultado inferior a esse.** Assim, se uma pessoa obtém numa dada escala um resultado X e se verifica que esse resultado corresponde, suponhamos, ao percentil 37, podemos concluir que o resultado dessa pessoa é mais elevado do que o de 37% das pessoas da amostra de aferição. **Este tipo de escalas permite-nos de imediato formar uma ideia acerca da posição de cada indivíduo em relação à amostra de aferição**: se o resultado obtido corresponde a um percentil baixo (digamos, 10), concluímos que esse indivíduo apresenta a característica em reduzido grau; se o resultado se situa perto do percentil 50, o indivíduo situa-se num nível intermédio na característica; se o percentil encontrado é elevado (digamos, 80 ou 90) o indivíduo apresenta a característica em elevado grau.

Outra vantagem deste tipo de escalas de resultados é o da facilidade da sua obtenção. Apenas é necessário dispor da tabela de frequências relativas acumuladas para os resultados da amostra de aferição. Normalmente, qualquer *software* de estatística fornece automaticamente este resultado mas, se for necessário partir das frequências simples e prosseguir os cálculos manualmente ou com o auxílio de um programa do tipo "folha de cálculo", as dificuldades não serão significativas. Vejamos

A apresentação dos resultados

um exemplo irrealisticamente simples, de uma escala cujos resultados apenas variam entre 0 e 5, apresentada no Quadro 24.

Começamos por determinar a frequência de cada resultado bruto, ou seja, o número de indivíduos na amostra de aferição que obtêm esse resultado. Colocamos os sucessivos valores das frequências na tabela, na linha

Quadro 24 - Exemplo de cálculo de percentis.

Resultado Bruto	Frequência	Frequência Acumulada	Frequência Acumulada Relativa (%)	Percentil
0	23	23	4	0
1	47	70	14	4
2	214	284	55	14
3	131	415	80	55
4	89	504	97	80
5	14	518	100	97

correspondente ao resultado bruto. De seguida, calculamos a frequência acumulada, a qual corresponde ao número de indivíduos da amostra de aferição que obtiveram esse resultado ou um resultado inferior. Assim, para o resultado mais baixo (zero, no nosso exemplo), a sua frequência acumulada corresponderá à sua frequência, pois não existe ninguém com um resultado mais baixo. Para o segundo resultado mais baixo (1), a frequência acumulada corresponde à sua frequência, adicionada da frequência do resultado inferior (0). Para o terceiro resultado (2) a frequência acumulada será a sua frequência somada da dos dois resultados inferiores (ou seja, da frequência acumulada do segundo resultado), e assim sucessivamente.

Uma vez obtidas as frequência acumuladas, determinam-se as frequências acumuladas relativas, ou seja, a proporção que aquelas representam dentro da amostra de aferição. Para isso, divide-se cada frequência acumulada pelo número de indivíduos da amostra (o qual corresponde à frequência acumulada para o resultado mais elevado, por razões óbvias). As frequências acumuladas relativas podem ser representadas como proporções (através de números decimais) ou através de percentagens, multiplicando a proporção encontrada por 100 e eliminando os decimais, com os necessários arredondamentos. No quadro do nosso exemplo, a apresentação está feita deste modo. A partir daqui, é fácil determinar qual o percentil que corresponde a cada resultado bruto. Sendo o percentil para um dado resultado bruto a percentagem de indivíduos que obtiveram um resultado inferior a esse, o valor do percentil corresponde ao da frequência acumulada relativa *para o resultado imediatamente inferior* (veja-se o exemplo). Note-se que ao resultado mais baixo encontrado na amostra de aferição corresponde o percentil 0 (ninguém teve um resultado inferior), e que o percentil 100 corresponde a uma resultado bruto superior ao de todos os indivíduos da amostra de aferição (6 ou mais, no nosso exemplo).

Como já atrás se disse, este exemplo é irrealista, e serve apenas para ilustrar a forma de cálculo dos percentis. De qualquer modo, é-nos igualmente útil como ilustração de algumas das características e dos inconvenientes dos percentis. **Uma característica que de imediato salta à vista na análise do quadro é o seu carácter "conservador": em caso de dúvida, este tipo de escala de resultado "prefere" apontar um dado resultado como demasiado baixo, do que como demasiado alto. Este efeito é uma consequência da forma como são definidos os percentis:** apenas se consideram os resultados inferiores ao obtido, ignorando o facto de uma proporção significativa da amostra ter obtido o mesmo resultado. **Na prática, procede-se como que pressupondo que todos os indivíduos que obtiveram o mesmo resultado que aquele que está a ser especificamente avaliado lhe seriam, afinal, superiores.** Uma consequência deste "conservadorismo" pode ser detectada considerando o que acontece no nosso exemplo com um resultado de 2, o mais frequente e, portanto, situado perto da zona central da distribuição de resultados: o percentil que lhe corresponde é de apenas 13! **Esta tendência para um enviesamento no sentido da subestimação, no entanto, apenas será problemático nos casos em que a proporção de indivíduos recaindo em cada resultado seja relativamente grande, o que pode ser evitado prevendo um número suficiente de itens e um número igualmente suficiente de níveis nas escalas de avaliação que os acompanham.** Aliás, o uso de percentis ou de outras escalas semelhantes só se justifica, em geral, nos casos em que os questionários são utilizados em avaliações individuais. Ora, este propósito implica, como vimos, a obrigação ética de que os resultados apresentem uma elevada precisão. Por sua vez, esta necessidade irá implicar um número relativamente elevado de itens.

Uma segunda característica importante, e a ter em conta quando se utilizam resultados em percentis, é o seu efeito sobre a distribuição

A apresentação dos resultados

531

dos resultados. Os percentis implicam, por definição, uma distribuição rectangular, em que todos os valores terão igual probabilidade e igual frequência[82]**. Ora, a maior parte das variáveis psicológicas não apresentam uma distribuição rectangular, mas sim uma distribuição próxima da normal (gaussiana), com uma maior concentração de resultados na zona central e uma densidade progressivamente menor conforme se caminha para os extremos. Uma consequência do uso de percentis é a de, ao "obrigar" os dados a assumir uma distribuição rectangular, "espalhar" por uma maior amplitude de percentis os resultados que se situam na zona central, enquanto que os que se situam nos extremos têm tendência a "concentrar-se". Este efeito pode, por sua vez, levar a que sejam sobrestimadas as diferenças entre resultados situados na zona central e subestimadas as diferenças entre resultados situados nos extremos.** Veja-se, no nosso exemplo, como à diferença entre os resultados 2 e 3 (os mais frequentes na amostra), corresponde uma diferença, em termos de percentis, de 42, enquanto que a diferença entre 0 e 1 é apenas de 4 e, entre 4 e 5, de 17. **Esta característica pode acarretar, portanto, uma menor capacidade discriminativa deste tipo de resultados quando se avaliam indivíduos em posições próximas dos extremos, o que pode ser uma desvantagem importante se a utilização prevista para o questionário passa por esse tipo de situações (e.g., avaliação de psicopatologia).**

Finalmente, uma outra desvantagem dos percentis é o de poderem ser confundidos com resultados em percentagem (e.g., percentagem de concordância, de respostas correctas, ou em que se possui certa característica). Estes resultados em percentagem, quando utilizados, correspondem a resultados brutos e não devem ser confundidos com os percentis, resultados derivados e correspondentes a percentagens de pessoas na amostra de aferição. De qualquer modo, é difícil evitar que algumas pessoas menos conhecedoras estabeleçam esta confusão.

Resultados padronizados

O princípio dos resultados padronizados foi já atrás apresentado, a propósito do conceito de correlação (ver página 237). Recapitulando, **a ideia**

---

[82] O gráfico de frequências de uma distribuição deste tipo será uma linha recta horizontal, donde o nome por que a distribuição é designada.

532   *Questionários: Teoria e prática*

é a de efectuar uma transformação dos resultados, de tal forma que estes passem a apresentar uma média de 0 e um desvio-padrão de 1. Esta transformação pode ser feita de diversas formas, as quais se agrupam em dois grandes tipos: lineares e não lineares. Nesta secção ocupar-nos--emos apenas do primeiro tipo, ficando o segundo para uma secção posterior.

O princípio da transformação linear em resultados padronizados é exactamente aquele que foi referido a propósito da correlação. Começa-se por subtrair a cada resultado observado o valor da média (o que faz com os resultados passem a apresentar uma média de 0), após o que se divide o resultado pelo desvio-padrão (assegurando que o desvio-padrão dos resultados padronizados será de 1). A fórmula representa-tiva desta transformação foi já apresentada na página 237 (equação 31). A transformação em resultados padronizados do nosso exemplo é apresentada no Quadro 25. A média dos resultados do exemplo é de 2,50 e o desvio-padrão é de

Quadro 25 - Exemplo de resultados padronizados obtidos por uma transformação linear.

Resultado bruto	Resultado Z	Percentis
0	-2,28	0
1	-1,36	4
2	-0,45	13
3	0,46	55
4	1,37	80
5	2,28	97

1,10. Para efeitos de comparação, são também apresentados os valores dos percentis, já incluídos no quadro anterior. Recorde-se, ainda, que os resultados padronizados são convencionalmente representados pela letra Z.

Repare-se como este procedimento, ao contrário do que acontece com os percentis, mantém iguais as distâncias entre os sucessivos resultados, o que equivale a dizer que não modifica a forma da distribuição. Esta é uma característica importante deste tipo de resultados, sobretudo quando se tem boas razões para pensar que a forma da distribuição apresentada pelos resultados brutos corresponde à que a variável que se pretende medir apresenta na população.

Mas um sério inconveniente dos resultados Z é a presença de números negativos e decimais, que é incómoda e acrescenta um certo grau de complexidade, susceptível de dar origem a erros ou a dificuldades de compreensão por parte de algumas pessoas. **Por isso, estes resultados são, geralmente, sujeitos a uma nova transformação no sentido de eliminar estes aspectos. Esta transformação é, de certo modo, a inversa daquela que permitiu obter os resultados padronizados a partir dos**

A apresentação dos resultados

resultados brutos, apenas com a diferença de que, desta vez, os valores da média e do desvio-padrão serão escolhidos pelo autor do trabalho e não obtidos a partir dos dados da amostra. Quanto ao resto, o procedimento é exactamente o inverso do anterior: multiplica-se o resultado Z pelo desvio-padrão escolhido e soma-se-lhe o valor pretendido para a média. A escolha dos valores a utilizar é essencialmente arbitrária, mas terá vantagem em levar em conta alguns aspectos. Em primeiro lugar, os valores devem, na medida do possível, facilitar uma reconversão para resultados Z, através de simples cálculos mentais. Este aspecto é importante, na medida em que, na interpretação de um resultado, é essencial poder obter uma ideia imediata sobre se ele se situa acima ou abaixo da média e a que distância dela (em unidades de desvio-padrão). **Um segundo aspecto prende-se com o facto de, com a eliminação dos decimais, se introduzir um efeito de descontinuidade na escala,** uma vez que se transforma uma escala contínua numa descontínua, em categorias que agrupam todos os resultados situados em determinadas faixas de variação. É fácil compreender que estas faixas serão tanto mais largas, e o efeito de descontinuidade tanto maior, quanto menor for o valor escolhido para o desvio-padrão: se o valor for de 5, a amplitude desta "faixa de indiferenciação" será de 0,2 desvios-padrões; se for de 10, já será só de 0,1, e assim sucessivamente. **Em princípio, poder-se-ia pensar que as características da escala seriam tanto melhores quanto mais elevado fosse o valor escolhido para o desvio-padrão, mas valores elevados também apresentam as suas desvantagens. Para além de tenderem a aumentar o número de algarismos necessários para representar os resultados, reduzindo o efeito de simplificação que se pretendia, valores elevados para o desvio-padrão podem transmitir uma falsa ideia de exactidão, encorajando a interpretação de diferenças diminutas e, provavelmente, de carácter aleatório. Quanto ao valor escolhido para a média, os princípios são semelhantes: deve facilitar a constatação imediata de que o resultado se situa abaixo ou acima da média, ser suficientemente pequeno para limitar o número de algarismos necessários, mas suficientemente grande para evitar o surgimento de valores negativos.** Este último propósito implica que o valor escolhido para a média seja superior ao produto do valor escolhido para o desvio-padrão pelo valor absoluto do resultado Z mais baixo (negativo e com valor absoluto mais elevado), depois de este ser arredondado para a unidade superior. No nosso exemplo, o valor Z mais baixo é de -2,28, o que, em valor absoluto e arredondado para a unidade superior, equivale a 3. O valor escolhido para a média neste exemplo deverá, portanto, ser pelo menos 3 vezes superior ao do desvio-padrão.

Dado o carácter até certo ponto arbitrário destes valores, não é de estranhar que diversas opções surjam na literatura. As mais comuns são, provavelmente, as de fixar a média em 50 e o desvio-padrão em 10. Esta forma de apresentação é muitas vezes designada por "resultados *T*" mas, em rigor, esta designação só se aplica quando os resultados foram submetidos a um processo de normalização (ver secção seguinte). Por isso, no Quadro 26, em que são apresentados os resultados sob esta forma para o nosso exemplo, os resultados são identificados como "*T* não normalizados".

Quadro 26 - Exemplo de resultados T não normalizados.

Resultado bruto	Resultado z	Resultado T não normalizado
0	-2,28	27
1	-1,36	36
2	-0,45	45
3	0,46	55
4	1,37	64
5	2,28	73

Olhando para este exemplo, é fácil ver quais os resultados que estão acima ou abaixo da média (acima ou abaixo de 50) e a que distância estão dela. Por exemplo, um resultado *T* de 64 estaria 1,4 desvios-padrões acima da média. **Outra forma de apresentação dos resultados utiliza uma média de 100 e um desvio-padrão de 15 (por vezes, 16). É a escala em que, hoje em dia, são obtidos os resultados de Q.I. (Quociente Intelectual)**[83]. Justamente devido a esta estreita conotação com os "testes de inteligência", este tipo de escala é hoje em dia evitado pela maior parte dos autores. **Seja como for, a apresentação aqui destes exemplos não nos deve fazer esquecer a possibilidade de utilizar quaisquer outros valores que sejam julgados adequados às circunstâncias** (e.g., média de 20 ou 25 e desvio-padrão de 5, num instrumento mais modesto e com menores pretensões).

---

[83] Embora a origem do conceito e do termo seja outra, como pode ser verificado em qualquer manual de introdução à Psicologia ou à avaliação psicológica.

A apresentação dos resultados

Resultados normalizados[84]

Este tipo de apresentação tem muito em comum com o anterior, o que leva a que os seus resultados sejam muitas vezes descritos como "padronizados normalizados". A grande diferença está em que, enquanto que aqueles mantêm inalterada a forma da distribuição, estes modificam-na, obrigando os resultados derivados a assumirem uma distribuição normal (normalização)[85].

A obtenção deste propósito adiciona alguma complexidade ao processo mas, desde que se domine os princípios envolvidos no uso das tabelas estatísticas necessárias, as dificuldades rapidamente desaparecem. **Para começar, há que obter resultados derivados em termos de percentis, do modo descrito anteriormente. A partir daí, recorre-se às tabelas estatísticas referentes à área subentendida pela distribuição normal reduzida, disponíveis em qualquer manual de estatística.** Nesse mesmo manual poderá ser encontrada uma justificação mais detalhada do modo como deve ser utilizada a tabela, pelo que, aqui, nos ficaremos pelo essencial.

Numa distribuição normal, a proporção (ou percentagem) de casos que se situam abaixo de um determinado valor de Z é sempre idêntica. Por exemplo, abaixo de um valor de Z igual a 1 situar-se-iam, se a distribuição fosse rigorosamente normal, 84,13% das observações. Para saber qual a proporção correspondente a qualquer resultado Z, teremos de utilizar as

---

[84] Os resultados normalizados são apenas um dos tipos de resultados padronizados obtidos por transformações não lineares. Outros tipos de transformações não lineares são de uso raro em instrumentos do tipo que nos ocupa aqui, pelo que não os referiremos (ver Petersen, Kolen e Hoover, 1989).

[85] O desiderato de obter uma distribuição normal resulta de diversas razões mais ou menos válidas e está longe de estar ao abrigo de críticas. A preferência por distribuições normais resulta do facto de muitas medidas antropométricas (e.g., altura, peso, dimensões de diversas partes do corpo, etc) tenderem a seguir distribuições normais, pelo que desde muito cedo se começou a pressupor, na teoria psicométrica, que as medidas psicológicas deveriam apresentar uma distribuição semelhante. Para além disso, a prevalência das distribuições normais em inúmeros fenómenos levou a que um importante conjunto de técnicas estatísticas (a chamada estatística paramétrica) tivesse sido desenvolvido pressupondo esta forma para a distribuição dos dados. De qualquer forma, é difícil considerar estas como razões peremptórias para obrigar (é o termo) os resultados derivados a assumirem uma distribuição normal quando os resultados brutos se desviam de forma sensível dessa distribuição.

tabelas[86]. Estas existem em diversos tipos, e a primeira coisa a verificar será se a tabela indica a área ou a ordenada da curva (ou as duas), pois apenas a primeira nos interessa. Depois, há que verificar se a tabela indica a área subjacente à curva desde um valor de -∞ (lê-se "menos infinito") ou desde um valor de zero. O primeiro tipo é mais fácil de utilizar, mas torna a tabela maior e ocupando mais espaço, pelo que é mais raro.

Comecemos, então, por ver como utilizar este primeiro tipo de tabelas. Por razões que seria fastidioso explicar aqui, a proporção de casos situados entre quaisquer dois valores de Z equivale à área situada abaixo da curva (entre esta e o eixo das abcissas) e entre as linhas verticais que cortam o eixo das abcissas nos pontos correspondentes aos valores de Z pretendidos. No nosso caso, como não nos interessa a proporção de casos situados entre dois valores, mas sim abaixo de um certo valor, apenas teremos uma linha vertical (ver exemplo para um valor igual a 1 na Figura 43). As tabelas do primeiro tipo têm a vantagem de nos dar directamente este valor: basta procurar o valor de Z pretendido e a tabela indica-nos imediatamente a área correspondente.

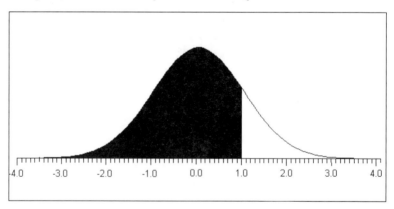

Figura 43 – Área subentendida pela curva da distribuição normal abaixo do valor 1.

As tabelas do segundo tipo não nos indicam a área situada entre -∞ e o valor pretendido, mas sim entre 0 e esse valor (ver Figura 44). Por isso,

---

[86] Existem alguns programas informáticos capazes de fornecer os valores pretendidos, mas o seu uso não é muito comum, e o recurso a procedimentos matemáticos exactos (integração da função que define a curva normal) é trabalhoso e, regra geral, não se justifica.

Figura 44 – Área subentendida pela curva da distribuição normal entre os valores 0 e 1.

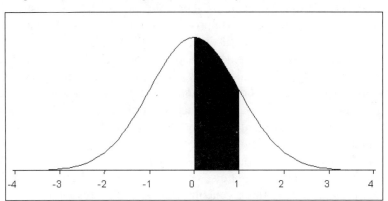

quando o valor z que procuramos é positivo (superior a 0), depois de lermos na tabela o respectivo valor (que, neste caso, será de 0,3413), teremos de lhe acrescentar 0,5 para obter a área desde -∞. Isto é possível porque, uma vez que a distribuição é simétrica, 50% das observações situam-se acima, e 50% abaixo, do ponto central (média; ver de novo a Figura 44). Para obter a área correspondente a um valor negativo, o processo é apenas um pouco mais complexo. Vejamos o exemplo da Figura 45, para um valor de -1. Como apenas dispomos de valores na tabela para as áreas situadas entre o valor 0 e um outro qualquer valor, não podemos procurar directamente a área que pretendemos. Mas podemos, em vez disso, encontrar o valor da área que se situa entre -1 e 0 e depois subtraí-lo de 0,5 (referir-se

Figura 45 – Área subentendida pela curva da distribuição normal abaixo do valor -1.

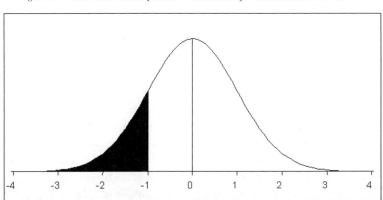

de novo à Figura 45 ajudará a seguir a explicação). Mas a tabela não nos indica áreas para valores negativos. Aproveitando a simetria da distribuição, sabemos, porém, que a área compreendida entre 0 e -1 será igual à compreendida entre 0 e 1, que já sabemos ser de 0,3413. Subtraindo este valor de 0,5, encontramos a proporção de casos abaixo de $Z = -1$, que é de 0,1587.

Voltemos, agora, ao cálculo dos resultados z normalizados. Como se disse, parte-se dos valores dos percentis e procura-se, através das tabelas, qual o valor Z abaixo do qual, numa distribuição normal, se situa uma percentagem de casos igual a esse percentil (recordar a forma como são determinados os percentis, na página 528). O nosso uso da tabela vai ser, portanto, o inverso do habitual: em vez de, partindo de um valor de Z, procurarmos encontrar a área que se situa abaixo dele vamos, a partir de um valor de proporção (área), encontrar o valor Z correspondente.

Vejamos como proceder. No caso das tabelas que fornecem a área desde $-\infty$, bastará percorrer as colunas da tabela onde estão indicadas as áreas, até encontrar o valor que mais se aproxima do pretendido. No caso de tabelas que indicam a área a partir de 0, há, de novo, algumas diferenças consoante se trate de valores positivos ou negativos. No caso de valores positivos (percentis superiores a 50), é preciso subtrair 50 do valor do percentil antes de procurar a área subjacente. **Voltando ao exemplo da página 529, para o resultado 4 temos um percentil de 80. Subtraindo 50, sabemos que temos de procurar na tabela uma área de 0,3 (30%). Encontramos o valor mais próximo deste, numa tabela que inclui valores de Z até à segunda casa decimal (o mais comum, e que é perfeitamente suficiente), para um valor de Z igual a 0,84 (a área é de 0,2995). Ao nosso resultado bruto de 4 vai, portanto, corresponder um resultado Z normalizado de 0,84.**

Como exemplo para percentis menores do que 50, vamos considerar o resultado bruto de 2 (percentil 13). O processo tem muitas semelhanças com o que foi utilizado para encontrar a proporção de casos a partir do valor de Z. **Uma vez que apenas sabemos os valores Z para áreas situadas entre estes e o ponto central da distribuição (percentil 50), calculamos a proporção de casos que se situarão entre o ponto que nos interessa e o percentil 50, simplesmente subtraindo o valor do percentil de 50. No nosso exemplo, o valor será de 37 (50-13). Uma vez que a distribuição é simétrica, procuramos na tabela uma área de 0,37 (encontramos 1,13 como valor mais aproximado de Z), e damos um sinal negativo ao valor Z encontrado. Assim, ao nosso resultado bruto de 2 irá corresponder um resultado Z normalizado de -1,13.**

A apresentação dos resultados 539

O Quadro 27 apresenta os valores Z normalizados, juntamente com os percentis, resultados Z não normalizados e resultados T. A presença destes resultados T (como atrás vimos, resultado de uma transformação dos resultados Z normalizados, que lhes impõe uma média de 50 e um desvio-padrão de 10) relembra-nos de que **a estes resultados Z normalizados se**

Quadro 27 - Resultados derivados em percentis, resultados Z não normalizados e normalizados, e resultados T.

Resultado bruto	Percentis	Resultado Z não normalizado	Resultado Z Normalizado	Resultado T
0	0	-2,277	---	---
1	4	-1,365	-1,75	32
2	13	-0,454	-1,13	39
3	55	0,458	0,13	51
4	80	1,369	0,84	58
5	97	2,280	1,88	69

podem aplicar as transformações já vistas na secção anterior a propósito dos seus congéneres não normalizados, com o objectivo de eliminar valores negativos e decimais.

Merecem igualmente uma chamada de atenção as diferenças entre os resultados Z normalizados e não normalizados. Nota-se que os primeiros são inferiores aos segundos, o que se deve sobretudo ao princípio de considerar cada indivíduo como estando no limite inferior do grupo que obteve o mesmo resultado, inerente à definição dos percentis. Se houvesse um maior leque de resultados brutos, este efeito seria muito menor. Para além disso, as diferenças existentes entre resultados Z normalizados e não normalizados serão devidas às discrepâncias entre a distribuição observada para os resultados brutos e a distribuição normal. Por outro lado, atente-se nas diferenças entre os resultados T e em percentis. Estas importantes diferenças devem servir para nos relembrar de como é importante não confundir os dois tipos de resultados.

Uma outra variante dos resultados normalizados não pretende chegar a valores quantitativos relativamente precisos, mas sim a uma categorização mais grosseira em termos de resultados médios, altos, muito altos, etc. Embora com este tipo de apresentação se perca algo em termos de rigor, essa perda pode ser compensada por ganhos em

termos de facilidade de interpretação, particularmente importantes quando resultados individuais têm de ser comunicados a pessoas sem formação nesta área, e para quem o significado de percentis, resultados T, etc, pode ser demasiado complexo.

Um dos sistemas mais populares dentro deste tipo é o chamado *"stanine"*, que consiste numa escala de nove pontos, donde o seu nome, que pretende constituir uma abreviatura da expressão inglesa *"standard nine"* (a tradução habitual para Português é "padrão nove")[87]. Nestes sistemas de normalização em classes, pretende-se que todos elas tenham igual amplitude em termos de resultados Z, com excepção das que se situam nos extremos, e que têm de abarcar valores Z desde, ou até, ao infinito. Uma consequência natural deste princípio é que as sucessivas classes não incluirão todas a mesma proporção (e número) de casos, apresentando as situadas no centro efectivos maiores do que as que se aproximam mais dos extremos, tal como acontece numa distribuição normal.

O sistema de categorias define-se, então, por um conjunto de valores Z que constituem os limites de cada classe. No caso do sistema stanine, por exemplo, cada classe tem uma amplitude de 0,5 desvios-padrão. O Quadro 28 indica, para cada classe de resultados, os valores Z que a delimitam, a proporção de casos que dentro dela recaem e a mesma proporção acumulada com as de todas as classes anteriores.

A transformação de resultados brutos numa escala stanine não apresenta dificuldade. A partir de uma tabela de percentis ou de frequências acumuladas, atribuem-se os sucessivos resultados brutos às classes de 1 a 9, de tal modo que as percentagens da coluna mais à direita do Quadro 28 sejam respeitadas com a maior exactidão possível. O exemplo a que temos vindo a recorrer não se presta a esta utilização, uma vez que apenas encontramos 6 resultados brutos diferentes e não será, como é óbvio, possível obter a partir deles uma classificação em nove classes. Em qualquer caso, podemos dizer que ao resultado bruto de 0 corresponderia o stanine 1, pois a respectiva percentagem é muito semelhante (4%). O resultado bruto de 1 seria aproximadamente correspondente ao stanine 2, embora as percentagens sejam já talvez demasiado diferentes (10,6% para 13,5%). Mas o

---

[87] Uma outra vantagem desta escala é a de que o seu resultado é sempre representado por um único algarismo de 1 a 9, o que é de alguma forma expresso pela pronúncia inglesa de "stanine" como "stay nine", que talvez se possa traduzir livremente como "fica-se por nove".

Quadro 28 - Escala stanine: Limites inferiores e superiores, proporção de casos e proporções acumuladas para cada categoria.

Stanine	Limite inferior (z)	Limite superior (z)	Proporção incluída	Proporção acumulada
1	$-\infty$	-1,75	4,0%	4,0%
2	-1,75	-1,25	6,6%	10,6%
3	-1,25	-0,75	12,1%	22,7%
4	-0,75	-0,25	17,5%	40,1%
5	-0,25	0,25	19,7%	59,9%
6	0,25	0,75	17,5%	77,3%
7	0,75	1,25	12,1%	89,4%
8	1,25	1,75	6,6%	96,0%
9	1,75	$+\infty$	4,0%	100,0%

resultado bruto de 2 já teria de abarcar os stanines 3, 4 e 5, o que não é aceitável. Aliás, o que deverá tipicamente acontecer é o número de resultados brutos diferentes encontrados ser muito superior a 9 e diversos resultados brutos serem agrupados dentro da mesma classe de stanine.

Finalmente, é preciso não esquecer que o stanine não constitui o único sistema possível dentro deste tipo. Existem vários outros de uso relativamente divulgado, e que se distinguem pelo número de categorias, representando diferentes compromissos entre rigor e facilidade de compreensão, e ainda diferentes opções em termos de um número par ou ímpar de categorias (o que implica prever ou não a presença de uma categoria central de resultados "médios"). Sistemas com 5, 7, 10 ou 11 categorias são os mais utilizados, mas não haverá grande dificuldade em criar outros, que pareçam mais convenientes, seguindo os parâmetros atrás indicados.

8 – Referências Bibliográficas

Alloway, R. e Bebbington, P. (1987). The buffer theory of social support: A review of the literature. *Psychological Medicine, 17*, 91-108.

Almeida, L. S. e Freire, T. (1997). *Metodologia da investigação em psicologia e educação*. Coimbra: Associação dos Psicólogos Portugueses.

Almeida, L. S., Simões, M. R. e Gonçalves, M. M. (Eds.). (1995). *Provas Psicológicas em Portugal*. Braga: Associação dos Psicólogos Portugueses.

American Educational Research Association, American Psychological Association e National Council on Measurement in Education. (1999). *Standards for educational and psychological testing*. Washington, DC: American Educational Research Association.

American Psychiatric Association. (1996). *DSM-IV: Manual de diagnóstico e estatística das perturbações mentais*, 4ª edição (J. Cabral Fernandes, ed.). Lisboa: Climepsi. (Obra original publicada em 1994)

American Psychological Association. (1954). *Technical recommendations for psychological tests and diagnostic techniques*. Washington, D.C.: Author.

American Psychological Association. (1992). Ethical principles of psychologists and code of conduct. *American Psychologist, 47*, 1597-1611.

Anastasi, A. e Urbina, S. (1997). *Psychological testing*. Upper Saddle River, NJ: Prentice-Hall.

Arrindell, W. A. e van der Ende, J. (1985). An empirical test of the utility of the observations-to-variables ratio in factor and components analysis. *Applied Psychological Measurement, 9*, 165-178.

Baldwin, B. (1989). A primer in the use and interpretation of structural equation models. *Measurement and Evaluation in Counseling and Development, 22*, 100-112.

Bardin, L. (1988). *Análise de conteúdo* (L. A. Reto e A. Pinheiro, Trad.). Lisboa: Edições 70. (Obra original publicada em 1977)

Barrett, G. V., Phillips, J. S. e Alexander, R. A. (1981). Concurrent and predictive validity designs: A critical reanalysis. *Journal of Applied Psychology, 66*, 1-6.

Barrick, M. R. e Mount, M. K. (1996). Effects of impression management and self-deception on the predictive validity of personality constructs. *Journal of Applied Psychology, 81*, 261-272.

Barros, J. H., Barros, A. M. e Neto, F. (1993). *Psicologia do controlo pessoal: Aplicações educacionais, clínicas e sociais*. Braga: Instituto de Educação, Universidade do Minho.

Bee, H. L. (1987). *The journey of adulthood*. New York: McMillan.

Bentler, P. M. (1980). Multivariate analysis with latent variables: Causal modeling. *Annual Review of Psychology, 31*, 419-456.

Bentler, P. M., Jackson, D. N. e Messick, S. (1971). Identification of content and style: A two-dimensional interpretation of acquiescence. *Psychological Bulletin, 76*, 186-204.

Bentler, P. M., Jackson, D. N. e Messick, S. (1972). A rose by any other name. *Psychological Bulletin, 77*, 109-113.

Block, J. (1971). On further conjectures regarding acquiescence. *Psychological Bulletin, 76*, 205-210.

Borkovec, T. D., Weerts, T. C. e Bernstein, D. A. (1977). Assessment of anxiety. In A. R. Ciminero, K. S. Calhoun e H. E. Adams (Eds.), *Handbook of behavioral assessment* (pp. 367-427). New York: John Wiley and Sons.

Briggs, S. R. e Cheek, J. M. (1986). The role of factor analysis in the development and evaluation of personality scales. *Journal of Personality, 54*, 106-148.

Bronfenbrenner, U. e Crouter, A. C. (1983). The evolution of environmental models in developmental research. In P. H. Mussen (Ed.), *Handbook of child psychology: Vol. 1. History, theory, and methods* (pp. 357-414). New York: John Wiley & Sons.

Brophy, J. E. e Good, T. L. (1986). Teacher behavior and student achievement. In M. C. Wittrock (Ed.), *Handbook of research on teaching* (3rd ed., pp. 328-375). New York: McMillan.

Browne, M. W. (1984). The decomposition of multitrait-multimethod matrices. *British Journal of Mathematical and Statistical Psychology, 37*, 1-21.

Cacioppo, J. T. e Berntson, G. G. (1994). Relationship between attitudes and evaluative space: A critical review, with emphasis on the separability of positive and negative substrates. *Psychological Bulletin, 115*, 401-423.

Cacioppo, J. T., Gardner, W. L. e Berntson, G. G. (1997). Beyond bipolar conceptualizations and measures: The case of attitudes and evaluative space. *Personality and Social Psychology Review, 1*, 3-25.

Cacioppo, J. T., Gardner, W. L. e Berntson, G. G. (1999). The affect system has parallel and integrative processing components: Form follows function. *Journal of Personality and Social Psychology, 76*, 839-855.

Campbell, D. T. e Fiske, D. W. (1959). Convergent and discriminant validation by the multitrait-multimethod matrix. *Psychological Bulletin, 56*, 81-105.

Campbell, D. T. e O'Connell, E. J. (1967). Methods factors in multitrait-multimethod matrices: Multiplicative rather than additive? *Multivariate Behavioral Research, 2*, 409-426.

Carreira, A. e Pinto, G. (1999). Cálculo *matricial* (3 vols.). Lisboa: Instituto Piaget.

Cattell, R. B. e Vogelmann, S. (1977). A comprehensive trial of the scree and KG criteria for determining the number of factors. *Multivariate Behavioral Research, 12*, 289--325.

Chan, C.-J. e Margolin, G. (1994). The relationship between dual-earner couples' daily work mood and home affect. *Journal of Social and Personal Relationships, 11*, 573--586.

Chang, L. (1997). Dependability of anchoring labels of Likert-type scales. *Educational and Psychological Measurement, 57*, 800-807.

Chatterjee, S. (1984). Variance estimation in factor analysis: An application of the bootstrap. *British Journal of Mathematical and Statistical Psychology, 37*, 252-262.

Child, D. (1990). *The essentials of factor analysis* (2nd ed.). London: Cassell.

Referências Bibliográficas

Cialdini, R. B., Vincent, J. E., Lewis, S. K., Catalan, J., Wheeler, D. e Darby, B. L. (1975). A reciprocal concessions procedure for inducing compliance: The door-in-the-face technique. *Journal of Personality and Social Psychology, 36*, 463-476.

Clarke-Stewart, K. A. (1989). Infant day care: Maligned or malignant? *American Psychologist, 44*, 266-273.

Clegg, F. (1995). *Estatística para todos: Um manual para ciências sociais* (Trad. C. Horta e V. Teodoro). Lisboa: Gradiva. (Obra original publicada em 1990)

Cliff, N. e Hamburger, C. D. (1967). The study of sampling errors in factor analysis by means of artificial experiments. *Psychological Bulletin, 68*, 430-445.

Cohen, J. (1968). Multiple regression as a general data-analytic system. *Psychological Bulletin, 70*, 426-443.

Comrey, A. (1978). Common methodological problems in factor analytic studies. *Journal of Consulting and Clinical Psychology, 46*, 648-659.

Comrey, A. L. (1988). Factor-analytic methods of scale development in personality and clinical psychology. *Journal of Consulting and Clinical Psychology, 56*, 754-761.

Costa, P. T., Jr. e Widiger, T. A. (Eds.). (1994). *Personality disorders and the five-factor model of personality*. Washington, DC: American Psychological Association.

Cota, A. A., Longman, R. S., Holden, R. R., Fekken, G. C. e Xinaris, S. (1993). Interpolating 95th percentile eigenvalues from random data: An empirical example. *Educational and Psychological Measurement, 53*, 585-596.

Coyne, J. C. (1994). Self-reported distress: Analog or ersatz depression? *Psychological Bulletin, 116*, 29-45.

Crawford, C. B. (1975). Determining the number of interpretable factors. *Psychological Bulletin, 82*, 226-237.

Cronbach, L. J. (1951). Coefficient alpha and the internal structure of tests. *Psychometrika, 16*, 297-334.

Cronbach, L. J. (1971). Test validation. In R. L. Thorndike (Ed.), *Educational measurement* (2nd ed., pp. 443-507). Washington, DC: American Council on Education.

Cronbach, L. J. (1990). *Essentials of psychological testing* (5th ed.). New York: HarperCollins.

Cronbach, L. J. e Meehl, P. E. (1955). Construct validity in psychological tests. *Psychological Bulletin, 52*, 281-302.

Cureton, E. E. e D'Agostino, R. B. (1983). *Factor analysis: An applied approach*. Hillsdale, NJ: Lawrence Erlbaum.

D'Hainault, L. (1992). *Conceitos e métodos da estatística* (Trad. A. R. Lopes e M. C. C. Lopes, 2 Vols.). Lisboa: Fundação Calouste Gulbenkian. (Obra original publicada em 1975)

Davison, M. L. e Sharma, A. R. (1988). Parametric statistics and levels of measurement. *Psychological Bulletin, 104*, 137-144.

Davison, M. L. e Sharma, A. R. (1990). Parametric statistics and levels of measurement: Factorial designs and multiple regression. *Psychological Bulletin, 107*, 394-400.

Dawes, R. M. e Corrigan, B. (1974). Linear models in decision making. *Psychological Bulletin, 81*, 95-106.

Diener, E. (1999). Introduction to the special section on the structure of emotion. *Journal of Personality and Social Psychology, 76*, 803-804.

Diener, E., Smith, H. e Fujita, F. (1995). The personality structure of affect. *Journal of Personality and Social Psychology, 69*, 130-141.

Edmundson, E. W., Koch, W. R. e Silverman, S. (1993). A facet analysis approach to content and construct validity. *Educational and Psychological Measurement, 53*, 351-367.

Edwards, A. L. (1957). *Techniques of attitude scale construction.* New York: Appleton-Century-Crofts.

Elliott, C. D. (1983). *British Ability Scales Manual 2: Technical handbook.* Windsor, Berks, UK: NFER-Nelson.

Embretson (Whitely), S. (1983). Construct validity: Construct representation versus nomothetic span. *Psychological Bulletin, 93*, 179-197.

Embretson, S. E. (1996). The new rules of measurement. *Psychological Assessment, 8*, 341-349.

Enzmann, D. (1997). RanEigen: A program to determine the parallel analysis criterion for the number of principal components. *Applied Psychological Measurement, 21*, 232.

Epley, N. e Huff, C. (1998). Suspicion, affective response, and educational benefit as a result of deception in psychology research. *Personality and Social Psychology Bulletin, 24*, 759-768.

Epstein, S. (1993). *Manual for the Constructive Thinking Inventory* (Preliminary Version, 2/8/93). Unpublished manuscript, University of Massachussetts at Amherst.

Ericsson, K. A. e Simon, H. A. (1993). *Protocol analysis: Verbal reports as data.* Cambridge, MA: MIT Press.

Esteve, J. M. e Fracchia, A. F. B. (1988). Le malaise des enseignants. *Révue Française de Pédagogie, 84*, 45-56.

Eysenck, H. J. (1967). *The biological basis of personality.* Springfield, IL: Charles C. Thomas.

Eysenck, H. J. e Eysenck, S. B. G. (1964). *Manual of the Eysenck Personality Inventory.* London: University of London Press.

Eysenck, S. B. G., Eysenck, H. J. e Shaw, L. (1974). The modification of personality and lie scale scores by special "honesty" instructions. *British Journal of Social and Clinical Psychology, 13*, 41-50.

Fassinger, R. E. (1987). Use of structural equation modeling in counseling psychology research. *Journal of Counseling Psychology, 34*, 425-436.

Feingold, A. (1995). The additive effects of differences in central tendency and variability are important in comparisons between groups. *American Psychologist, 50*, 5-13.

Feldman, L. A. (1995). Valence focus and arousal focus: Individual differences in the structure of affective experience. *Journal of Personality and Social Psychology, 69*, 153-166.

Feldt, L. S. e Brennan, R. L. (1989). Reliability. In R. L. Linn (Ed.), *Educational measurement* (pp. 105-146). New York: American Council on Education/MacMillan.

Ferguson, G. A. (1981). *Statistical analysis in psychology and education* (5th ed.). Singapore: McGraw-Hill.

Ferreira, M. e Almeida, G. (1999). *Introdução à astronomia e às observações astronómicas* (5ª ed.). Lisboa: Plátano.

Ferreira Marques, J. H. (1969). *Estudos sobre a Escala de Inteligência de Wechsler para Crianças (WISC).* Lisboa: Autor.

Ferreira Marques, J. H. (1971). O problema da validade em psicologia diferencial. *Revista da Faculdade de Letras, III, 14*, 7-29.

Ferreira Marques, J. (1995). The Portuguese Work Importance Study. In D. E. Super & B. Sverko (Eds.), *Life roles, values, and careers: International findings of the Work Importance Study* (pp. 181-187). San Francisco: Jossey-Bass.

Ferreira Marques, J., & Miranda, M. J. (1995). Developing the Work Importance Study. In D. E. Super & B. Sverko (Eds.), *Life roles, values, and careers: International findings of the Work Importance Study* (pp. 62-74). San Francisco: Jossey-Bass.

Fischhoff, B. (1991). Value elicitation: Is there anything in there? *American Psychology, 46*, 835-847.

Fiske, D. W. e Campbell, D. T. (1992). Citations do not solve problems. *Psychological Bulletin, 112*, 393-395.

Fitz-Gibbons, C. e Morris, L. L. (1978). *How to design a program evaluation.* Beverly Hills, CA: Sage.

Flavell, J. H. (1975). *A psicologia do desenvolvimento de Jean Piaget* (M. H. S. Patto, Trad.). São Paulo, Brasil: Pioneira. (Obra original publicada em 1965)

Foddy, W. (1993). *Constructing questions for interviews and questionnaires: Theory and practice in social research.* Cambridge, UK: Cambridge University Press.

Fraley, R. C., Waller, N. G. e Brennan, K. A. (2000). An item response theory analysis of self-report measures of adult attachment. *Journal of Personality and Social Psychology, 78*, 350-365.

Gaito, J. (1980). Measurement scales and statistics: Resurgence of an old misconception. *Psychological Bulletin, 87*, 564-567.

Garcia-Marques, L. (1997). Influência social. In J. Vala e M. B. Monteiro (Eds.), *Psicologia social* (pp. 201-257) Lisboa: Fundação Calouste Gulbenkian.

Glaser, R. (1963). Instructional technology and the measurement of learning outcomes: Some questions. *American Psychologist, 18*, 519-521.

Glass, G. V., McGaw, B. e Smith, M. L. (1981). *Meta-analysis in social research.* Beverly Hills, CA: Sage.

Gorsuch, R. L. (1983). *Factor analysis* (2nd Ed.). Hillsdale, NJ: Lawrence Erlbaum.

Gotlib, I. H. e Meyer, J. P. (1986). Factor analysis of the Multiple Affect Adjective Check List: A separation of positive and negative affect. *Journal of Personality and Social Psychology, 50*, 1161-1165.

Graham, J. R. (1990). *MMPI-2: Assessing personality and psychopathology.* New York: Oxford University Press.

Gray-Little, B., Williams, V. S. L. e Hancock, T. D. (1997). An item response theory analysis of the Rosenberg Self-Esteem Scale. *Personality and Social Psychology Bulletin, 23*, 443-451.

Green, D. P., Salovey, P. e Truax, K. M. (1999). Static, dynamic, and causative bipolarity of affect. *Journal of Personality and Social Psychology, 76*, 856-867.

Green, S. B., Lissitz, R. W. e Mulaik, S. A. (1977). Limitations of coefficient alpha as an index of test unidimensionality. *Educational and Psychological Measurement, 37*, 827-838.

Grossarth-Maticek, R., Eysenck, H. J. e Boyle, G. J. (1995). Method of test administration as a factor in test validity: The use of a personality questionnaire in the prediction of cancer and coronary heart disease. *Behaviour Research and Therapy, 33*, 705-710.

548 *Questionários: Teoria e prática*

Guadagnoli, E. e Velicer, W. F. (1988). Relation of sample size to the stability of component patterns. *Psychological Bulletin, 103*, 265-275.

Guba, E. G. e Lincoln, Y. S. (1982). Epistemological and methodological bases of naturalistic inquiry. *Educational Communications and Technology Journal, 4*, 30.

Guilford, J. P. (1952). When not to factor analyze. *Psychological Bulletin, 49*, 26-37.

Guion, R. M. e Cranny, C. J. (1982). A note on concurrent and predictive validity designs: A critical reanalysis. *Journal of Applied Psychology, 67*, 239-244.

Gulliksen, H. (1968). Louis Leon Thurstone, experimental and mathematical psychologist. *American Psychologist, 23*, 786-802.

Hair, J. F., Jr., Anderson, R. E., Tatham, R. L. e Black, W. C. (1992). *Multivariate data analysis* (3rd ed.). New York: MacMillan.

Hambleton, R. K. (1989). Principles and selected applications of item response theory. In R. L. Linn (Ed.), *Educational measurement* (pp. 147-200). New York: American Council on Education/MacMillan.

Hambleton, R. K., Swaminathan, H. e Rogers, H. J. (1991). *Fundamentals of item response theory*. Newbury Park, CA: Sage.

Harman, H. H. (1976). *Modern factor analysis* (3rd ed.). Chicago: University of Chicago Press.

Harter, S. (1982). The perceived competence scale for children. *Child Development, 53*, 89-97.

Haynes, S. N., Richard, D. C. S., & Kubany, E. S. (1995). Content validity in psychological assessment: A functional approach to concepts and methods. *Psychological Assessment, 7*, 238-247.

Hicks, L. E. (1970). Some properties of ipsative, normative, and forced-choice normative measures. *Psychological Bulletin, 74*, 167-184.

Hogan, R., Curphy, G. J. e Hogan, J. (1994). What we know about leadership: Efectiveness and personality. *American Psychologist, 49*, 493-504.

Horn, J. L. (1965). A rationale and test for the number of factors in factor analysis. *Psychometrika, 30*, 179-185.

Hough, L. M., Eaton, N. K., Dunnette, M. D., Kamp, J. D. e McCloy, R. A. (1990). Criterion-related validities of personality constructs and the effects of response distortions on those validities. *Journal of Applied Psychology, 75*, 581-595.

Howarth, E. e Browne, J. A. (1972). An item factor analysis of the Eysenck Personality Inventory. *British Journal of Social and Clinical Psychology, 11*, 162-174.

Huck, S. W. (1992). Group heterogeneity and Pearson's r. *Educational and Psychological Measurement, 52*, 253-260.

Hunter, J. E., Schmidt, F. L. e Jackson, G. B. (1982). *Meta-analysis: Cumulating research findings across studies*. Beverly Hills, CA: Sage.

Instituto do Emprego e Formação Profissional. (1994). *Classificação nacional das profissões* (Versão 1994). Lisboa: Autor.

Jaccard, J., Turrisi, R. e Wan, C. K. (1990). *Interaction effects in multiple regression*. Newbury Park, CA: Sage.

James, L. R., Demaree, R. G. e Mulaik, S. A. (1986). A note on validity generalization procedures. *Journal of Applied Psychology, 71*, 440-450.

James, W. (1890). *The principles of psychology*. New York: Henry Holt.

Referências Bibliográficas

549

Jones, L. V. (1971). The nature of measurement. In R. L. Thorndike (Ed.), *Educational measurement* (2nd ed.). Washington, DC: American Council on Education.

Kaiser, H. F. e Caffrey, J. (1965). Alpha factor analysis. *Psychometrika, 30*, 1-14.

Kalleberg, A. L. e Kluegel, J. R. (1975). Analysis of the multitrait-multimethod matrix: Some limitations and an alternative. *Journal of Applied Psychology, 60*, 1-9.

Katz, Y. J. e Schmida, M. (1993). A Guttman scale factor structure of comprehensiveness. *Educational and Psychological Measurement, 53*, 225-232.

Kelloway, E. K. (1998). *Using LISREL for structural equation modeling*. Thousand Oaks, CA: Sage.

Kim, J.-O. e Mueller, C. W. (1994). Factor analysis: Statistical methods and practical issues. In M. S. Lewis-Beck (Ed.), *Factor analysis and related techniques* (pp. 75-155). Londres: Sage.

Kline, P. (1986). *Handbook of test construction*. London: Methuen.

Koslowski, M., Pratt, G. L. e Wintrob, R. M. (1976). The application of Guttman scale analysis to physicians' attitudes toward abortion. *Journal of Applied Psychology, 61*, 301-304.

Kunda, Z. (1990). The case for motivated reasoning. *Psychological Bulletin, 108*, 480-498.

Landy, F. J. (1986). Stamp collecting versus science: Validation as hypothesis testing. *American Psychologist, 41*, 1182-1192.

Lautenschlager, G. J. (1989). A comparison of alternatives to conducting Monte Carlo analyses for determining parallel analysis criteria. *Multivariate Behavioral Research, 24*, 365-395.

Lawler, E. E., III. (1967). The multitrait-multirater approach to measuring managerial job performance. *Journal of Applied Psychology, 51*, 369-381.

Leplat, J. e Cuny, X. (1983). *Introdução à psicologia do trabalho* (H. Domingos, Trad.). Lisboa: Fundação Calouste Gulbenkian. (Obra original publicada em 1977)

Levin, J. e Montag, I. (1987). The effect of testing instructions for handling social desirability on the Eysenck Personality Questionnaire. *Personality and Individual Differences, 8*, 163-167.

Levinson, D. J., Darrow, C. N., Klein, E. B., Levinson, M. H. e McKee, B. (1979). *The seasons of a man's life*. New York: Alfred A. Knopf.

Levy, K. J. (1976). Reducing the occurrence of omitted or untruthful responses when testing hypotheses concerning proportions. *Psychological Bulletin, 83*, 759-761.

Lewis-Beck, M. (Ed.). (1994). *Factor analysis and related techniques*. London: Sage.

Lima, M. L. P. (1997). Atitudes. In J. Vala e M. B. Monteiro (Eds.), *Psicologia social* (pp. 167-199). Lisboa: Fundação Calouste Gulbenkian.

Lima, M. P. e Simões, A. (1995). Inventário de personalidade NEO PI-R. In L. S. Almeida, M. R. Simões e M. M. Gonçalves (Eds.), *Provas psicológicas em Portugal* (pp. 133--149). Braga: Associação dos Psicólogos Portugueses.

Lissitz, R. W. e Green, S. B. (1975). Effect of the number of scale points on reliability: A Monte Carlo approach. *Journal of Applied Psychology, 60*, 10-13.

Loevinger, J. (1965). Person and population as psychometric concepts. *Psychological Bulletin, 72*, 143-155.

Long, J. S. (1994). Confirmatory factor analysis: A preface to LISREL. In M. S. Lewis-Beck (Ed.), *Factor analysis and related techniques* (pp. 247-328). London: Sage.

550 *Questionários: Teoria e prática*

Longman, R. S., Cota, A. A., Holden, R. R. e Fekken, G. C. (1989). A regression equation for the parallel analysis criterion in principal components analysis: Mean and 95th percentile eigenvalues. *Multivariate Behavioral Research, 24*, 59-69.

Lourenço, O. M. (1997). *Psicologia do desenvolvimento cognitivo: Teoria, dados e implicações*. Coimbra: Almedina.

MacCallum, R. C. (1986). Specification searches in covariance structure modeling. *Psychological Bulletin, 100*, 107-120.

Masters, G. N. e Wright, B. D. (1984). The essential process in a family of measurement models. *Psychometrika, 49*, 529-544.

Matell, M. S. e Jacoby, J. (1972). Is there an optimal number of alternatives for Likert-scale items? Effects of testing time and scale properties. *Journal of Applied Psychology, 56*, 506-509.

McArdle, J. J. (1996). Current directions in structural factor analysis. *Current Directions in Psychological Science, 5*, 11-18.

McCormick, E. J. (1983). Job and task analysis. In M. D. Dunnette (Ed.), *Handbook of industrial and organizational psychology* (pp. 651-696). New York: John Wiley & Sons.

McCrae, R. R. e Costa, P. T., Jr. (1983). Social desirability scales: More substance than style. *Journal of Consulting and Clinical Psychology, 51*, 882-888.

McCrae, R. R. e John, O. P. (1992). An introduction to the five-factor model and its applications. *Journal of Personality, 60*, 175-215.

McDonald, R. P. (1981). The dimensionality of tests and items. *British Journal of Mathematical and Statistical Psychology, 34*, 100-117.

McGraw, K. O. e Wong, S. P. (1992). A common language effect size statistic. *Psychological Bulletin, 111*, 361-365.

McKinley, R. L. (1989). An introduction to item response theory. *Measurement and Evaluation in Counseling and Development, 22*, 37-57.

Meehl, P. E. (1978). Theoretical risks and tabular asterisks: Sir Karl, Sir Ronald, and the slow progress of soft psychology. *Journal of Consulting and Clinical Psychology, 46*, 806-834.

Messick, S. (1975). The standard problem: Meaning and values in measurement and evaluation. *American Psychologist, 30*, 955-966.

Messick, S. (1980). Test validity and the ethics of assessment. *American Psychologist, 35*, 1012-1027.

Messick, S. (1989). Validity. In R. L. Linn (Ed.), *Educational measurement* (pp. 13-103). New York: American Council on Education/MacMillan.

Michell, J. (1986). Measurement scales and statistics: A clash of paradigms. *Psychological Bulletin, 100*, 398-407.

Mikulincer, M. e Orbach, I. (1995). Attachment styles and repressive defensiveness: The accessibility and architecture of affective memories. *Journal of Personality and Social Psychology, 68*, 917-925.

Miller, G. A. (1956). The magical number seven, plus or minus two: Some limits on our capacity for processing information. *Psychological Review, 63*, 81-97.

Miller, K. J., McCrady, B. S., Abrams, D. B., & Labouvie, E. W. (1994). Taking an individualized approach to the assessment of self-efficacy and the prediction of alcoholic relapse. *Journal of Psychopathology and Behavioral Assessment, 16*, 111-120.

Mislevy, R. J. (1994). Evidence and inference in educational assessment. *Psychometrika, 59*, 439-483.

Moreira, J. (1990). A auto-avaliação das reacções fisiológicas em situações emocionais: Resultados preliminares utilizando um novo instrumento. In I. Botelho, J. P. Almeida, M. L. C. Geada, & J. M. R. M. Justo (Eds.), *A psicologia nos serviços de saúde* (pp. 129-134). Lisboa: Associação dos Psicólogos Portugueses.

Moreira, J. M. (1998, Maio). *What do you want from me? An exploratory study of self-reported objectives in acquaintance situations*. Comunicação apresentada na Conferência Anual da Rede Internacional para o Estudo das Relações Pessoais (International Network on Personal Relationships, INPR), Norman, Oklahoma, Estados Unidos da América

Moreira, J. M. (1999). A razão de erros-padrões: Um critério objectivo para a determinação do número de factores na análise em componentes principais. *Revista Portuguesa de Psicologia, 34*, 111-147.

Moreira, J. M., Andrez, M., Moleiro, C., Silva, M. F., Aguiar, P., & Bernardes, S. (2002). Questionário de Apoio Social (Versão Portuguesa do "Social Support Questionnaire"): Tradução e estudos de validade. *Revista Ibero-Americana de Diagnóstico y Evaluación Psicológica, 13*, 55-70.

Morey, L. C. (1995). Critical issues in construct validation: Comment on Boyle and Lennon (1994). *Journal of Psychopathology and Behavioral Assessment, 17*, 393-401.

Murteira, B. J. F. (1990). *Probabilidades e estatística* (2 vols.). Lisboa: McGraw-Hill.

Narens, L. e Luce, R. D. (1986). Measurement: The theory of numerical assignments. *Psychological Bulletin, 99*, 166-180.

Nisbett, R. E. e Wilson, T. D. (1977). Telling more than we can know: Verbal reports on mental processes. *Psychological Review, 84*, 231-259.

Nunnally, J. C. (1978). *Psychometric theory* (2nd ed.). New York: McGraw-Hill.

Nunnally, J. C. e Bernstein, I. H. (1994). *Psychometric theory* (3rd ed.). New York: McGraw-Hill.

Olson, C. A. e Becker, B. E. (1983). A proposed technique for the treatment of restriction of range in selection validation. *Psychological Bulletin, 93*, 137-148.

Ones, D. S., Viswesvaran, C. e Schmidt, F. L. (1993). Comprehensive meta-analysis of integrity test validities: Findings and implications for personnel selection and theories of job performance. *Journal of Applied Psychology, 78*, 679-703.

Oppenheim, A. N. (1966). *Questionnaire design and attitude measurement*. London: Heineman.

Palenzuela, D. C. (1988). Refining the theory and measurement of expectancy of internal vs. external control of reinforcement. *Personality and Individual Differences, 9*, 607-629.

Pauli, L., Nathan, H., Droz, R. e Grize, J.-B. (1981). *Inventários de Jean Piaget*. Lisboa: Editorial Estampa. (Obra original publicada em 1977)

Payne, S. L. (1951). *The art of asking questions*. Princeton, NJ: Princeton University Press.

Petersen, N. S., Kolen, M. J. e Hoover, H. D. (1989). Scaling, norming, and equating. In R. L. Linn (Ed.), *Educational measurement* (pp. 221-262). New York: American Council on Education/MacMillan.

Piaget, J. (1972). *La représentation du monde chez l'enfant*. Paris: Presses Universitaires de France. (Obra original publicada em 1926)

552   *Questionários: Teoria e prática*

Piedmont, R. L. e Hyland, M. E. (1993). Inter-item correlation frequency distribution analysis: A method for evaluating scale dimensionality. *Educational and Psychological Measurement, 53*, 369-378.

Pinto, A. C. (1990). *Metodologia da investigação psicológica*. Porto: Jornal de Psicologia.

Plutchik, R. (1997). The circumplex as a general model of the structure of emotions and personality. In R. Plutchik & H. R. Conte (Eds.), *Circumplex models of personality and emotions* (pp. 17-45). Washington, DC: American Psychological Association.

Quivy, R. e Van Campenhoudt, L. (1992). *Manual de investigação em ciências sociais* (Trad. J. Marques e M. A. Mendes). Lisboa: Gradiva. (Obra original publicada em 1988)

Raju, N. S. e Burke, M. J. (1983). Two new procedures for studying validity generalization. *Journal of Applied Psychology, 68*, 382-395.

Rasch, G. (1966). An item analysis which takes individual differences into account. *British Journal of Mathematical and Statistical Psychology, 19*, 49-57.

Reis, E. (1996). *Estatística descritiva* (3ª ed.). Lisboa: Sílabo.

Reis, E. (1999). *Estatística aplicada* (3ª ed.). Lisboa: Sílabo.

Reis, H. T. e Wheeler, L. (1991). Studying social interaction with the Rochester Interaction Record. *Advances in Experimental Social Psychology, 24*, 269-318.

Riccio, D. C., Rabinowitz, V. C., e Axelrod, S. (1994). Memory: When less is more. *American Psychologist, 49*, 917-926.

Rorer, L. G. (1965). The great response-style myth. *Psychological Bulletin, 63*, 129-156.

Rosenthal, R. (1990). How are we doing in soft psychology? *American Psychologist, 45*, 775-777.

Russell, J. A. e Carroll, J. M. (1999). On the bipolarity of positive and negative affect. *Psychological Bulletin, 125*, 3-30.

Russell, J. A. e Feldman Barrett, L. (1999). Core affect, prototypical emotional episodes, and other things called emotion: Dissecting the elephant. *Journal of Personality and Social Psychology, 76*, 805-819.

Sarason, I. G., Sarason, B. R., Shearin, E. N. e Pierce, G. R. (1987). A brief measure of social support: Practical and theoretical implications. *Journal of Social and Personal Relationships, 4*, 497-510.

Schachter, S. (1964). The interaction of cognitive and physiological determinants of emotional state. In L. Berkowitz (Ed.), *Advances in experimental social psychology*, Vol. 1 (pp. 49-60). New York: Academic Press.

Schafer, J. L., e Graham, J. W. (2002). Missing data: Our view of the state of the art. *Psychological Methods, 7*, 147-177.

Scheers, N. J. (1992). A review of randomized response techniques. *Measurement and Evaluation in Counseling and Development, 25*, 27-41.

Schmidt, F. L. e Hunter, J. E. (1977). Development of a general solution to the problem of validity generalization. *Journal of Applied Psychology, 62*, 529-540.

Schmidt, F. L. e Hunter, J. E. (1981). Employment testing: Old theories and new research findings. *American Psychologist, 36*, 1128-1137.

Schmidt, F. L., Hunter, J. E. e Pearlman, K. (1981). Task differences as moderators of aptitude test validity in selection: A red herring. *Journal of Applied Psychology, 66*, 166-185.

Schumacker, R. E. e Lomax, R. G. (1996). *A beginner's guide to structural equation modelling*. Mahwah, NJ: Lawrence Erlbaum.

Schwab, D. P. e Packard, G. L. (1973). Response distortion on the Gordon Personal Inventory and the Gordon Personal Profile in a selection context: Some implications for predicting employee tenure. *Journal of Applied Psychology, 58*, 372-374.

Schwager, K. W. (1991). The representational theory of measurement: An assessment. *Psychological Bulletin, 110*, 618-626.

Shavelson, R. J. e Webb, N. M. (1991). *Generalizability theory: A primer*. Newbury Park, CA: Sage.

Shye, S. (1998). Modern facet theory: Content design and measurement in behavioral research. *European Journal of Psychological Assessment, 14*, 160-171.

Shye, S., Elizur, D. e Hoffman, M. (1994). *Introduction to facet theory: Content design and intrinsic data analysis in behavioral research*. Thousand Oaks, CA: Sage.

Siegel, S. e Castellan, J., Jr. (1988). *Non-parametric statistics for the behavioral sciences*. New York: McGraw-Hill.

Silva, A. S. e Pinto, J. M. (Eds.). (1986). *Metodologia das ciências sociais*. Porto: Afrontamento.

Silverstein, L. B. (1991). Transforming the debate about child care and maternal employment. *American Psychologist, 46*, 1025-1032.

Simpson, S. M., Licht, B. G., Wagner, R. K. e Stader, S. R. (1996). Organization of children's academic ability-related self-perceptions. *Journal of Educational Psychology, 88*, 387-396.

Skinner, B. F. (1945). The operational analysis of psychological terms. *Psychological Review, 52*, 270-277.

Skinner, B. F. (1982). Sobre o behaviorismo (M. P. Villalobos, Trad.). São Paulo: Cultrix/ /Editora da Universidade de São Paulo. (Obra original publicada em 1974)

Snyder, P. e Lawson, S. (1993). Evaluating results using corrected and uncorrected effect size estimates. *Journal of Experimental Education, 61*, 334-349.

Soeken, K. L. e Macready, G. B. (1986). Application of stepwise randomized response procedures for surveying multiple sensitive attributes. *Psychological Bulletin, 99*, 289-295.

Spector, P. E. (1994). Summated rating scale construction: An introduction. In M. S. Lewis-Beck (Ed.), *Basic measurement* (pp. 229-300). London: Sage.

Sternberg, R. J. (Ed.). (1992). *Capacidades intelectuais humanas: Uma abordagem em processamento de informação* (D. Baptista, Trad.). Porto Alegre, Brasil: Artes Médicas. (Obra original publicada em 1985)

Stine, W. W. (1989). Meaningful inference: The role of measurement in statistics. *Psychological Bulletin, 105*, 147-155.

Sudman, S., & Bradburn, N. M. (1982). *Asking questions: A practical guide to questionnaire design*. San Francisco: Jossey-Bass.

Sullivan, J. L. e Feldman, S. (1994). Multiple indicators: An introduction. In M. S. Lewis-Beck (Ed.), *Basic measurement* (pp. 59-137). London: Sage.

Tasto, D. L. (1977). Self-report schedules and inventories. In A. R. Ciminero, K. S. Calhoun e H. E. Adams (Eds.), *Handbook of behavioral assessment* (pp. 153-193). New York: John Wiley & Sons.

554   *Questionários: Teoria e prática*

Tenopyr, M. L. (1988). Artifactual reliability of forced-choice scales. *Journal of Applied Psychology, 73*, 749-751.

Thompson, B. (1988). Program FACSTRAP: A program that computes bootstrap estimates of factor structure. *Educational and Psychological Measurement, 48*, 681-686.

Thompson, B. (1990). SECONDOR: A program that computes a second-order principal components analysis and various interpretation aids. *Educational and Psychological Measurement, 50*, 575-581.

Thompson, B. (1994). The pivotal role of replication in psychological research: Empirically evaluating the replicability of sample results. *Journal of Personality, 62*, 157-176.

Thompson, B. (1995). Exploring the replicability of a study's results: Bootstrap statistics for the multivariate case. *Educational and Psychological Measurement, 55*, 84-94.

Thorndike, R. L. (1966). Reliability. In A. Anastasi (Ed.), *Testing problems in perspective* (pp. 284-294). Washington, DC: American Council on Education.

Tinsley, H. E. A. e Tinsley, D. J. (1987). Use of factor analysis in counseling psychology research. *Journal of Counseling Psychology, 34*, 414-424.

Townsend, J. T. (1990). Truth and consequences of ordinal differences in statistical distributions: Toward a theory of hierarchical inference. *Psychological Bulletin, 108*, 551-567.

Townsend, J. T. e Ashby, F. G. (1984). Measurement scales and statistics: The misconception misconceived. *Psychological Bulletin, 96*, 394-401.

Trott, D. M. e Jackson, D. N. (1967). An experimental analysis of acquiescence. *Journal of Experimental Research in Personality, 2*, 278-288.

Tryon, R. C. (1957). Reliability and behavior domain validity: Reformulation and historical critique. *Psychological Bulletin, 54*, 229-249.

Turk, D. C., Meichenbaum, D. e Genest, M. (1983). *Pain and behavioral medicine: A cognitive-behavioral approach*. New York: Guilford.

Uzgiris, I. C. e Hunt, J. M. (1975). *Assessment in infancy: Ordinal scales of infant development*. Urbana, IL: University of Illinois Press.

Vala, J. (1986). A análise de conteúdo. In A. S. Silva e J. M. Pinto (Eds.), *Metodologia das ciências sociais* (pp. 101-128). Porto: Afrontamento.

van de Vijver, F. J. R., & Hambleton, R. K. (1996). Translating tests: Some practical guidelines. *European Psychologist, 1*, 89-99.

Veenman, S. (1984). Perceived problems of beginning teachers. *Review of Educational Research, 54*, 143-178.

Wainer, H. (1976). Estimating coefficients in linear models: It don't make no nevermind. *Psychological Bulletin, 83*, 213-217.

Watson, D. e Tellegen, A. (1999). Issues in the dimensional structure of affect-Effects of descriptors, measurement error, and response formats: Comment on Russell and Carroll (1999). *Psychological Bulletin, 125*, 601-610.

Watson, D., Wiese, D., Vaidya, J. e Tellegen, A. (1999). The two general activation systems of affect: Structural findings, evolutionary considerations, and psychobiological evidence. *Journal of Personality and Social Psychology, 76*, 820-838.

Winer, B. J., Brown, D. R. e Michels, K. M. (1991). *Statistical principles in experimental design* (3rd ed.). New York: McGraw-Hill.

Zimmerman, M. e Coryell, W. (1987). The Inventory to Diagnose Depression (IDD): A self-report scale to diagnose major depressive disorder. *Journal of Consulting and Clinical Psychology, 55*, 55-59.

Zwick, W. R. e Velicer, W. F. (1986). Comparison of five rules for determining the number of components to retain. *Psychological Bulletin, 99*, 432-442.

Índice Remissivo

A

aferição; 92, 518
alfa
    coeficiente de Cronbach; 259, 306, 385
    e correlação interitens; 261, 308
    e homogeneidade dos itens; 308
    e unidimensionalidade; 384
    estratificado; 318
método (de extracção de factores); 417
AMOS; 473
amostra; 264
    de aferição; 520
    dimensão da; 527
    de itens; 91, 290, 305, 307, 311, 312, 339, 347, 356, 363
    representativa; 264, 520
amostragem; 264, 520
    aleatória; 264, 523
    estratificada; 525
    hierárquica; 524
amplitude nomotética; 356
análise
    de caminhos; 420
    de funções; 351
    de tarefas; 356
    de variância; 267, 279
    em componentes principais; 409, 416, 417, 419, 423, 425, 463
    em factores principais; 409, 416, 419, 422, 425
    factorial; 117, 118, 383, 389
    amostras vs. populações na; 415
    canónica; 417
    carácter subjectivo da; 400, 454, 462

confirmatória; 403, 467
de itens vs. escalas; 414, 425
de segunda ordem; 458, 465
exploratória; 389, 401, 467, 468
número de indivíduos na; 405
replicabilidade da; 408, 443
paralela; 414, 437, 452
aplicações-piloto; 121, 142, 231
aptidão (como parâmetro em modelos TRI); 101
aquiescência; 217, 220, 225
auto-observação; 146
avaliação referida à norma vs. a um critério; 303

B

bases teóricas dos instrumentos; 19, 72, 75
bayesianos, métodos de estimação; 103
beta, coeficientes; 314
bootstrap; 445, 461

C

características de solicitação; 372
carta de apresentação; 202
casos individuais; 15, 77, 216, 319, 333, 531
categorias vs. dimensões na avaliação; 514
centróides, método dos (na extracção de factores); 415, 416
comparação de resultados em diferentes medidas; 518

computador, testes aplicados por; 109
comunalidades; 391, 410, 423
    estimação das; 411
conceitos *(Ver também 'construtos')*; 312, 340
construção de questionários, fases da; 121
construtos *(Ver também 'conceitos')*; 342, 347, 352, 359
    estáveis vs. instáveis; 249, 370, 377
    modificáveis; 371
    representação dos; 353
cópia de respostas; 111
correcção para a atenuação; 244
correlação; 73, 236
    coeficiente de; 73
    bisserial por pontos; 80, 488
    e causalidade; 369
    e heterogeneidade da amostra; 308
    entre itens; 73, 75
    e unidimensionalidade; 386
    entre resultados
    observados e verdadeiros; 241
    verdadeiros; 244
    item-total; 76
    corrigida; 84, 383
    e unidimensionalidade; 385
    múltipla; 313
    coeficiente de; 315
    pares-ímpares; 253
cotovelo, método do; 432, 452
covariância; 236
critérios de validade, qualidade dos; 479

dimensões vs. categorias na avaliação; 514
distância interquartil; 55

E

efeitos de formato; 128
eigenvalues; 391
EQS; 473
Equamax; 456
equating; 519
erro-padrão de medida; 319
    em diferentes níveis de resultado; 321, 329
escalas
    de mentira, ou desejabilidade social; 152, 155
    definição de; 35, 115
    divididas em subescalas; 297
    multi-itens, vantagens; 35, 67
escalograma; 47
essencialmente tau-equivalentes, resultados; 323
estimação de parâmetros em modelos TRI; 105
estocástico, medida como processo; 66
estrutura simples; 401, 453
eta, coeficiente; 375
ética; 159, 160, 203, 226, 232, 332, 333, 370
extracção de factores; 391, 425
    hierárquica; 391, 400, 426
    simultânea; 426

D

demand characteristics; 372
desactualização dos instrumentos; 359
desatenuação; 244
desejabilidade social; 151, 155, 217, 223, 224, 225
desvio-padrão; 81
de variáveis dicotómicas; 85
diagnóstico clínico *(Ver também 'casos individuais')*; 357

F

facetas; 278
    aleatórias; 290
    cruzadas; 295
    fixas; 290, 298
    inclusas; 297
    em termos do seu universo; 300
    intrinsecamente inclusas; 300
factores
    bipolares; 401

Índie Remissivo

correlação entre; 401, 458, 465
gerais; 400
número de; 421, 426, 451
fiabilidade; 233
fidelidade; 233
fisiológicas, medidas; 152
folha de respostas separada; 211
frequência; 54
  acumulada; 54
  modal; 53
função
  de ogiva normal; 99
  logística; 95

G

garantia; 233
generalizabilidade; 264
  coeficiente de
  em modelos com facetas fixas; 294
  em modelos com facetas inclusas; 298, 301
em modelos de duas ou mais facetas cruzadas; 289
  em modelos de uma faceta; 277
  para decisões absolutas; 304
  generalized least squares; 472
grupos
  omparação de, em estudos de validade; 340, 487
  de controlo/experimentais; 370, 371

H

Heywood, casos de; 414

I

identificação de modelos; 468, 471
igualização; 237, 519
imagem, método de (na extracção de factores); 415, 416

imputação múltipla, métodos de; 145
independência loca; 93
índices de ajustamento na análise factorial confirmatória; 474
inquéritos, definição de; 115
instruções; 151
interacção, efeitos de; 489
interpretabilidade intuitiva, método de; 452, 453
interpretação dos resultados; 331
absoluta; 66, 94, 304
como amostras vs. como sinais; 357
relativa (dependente da amostra); 91, 304, 517
intervalares, propriedades das escalas; 31, 69
intervalos
de confiança; 326
de tolerância; 328
inventários, definição de; 115
ipsativas, medidas; 184, 196
itens
  a não responder; 209, 213
  ambíguos; 58
  bancos de; 93, 109
  capacidade discriminativa dos; 96
  com escalas numéricas; 183
  com escalas referenciadas; 147, 184
  com escalas unipolares vs. bipolares; 188
  com múltiplas afirmações; 65, 138
  com negativas duplas; 140
  com referencial concreto; 187
  cotados em mais do que uma escala; 196
  curva característica dos; 41, 94
  monótona vs. não monótona; 62
  de cotação invertida; 45, 78, 200, 220, 226
  de frequência; 188
  de ligação; 110
  de resposta aberta; 15, 24, 124, 129, 207
  de resposta fechada; 15, 24, 124, 129
  dicotómicos; 38, 95, 181
  dificuldade dos; 96
  dificuldades no acesso à memória; 150
  diversidade de interpretações; 136, 139, 149

560   *Questionários: Teoria e prática*

função de informação dos; 104
funcionamento diferencial dos; 111
homogéneos; 381
  em demasia; 251, 311, 316
interpretados isoladamente; 333
linguagem dos; 137
não respondidos; 81, 143, 210
número de alternativas de resposta; 68
ordenação na escala; 59
politómicos; 68, 95, 100
projectivos; 127, 364
redundância dos; 313, 316
relevância para os respondentes; 129, 145
selecção de*Ver selecção de itens*
subtis; 364

K

Kaiser, método de; 415, 427, 452
Kuder-Richardson (KR 20), coeficiente
  de; 262

L

link items; 110
LISREL; 473
listwise deletion; 145
loadings; 397

M

magnitude do efeito; 375
matrizes; 386
  de configuração; 458
  de estrutura; 458
  multitraço-multimétodo; 491
  construtos a incluir; 497
máxima verosimilhança, método de
  na análise factorial confirmatória; 472
  na estimação de parâmetros TRI; 104
  na extracção de factores; 415, 417, 420,
  425

maximum likelyhood; 103
mediana; 54
medidas
  de dispersão; 52
  de tendência central; 52
  paralelas; 240, 245
meta-análise; 509
método
  clínico Piagetiano; 14, 357
  variância de; 494
mínimos quadrados, métodos de, na análise
  factorial confirmatória; 472
moda; 53

N

não resposta, opção de; 136, 143
normalização; 518, 535
normalization; 518
normas; 518
norming; 518

O

Oblimin; 458
observação; 13, 296
operacionismo; 347

P

padrão nove; 540
padronização; 237
pairwise deletion; 144
path analysis; 420
pattern matrix; 458
peaked tests; 108
percentis; 92, 528
população; 264, 359
  de referência, definição da; 520, 527
  para análise factorial; 404
  para estudos psicométricos; 310, 334,
  353, 487, 488, 512

Índie Remissivo

precisão
coeficiente de; 241, 267, 319
coeficiente de, e número de itens; 253, 260, 308
pressupostos
dos modelos TRI, teste dos; 111
pré-teste; 121
principal components analysis; 409
Promax; 458
psicofísica; 51
psicometria; 14
psicopatologia, avaliação da; 514, 515, 531

Q

quartil; 53
Quartimax; 456
questionários
definição de; 115
enviados pelo correio; 161, 202, 205, 208
estruturados a priori; 116
factoriais; 116
fragmentados; 117, 121, 143, 383
multidimensionais; 116, 383
unidimensionais; 116, 381

R

range restriction; 309
Rasch, modelo de; 96, 99, 100
razão de correlação; 375
reactividade; 146
regressão
coeficientes de (não padronizados); 486
coeficientes de, padronizados; 314
reliability; 233
reprodutibilidade, coeficiente de; 40
formas de aumentar; 43
residuais mínimos, método dos (na extracção de factores); 415, 416
respondentes
anonimato; 152, 159

confiança dos; 159
motivação; 150, 156, 177, 205, 216, 222, 365
resposta
ao acaso; 111, 154, 217
atitudes de; 218
enviesada no sentido desfavorável; 153
enviesada pela desejabilidade social; 152
enviesadas; 150
estilos de; 218
rápida; 157
respostas omissas
Ver itens não respondidos
restrição da amplitude de variação; 309, 484
resultados
bruto; 517
de Q.I. (Quociente Intelectual); 534
derivados; 517
normalizados; 535
em classes; 540
padronizados; 237, 531
padronizados normalizados; 535
T; 534
Z; 533
reteste; 159, 246
efeito de; 379
retroversão; 230
rotação de factores; 297, 401, 453
normalizada vs. não normalizada; 457
oblíqua vs. ortogonal; 456, 457

S

saturações; 397, 460
scalogram; 47
scree test; 433
selecção de itens; 69
por comparação de grupos extremos; 89
por correlação com critérios externos; 70
por correlação item-total; 78, 119
por testes de significância; 88
SEPATH; 473

562   *Questionários: Teoria e prática*

simulação, métodos de; 407, 429
sociométricas, medidas; 517
Spearman-Brown, fórmula de; 254
split-half; 252
standard error of measurement; 319
standardized; 237
stanine; 540

T

tau-equivalentes, resultados; 323
taylored tests; 108
temas socialmente indesejáveis; 158, 206, 364
tempo, disponibilidade de; 151, 225
tendência
  central; 217, 222
  para os extremos; 217, 222
teoria da resposta ao item (TRI); 92
testes
  adaptativos; 109, 110
  aplicados por computador; 109
  de aptidões intelectuais; 14, 95, 97, 98, 152, 345, 357, 373
  de conhecimentos; 98, 99, 152, 346, 357, 358, 362, 371
  de desempenho; 14
  de nível de desenvolvimento; 14, 50, 358
  de personalidade; 115, 117, 153, 223, 247, 256, 291, 297, 317, 341, 345, 358, 373
  de significância; 86
  na análise factorial confirmatória; 470
  na determinação do número de factores; 436
na selecção de itens; 89
na verificação dos pressupostos em modelos TRI; 111
  definição de; 115
  função de informação dos; 106, 321
  ligação de; 110
  pontiagudos; 108
  por medida; 108, 109
  projectivos; 14, 152

tratamento quantitativo dos resultados; 23
TRI; 92
  críticas à; 112
  modelos
  de dois parâmetros; 96
  de quatro parâmetros; 97
  de três parâmetros; 96
  de um parâmetro; 96
  na construção de escalas; 98

U

unidimensionalidade; 93, 381, 384
unweighted least squares; 472

V

validade; 331
  avaliação da; 335, 344, 352, 360, 495
  como atributo das interpretações; 332
  concorrente; 477
  contexto dos estudos de; 487, 512
  convergente; 490
  de construto; 341, 345, 352
  abordagem 'forte' vs. 'fraca' à; 355
  de conteúdo; 316, 339, 345, 361
  diferencial em diferentes grupos; 489
  discriminante; 490
  divergente; 490
  facial; 363
  preditiva; 477
  referenciada por um critério; 342, 344, 346, 477
  referida a um critério; 477
valores próprios; 391
  superiores a 1, método dos; 414, 428, 452
variância; 81, 235
  componentes de; 275, 282
  com valores negativos; 287
  interpretação relativa; 275
  de método; 494
variáveis
  a medir, explicitação das; 202

bipolares; 200
latentes vs. observadas; 389, 420, 469
populações e amostras de; 418
Varimax; 455

Z

Z, resultados; 237